Sistema S
FUNDAMENTOS CONSTITUCIONAIS

O GEN | Grupo Editorial Nacional – maior plataforma editorial brasileira no segmento científico, técnico e profissional – publica conteúdos nas áreas de concursos, ciências jurídicas, humanas, exatas, da saúde e sociais aplicadas, além de prover serviços direcionados à educação continuada.

As editoras que integram o GEN, das mais respeitadas no mercado editorial, construíram catálogos inigualáveis, com obras decisivas para a formação acadêmica e o aperfeiçoamento de várias gerações de profissionais e estudantes, tendo se tornado sinônimo de qualidade e seriedade.

A missão do GEN e dos núcleos de conteúdo que o compõem é prover a melhor informação científica e distribuí-la de maneira flexível e conveniente, a preços justos, gerando benefícios e servindo a autores, docentes, livreiros, funcionários, colaboradores e acionistas.

Nosso comportamento ético incondicional e nossa responsabilidade social e ambiental são reforçados pela natureza educacional de nossa atividade e dão sustentabilidade ao crescimento contínuo e à rentabilidade do grupo.

Edvaldo **Nilo** de Almeida

Sistema S
FUNDAMENTOS CONSTITUCIONAIS

■ O autor deste livro e a editora empenharam seus melhores esforços para assegurar que as informações e os procedimentos apresentados no texto estejam em acordo com os padrões aceitos à época da publicação, e todos os dados foram atualizados pelo autor até a data de fechamento do livro. Entretanto, tendo em conta a evolução das ciências, as atualizações legislativas, as mudanças regulamentares governamentais e o constante fluxo de novas informações sobre os temas que constam do livro, recomendamos enfaticamente que os leitores consultem sempre outras fontes fidedignas, de modo a se certificarem de que as informações contidas no texto estão corretas e de que não houve alterações nas recomendações ou na legislação regulamentadora.

■ Fechamento desta edição: 03.05.2021

■ O Autor e a editora se empenharam para citar adequadamente e dar o devido crédito a todos os detentores de direitos autorais de qualquer material utilizado neste livro, dispondo-se a possíveis acertos posteriores caso, inadvertida e involuntariamente, a identificação de algum deles tenha sido omitida.

■ Direitos exclusivos para a língua portuguesa
Copyright © 2021 by
Editora Forense Ltda.
Uma editora integrante do GEN | Grupo Editorial Nacional
Travessa do Ouvidor, 11
Rio de Janeiro – RJ – 20040-040
www.grupogen.com.br

■ Reservados todos os direitos. É proibida a duplicação ou reprodução deste volume, no todo ou em parte, em quaisquer formas ou por quaisquer meios (eletrônico, mecânico, gravação, fotocópia, distribuição pela Internet ou outros), sem permissão, por escrito, da Editora Forense Ltda.

■ Capa: OFÁ Design

■ CIP – BRASIL. CATALOGAÇÃO NA PUBLICAÇÃO.
SINDICATO NACIONAL DOS EDITORES DE LIVROS, RJ.

A446s

Almeida, Edvaldo Nilo de
Sistema S: fundamentos constitucionais / Edvaldo Nilo de Almeida. – 1. ed. – Rio de Janeiro: Forense, 2021.
480 p.; 23 cm.

Inclui bibliografia
ISBN 978-65-596-4123-9

1. Direitos sociais – Brasil. 2. Serviço social – Brasil. 3. Serviço social autônomo. I. Título.

21-70829 CDU: 34:364.3(81)

Camila Donis Hartmann – Bibliotecária – CRB-7/6472

Educar a un joven no es hacerle aprender algo que no sabía, sino hacer de él alguien que no existía.
John Ruskin

Dedico o presente trabalho ao meu orientador, Roberto Dias;
ao meu pai, Cícero Alves de Almeida (in memorian);
à minha mãe, Rita de Cassia Nilo de Almeida;
à minha esposa, Gaya Nilo;
e aos nossos dois pequeninos, Miguel e Ana Maria.

AGRADECIMENTOS

Ao meu orientador, professor doutor Roberto Dias, pela oportunidade em desenvolver o presente trabalho – agora adaptado para pubicação –, ao me acolher e aceitar no Programa de Pós-graduação da PUC-SP, e pela orientação segura e paciente.

À minha amada esposa, Gaya, por tudo o que temos passado e passaremos juntos, especialmente neste momento de enorme felicidade com a chegada de Miguelzinho e de Ana Maria.

À doutora Carla Barbieri, chefe do Departamento Jurídico do Sesc/SP, pela acolhida incondicional, pelo apoio na escolha do tema da tese de doutorado e pelos diversos auxílios de material acadêmico e pareceres jurídicos.

À Procuradoria-geral do Distrito Federal (PGDF), pelo apoio financeiro, com a concessão da bolsa para a realização dos estudos de doutorado, e, em especial, aos colegas do Tribunal Administrativo de Recursos Fiscais do Distrito Federal (Tarf-DF), onde tenho aprendido diariamente diversas lições de vida e de Direito.

Aos professores doutores Silvio Luís Ferreira da Rocha e Marcelo de Oliveira Fausto Figueiredo Santos, pelo enorme incentivo ao aceitarem participar da banca de qualificação da tese, o que contribuiu – e muito – para o desenvolvimento final e a conclusão deste trabalho.

Aos professores doutores Alice Gonçalez (*in memorian*), Adroaldo Leão (*in memorian*), Miguel Calmon (UFBA), Manoel Jorge (UnB), Edilton Meirelles (UFBA), Luciano Martinez (UFBA), Rodolfo Pamplona (UFBA) e Fredie Didier Jr. (UFBA), pelos estímulos materiais e imateriais desde a graduação em Direito (2000-2004) para seguir na carreira acadêmica.

À minha família, aos meus amigos, aos meus sócios, aos advogados e aos funcionários do Nilo & Almeida Advogados Associados – em especial, ao Alexandre Almeida, ao Marcos Almeida, ao Daniel Mesquita, à Bruna Freitas, ao Rogério Oliveira, ao Gilberto Espínola, ao Haroldo Trindade e ao Alex Hashimura –, pela paciência e pelo incentivo.

Aos funcionários da PUC-SP – em especial, aos assistentes de coordenação Rui e Rafael –, o meu fraterno agradecimento.

APRESENTAÇÃO

Foi com satisfação e surpresa que recebi o honroso convite do Procurador do Distrito Federal Edvaldo Nilo de Almeida para apresentar a obra *Sistema S: fundamentos constitucionais*, fruto de seu exitoso doutorado na Pontifícia Universidade Católica de São Paulo.

Satisfação porque tive a oportunidade de, por meio de demoradas e prazerosas conversas com o autor, encontrar nele um profundo conhecedor do tema, fruto de seus anos de academia, com artigos e livros publicados, de sua advocacia especializada.

Surpresa porque não tinha conhecimento, até então, de um profissional que tão bem conhecesse os serviços sociais autônomos, fato este revelado, indubitavelmente, na leitura pormenorizada que fiz de sua tese de doutorado.

Dúvidas não tenho que, no atual momento em que vivemos, se faz necessária a consciência do papel e do destino que nos são reservados enquanto cidadãos. O mundo e as próprias relações sociais são transformados, agora, a uma velocidade impressionante.

Os obstáculos que enfrentamos no campo da efetivação dos direitos fundamentais e sociais, aliados aos que já tínhamos antes desta pandemia provocada pela Covid-19, fizeram com que os problemas da sociedade brasileira e da própria humanidade se tornassem maiores e, portanto, mais desafiadores, deixando, sim, a vida mais complexa e, ao mesmo tempo, requerendo, também, mais capacitação para superá-los.

Creio, mais do que nunca, que devemos agora nos sensibilizar para que tenhamos a percepção de quão importante se revela a necessidade de uma convivência harmoniosa em sociedade e, é claro, no seio de nossas famílias.

Por tudo, honrado estou por prefaciar a obra agora revelada a público, editada por esta respeitável editora, sob o título *Sistema S: fundamentos constitucionais*. Esta será, certamente, referência, tanto em razão de descortinar a todos o que são os serviços sociais autônomos, sua forma, sua criação e seu funcionamento ou atuação, destacando a importância na efetivação dos direitos sociais, previstos no art. 6º de nossa Constituição Federal, bem denominados de "direitos constitucionais do cidadão", quanto em apresentar, de forma clara, um conceito a nível constitucional dos serviços sociais.

A obra é composta por quatro capítulos, fundamentada em firme e atualizada pesquisa doutrinária, jurisprudência dos tribunais superiores, textos do Direito pátrio, bem como dos Direitos italiano, português, argentino, norte-americano, entre outros. Ela convida o leitor a um passeio edificante ao mundo – até então desconhecido – dos serviços sociais autônomos.

A capacidade de Edvaldo Nilo de Almeida em apontar, sistematizar e expor, com cadência e profundidade, o estudo dessa pessoa jurídica de direito privado é um convite irrecusável para todo autor ou interlocutor do Estado, da sociedade civil e do mercado – seja na qualidade de legislador, magistrado, membro do Ministério Público, dirigente fundacional ou associativo, seja como colaborador de um serviço social, profissional liberal ou, ainda, como voluntário – a compreender o fenômeno dos serviços sociais autônomos. Fenômeno este que é capaz de impulsionar a participação da sociedade na gestão de interesses públicos, primordial em um Estado Democrático de Direito.

Não é para menos que, logo no primeiro capítulo, o autor, com precisão, identifica que os serviços sociais autônomos têm, já "na sua gênese, a concreção de aspectos da seguridade social na sua concepção constitucional mais atual de promoção de ações destinadas a assegurar os direitos relativos à saúde e à assistência social do trabalhador (art. 194, *caput*, da CF/88) e, assim, de formar e desenvolver políticas de promoção da integração ao mercado de trabalho (art. 203, inciso III, da CF/88) por meio de desenvolvimento do ensino profissional e da geração de empregos".

A própria história de atuação dos serviços sociais autônomos já apresenta a conscientização dos objetivos constitucionais fundamentais da República Federativa do Brasil, razão pela qual, nesse capítulo, estão elencados, de forma cronológica, todos os serviços sociais autônomos federais, a começar pelo Serviço Nacional de Aprendizagem da Indústria (Senai) e pelo Serviço Social da Indústria (Sesi), ambos da década de 1940, da Era Vargas, perpassando por SEI, Sesc, Senac, Senar, APS, Sest, Senat, Sescoop, Sebrae, ABDI e Apex-Brasil, até os dois últimos, agora no ano de 2019, a Agência para o Desenvolvimento de Atenção Primária a Saúde (Adaps) e a Embratur.

Ressalto que, mais do que elencados, mereceram, cada um deles, pormenorizado estudo de sua criação, organização, composição, fontes de custeio, formas de controle, atividades desenvolvidas e resultados produzidos.

No capítulo segundo, Edvaldo Nilo de Almeida faz percuciente estudo de diversas pessoas e entes jurídicos, entre os quais integrantes do terceiro setor, como as associações e fundações, bem como suas qualificações e certificações, Organizações Sociais (OS), Organização da Sociedade Civil de Interesse Público (Oscip), Organização da Sociedade Civil (OSC), entidade beneficente de assistência social e outras tantas, como agências executivas, autarquias profissionais e sindicatos.

APRESENTAÇÃO | **XIII**

E assim o faz com o objetivo precípuo de identificar as características jurídicas de cada uma dessas pessoas e institutos para embasar a formatação dos elementos constitucionais, para formar a natureza jurídica e o conceito constitucional dos serviços sociais autônomos.

O capítulo terceiro, nomeado pelo autor como "Elementos constitutivos dos serviços sociais autônomos", é o cerne, o coração de sua obra, no qual realiza análise e identificação de quais são os elementos constitutivos dos serviços sociais autônomos que os caracterizam como pessoa jurídica de direito privado. E que os identificam como entidade de interesse social, tendo como finalidade a promoção dos direitos fundamentais sociais previstos no art. 6º da Constituição Federal.

Foram diversos os tópicos que o autor bem explorou: a criação por lei; o fim social; a característica de não terem sócios ou associados; a forma de organização e direção superior, com a participação da sociedade civil, do Poder Executivo e também do sistema sindical; a forma de exercício do controle, tanto interno como externo; a forma de financiamento, o sistema de dotações orçamentárias e as contribuições tributárias, a constitucionalidade de seu regime tributário, tanto no campo da isenção quanto no da imunidade tributária dos impostos e das contribuições sociais; as características de seu regime de gestão de recursos; a contratação e seleção de pessoal; entre outros.

Tudo para justificar – o que concordo – a necessidade de classificação distinta dos serviços sociais autônomos e para revelar a inserção, em separado, dos serviços sociais no rol de pessoas jurídicas constantes do art. 44 do Código Civil Brasileiro, que, efetivamente, têm função primordial na prestação dos direitos fundamentais sociais.

No quarto e último capítulo, o autor, com a diligência que o caracteriza, traz a lume, inclusive pela análise do posicionamento de diversos doutrinadores, que os serviços sociais autônomos têm fundamento constitucional, sendo sua conceituação, seu regime jurídico e suas características delineados a partir do atual art. 6º da Constituição Federal, no qual a preocupação também do legislador infraconstitucional foi buscar garantir o acesso – ainda que para grupos específicos de beneficiários – dos direitos sociais assegurados constitucionalmente.

Nesse contexto, o autor finaliza asseverando que "o conceito constitucional dos serviços sociais autônomos que se propõe é: pessoa jurídica de direito privado sem finalidade lucrativa, destinada exclusivamente à promoção dos direitos sociais inscritos no art. 6º da Constituição Federal, criada por lei que preveja delimitação de sua atuação e de obtenção de recursos, detentora de participação equitativa dos setores sociais em seus órgãos de direção, com poder de auto-regulamentação e autogestão de recursos, porém submetida para controle finalístico à fiscalização do Tribunal de Contas da União".

Por tudo, a obra de Edvaldo Nilo de Almeida é, definitivamente, de leitura obrigatória, revestindo-se de referência para todos aqueles que atuam no âmbito do Estado, do mercado e da sociedade, sendo ferramenta de grande utilidade para advogados, membros do Ministério Público, magistrados e operadores sociais, haja vista os serviços sociais autônomos serem entidades de interesse social, pessoas jurídicas de direito privado sem finalidade lucrativa, autônoma e com administração própria, que se destinam à promoção dos direitos sociais inscritos no art. 6º da Constituição Federal.

Brasília, abril de 2020.

José Eduardo Sabo Paes
Procurador de Justiça do Ministério Público do Distrito Federal e Territórios
Doutor em Direito pela Universidade Complutense de Madri
Professor e coordenador do Nepats – Núcleo de Estudos e Pesquisas Avançadas ao Terceiro Setor da Universidade Católica de Brasília

PREFÁCIO

São diversas as contribuições a que se presta a presente obra publicada pela Editora Forense, do professor Edvaldo Nilo de Almeida, no contexto dos intensos debates acerca do papel dos serviços sociais autônomos e sua influência nas recentes transformações políticas e sociais de nosso país. Esse será, sem dúvida, um importante instrumento para quem lida diariamente com demandas nessa área, além de constituir fonte permanente de pesquisa junto à comunidade jurídica.

Há que se destacar, na história contemporânea brasileira, a importância dos serviços sociais autônomos, cuja criação, em 1942, revela a ineficiência do Estado na formação e na capacitação técnica de profissionais na área da indústria e a carência de políticas de lazer, cultura e saúde para os trabalhadores e seus familiares. Decerto, o Estado, com problemas em fazer cumprir o papel social de fomentar a inclusão no mercado de trabalho, transfere a responsabilidade para os empresários, que passam a ser os responsáveis não só pela qualificação técnica-profissionalizante dos trabalhadores, como também por serviços de assistência social.

Com efeito, surgiram, no âmbito nacional, o Serviço Nacional de Aprendizagem Industrial (Senai), o Serviço Social da Indústria (Sesi), o Serviço Social do Comércio (Sesc), o Serviço Nacional de Aprendizagem Comercial (Senac), o Serviço Brasileiro de Apoio às Micro e Pequenas Empresas (Sebrae), o Serviço Nacional de Aprendizagem Rural (Senar), o Serviço Social do Transporte (Sest), o Serviço Nacional de Aprendizagem do Transporte (Senat), o Serviço Nacional de Aprendizagem do Cooperativismo (Sescoop), a Associação das Pioneiras Sociais – Rede Sarah, a Agência Brasileira de Promoção de Exportações e Investimentos (Apex-Brasil), a Agência Brasileira de Desenvolvimento Industrial (ABDI), a Agência Nacional de Assistência Técnica e Extensão Rural (Anater), a Agência para o Desenvolvimento da Atenção Primária à Saúde (Adaps) e a Agência Brasileira de Promoção Internacional do Turismo (Embratur).

Assim, traçando um passeio pela obra, estuda-se, inicialmente, a história, a criação, a organização, a composição, a estrutura, as atividades desenvolvidas, as fontes de custeio, os meios de controle, a forma de elaboração do orçamento anual e os resultados produzidos dos serviços sociais autônomos, no sentido de compreender e explicar melhor a relevância, a significância, as finalidades e a sua origem, especialmente legal e constitucional, para se chegar ao atual estágio normativo e interpretativo dos objetivos, dos recursos pessoais e financeiros e dos métodos e estruturação da atuação para desenvolvimento das atividades realizadas por cada entidade. Por certo, aquele que se debruça sobre a parte inicial da obra sai convicto da fundamental importância que o serviço social autônomo tem para a economia e para a sociedade brasileira.

Após, o autor traça uma linha distintiva entre os serviços sociais autônomos e cada uma das entidades e organizações, públicas ou privadas, que atuam no desempenho de atividades semelhantes, sejam elas de incentivo, paraestatais, de caráter social ou de apoio ou, ainda, atividades exclusivas ou não exclusivas do Estado. Dessa maneira, o autor conceitua o terceiro setor e as entidades paraestatais, bem como aponta o *locus* onde se situa o Sistema S dentro do Direito brasileiro.

Posteriormente, o autor aborda os subtemas espinhosos que giram em torno do Direito aplicado ao Sistema S. Essa parte da obra trata dos elementos constitutivos do Sistema S e das questões jurídicas afetas à criação, ao regime tributário, ao controle interno e externo, à organização, ao financiamento, às normas de Direito Administrativo aplicáveis, dentre outros temas que ainda estão na pauta do Poder Judiciário brasileiro.

Ademais, apresenta um conceito dos serviços sociais autônomos ancorado em pressupostos constitucionais. Segundo o autor, "pessoa jurídica de direito privado sem finalidade lucrativa, destinada exclusivamente à promoção dos direitos sociais inscritos no art. 6º da Constituição Federal, criada por lei que preveja delimitação de sua atuação e de obtenção de recursos, detentora de participação equitativa dos setores sociais em seus órgãos de direção, com poder de autorregulamentação e autogestão de recursos, porém submetida para controle finalístico à fiscalização do Tribunal de Contas da União".

Nesse sentido, o trabalho confere parâmetros para afastar, do Direito brasileiro, a ideia de que os serviços sociais autônomos são entidades *sui generis*. O autor procura retirar das instituições do Sistema S a impressão dada por inúmeros autores de que elas podem ser tudo e podem se beneficiar do que há melhor nos regimes público e privado. A obra propõe alteração no art. 44 do Código Civil e conclui que há um sistema composto pelos serviços sociais autônomos, com características próprias e regime jurídico bem definido, pautado por normas de direito privado, derrogadas parcialmente por normas de Direito Público, constituindo-se em uma categoria própria no Direito brasileiro.

Esta lembrança nos ocorre em razão da importância que o próprio Supremo Tribunal Federal (STF) assumiu para quebrar a inércia dos repetitivos debates no interior da doutrina tradicional, ao afirmar que os serviços sociais autônomos devem autogerir os seus próprios recursos, "[...] inclusive no que se refere à elaboração de seus orçamentos, ao estabelecimento de prioridades e à definição de seus quadros de cargos e salários, segundo orientação política própria" (STF, RE 789.874).

Os apontamentos desta obra, consequentemente, têm duplo caráter pedagógico, tanto no sentido jurídico como no sentido de políticas sociais praticadas por pessoas jurídicas de direito privado. Se de um lado fornece elementos para uma melhor compreensão da legislação e suas implicações imediatas e mediatas, do outro nos permite vislumbrar um futuro mais digno para a população brasileira, no qual deve prevalecer o primado do trabalho, e a cidadania é celebrada no altar dos valores sociais do trabalho e na construção de uma sociedade livre, justa e solidária.

Sobre o autor, conheci Edvaldo Nilo de Almeida como aluno de Direito Constitucional, em 2009, no Mestrado em Direito do Instituto Brasileiro de Ensino, Desenvolvimento e Pesquisa (IDP) e como meu orientando na sua dissertação intitulada "Comissões Parlamentares de Inquérito: Poderes e Limites de Atuação na Jurisprudência do STF". Cultivei, nessa época, as primeiras sementes que vi germinar e eclodir na arena fértil de sua disposição de trabalho, especialmente nesta obra, fruto de sua tese de Doutoramento na Pontifícia Universidade Católica de São Paulo (PUC-SP). É revelado, outrossim, que a Bahia de Todos os Santos continua pródiga em formar estudiosos do Direito.

Recomendo, dessa maneira, sincera e pessoalmente, o presente livro, com a convicção de que esta é somente uma de muitas obras de igual quilate que nascerão da sua lavra, iluminando, ainda mais, os caminhos daqueles que se aventuram a enfrentar tema tão pouco explorado.

Gilmar Ferreira Mendes
Ministro do Supremo Tribunal Federal

PREFÁCIO

O livro de Edvaldo Nilo de Almeida, sua tese de doutoramento, é uma excelente obra para conhecimento do regime jurídico das contribuições sociais para instituições não governamentais, à luz do que propõe o artigo 6º da Constituição Federal.

Sua própria definição, ao final do bem elaborado estudo, é bastante consistente: "O conceito constitucional dos serviços sociais autônomos que se propõe é o da pessoa jurídica de direito privado sem finalidade lucrativa, destinada exclusivamente à promoção dos direitos sociais inscritos no artigo 6º da CF, criada por lei que preveja delimitação de sua atuação e de obtenção de recursos, detentora de participação equitativa dos setores sociais em seus órgãos de direção, com poder de autor regulamentação e auto gestão de recursos, porém submetida para controle finalístico à fiscalização do Tribunal de Contas da União".

As contribuições de que cuida o professor Edvaldo Nilo de Almeida podem ser enquadradas entre as sociais e aquelas no interesse das categorias, não excluindo, numa interpretação mais lata, a da própria intervenção no domínio econômico, se não conseguirem os poderes públicos o atendimento de tais objetivos.

Pessoalmente, entendo que as três contribuições especiais podem servir de albergagem para as contribuições sociais, na definição do consagrado mestre.

Sua tese divide, claramente, as contribuições para o Sistema S, com sede no artigo 240 da CF, das demais contribuições para entidades autônomas e tem o mérito de abordar todas as implicações, em nível constitucional, do disposto no artigo 6º, autorizando tal forma impositiva, tanto no campo social quanto no tributário, no econômico e no teleológico o escopo de um Estado Democrático de Direito.

Nos *Comentários à Constituição Brasileira*, que Celso Ribeiro Bastos e eu mesmo elaboramos pela Saraiva, veiculados em 15 volumes e, aproximadamente, 12 mil páginas, coube a Celso comentar o artigo 6º e a mim, o 149, que conforma as cinco espécies impositivas do sistema brasileiro, a saber: impostos (artigo 145, I), taxas (145, II), contribuição de melhoria (145, III), empréstimos compulsórios (148) e contribuições especiais (149).

O artigo 149 cuida, simultaneamente, das contribuições sociais, de interesses das categorias e de intervenção no domínio econômico das entidades autônomas. No perfil da criação dessas entidades de natureza não governamental, estão elas sujeitas ao TCU, visto que se beneficiam da competência da União para sua existência e manutenção. No critério que leva à sua criação, quando interventiva na ordem econômica, busca suprir insuficiências do poder público, representando, pois, o interesse das categorias, ou pode ter exclusivamente um escopo social.

Aliás, o artigo 6º da CF, pela sua amplidão, abre um extenso campo para o enquadramento que alguns doutrinadores dão à tríplice função das contribuições sociais, por sua redação: "Art. 6º São direitos sociais a educação, a saúde, a alimentação, o trabalho, a moradia, o transporte, o lazer, a segurança, a previdência social, a proteção à maternidade e à infância, a assistência aos desamparados, na forma desta Constituição. (Redação dada pela Emenda Constitucional nº 90, de 2015)".

É bem verdade que as contribuições do Sistema S têm tratamento constitucional que alguns juristas conformam como contribuições *sui generis*, por se distinguirem, como o ilustre autor o faz, no seu regime, das demais entidades.

Está assim redigido o artigo 240: "Ficam ressalvadas do disposto no art. 195 as atuais contribuições compulsórias dos empregadores sobre a folha de salários, destinadas às entidades privadas de serviço social e de formação profissional vinculadas ao sistema sindical".

Pessoalmente, cuidei da matéria não só nos comentários aos artigos 149 e 193 a 204 – isto é, no capítulo da Seguridade Social, no qual, com mais clareza, minha formulação é apresentada – como também ao artigo 240.

Neste breve prefácio, quero apenas enaltecer a indiscutível qualidade do texto do professor Edvaldo Nilo de Almeida, cuja extensão e profundidade de análise da matéria merecem, de um lado, encômios e, de outro, reflexão adequada, o que me permite não apenas recomendar sua leitura, mas também cumprimentar o autor pela excelência do trabalho.

Como costumo fazer, já que sou catedrático na Universidade do Minho, em Portugal, no estilo lusitano, a tão renomado autor, com tão extenso currículo, para seu trabalho, declaro: "Bem haja".

Ives Gandra da Silva Martins
Professor Emérito da Universidade Mackenzie, da Universidade Paulista (UNIP), do Centro Universitário Fieo (UNIFIEO), do Centro Universitário das Faculdades Metropolitanas Unidas (UniFMU), do Centro de Integração Empresa-Escola (CIEE) – no estado de São Paulo, da Escola de Comando e Estado-Maior do Exército (ECEME), da Escola Superior de Guerra (ESG) e da Magistratura do Tribunal Regional Federal (TRF) – 1ª Região.
Professor Honorário da *Universidad Austral* (Argentina), da *Universidad de San Martín de Porres* (Peru) e da *Universitatea de Vest Vasile Goldis din Arad* (Romênia).
Doutor Honoris Causa da *Universitatea Craiova* (Romênia), da Pontifícia Universidade Católica do Paraná (PUC-PR) e da Pontifícia Universidade Católica do Rio Grande do Sul (PUC-RS).
Catedrático da Universidade do Minho (Portugal).
Ex-Presidente da Academia Paulista de Letras (APL) e do Instituto dos Advogados de São Paulo (IASP).
Presidente do Conselho Superior de Direito da Federação do Comércio de Bens, Serviços e Turismo do Estado de São Paulo (FECOMERCIO-SP).

PREFÁCIO

O tema "sistemas sociais autônomos" é oportuno, pois, à primeira vista, encontra-se em uma grande zona cinzenta entre as atividades privadas e as atividades estatais, embora não se confunda com nenhum desses dois setores. A obra *Sistema S: fundamentos constitucionais* enfrenta esse complexo tema e lança balizas teóricas para a compreensão da natureza e do regime jurídico das entidades que compõem esse sistema.

Assim o faz o autor a partir do estudo das doutrinas brasileira e estrangeira e a partir da análise dos subtemas que se relacionam com o conceito e o regime jurídico do Sistema S, desde a origem do setor, passando pelas entidades federais, estaduais e municipais que compõem a sua estrutura, comparando-o com figuras jurídicas que podem parecer próximas, mas cujas distinções ficam bem evidentes a partir da leitura do trabalho, tratando dos elementos constitutivos dos serviços sociais autônomos e chegando a seu conceito constitucional, que é a problemática central da obra.

No Capítulo 1, a obra faz o estudo acerca da história, da criação, da organização, da composição, da estrutura, das atividades desenvolvidas, das fontes de custeio, dos meios de controle, da forma de elaboração do orçamento anual e dos resultados produzidos nos serviços sociais autônomos federais, tratando-se das características comuns do serviço social autônomo e dos aspectos negativos da inserção do Estado na gestão das entidades. Outro aspecto de relevância se faz a partir da atividade desempenhada por cada entidade do sistema, constatando-se que os estudantes e os trabalhadores são os principais beneficiados por ações voltadas para a educação, a saúde, o lazer, o treinamento profissionalizante, a valorização do trabalho por meio do desenvolvimento de tecnologias, com a inserção do trabalhador nesse contexto e a promoção da organização do trabalhador em cooperativas.

No Capítulo 2, distingue os serviços sociais autônomos com figuras ou sujeitos jurídicos próximos, sobretudo as entidades privadas que se relacionam com a administração pública, prestando serviços de interesse público. Decerto, o problema a ser respondido é o regime jurídico-constitucional de entidades jurídicas próximas aos serviços sociais autônomos, de modo a identificar as características de cada uma. Conclui-se situando o espaço e o modo de atuação dos serviços sociais autônomos e de entidades que fazem parte ou não da estrutura do Estado, mas que contribuem para a prestação de serviços públicos prestacionais fundamentais para a coletividade.

No Capítulo 3, o autor aborda os diversos elementos constitutivos do Sistema S, sendo aqui destaque a criação por lei das entidades, a proposta de alteração do art. 44 do Código Civil, constatando-se de forma motivada que a própria lei, ou ato normativo equivalente à lei ordinária, efetivamente, faz nascer o serviço social autônomo e que o registro dos atos da entidade nos assentamentos competentes apenas homologa e declara sua criação. Aborda-se, igualmente, o fato de que os serviços sociais autônomos devem desempenhar os serviços sociais, elencados no art. 6º da Constituição Federal, e que desde sua origem, em 1942, ocorre a ampliação da oferta de serviços à população, seja na área da educação, seja na concretização do direito social ao trabalho, seja na atenção à saúde e na assistência social ou em diversos outros aspectos relacionados à cidadania, à dignidade da pessoa humana, aos valores sociais do trabalho e ao pluralismo político.

No último capítulo, defende-se, de forma substancialmente motivada, o entendimento de que os serviços sociais autônomos são um sistema, posto que reúnem várias características que justificam esse parecer. Registra-se que, diante da contínua tentativa de governos mais recentes em reduzir o papel do Estado, o Sistema S apresenta-se como um propulsor da cidadania, da dignidade da pessoa humana e dos valores sociais do trabalho, fundamentos da República expressos no art. 1º da Constituição. Nesse mesmo capítulo, para que as entidades cumpram o seu propósito de promover serviços sociais não exclusivos do Estado com eficiência, sustenta-se a indispensabilidade da garantia de autonomia do Sistema S, porquanto somente com uma gestão equidistante do Estado, com a participação dos setores beneficiários dos serviços, é que se processa quais são as demandas realmente necessárias e se controla a utilização dos recursos.

Diante da importância do trabalho apresentado, constata-se que a Pontifícia Universidade Católica de São Paulo (PUC-SP) acertou ao incentivar a profícua produção jurídica traduzida na obra em análise, fruto do Programa de Pós-Graduação *Stricto Sensu* em Direito dessa instituição.

Modesto Carvalhosa
Jurista.
Doutor e livre docente em Direito pela Universidade de São Paulo.
Pós-doutor junto ao Instituto de Direito Econômico
da Universidade de Camerino/Itália.
Professor da Faculdade de Direito da USP aposentado.
Prêmio Jabuti de Literatura.

SUMÁRIO

INTRODUÇÃO XXIX

CAPÍTULO 1 – BREVE HISTÓRICO, ORGANIZAÇÃO E ESTRUTURA DOS SERVIÇOS SOCIAIS AUTÔNOMOS FEDERAIS................................... 1

1.1 Serviços sociais autônomos federais.. 1

    1.1.1 Serviço Nacional de Aprendizagem da Indústria 4

    1.1.2 Serviço Social da Indústria 8

    1.1.3 Serviço Nacional de Aprendizagem do Comércio e Serviço Social do Comércio 13

    1.1.4 Serviço Social do Comércio.. 18

    1.1.5 Serviço Brasileiro de Apoio às Micro e Pequenas Empresas 22

    1.1.6 Agência Brasileira de Desenvolvimento Industrial 26

    1.1.7 Agência Brasileira de Desenvolvimento Industrial 28

    1.1.8 Agência Brasileira de Promoção Internacional do Turismo 30

    1.1.9 Agência Nacional de Assistência Técnica e Extensão Rural 33

    1.1.10 Serviço Nacional de Aprendizagem Rural 35

    1.1.11 Serviço Nacional de Aprendizagem das Cooperativas.................. 37

    1.1.12 Serviço Social do Transporte 42

    1.1.13 Serviço Nacional de Aprendizagem do Transporte..................... 43

    1.1.14 Associação das Pioneiras Sociais – Rede Sarah Kubitschek 45

    1.1.15 Agência para o Desenvolvimento da Atenção Primária à Saúde..... 47

1.2 Serviços sociais autônomos estaduais 48

    1.2.1 Estado do Paraná... 49

        1.2.1.1 Paranaeducação... 49

        1.2.1.2 Paranaprevidência.. 53

        1.2.1.3 Paraná Projetos... 55

        1.2.1.4 Paraná Tecnologia.. 56

        1.2.1.5 Paranacidade 58

        1.2.1.6 Agência Paraná de Desenvolvimento...................... 60

1.2.2	Estado de Minas Gerais		61
	1.2.2.1	Caixa Beneficente dos ex-Guardas Civis e Fiscais de Trânsito	61
	1.2.2.2	Serviço Social Autônomo Servas	62
1.2.3	Estado do Amapá		63
	1.2.3.1	Instituto de Pesquisa e Desenvolvimento em Administração Pública	63
1.2.4	Estado do Amazonas		65
	1.2.4.1	Fundo Previdenciário do Estado do Amazonas	65
1.2.5	Estado de São Paulo		67
	1.2.5.1	Agência Paulista de Promoção de Investimentos e Competitividade	67
1.2.6	Estado do Acre		67
	1.2.6.1	Serviço Social de Saúde do Acre	67
1.2.7	Estado do Alagoas		68
	1.2.7.1	AL Previdência	68
1.2.8	Estado do Mato Grosso		69
	1.2.8.1	Instituto Mato-grossense da Carne	69
1.2.9	Distrito Federal		70
	1.2.9.1	Instituto Hospital de Base do Distrito Federal	70
1.3 Serviços sociais autônomos municipais			73
1.3.1	Município de Curitiba		73
	1.3.1.1	Instituto Curitiba de Saúde	73
1.3.2	Município de Manaus		75
	1.3.2.1	Fundo Único de Previdência de Manaus	75
1.3.3	Município de Petrópolis		76
	1.3.3.1	Fundo de Saúde dos Servidores Públicos do Município de Petrópolis	76
	1.3.3.2	Hospital Alcides Carneiro	78
1.3.4	Município de São Paulo		80
	1.3.4.1	Agência São Paulo de Desenvolvimento	80
	1.3.4.2	São Paulo Negócios	82
1.3.5	Município de Belo Horizonte		84
	1.3.5.1	Hospital Metropolitano Doutor Célio de Castro	84
1.3.6	Município de Varginha		85
	1.3.6.1	Instituto de Saúde dos Servidores Públicos de Varginha	85
1.4 Serviços sociais autônomos nas Constituições brasileiras			88
1.5 Conclusões			93
Resumo Objetivo			94

CAPÍTULO 2 – SERVIÇOS SOCIAIS AUTÔNOMOS NO CONTEXTO DE SUJEITOS JURÍDICOS PRÓXIMOS 97

2.1 Entidades paraestatais, terceiro setor e entes de colaboração 99
2.2 Corporações ou autarquias profissionais, sindicatos e associações........... 106
2.3 Fundações 109
2.4 Agências executivas 117
2.5 Organização social 119
2.6 Organização da sociedade civil de interesse público......... 125
2.7 Organização da sociedade civil ou organização não governamental......... 128
2.8 Entidades de fomento......... 132
2.9 Entidades beneficentes de assistência social......... 137
2.10 Universidades Comunitárias ou Instituições Comunitárias de Educação Superior (ICES)......... 138
2.11 Conclusões......... 140
Resumo Objetivo......... 141

CAPÍTULO 3 – ELEMENTOS CONSTITUTIVOS DOS SERVIÇOS SOCIAIS AUTÔNOMOS......... 145

3.1 Criação por lei......... 148
3.2 Pessoas jurídicas de direito privado regidas por normas de direito privado e de direito público......... 175
3.3 Fim social......... 186
    3.3.1 Inconstitucionalidade da transformação do Instituto Nacional de Propriedade Industrial (INPI) em Serviço Social Autônomo......... 198
3.4 Sem sócios ou associados......... 202
    3.4.1 Proposta de alteração do artigo 44 do Código Civil......... 206
3.5 Organização e direção superior a cargo da sociedade civil, do Poder Executivo e do sistema sindical......... 207
    3.5.1 Inconstitucionalidades na Adaps e na Embratur......... 208
    3.5.2 A proibição de retrocesso social nos serviços sociais autônomos ... 211
        3.5.2.1 A (in)constitucionalidade na redução dos valores ou desoneração de folha do Sistema S......... 213
    3.5.3 A extinção dos serviços sociais autônomos......... 216
3.6 Serviços constitucionais não exclusivos de Estado......... 226
3.7 Controle externo dos Tribunais de Contas da União e dos órgãos ministeriais......... 238
    3.7.1 A competência jurisdicional para julgamento das causas cíveis e de desvio de verbas dos serviços sociais autônomos......... 250
3.8 Controle interno pelos Departamentos Nacionais e pelas auditorias independentes......... 255
3.9 Poder constitucional de autorregulamentação e autogestão de recursos ... 266

3.10 Financiamento público: dotações orçamentárias e contribuições tributárias.. 276

    3.10.1 Constitucionalidade das contribuições tributárias destinadas ao Sistema S.. 296

        3.10.1.1 Das características inerentes às contribuições de intervenção no domínio econômico. Regime jurídico do art. 149 da CF.. 298

        3.10.1.2 Dos reflexos da Emenda Constitucional nº 33/2001. Nova redação conferida ao artigo 149 da CF............................ 301

        3.10.1.3 Da necessidade de interpretação sistemática para compatibilizar a norma do art. 149, § 2º, III e do art. 195, I, da Constituição Federal de 1988..................................... 304

        3.10.1.4 Da base de cálculo da contribuição tributária ser matéria infraconstitucional... 306

        3.10.1.5 O RE 603.624 não trata da mesma matéria analisada quando do julgamento do Tema 1 de repercussão geral no STF... 308

        3.10.1.6 Os acertos da decisão do STF no desprovimento do RE 603.624.. 309

        3.10.1.7 Notas conclusivas.. 311

    3.10.2 O limite da base de cálculo das contribuições tributárias devidas ao Sistema S... 312

        3.10.2.1 Debate constitucional... 314

        3.10.2.2 Debate infraconstitucional.. 318

3.11 Poder constitucional de concessão de isenção tributária..................... 321

3.12 Seleção de pessoal... 325

3.13 Regime jurídico de pessoal, penal e de improbidade administrativa........ 330

3.14 Recebimento de mecanismos estatais e possibilidade de controle judicial por remédios constitucionais... 333

3.15 Sujeição ativa tributária ou capacidade para cobrança tributária............ 340

3.16 Imunidade tributária de contribuições sociais e de impostos................. 350

    3.16.1 Serviços sociais autônomos: dispensa de recolhimento do depósito recursal... 359

3.17 Conclusões... 362

Resumo Objetivo.. 364

CAPÍTULO 4 – CONCEITO CONSTITUCIONAL DOS SERVIÇOS SOCIAIS AUTÔNOMOS.. 373

4.1 Fatores considerados no arranjo institucional e que incidem na decisão política de descentralizar determinado serviço como serviço social autônomo.... 373

4.2 A natureza jurídica dos serviços sociais autônomos............................... 377

    4.2.1 Prévia compreensão sobre regime jurídico e natureza jurídica....... 378

4.2.2	Vertentes doutrinárias	379
4.2.2.1	Serviços sociais autônomos como entes paraestatais	379
4.2.2.2	Serviços sociais autônomos como entes associativos ou fundacionais	384
4.2.2.3	Serviços sociais autônomos como entes de primeiro, segundo e terceiro tipos	386
4.2.2.4	Serviços sociais autônomos como agências executivas, sob a forma de autarquia	390
4.2.2.5	Serviços sociais autônomos como entidades *sui generis*	391
4.3	Existe um Sistema S?	395
4.4	Proposta de conceito constitucional dos serviços sociais autônomos	406
4.5	Conclusões	411
	Resumo Objetivo	413
	REFERÊNCIAS	415

INTRODUÇÃO

O objeto de estudo da tese são os serviços sociais autônomos e os direitos constitucionais do cidadão: conceito constitucional fundado no art. 6º da Constituição Federal de 1988 (CF/88). Por certo, a delimitação do estudo são os serviços sociais autônomos, especificamente o seu conceito constitucional. Com esse propósito, busca-se responder se o fenômeno da criação e atuação dos serviços sociais conflita com a Constituição Federal de 1988. Portanto, ambiciona-se, além de testar e confrontar com os critérios já estabelecidos pela jurisprudência do Supremo Tribunal Federal (STF), responder, de forma adequada e necessária, ao tema sob seu conceito constitucionalmente adequado, revelando-se a importância da tese e acrescentando algo ao já conhecido. Decerto, a partir de tal limitação, medita-se a respeito da trajetória histórica e da organização jurídica atual dos serviços sociais autônomos no Direito brasileiro, da natureza jurídica, dos elementos constitutivos e de quais alterações legislativas o Brasil poderia implementar para aperfeiçoar o regime jurídico dos serviços sociais autônomos e de que forma a Constituição Federal de 1988 delineou o seu conceito.

Assim sendo, a delimitação do estudo desta tese são os serviços sociais autônomos, mais especificamente o conceito a partir do que a Constituição estabeleceu como direitos sociais, tendo como proposição que tais serviços, conforme o art. 6º da Constituição Federal de 1988, podem ser prestados apenas nas áreas da educação, da saúde, da alimentação, do trabalho, da moradia, do transporte, do lazer, da segurança, da previdência social, da proteção à maternidade e à infância e da assistência aos desamparados.

Nessa senda, o problema a ser respondido tem pertinência com os limites e as possibilidades da criação reiterada e da atuação, dentro da sociedade brasileira, dos serviços sociais autônomos, orientando-se pelas normas jurídicas da Constituição Federal de 1988, no sentido de desvendar a possibilidade de conflitos entre o Direito Constitucional atual e a atuação cada vez mais marcante dessas entidades. Decerto, a tese é uma tentativa de responder se, a partir do conceito constitucional fundado especialmente no art. 6º da Constituição brasileira, o fenômeno da criação e atuação dos serviços sociais autônomos é abusivo e conflitante com o ordenamento jurídico constitucional brasileiro.

Salienta-se, ainda, que o estudo oferecerá à sociedade a influência dos serviços sociais autônomos na concretização das normas constitucionais protetoras de direitos fundamentais e a sua cooperação nos setores, nas atividades e nos serviços sociais em que a Constituição conferiu juridicidade.

Registra-se, igualmente, o motivo da escolha do tema relativo aos serviços sociais autônomos. Sem sombra de dúvidas, foram, inicialmente, provocações de estudos feitos ao longo dos últimos anos que despertaram uma imensa curiosidade. A primeira que chamou a atenção foi a de Diogo de Figueiredo Moreira Neto[1], ao dissertar que faltam "[...] estudos monográficos sobre os serviços sociais autônomos, sendo também escassos os tratamentos sistemáticos. Essas circunstâncias, aliadas à especificidade do instituto e à indefinição em sede positiva, explicam a perplexidade com que é tratado pela jurisprudência e, mais ainda, pela Administração Pública Federal". A segunda, ainda mais recente, de Roberto Rosas[2], ao escrever, em estudo dedicado ao centenário de Hely Lopes Meirelles (1917-2017), que o homenageado tinha muito respeito a esse serviço social pouco estudado e que, por isso, escreveria sobre o tema para homenageá-lo.

Ao mesmo tempo, constatou-se, no VI Consad de Administração Pública[3], no Centro de Convenções Ulysses Guimarães, em Brasília, no Distrito Federal (DF), que os serviços sociais autônomos são entes com muito boa resiliência e compõem um formato organizacional que garante a prestação mais eficiente de serviços públicos, enfrentando "[...] um longo período de governos hostis à sua existência, tendo sobrevivido e se desenvolvido, apesar do predomínio de 'olhares desconfiados' com relação a eles por parte dos governos que se sucederam [...]", e, ainda, chamou-se a atenção para "[...] a carência de estudos comparativos e debates sobre esta modalidade organizacional [...]", apesar de tratar-se de uma "[...] experiência bem sucedida, e as perspectivas de seu desenvolvimento são promissoras, dependendo da execução de algumas ações estratégicas [...]".

---

[1] MOREIRA NETO, Diogo de Figueiredo. Natureza jurídica dos serviços sociais autônomos. *Revista de Direito Administrativo – RDA*, Rio de Janeiro, v. 207, p. 79-94, jan./mar. 1997.

[2] WALD, Arnoldo; JUSTEN FILHO, Marçal; PEREIRA, Cesar (org.). *Serviço social autônomo. sistema S*. O direito administrativo na atualidade: estudos em homenagem ao centenário de Hely Lopes Meirelles (1917-2017), defensor do estado de direito. São Paulo: Malheiros, 2017. p. 1077-1084.

[3] ALMEIDA, Marcio José de; CORDEIRO, Alexandre Modesto; ANDREGUETTO, Rafael; DALMAZ, Wellington Otavio. *Limites e potencialidades dos novos formatos organizacionais*: 15 anos de experiência dos serviços sociais autônomos paranaenses. p. 1-26. Disponível em: http://consadnacional.org.br/wp-content/uploads/2013/05/187-LIMITES-E-PO-TENCIALIDADES-DOS-NOVOS-FORMATOS-ORGANIZACIONAIS-15-ANOS-DE--EXPERI%C3%8ANCIA-DOS-SERVI%C3%87OS-SOCIAIS-AUT%C3%94NOMOS--PARANAENSES.pdf. Acesso em: 2 fev. 2019.

Nesse rumo, a minha primeira professora de Direito Constitucional em 2001, Alice Gonzalez Borges[4], igualmente, instigou a escolha do tema, ao discorrer sobre os limites constitucionais dos serviços sociais autônomos, sustentando compreensão de que a criação desses serviços de segunda categoria ou criados diretamente pela lei com dotações orçamentárias estatais seria inconstitucional, inapropriada e uma burla à rigidez da organização administrativa constitucional, apesar de defender que há uma tendência moderna na administração consensual, no sentido de se descentrarem, para o setor privado, atividades de interesse público que não demandam o exercício das prerrogativas do poder público, como forma de descentralização por cooperação.

Destaca-se também o papel dos escritos de Vidal Serrano Nunes Júnior[5], de Luiz Alberto David Araújo[6], de Roberto Dias[7], sobretudo, porque a matéria

---

[4] BORGES, Alice Gonzalez. Serviços sociais autônomos: natureza jurídica. *Revista Eletrônica de Direito do Estado – Rede*, Salvador: Instituto Brasileiro de Direito Público, n. 26, abr./ maio/jun. 2011. Disponível em: http://www.direitodoestado.com. Acesso em: 31 jan. 2019. Esse estudo vem sendo utilizado por diversos órgãos do Ministério Público para sustentar a inconstitucionalidade da criação e da atuação de novos serviços sociais autônomos, e esta pesquisa irá demonstrar, debater e discordar desse posicionamento.

[5] NUNES JÚNIOR, Vidal Serrano. *A cidadania social na Constituição de 1988*: estratégias de positivação e exigibilidade judicial dos direitos sociais. São Paulo: Editora Verbatim, 2009. As ideias de cidadania social na Constituição de 1988, especialmente a positivação por meio de normas constitucionais consagradoras de garantias institucionais e a discussão do âmbito de incidência normativa das garantias institucionais originariamente oriundas do direito privado, faz-se presente ao longo desta tese na defesa de dispositivos constitucionais de relevante importância consagradores dos serviços sociais autônomos para o desenvolvimento e o fortalecimento da saúde e da educação, por exemplo. Além disso, estuda-se como limite constitucional de atuação do serviço social autônomo as normas constitucionais que impõem a cidadania social no ambiente corporativo e o princípio constitucional da proibição de retrocesso institucional, garantindo-se a longevidade institucional e o *status* de cidadania corporativa ao desempenho das atividades da entidade.

[6] DAVID ARAÚJO, Luiz Alberto. *Pessoa com deficiência e o dever constitucional de incluir*: a Ação Direta de Inconstitucionalidade n° 5357; uma decisão vinculante e muito sinais inequívocos. São Paulo: Editora Verbatim, 2018. A pesquisa explora o princípio da igualdade e as bases constitucionais da inclusão da pessoa com deficiência para defender a acessibilidade aos serviços, aos cargos e às atividades dos serviços sociais autônomos como direitos das pessoas com deficiência e, por consequência, a positivação e uma maior densidade normativa da inserção dentro das entidades.

[7] Diz o orientador desta tese, no segundo semestre de 2016, ao lembrar dos paradoxos e dos fracassos do Estado brasileiro, bem como de uma das contradições vivenciadas nas últimas décadas, *in verbis*: "Refiro-me à criação, em 1979 – na fase de abertura do regime militar –, do Ministério Extraordinário da Desburocratização, que existiu até 1986 e foi um dos pilares do então Programa Nacional de Desburocratização, criado pelo Decreto 83740/1979. A pergunta é intuitiva: seria necessária a criação de um aparato burocrático para promover a desburocratização? Precisamos burocratizar para desburocratizar? O fracasso do mencionado programa pode ser sentido por todos nós que, no dia a dia, lidamos, de alguma

vem sendo objeto cotidiano da minha atividade profissional como procurador do Distrito Federal no Tribunal Administrativo de Recursos Fiscais (Tarf)[8], consultor jurídico da Associação Brasileira dos Sebrae Estaduais (Abase)[9] e advogado atuante na esfera do Direito Constitucional, Tributário e Administrativo de diversas entidades do Sistema S e, outrossim, o contexto dos intensos debates no seio da sociedade, dos governos e da jurisprudência dos Tribunais acerca do papel dos serviços sociais autônomos e sua influência nas recentes transformações políticas e sociais de nosso país.

Decerto, os serviços sociais autônomos, a cada dia, ganham em relevância para a sociedade brasileira, e, hoje, no âmbito federal, compõem essa forma de organização o Serviço Social da Indústria (Sesi), o Serviço Social do Comércio

---

forma, com o Poder público. E, mesmo após o fim da ditadura, o Governo Federal, em mais de uma gestão, demonstrou que era preciso persistir na tarefa de 'reduzir a interferência do Governo na atividade do cidadão e do empresário e abreviar a solução dos casos em que essa interferência é necessária, mediante a descentralização das decisões, a simplificação do trabalho administrativo e a eliminação de formalidades e exigências cujo custo econômico ou social seja superior ao risco'. Basta lembrar de dois exemplos mais recentes: a criação, durante o primeiro governo do presidente Luiz Inácio Lula da Silva, do Programa Nacional de Gestão Pública e Desburocratização pelo Decreto nº 5.378/2005; e o anúncio, pela presidente Dilma Rousseff, durante a primeira reunião ministerial de seu segundo mandato, em janeiro de 2015, do lançamento do Programa de Desburocratização e Simplificação das Ações do Governo" (DIAS, Roberto. Prefácio. In: FREITAS, Aline Akemi. *Direito à cultura e Terceiro setor*: a democracia, o encorajamento e o controle por resultado. Rio de Janeiro: Lumen Juris, 2016. p. 13).

[8] Recentemente, por exemplo, em julgamento de 09/05/2019, com base em parecer da nossa lavra, compreendeu o Pleno do Tarf-DF que o Serviço Brasileiro de Apoio às Micro e Pequenas Empresas (Sebraer) tem assento constitucional e, como serviço social autônomo, tem o benefício da imunidade constitucional condicionada, *in verbis*: "PROCESSO: 0125-000828/2017 – SEI/DF, Recurso de Jurisdição Voluntária nº 168/2017, Tributo IPTU, Requerente: SERVIÇO BRASILEIRO DE APOIO ÀS MICRO E PEQUENAS EMPRESAS (SEBRAE). Requerida: Subsecretaria da Receita. Relator: Conselheiro Sebastião Hortêncio Ribeiro. Data do Julgamento: 9 de maio de 2019. ACÓRDÃO DO TRIBUNAL PLENO Nº 127/2019. EMENTA. IPTU. IMUNIDADE. SERVIÇOS SOCIAIS AUTÔNOMOS. REQUISITOS. ATENDIMENTO. Comprovado nos autos que os serviços sociais autônomos prestados pela recorrente estão alcançados pela imunidade prevista no art. 150, inciso VI, alínea *c* da CF/88, e demonstrado o atendimento dos requisitos do art. 14 do CTN, o reconhecimento do beneplácito constitucional é medida que se impõe. Recurso de Jurisdição Voluntária a que se dá provimento. DECISÃO: acorda o Pleno do TARF, à unanimidade, conhecer do recurso para, à maioria de votos, dar-lhe provimento, nos termos do voto da Cons. Maria Helena de Oliveira, com declaração de voto. Foram votos vencidos o dos Cons. Relator, Rudson Bueno, Cejana Valadão e Cordélia Cerqueira. Sala das Sessões, Brasília/DF, 29 de maio de 2019. JOSÉ HABLE-Presidente, MARIA HELENA L. P. X. DE OLIVEIRA-Redatora".

[9] É uma organização representativa dos Sebrae estaduais, criada sob a forma de sociedade civil sem fins lucrativos, com sede e foro em Brasília/DF e possui como associados os 27 Sebrae estaduais. Atua em defesa do Sistema Sebrae e do segmento das micro e pequenas empresas.

(Sesc), o Serviço Nacional de Aprendizagem da Indústria (Senai), o Serviço Nacional de Aprendizagem do Comércio (Senac), o Serviço Brasileiro de Apoio às Micro e Pequenas Empresas (Sebrae), o Serviço Nacional de Aprendizagem Rural (Senar), o Serviço Nacional do Transporte (Sest), o Serviço Nacional de Aprendizagem do Transporte (Senat), o Serviço Nacional de Aprendizagem das Cooperativas (Sescoop), a Associação das Pioneiras Sociais (APS) – Rede Sarah ou Centro de Reabilitação Sarah Kubitschek, a Agência de Promoção de Exportações do Brasil (Apex-Brasil), a Agência Brasileira de Desenvolvimento (Abdi), a Agência Nacional de Assistência Técnica e Extensão Rural (Anater), a Agência para o Desenvolvimento da Atenção Primária à Saúde (Adaps)[10] e a Agência Brasileira de Promoção Internacional do Turismo (Embratur)[11]. Nesse sentido, dados oficiais da Receita Federal do Brasil demonstram a arrecadação, nos anos de 2015 a 2019, de contribuições sociais tributárias do Sesi, do Sesc, do Senai, do Senac, do Sebrae, do Senar, do Sest, do Senat, do Sescoop, da Apex-Brasil e da Abdi, que somaram o valor de, aproximadamente, R$ 86 bilhões [12].

Registra-se, por sua vez, a autorização, em 12 de setembro de 2018, por meio da Medida Provisória (MP) nº 850, para a criação, pelo chefe do Poder Executivo federal, do serviço social autônomo denominado de Agência Brasileira de Museus (Abram)[13], e, na sequência, em 12 de novembro de 2018, a rejeição

---

[10] A Medida Provisória nº 890, de 01/08/2019, autorizou o Poder Executivo federal a instituir esse serviço social autônomo com a finalidade de promover, em âmbito nacional, a execução de políticas de desenvolvimento da atenção primária à saúde. Assim sendo, o Plenário do Senado aprovou, no dia 27/11/2019, a criação do programa Médicos pelo Brasil, que substitui o Mais Médicos e tem por objetivo ampliar a oferta de serviços médicos em locais afastados ou com população vulnerável. O projeto de lei de conversão (PLV 25/2019) seguiu para sanção presidencial e foi publicado em.

[11] A Medida Provisória nº 907, de 26/11/2019, autorizou o Poder Executivo federal a instituir esse serviço social autônomo com o objetivo de planejar, formular e implementar ações de promoção comercial de produtos, serviços e destinos turísticos brasileiros no exterior, em cooperação com a administração pública federal.

[12] Soma de valores feita com base nos dados disponibilizados pela Receita Federal do Brasil. Disponível em: http://receita.economia.gov.br/dados/receitadata/arrecadacao/arrecadacao--de-contribuicoes-destinadas-aos-servicos-sociais-autonomos/. Acesso em: 2 jan. 2020.

[13] Segundo o art. 1º da citada medida provisória, ficava o Poder Executivo federal autorizado a instituir a Agência Brasileira de Museus – Abram, serviço social autônomo, na forma de pessoa jurídica de direito privado sem fins lucrativos, de interesse coletivo e de utilidade pública, com a finalidade de gerir instituições museológicas e seus acervos e promover o desenvolvimento do setor cultural e museal. Os objetivos da Abram eram: (i) estimular a participação de instituições museológicas e centros culturais com acervos em políticas públicas nacionais do setor museal e em ações de preservação, restauração, reconstrução, recuperação, investigação e gestão do acervo e do patrimônio cultural musealizado; (ii) desenvolver e executar programas e ações que viabilizem a preservação, a promoção e a sustentabilidade do patrimônio museológico brasileiro; (iii) estimular, apoiar e dar suporte técnico à criação e ao fortalecimento de instituições museológicas; (iv) promover o estudo,

da autorização pela Câmara dos Deputados, que, por não haver acordo entre os parlamentares e a atual gestão do governo não ter demonstrado interesse pela matéria, a medida não tem mais qualquer efeito, e o tema foi arquivado no Congresso Nacional. Ainda no plano federal, em razão da relevância, registra-se a tentativa de criação do serviço social autônomo denominado de Agência Brasileira de Negócios (Invest-Brasil) pelo Projeto de Lei do Senado (PLS) nº 526, de 2015, de autoria do senador Hélio José e que foi rejeitado com base em parecer do senador José Pimentel na Comissão de Assuntos Econômicos, por vício de iniciativa parlamentar e por se compreender que a participação do Estado na criação de serviço social autônomo se dá simplesmente para incentivar a iniciativa privada, mediante garantia de subvenção, e não pode realizar atividades que são incumbidas ao Estado, como as ações de planejar e de coordenar a política de investimento do país[14].

Na esfera federativa estadual, destaca-se, em primeiro plano, o estado do Paraná, com o Paranae ducação, o Paran aprevidência, a Ecoparaná – criada em 1998 e transformada, em 2013, no Paraná Projetos –, o Paraná Tecnologia, o Paranacidade e a Agência Paraná de Desenvolvimento. Já no estado de Minas Gerais, a Caixa Beneficente dos ex-Guardas Civis e Fiscais de Trânsito de Minas

---

a preservação, a valorização e a divulgação do patrimônio cultural sob a guarda de instituições museológicas; (v) contribuir para a divulgação e a difusão, em âmbito nacional e internacional, dos acervos museológicos brasileiros; (vi) promover a permanente qualificação e valorização dos recursos humanos do setor museal brasileiro; (vii) gerir instituições museológicas; (viii) desenvolver processos de comunicação, educação e ação cultural relativos ao patrimônio cultural sob a guarda de instituições museológicas; (ix) estimular e promover ações de ampliação da acessibilidade nas instituições museológicas; (x) adotar medidas para a participação social nos processos de identificação e definição do patrimônio a ser musealizado; (xi) realizar estudos com as estimativas de impacto das ações no âmbito do setor museal; e (xii) desenvolver atividades afins, em especial aquelas voltadas à inovação e ao emprego de tecnologia na requalificação de museus e centros culturais com acervo.

14 Disse o Senador José Pimentel, na Comissão de Assuntos Econômicos (CAE), *in verbis*: "Outrossim, cumpre-nos destacar que as pessoas jurídicas de direito privado criadas pelo Estado têm a função primordial de permitir que este atue como agente econômico quando tal atuação for necessária aos imperativos de segurança nacional ou a relevante interesse coletivo, conforme definido em lei (art. 174, *caput*, CF). Assim, ficam de fora da sua área de atuação as funções típicas do Estado, cabendo estas somente à Administração Direta e às suas autarquias, uma vez que estão integralmente sujeitas ao regime jurídico de direito público. Portanto, atividades típicas de Estado, como a condução da política nacional de investimentos, devem estar sob responsabilidade de um ente público, tal qual ocorre com a condução da política monetária, que, apesar de ser descentralizada, está nas mãos do Banco Central, uma autarquia federal, criada pela Lei nº 4.595, de 31 de dezembro de 1964. Todavia, o projeto em tela visa atribuir atividade exclusiva do Estado a um ente que, além de ser de direito privado, sequer integra a administração pública direta ou indireta, já que serviços sociais autônomos são entidades paraestatais que funcionam de forma paralela ao Estado sem integrá-lo. Realizam uma atividade de interesse público, porém, não um serviço público ou uma atividade própria do Estado".

INTRODUÇÃO | **XXXV**

Gerais (CBGC) e o Serviço Social Autônomo Servas (SSA-Servas); no Amapá, o Instituto de Pesquisa e Desenvolvimento em Administração Pública (Ipesap), criado em 1999 e extinto em 2002; no Amazonas, o Fundo Previdenciário do Estado do Amazonas (Amazonprev), criado em 2001 e transformado em 2011; em São Paulo, a Agência Paulista de Promoção de Investimentos e Competitividade (Investe SP); no Acre, o Serviço Social de Saúde do Acre (Pró-Saúde); em Alagoas, o AL Previdência, criado em 2009 e extinto em 2015; no Mato Grosso, o Instituto Mato-grossense da Carne (Imac); e, por fim, no Distrito Federal, o Instituto Hospital de Base do Distrito Federal (IHBDF).

No âmbito municipal, destacam-se: em Curitiba, o Instituto Curitiba de Saúde (ICS); em Manaus, o Fundo Único de Previdência de Manaus (Manausprev), criado em 2005 e extinto em 2013; em Petrópolis, o Fundo de Saúde dos Servidores Públicos do Município de Petrópolis (FSSPMP), instituído em 2002 e liquidado extrajudicialmente pela Agência Nacional de Saúde Suplementar (ANS) em 2012, e o Hospital Alcides Carneiro (Sehac); em São Paulo, a Agência São Paulo de Desenvolvimento (AdE Sampa) e a São Paulo Negócios (SP Negócios); em Belo Horizonte, o serviço social autônomo Hospital Metropolitano Doutor Célio de Castro (HMDCC); e, em Varginha, o Instituto de Saúde dos Servidores Públicos de Varginha (ISA/VG).

Em verdade, verifica-se, ao contrário do que sustenta a doutrina tradicional, no sentido de que os serviços sociais autônomos devem atuar em atividades puramente vinculadas à assistência social ou ao ensino profissional de certos grupos sociais ou categorias profissionais, com recursos derivados de contribuições tributárias e/ou dotações orçamentárias, que, além dessas fundamentais atividades vinculadas a grupos sindicais, os serviços sociais autônomos vêm crescendo com contribuições relevantes em serviços voltados para toda a coletividade na área de seguridade social, promovendo grandes saltos na saúde pública, na previdência social e no desenvolvimento social nacional de políticas econômicas de interesse coletivo e utilidade pública para a geração de novos postos de empregos e consequente integração ao mercado de trabalho.

Nesse contexto, a sociedade brasileira vem discutindo criticamente e constantemente a criação, o papel, a gestão e a distribuição dos recursos recebidos do poder público e a transparência da atuação dos serviços sociais autônomos no mundo contemporâneo do trabalho, na sociedade e na economia do país. Por exemplo, na Câmara dos Deputados, o Projeto de Lei (PL) nº 10.568/2018, que autoriza a criação, pelo governo brasileiro, do Serviço Nacional de Aprendizagem da Educação (Senaed) e do Serviço Social da Educação (Sesed)[15]. Por sua vez, o

---

[15] No caso, o autor do projeto, ex-deputado federal Mendonça Filho, que teve apensado ao seu projeto o Projeto de Lei nº 11.089/2018, do atual deputado Átila Lira, cita as iniciativas bem-sucedidas do Senac e do Sesc e afirma, *in verbis*: "A criação de um sistema exclusivo para profissionais da educação suprirá lacunas com relação ao setor educacional, que é

Projeto de Lei nº 559/2015, do atual deputado federal Jorge Solla, desvincula os estabelecimentos da saúde do Sistema S do comércio e prevê que a Confederação Nacional de Saúde, Hospitais, Estabelecimentos e Serviços (CNS) ficará incumbida de criar, organizar e administrar o Serviço Social da Saúde (Sess) e o Serviço Nacional de Aprendizagem da Saúde (Senass). Esse projeto teve reabertura do prazo para emendas com cinco sessões a partir de 18 de abril de 2019, na Comissão de Seguridade Social e Família (CSSF), e, em 7 de maio de 2019, teve encerrado o prazo para emendas ao projeto[16].

---

considerado estratégico para o desenvolvimento do País". O objetivo, dessa forma, do Senaed e do Sesed, seria organizar, administrar e executar, em todo o território nacional, direta ou indiretamente, ações e medidas que contribuam para o bem-estar social e a melhoria do padrão de vida dos trabalhadores em estabelecimentos de ensino e suas famílias. Os recursos, conforme a proposta, serão constituídos de: (i) atuais contribuições compulsórias dos estabelecimentos privados de ensino recolhidas em favor do Senac e do Sesc, que passarão a ser recolhidas em favor do Senaed e do Sesed, isto é, a partir da publicação da lei, cessariam os vínculos e obrigações mútuas entre os estabelecimentos particulares de ensino e o Senac e o Sesc, cujo patrimônio mobiliário e imobiliário não poderá ser afetado retroativamente por esse fato; (ii) receitas operacionais; (iii) multas arrecadadas por infração de dispositivos e regulamentos e oriundos da lei, caso aprovada; (iv) outras contribuições, doações e legados, verbas ou subvenções decorrentes de convênios celebrados com entidades públicas ou privadas, nacionais ou internacionais. Salienta-se, segundo o projeto de lei, no mínimo, 30% da receita do Senaed para cursos e programas voltados à formação e à capacitação dos professores da educação básica pública. Além disso, o projeto prevê estrutura organizacional em que cada um deles teria conselho nacional, um departamento executivo e conselhos regionais. Interessante citar parecer do então deputado Danilo Cabral, em 12/12/2018, que votou pelas aprovações dos dois projetos de lei, a saber: "É meritória a iniciativa em comento. Faz sentido a criação de serviços direta e exclusivamente voltados para os estabelecimentos de ensino, atualmente vinculados ao Senac e Sesc. Como bem afirma o autor do projeto, hoje 'competem ao Senac e Sesc a formação, qualificação e aperfeiçoamento dos profissionais atuantes nos estabelecimentos de ensino, bem como o atendimento pelo serviço social. No entanto, é notória a distinção entre o trabalho prestado por estes profissionais da educação e aqueles que trabalham exclusivamente no comércio'. Além disso, a proposição destina um mínimo de 30% (trinta) por cento das receitas do Senaed para a formação e capacitação de professores da rede pública de educação básica. Finalmente, *em se tratando de entidades educacionais, certamente não se encontra melhor perfil institucional para cuidar da qualificação de seus profissionais e para oferecer-lhes o mais adequado atendimento social.* [...] Tendo em vista o exposto, voto pela aprovação do Projeto de Lei nº 10.568/2018, do senhor deputado Mendonça Filho, e do Projeto de Lei nº 11.089/2018, do senhor deputado Átila Lira" (Disponível em: https://www.camara.leg. br/proposicoesWeb/prop_mostrarintegra?codteor=1699181&filename=PRL+2+CE+%3D %3E+PL+10568/2018. Acesso em: 14 nov. 2019, grifos nossos).

16 O atual deputado federal Darcisio Perondi, em parecer na Comissão de Seguridade Social e Família, votou pela aprovação do PL e fez louvor com considerações bem fundamentadas, a saber: "Não é demais enfatizar que, em um mundo globalizado e altamente competitivo, torna-se mais do que urgente às organizações terem, em seus quadros, profissionais da mais alta qualificação e capacitação. Em se tratando do setor de prestação de serviços de saúde, essa exigência é ainda maior. Além de a instituição de saúde ser uma das mais complexas

INTRODUÇÃO | **XXXVII**

que existem, o produto trabalhado é a própria integridade humana, que é um bem inestimável e insubstituível. Só teremos uma qualificação adequada, que atenda integralmente as necessidades dos trabalhadores, das instituições e do mercado, se os programas forem elaborados com base nas realidades existentes que, por conterem peculiaridades bem marcantes, exigirão estratégias e conteúdos diferenciados e específicos. Somente quem ostenta conhecimento pela vivência e convivência setoriais está realmente habilitado a programar e executar qualificada formação profissional. Note-se que, nesse contexto da crescente especialização, foram criados o Senar (Serviço Social da Agricultura) e, mais recentemente, o Sescoop (Serviço Social do Cooperativismo) e o sistema Sest/Senat (Serviço Social do Transporte). A criação do sistema Sess/Senass atenderá aos anseios tanto da Confederação Nacional de Saúde (CNS) quanto da Confederação Nacional dos Trabalhadores em Saúde (CNTS), da Confederação Nacional dos Trabalhadores em Seguridade Social (CNTSS), do Ministério da Saúde (MS), enfim, de todos os órgãos representativos dos serviços de saúde. Irá satisfazer também as demais entidades representativas, dos diversos segmentos da saúde, como é o caso da Confederação das Santas Casas de Misericórdia, Hospitais e Entidades Filantrópicas (CMB), da Federação Brasileira de Hospitais (FBH) e do conglomerado das entidades representativas do segmento de Medicina Alternativa. *Não se trata, pois, de reivindicação isolada, mas de anseio histórico de líderes filantrópicos e caritativos, dirigentes sindicais e fundacionais, cooperativistas, profissionais liberais especializados e, sobretudo, de milhões de trabalhadores ansiosos por melhor qualificação e credores de maior assistência que, com o Sess e o Senass, se realizará.* Do ponto de vista do Ministério da Saúde, os itens elencados a seguir são alguns determinantes para a criação do Sistema Sess e do Senass: a) são 284.261 mil as instituições de saúde no País; b) o setor de saúde é responsável por 9,7% do PIB nacional; c) a Constituição Nacional reconhece no SUS o caráter complementar do setor privado, bem como não veda a assistência à saúde à iniciativa privada; d) incluem-se nas atribuições do SUS constitucional o ordenamento da formação de recursos humanos e, nesse período, a educação dos profissionais de saúde realizado pelo setor público ou pelo setor privado complementar ou, ainda, pela iniciativa privada estará submetida à regulamentação, controle e fiscalização do SUS; e) as ações e os serviços de saúde são considerados pela Constituição como de relevância pública, obrigando-se à regulamentação, controle e fiscalização do poder público, assim, a base patronal do setor da saúde não pode omitir-se da participação na construção da relevância social da saúde, inclusive no tocante à formação e ao desenvolvimento profissional, lazer educativo e crescimento intelectual e social dos trabalhadores do setor; f) o reconhecimento dos serviços de saúde como economia distinta dos serviços de comércio promove a afirmação oficial, moral e legal de que o setor sanitário não é setor comercial, mas setor de serviços de saúde; que seus profissionais não são comerciais, mas relações de cuidado à saúde ou clínico-terapêuticas; g) o setor de serviços de saúde foi desobrigado pelo STF do recolhimento do ICMS, passando os mesmos a recolherem tão somente o ISS, sendo criada a Confederação Nacional da Saúde desmembrada da Confederação Nacional do Comércio; h) o sistema Sesc/Senac, mesmo após a entrada em vigor de legislação nacional que obrigava a profissionalização dos atendentes nas ações e serviços de saúde, não desenvolveu programas de educação profissional ou de proteção da empregabilidade ao pessoal ocupacional, obrigando o Ministério da Saúde a desenvolver políticas públicas para a formação do pessoal das áreas estatal, privada complementar ou suplementar e da iniciativa privada. Por fim, ressalte-se que o projeto em tela não gerará novos encargos, quer para o setor privado, quer para o setor público, e muito menos para os estabelecimentos vinculados ao setor de saúde. Redirecionará tão somente os recursos, hoje canalizados para a área do comércio (Sesc/Senac), para entidades específicas do setor

Nessa legislatura, noutro importante exemplo, o senador Jorge Kajuru apresentou o Projeto de Lei nº 3.469/2019, que cria o serviço nacional de apoio à pessoa idosa com dependência, a ser prestado pelas entidades constituintes do Sistema S. Isto é, obriga-se as entidades do Sistema S a cooperarem e a dividirem entre si, na proporção dos públicos por elas servidos, as atividades de apoio a idosos que dependam de outras pessoas para a realização das atividades da vida diária que sejam relevantes para eles[17].

---

de saúde, a fim de serem aplicados na assistência, formação e qualificação dos trabalhadores da saúde, não importando seu local de trabalho ou a sua vinculação. O Projeto de Lei nº 559, de 2015, de autoria do nobre deputado Jorge Solla, tem o claro objetivo de atender a uma necessidade do setor saúde, que hoje não está contemplado nas suas necessidades, tanto nas atividades da assistência social quanto na capacitação profissional de seus trabalhadores" (Disponível em: https://www.camara.leg.br/proposicoesWeb/fichadetramitacao?idPropos icao=961546. Acesso em: 14 nov. 2019).

[17] Para fins da lei, considera-se pessoa com dependência aquela com mais de sessenta anos e que, em razão de doença ou de acidente, experimenta limitação ao desempenho das atividades da vida diária consideradas rotineiras e normais para uma pessoa idosa. Por sua vez, são objetivos dos serviços, programas e projetos de cuidados, a saber: "(i) estimular a capacidade funcional e a autonomia da pessoa idosa, bem como sua inclusão social; (ii) criar uma rede de serviços de cuidados continuados e integrados de apoio social e de saúde à pessoa em situação de dependência beneficiárias do *Sistema S*; (iii) prover ações e serviços que garantam a reabilitação, a promoção da autonomia e a melhoria da funcionalidade e da condição de dependência da pessoa que necessite de cuidado de longa duração; (iv) promover a capacitação e a educação permanente de cuidadores; (v) promover e apoiar estudos e pesquisas na área da reabilitação e da efetivação dos serviços de cuidado das pessoas idosas em situação de dependência atendidas pelo *Sistema S*; (vi) promover a articulação de ações e a elaboração de planos de atuação no âmbito da União, dos Estados e dos Municípios, de acordo com as especificidades do *Sistema S* e de sua rede de intervenção, para pessoas idosas com dependência e para suas famílias, com participação de profissionais de saúde, de assistência social, de educação e de órgãos de promoção, proteção e defesa de direitos. Doutro ponto, na justificativa do PL, em 12/06/2019, o senador Jorge Kajuru assim expõe suas razões: No campo do apoio às pessoas idosas, pusemos em vigor o excelente Estatuto da Pessoa Idosa (Lei nº 10.741, de 1º de outubro de 2003), que consolidou os esforços que vinham sendo feitos em obediência à Carta Magna. Mas conformar-se nunca é o bastante em uma sociedade da dimensão da nossa. O Estado brasileiro, nos anos 1940, viu a possibilidade de dividir, com a iniciativa privada, atividades formadoras e assistenciais, na medida em que ficou claro que ambas as partes se beneficiariam. Assim, ao longo de décadas, foram sendo criados serviços sociais e de aprendizagem de diversos setores componentes da economia nacional: a indústria, o comércio, o transporte, o cooperativismo e a agropecuária. São nossos conhecidos: o Sesi, o Sesc, o Senai, o Senac, o Senar, o Senat, o Sest e o Sescoop. Juntos, eles formam o denominado *Sistema S*, respeitado por todo o Brasil por causa de sua excelência e compromisso social. Mas sua força depende da capacidade que tem o Estado de tributar as empresas para custear as atividades de formação e de assistência. Isso significa que, não obstante o caráter de direito privado que tem o *Sistema S*, sua natureza e sua origem longe estão de reduzir-se ao sentido clássico daquele termo. Sua origem e natureza encontram-se na junção entre o interesse público e o privado, e funciona assim: o Estado impõe o tributo às empresas integrantes de cada um dos setores econômicos que mencionamos, recolhe-os

Doutro ponto, as audiências públicas no Parlamento brasileiro sobre os serviços sociais autônomos acontecem com bastante frequência. Em 28 de maio de 2015, por exemplo, a gestão dos recursos e a transparência do Sistema S foram questionadas pelo então senador Ataídes Oliveira, afirmando-se que o Sistema S atua com baixa transparência e, embora seja mantido com recursos públicos, viola a Constituição e várias leis ao adotar diversos procedimentos incompatíveis com tal condição, como a contratação de pessoal sem concursos públicos e a não submissão a instituições de controle. Nessa mesma audiência pública, vários senadores destacaram o papel do Sistema S na formação profissional de milhões de brasileiros, atuando de forma eficiente e suprindo deficiências do sistema educacional do país, bem como que decisões judiciais do STF legitimariam os processos seletivos de pessoal adotados pelo Sistema S, com declarações de congressistas de que "[...] nada neste país é mais fiscalizado que o Sistema S"[18].

Nesse rumo, em 30 de maio de 2019, o deputado federal Glaustin da Fokus, responsável pela audiência pública "Desafios do Sistema S", na Comissão de Desenvolvimento Econômico, Indústria, Comércio e Serviços da Câmara dos Deputados (Cdeics), defendeu a manutenção de investimentos nas entidades voltadas à educação básica, ao ensino profissionalizante, à inovação tecnológica, à assistência social, ao lazer e à saúde[19]. Noutro exemplo, em 09 de julho de 2019, a Comissão de Trabalho, de Administração e Serviço Público da Câmara dos Deputados discutiu o papel do Sistema S no país, dando oportunidade para que as organizações das entidades corporativas voltadas para o treinamento profissional, a assistência social, a consultoria, a pesquisa e a assistência técnica expusessem o serviço que prestam a milhões de brasileiros[20].

---

e os repassa às instituições do *Sistema S*, as quais, assim, custeiam suas atividades para seu público-alvo, os trabalhadores daquele setor e seus familiares. [...] Ora, conforme vemos, é chegada a hora de direcionar, sem dirigismo e respeitando a autonomia administrativa e gerencial de quem sabe fazer isso, as capacidades do *Sistema S* para o atendimento das necessidades de uma parte de seus beneficiários – as pessoas idosas com dependência, conforme definido na proposição. O Estado já se desincumbe dessa tarefa em quase toda a sociedade. Mas faltam-lhe recursos que, acreditamos, estão presentes no *Sistema S*. Esta proposição une fios que estavam soltos: as capacidades do *Sistema S*, os direitos das pessoas idosas suas beneficiárias e o poder tributário do Estado. A proposição amarra tais fios, formando uma boa corda de justiça social, igualdade e respeito. Por essas razões é que pedimos aos nobres pares apoio a esta proposição" (Disponível em: https://www25.senado.leg.br/web/atividade/materias/-/materia/137262. Acesso em: 15 nov. 2019).

[18] Disponível em: https://www12.senado.leg.br/noticias/materias/2015/05/28/gestao-dos--recursos-do-sistema-s-e-questionada-em-audiencia-publica. Acesso em: 10 set. 2019.

[19] Disponível em: https://www.sistemafieg.org.br/noticia-camara-dos-deputados-discute--sistema-s. Acesso em: 10 nov. 2019.

[20] O deputado Paulo Ramos, que propôs a audiência, ressaltou que o "Sistema S oferece educação básica e profissional, tecnologia e inovação, saúde e segurança para os trabalhadores, cumprindo, no uso dos recursos da contribuição compulsória, a missão conferida pela

Noutro ponto, os governos federais, ao longo do tempo, vêm propondo alterações no sistema de gestão e distribuição dos recursos arrecadados pelas entidades dos serviços sociais autônomos. Em 2008, em face do fim da Contribuição Provisória sobre Movimentações Financeiras (CPMF), o Poder Executivo propôs a alteração do destino de parte da arrecadação do Sistema S para a criação de um Fundo Nacional de Formação Técnica e Profissional (Funtep), e, assim, as entidades passariam a seguir diretrizes fixadas em lei e pelo Estado para o uso de suas verbas, ou seja, uma espécie de estatização das entidades[21]. Em 2015, como forma de reduzir o déficit do Orçamento da União Federal de 2016, o Poder Executivo propôs a retenção de até 30% do valor repassado ao Sistema S, tratando-se, na verdade, de verdadeiro confisco[22]. Em dezembro de 2018, o ain-

---

Constituição Federal. Os serviços de aprendizagem são importantes aliados do desenvolvimento do País no esforço para melhorar a qualidade da educação, elevar a escolaridade dos brasileiros e criar ambientes de trabalho seguros e saudáveis" (Disponível em: https://www.camara.leg.br/noticias/561800-COMISSAO-DE-TRABALHO-DISCUTE-PAPEL--DO-SISTEMA-S. Acesso em: 16 nov. 2019).

[21] Na época, houve diversas críticas, a saber: (i) "Uma tentativa de estatizar uma coisa que vem dando certo nos últimos 60 anos. São instituições que muito têm contribuído com o processo de formação de mão de obra, processo esse reconhecido por todos nós, inclusive pelo presidente Lula, que, no passado, foi um dos alunos dos cursos do Senai de São Paulo, onde aprendeu o ofício de torneiro mecânico", disse o Senador Aldemir Santana; (ii) "Desde os anos 1940, quando foi iniciado o Sistema S, as administrações estaduais das entidades é que escolhem objetivos e prioridades e decidem como e com que gastar. Descentralização e estabilidade de projetos são responsáveis pelo êxito do sistema. Na contramão, o Funtep ameaça romper com uma cultura de atendimento e prestação de serviços de alta relevância para a expansão industrial, aumentará o déficit de recursos humanos qualificados, ampliará as desigualdades regionais devido à menor mobilidade do investimento para as novas regiões produtivas e haverá uma crescente desatualização tecnológica das indústrias", advertiu a CNI; (iii) "A tentativa do governo federal de apropriar-se de recursos do Sistema S é gesto de retaliação, É duvidoso o pretexto dado pelo governo de ampliar os serviços sociais e a qualificação profissional que essas entidades já promovem há mais de meio século no Brasil, com incontestável sucesso", disse o senador Geraldo Júnior; (iv) "É radical o projeto do governo, pois prevê desde alterações nas alíquotas de recolhimento até o destino para aplicação dos recursos. Eventuais distorções do Sistema S não justificam a criação do fundo, pois elas poderiam ser corrigidas na própria lei, determinando a gratuidade dos cursos", afirmou deputado federal Paulo Renato. (*Jornal do Senado*, Brasília, 2 a 8 de junho de 2008, p. 8-9).

[22] Disse, à época, *Luís Eulálio de Bueno Vidigal Filho,* em artigo intitulado "O golpe do Estado no Sistema S", *in verbis*: "Para surpresa e perplexidade geral, num conjunto de medidas para ajustar e reequilibrar as contas da União, parlamentares e o Governo Federal apresentaram a irracional proposta de confisco de mais de 30% da receita compulsória das instituições do Sistema S. É um desatino. Um ato de desespero semelhante a um abraço de afogado, que ao tentar salvar-se leva ao fundo o próprio salvador. O golpe no Sistema S é fruto da incompetência e da falta de visão do Governo Federal quanto aos reais interesses coletivos do Brasil. Os prejuízos serão irreparáveis. O desenvolvimento nacional será comprometido de modo muito grave. Haverá forte redução dos serviços de assistência e formação técnica e escolar, com perda de profissionais qualificados e ociosidade da capacidade instalada. Os

INTRODUÇÃO | **XLI**

da postulante ao cargo de ministro da Economia, Paulo Guedes, disse que teria que "[...] meter a faca no Sistema S. Se o interlocutor é inteligente, preparado e quer construir, como o Eduardo Eugênio, corta 30%. Se não, corta 50% [...]"[23]. Essas alterações, em regra, momentâneas, de acordo com a conveniência e a oportunidade de determinados dirigentes políticos ou ocupantes temporários de cargos de confiança, estão de encontro a instituições historicamente sólidas que prestam um bom serviço à sociedade brasileira, além de contrariar normas de conduta e normas organizacionais que são longevas e consolidadas contra o enfrentamento de diversas crises fiscais ao longo dos tempos[24].

---

maiores ônus, entretanto, serão da sociedade, empresas, trabalhadores e do País. É melancólico constatar a falta de percepção dos nossos governantes quanto à relevância estratégica de instituições de reconhecido valor econômico e social". No mesmo sentido, disse Albano Franco, em artigo denominado "A crise fiscal e o Sistema S", a saber: "A atual crise fiscal e outras que advirão, caso não se façam reformas profundas, bem atestam o descaso do governo para com as finanças públicas. Para 'resolver' problemas de caixa, antes mesmo de qualquer enxugamento sério de despesas, simplesmente propõe a criação de impostos e, ainda, avança nos recursos que são eficazmente aplicados pelo empresariado na educação profissional e em programas de inclusão social – como é o caso da contribuição compulsória, fonte constitucional dos recursos do Sesi, Senai, Sesc, Senac e Sebrae. Esta não é primeira vez que isto acontece. Logo que assumi a presidência da Confederação Nacional da Indústria, em 1981, também por problemas de caixa o governo da época tentou resolver parte de seus problemas com os recursos do Sistema S. Travamos uma luta enorme para que isto não ocorresse. Prevendo que tais incursões continuariam a acorrer, consegui, como senador constituinte, aprovar dispositivo (Constituição Federal, art. 240) que consagrou definitivamente a contribuição compulsória como fonte de financiamento constitucional do Sistema S. Oxalá seja respeitada a Constituição e não haja qualquer desvio desses recursos para tapar buracos fiscais" (Disponível em: https://oglobo.globo.com/opiniao/a-crise-fiscal-o-sistema-s-17607015. Acesso em: 16 nov. 2019).

[23] Disponível em: https://exame.abril.com.br/economia/guedes-gasto-publico-gerou-zoeira-total-e-previdencia-desigualdade/. Acesso em: 8 set. 2019. Na mesma linha, afirmou o então secretário da Receita Federal do Brasil Marcos Cintra: "Poderá implicar redução de encargos e revisão de atividades do Sistema S. Certo enxugamento e transferência para financiamento privado poderá ser saudável. Estamos fazendo as contas, mas poderia ser 30%, 50%. Vamos ver quais atividades são essenciais e possuem características de bens públicos" (Disponível em: https://oglobo.globo.com/economia/corte-no-sistema-pode-chegar-50-diz-futuro-secretario-da-receita-federal-23311605. Acesso em: 13 out. 2019).

[24] Nesse sentido, Marcelo Figueiredo, em artigo intitulado "O Sistema S pede socorro!", na coluna opinião jurídica do jornal *Valor Econômico*, assim se posicionou sobre as constantes tentativas de o governo federal alterar as regras das receitas dos serviços sociais autônomos: "Um país que quer se desenvolver economicamente e atingir um alto padrão de justiça social precisa fortalecer seu sistema empresarial e negocial, baseando-se, para tanto, no incentivo educacional e na segurança jurídica das relações institucionais. A falta de previsibilidade, seja no âmbito negocial, político ou administrativo, incide na quebra da continuidade de programas e diretrizes essenciais para a evolução da nação, acarretando, via de consequência, total descrédito nas relações jurídicas estatais. Criou-se, no Brasil, o mau hábito de se alterar estruturas e regras, historicamente, consolidadas e que vêm funcionando bem há décadas,

Noutra perspectiva, o Poder Judiciário, os Tribunais de Contas, o Ministério Público e a Advocacia enfrentam constantemente diversas questões jurídicas constitucionais ligadas aos serviços sociais autônomos, entre outras, a seleção de pessoal; a imunidade tributária; o teto remuneratório fixado na CF/88; a competência funcional e territorial para julgamento das lides; as licitações e contratos em geral; os privilégios processuais concedidos à Fazenda Pública; a cessão de servidores públicos para exercício de cargo em comissão nas entidades; a possibilidade de controle pela Controladoria-geral da União (CGU) e pelas Controladorias Internas dos Estados e Municípios; a corrupção; a extinção por lei infraconstitucional; a extinção por meio de emenda à Constituição e a condição de cláusula pétrea; as normas aplicáveis no dever de transparência da gestão; a responsabilidade e o consequente regime de punição dos empregados, dos colaboradores, dos diretores e dos membros do Conselho de Administração; a incidência ou não das normas da Administração Pública no que concerne às regras orçamentárias; as eleições dos diretores e dos membros dos conselhos; o nepotismo; as finalidades, os objetivos e a pertinência jurídico-temática de criação da entidade; dar em garantia os seus próprios bens; o exercício de atividades econômicas *stricto sensu* e a proteção à livre concorrência; a responsabilidade na

---

apenas, e, tão somente, de acordo com a vontade e conveniência de alguns dirigentes. Há certamente outras possibilidades para se aumentar a receita e diminuir a despesa do Estado. É razoável que o poder público foque seus interesses no desenvolvimento de estratégias lógicas e racionais para alcance de metas definidas e que tenham sua efetividade concluída a médio e longo prazo. O objetivo, por óbvio, tem de ser o interesse social, sobrepondo-se, inclusive, ao interesse momentâneo do Estado. É evidente que uma pátria que pretende ser educadora, jamais, pode se olvidar de seus basilares princípios estruturados no ensino e no implemento da cidadania. Incentivar a preparação e melhoria de qualidade do exercício laboral é uma função inerente e essencial para prosperidade num futuro próximo. Não resta dúvida de que, em tempos de crises, é preciso medidas de austeridade. Entretanto os setores sociais vitais devem ser preservados. Em uma época de desemprego, não podemos abrir mão de qualificação profissionalizante. A Constituição determina que o Estado seja planejador e fomentador da atividade econômica, e de estruturas e medidas para satisfação dos direitos sociais. Não pode o Estado sinalizar por décadas em uma direção e, do dia para a noite, cortar uma política desenvolvida por milhares de empresas, causando a desorganização de todo o Sistema S, que cumpre uma função social inegável. Os impostos e toda a atividade de tributação, em uma democracia social, devem ser graduados, de modo a não incidir sobre as fontes produtoras de riqueza dos contribuintes. O Estado tem o dever de apresentar soluções alternativas que gravem outros setores da economia nacional, deixando àqueles com vocação social isentos de tributação confiscatória que inviabilizem o cumprimento de sua nobre função social e educacional. Esperemos que não seja necessário bater às portas do congestionado Judiciário para, uma vez mais, ver declarada a inconstitucionalidade das cargas fiscais excessivas ou arbitrárias, que violem os princípios e garantias constitucionais. Esperemos que o Governo, as autoridades financeiras e econômicas do País não golpeiem o Sistema S. Há certamente muitas outras possibilidades para se aumentar a receita e diminuir a despesa do Estado neste momento de crise econômica e política" (Disponível em: http://site.protec.org.br/artigos/33801/o-sistema-s-pede-socorro. Acesso em: 11 nov. 2019).

prestação de contas; a terceirização das atividades; a publicidade; a regulamentação independente; o dever de incluir o idoso, o negro e as pessoas com deficiência; a quantidade de vagas obrigatórias nos cursos para o jovem aprendiz; o patrocínio financeiro de times ou atletas profissionais do esporte; o âmbito de incidência das contribuições tributárias sobre a folha de pagamento; a gratuidade dos serviços e das atividades desenvolvidas; a participação em licitações públicas pelas próprias entidades; as normas jurídico-ambientais como proteção e limitação da atuação e a segurança jurídica como dever de proteção e limitação da atuação.

Destarte, independentemente do número de trabalhos desenvolvidos sobre o tema dos serviços sociais autônomos – que, registra-se, são pouquíssimos –, certo é que a matéria causa inquietações aos espíritos mais críticos. Por certo, inúmeras questões controvertidas, que envolvem o assunto ora estudado, até agora não foram solucionadas e ainda fazem jus à atenção dos estudiosos do Direito Constitucional. E não se está mencionado somente aos problemas de cunho estritamente político, social e econômico, que despertam infindáveis discussões, pois, nesse ponto, a carga subjetiva de conveniência que guiará cada um é sempre determinante para sustentar a posição tomada. De fato, grande parte das incertezas dos serviços sociais autônomos estimulam o operador do Direito e estão também no plano dos *elementos teóricos* para uma *formulação dogmática constitucionalmente adequada da sua* compreensão e operacionalização, conforme o ordenamento jurídico-constitucional que vigora no país.

Portanto, não se ambiciona sanar todas as dúvidas e discussões que se relacionam com os serviços sociais autônomos, pois o seu estudo é bastante vasto e complexo. Assim, com o intuito de obter respostas mais sólidas a algumas questões que ainda não são unânimes na doutrina e na jurisprudência, resolve-se circunscrever o objeto deste estudo ao seu conceito constitucional, o qual será igualmente testado e confrontado com os critérios já estabelecidos pela jurisprudência do STF. Em outras palavras, apesar de o estudo dos serviços sociais autônomos ser desenvolvido por alguns doutrinadores brasileiros, ainda não se estudou de forma adequada e necessária o tema sob viés do seu conceito constitucional, revelando-se a importância da tese, acrescentando-se algo ao já conhecido e a sistematização constitucionalmente adequada do tema[25].

---

[25] Segundo Ariano Suassuna, nas palavras reiteradas de Braulio Tavares, *in verbis*: "Reza a lenda que certa vez um crítico teatral abordou Ariano Suassuna e o inquiriu a respeito de alguns episódios do *Auto da Compadecida*. Disse ele: 'Como foi que o senhor teve aquela ideia do gato que defeca dinheiro?'. Ariano respondeu: 'Eu achei num folheto de cordel'. O crítico: 'E a história da bexiga de sangue e da musiquinha que ressuscita a pessoa?'. Ariano: 'Aquilo eu tirei do outro folheto'. O outro: 'E o cachorro que morre e deixa dinheiro pra fazer o enterro?'. Ariano: 'Aquilo ali é do folheto, também'. O sujeito impacientou-se e disse: 'Agora danou-se mesmo! Então, o que foi que o senhor escreveu?'. E Ariano: 'Oxente! Escrevi foi a peça!'" (SUASSUNA, Ariano. *Auto da Compadecida*. 2. ed. Rio de Janeiro: Nova Fronteira, 2015. p. 209). No mesmo sentido, Humbero

A partir de tal limitação, medita-se a respeito dos seguintes questionamentos: Qual a trajetória e qual a organização jurídica atual dos serviços sociais autônomos no Direito brasileiro? Quais os elementos constitutivos e a natureza jurídica dos serviços sociais autônomos? Quais alterações legislativas o Brasil poderia implementar para aperfeiçoar o regime jurídico dos serviços sociais autônomos? Como a CF/88 delineou os limites e as possibilidades de criação e atuação dos serviços sociais autônomos?

Com o desígnio de responder às perguntas delimitadoras do tema, pode-se apontar como objetivo geral da tese a propositura de sugestões de medidas legislativas para o Estado brasileiro aperfeiçoar a criação e a atuação dos serviços sociais autônomos. No que concerne aos objetivos específicos, elenca-se: (i) entender o histórico, a estrutura e a organização dos serviços sociais autônomos; (ii) refletir sobre a importância dos serviços sociais autônomos e o declínio da atuação estatal em serviços públicos não exclusivos; (iii) identificar os requisitos a serem preenchidos para a criação dos serviços sociais autônomos; (iv) fixar os principais limites e possibilidades constitucionais para o funcionamento e o exercício das atribuições dos serviços sociais autônomos; (v) discorrer sobre a legislação pertinente aos serviços sociais autônomos, especialmente o tratamento outorgado pela Constituição brasileira de 1988, as respectivas legislações ordinárias e os regulamentos de cada entidade; (vi) proceder ao levantamento minucioso de julgados, sobretudo do STF, que dizem respeito à criação e à atuação dos serviços sociais autônomos, fazendo-se a análise crítica das decisões; (vii) evidenciar e interpretar os critérios de transparência e concretização dos direitos fundamentais na administração e na atuação dos serviços sociais autônomos a partir do cotejo de dispositivos constitucionais, legais, doutrina e decisões do Tribunal de Contas da União (TCU) inerentes ao tema; (viii) apresentar à sociedade um estudo sério e capacitado, com a esperança de que se possa aprofundar o conteúdo já debatido.

A respeito da metodologia para pesquisa e escrita da tese, utilizam-se os métodos bibliográfico, documental e jurisprudencial, com ênfase nas fontes de estudo do Direito Constitucional e da Teoria Geral do Direito. Faz-se a leitura e a análise atenta de inúmeros textos legais, projetos de lei, registros públicos, livros, arquivos, sistemas eletrônicos via internet, jurisprudência, assim como pareceres, dissertações, monografias e artigos da doutrina mais autorizada que criticam, elogiam, regulamentam e certificam a construção e o andamento do serviço autônomo social nos planos jurídico, econômico e social.

Outrossim, tendo em vista o sumário do trabalho, a tese divide-se em introdução, quatro capítulos e as conclusões.

Eco discorre: "Um trabalho é científico se acrescentar alguma coisa àquilo que a comunidade já sabia" (*Como se faz uma tese*. São Paulo: Perspectiva, 1997. p. 22).

Em fase inicial, faz-se análise atenta da história, organização e estrutura dos serviços sociais autônomos federal, estadual e municipal. No segundo capítulo, buscar-se-á analisar, especificamente, o problema das entidades que são ordinariamente confundidas com os serviços sociais autônomos, tais como entidades paraestatais, corporações profissionais, sindicatos, associações, fundações, organizações sociais, organizações da sociedade civil, entre outras. Já o terceiro será dedicado a explorar os elementos constitutivos dos serviços sociais autônomos, e, por fim, no quarto capítulo, a natureza jurídica do serviço social autônomo, apresentando-se as várias correntes doutrinárias, para, na sequência, tomando por base o art. 6º da Constituição de 1988, ser exposta a posição do autor sobre o conceito constitucional do serviço social autônomo.

Capítulo **1**

BREVE HISTÓRICO, ORGANIZAÇÃO E ESTRUTURA DOS SERVIÇOS SOCIAIS AUTÔNOMOS FEDERAIS

1.1 SERVIÇOS SOCIAIS AUTÔNOMOS FEDERAIS

Os serviços sociais autônomos surgem na década de 1940, em face da ineficiência do Estado na formação de profissionais qualificados e da carência de políticas de lazer, cultura e saúde para os trabalhadores e seus familiares. Decerto, o poder público, diante das dificuldades em cumprir e expandir esses papéis tão indispensáveis, transfere a responsabilidade para os empresários, que passam a ser responsáveis não só pela qualificação técnica-profissionalizante dos trabalhadores, mas também pelos serviços relevantes de assistência social.

Desse modo, diante da clara dificuldade estatal em prover serviços de assistência social e educação profissionalizante para inclusão no mercado de trabalho e atualização constante de técnicas de capacitação, foram criados os serviços sociais autônomos, com objetivos estabelecidos em lei e por meio de contribuição tributária incidente sobre a folha de pagamento das próprias empresas, que tinham uma enorme necessidade de mão de obra saudável e qualificada e, a partir de então, passariam a organizar, manter e gerir o seu próprio serviço social e de aprendizagem em favor de seus trabalhadores.

De fato, os serviços sociais autônomos têm, já na sua gênese, a concreção de aspectos da seguridade social na sua concepção constitucional mais atual de promoção de ações destinadas a assegurar os direitos relativos à saúde e à assistência social do trabalhador (art. 194, _caput_, da CF/88) e, assim, de formar e desenvolver políticas de promoção da integração ao mercado de trabalho (art. 203, inciso III, da CF/88) por meio de desenvolvimento do ensino profissional e da geração de empregos.

Por via de consequência, também, os serviços sociais autônomos têm, na sua história, a concretização direta de três dos quatro objetivos constitucionais fundamentais da República Federativa do Brasil, buscando-se construir uma sociedade livre, justa e solidária (art. 3º, inciso I), o desenvolvimento nacional (art. 3º, inciso II) e a erradicação da pobreza e da marginalização com a redução das desigualdades sociais (art. 3º, inciso III).

Nesse contexto, Marco Tufo – em tese defendida no XII Congresso Mundial da Sociedade Internacional de Seguridade Social, realizado em Turim, na Itália, a respeito dos pobres que trabalham na União Europeia, no sentido de aumentar a qualidade e a quantidade de empregos, com a inclusão de categorias vulneráveis no mercado de trabalho, bem como de reduzir a pobreza – afirma que são eficazes as medidas de interconexão de políticas de emprego, sociais e de pobreza. Sendo assim, serviços sociais adequados, com agenda para novas habilidades e empregos, devem ser lembrados para a Europa em 2021, pois visam criar mercado de trabalho e melhorar a quantidade e a qualidade dos empregos, com a inclusão das pessoas mais afastadas do mercado de trabalho, ajudando efetivamente nas políticas de integração para imigrantes e leis antidiscriminação[1]. Afirma o autor, acertadamente, em tom conclusivo, que são fundamentais para o combate à pobreza as "[...] políticas de inclusão social, promovendo o acesso ao mercado de trabalho e a independência econômica de pessoas vulneráveis (como mulheres, jovens ou deficientes)"[2].

Em outros termos, Marco Tufo propaga exatamente o mote do valor das tarefas que os serviços sociais autônomos brasileiros vêm prestando – e muito bem – no Brasil desde 1940, conforme será demonstrado neste capítulo. Nesse ínterim, os serviços sociais autônomos vêm contribuindo para a melhoria da qualidade de vida e para o exercício da cidadania da população, com a finalidade de promover a execução de políticas de interesse coletivo e utilidade pública voltadas para a saúde no seu sentido mais amplo e adequado, ou seja, de atendimento às necessidades de alimentação, de habitação, de lazer, de cultura, de transporte, de emprego, de educação, de renda do trabalhador, de previdência, de proteção do meio ambiente urbano e rural, de liberdade, de acesso e posse de terra e de acesso a serviços de saúde. Registra-se que, constitucional e legalmente, a noção de saúde deve ser compreendida não só como a falta de doença, mas sim como bem-estar individual e social do indivíduo.

Dessa maneira, foram criados na esfera federal o Serviço Nacional de Aprendizagem da Indústria (Senai), o Serviço Social da Indústria (Sesi), o Serviço Social do Comércio (Sesc), o Serviço Nacional de Aprendizagem do Comércio (Senac), o Serviço Brasileiro de Apoio às Micro e Pequenas Empresas (Sebrae), o Serviço Nacional de Aprendizagem Rural (Senar), o Serviço Nacional do Transporte (Sest), o Serviço Nacional de Aprendizagem do Transporte (Senat), o Serviço Nacional de Aprendizagem das Cooperativas (Sescoop), a Associação das Pioneiras Sociais – Rede Sarah ou Centro de Reabilitação Sarah Kubitschek, a Agência de Promoção

---

[1] THE WORKING POOR IN THE EUROPEAN UNION. *Italian Labour Law e-Journal Issue 1*, Vol. 12 (2019), p. 99-122. Disponível em: https://illej.unibo.it/article/view/9693/9490. Acesso em: 1 dez. 2019.

[2] Tradução nossa: "Social inclusion policies, promoting theaccess to the labour market and the economic independence of vulnerable people (such as women, youths or disables) are fundamental" (ibidem, p. 117).

Capítulo 1 • BREVE HISTÓRICO, ORGANIZAÇÃO E ESTRUTURA DOS SERVIÇOS SOCIAIS | **3**

de Exportações do Brasil (Apex-Brasil), a Agência Brasileira de Desenvolvimento Industrial (Abdi), a Agência Nacional de Assistência Técnica e Extensão Rural (Anater), a Agência para o Desenvolvimento da Atenção Primária à Saúde (Adaps) e a Agência Brasileira de Promoção Internacional do Turismo (Embratur).

Há também diversas entidades que compõem os serviços sociais autônomos na esfera estadual. No estado do Paraná, por exemplo, há serviços sociais autônomos em quase todas as áreas sociais, registrando-se o Paranaeducação, o Paranaprevidência, a Ecoparaná – criada em 1998 e transformada, em 2013, no Paraná Projetos –, o Paraná Tecnologia, o Paranacidade e a Agência Paraná de Desenvolvimento; no estado de Minas Gerais, a Caixa Beneficente dos ex-Guardas Civis e Fiscais de Trânsito de Minas Gerais e o Serviço Social Autônomo Servas; no Amapá, o Instituto de Pesquisa e Desenvolvimento em Administração Pública, criado em 1999 e extinto em 2002; no Amazonas, o Fundo Previdenciário do Estado do Amazonas, criado em 2001 e transformado em 2011; em São Paulo, a Agência Paulista de Promoção de Investimentos e Competitividade; no Acre, o Serviço Social de Saúde do Acre; em Alagoas, o AL Previdência, criado em 2009 e extinto em 2015; no Mato Grosso, o Instituto Mato-grossense da Carne; e, por fim, no Distrito Federal, o Instituto Hospital de Base do Distrito Federal.

No âmbito municipal também há diversas entidades dos serviços sociais autônomos. Em Curitiba, há o Instituto Curitiba de Saúde; em Manaus, o Fundo Único de Previdência de Manaus, criado em 2005 e extinto em 2013; em Petrópolis, o Fundo de Saúde dos Servidores Públicos do Município de Petrópolis, instituído em 2002 e liquidado extrajudicialmente pela ANS em 2012, e o Hospital Alcides Carneiro; em São Paulo, a Agência São Paulo de Desenvolvimento e a São Paulo Negócios; em Belo Horizonte, o serviço social autônomo Hospital Metropolitano Doutor Célio de Castro; e, em Varginha, o Instituto de Saúde dos Servidores Públicos de Varginha.

Apesar da importância e da relevância dessas entidades de âmbito estadual e municipal, o presente trabalho delimita como objeto de estudo as entidades dos serviços sociais autônomos federais, pois são capazes de revelar a natureza jurídica, a evolução desses serviços no Brasil e as características fundamentais dessa categoria de entes.

Por sua vez, elenca-se basicamente cinco motivos fundamentais para se estudar a história das instituições e dos institutos no Direito, a saber: (i) tratando-se da imposição ou da criação de sentido num campo já constituído, deve-se avaliar como esses sentidos entraram em campo, e, assim, historiar o Direito é, simultaneamente, compreendê-lo; (ii) na história, aprende-se que certas finalidades podem ser estabelecidas, organizadas e realizadas de formas distintas, e isso acontece da mesma forma no Direito, pois, sem conhecermos as finalidades e as intencionalidades das instituições e dos institutos, não as conhecemos realmente; (iii) a história não fornece apenas informação, mas uma perspectiva, isto é, a dimensão temporal é pertencente ao Direito, conferindo-lhe a estrutura que permite a percepção consciente; (iv) a história é uma sequência de erros e tentativas, de sucessos e fracassos, de explicações e compreensão de certas práticas, ajudando na relativização das soluções presentes, isto é, a leitura histórica do Direito ajuda na capacidade de investigar, formular hipóteses, articular fatos, apresentar evidências, enredar adequadamente e, portanto, tornar o jurista um sujeito também com reflexão criativa, e não meramente atestativa ou de simples constatação; e (v) compreender de forma mais sensata a natureza do direito como prática social[3].

Por certo, passa-se a estudar de forma breve a história, a criação, a organização, a composição, a estrutura, as atividades desenvolvidas, as fontes de custeio, os meios de controle, a forma de elaboração do orçamento anual e os resultados produzidos dos serviços sociais autônomos federais, no sentido de compreender e explicar melhor a relevância, a significância, as finalidades e a sua origem, especialmente legal e constitucional, para se chegar ao atual estágio normativo e interpretativo dos objetivos, recursos pessoais e financeiros, métodos e estruturação da atuação para desenvolvimento das atividades realizadas por cada entidade.

Em outros termos, além do entendimento mais apurado da prática das atividades, estudar as referências históricas, a organização, a estrutura e os demais aspectos anteriormente indicados dos serviços sociais autônomos contribuirá imensamente na compreensão das críticas legais, das perspectivas, da natureza jurídica e do entendimento consciente da solução ao questionamento do seu conceito constitucional a partir da interpretação e da aplicação do art. 6º da Constituição Cidadã.

1.1.1 Serviço Nacional de Aprendizagem da Indústria

A criação do primeiro serviço social autônomo no nosso ordenamento jurídico, o Senai, remete-se à década de 1940, quando os líderes industriais Euvaldo Lodi e Roberto Simonsen defenderam que a responsabilidade pela execução da aprendizagem industrial nacional ficasse à cargo das empresas industriais, e não do Estado.

Por certo, pairava, após o início da Segunda Grande Guerra Mundial e diante da defasagem do sistema de ensino e aprendizagem industrial, o enfrentamento político do dilema de aumentar a responsabilidade da classe dos empregadores na organização do ensino profissional ou aumentar a já deficiente participação estatal no ensino e o ônus tributário[4].

Dessa maneira, ao contrário do que se diz regularmente, em tom pejorativo, de que os serviços sociais autônomos são produto único e efusivo da Era ditatorial de Vargas, a verdade é que eles são fruto de certo embate político com o governo

---

[3]   Cf. LOPES, José Reinaldo de Lima. História do direito. *Revista da Faculdade de Direito*, Universidade de São Paulo, n. 113, p. 21-44, 2018.

[4]   CARVALHO, Marcelo Augusto Monteiro de. *A criação do Senai no contexto da Era Vargas*. Dissertação (Mestrado em História Econômica) – Faculdade de Filosofia, Letras e Ciências Humanas da Universidade de São Paulo, São Paulo, 2011. p. 97.

Capítulo 1 • BREVE HISTÓRICO, ORGANIZAÇÃO E ESTRUTURA DOS SERVIÇOS SOCIAIS | **5**

da época, que mantinha maior responsabilidade da classe dos empregadores na organização do ensino profissional decadente e em resistência à tarefa de formação dos profissionais exclusivamente a cargo do poder público e separados da realidade da indústria e das suas verdadeiras necessidades.

Com o intuito de superar as dificuldades de formação e qualificação de pessoal como um dos maiores empecilhos para o desenvolvimento industrial, e em razão da decisão estatal em criar um sistema de ensino de aprendizagem e qualificação da mão de obra, os industriais decidem assumir a prerrogativa em regime de autogestão de patrocinar, administrar e executar o ensino profissional nos estabelecimentos industriais.

Com efeito, o primeiro serviço social autônomo se materializou a partir de um projeto político liderado em São Paulo, desde o início do século XX, por um grupo de ideais liberais com o propósito de promover uma gestão privada e autônoma da educação profissional, bem como uma disciplina metódica racional da maior parte da mão de obra.

Não houve importação pura e simples do modelo alemão ou francês de forma-ção, capacitação, seleção de pessoal e inserção no mercado de trabalho industrial. As propostas que culminaram no surgimento dos serviços sociais autônomos vieram, predominantemente, do educador e engenheiro Roberto Mange, que objetivava promover capilaridade nacional da qualificação por meio das escolas profissionais de aprendizagem voltadas e adaptadas para o operário nacional. Assim, partiu-se da identificação das necessidades e tendências no âmbito das atividades econômicas fabris no Brasil e da busca da compatibilização da mão de obra então disponível para a realidade brasileira de industrialização tardia[5].

Assim sendo, nasce um novo projeto de lei, que criou, em 22 de janeiro de 1942, o Serviço Nacional de Aprendizagem dos Industriários, com a publicação e a entrada em vigor do Decreto-lei nº 4.048, que, poucos meses mais tarde, o De-creto-lei nº 4.936, de 7 de novembro de 1942, designou-o como Serviço Nacional de Aprendizagem Industrial (Senai).

Surge, nessa toada, a instituição de direito privado, de personalidade jurídi-ca própria, firmando-se a sua autonomia em relação à burocracia estatal, com o objetivo de organizar e administrar, em todo o país, escolas de aprendizagem para industriários e, consequentemente, promover, com maior eficiência, o ensino profissional que atendesse à demanda econômica das indústrias.

Nesse ínterim, organizado e dirigido pela Confederação Nacional da Indústria (CNI), o Senai, desde a sua criação, é mantido por meio de pagamento de tributo mensal na espécie contribuição social para montagem e custeio das escolas de

---

5   MORAES, Carmen Sylvia V. *A relação trabalho e educação em perspectiva histórica e socio-lógica*. Tese (Livre-docência) – Faculdade de Educação da USP, São Paulo, 2005.

aprendizagem, com a incidência de 1,0% sobre o montante da remuneração paga pelos estabelecimentos contribuintes a todos os seus empregados.

Por sua vez, o Senai, sob regime de unidade normativa e de descentralização executiva, atua em íntima colaboração e articulação com os estabelecimentos contribuintes, visando ao estabelecimento de um sistema nacional de aprendizagem, com uniformidade de objetivos e de planos gerais, adaptável aos meios peculiares às várias regiões do país, tendo como linhas mestras: (i) realizar, em escolas instaladas e mantidas pela instituição, ou sob forma de cooperação, a aprendizagem industrial a que estão obrigadas as empresas de categorias econômicas sob sua jurisdição; (ii) assistir aos empregadores na elaboração e na execução de programas gerais de treinamento do pessoal dos diversos níveis de qualificação e na realização de aprendizagem metódica ministrada no próprio emprego; (iii) proporcionar aos trabalhadores a oportunidade de completar, em cursos de curta duração, a formação profissional adquirida no local de trabalho; (iv) conceder bolsas de estudo e de aperfeiçoamento ao corpo funcional das empresas contribuintes; (v) cooperar no desenvolvimento de pesquisas tecnológicas de interesse para a indústria; e (vi) atuar como órgão consultivo do governo federal em assuntos relacionados com a formação de trabalhadores da indústria e atividades similares[6].

A respeito da organização e da estrutura, o Senai, para a realização das suas finalidades, corporifica órgãos normativos e administrativos, de âmbitos nacional e regional, sendo órgãos normativos: (i) o Conselho Nacional (CN), com jurisdição em todo o país; e (ii) os Conselhos Regionais, com jurisdição nas bases territoriais correspondentes. Por outro lado, são órgãos administrativos o Departamento Nacional (DN), com jurisdição em todo o país, e os Departamentos Regionais, com jurisdição nas bases territoriais correspondentes. No que concerne ao Conselho Nacional, terá a seguinte composição: a) presidente da Confederação Nacional da Indústria, que será seu presidente nato; b) presidentes dos Conselhos Regionais, na qualidade de presidentes das federações industriais, representando as categorias econômicas da indústria; c) um representante das categorias econômicas do transporte, das comunicações e da pesca, designado pelo órgão sindical de grau superior de maior hierarquia e antiguidade, no âmbito nacional; d) diretor do Departamento Nacional do Senai; e) diretor da Diretoria de Ensino Industrial do Ministério da Educação e Cultura (MEC); f) um representante do Ministério do Trabalho e Previdência Social, designado por seu titular; g) seis representantes dos trabalhadores da indústria, e respectivos suplentes, indicados pelas confederações de trabalhadores da indústria e centrais sindicais que contarem com, pelo menos, 20% de trabalhadores sindicalizados em relação ao número total de trabalhadores da indústria em âmbito nacional. Por sua vez, o Departamento Nacional será gerido por um diretor, nomeado e demissível *ad nutum* pelo presidente do Conselho Nacional,

---

[6]   Interpretação do art. 1º do Decreto nº 494, de 10 de janeiro de 1962.

Capítulo 1 • BREVE HISTÓRICO, ORGANIZAÇÃO E ESTRUTURA DOS SERVIÇOS SOCIAIS | **7**

devendo a escolha recair em pessoa com formação universitária e conhecimentos especializados de ensino industrial.

No que diz respeito ao Conselho Regional (CR), a composição é a seguinte: a) o presidente da federação de indústrias, que será o seu presidente nato, ou seu representante; b) quatro delegados das atividades industriais, escolhidos pelo Conselho de Representantes da entidade federativa; c) um delegado das categorias econômicas dos transportes, das comunicações e da pesca, escolhido pela associação sindical de maior hierarquia e antiguidade existente na base territorial respectiva; d) o diretor do Departamento Regional (DR); e) um representante do Ministério do Trabalho e Previdência Social, designado pelo titular da pasta; f) um representante do Ministério da Educação e Cultura, designado pelo seu titular; g) um representante, e respectivo suplente, dos trabalhadores da indústria, indicado pela organização dos trabalhadores mais representativa da região. Similarmente ao Departamento Nacional, cada Departamento Regional será dirigido por um diretor nomeado, mediante entendimento com o presidente do Conselho Regional, pelo presidente do Conselho Nacional e por este demissível *ad nutum*, devendo a escolha recair em pessoa que, além de ter formação universitária, possua conhecimentos especializados de ensino industrial, com experiência no magistério ou na administração dessa modalidade de ensino[7].

Outrossim, no que tange ao orçamento do Senai, impõe-se o dever de elaborar anualmente um orçamento geral, cuja aprovação cabe ao presidente da República, englobando-se as previsões de receitas e as aplicações dos seus recursos e a obrigação de remeter ao TCU, no máximo até 31 de março do ano seguinte, as contas da gestão anual, acompanhadas de sucinto relatório do presidente, indicando os benefícios realizados. Desse modo, o orçamento dos Departamentos Regionais, que forem devidamente aprovados pelo Conselhos Regionais, e os orçamentos do Departamento Nacional e das Delegacias Regionais, aprovados pelo Conselho Nacional, acompanhados do resumo geral dos orçamentos da entidade, serão encaminhados, pelo presidente do Conselho Nacional, à Presidência da República.

Além disso, o balanço financeiro, econômico e patrimonial, bem como a execução orçamentária do Departamento Nacional e das Delegacias Regionais, para efeitos de prestação de contas, deverão ser submetidos ao Conselho Nacional, ao órgão interno de controle e tomada de contas do Departamento Nacional e das Delegacias Regionais, na primeira quinzena de março, para seu pronunciamento, e encaminhados, em seguida, ao Tribunal de Contas da União.

Assim, as prestações de contas dos Departamentos Regionais, sob a responsabilidade de seus titulares, devidamente aprovadas pelos respectivos Conselhos Regionais, órgãos próprios de controle e tomada de contas regionais, deverão ser encaminhadas ao Tribunal de Contas da União, pelos presidentes dos respectivos

---

[7]   Interpretação dos arts. 14, 15, 16, 17, 29, 32 e 39 do Decreto nº 494/1962.

Conselhos Regionais, até o dia 31 de março. De mais a mais, as prestações de contas dos Departamentos e Delegacias Regionais e a do Departamento Nacional deverão observar as instruções do TCU[8].

Registra-se, ainda, que o Senai vinculará, anual e progressivamente, o valor correspondente a dois terços de sua receita líquida da contribuição compulsória geral para vagas gratuitas em cursos e programas de educação profissional. As vagas gratuitas deverão ser destinadas a pessoas de baixa renda, preferencialmente trabalhador, empregado ou desempregado, matriculado ou que tenha concluído a educação básica. Portanto, legalmente, a questão da gratuidade no Senai hoje está constitucionalmente adequada, com reserva de dois terços da receita líquida da contribuição tributária destinada à entidade para o financiamento gratuito de cursos e programas de educação profissional.

Por fim, ressalta-se que, até 31 de dezembro de 2018, o Senai já contabilizava mais de 76 milhões de profissionais formados em suas escolas, sendo considerado o maior complexo de educação profissional e serviços tecnológicos das Américas, com estrutura que inclui 587 unidades fixas e 457 unidades móveis, com atendimento em 2,7 mil municípios brasileiros, oferecendo cursos em 28 áreas da indústria brasileira. Só para se ter uma ideia, apenas em 2018, foram 2.310.643 matrículas em cursos de educação profissional e tecnológica oferecidos pelo Senai[9].

1.1.2 Serviço Social da Indústria

A segunda entidade a ser analisada neste tópico é o Sesi. A origem do Sesi remonta também à década de 1940, época na qual sua fundação foi materializada pela edição do Decreto-lei nº 9.043, de 25 de junho de 1946, que autorizou a sua existência condicionada à organização e à administração da CNI.

Naquele período, havia no Brasil uma hostilidade entre a classe produtora e a classe trabalhadora. Diante desse quadro, um grupo de empresários dos setores da agricultura, do comércio e da indústria se reuniu, entre os dias 1º e 6 de maio de 1945, para a 1ª Conferência das Classes Produtoras do Brasil (Conclap), na cidade de Teresópolis, no Rio de Janeiro. A partir dessa reunião, foi escrita a Carta Econômica de Teresópolis, na qual se buscou traçar uma série de recomendações relativas ao combate à pobreza, ao desenvolvimento das empresas e agentes econômicos e à justiça social no Brasil. Dessa forma:

> O "espírito de hostilidade" às demais classes é algo que foi combatido, pelo menos na esfera dos discursos, a todo custo pelos empresários. Pois

---

[8]   Interpretação do art. 11 da Lei nº 2.613/1955 c/c arts. 55 e 56 do Decreto nº 494/1962.

[9]   *Relatório anual de atividades Sesi-Senai-IEL 2018.* p. 19-21. Disponível em: https://www. portaldaindustria.com.br/publicacoes/2019/8/relatorio-anual-de-atividades-senai-sesi--iel/#relatorio-anual-de-atividades-senai-sesi-iel-2018%20. Acesso em: 22 jul. 2019.

o desenvolvimento econômico – leia-se aumento da produtividade – só encontraria condições de se processar num clima de "harmonia social". A repressão policial já não podia ser utilizada na mesma intensidade e o meio empresarial não podia contar apenas com a intervenção estatal.[10]

Assim, a responsabilidade social, o desenvolvimento do trabalhador e da sociedade e a produção sustentável foram elementos que se inseriram na estruturação do Sesi, conforme as anotações sobre os primeiros passos da instituição, a saber:

A Assistência Social foi um dos primeiros serviços implantados pelo Sesi. Atuava junto aos operários com a finalidade de assisti-los nas dificuldades do dia a dia. Funcionava como ponte entre o operário e as várias áreas do Sesi, além de prestar assessoria psicológica e familiar. As ações do Serviço Social já de início tiveram grande peso, porque puderam fazer com que o operário se beneficiasse de todos os serviços ofertados pelo Sesi, fundamentais à melhoria da sua qualidade de vida e de sua família.

Um dos braços da Assistência Social, o Serviço Jurídico, teve início em 1948 para auxiliar os trabalhadores da indústria quanto a questões judiciais, abrangendo papéis de casamento, situações de menores, inventários, dissídios amigáveis, pareceres, compra e venda de terrenos e casas, contratos, processos de naturalização, questões com o Ministério do Trabalho e com os institutos de previdência. Fornecia empréstimos aos operários e atuava junto ao Serviço de Colocação e Reemprego, na década de 1950.

Desde sua instalação, o Serviço de Assistência Social buscou estreitar laços de relacionamento entre o Sesi e as empresas. Atualmente a área denominada Responsabilidade Social presta consultoria em gestão socialmente responsável e orientação às empresas que buscam crescimento e desenvolvimento pleno do trabalhador e da comunidade, realizando articulações com lideranças locais, universidades, ONGs e o poder público. *A promoção da sustentabilidade gera o aumento da produtividade e da competitividade industrial com impactos positivos para todos: indústrias, trabalhadores e comunidades.*

O Sesi é signatário e apoiador de importantes plataformas, como o Pacto Global, os Princípios para Educação Executiva Responsável (PRME), os Princípios de Empoderamento das Mulheres (WEPs) e os Objetivos de

---

[10]   FIGUEIREDO, Betania Gonçalves. *A criação do Sesi e Sesc*: do enquadramento da preguiça a produtividade do ócio. 1991. 221 f. Dissertação (Mestrado) – Universidade Estadual de Campinas, Instituto de Filosofia e Ciências Humanas, Campinas, SP. Disponível em: http://www.repositorio.unicamp.br/handle/REPOSIP/279081. Acesso em: 13 jul. 2019. p. 29.

Desenvolvimento Sustentável (ODS), que incentivam a sustentabilidade nas indústrias e na sociedade.[11]

Decerto, o Sesi é fundado com o propósito principal de amortecer o conflito entre as classes de empregados e empregadores e destacar a necessidade de ambas cooperarem entre si, atuando como vetor para inflar a solidariedade social. Dessa maneira, fomenta a qualidade de vida do trabalhador e de seus dependentes, especialmente na promoção da educação, do lazer, da saúde, do desporto, da cultura, do meio ambiente equilibrado, do trabalho associado à segurança no trabalho, além de estimular a cidadania social no ambiente corporativo das empresas industriais. Nessa toada, a atuação do Sesi visa ao fortalecimento da cultura e da gestão para a sustentabilidade nas indústrias na adoção de práticas socialmente responsáveis com o objetivo de alcançar o desenvolvimento sustentável.

Assim sendo, o presidente da República, em 1965, no uso das suas atribuições privativas, conforme o art. 87, inciso I, da Constituição dos Estados Unidos do Brasil de 1946[12], no poder de regulamentar a fiel execução do Decreto-lei nº 9.043/1946, estabeleceu como finalidade geral do Sesi o auxílio ao trabalhador da indústria, para este resolver os seus problemas básicos de existência referentes à saúde, à alimentação, à habitação, à instrução, ao trabalho, à economia, à recreação, à convivência social e à consciência sócio-política, bem como o escopo de estudar, planejar e executar medidas que contribuam, diretamente, para o bem-estar social dos trabalhadores na indústria, concorrendo para a melhoria do padrão de vida no país e o aperfeiçoamento moral e cívico, com o consequente desenvolvimento do espírito da solidariedade entre as classes[13].

A respeito de seus objetivos, portanto, o Decreto nº 57.375/1965 é expresso no sentido de se firmar em prol da promoção do bem-estar social, o que decorre da noção de solidariedade social inserida no discurso da Carta da Paz Social, ensejadora da criação do Sesi.

Nessa toada, foram consolidados como objetivos principais do Sesi a alfabetização do trabalhador e seus dependentes, a educação de base, a educação para a economia, a educação para a saúde (física, mental e emocional), a educação familiar, a educação moral e cívica e a educação comunitária[14].

Em sintonia com um projeto unificado de diretrizes e normas gerais a serem implementadas em patamar nacional, o Sesi foi estruturado a partir de Conselhos Nacionais e Regionais. O sistema proposto traz como modelo a inserção de órgãos

---

[11]   REDER, Estevan. *Sesi 70 anos*. p. 8. Disponível em: http://www.fiepr.org.br/centrodememoria/uploadAddress/Catalogo_do_Sistema[74289].pdf. Acesso em: 18 jul. 2019.

[12]   "Art. 87. Compete privativamente ao presidente da República: I – sancionar, promulgar e fazer publicar as leis e expedir decretos e regulamentos para a sua fiel execução."

[13]   Interpretação dos arts. 1º e 4º do Decreto nº 57.375, de 2 de dezembro de 1965.

[14]   Interpretação do art. 5º do Decreto nº 57.375, de 2 de dezembro de 1965.

Capítulo 1 • BREVE HISTÓRICO, ORGANIZAÇÃO E ESTRUTURA DOS SERVIÇOS SOCIAIS | **11**

de administração, com funcionamento vinculado a uma direção unitária, os quais são o Departamento Nacional, 28 Departamentos Regionais e as delegacias regionais. O modelo apresentado também comporta órgãos normativos de natureza colegiada, sendo eles o Conselho Nacional, cuja jurisdição alcança todo o país, e os Conselhos Regionais, com jurisdição nas bases territoriais correspondentes[15].

Ao mandatário do cargo da Presidência da República, atribui-se a função de nomear o presidente do CN do Sesi. Tal conselho, com jurisdição atuante por todos os entes federativos brasileiros, é composto pelos seguintes membros:

a) de um presidente, nomeado pelo presidente da República, nos termos do Decreto-lei nº 9.665, de 28 de agosto de 1946;

b) do presidente da Confederação Nacional da Indústria;

c) dos presidentes dos conselhos regionais, representando as categorias econômicas da indústria;

d) de um delegado das categorias econômicas dos transportes, outro das categorias econômicas das comunicações e outro das categorias econômicas da pesca, designados, cada qual, pela respectiva associação sindical de maior hierarquia, base territorial e antiguidade oficialmente reconhecida;

e) de um representante do Ministério do Trabalho e Previdência Social, designado pelo titular da pasta;

f) de um representante das autarquias arrecadadoras, designado pelo Conselho Superior da Previdência Social;

h) de seis representantes dos trabalhadores da indústria e respectivos suplentes, indicados pelas confederações de trabalhadores da indústria e centrais sindicais, que contarem com pelo menos vinte por cento de trabalhadores sindicalizados em relação ao número total de trabalhadores da indústria em âmbito nacional.[16]

No que diz respeito ao Departamento Nacional, este será dirigido pelo presidente da CNI, na qualidade de diretor, o qual, por sua vez, pode designar um superintendente, indicado e demissível *ad nutum*, para que exerça seu mandato como seu preposto. Quanto aos Conselhos Regionais, cuja jurisdição é aplicável na respectiva base territorial, terá a sua composição formulada nos seguintes termos:

a) presidente da federação de indústrias local, que será o seu presidente nato;

b) quatro delegados das atividades industriais, escolhidos pelo Conselho de Representantes da entidade federativa;

---

[15] Interpretação dos arts. 19 e 20 do Decreto nº 57.375, de 2 de dezembro de 1965.

[16] Interpretação do art. 22 do Decreto nº 57.375, de 2 de dezembro de 1965.

c) um delegado das categorias econômicas dos transportes, das comunicações e da pesca, escolhido pela respectiva associação sindical de maior hierarquia e antiguidade existente na base territorial respectiva;

d) um representante do Ministério do Trabalho e Previdência Social, designado pelo titular da pasta;

e) um representante do Estado, do Distrito Federal ou do Território, designado pelo competente chefe do Poder Executivo.

f) um representante dos trabalhadores da indústria, que terá um suplente, indicados pela organização dos trabalhadores mais representativa da região.

Em relação aos Departamentos Regionais, assevera-se que sua direção será conduzida pelo presidente da federação de indústrias local e, de forma similar às prerrogativas do diretor do Departamento Nacional, pode outorgar suas atribuições e tarefas da Administração Regional (AR) a superintendente, a administrador ou preposto[17].

Outrossim, no que toca à obtenção de recursos para as atividades executadas pelo Sesi, evidencia-se que, além de recursos advindos de dotações e legados, rendas patrimoniais e as oriundas da prestação de serviços, o seu órgão arrecadador faz jus ao recebimento de 1,5% incidente sobre o total da remuneração paga pelas empresas de natureza industrial aos empregados e avulsos que prestarem serviço no mês cobrado[18]. O valor total recebido com as contribuições devidas ao Sesi é dividido da seguinte maneira: 75% para o Departamento Regional e 25% para o Departamento Nacional.

Quanto à elaboração do orçamento, tal tarefa constitui-se como incumbência do Departamento Nacional, que organiza, até a segunda quinzena de outubro de cada ano, o orçamento geral da instituição a ser executado no ano subsequente. Em seguida, submete-se o orçamento elaborado para exame do Conselho Nacional, o qual, após aprovação, encaminha o documento à Presidência da República até 15 de dezembro. Os Departamentos Regionais, por sua vez, enviam ao DN os seus respectivos orçamentos até 31 de agosto de todo ano, os quais são juntados ao documento do orçamento geral antes do pronunciamento do CN[19].

Já em relação à execução orçamentária do Departamento Nacional e aos balanços econômicos e patrimoniais, suas contas prestadas deverão ser apreciadas pelo Conselho Nacional na primeira quinzena de março e, ulteriormente, encaminhados ao TCU. Para fins de prestação de contas dos Departamentos

---

[17] Interpretação do parágrafo único do art. 45 do Decreto nº 57.375, de 2 de dezembro de 1965.

[18] Interpretação do § 1º do art. 49 do Decreto nº 57.375, de 2 de dezembro de 1965.

[19] Interpretação do art. 56 do Decreto nº 57.375, de 2 de dezembro de 1965.

Capítulo 1 • BREVE HISTÓRICO, ORGANIZAÇÃO E ESTRUTURA DOS SERVIÇOS SOCIAIS | **13**

Regionais, sob a responsabilidade de seu diretor, suas contas devem ser remetidas ao Departamento Nacional até o último dia de fevereiro para pronunciamento e, em seguida, submete-se a prestação de contas ao exame do Conselho Nacional, para que envie, de forma conjunta à prestação de contas dos órgãos nacionais, o documento ao Tribunal de Contas[20].

Ademais, a partir de 2014, determinou-se que um terço (33,33%) da receita líquida vinda da contribuição tributária do Sesi seja destinada à educação básica e continuada, bem como as ações educativas, além de um sexto (16,67%) dessa mesma receita ser utilizada para possibilitar a oferta de vagas gratuitas[21], o que se entende como constitucionalmente adequado, eis que o Sesi promove, além da educação básica e continuada, serviços subsidiados às indústrias e, muitas vezes, gratuitos nas áreas de lazer, saúde, desporto, cultura, meio ambiente e segurança no trabalho.

Por fim, registra-se que o Sesi, além de fomentar programas nas áreas de saúde, lazer, desporto, cultura, segurança, tem as suas escolas presentes em todos os estados da Federação, compondo a maior rede particular de Educação Básica do Brasil, oferecendo igualmente Educação de Jovens e Adultos e Educação Continuada para trabalhadores da indústria e seus dependentes, com foco nas áreas de Ciência, Tecnologia, Engenharia, Arte e Matemática, sendo hoje a ênfase na Robótica um dos seus grandes diferenciais.

Apenas em 2018, no que concerne às atividades do Sesi, foram 863.824 matrículas em educação continuada, 816.395 pessoas atendidas em consultas ocupacionais, 184.634 pessoas atendidas em serviços odontológicos, 3.465.350 espectadores em eventos culturais, 680,5 mil pessoas atendidas em exames ocupacionais, 742.364 pessoas atendidas em 3.044 eventos comunitários, 201.693 matrículas em educação básica regular, 105.816 matrículas em ensino de jovens e adultos, 207.869 consultas para 13.563 empresas, 3.549.065 pessoas beneficiadas por contratos em segurança do trabalho, 3.228.363 pessoas beneficiadas com contratos em promoção da saúde e 418.365 participantes em eventos educativos[22].

1.1.3 Serviço Nacional de Aprendizagem do Comércio e Serviço Social do Comércio

O Senac tem sua fundação associada à Carta Econômica de Teresópolis.

Em primeira análise, destaca-se o processo de percurso histórico pelo qual atravessou o projeto de fundação do Senac. Desse modo, a elaboração do documento oriundo da referida reunião, posteriormente intitulado Carta da Paz Social,

---

[20] Interpretação do art. 57 do Decreto nº 57.375, de 2 de dezembro de 1965.

[21] Interpretação do art. 69 do Decreto nº 57.375, de 2 de dezembro de 1965.

[22] *Relatório anual de atividades Sesi-Senai-IEL 2018*. p. 22-23. Disponível em: https://www.portaldaindustria.com.br/publicacoes/2019/8/relatorio-anual-de-atividades-senai-sesi--iel/#relatorio-anual-de-atividades-sesi-senai-iel-2018%20. Acesso em: 25 jul. 2019.

14 | SISTEMA S: FUNDAMENTOS CONSTITUCIONAIS • *Edvaldo Nilo de Almeida*

cumpre papel imprescindível na gênese da instituição, na medida em que postula 11 itens vinculados à mesma noção de assegurar aos empregadores a liberdade e a estabilidade necessárias para o exercício de suas atividades e de garantir aos trabalhadores uma existência digna e uma maior participação na receita obtida com a atividade empresarial.

De um ponto de vista mais pragmático, podem-se observar os aspectos fundantes do Senac da seguinte forma:

> Os dados históricos nos permitem conferir que a origem do Senac está intimamente relacionada aos interesses dos empresários do comércio e serviços e se destinava ao treinamento de mão de obra "utilitária" e imediata, para atender ao mercado que se encontrava submetido a uma economia de pós-guerra.[23]
>
> O surgimento dessa Instituição se deu na década de 40, que foi marcada pelo martírio da Segunda-Guerra (1939-1945), que deixou um padecimento econômico, mas também um sentimento de otimismo, difundindo a possibilidade de construção de um novo mundo. Inovações tecnológicas originadas na própria guerra trazem o fetiche de felicidade, esperança de novos empregos, perspectivas de industrialização, invenção do computador. Tudo isso aparece como impulsionadores da construção de um mundo de paz. Para o Brasil representava também a perspectiva de um novo projeto de desenvolvimento.[24]

Assim sendo, a materialização da fundação do Senac e da aprendizagem dos comerciários ocorre com a edição dos Decretos-lei nº 8.821 e nº 8.622, datados de 10 de janeiro de 1946. No âmbito federal, o primeiro regramento incumbiu-se da missão de institucionalizar o surgimento do Senac ante o mandamento peremptório dirigido à Confederação Nacional do Comércio de Bens, Serviços e Turismo (CNC) para atuar na organização e na administração das escolas de aprendizagem comercial que viriam a ser implantadas em todo o país. No que diz respeito à sua linha de atuação, estabeleceu-se como missão institucional o oferecimento de cursos educacionais profissionalizantes em larga escala, com foco na formação e na preparação de trabalhadores para as atividades comerciais.

Nessa senda, é notória a compatibilização do Senac com a característica de sua criação depender tão somente da instituição de lei, competindo a terceiros a gestão

---

[23] NUNES, Terezinha de Souza Ferraz. *Implicações do modelo de competências na educação profissional desenvolvida no Senac-PE a partir do olhar do professor*. Dissertação (Mestrado em Educação) – Universidade Federal de Pernambuco, Recife, 2006. p. 100.

[24] ARAÚJO, Maria Dalvaneide de Oliveira. *O programa aprendizagem*: um estudo da formação do jovem aprendiz no Senac/PE. 2008. Dissertação (Mestrado em Educação) – Universidade Federal de Pernambuco, Recife, 2008. p. 57.

Capítulo 1 • BREVE HISTÓRICO, ORGANIZAÇÃO E ESTRUTURA DOS SERVIÇOS SOCIAIS | **15**

dos serviços prestados. No caso, o Decreto-lei nº 8.821/1946 dispõe sobre a criação do Senac e atribui à CNC a obrigatoriedade de organizar e administrar a instalação das escolas de aprendizagem comercial destinadas a trabalhadores do comércio[25].

Por sua vez, o Senac traz como conteúdo programático de sua prática institucional a íntima colaboração junto aos estabelecimentos comerciais contribuintes, os quais tratam de atividades abarcadas em federações e sindicatos subordinados à coordenação da CNC. A intervenção do Senac, no âmbito federal, destina-se a tornar unificados os objetivos do sistema de aprendizagem comercial, entre os quais estão: (i) pôr em prática, em escolas ou centros sob responsabilidade da instituição, a aprendizagem comercial a que se vinculam as empresas com atividades econômicas sob a sua jurisdição; (ii) nortear, quanto à implementação do sistema de aprendizagem metódica, as empresas às quais é conferida pela lei tal prerrogativa; (iii) promover a organização e a manutenção de cursos práticos ou de qualificação para comerciários adultos; (iv) divulgar novos métodos e técnicas voltadas à prática do comércio, auxiliando os empregadores no planejamento e na efetivação de programas de treinamento de pessoal inserido em distintos níveis de qualificação; (v) oferecer assistência às empresas comerciais no recrutamento, no processo seletivo e no enquadramento de seu pessoal; (vi) auxiliar na obra de difusão e aprimoramento da aprendizagem comercial de formação e do ensino superior que com ele se relacionar de maneira direta[26].

Sobre a sua forma de organização e estrutura, registre-se que o Senac, a título de financiamento de suas ações, ganha das empresas filiadas à CNC uma contribuição que perfaz o montante equivalente a 1% sobre a folha de pagamento – a partir do que provêm seus recursos –, valor descontado da remuneração dos empregados do comércio. Sua estruturação foi delineada de tal forma que a instituição detém enorme capilaridade social e territorial, compondo-se pela Administração Nacional (AN) e pelas 27 Administrações Regionais.

A respeito da Administração Nacional, que possui jurisdição em todo o país, impende-se destacar os seus órgãos de composição: (i) o Conselho Nacional, com função deliberativa; (ii) o Conselho Fiscal, órgão de fiscalização financeira; e (iii) o Departamento Nacional, de natureza executiva. Constata-se, de acordo com o atual art. 13 do Decreto nº 61.843/1967, que o Conselho Nacional tem composição equilibrada em relação ao número de representantes do Estado, das empresas e da sociedade[27].

---

[25] Interpretação do art. 1º do Decreto nº 8.621, de 10 de janeiro de 1946.

[26] Interpretação do art. 1º do Decreto nº 61.843, de 5 de dezembro de 1967.

[27] Interpretação do art. 13 do Decreto nº 61.843, de 5 de dezembro de 1967, com a reforma que aperfeiçoou o sistema pelo Decreto nº 5.728, de 16 de março de 2006, a saber: (i) do Presidente da Confederação Nacional do Comércio, que é seu Presidente nato; (ii) de um Vice-Presidente; (iii) de representantes de cada Conselho Regional, à razão de um por cinquenta mil comerciários, ou fração de metade mais um, no mínimo de um e no máximo de

No que se refere ao Departamento Nacional, registra-se que a indicação do mandatário do cargo de diretor-geral é atribuída ao presidente do Conselho Nacional, devendo-se observar, no momento da nomeação, a exigibilidade de que a pessoa indicada seja de nacionalidade brasileira, de cultura superior, idoneidade comprovada e atuação pregressa em atividades relacionadas com o ensino. Ademais, o mandatário do cargo em comento não pode exercer mandato em entidade sindical ou civil do comércio[28]. Já em relação ao Conselho Fiscal, a composição se dá de forma equânime entre membros do Estado, das empresas e dos trabalhadores[29].

Em relação à estrutura do Senac, descentralizada da esfera federal, tem-se as Administrações Regionais, cuja jurisdição se limita à base territorial correspondente. Toda AR engloba, dentro de sua estrutura interna, o Conselho Regional e o Departamento Regional. Os órgãos regionais são providos de autonomia quando se trata da administração de seus serviços, da gestão dos recursos, do regime de trabalho e dos vínculos empregatícios, não obstante ainda estarem submetidos às diretrizes e normas gerais postuladas pelos órgãos que atuam no âmbito nacional, bem como às ações de fiscalização e de inspeção executadas para fins de correição[30].

Quanto ao Conselho Regional, a composição é de forma paritária, após a reforma pelo Decreto nº 5.728, de 16 de março de 2006, e acertada na interação entre Estado, empresas e trabalhadores[31]. No que toca à estrutura do Departamento

---

três; (iv) de um representante do Ministério da Educação, e respectivo suplente, designados pelo Ministro de Estado; (v) de um representante, e respectivo suplente, do Ministério do Trabalho e Emprego, designados pelo Ministro de Estado; (vi) de um representante, e respectivo suplente, do Instituto Nacional do Seguro Social – INSS, designados pelo Ministro de Estado da Previdência Social; (vii) de um representante de cada Federação Nacional, eleito, com o suplente, pelo respectivo Conselho de Representantes; (viii) de seis representantes dos trabalhadores, e respectivos suplentes, indicados pelas centrais sindicais que atenderem aos critérios e instruções estabelecidos em ato do Ministro de Estado do Trabalho e Emprego; e (ix) do Diretor-Geral do Departamento Nacional.

[28] Interpretação do art. 18 do Decreto nº 61.843, de 5 de dezembro de 1967.

[29] Interpretação do art. 19 do Decreto nº 61.843, de 5 de dezembro de 1967. Interpretação do art. 1º do Decreto nº 61.843, de 5 de dezembro de 1967, com a reforma que aprimorou o sistema pelo Decreto nº 5.728, de 16 de março de 2006, a saber: (i) dois representantes do comércio, sindicalizados, eleitos pelo Conselho de Representantes da Confederação Nacional do Comércio; (ii) um representante do Ministério do Planejamento, Orçamento e Gestão, designado pelo respectivo Ministro de Estado; (iii) um representante do Ministério do Trabalho e Emprego; (iv) um representante do INSS, designado pelo Ministro de Estado da Previdência Social; e (v) dois representantes dos trabalhadores, indicados pelas centrais sindicais que atenderem aos critérios e instruções estabelecidos em ato do Ministro de Estado do Trabalho e Emprego.

[30] Interpretação do art. 21, parágrafo único, do Decreto nº 61.843, de 5 de dezembro de 1967.

[31] Interpretação do art. 22 do Decreto nº 61.843, de 5 de dezembro de 1967, com a reforma que aprimorou o sistema pelo Decreto nº 5.728, de 16 de março de 2006, a saber: (i) do Presidente da Federação do Comércio Estadual; (ii) de seis delegados das atividades de comércio de bens e de serviços, eleitos pelos Conselhos de Representantes das correspondentes

Capítulo 1 • BREVE HISTÓRICO, ORGANIZAÇÃO E ESTRUTURA DOS SERVIÇOS SOCIAIS | **17**

Regional, rege-se por dinâmica similar à ocorrida no Departamento Nacional, sendo a indicação do postulante ao cargo de diretor do DR atribuição do presidente do CR. Assim como no estruturado para o DN, também é exigido da pessoa nomeada: nacionalidade brasileira, cultural superior, comprovada idoneidade e experiência nas atividades de ensino. É igualmente defeso ao diretor do DR que esteja no exercício de mandato em entidade sindical ou civil do comércio[32].

Noutro giro, ao se tratar do orçamento relativo ao Senac, impõe-se o dever de organizar anualmente um orçamento, cuja aprovação passa pelo crivo do presidente da República. Inicialmente, a AN e a AR elaboram seus orçamentos e, até o dia 31 de agosto, devem submetê-los à apreciação do Conselho Fiscal para que, uma vez findo o exame da matéria com a sua aprovação, reúnam-se os orçamentos elaborados em um só documento, devendo abarcar as previsões da receita e as aplicações da despesa[33]. Desse modo, o documento é encaminhado pelo ministro do Trabalho e Previdência Social à Presidência da República até 15 de dezembro.

Além disso, no que concerne à prestação de contas referentes à gestão econômico-financeira do exercício anterior, tem-se procedimento similar ao ocorrido para aprovação de orçamento dos órgãos do Senac. As prestações de contas da Assembleia Nacional e das Assembleias Regionais, sob a responsabilidade de seus titulares, devem dar entrada no Conselho Fiscal, órgão interno de controle fiscal da instituição, no qual será prolatado pronunciamento no sentido de aprovar ou não as contas prestadas para, ulteriormente, encaminhá-las ao Tribunal de Contas

---

federações estaduais, obedecidas as normas do respectivo estatuto, nas Administrações Regionais que abranjam até cem mil comerciários inscritos no INSS; (iii) de doze delegados das atividades de comércio de bens e de serviços, eleitos pelos Conselhos de Representantes das correspondentes federações estaduais, obedecidas as normas do respectivo estatuto, nas Administrações Regionais que abranjam mais de cem mil comerciários inscritos no INSS; (iv) de um representante das federações nacionais, nos Estados onde exista um ou mais sindicatos a elas filiados, escolhido de comum acordo entre os sindicatos filiados sediados no respectivo Estado, ou por eles eleito; (v) de um representante, e respectivo suplente, do Ministério da Educação, designados pelo Ministro de Estado; (vi) de um representante, e respectivo suplente, do Ministério do Trabalho e Emprego, designados pelo Ministro de Estado; (vii) do Diretor do Departamento Regional; (viii) de um representante do INSS, e respectivo suplente, designados pelo Ministro de Estado da Previdência Social; (ix) de dois representantes dos trabalhadores, e respectivos suplentes, indicados pelas centrais sindicais que atenderem aos critérios e instruções estabelecidos em ato do Ministro de Estado do Trabalho e Emprego, nas Administrações Regionais que abranjam até cem mil comerciários inscritos no INSS; e (x) de três representantes dos trabalhadores, com os respectivos suplentes, indicados pelas centrais sindicais que atenderem aos critérios e instruções estabelecidos em ato do Ministro de Estado do Trabalho e Emprego, nas Administrações Regionais que abranjam mais de cem mil comerciários inscritos no INSS.

[32] Interpretação do art. 27 do Decreto nº 61.843, de 5 de dezembro de 1967.
[33] Interpretação do art. 36 do Decreto nº 61.843, de 5 de dezembro de 1967.

18 | SISTEMA S: FUNDAMENTOS CONSTITUCIONAIS • *Edvaldo Nilo de Almeida*

da União, até o dia 31 de março, para fins de controle final da gestão econômico-
-financeira exercida[34].

Ademais, resta expressamente vinculado ao exercício orçamentário do Senac a previsão de que destine dos seus recursos, anual e atualmente, o valor correspondente a 66,67% de sua receita líquida da contribuição compulsória geral para vagas gratuitas em aprendizagem, formação inicial e continuada e em educação profissional técnica de nível médio[35].

Por fim, quanto aos resultados, registra-se que, em 2018, o Senac contabilizou 2.175.000 atendimentos, dos quais 1.297.000 foram de matrículas em educação profissional. Nesse rumo, a instituição cumpriu o seu compromisso legal com a gratuidade e garantiu, efetivamente, 358 mil matrículas sem custos para adolescentes, jovens e adultos, isto é, o Programa Senac de Gratuidade, principal programa educacional da entidade, apresentou, em 2018, o compromisso financeiro de R$ 1,79 bilhão baseado na receita de contribuição compulsória líquida de R$ 2,69 bilhões. O Senac encontra-se presente, atualmente, em 1.808 municípios, por meio de suas programações presenciais, e mantém uma rede singular de ensino, com ambientes educacionais especializados distribuídos entre 576 unidades escolares nos 27 entes federativos brasileiros, orientando-se pelos princípios de ergonomia, de acessibilidade e de preservação no uso de tecnologias, de equipamentos e de conservação histórica de mobiliários adequados em buscas de processos eficientes de ensino-aprendizagem[36].

1.1.4 Serviço Social do Comércio

A quarta entidade integrante dos serviços sociais autônomos abordada neste tópico é o Sesc, cuja fundação remete à mesma década de 1940, época em que se materializou a elaboração da Carta da Paz Social, a qual, para fins de criação do sistema de serviços sociais autônomos, mostrou-se imprescindível como instrumento discursivo que elucida a necessidade de um plano de ação social custeado pelo empresariado.

Assim, a autorização para instituição do Sesc foi dada pela edição do Decreto-lei nº 9.853, de 13 de setembro de 1946, dispositivo legal que incumbiu a CNC da atribuição de organizar e dirigir a entidade. Em atenção ao encargo recebido, a atuação do Sesc deve ser pautada por planejamento e execução de medidas voltadas especificamente a perfilhar a implementação dos direitos sociais fundamentais de assistência em relação aos problemas domésticos, tais como nutrição, habitação,

---

[34] Interpretação do art. 38 do Decreto nº 61.843, de 5 de dezembro de 1967.

[35] Interpretação do art. 51 do Decreto nº 61.843, de 5 de dezembro de 1967, incluído pelo Decreto nº 6.633, de 5 de novembro de 2008.

[36] *Relatório anual de atividades Senac 2018.* p. 1-132. Disponível em: http://www.dn.senac.br/wp-content/uploads/2017/03/relatorio_geral_2018.pdf. Acesso em: 27 jul. 2019.

Capítulo 1 • BREVE HISTÓRICO, ORGANIZAÇÃO E ESTRUTURA DOS SERVIÇOS SOCIAIS | **19**

vestuário, saúde, educação e transporte, defesa do salário real dos comerciários, pesquisas socioeconômicas e realizações educativas e culturais, visando à valorização do homem e aos incentivos à atividade produtora[37].

A linha pragmática do Sesc, por sua vez, prevê uma série de atuações sociais fincadas no aprimoramento da qualidade de vida do trabalhador e sua família, a partir das quais foram estipulados como principais alvos:

a) organizar, os serviços sociais adequados às necessidades e possibilidades locais, regionais e nacionais;

b) utilizar os recursos educativos e assistenciais, existentes tanto públicos, como particulares;

c) estabelecer convênios, contratos e acordos com órgãos públicos, profissionais e particulares;

d) promover quaisquer modalidades de cursos e atividades especializadas de serviço social;

e) conceder bolsas de estudo, no país e no estrangeiro, ao seu pessoal técnico, para formação e aperfeiçoamento;

f) contratar técnicos, dentro e fora do território nacional, quando necessários ao desenvolvimento e aperfeiçoamento de seus serviços;

g) participar de congressos técnicos relacionados com suas finalidades;

h) realizar direta ou indiretamente, no interesse do desenvolvimento econômico-social do país, estudos e pesquisas sobre as circunstâncias vivenciais dos seus usuários, sobre a eficiência da produção individual e coletiva, sobre aspectos ligados à vida do trabalhador e sobre as condições socioeconômicas das comunidades;

i) servir-se dos recursos audiovisuais e dos instrumentos de formação da opinião pública, para interpretar e realizar a sua obra educativa e divulgar os princípios, métodos e técnicas de serviço social;

j) promover, por processos racionais e práticos, a aproximação entre empregados e empregadores; e

l) desenvolver programas nos âmbitos da educação, cultura, saúde, assistência e lazer; nesta última categoria inclusas as atividades de turismo em suas diversas modalidades.[38]

No tocante à sua forma de atuação, esta será feita de forma cooperada, na medida em que o Sesc está sob regime de unidade normativa e de descentralização

---

[37] Interpretação do art. 1º do Decreto nº 61.836, de 5 de dezembro de 1967.

[38] Interpretação do art. 3º do Decreto nº 61.836, de 5 de dezembro de 1967.

executiva e se propõe a estabelecer um sistema nacional de serviço social aportado pela colaboração e pela articulação dos empregadores contribuintes, por intermédio dos respectivos órgãos de classe[39]. O propósito dessa maneira de atuar é consolidar um sistema provido da uniformidade de objetivos e de planos gerais, adaptável às especificidades das várias regiões do país.

Quanto à organização do Sesc, registre-se que o Decreto-lei nº 9.853/1946 estipulou a sua bifurcação administrativa, de modo que a sua estrutura abarca a Administração Nacional, cuja jurisdição se estende por todo o país, e as Administrações Regionais, dotadas de jurisdição atuante nas bases territoriais a que se correspondem. O primeiro tipo de administração é composto pelos órgãos deliberativo e executivo, que são, respectivamente, o Conselho Nacional e o Departamento Nacional. Fato similar ocorre com as Administrações Regionais, cujos órgãos deliberativos são os Conselhos Regionais e os executivos são os Departamentos Regionais. Adicione-se à Administração Nacional, por sua vez, um terceiro órgão, voltado à fiscalização financeira das atividades empreendidas pelo Sesc, o qual é representado pelo Conselho Fiscal, órgão colegiado cujas decisões são dependentes de deliberação majoritária.

No que concerne ao Conselho Nacional, este tem, hoje, a composição de forma equilibrada entre empresários, trabalhadores e Estado[40]. Em relação ao Departamento Nacional, a nomeação da pessoa a ocupar o cargo de diretor-geral é atribuída ao presidente do Conselho Nacional, devendo observar a exigibilidade de que a indicação feita recaia sobre pessoa de nacionalidade brasileira, cultura superior, idoneidade comprovada e com experiência em atividades relacionadas ao serviço social. Ademais, o mandatário do cargo em tela não pode exercer mandato em entidade sindical ou civil do comércio[41].

---

[39]   Interpretação do art. 8º do Decreto nº 61.836, de 5 de dezembro de 1967.

[40]   Interpretação do art. 13 do Decreto nº 61.836, de 5 de dezembro de 1967, com a reforma que aprimorou o sistema pelo Decreto nº 5.725, de 16 de março de 2006, a saber: (i) do Presidente da Confederação Nacional do Comércio, que é seu Presidente nato; (ii) de um Vice-Presidente; (iii) de representantes de cada CR, à razão de um por cinquenta mil comerciários ou fração de metade mais um, no mínimo de um e no máximo de três; (iv) de um representante, e respectivo suplente, do Ministério do Trabalho e Emprego, designados pelo Ministro de Estado; (v) de um representante do Instituto Nacional do Seguro Social – INSS, e respectivo suplente, designados pelo Ministro de Estado da Previdência Social; (vi) de um representante de cada federação nacional, e respectivo suplente, eleitos pelo respectivo Conselho de Representantes; (vii) de seis representantes dos trabalhadores, e respectivos suplentes, indicados pelas centrais sindicais que atenderem aos critérios e instruções estabelecidos em ato do Ministro de Estado do Trabalho e Emprego; e (viii) do Diretor-Geral do Departamento Nacional – DN.

[41]   Interpretação do art. 18 do Decreto nº 61.836, de 5 de dezembro de 1967.

Capítulo 1 • BREVE HISTÓRICO, ORGANIZAÇÃO E ESTRUTURA DOS SERVIÇOS SOCIAIS | 21

O Conselho Fiscal, por sua vez, tem a composição dos seus membros delineada da forma adequada[42]. Ademais, não podem exercer a função de membro do Conselho Fiscal as pessoas que possuam cargo remunerado na própria instituição, no Senac, na CNC ou em qualquer entidade civil ou sindical do comércio, e as pessoas que já integrem o quadro de membros do Conselho Nacional ou dos Conselhos Regionais da própria entidade, do Senac e os membros da diretoria da CNC[43].

Já em relação ao outro tipo de administração, qual seja, as Administrações Regionais, assevera-se que a forma de composição dos Conselhos Regionais guarda um certo paralelismo com a composição do CN[44]. A indicação de pessoa para exercer o mandato de diretor também guarda semelhança com a forma de nomeação de diretor-geral do Departamento Nacional, devendo ser indicado

---

[42] Interpretação do art. 19 do Decreto nº 61.836, de 5 de dezembro de 1967, com a redação que lapidou o sistema pelo Decreto nº 5.725, de 16 de março de 2006, a saber: (i) dois representantes do comércio, e respectivos suplentes, sindicalizados, eleitos pelo Conselho de Representantes da Confederação Nacional do Comércio; (ii) um representante do Ministério do Trabalho e Emprego, e respectivo suplente, designados pelo Ministro de Estado; (iii) um representante do Ministério do Planejamento, Orçamento e Gestão, e respectivo suplente, designados pelo Ministro de Estado; (iv) um representante do INSS, e respectivo suplente, designados pelo Ministro de Estado da Presidência Social; (v) um representante do Ministério do Desenvolvimento Social e Combate à Fome, e respectivo suplente, designados pelo Ministro de Estado; e (vi) um representante dos trabalhadores, e respectivo suplente, indicados pelas centrais sindicais que atenderem aos critérios e instruções estabelecidos em ato do Ministro de Estado do Trabalho e Emprego.

[43] Interpretação do § 3º do art. 19 do Decreto nº 61.836, de 5 de dezembro de 1967.

[44] Interpretação do art. 22 do Decreto nº 61.836, de 5 de dezembro de 1967, com a redação dada pelo Decreto nº 5.725, de 16 de março de 2006, a saber: (i) do Presidente da Federação do Comércio Estadual; (ii) de seis delegados das atividades de comércio de bens e de serviços, eleitos pelos Conselhos de Representantes das correspondentes federações estaduais, obedecidas às normas do respectivo estatuto, nas Administrações Regionais que abranjam até cem mil comerciários inscritos no INSS; (iii) de doze delegados das atividades de comércio de bens e de serviços, eleitos pelos Conselhos de Representantes das correspondentes federações estaduais, obedecidas às normas do respectivo estatuto, nas Administrações Regionais que abranjam mais de cem mil comerciários inscritos no INSS; (iv) de um representante das federações nacionais, nos Estados onde exista um ou mais sindicatos a elas filiados, escolhido de comum acordo entre os sindicatos filiados sediados no respectivo Estado, ou por eles eleito; (v) de um representante do Ministério do Trabalho e Emprego, e respectivo suplente, designados pelo Ministro de Estado; (vi) do Diretor do DR; (vii) de um representante do INSS, e respectivo suplente, designados pelo Ministro de Estado da Previdência Social; (viii) de dois representantes dos trabalhadores, e respectivos suplentes, indicados pelas centrais sindicais que atenderem aos critérios e instruções estabelecidos em ato do Ministro de Estado do Trabalho e Emprego, nas Administrações Regionais que abranjam até cem mil comerciários inscritos no INSS; e (ix) de três representantes dos trabalhadores, e respectivos suplentes, indicados pelas centrais sindicais que atenderem aos critérios e instruções estabelecidos em ato do Ministro de Estado do Trabalho e Emprego, nas Administrações Regionais que abranjam mais de cem mil comerciários inscritos no INSS.

22 | SISTEMA S: FUNDAMENTOS CONSTITUCIONAIS • *Edvaldo Nilo de Almeida*

pelo presidente do Conselho Regional e observar as mesmas características de nacionalidade brasileira, cultura superior, idoneidade e atuação regressa em atividades de serviço social.

Noutro giro, quanto ao orçamento da entidade, deve-se destacar que tanto a Administração Nacional como as Administrações Regionais são responsáveis por elaborar seus respectivos orçamentos anualmente, devendo apresentá-los perante o Conselho Fiscal até o dia 31 de agosto. Uma vez apreciados por essa instância, devem ser reunidos em um só documento para que se remeta à Presidência da República, por meio da intervenção do ministro do Trabalho e Previdência Social[45].

No que concerne à prestação de contas, referentes à gestão econômico-financeira do exercício do ano antecedente, esta deve ser remetida para exame do Conselho Fiscal anualmente, até a data de 1º de março. Após o seu pronunciamento, as contas prestadas dos dois tipos de administração devem ser enviadas ao TCU até 31 de março[46]. Por sua vez, impende-se constatar que o Sesc não vem prestando contas nacionalmente, como é seu dever, e foram encontradas diversas dificuldades de pesquisa dos seus relatórios de gestão, uma vez que, até o fim desta pesquisa, em 6 de janeiro de 2020, não havia sido disponibilizado o relatório de gestão de 2018 no site da transparência da entidade[47]. Registra-se que o relatório de gestão nacional de 2017 é bastante confuso e pouco transparente, constatando-se dificuldades em encontrar de modo direto e claro o desempenho constitucional de suas atividades. No relatório de 2016, constata-se que foram realizados 807.824.684 atendimentos naquele ano nas áreas de educação, saúde, cultura, lazer e assistência, sendo 515.782.712 em assistência, 58.519.279 em educação, 99.651.820 em saúde, 47.408.800 em cultura e 86.462.073 em lazer[48].

1.1.5 Serviço Brasileiro de Apoio às Micro e Pequenas Empresas

Do subitem 1.1.5 ao 1.1.9, serão abordadas as entidades dos serviços sociais autônomos federais que têm como sua fonte de arrecadação os recursos disciplinados na Lei nº 8.029/1990 e que têm como característica principal a geração de emprego nos mais diversos setores, são elas: Sebrae, Apex-Brasil, Abdi, Embratur e Anater.

A criação do Serviço Brasileiro de Apoio às Micro e Pequenas Empresas remonta à década de 1960, quando, por meio da edição do Decreto nº 48.738/1960, o presidente Juscelino Kubitschek criou o Grupo Executivo de Assistência à Média e Pequena Empresa (Geampe), com o objetivo de melhorar a produtividade e

---

45   Interpretação do art. 36 do Decreto nº 61.836, de 5 de dezembro de 1967.
46   Interpretação do art. 38 do Decreto nº 61.836, de 5 de dezembro de 1967.
47   Disponível em: http://transparencia.sesc.com.br/portal/relatorios. Acesso em: 6 jan. 2019.
48   Disponível em: http://transparencia.sesc.com.br/wps/wcm/connect/57d34a9a-c2ee-43e3-a23a-33d9932920f9/RG2016_web.pdf?MOD=AJPERES&CACHEID=57d34a9a-c2ee-43e3-a23a-33d9932920f9. Acesso em: 6 jan. 2019.

fortalecer a estrutura econômica e financeira das empresas industriais. O Geampe estava diretamente subordinado ao Conselho do Desenvolvimento e era constituído pelos seguintes membros do Estado e da Administração Indireta: o secretário-geral do Conselho do Desenvolvimento, o presidente do Banco do Brasil S.A., o presidente do Banco Nacional do Desenvolvimento Econômico, o diretor da Carteira de Crédito Agrícola e Industrial do Banco do Brasil S.A., o diretor-executivo da Superintendência da Moeda e do Crédito, o diretor da Carteira de Câmbio do Banco do Brasil S.A., o diretor da Carteira de Comércio Exterior do Banco do Brasil Sociedade Anônima e o presidente do Conselho de Política Aduaneira.

Evidenciando-se a preocupação do Estado em auxiliar as pequenas e médias empresas, o Geampe tinha como finalidade e atribuições: (i) promover a coordenação dos esforços do governo e da iniciativa privada em defesa da média e da pequena indústria, visando assegurar sua expansão, como unidades imprescindíveis ao funcionamento integrado da economia nacional; (ii) delimitar os critérios de caracterização da pequena e da média empresa nacional, nos diferentes ramos da indústria; (iii) pesquisar e equacionar os problemas específicos da média e da pequena indústria nacional; (iv) estudar projetos de leis, decretos e atos administrativos pertinentes às finalidades do grupo; (v) codificar o estatuto da pequena e da média empresa industrial; (vi) indicar os critérios de seletividade para o escalonamento prioritário dos setores industriais que deverão ser assistidos; (vii) cooperar com os Grupos Executivos do Conselho do Desenvolvimento e com outras entidades em atividades correlatas às finalidades do grupo; (viii) recomendar, quando couber, aos órgãos federais, autárquicos e de economia mista providências da alçada destes que possam concorrer para a consecução dos objetivos do grupo; e (ix) atuar executivamente, adotando as providências que possam conduzir à efetivação da assistência à pequena e à média empresa[49].

Em seguida, em 1964, o então Banco Nacional de Desenvolvimento Econômico (BNDE), hoje BNDES, cria o Programa de Financiamento à Pequena e Média Empresa (Fipeme), que começou a operar em 1965. No BNDE havia o Departamento de Operações Especiais,

> [...] onde foi criado um sistema de apoio gerencial às pequenas e médias empresas, por haver sido identificado, através de pesquisa, que a má gestão das empresas estava diretamente relacionada com os índices de inadimplência nos contratos de financiamento celebrados com o banco [...].[50]

---

[49] Interpretação do art. 3º do Decreto nº 48.738/1960.

[50] COSTA, Marcelo Lima. *O sistema Sebrae*. Disponível em: www.comunidade.sebrae.com.br/
mult_atend_ind/Modulo+I/Downloads+-+Modulo+I/Downloads_GetFile.aspx?id=8952.
Acesso em: 18 maio 2019.

Em 17 de julho de 1972, por iniciativa do BNDE e do Ministério do Planejamento, foi criado o Centro Brasileiro de Assistência Gerencial à Pequena Empresa (Cebrae). O Conselho Deliberativo do Cebrae, com "c", contava com a Financiadora de Estudos e Projetos (Finep), a Associação dos Bancos de Desenvolvimento (ABDE) e o próprio BNDE. O início dos trabalhos se deu com o credenciamento de entidades parceiras nos estados, como o Ibacesc (SC), o Cedin (BA), o Ideg (RJ), o Ideies (ES), o CDNL (RJ) e o Ceag (MG)[51]. Àquela época, o Cebrae constituía-se em uma sociedade civil sem fins lucrativos, vinculada à Secretaria de Planejamento (Seplan) da Presidência da República.

A inserção do Cebrae como instrumento de política pública de incentivo à economia se fortaleceu com a instituição do II Plano Nacional de Desenvolvimento (II PND), pelo presidente Ernesto Geisel. Esse plano inseria o Cebrae como ente responsável por prestar apoio à pequena e à média empresa, com o propósito de modernizar as empresas brasileiras e estabelecer programas de crédito orientado, ligados ao Sistema Cebrae, por meio do BNDE e de outros bancos regionais e estaduais. Essa atuação conjunta entre o Cebrae e a instituição financeira tinha o propósito de "efetuar, com o crédito, a transferência de conhecimentos técnicos, assim como de administração e gerência" (trecho do item II, p. 36, do II PND)[52].

O Cebrae continuou como forte instrumento de desenvolvimento das pequenas empresas na década de 1980, passando a se vincular ao Ministério da Indústria e Comércio em 1984.

Após, em 1990, com a edição da Lei nº 8.029/1990 e do Decreto nº 99.570/1990[53], o Cebrae se transformou em Sebrae, e passou a fazer parte do Sistema S. Nessa roupagem, o Sebrae se desvinculou do poder púbico, caracterizando-se como uma pessoa jurídica de direito privado que desenvolve atividade de caráter nitidamente social no fomento ao emprego e ao desenvolvimento às empresas de pequeno porte. Dessa maneira, os Centros de Apoio às Pequenas e Médias Empresas (Ceags) estaduais foram remodelados em Sebrae dos estados e do Distrito Federal, com autonomia de gestão, mas atuando em coordenação com ações do Sistema Sebrae Nacional, respeitando-se as características locais.

A partir dessa estruturação, o Sebrae passou a desenvolver forte atividade de fomento às micro e pequenas empresas, que culminou na aprovação da Lei

---

[51] Disponível em: http://www.sebrae.com.br/sites/PortalSebrae/canais_adicionais/conheca_quemsomos. Acesso em: 19 maio 2019.

[52] Disponível em: http://www.planalto.gov.br/ccivil_03/leis/1970-1979/anexo/ANL6151-74. PDF. Acesso em: 19 maio 2019.

[53] Conforme art. 1º, *in verbis*: "Fica desvinculado da Administração Pública Federal o Centro Brasileiro de Apoio à Pequena e Média Empresa (Cebrae) e transformado em serviço social autônomo. Parágrafo único. O Centro Brasileiro de Apoio à Pequena e Média Empresa (Cebrae), passa a denominar-se Serviço Brasileiro de Apoio às Micro e Pequenas Empresas (Sebrae)".

Capítulo 1 • BREVE HISTÓRICO, ORGANIZAÇÃO E ESTRUTURA DOS SERVIÇOS SOCIAIS | **25**

nº 9.841/1999 e na, atualmente em vigor, Lei Complementar nº 123/2006, que disciplina o Estatuto Nacional da Microempresa e da Empresa de Pequeno Porte.

Nesse contexto, revela-se a evolução histórica do Sebrae, desde sua criação, e a sua atuação sempre ao lado do Estado brasileiro, o que ressalta a sua extrema importância como fomentador da atividade econômica, especialmente daqueles agentes fundamentais para a geração de emprego e desenvolvimento da economia brasileira: as micro e pequenas empresas.

Conforme observado anteriormente, o Sebrae, em sua conformidade atual, foi delineado pela Lei nº 8.029/1990 e pelo Decreto nº 99.570/1990. A referida lei, além de desvincular expressamente o Sebrae da estrutura da Administração Pública (art. 8º, *caput*), dispõe que compete ao serviço social autônomo planejar, coordenar e orientar programas técnicos, projetos e atividades de apoio às micro e pequenas empresas, em conformidade com as políticas nacionais de desenvolvimento, particularmente as relativas às áreas industrial, comercial e tecnológica.

Determinou-se que o custeio das atividades do Sebrae decorre de adicional de 0,3% de contribuição tributária social já existente do Sesc, do Senac, do Senai e do Senai, com destinação vinculada ao desenvolvimento das micro e pequenas empresas por meio de projetos e programas que visem ao seu aperfeiçoamento técnico, à capacitação gerencial, à racionalização, à modernização, bem como às instruções para facilitar o acesso ao crédito, à capitalização e ao fortalecimento do mercado secundário de títulos de capitalização das pequenas empresas. Tal adicional foi alterando o seu destinatário ao longo do tempo, com redações dadas pela Lei nº 10.668/2003, pela Lei nº 11.080/2004, e, agora, pela Medida Provisória nº 907, de 26 de novembro de 2019, encontra-se da seguinte forma: (i) 70% ao Sebrae; (ii) 12,25% à Apex-Brasil; (iii) 2% à Abdi; e (iv) 15,75% à Embratur[54].

Além das referências constitucionais, legais e normativas relacionadas, diretamente, à criação e ao custeio do Sebrae, há, ainda, previsão expressa dessa entidade na Lei Complementar nº 123/2006[55].

---

[54] Interpretação dos arts. 8º e 9º da Lei nº 8.029/1990.

[55] "Art. 26. As microempresas e empresas de pequeno porte optantes pelo Simples Nacional ficam obrigadas a: I – emitir documento fiscal de venda ou prestação de serviço, de acordo com instruções expedidas pelo Comitê Gestor; II – manter em boa ordem e guarda os documentos que fundamentaram a apuração dos impostos e contribuições devidos e o cumprimento das obrigações acessórias a que se refere o art. 25 desta Lei Complementar enquanto não decorrido o prazo decadencial e não prescritas eventuais ações que lhes sejam pertinentes. [...] § 8º O CGSN poderá disciplinar sobre a disponibilização, no portal do Simples Nacional, de documento fiscal eletrônico de venda ou de prestação de serviço para o MEI, microempresa ou empresa de pequeno porte optante pelo Simples Nacional. § 9º O desenvolvimento e a manutenção das soluções de tecnologia, capacitação e orientação aos usuários relativas ao disposto no § 8º, bem como as demais relativas ao Simples Nacional, poderão ser apoiadas pelo Serviço Brasileiro de Apoio às Micro e Pequenas Empresas – Sebrae. Art. 59. As instituições referidas no *caput* do art. 58 desta Lei Complementar devem

26 | SISTEMA S: FUNDAMENTOS CONSTITUCIONAIS • *Edvaldo Nilo de Almeida*

Nesse contexto, evidencia-se que o Sebrae teve seus contornos institucionais, na sua formação atual, delineados por uma lei federal, regulamentada por um decreto, e tem resguardado, por previsão legal, a destinação de seus recursos.

Ademais, com relação ao Sistema Sebrae, constata-se o cumprimento de suas metas na execução dos direitos fundamentais sociais, a partir dos resultados de desempenho em 2018, revelados na Decisão Normativa nº 170/2018 do TCU. Seguem os resultados[56]:

Indicadores de desempenho	MMeta	Execução	Métrica	% Execução
Atendimento aos pequenos negócios com soluções específicas de inovação	226.503	273.903	Nº	121%
Número de donos de pequenos negócios atendidos	1.588.306	1.827.769	Nº	115%
Número de microempreendedores individuais atendidos	1.202.554	1.268.702	Nº	106%
Número de microempresas atendidas	746.329	787.249	Nº	105%
Número de pequenas empresas atendidas	208.795	210.805	Nº	101%
Número de pequenos negócios atendidos	2.157.753	2.266.756	Nº	105%
Número de pequenos negócios fidelizados	798.984	786.602	Nº	98%
Número de potenciais empresários atendidos	1.692.981	2.093.714	Nº	124%
Índice de satisfação do cliente	9,1	9,0	0-10	99%

1.1.6 Agência Brasileira de Desenvolvimento Industrial

A Apex-Brasil é um serviço social autônomo criado pela Lei nº 10.668/2003 e efetivamente instituído pelo Decreto nº 4.584/2003, na forma de pessoa jurídica de direito privado sem fins lucrativos. De interesse nitidamente social, é voltado a promover a execução de políticas de exportação e a atração de investimentos estrangeiros para setores da economia brasileira, principalmente de modo a auxiliar pequenas empresas e propiciar a geração de empregos nesse tipo de atividade especializada[57].

Conforme a lei que a criou, são órgãos internos da Apex-Brasil: o Conselho Deliberativo, o Conselho Fiscal e a Diretoria Executiva. O Conselho Deliberativo

---

se articular com as respectivas entidades de apoio e representação das microempresas e empresas de pequeno porte, no sentido de proporcionar e desenvolver programas de treinamento, desenvolvimento gerencial e capacitação tecnológica".

[56]   *Relatório de gestão 2018*. Brasília: 2019. Disponível em: https://conteudoh16.sebrae.com.br/file_source/ArquivosPortalLai/Nacional/Relat%C3%B3rio%20de%20Gest%C3%A3o%20--%20Exerc%C3%ADcio%202018%20-%20Sebrae-NA.pdf. Acesso em: 12 dez. 2019.

[57]   Interpretação do art. 1º, *caput*, Lei nº 10.668/2003.

Capítulo 1 • BREVE HISTÓRICO, ORGANIZAÇÃO E ESTRUTURA DOS SERVIÇOS SOCIAIS | **27**

constitui-se por nove membros, sendo cinco representantes do Poder Executivo e quatro de entidades privadas[58], cada um com um suplente e devendo cumprir mandatos de dois anos, sendo permitida uma recondução. Compõem o Conselho Fiscal três membros, sendo dois representantes do Poder Executivo e um representante da sociedade (Sebrae), também devem cumprir mandato de dois anos, sendo permitida uma única recondução. Por sua vez, a Diretoria Executiva possui um presidente e dois diretores, sendo o presidente indicado e nomeado pelo chefe do Executivo e os diretores indicados pelo Conselho Deliberativo e nomeados pelo presidente da Apex-Brasil, respectivamente, para cumprir mandatos de quatro anos, sendo permitida uma recondução[59].

Compete ao Conselho Deliberativo a aprovação do estatuto social e das políticas de atuação institucional, além da deliberação quanto à provação do planejamento da entidade, dos planos de trabalho anuais e relatórios de acompanhamento, da proposta de orçamento, do balanço anual e da prestação de contas, entre outras questões[60]. Ao Conselho Fiscal cabe o controle interno, a fiscalização e a gestão administrativa, contábil, orçamentária e patrimonial, e a deliberação quanto à provação do balanço anual e à prestação de contas[61].

Já a Diretoria Executiva tem como competência a promoção do cumprimento do estatuto, das diretrizes e do contrato de gestão, além da elaboração e da execução do planejamento da Apex-Brasil, dos planos de trabalho, da proposta de orçamento, do balanço anual, do plano de gestão de pessoal, entre outras matérias[62].

A Apex-Brasil é financiada por dotação orçamentária, da mesma forma que a Associação das Pioneiras Sociais, mas, além disso, tem direito a parte da contribuição destinada ao Sebrae, e seu patrimônio é composto por recursos advindos de convênios, acordos e contratos; doações, legados e subvenções; valores decorrentes de decisão judicial; e valores provenientes da venda ou do aluguel de seus móveis ou imóveis[63].

Do mesmo modo, a Apex-Brasil também se submete ao controle do Tribunal de Contas da União e, naturalmente, ao controle interno do Conselho Fiscal e ao controle finalístico do Poder Executivo, uma vez que, como pode ser percebido em sua estruturação, seus órgãos internos são formados, principalmente, por membros do Executivo.

---

[58] Os quatro (4) representantes privados são da Confederação Nacional da Indústria (CNI), da Confederação Nacional da Agricultura e Pecuária do Brasil (CNA), do Sebrae e da Associação de Comércio Exterior do Brasil (AEB), conforme o art. 4º do Decreto nº 4.584/2003.

[59] Interpretação dos arts. 3º a 7º, da Lei nº 10.668/2003.

[60] Interpretação do art. 4º do Decreto nº 4.584/2003.

[61] Interpretação do art. 5º do Decreto nº 4.584/2003.

[62] Interpretação do art. 6º do Decreto nº 4.584/2003.

[63] Interpretação do art. 13, incisos I, II, II, IV, da Lei nº 10.668/2003.

Desse modo, a Apex-Brasil deve encaminhar anualmente, ao Poder Executivo, um relatório da execução do contrato de gestão do período anterior, no qual preste contas quanto aos recursos aplicados em suas atividades. Esse Poder apreciará o relatório e emitirá parecer manifestando-se quanto ao cumprimento do contrato pela entidade[64]. Já o TCU fiscalizará a execução do contrato, podendo exigir a correção de erros ou irregularidades que encontrar e, até mesmo, recomendar o afastamento de um dirigente ou a rescisão de um contrato[65].

A Apex-Brasil, por fim, em 2018, teve desempenho surpreendente em sua prestação de serviço para promoção da tecnologia industrial e inclusão no mercado de trabalho, apoiando, diretamente, 5.925 empresas de exportação, alcançando, apenas nesses projetos, o montante de US$ 29,59 bi.

No Programa de Qualificação para a Exportação (Peiex), que visa preparar as empresas não exportadoras e iniciantes para atuar no comércio internacional, foram 7.258 empresas atendidas, cobrindo 1.301 municípios brasileiros. Já nas capacitações por meio de *workshops*, foram atendidas 409 empresas, e a Apex-Brasil coordenou a participação das empresas brasileiras em mais de uma centena de feiras internacionais e nacionais, tais como a Sial, Gulfood, Fancy Food, Maison&Objet, Biofach, Apas, Rio2C, Ridex, Big Festival, Hospitalar, entre muitas outras[66].

1.1.7 Agência Brasileira de Desenvolvimento Industrial

A Abdi, uma das entidades mais recentes do Sistema S – e que possui semelhanças com os já mencionados Sebrae e Apex-Brasil –, foi instituída como serviço social autônomo pela Lei nº 11.080/2004 com natureza jurídica de pessoa jurídica de direito privado sem fins lucrativos, de interesse social, cujo objetivo é a promoção da execução de políticas de desenvolvimento industrial, especialmente as que contribuam para a geração de empregos, em consonância com as políticas de comércio exterior e de ciência e tecnologia[67].

No ano seguinte, foi editado o Decreto nº 5.352/2005, do chefe do Poder Executivo, que regulamentou o serviço social autônomo da Abdi e reafirmou a prioridade já definida na Lei nº 11.080/2004, qual seja, a geração de empregos na promoção da execução de políticas de desenvolvimento industrial, o que deixa claro que a entidade é uma prestadora de serviços sociais.

Seus órgãos internos são: uma Diretoria Executiva, um Conselho Deliberativo e um Conselho Fiscal. A Diretoria Executiva possui um presidente e dois diretores,

---

[64] Interpretação do art. 15 e 16 da Lei nº 10.668/2003.

[65] Interpretação do art. 17 da Lei nº 10.668/2003.

[66] *Relatório de Gestão Apex-Brasil 2018*. Disponível em: https://portal.apexbrasil.com.br/wp-content/uploads/2019/05/relatorio-integrado-de-gestao-2018-da-apex-brasil.pdf. Acesso em: 15 dez. 2019.

[67] Interpretação do art. 1º da Lei nº 11.080/2004.

Capítulo 1 • BREVE HISTÓRICO, ORGANIZAÇÃO E ESTRUTURA DOS SERVIÇOS SOCIAIS | **29**

sendo todos escolhidos pelo presidente da República para mandatos de quatro anos. O Conselho Deliberativo possui 15 membros, dentre os quais oito representam o Poder Executivo e sete são representantes de entidades privadas, devendo cumprir mandatos de dois anos, sendo permitida uma recondução[68]. Por sua vez, o Conselho Fiscal constitui-se de três membros, sendo dois do Poder Executivo e um da sociedade civil, que cumprirão um mandato de dois anos, com a possibilidade de uma única recondução[69].

O Conselho Deliberativo tem como competência a provação do estatuto social, da política de atuação institucional, a deliberação quanto ao planejamento da entidade, os planos de trabalho, relatórios de acompanhamento, proposta de orçamento, entre outras questões[70].

O Conselho Fiscal atua fiscalizando e exercendo o controle interno sobre a Abdi, além de deliberar quanto às demonstrações contábeis[71]. Por sua vez, à Diretoria Executiva compete a gestão da entidade, promovendo o cumprimento do estatuto social e das diretrizes, da elaboração de planos de trabalho, proposta de orçamento, demonstrações contábeis, plano de gestão de pessoal, proposta de manual de licitações, fixação do valor da remuneração dos membros da Diretoria Executiva, entre outras atribuições[72].

Assim como as entidades anteriores, a Abdi é financiada por dotações orçamentárias, e parte da contribuição tributária é destinada, inicialmente, apenas ao Sebrae, mas, além disso, possui, em seu patrimônio, recursos oriundos de doações, convênios, acordos, contratos, legados, subvenções, decisões judiciais, venda ou aluguel de seus imóveis e aplicações financeiras[73].

---

[68] Segundo o art. 5º, incisos I e II, e § 1º, do Decreto nº 5.352/2005, o presidente do Conselho Deliberativo será eleito dentre os seus membros, por maioria absoluta, que são representantes do Poder Executivo: a) Ministério do Desenvolvimento, Indústria e Comércio Exterior; b) Secretaria da Micro e Pequena Empresa da Presidência da República; c) Ministério da Ciência e Tecnologia; d) Ministério da Fazenda; e) Ministério do Planejamento, Orçamento e Gestão; f) Ministério da Integração Nacional; g) Banco Nacional de Desenvolvimento Econômico e Social – BNDES; e h) Instituto de Pesquisa Econômica Aplicada – Ipea; e (ii) representantes de entidades privadas: a) Confederação Nacional da Indústria – CNI; b) Agência de Promoção de Exportações do Brasil – Apex-Brasil; c) Confederação Nacional do Comércio – CNC; d) Serviço Brasileiro de Apoio às Micro e Pequenas Empresas – Sebrae; e) Central Única dos Trabalhadores – CUT; f) Instituto de Estudos para o Desenvolvimento Industrial – Iedi; e g) Associação Nacional de Entidades Promotoras de Empreendimentos Inovadores – Anprotec.

[69] Interpretação dos arts. 2º, 3º, 4º e 6º da Lei nº 11.080/2004.

[70] Interpretação do art. 4º do Decreto nº 5.352/2005.

[71] Interpretação do art. 7º do Decreto nº 5.352/2005.

[72] Interpretação do art. 8º do Decreto nº 5.352/2005.

[73] Interpretação do art. 17 da Lei nº 11.080/2004.

30 | SISTEMA S: FUNDAMENTOS CONSTITUCIONAIS • *Edvaldo Nilo de Almeida*

Como dito, o Conselho Fiscal exerce o controle interno dos atos da Abdi, além disso, o controle externo é exercido pelo Ministério da Economia, Indústria, Comércio Exterior e Serviços, pelo TCU e, ainda, pelo Poder Executivo, no geral, lembrando que sua estrutura também é composta majoritariamente por representantes deste Poder.

Como mecanismo de controle, a Abdi deve apresentar, anualmente, ao citado ministério, um relatório quanto à execução do contrato, no qual deve prestar contas, avaliar o desempenho da entidade no que tange às suas metas e realizar demais análises gerenciais. O ministério deve analisar esse relatório e emitir o respectivo parecer[74]. Para o Tribunal de Contas da União, a Abdi deve encaminhar a prestação de contas e uma manifestação do Conselho Fiscal, que fiscalizará a execução do contrato de gestão, podendo exigir a correção de erros ou irregularidades que encontrar[75].

Por fim, foi constatado que a Abdi – que hoje é o serviço social autônomo federal com o menor orçamento de todo o Sistema S –, em 2018, prestou bons serviços e teve excelente desempenho, destacando-se alguns projetos, entre outros, a saber: (i) Projeto "Brasil Mais Produtivo", que implementou soluções de baixo custo e alto impacto em 800 empresas; (ii) Projeto "Conexão *Startup* Indústria", considerado, no referido ano, o terceiro maior programa no Brasil de conexão entre *startups* e grandes corporações, inseriu a Abdi como parte do Plano Nacional de Empreendedorismo e *Startup* para a juventude, e 90% das *startups* contrataram, em média, três novos profissionais a partir desse programa, tendo gerado negócios diretos e imediatos entre as *startups* e as indústrias na ordem de R$ 6 milhões; (iii) Projeto "Laboratório de Varejo", com atendimento de 2,5 mil pessoas físicas e 782 empresas participantes de ações[76].

1.1.8 Agência Brasileira de Promoção Internacional do Turismo

A Embratur teve sua autorização para criação na Medida Provisória nº 907, de novembro de 2019[77], por meio da qual se determinou a extinção do Instituto Brasileiro de Turismo[78], em ato de seu Conselho Deliberativo. Essa medida provisória

---

[74] Interpretação do art. 13 do Decreto nº 5.352/2005.

[75] Interpretação do art. 14 do Decreto nº 5.352/2005 e do art. 14 da Lei nº 11.080/2004.

[76] *Relatório de gestão da ABDI 2018*. Disponível em: https://conteudoh16.sebrae.com.br/file_source/ArquivosPortalLai/Nacional/Relat%C3%B3rio%20de%20Gest%C3%A3o%20--%20Exerc%C3%ADcio%202018%20-%20Sebrae-NA.pdf. Acesso em: 12 dez. 2019.

[77] "Art. 25. A Embratur – Instituto Brasileiro de Turismo fica extinta, a partir da data de publicação do Estatuto da Embratur – Agência Brasileira de Promoção Internacional do Turismo, no Diário Oficial da União, em ato de seu Conselho Deliberativo."

[78] O Instituto Brasileiro de Turismo (Embratur) havia sido criado como autarquia especial pela Lei nº 8.181/1991 em substituição à Empresa Brasileira de Turismo (Embratur), criada, por sua vez, pelo Decreto-lei nº 55, de 18 de novembro de 1966.

Capítulo 1 • BREVE HISTÓRICO, ORGANIZAÇÃO E ESTRUTURA DOS SERVIÇOS SOCIAIS | **31**

foi regulamentada pelo Decreto nº 10.172/2019, que estabeleceu o serviço social na forma de pessoa jurídica de direito privado, sem fins lucrativos, cujos fins são o planejamento, a formulação e a implementação de ações de promoção comercial de produtos, serviços e destinos turísticos brasileiros no exterior[79].

Seus órgãos internos são o Conselho Deliberativo, o Conselho Fiscal e a Diretoria Executiva. O Conselho Deliberativo, presidido pelo ministro de Estado do Turismo, é composto por 11 membros, sendo sete indicações estatais e quatro representantes de entidades privadas de turismo.

Verifica-se, de pronto, certa falta de paridade na sua composição, que deveria seguir a linha dos serviços sociais autônomos e ter uma representatividade mais igualitária entre Estado e sociedade. Ademais, a indicação dos quatro representantes privados tem a limitação desarrazoada de ser necessariamente do Conselho Nacional de Turismo, eis que é basicamente composto por representante estatais e os representantes da sociedade são indicados pelo presidente da República[80].

Nessa senda, agrava ainda mais a situação de isonomia entre a participação estatal e da sociedade a regra legal de que os representantes dos ministérios e das entidades privadas do Conselho Deliberativo do serviço social autônomo devem ser escolhidos pelo chefe do Poder Executivo para mandatos de dois anos, podendo ser reconduzidos uma única vez[81].

Portanto, é patentemente inconstitucional a formação desse serviço social autônomo, pois os representantes de entidades do setor privado do turismo no país deveriam ter autonomia e liberdade para escolher os seus próprios membros, e, na prática, demonstra-se que o órgão máximo de deliberação é basicamente estatal, e não em regime de colaboração entre Estado e sociedade.

Assim sendo, o conselho tem por competência a aprovação do estatuto social e do plano estratégico da Embratur, e a deliberação quanto à aprovação dos planos anuais de ação, das propostas de orçamentos, dos balanços anuais, dos planos de gestão de pessoal, dos manuais de licitação, além de fixar o valor da remuneração dos membros da Diretoria Executiva[82].

O Conselho Fiscal é formado por um integrante do Ministério do Meio Ambiente, por meio da Secretaria de Ecoturismo; um do Ministério do Turismo; e um do Conselho Nacional de Turismo. Exceto o presidente do conselho, que é indicado pelo presidente da Embratur, o restante dos membros é escolhido pelos titulares dos órgãos que representam. O mandato é de dois anos, sendo permitida uma recondução[83].

---

[79]   Interpretação do art. 1º do Decreto nº 10.172/2019.
[80]   Interpretação do art. 2º do Decreto nº 6.705, de 19 de dezembro de 2008.
[81]   Interpretação do art. 5º do Decreto nº 10.172/2019.
[82]   Interpretação do art. 6º do Decreto nº 10.172/2019.
[83]   Interpretação do art. 7º do Decreto nº 10.172/2019.

32 | SISTEMA S: FUNDAMENTOS CONSTITUCIONAIS • *Edvaldo Nilo de Almeida*

Verifica-se, mais uma vez, uma grave falha na legislação, pois pode e, na prática, certamente ficará o Conselho Fiscal sem nenhum representante da sociedade por ser o Conselho Nacional de Turismo praticamente formado por representantes do Estado[84]. A função desse importante órgão interno é de fiscalizar a gestão administrativa, orçamentária, contábil e patrimonial e deliberar sobre a aprovação do balanço anual e a prestação de contas[85].

A Diretoria Executiva é formada por um diretor-presidente, um diretor de gestão corporativa e um diretor de marketing, inteligência e comunicação, todos nomeados pelo presidente da República para mandatos de quatro anos, sendo permitida uma recondução. Suas atribuições são o cumprimento do estatuto social e das diretrizes, bem como a elaboração e a execução do planejamento estratégico, dos relatórios, do plano anual e da proposta de manual de licitações, além da prestação de contas[86].

O patrimônio da Embratur, além de parte do tributo que era originariamente destinado apenas ao Sebrae, é composto por recursos oriundos de contratos, convênios, acordos, doações, legados, subvenções, decisões judiciais, venda ou aluguel de seus móveis e imóveis, prestação de serviços, empréstimos, auxílios e contribuições[87].

O controle externo é exercido, basicamente, pelo Poder Executivo, por meio do Ministério do Turismo, além do Tribunal de Contas da União. Para possibilitar

---

[84] Segundo o art. 2º do Decreto nº 6.705, de 19 de dezembro de 2008, o Conselho Nacional de Turismo, será composto por um representante e respectivo suplente, de cada ente a seguir indicado: "I – Ministério da Defesa; II – Ministério da Defesa; III – Ministério do Desenvolvimento Agrário; IV – Ministério, Indústria e Comércio Exterior; V – Ministério da Fazenda; VI – Ministério da Integração Nacional; VII – Ministério da Cultura; VIII – Ministério da Justiça; IX – Ministério do Meio Ambiente; X – Ministério do Planejamento, Orçamento e Gestão; XI – Ministério das Relações Exteriores; XII – Ministério dos Transportes; XIII – Ministério do Trabalho e Emprego; XIV – Casa Civil da Presidência da República; XV – Secretaria Especial de Portos da Presidência da República; XVI – Agência Nacional de Aviação Civil; XVII – Banco da Amazônia S.A.; XVIII – Banco do Brasil S.A.; XIX – Banco do Nordeste do Brasil S.A.; XX – Banco Nacional de Desenvolvimento Econômico e Social; XXI – Caixa Econômica Federal; XXII – Instituto Brasileiro de Turismo; XXIII – Empresa Brasileira de Infraestrutura Aeroportuária; XXIV – Superintendência da Zona Franca de Manaus; XXV – Serviço Brasileiro de Apoio às Micro e Pequenas Empresas; e XXVI – Serviço Nacional de Aprendizagem Comercial. § 1º Integram, ainda, a composição do Conselho Nacional de Turismo: I – três representantes, designados pelo Presidente da República, dentre brasileiros de notório saber na área de Turismo; II – representantes de entidades da sociedade civil, de caráter nacional, indicados pelo Conselho e designados pelo Ministro de Estado do Turismo, por portaria ministerial, a partir de processo de avaliação baseado em critérios objetivos previamente definidos no Regimento Interno".

[85] Interpretação do art. 8º do Decreto nº 10.172/2019.

[86] Interpretação dos arts. 9º e 10 do Decreto nº 10.172/2019.

[87] Interpretação do art. 15 do Decreto nº 10.172/2019.

Capítulo 1 • BREVE HISTÓRICO, ORGANIZAÇÃO E ESTRUTURA DOS SERVIÇOS SOCIAIS | 33

esse controle, a entidade deve enviar a esses órgãos, periodicamente, relatórios sobre a execução do contrato de gestão, com a devida prestação de contas, bem como as contas da gestão anual aprovadas pelo Conselho Deliberativo[88].

Na prática, a extinção da antiga autarquia especial e a criação do serviço social autônomo denominado de Agência Brasileira de Promoção Internacional do Turismo, apesar de, sem dúvidas, envolver serviço social de promoção de emprego por meio do turismo, com fundamento no art. 6º da CF, padece de forte inconstitucionalidade, não só por não ter urgência na Medida Provisória nº 907/2019, como também por ter sido criado um órgão com participação da sociedade praticamente nula e sem a devida autonomia e liberdade que deve acontecer para a instituição de um serviço social autônomo, que, no caso, está servindo apenas de trampolim para o Poder Executivo buscar a diminuição da Administração Pública e a redução de despesas com pessoal e encargos sociais com a extinção de cargos em comissão e outras funções.

1.1.9   Agência Nacional de Assistência Técnica e Extensão Rural

A Anater foi criada pela Lei nº 12.897/2013 e regulamentada pelo Decreto nº 8.252/2014 com os objetivos sociais de: (i) promover, estimular, coordenar e implementar programas de assistência técnica e extensão rural, visando à inovação tecnológica e à apropriação de conhecimentos científicos de natureza técnica, econômica, ambiental e social; (ii) promover a integração do sistema de pesquisa agropecuária e do sistema de assistência técnica e extensão rural, fomentar o aperfeiçoamento e a geração de novas tecnologias e a sua adoção pelos produtores; (iii) apoiar a utilização de tecnologias sociais e os saberes tradicionais utilizados pelos produtores rurais; (iv) credenciar e creditar entidades públicas e privadas prestadoras de serviços de assistência técnica e extensão rural; (v) promover programas e ações de caráter continuado, para a qualificação dos profissionais de assistência técnica e extensão rural que contribuam para o desenvolvimento rural sustentável; (vi) contratar serviços de assistência técnica e extensão rural; (vii) articular-se com os órgãos públicos e entidades privadas para o cumprimento de seus objetivos; (viii) colaborar com as unidades da Federação na criação, na implantação e na operação de mecanismo com objetivos afins; (ix) monitorar e avaliar os resultados dos prestadores de serviços de assistência técnica e extensão rural com quem mantenha contratos ou convênios; (x) promover a universalização dos serviços de assistência técnica e extensão rural para os agricultores familiares e os médios produtores rurais; e (xi) promover a articulação prioritária com os órgãos públicos estaduais de extensão rural visando compatibilizar a atuação em cada unidade federada e ampliar a cobertura da prestação de serviços aos beneficiários[89].

---

[88]   Interpretação dos arts. 17, 18, 19 do Decreto nº 10.172/2019.
[89]   Interpretação do art. 2º do Decreto nº 8.252/2014.

34 | SISTEMA S: FUNDAMENTOS CONSTITUCIONAIS • *Edvaldo Nilo de Almeida*

A estrutura interna da Anater é composta pela Diretoria Executiva, pelo Conselho da Administração, pelo Conselho Fiscal e, ainda, por um Conselho Assessor Nacional, cuja função é estritamente consultiva. O Conselho de Administração possui 11 membros, com composição constitucionalmente adequada entre Estado federal, estadual e sociedade[90]. O Conselho Fiscal é formado por três membros, sendo dois representantes do Poder Executivo e um representando a sociedade civil, os quais assumirão mandatos de dois anos, sendo permitida uma recondução. Por sua vez, a Diretoria Executiva possui um presidente e três diretores executivos, os quais são escolhidos e nomeados pelo presidente da República para o exercício de mandato de quatro anos, podendo ser por ele exonerados a qualquer tempo, de ofício ou por proposta do Conselho de Administração, aprovada por maioria absoluta de seus membros[91].

É competência do Conselho de Administração a provação do estatuto social e da política de atuação, bem como a deliberação quanto aos planos de trabalho, planejamento, proposta de orçamento, demonstrações contábeis, entre outras atribuições[92]. Já ao Conselho Fiscal cabe fiscalizar a gestão orçamentária, administrativa, contábil e patrimonial da entidade, além de deliberar sobre demonstrações contábeis e prestação de contas, isto é, o exercício do controle interno da Anater[93]. Por sua vez, a Diretoria Executiva tem como atribuições gerir a Agência Nacional de Assistência Técnica e Extensão Rural, elaborando e executando o planejamento, os planos de trabalho, a proposta de orçamento, as demonstrações contábeis, o plano de gestão de pessoal, entre outras competências[94].

O patrimônio da Anater constitui-se de dotações orçamentárias e demais recursos provenientes de convênios, de acordos, de contratos, de doações, de legados, de subvenções, de decisões judiciais, de venda ou aluguel de seus móveis, de imóveis, de tecnologias, de produtos e serviços e de aplicações financeiras[95].

Além do controle interno feito pelo Conselho Fiscal, a Anater é supervisionada pelo Ministério da Agricultura, Pecuária e Abastecimento, o qual é o responsável pela definição dos termos do contrato de gestão. Já o Ministério da Economia,

---

[90] Conforme dispõe o art. 5º a Lei nº 11.080/2004, o Conselho de Administração será composto pelo presidente da Anater, pelo presidente da Embrapa, por 4 (quatro) representantes do Poder Executivo federal, 1 (um) representante de governos estaduais, 1 (um) representante da Confederação Nacional dos Trabalhadores na Agricultura – Contag, 1 (um) representante da Federação Nacional dos Trabalhadores e Trabalhadoras na Agricultura Familiar – Fetraf, 1 (um) representante da Confederação Nacional da Agricultura e Pecuária do Brasil – CNA e 1 (um) representante da Organização das Cooperativas Brasileiras – OCB, titulares e suplentes, escolhidos na forma estabelecida em regulamento, com mandato de 2 (dois) anos, permitida a recondução.

[91] Interpretação do art. 4º, inc. I, c/c art. 11, do Decreto nº 8.252/2014.

[92] Interpretação do art. 6º do Decreto nº 8.252/2014.

[93] Interpretação do art. 9º do Decreto nº 8.252/2014.

[94] Interpretação do art. 10 do Decreto nº 8.252/2014.

[95] Interpretação do art. 18 da Lei nº 11.080/2004.

Capítulo 1 • BREVE HISTÓRICO, ORGANIZAÇÃO E ESTRUTURA DOS SERVIÇOS SOCIAIS | **35**

Planejamento, Desenvolvimento e Gestão, juntamente com a Casa Civil, devem analisar o contrato e consentir com a assinatura – se esses entes discordarem do contrato, ele não poderá ser assinado[96].

Essa entidade também está sob o controle do Poder Executivo e da própria sociedade, que participa efetivamente dos seus órgãos máximos, e se submete ao controle externo do Tribunal de Contas da União, que fiscaliza a execução do contrato e a prestação de contas, podendo exigir a correção de erros e eventuais irregularidades[97]. Por fim, a Anater, até 6 de janeiro de 2020, desobedecendo o regramento do TCU (Decisão Normativa nº 170/2018) e o princípio constitucional da transparência, não havia disponibilizado os relatórios de gestão e desempenho de forma pública, mas, tão somente, relatórios contábeis pouco técnicos e sem explicações adequadas[98].

1.1.10 Serviço Nacional de Aprendizagem Rural

O Senar, instituído na ocasião da assinatura da Lei nº 8.315, de 23 de dezembro de 1991, possui como finalidade precípua a promoção do ensino da formação profissional voltada às atividades rurais, bem como assistir ao trabalhador rural nos aspectos técnicos e gerenciais referentes ao trabalho exercido. O processo de aprendizagem pode se dar em centros instalados e mantidos pelo Senar, ou em cooperativas destinada a esses trabalhadores[99].

No que diz respeito à sua estrutura organizacional, sua administração é outorgada à Confederação da Agricultura e Pecuária do Brasil (CNA), estando vinculada à ação do Conselho Deliberativo, da Secretaria Executiva e do Conselho Fiscal, que se configuram, respectivamente, como órgãos de direção, de execução e fiscalizatório. No que concerne ao Conselho Deliberativo, sua composição é feita de forma constitucionalmente equilibrada com a participação estatal, das agroindústrias e dos trabalhadores[100], e a sua competência é de órgão mais importante do serviço social autônomo, com funções de planejamento, estabelecimento de diretrizes, organização, coordenação, controle e avaliação das atividades desempenhadas.

---

[96] Interpretação do art. 12 do Decreto nº 8.252/2014.

[97] Interpretação do art. 16 da Lei nº 11.080/2004.

[98] Disponível em: http://www.anater.org/documentos-publicos.jsp. Acesso em: 6 jan. 2020.

[99] Interpretação do art. 2º do Decreto nº 566, de 10 de junho de 1992.

[100] Dispõe o art. 4º do Decreto nº 566, de 10 de junho de 1992, que o Conselho Deliberativo terá mandato de quatro anos, que coincidirá com o mandato da Diretoria da CNA, com a seguinte composição: I – o Presidente da Confederação da Agricultura e Pecuária do Brasil, que o presidirá; II – um representante do Ministério da Agricultura, Pecuária e Abastecimento; III – um representante do Ministério da Educação; IV – um representante do Ministério do Trabalho; V – um representante da Organização das Cooperativas Brasileiras (OCB); VI – um representante das agroindústrias, indicado pela Confederação Nacional da Indústria (CNI); VII – cinco representantes da Confederação da Agricultura e Pecuária do Brasil (CNA); VIII – cinco representantes da Confederação Nacional dos Trabalhadores na Agricultura (Contag).

36 | SISTEMA S: FUNDAMENTOS CONSTITUCIONAIS • *Edvaldo Nilo de Almeida*

Em relação à Secretaria Executiva, esta é conduzida pelo diretor-geral, o qual é indicado pelo presidente do Conselho Deliberativo com funções de praticar os atos normais de gestão, de coordenação e de controle administrativo, além de secretariar as reuniões do Conselho Deliberativo[101]. Ademais, os órgãos que integram a estrutura básica de organização da Administração Central são dirigidos por chefes indicados pelo presidente do Conselho Deliberativo, mediante proposta do diretor-geral[102].

Quanto ao Conselho Fiscal, sua composição é feita por cinco membros, titulares e igual número de suplentes, com participação de três membros indicados pela sociedade e dois, pelo Estado[103]. Outrossim, para fins de controle externo do órgão arrecadatório vinculado ao Senar, esclarece-se que o recolhimento das contribuições compulsórias devidas à entidade pelas empresas contribuintes será pela Secretaria da Receita Federal do Brasil, vinculada ao atual Ministério da Economia, o que exemplifica a permitida intervenção de outros órgãos públicos vinculados ao governo federal para administrar uma das formas de arrecadação de recursos da entidade[104].

Com relação aos resultados, tem-se que, no ano de 2018, o Senar teve extraordinário desempenho na sua prestação de contas: foram 4,3 milhões de produtores, trabalhadores rurais e pessoas inseridas no processo agrossilvipastoril que participaram dos cursos, treinamentos e atividades em todo o país, 741.018 de formação profissional rural, 291.462 de promoção social, 1.789.945 programas especiais com finalidades voltadas à educação profissional e à promoção social e 1.521.485 de participantes em seminários, palestras e oficinas. Vejam-se os indicadores gerenciais sobre gestão de pessoas nos anos de 2017 e 2018 do Senar[105]:

Análise dos indicadores	2017		2018	
	Previsto	Realizado	Previsto	Realizado
Número de agentes da FPR/PS capacitados	1.700	1.876	1.000	1.576
Número de matrículas efetivas da EaD*	100.000	107.488	110.000	162.077
Participantes da FPR	567.351	719.729	699.189	741.017
Participantes da PS	205.315	290.409	240.318	291.462
Participantes da PE*	1.950.172	2.135.101	1.590.494	1.624.515

---

[101] Interpretação do inciso IV do art. 6º c/c art. 8º do Decreto nº 566, de 10 de junho de 1992.

[102] Interpretação do art. 12 do Regimento Interno do Senar, de 21 de março de 2013.

[103] Conforme o art. 9º do Decreto nº 566, de 10 de junho de 1992, o Conselho Fiscal será composto por cinco membros, titulares e igual número de suplentes, indicados por: (i) Ministério da Agricultura, Pecuária e Abastecimento; (ii) Ministério do Trabalho; (iii) Confederação da Agricultura e Pecuária do Brasil; (iv) Confederação Nacional dos Trabalhadores na Agricultura; e (v) Organização das Cooperativas Brasileiras.

[104] Interpretação do art. 14 do Decreto nº 566, de 10 de junho de 1992.

[105] *Relatório de Gestão do Senar 2018*. Disponível em: http://app3.cna.org.br/transparencia/?gestaoRelatorioExercicio-SENAR-2018-5. Acesso em: 16 dez. 2019.

Capítulo 1 • BREVE HISTÓRICO, ORGANIZAÇÃO E ESTRUTURA DOS SERVIÇOS SOCIAIS | **37**

1.1.11 Serviço Nacional de Aprendizagem das Cooperativas

Outra relevante entidade do Sistema S é o Sescoop, que surgiu em meio a um cenário de instabilidade político-econômica no qual houve a extinção do Banco Nacional de Crédito Cooperativo, o que fragilizou a situação financeiras das cooperativas. Para reverter esse quadro ou, ao menos, impedir que se agravasse, criou-se o Programa de Revitalização das Cooperativas Agropecuárias (Recoop) e o Sescoop, tendo o primeiro o objetivo de instituir linhas de crédito para as cooperativas, enquanto o segundo possui função majoritariamente preventiva, de modo a educar os cooperados[106].

O Sescoop foi criado pela Medida Provisória nº 1.715/1998 e regulamentado pelo presidente da República, no uso da atribuição que lhe confere o art. 84, inciso IV, da CF/88, por meio do Decreto nº 3.017/1999, constituindo-se sob a forma de sociedade civil, sem fins lucrativos, cujo objetivo é prestar o serviço social de organizar, administrar e executar o ensino de formação profissional e a promoção social dos trabalhadores e dos cooperados das cooperativas em todo o território nacional.

Conforme as disposições do decreto que o regulamenta, o Sescoop é dirigido pelo presidente da Organização das Cooperativas Brasileiras (OCB) e formado por um Conselho Nacional e pelos Conselhos Regionais, dividindo, ainda, suas funções de direção, fiscalização e execução entre um Conselho Fiscal, uma Diretoria Executiva e uma Superintendência.

Em âmbito nacional, esse serviço é administrado pelo Conselho Nacional, ao qual compete o exercício da direção superior do Sescoop e a normatização de suas atividades, especialmente no que tange ao planejamento, à organização, à coordenação, ao controle, à avaliação, além de aprovar o regimento interno, as normas de contratação, os balanços gerais, os planos anuais, entre outras competências. Esse conselho, órgão máximo da entidade, possui estrutura colegiada com 11 membros, sendo formado por cinco representantes estatais e seis integrantes da sociedade[107].

Já o Conselho Executivo é o responsável pela execução da administração do Sescoop, enquanto à Superintendência compete a prática de atos de gestão, controle e coordenação administrativa. Por sua vez, o Conselho Fiscal atua na fiscalização e no acompanhamento da execução financeira e orçamentária, sendo composto por seis membros efetivos e por igual número de suplentes, cabendo ao poder

---

[106] Brasil. Ministério da Agricultura, Pecuária e Abastecimento. *Evolução do cooperativismo no Brasil*: Denacoop em ação. Brasília: Mapa, 2006.

[107] O Conselho Nacional é composto pelos seguintes membros: (i) o presidente da OCB, que será o seu presidente nato; (ii) um representante do Ministério do Trabalho e Emprego; (iii) um representante do Ministério da Previdência Social; (iv) um representante do Ministério da Fazenda; (v) um representante do Ministério do Planejamento, Orçamento e Gestão; (vi) um representante do Ministério da Agricultura, Pecuária e Abastecimento; (vii) quatro representantes da OCB; (viii) um representante dos trabalhadores em sociedades cooperativas (art. 5º do Decreto nº 3.017/1999).

38 | SISTEMA S: FUNDAMENTOS CONSTITUCIONAIS • *Edvaldo Nilo de Almeida*

público a indicação de três membros e, à sociedade, dos outros três membros, para mandato de quatro anos, coincidente com o do Conselho Nacional, sendo vedada a recondução para o período imediato[108].

Bem, como visto, é exercido um controle interno sobre as atividades do Sescoop pelo Conselho Fiscal, e, além disso, o Poder Executivo deve "[...] desenvolver sistemas de monitoramento, supervisão, auditoria e controle da aplicação de recursos públicos no sistema cooperativo [...]"[109]. Lembre-se, ainda, que o mesmo decreto também determina que todas as demonstrações financeiras, os pareceres do Conselho Fiscal e os relatórios de atividades devem passar pela avaliação do Tribunal de Contas da União.

Portanto, a natureza jurídica do Sescoop, como sistema social autônomo, decorre da Medida Provisória nº 1.715/1998, que a criou. Tal MP foi editada no período anterior à promulgação da Emenda Constitucional (EC) nº 32/2001, responsável por inserir, no art. 62 da Constituição, o seu § 10, que veda "[...] a reedição, na mesma sessão legislativa, de medida provisória que tenha sido rejeitada ou que tenha perdido sua eficácia por decurso de prazo". Anteriormente, contudo, era possível que uma MP fosse reeditada sucessivas vezes, dentro do seu prazo de eficácia, mantidos os efeitos de lei dessa medida desde sua edição – nesse sentido, está a Súmula Vinculante nº 54 do Supremo Tribunal Federal[110].

Nota-se, para efeito de aferição da validade e eficácia da MP 1.715/98, que a Emenda Constitucional nº 32/2001 conferiu efeitos perenes às medidas provisórias até então em vigor, em 11 de setembro de 2001. Nesse sentido, o artigo 2º da referida emenda: "As medidas provisórias editadas em data anterior à da publicação desta emenda continuam em vigor até que medida provisória ulterior as revogue explicitamente ou até deliberação definitiva do Congresso Nacional".

Esse é justamente o caso da MP 1.715/98, que, em 11 de setembro de 2001, estava em pleno vigor e, após 40 reedições, sob o número 2.168-40, tornou-se lei plenamente válida e legítima, conforme consta do endereço eletrônico da Presidência da República[111]. Em outras palavras, a natureza jurídica do Sescoop, como entidade do Sistema S, decorre da Medida Provisória nº 1.715/1998, em vigor, após 40 reedições, sob o número 2.168-40.

Decerto, os arts. 8º, 9º e 10 da MP 2.168-40 deixam claro que o Sescoop é uma entidade composta por entidades vinculadas ao sistema sindical, fiscalizada pelo

---

[108] Interpretação dos arts. 10 e 11 do Decreto nº 3.017/1999.

[109] Interpretação do art. 11, inciso I, da Medida Provisória nº 2.168-40, de 24 de agosto de 2001.

[110] "A medida provisória não apreciada pelo congresso nacional podia, até a Emenda Constitucional 32/2001, ser reeditada dentro do seu prazo de eficácia de trinta dias, mantidos os efeitos de lei desde a primeira edição."

[111] Disponível em: http://www.planalto.gov.br/ccivil_03/MPV/2168-40.htm. Acesso em: 15 jun. 2019.

Capítulo 1 • BREVE HISTÓRICO, ORGANIZAÇÃO E ESTRUTURA DOS SERVIÇOS SOCIAIS | **39**

Tribunal de Contas da União, com o propósito de promover o ensino de formação profissional na atividade econômica que busca fomentar – o cooperativismo –, tendo como fonte principal de receita a contribuição compulsória previdenciária incidente sobre a folha de salário dos empregados da atividade econômico fomentada. Nesse sentido, os mencionados dispositivos legais:

> Art. 8º Fica autorizada a criação do Serviço Nacional de Aprendizagem do Cooperativismo – Sescoop, com personalidade jurídica de direito privado, composto por entidades vinculadas ao sistema sindical, sem prejuízo da fiscalização da aplicação de seus recursos pelo Tribunal de Contas da União, com o objetivo de organizar, administrar e executar em todo o território nacional o ensino de formação profissional, desenvolvimento e promoção social do trabalhador em cooperativa e dos cooperados.
>
> Parágrafo único. Para o desenvolvimento de suas atividades, o Sescoop contará com centros próprios ou atuará sob a forma de cooperação com órgãos públicos ou privados.
>
> Art. 9º O Sescoop será dirigido por um Conselho Nacional, com a seguinte composição:
>
> [...]
>
> Art. 10. Constituem receitas do Sescoop:
>
> I – contribuição mensal compulsória, a ser recolhida, a partir de 1º de janeiro de 1999, pela Previdência Social, de dois vírgula cinco por cento sobre o montante da remuneração paga a todos os empregados pelas cooperativas;
>
> [...]
>
> § 1º A contribuição referida no inciso I deste artigo será recolhida pela Previdência Social, aplicando-se-lhe as mesmas condições, prazos, sanções e privilégios, inclusive no que se refere à cobrança judicial, aplicáveis às contribuições para a Seguridade Social, sendo o seu produto posto à disposição do Sescoop.

Sua natureza jurídica, por si só, já demonstra a reversão dos recursos por ele arrecadados às suas finalidades sociais, caracterizando a ausência de fins lucrativos pela gestão do serviço, bem como sua natureza jurídica de serviço social autônomo. Do mesmo modo, o art. 10, § 2º, da mesma lei, estabelece que as contribuições antes recolhidas pelas cooperativas às entidades do Sistema S existentes à época passariam a ser recolhidas ao Sescoop, *in verbis*:

> Art. 10. [...]
>
> § 2º A referida contribuição é instituída em substituição às contribuições, de mesma espécie, devidas e recolhidas pelas sociedades cooperativas e, até 31 de dezembro de 1998, destinadas ao:

I – Serviço Nacional de Aprendizagem Industrial – Senai;

II – Serviço Social da Indústria – Sesi;

III – Serviço Nacional de Aprendizagem Comercial – Senac;

IV – Serviço Social do Comércio – Sesc;

V – Serviço Nacional de Aprendizagem do Transporte – Senat;

VI – Serviço Social do Transporte – Sest;

VII – Serviço Nacional de Aprendizagem Rural – Senar.

§ 3º A partir de 1º de janeiro de 1999, as cooperativas ficam desobrigadas de recolhimento de contribuições às entidades mencionadas no § 2º, excetuadas aquelas de competência até o mês de dezembro de 1998 e os respectivos encargos, multas e juros.

Nesse contexto, o Sescoop é um serviço social autônomo criado para fomentar o ensino profissional às cooperativas, que passaram a recolher contribuição em favor dessa entidade – agora, diretamente relacionada à sua atividade – em vez de custearem outras entidades do Sistema S, como o Senai, o Sesi, o Senac, o Sesc e o Senar. Destaque-se, ainda, que, na MP 2.168-40, há a obrigatoriedade de reversão dos recursos arrecadados às suas finalidades sociais. Veja-se:

Art. 11. O Poder Executivo, no prazo de até cento e oitenta dias, estabelecerá condições para:

I – desenvolver sistemas de monitoramento, supervisão, auditoria e controle da aplicação de recursos públicos no sistema cooperativo;

II – avaliar o modelo de sistema cooperativo brasileiro, formulando medidas tendentes ao seu aperfeiçoamento.

Assim, possuindo natureza jurídica de entidade do Sistema S e, consequentemente, a reversão dos seus recursos arrecadados às suas finalidades sociais, o que caracteriza a ausência de fins lucrativos pela gestão do serviço, o Sescoop goza também de imunidade e isenção fiscal ampla, benefícios conferidos aos demais serviços sociais autônomos. Quanto ao patrimônio, assim determina o Decreto nº 3.017/1999:

Art. 12. Constituem receitas do Sescoop:

I – contribuição mensal compulsória, a ser recolhida, a partir de 1º de janeiro de 1999, pela Previdência Social, de dois vírgula cinco por cento sobre o montante da remuneração paga a todos os empregados pelas cooperativas. Referida contribuição é instituída em substituição às contribuições, de mesma espécie, recolhidas pelas cooperativas e destinadas ao Serviço Nacional de Aprendizagem Industrial – Senai; Serviço Social da Indústria – Sesi; Serviço Nacional de Aprendizagem Comercial – Senac;

Capítulo 1 • BREVE HISTÓRICO, ORGANIZAÇÃO E ESTRUTURA DOS SERVIÇOS SOCIAIS | **41**

Serviço Social do Comércio – Sesc; Serviço Nacional de Aprendizagem do Transporte – Senat; Serviço Social do Transporte – Sest e Serviço Nacional de Aprendizagem Rural – Senar;

II – doações e legados;

III – subvenções voluntárias da União, dos Estados, do Distrito Federal e dos Municípios;

IV – rendas oriundas de prestação de serviços, da alienação ou da locação de seus bens;

V – receitas operacionais;

VI – penas pecuniárias.

Art. 13. A distribuição e forma de utilização dos recursos aludidos neste Capítulo serão definidas no regimento interno.

Ademais, registra-se, ainda, que cabe ao presidente da República, no uso da atribuição que lhe confere o art. 84, inciso IV, da Constituição, aprovar o orçamento geral do Senar, do Sesi, do Sesc, do Senai, do Senac, do Sest, do Senat, do Sescoop e do Sebrae, englobando-se as previsões de receitas e as aplicações dos seus recursos e de remeter ao Tribunal de Contas, no máximo até 31 de março do ano seguinte, as contas da gestão anual, acompanhadas de sucinto relatório do presidente, indicando os benefícios realizados[112]. Por exemplo, no Senar e no Sescoop, houve delegação dessa competência para um ministro de Estado. Veja-se exemplo:

PORTARIA Nº 1.220, DE 28 DE DEZEMBRO DE 2018

O MINISTRO DE ESTADO DO TRABALHO, no uso de suas atribui-ções e tendo em vista o disposto no art. 87, parágrafo único, inciso II, da Constituição Federal e haja vista a competência que lhe foi atribuída pelo art. 1º do Decreto nº 715, de 29 de dezembro de 1992, resolve:

Art. 1º Aprovar, para o exercício de 2019, na conformidade dos anexos I, II, III e IV, a proposta orçamentária do Serviço Nacional de Aprendi-zagem Rural – Senar.

Art. 2º Determinar aos Dirigentes Máximos da Entidade que, em respeito à orientação governamental de transparência ativa e divulgação das infor-mações públicas, na linha do que dispõe Lei de Diretrizes Orçamentárias (LDO) aprovada para cada exercício e Lei de Acesso à Informação, seja garantida a disponibilização na rede mundial de computadores da exe-cução orçamentária ora aprovada.

---

[112] Interpretação do art. 11 do Decreto-lei nº 2.613/1955.

Art. 3º A disponibilização das informações deverá ser apresentada, preferencialmente, por programa de trabalho em perspectiva comparativa com as metas físico-financeiras estimadas.

Art. 4º Esta Portaria entra vigor na data de sua publicação.

CAIO VIEIRA DE MELLO

No que concerne ao Sescoop, em 2018, a performance foi ótima, com o cumprimento de todas as metas programadas, destacando-se, no âmbito do apoio à pesquisa e à inovação, a aprovação de 41 projetos de pesquisa voltados ao cooperativismo e o desenvolvimento de cerca de 453.614 ações de formação profissional, sendo 354.335 de qualificação profissional, 62.566 de inclusão social/iniciação profissional, 11.732 de aprendizagem profissional, 5.692 de pós-graduação e gradução e 2.161 de palestras, congressos, colóquios e seminários[113].

1.1.12 Serviço Social do Transporte

O Sest, fundado mediante a edição da Lei nº 8.706, de 14 de setembro de 1993, foi instituído com o objetivo principal de atuar em cooperação com os órgãos do poder público e com a iniciativa privada, incumbindo-se da missão de apoiar, executar e administrar programas destinados à promoção social do trabalhador em transporte rodoviário, bem como do transportador autônomo, de maneira especial nos campos de alimentação, saúde, cultura, lazer e segurança no trabalho[114].

Quanto à sua estrutura organizacional, cabe à Confederação Nacional do Transporte (CNT) a responsabilidade de organizar e administrar a entidade, sendo atribuído ao Conselho de Representantes da CNT a elaboração dos regulamentos e atos constitutivos do Sest.

No que diz respeito aos órgãos que compõem a sua forma de organização, estes são: o Conselho Nacional, o Departamento Executivo e os Conselhos Regionais. Quanto ao seu Conselho Nacional, a composição é feita com o (i) presidente da CNT, que presidirá; (ii) um representante de cada uma das federações e das entidades nacionais filiadas à CNT; (iii) um representante do Ministério da Previdência Social; (iv) um representante da Confederação Nacional dos Trabalhadores em Transportes Terrestres (CNTTT)[115].

Entende-se como constitucionalmente não adequada as representações no Conselho Nacional, visto que possui apenas um membro do Estado e um membro dos trabalhadores, sugerindo-se a alteração, pois, hoje, a entidade conta com 72

---

[113] *Relatório de gestão do Sescoop 2018.* Disponível em: https://www.somoscooperativismo. coop.br/transparencia-sescoop. Acesso em: 16 dez. 2019.

[114] Interpretação do art. 2º da Lei nº 8.706, de 14 de setembro de 1993.

[115] Interpretação do art. 6º da Lei nº 8.706, de 14 de setembro de 1993.

Capítulo 1 • BREVE HISTÓRICO, ORGANIZAÇÃO E ESTRUTURA DOS SERVIÇOS SOCIAIS | **43**

representantes das federações e das entidades nacionais filiadas à CNT, tornando-se praticamente desprezível e discrepante a participação estatal e dos trabalhadores nesse órgão tão fundamental para as decisões nacionais do Sest[116].

Noutro giro, no que concerne à arrecadação de contribuições devidas à entidade, estabelece-se que todas as receitas, após dedução de dez por cento a título de taxa de administração superior a cargo da CNT, terão a sua aplicação em benefício, especialmente dos trabalhadores vinculados a essa modalidade de serviço social, bem como seus familiares e dependentes, em cumprimento adequado ao objetivo proposto em sua lei de fundação[117].

Ademais, os recursos obtidos pela entidade são controlados externamente pelo TCU, o qual é incumbido da função de realizar o controle estatal no acompanhamento da observância da finalidade institucional que reveste as atividades gerenciais promovidas. A aplicação de seus recursos, portanto, está sujeita à fiscalização permanente pelo referido Tribunal[118].

Por fim, em relação aos números do Sest em 2018, foram 10,6 milhões de atendimentos, sendo 5,3 milhões somente na área de promoção social. Entre os atendimentos, 56% foram em saúde e 44% em atividades de esporte, lazer e cultura.

Os atendimentos na assistência à saúde cresceram 27% com relação ao ano de 2017, sendo 1.451.438 atendimentos em odontologia, 442.515 em fisioterapia, 138.793 em psicologia e 118.178 em nutrição, contabilizando um total de 2.150.924 atendimentos.

As atividades de esporte, lazer e cultura, por sua vez, envolveram 2.369.203 participantes, divididas em: (i) 1.516.089 em atividades sociais, culturais e recreativas; (ii) 25.583 em oficinas de arte; (iii) 548.107 em atividades físicas e esportivas; e (iv) 279.424 nas escolas de esportes e no projeto Polo Olímpico[119].

1.1.13 Serviço Nacional de Aprendizagem do Transporte

Por oportuno, cumpre-se ressaltar que a mesma lei que autorizou a fundação do Sest, a Lei nº 8.706/1993, dispõe sobre a criação do Senat.

Assim, não há que se falar em diferenças no que concerne à estrutura organizacional do Senat, o qual é integrado pelos mesmos órgãos atuantes, quais sejam, o Conselho Nacional, o Departamento Executivo e os Conselhos Regionais. Por força da lei, a forma de composição de cada um dos órgãos também observa a mesma disposição prevista para o Serviço Social do Transporte, a qual já está devidamente explanada anteriormente.

---

[116] Disponível em: https://www.sestsenat.org.br/conselhos-nacionais. Acesso em: 2 nov. 2019.

[117] Interpretação do art. 8º da Lei nº 8.706, de 14 de setembro de 1993.

[118] Interpretação do art. 1º da Lei nº 8.706, de 14 de setembro de 1993.

[119] *Relatório de gestão de exercício 2018 – Sest/DN*. p. 1-88. Disponível em: https://publicador.sest-senat.org.br/arquivos/eb3738b2-68b9-4098-995a-9a6da3a18e56.pdf. Acesso em: 15 dez. 2019.

A obtenção de recursos e a prestação de contas com remessa obrigatória ao TCU também são elementos que guardam relação de equivalência com o que dispõe a Lei nº 8.706/1993 para o Serviço Social do Transporte. Desta feita, considerando que são idênticas as disposições legais, passemos a examinar a especificidade do Senat que não possui equivalência com o Sest: a sua finalidade institucional.

Brevemente, o objetivo principal do Senat refere-se à atuação de forma cooperativa com os órgãos do poder público e com a iniciativa privada, de modo a executar, gerenciar e promover programas voltados à aprendizagem do trabalhador em transporte rodoviário e do transportador autônomo. Sua linha de atuação busca destacar os campos de preparação, treinamento, aperfeiçoamento e formação profissional dos aprendizes, aos quais são oferecidos cursos presenciais ou à distância.

Ademais, destacam-se as áreas de controle interno geridas pela própria entidade, as quais subsidiam o aprimoramento e o monitoramento dessas ações. São elas: a Auditoria Interna Permanente, a Auditoria de Unidades Operacionais, a Governança Corporativa e *Compliance*, além da Segurança da Informação. Sobre a terceira área indicada, cabe destacar as seguintes ações:

> Como resultado das apurações de denúncias e comunicações recebidas por meio do canal "Fale com o *Compliance*" e com a finalidade de contribuir com melhorias nos controles internos, a área de Governança Corporativa e *Compliance* emite relatório contendo, sempre que necessário, recomendações para o Departamento Executivo, como: aprimorar ou implantar controles internos; alterar procedimentos adotados pela Instituição; aprimorar o sistema normativo existente ou desenvolver novas Instruções de Serviço.[120]

Com relação aos resultados do Senat, em 2018, foram realizadas campanhas nacionais, que atenderam um total de 242.135 pessoas, destacando-se: "Maio Amarelo", "Semana Nacional do Trânsito e Redução de Acidentes" e "Roubos de Cargas e Passageiros nas Rodovias".

O projeto "Simulador de Direção" ofereceu 15 mil aulas práticas de diversos cursos de aprendizagem em 105 unidades operacionais, e o projeto "Palestras" contou com 255.314 participantes e os principais temas de educação no trânsito, direção preventiva, primeiros socorros, direção defensiva e segurança no transporte de produtos perigosos.

Já o projeto "Jovem Aprendiz" contribuiu com a entrada de mais de 23 mil jovens no mercado de trabalho, e o projeto de "Qualificação Profissional", para cobradores de ônibus, teve adesão de 600 profissionais.

---

[120] *Relatório de gestão de exercício 2018 – Senat/DN*. Disponível em: http://publicador.sestsenat. org.br/arquivos/5b802c5b-6b71-4a03-8376-64f791189b4a.pdf. Acesso em: 15 dez. 2019.

Capítulo 1 • BREVE HISTÓRICO, ORGANIZAÇÃO E ESTRUTURA DOS SERVIÇOS SOCIAIS | **45**

Ademais, o portfólio de cursos presenciais passou a contemplar 465 cursos, e foram capacitados 653,2 mil alunos, totalizando-se 23.398.014 horas de treinamento, que sinalizam a adequada preocupação do Senat em desenvolvimento profissional, aumento da empregabilidade e da produtividade no setor[121].

1.1.14 Associação das Pioneiras Sociais – Rede Sarah Kubitschek

A APS – Rede Sarah nasceu, originariamente, como uma fundação pública formada por mulheres de classe alta e criada pela então primeira-dama Sarah Kubitschek em 1956, por meio do Decreto nº 39.865/1956[122], que declarava sua utilidade pública e atuava em diversos estados brasileiros com atividades voltadas à assistência médica e educacional para classes financeiramente desfavorecidas[123].

Em 1960, a então fundação implantou o Centro de Reabilitação Sarah Kubitschek, que passou a ser dirigido pelo Dr. Aloysio Campos da Paz Júnior e, posteriormente, transformado em hospital, cuja inauguração ocorreu em 1980.

Foi apenas em 1991 que a fundação foi transformada em serviço social autônomo, por meio da Lei nº 8.246/1991, constituindo-se na forma de pessoa jurídica de direito privado sem fins lucrativos, de interesse coletivo e de utilidade pública, cuja função é prestar assistência médica e desenvolver atividades educacionais e de pesquisa no campo da saúde para a população, atuando em cooperação com o Estado[124].

Nos termos da lei que a institui, essa entidade é formada pelo Conselho de Administração e pela Diretoria.

O Conselho de Administração possui 24 membros, sendo 21 oriundos do Conselho Comunitário da Fundação das Pioneiras Sociais para mandato de quatro anos, admitida uma recondução, com renovação parcial da composição a cada biênio, e três membros com mandato de dois anos, sendo um representante do Conselho Nacional de Secretários Estaduais de Saúde e um dos empregados da Associação das Pioneiras Sociais[125]. Portanto, há uma participação da sociedade bem efetiva no principal órgão de direção do serviço social autônomo Rede Sarah Kubitschek.

Por sua vez, a Diretoria é formada por um presidente e seu vice, um secretário-executivo e um tesoureiro, eleitos para mandato de três anos pelo Conselho de

---

[121] *Relatório de gestão de exercício 2018 – Senat/DN.* p. 1-78. Disponível em: http://publicador. sestsenat.org.br/arquivos/5b802c5b-6b71-4a03-8376-64f791189b4a.pdf. Acesso em: 15 dez. 2019.

[122] Revogado pelo decreto de 27 de maio de 1992, que manteve a declaração de utilidade pública federal de diversas entidade e revogou a de outras.

[123] Disponível em: http://www.historiadocancer.coc.fiocruz.br/index.php/pt-br/imagens/ pioneiras-sociais. Acesso em: 25 jun. 2019.

[124] Interpretação do art. 1º, *caput*, da Lei nº 8.246/1991.

[125] Interpretação do art. 5º, *caput*, da Lei nº 8.246/1991.

Administração, que devem cumprir um mandato de dois anos, sendo permitida uma reeleição[126].

O patrimônio da instituição corresponde aos bens móveis e imóveis da extinta Fundação das Pioneiras Sociais que foram incorporados aos bens da União por meio do Ministério da Saúde. A lei, ao dispor sobre a administração da entidade sobre esses bens, inclui neles, ainda, as instituições de assistência médica, de ensino e de pesquisa que integravam a rede hospitalar da fundação extinta[127].

Quanto ao controle, a entidade é supervisionada pelo Ministério da Saúde e fiscalizada pelo Tribunal de Contas da União. Para esses órgãos, devem ser apresentados, anualmente, o relatório sobre a execução das atividades programadas para aquele ano e a respectiva prestação de contas quanto aos recursos aplicados nessas atividades, bem como a avaliação do andamento do contrato de gestão e as análises gerenciais. Desse modo, o TCU deve analisar o relatório de prestação de contas e fiscalizar a execução do contrato de gestão, podendo exigir as correções dos erros ou irregularidades que encontrar, inclusive sob pena de afastamento do dirigente[128].

Destaque-se, assim, que o Executivo exerce controle sobre a entidade, visto que deve gerir seus recursos conforme o contrato de gestão cujos termos foram definidos também por esse Poder. Além disso, é financiada majoritariamente por repasses orçamentárias do Ministério da Saúde, o que não impede que outros órgãos e entidades governamentais repassem recursos, mediante convênios para custear a execução de projetos de interesse social nas áreas das atividades institucionais e que, igualmente, haja celebração de convênios e contratos com pessoas jurídicas de direito privado, para custear projetos e programas compatíveis com seus objetivos sociais, desde que não haja qualquer prejuízo na universalidade do atendimento[129].

Com relação aos resultados da Rede Sarah Kubitschek, em 2018, o serviço social autônomo teve, até então, o melhor desempenho da sua história, superando 1,7 milhão de pessoas atendidas em atividades como consultas, exames, reabilitação, internações e cirurgias, bem como inúmeros programas educacionais a 6.572 estudantes e profissionais brasileiros em projetos de capacitação em diversas áreas, além das 16,3 mil crianças do ensino fundamental que tiveram a oportunidade de ter aulas de prevenção das principais patologias tratadas na Rede Sarah. Ademais, por meio da aplicação da metodologia internacional que mede o grau de confiança dos usuários nos serviços oferecidos, o índice obtido foi de 96%, classificado como um dos mais altos em todo o mundo[130].

---

[126] Interpretação do art. 6º, *caput*, da Lei nº 8.246/1991.
[127] Interpretação do art. 2º, § 1º, da Lei nº 8.246/1991.
[128] Interpretação do art. 3º, incs. III e V, da Lei nº 8.246/1991.
[129] Interpretação do art. 9º, da Lei nº 8.246/1991.
[130] *Relatório Sarah 2018*. Disponível em: http://www.sarah.br/a-rede-SARAH/relatorios-e--pareceres/. Acesso em: 20 dez. 2019.

Capítulo 1 • BREVE HISTÓRICO, ORGANIZAÇÃO E ESTRUTURA DOS SERVIÇOS SOCIAIS | **47**

1.1.15 Agência para o Desenvolvimento da Atenção Primária à Saúde

A instituição da Adaps foi autorizada como serviço social autônomo pela Medida Provisória nº 890/2019, convertida na Lei nº 13.958, de 18 de dezembro de 2019, a mesma que instituiu o Programa Médicos pelo Brasil.

A entidade foi criada na forma de pessoa jurídica de direito privado sem fins lucrativos, de interesse coletivo e de utilidade pública, cujo objetivo é a promoção de políticas de desenvolvimento da atenção primária à saúde, voltadas principalmente à família, a locais de difícil provimento ou alta vulnerabilidade, à valorização dos médicos na atenção primária no Sistema Único de Saúde (SUS), à promoção da formação profissional e à incorporação de novas tecnologias assistenciais e de gestão[131].

O patrimônio da Adaps é constituído por recursos advindos de dotações orçamentárias, serviços prestados a pessoas jurídicas, acordos, convênios, aplicações financeiras, doações, legados e subvenções[132].

Quanto à estrutura organizacional, é composta por um Conselho Deliberativo, uma Diretoria Executiva e um Conselho Fiscal. Nesses órgãos, reside patente inconstitucionalidade na lei no que tange à sua formação por membros estatais em quase sua totalidade, o que prejudica a autonomia da entidade e dificulta a fiscalização pela sociedade.

Registra-se que, consciente dessa inconstitucionalidade, o Parlamento propõe à MP 890/2019 as Emendas nºs 3, 6, 23, 34, 35, 36, 42, 47, 48, 49, 59, 63, 64, 66, 95, 96, 99, 108, 138, 158, 160, 177, 212, 214, 232, 250, 285, 286, 307, 320, 334, 335, 339 e 356, referindo-se a aumentar a participação social no conselho, com indicação de representantes da sociedade civil, com fundamento de pluralidade de visões sobre a questão da atenção primária à saúde. Desse modo, houve aumento da participação da sociedade, pois, por exemplo, na MP 890/2019, exigiam-se sete membros do Conselho Deliberativo, com seis representantes do Ministério da Saúde e um da sociedade.

Com as alterações, o Conselho Deliberativo, órgão de deliberação superior, passou para 12 membros, sendo seis representantes do Ministério da Saúde, um do Conselho Nacional de Secretários de Saúde, um do Conselho Nacional de Secretarias Municipais de Saúde, um da Associação Médica Brasileira, um do Conselho Federal de Medicina, um da Federação Nacional dos Médicos e um do Conselho Nacional de Saúde, o que ainda não ficou perto do ideal constitucional, pois o principal órgão do serviço social autônomo ainda é amplamente dirigido pelo Estado e sem participação equânime entre Estado e sociedade. O mandato desses membros é de dois anos, havendo a possibilidade de uma recondução[133].

---

[131] Interpretação dos arts. 1º, 2º e 6º da Lei nº 13.958, de 18 de dezembro de 2019.

[132] Interpretação do art. 8º da Lei nº 13.958, de 18 de dezembro de 2019.

[133] Interpretação do art. 10 da Lei nº 13.958, de 18 de dezembro de 2019.

A Diretoria Executiva, órgão interno responsável pela gestão da entidade, é formada por um diretor-presidente e dois diretores, os quais são todos eleitos pelo Conselho Deliberativo para cumprirem mandatos de dois anos, sendo permitidas duas reconduções[134].

Por sua vez, o Conselho Fiscal, que exerce o controle interno da Adaps, é constituído por dois representantes do Ministério de Estado da Saúde e um indicado em conjunto pelo Conselho Deliberativo, sem a participação do Ministério de Estado da Saúde. O mandato também é de dois anos, permitindo uma recondução pelo mesmo período[135].

Registra-se que o presidente da República vetou o importante dispositivo do parágrafo único do art. 9º da lei, que estabelecia que as competências e as atribuições dos órgãos de direção seriam estabelecidas em regulamento, a ser elaborado em processo submetido a consulta e audiências públicas, ou seja, com a participação da sociedade. Mas, ouvindo o Ministério da Saúde, entendeu-se que a submissão à consulta e à audiência pública contrariava o interesse público ao procrastinar o regular funcionamento da entidade[136].

No que tange ao controle externo, cabe ao Ministério da Saúde definir os termos do contrato de gestão, aprovar os orçamentos anuais e analisar o relatório quanto à execução do contrato para, em seguida, emitir um parecer. Por sua vez, o descumprimento injustificado das disposições do contrato de gestão implicará a dispensa do diretor-presidente da Adaps pelo Conselho Deliberativo[137].

Finalmente, o Tribunal de Contas da União atua fiscalizando a execução do contrato e determinando as correções de erros e irregularidades que encontrar[138].

Assim, como forma de controle, a entidade deve enviar periodicamente a esses órgãos, para análise, um relatório da execução do contrato com a devida prestação de contas, avaliação geral e análises gerenciais, além das contas da gestão anual que forem aprovadas pelo Conselho Deliberativo[139].

1.2 SERVIÇOS SOCIAIS AUTÔNOMOS ESTADUAIS

Na esfera federativa estadual, destaca-se, em primeiro plano, o estado do Paraná, com o Paranaeducação, a Paranaprevidência, a Ecoparaná – criada em 1998 e

---

[134] Interpretação do art. 11 da Lei nº 13.958, de 18 de dezembro de 2019.

[135] Interpretação dos art. 10 c/c 12 da Lei nº 13.958, de 18 de dezembro de 2019.

[136] Mensagem nº 711, de 18 de dezembro de 2019, do presidente da República ao senhor presidente do Senado Federal. Disponível em: http://www.planalto.gov.br/ccivil_03/_ato2019-2022/2019/Msg/VEP/VEP-711.htm. Acesso em: 28 dez. 2019.

[137] Interpretação dos arts. 14 c/c 18 da Lei nº 13.958, de 18 de dezembro de 2019.

[138] Interpretação do art. 19 da Lei nº 13.958, de 18 de dezembro de 2019.

[139] Interpretação do art. 17 da Lei nº 13.958, de 18 de dezembro de 2019.

Capítulo 1 • BREVE HISTÓRICO, ORGANIZAÇÃO E ESTRUTURA DOS SERVIÇOS SOCIAIS | **49**

transformada, em 2013, no Paraná Projetos –, o Paraná Tecnologia, o Paranacidade e a Agência Paraná de Desenvolvimento.

Também se destacam os estados de Minas Gerais, com a Caixa Beneficente dos ex-Guardas Civis e Fiscais de Trânsito de Minas Gerais e o Serviço Social Autônomo Servas; Amapá, com o Instituto de Pesquisa e Desenvolvimento em Administração Pública, criado em 1999 e extinto em 2002; Amazonas, com o Fundo Previdenciário do Estado do Amazonas, criado em 2001 e transformado em 2011; São Paulo, com a Agência Paulista de Promoção de Investimentos e Competitividade; Acre, com o Serviço Social de Saúde do Acre; Alagoas, com o AL Previdência, criado em 2009 e extinto em 2015; Mato Grosso, com o Instituto Mato-grossense da Carne; e, por fim, o Distrito Federal, com o Instituto Hospital de Base do Distrito Federal.

Seguem os aspectos mais relevantes dessas entidades.

1.2.1 Estado do Paraná

Entre as entidades do Sistema S que merecem destaque no âmbito estadual estão as seis do estado do Paraná. Nessa unidade da Federação, foram instituídos o Paranaeducação, a Paranaprevidência, a Ecoparaná (hoje Paraná Projetos), o Paraná Tecnologia, o Paranacidade e a Agência Paraná de Desenvolvimento. Seguem as principais características de algumas dessas entidades.

1.2.1.1 Paranaeducação

O Paranaeducação foi instituído pela Lei estadual nº 11.970/1997 e, posteriormente, alterado pelas Leis nº 18.540/2015, nº 19.115/2017 e nº 19.848/2019. Quando da edição dessa norma, a Confederação Nacional dos Trabalhadores em Educação e o Partido dos Trabalhadores (PT) ajuizaram uma Ação Direta de Inconstitucionalidade (Adin 1.864-9) perante o STF, requerendo a declaração de inconstitucionalidade da Lei nº 11.970/1997[140]. No julgamento, o STF chegou à seguinte conclusão:

---

[140] "O Supremo Tribunal Federal interrompeu hoje (12/4) o julgamento da Ação Direta de Inconstitucionalidade (ADI 1864) proposta pelo Conselho Nacional de Trabalhadores em Educação (CNTE) e pelo Partido dos Trabalhadores, contestando a Lei nº 11.970/97 que criou o Paraná Educação. O pedido de vista foi feito pelo ministro Joaquim Barbosa após o voto do relator, ministro Maurício Corrêa, que considerou a ação parcialmente improcedente. O PT questionou diversos artigos da lei que instituiu o Paraná Educação, sustentando que o ensino público no Estado seria administrado por pessoa jurídica de direito privado, implicando na quebra do regime de direito público ao qual deveria, pela Constituição, submeter-se integralmente. O partido também requereu que a Ação fosse analisada segundo o texto constitucional em vigor à época da edição da lei, sem considerar as modificações da reforma Administrativa. O relator, no entanto, esclareceu que o controle de constitucionalidade é feito, necessariamente, com o texto atual. 'O parâmetro de aferição é o texto hoje em vigor da Carta da República, observadas todas as emendas', informou Corrêa, com base na

Por fim, ao atribuir a uma entidade de direito privado, de maneira ampla, sem restrições ou limitações, a gestão dos recursos financeiros do Estado destinados ao desenvolvimento da educação, possibilitando ainda que a entidade exerça a gerência das verbas públicas, externas ao seu patrimônio, legitimando-a a tomar decisões autônomas sobre sua aplicação, a norma incide em inconstitucionalidade. De fato, somente é possível ao Estado o desempenho eficaz de seu papel no que toca à educação se estiver apto a determinar a forma de alocação dos recursos orçamentários de que dispõe para tal atividade. Esta competência é exclusiva do Estado, não podendo ser delegada a entidades de direito privado. 6. Ação direta de inconstitucionalidade julgada parcialmente procedente, para declarar a inconstitucionalidade do artigo 19, § 3º da Lei nº 11.970/1997 do estado do Paraná, bem como para dar interpretação conforme à Constituição ao artigo 3º, I e ao artigo 11, incisos IV e VII do mesmo diploma legal, de sorte a entender-se que as normas de procedimentos e os critérios de utilização e repasse de recursos financeiros a serem geridos pelo Paranaeducação podem ter como objeto, unicamente, a parcela dos recursos formal e especificamente alocados ao Paranaeducação, não abrangendo, em nenhuma hipótese, a totalidade dos recursos públicos destinados à educação no estado do Paraná.[141]

Assim, foi mantida a criação do Paranaeducação, com a ressalva de que a entidade criada não poderia absorver todas as atividades da Secretaria de Educação, incluindo formulação de políticas públicas, por se tratarem de atividades típicas de Estado.

Essa entidade se constituiu sob a forma de pessoa jurídica de direito privado, sob a modalidade de serviço social autônomo, sem fins lucrativos, de interesse coletivo, com a finalidade primordial de auxiliar na gestão do sistema estadual de educação[142]. O auxílio na atividade educacional se **dá** por meio de: (a) assistência

---

jurisprudência do STF. Na Ação, entre os argumentos para requerer a inconstitucionalidade da lei, foram citados a quebra na autonomia das universidades estaduais; o gerenciamento de recursos públicos da educação sem preencher os requisitos exigidos na Constituição; a atuação da administração fora do regime de direito público; a compra e venda de materiais por processo licitatório simplificado; a possibilidade de contratação de profissionais pelo regime disposto na CLT, afrontando o Regime Jurídico Único e a manipulação política das verbas públicas e da administração de pessoal." (Plenário do STF discute constitucionalidade do Paraná Educação. *Notícias STF*, de 12.04.2004. Disponível em: http://www.stf.jus.br/portal/cms/verNoticiaDetalhe.asp?idConteudo=62537. Acesso em: 11 out. 2019.

[141] BRASIL. Supremo Tribunal Federal. ADI 1864, Relator(a): Min. MAURÍCIO CORRÊA, Relator(a) p/ Acórdão: Min. JOAQUIM BARBOSA, Tribunal Pleno, julgado em 08/08/2007, *DJe*-078 DIVULG 30/04/2008 PUBLIC 02/05/2008 EMENT VOL-02317-01 PP-00089 *RTJ* VOL-00204-02 PP-00535.

[142] Interpretação do art. 1º da Lei nº 11.970/1997.

Capítulo 1 • BREVE HISTÓRICO, ORGANIZAÇÃO E ESTRUTURA DOS SERVIÇOS SOCIAIS | **51**

institucional, (b) assistência técnico-científica, (c) assistência administrativa, (d) assistência pedagógica, (e) aplicação de recursos orçamentários destinados pelo governo do estado e (f) captação e gerenciamento de recursos de entes públicos e particulares nacionais e internacionais[143]. Posteriormente, a Lei estadual nº 18.540/2015 acrescentou que o auxílio do Paranaeducação no serviço público educacional prestado pelo Estado também se daria por meio do oferecimento de infraestrutura em educação[144].

Hoje, com as alterações recentes inseridas pela Lei nº 19.848/2019, o Paranaeducação tem as seguintes finalidades:

> Art. 3º O Paranaeducação tem por finalidade proporcionar à população padrões elevados de ensino e educação, competindo-lhe para seu eficaz desempenho:
>
> I – gerir os recursos de qualquer natureza destinados ao desenvolvimento da educação, em consonância com as diretrizes programáticas do Governo do Estado;
>
> II – prestar apoio técnico, administrativo-financeiro e pedagógico à Secretaria de Estado da Educação e do Esporte – Seed, visando à melhoria e ao desenvolvimento educacional do Estado do Paraná; (Redação dada pela Lei nº 19.848 de 03/05/2019)
>
> III – constituir-se em instrumento de intermediação administrativa-financeira, visando compatibilizar as exigências das entidades de financiamento para o desenvolvimento educacional às características e às necessidades do Sistema Estadual de Educação;
>
> IV – contribuir para a eficiente aplicação dos recursos públicos na área de desenvolvimento educacional, promovendo, para tanto, o suprimento e aperfeiçoamento dos recursos humanos, administrativos e financeiros do Sistema Estadual de Educação;
>
> V – administrar Fundos Especiais existentes ou que venham a ser criados, no âmbito do Sistema Estadual de Educação, na forma da legislação e regulamentação pertinentes.

---

[143] Interpretação do art. 1º da Lei nº 11.970/1997.

[144] "Art. 1º Institui o Paraná Educação, pessoa jurídica de direito privado, sob a modalidade de serviço social autônomo, sem fins lucrativos, de interesse coletivo, com a finalidade de auxiliar na Gestão do Sistema Estadual de Educação, por meio da assistência institucional, técnico-científica, administrativa, de infraestrutura em educação, pedagógica, da aplicação de recursos orçamentários destinados pelo Governo do Estado, bem como da captação e gerenciamento de recursos de entes públicos e particulares nacionais e internacionais."

Quanto ao patrimônio, o Paranaeducação é constituído pelo acervo de bens e direitos que adquirir ou vierem a ser incorporados, por legados, doações e heranças que receber, de pessoa física ou jurídica, de direito público ou privado, nacional, estrangeira ou internacional. Na hipótese de extinção da entidade, seus bens ou direitos serão revertidos ao patrimônio do estado do Paraná[145].

O Paranaeducação, em sua organização interna, é gerido por uma Direção Superior, dividida, basicamente, pelo Conselho de Administração e pela Diretoria Executiva. O Conselho de Administração tem como membros natos o secretário de Estado da Educação e do Esporte, o secretário de Estado da Fazenda, o secretário de Estado do Planejamento e Projetos Estruturantes, o secretário de Estado da Administração e da Previdência e o presidente do Conselho Estadual de Educação.

Já os membros efetivos do Paranaeducação **são: um representante indicado pelo MEC, um representante indicado pelo** Instituto de Desenvolvimento Educacional do Estado do Paraná (Fundepar), um representante indicado pela APP-Sindicato dos Trabalhadores em Educação Pública do Paraná, um representante do setor produtivo, indicado, de comum acordo, pelas Federações Patronais, um representante indicado pela Federação das Associações de Pais, Mestres e Funcionários das Escolas Públicas do Estado do Paraná (Fepamef), um representante da Associação Paranaense das Instituições de Ensino Superior Público (Apiesp) e um representante indicado pela União Nacional dos Dirigentes Municipais de Educação (Undime-PR)[146]. Observa-se, a partir dessa composição, uma forte presença do Poder Executivo do estado na gestão do Paranaeducação. Essa presença é reforçada ainda mais pelo art. 10 da Lei nº 11.970/1997, que dispõe:

> Art. 10. O Superintendente, o Diretor Técnico, o Diretor Administrativo-Financeiro, o Procurador Jurídico e o Auditor são cargos de recrutamento amplo, todos escolhidos e nomeados pelo Chefe do Poder Executivo, e remunerados nos termos do Plano de Cargos e Salários previsto no art. 19 desta Lei.

Por fim, quanto ao controle exercido na entidade, revela-se que o Poder Legislativo do estado do Paraná também atua no Paranaeducação por meio do exercício do controle externo. A Lei nº 11.970/1997 estabelece que as contas do Paranaeducação serão julgadas pela Assembleia Legislativa com o auxílio do Tribunal de Contas do Estado do Paraná (TCE-PR)[147]. Ademais, a lei impõe um procedimento em que, anualmente, a entidade deve encaminhar à Assembleia, até 31 de março de cada ano, a prestação de contas dos recursos públicos aplicados, inclusive aqueles

---

[145] Interpretação dos artigos 20 e 21 da Lei nº 11.970/1997.
[146] Interpretação dos artigos 5º a 8º da Lei nº 11.970/1997.
[147] Interpretação do art. 16 da Lei nº 11.970/1997.

Capítulo 1 • BREVE HISTÓRICO, ORGANIZAÇÃO E ESTRUTURA DOS SERVIÇOS SOCIAIS | **53**

repassados pelo contrato de gestão[148]. Após recebida essa prestação de contas, o TCE-PR elabora parecer prévio sobre a execução de planos, programas, projetos, atividades, produtos, serviços e avaliação de desempenho do contrato de gestão.

Há na lei, ainda, a previsão de um procedimento de controle interno do Paranaeducação, exercido por meio de auditorias internas e externas, a partir de deliberação do Conselho de Administração ou de determinação do superintendente[149].

1.2.1.2 Paranaprevidência

A Paranaprevidência é resultado da transformação do Instituto de Previdência e Assistência aos Servidores do Estado do Paraná (IPE), antiga autarquia criada pela Lei estadual nº 4.339/1961, em uma instituição, sem fins lucrativos, com personalidade jurídica de direito privado e com natureza de serviço social autônomo paradministrativo, conforme estabelece a Lei estadual nº 12.398/1998[150]. Esse ente coopera com o estado do Paraná na execução de suas obrigações de seguridade dos servidores públicos civis e militares, ativos e inativos do estado. Assim, é a Paranaprevidência quem tem a função de gerir esse sistema previdenciário, segundo regime de benefícios e serviços previsto na lei[151]. Quanto ao patrimônio, a Lei estadual nº 12.398/1998 sofreu diversas alterações por meio da Lei nº 17.435/2012 e hoje estabelece que são receitas vinculadas à gestão do sistema previdenciário as seguintes:

> I – as importâncias, em dinheiro, vertidas pelo Estado à Paranaprevidência, especificamente para cobrir os gastos com o custeio administrativo na gestão dos Fundos Públicos de Natureza Previdenciária, com base na previsão orçamentária anual daquela entidade, aprovada pelo Conselho de Administração e homologada pelo Secretário de Estado da Administração e da Previdência, cujos valores não poderão ultrapassar o percentual de

---

[148] Interpretação do art. 16, § 1º, da Lei nº 11.970/1997.

[149] Interpretação do art. 16, § 5º, da Lei nº 11.970/1997.

[150] Conforme redação do art. 2º da Lei nº 12.398/1998, que estabelece: "Art. 2º O Instituto de Previdência e Assistência aos Servidores do Estado do Paraná – IPE, autarquia criada pela Lei Estadual nº 4.339, de 28 de fevereiro de 1961, é transformado em instituição, sem fins lucrativos, com personalidade jurídica de direito privado, natureza de serviço social autônomo paradministrativo, com a denominação de Paranaprevidência".

[151] Conforme os arts. 3º e 34 da Lei nº 12.398/1998, *in verbis*: "Art. 3º A Paranaprevidência será ente de cooperação governamental, no cumprimento, pelo estado do Paraná, de suas obrigações de seguridade funcional, e terá por finalidade gerir o respectivo sistema, segundo regime de benefícios e serviços previsto nesta lei. Art. 34. Serão obrigatoriamente inscritos no Paranaprevidência os servidores públicos estaduais ativos, com vínculo funcional permanente de todos os Poderes, inclusive os membros do Poder Judiciário, o Ministério Público, o Tribunal de Contas e as Instituições de Ensino Superior, bem como das respectivas administrações públicas, direta, autárquica e fundacional, os servidores inativos e os militares estaduais da ativa, na reserva remunerada e os reformados".

1,5% (um e meio por cento) sobre o total dos proventos e pensões pagos aos segurados inativos e aos pensionistas;

II – o produto das aplicações e investimentos realizados com os recursos das receitas administrativas vinculadas;

III – as rendas que a Paranaprevidência venha auferir por meio de convênios ou contratos com outras Instituições e outras fontes previstas na legislação.

A Paranaprevidência, em sua organização interna, é composta dos seguintes órgãos sociais: a) Conselho de Administração, como órgão de gerenciamento, normatização e deliberação superior; b) Conselho Diretor, como órgão executivo, composto por diretor-presidente, diretor de Administração, diretor de Previdência, diretor de Finanças e Patrimônio e diretor jurídico; e c) Conselho Fiscal, como órgão de fiscalização e controle interno[152].

O Poder Executivo permanece com grande influência perante a gestão dessa entidade, pois a Paranaprevidência vincula-se por cooperação ao governo do estado por meio do secretário especial para Assuntos de Previdência. Essa autoridade supervisiona a execução do contrato de gestão que é celebrado entre a Paranaprevidência e o estado do Paraná[153].

A presença do Poder Executivo estadual é marcante na composição da Paranaprevidência, uma vez que a nomeação para os cargos de conselheiro e diretores é feita pelo governador do estado, para um mandato de seis anos[154]. A indicação dos nomes que comporão o Conselho de Administração (dez conselheiros efetivos e dez suplentes) é feita por diversos órgãos públicos (governador, Assembleia Legislativa, Tribunal de Justiça e Ministério Público) e privados (associações de servidores civis, associações de servidores militares, entidades sindicais e representantes de aposentados e pensionistas)[155].

A Lei nº 12.398/1998 deixa claro, entretanto, que a Paranaprevidência é autônoma em relação ao Poder Executivo[156]. Quanto ao controle, o próprio contrato de gestão celebrado com o Poder Executivo já estabelece formas de controle da gestão da Paranaprevidência. O controle exercido pelo Poder Executivo é de supervisão[157]. Entretanto, por se tratar de gestão de recursos públicos, a Paranaprevidência se

---

[152] Interpretação do art. 8º da Lei nº 12.398/1998.

[153] Interpretação do art. 5º da Lei nº 12.398/1998.

[154] Interpretação do art. 9º da Lei nº 12.398/1998.

[155] Interpretação do art. 10 da Lei nº 12.398/1998.

[156] Interpretação do art. 6º da Lei nº 12.398/1998.

[157] É o que se extrai do art. 6º da Lei nº 12.398/1998, *in verbis*: "Preservada a autonomia da Paranaprevidência, o Contrato de Gestão a que se refere o artigo anterior, terá por finalidade: a) estabelecer os instrumentos para a atuação, controle e supervisão da Instituição, nos campos administrativo, técnico, atuarial e econômico-financeiro".

submete também ao controle externo do Tribunal de Contas do Estado do Paraná, que aprecia anualmente as contas da instituição[158].

Além do controle exercido pelo Poder Executivo e pelo Poder Legislativo, há diversos instrumentos de controle interno na Paranaprevidência. O Conselho Fiscal da instituição, por exemplo, é órgão de fiscalização e controle interno[159], o diretor de Previdência tem a competência de exercer o controle da execução dos Planos de Benefícios Previdenciários e do respectivo Plano de Custeio Atuarial[160], há também a ouvidoria[161] e a auditoria externa independente[162].

1.2.1.3 Paraná Projetos

O Paraná Projetos surgiu a partir da entidade Ecoparaná, criada pela Lei estadual nº 12.215/1998 como "pessoa jurídica de direito privado, sob a modalidade de serviço social autônomo sem fins lucrativos, de interesse coletivo", sendo voltada ao planejamento, à promoção, ao gerenciamento de projetos e a ações relacionadas ao turismo ecológico[163]. Essa lei foi alterada pela Lei nº 17.745/2013, que, por sua vez, foi revogada pelas Leis nº 19.848/2019 e nº 19.856/2019, as quais continuam vigentes, tendo essa segunda assim determinado[164]:

> Art. 4º Acresce o art. 1º-A à Lei nº 12.215, de 10 de julho de 1998, com a seguinte redação:
>
> Art. 1º-A O serviço social autônomo, sem fins lucrativos, Ecoparaná, pessoa jurídica de direito privado, de interesse coletivo, passa a denominar-se Paraná Projetos, tendo como finalidade a promoção, a elaboração e o gerenciamento de projetos, visando à implementação do desenvolvimento integrado do território paranaense, segundo princípios de sustentabilidade local e regional.
>
> Parágrafo único. O detalhamento da estrutura organizacional do Paraná Projetos e de suas atribuições será estabelecido no Estatuto da entidade, sendo declarada como entidade de interesse social e utilidade pública, para todos os efeitos legais, inclusive tributários.

---

[158] Interpretação do art. 7º da Lei nº 12.398/1998.

[159] Interpretação do art. 8º, III, da Lei nº 12.398/1998.

[160] Interpretação do art. 16 da Lei nº 12.398/1998.

[161] Dispõe o Estatuto da Paranaprevidência, *in verbis*: "Art. 38. A ouvidoria, coordenada por um ouvidor, indicado pelo secretário de Estado da Administração e da Previdência e nomeado pelo governador do Estado, tem a incumbência de receber e processar sugestões, reclamações e denúncias sobre as atividades desenvolvidas pela Paranaprevidência".

[162] Interpretação do art. 93 da Lei nº 12.398/1998.

[163] Interpretação do art. 1º da Lei nº 12.215/1998.

[164] Interpretação do art. 4º da Lei nº 19.856/2019.

Essa entidade tem uma estrutura organizacional menos complexa e mais unificada, possuindo apenas dois órgãos internos, quais sejam: o Conselho de Administração, com função deliberativa, consultiva, normativa e que exerce o controle interno; e a Diretoria Executiva, a quem compete efetivar as determinações e as orientações do conselho[165]. O Conselho de Administração é formado por cinco membros, todos nomeados pelo governador do estado do Paraná, sendo presidido pelo secretário de Estado do Planejamento e Projetos Estruturantes. Por sua vez, a Diretoria Executiva é composta por um superintendente e dois auxiliares, também indicados pelo governador do Estado.

O patrimônio do Paraná Projetos é constituído por dotações orçamentárias e recursos provenientes de subvenções, empréstimos, legados, auxílios, contribuições, fundos especiais, doações, acordos, convênios, ajustes, contratos, aplicações financeiras, parcerias, acervo de bens e direitos que adquirirem e heranças[166].

Como dito, o controle interno do Paraná Projetos é exercido pelo Conselho de Administração. Ademais, a entidade está submetida ao controle externo realizado pela Assembleia Legislativa em conjunto com o Tribunal de Contas do Estado, sendo que, para possibilitar essa fiscalização, a entidade deve enviar periodicamente a esses órgãos um relatório de prestação de contas, explicitando os programas e os projetos executados, os serviços prestados e a avaliação do desempenho do contrato de gestão. Há, ainda, a possibilidade de realização de auditorias internas e externas, se o conselho julgar necessário ou for determinado pelo superintendente[167].

1.2.1.4 Paraná Tecnologia

O Serviço Social Autônomo Paraná Tecnologia foi criado pela Lei n° 12.020/1998 na forma de uma "pessoa jurídica de direito privado, sem fins lucrativos, de interesse social, com sede e foro em Curitiba e jurisdição em todo o território do estado do Paraná, tendo como missão a gestão executiva do Fundo Paraná"[168].

Isto é, o objetivo central dessa lei foi a criação do Fundo Paraná, cuja função é fomentar o financiamento de programas e projetos de pesquisa, desenvolvimento científico e tecnológico, conforme as recomendações do Conselho Paranaense de Ciência e Tecnologia (CCT Paraná). Assim, a instituição do Paraná Tecnologia como serviço social autônomo foi uma consequência necessária da criação desse fundo, tendo sido criado com finalidade principal de geri-lo[169].

---

[165] Interpretação do art. 4° da Lei n° 12.215/1998.
[166] Interpretação dos arts. 14 e 16 da Lei n° 12.215/1998.
[167] Interpretação do art. 13 da Lei n° 12.215/1998.
[168] Art. 13 da Lei n° 12.020/1998.
[169] Interpretação dos arts. 2° e 13° da Lei n° 12.020/1998.

Capítulo 1 • BREVE HISTÓRICO, ORGANIZAÇÃO E ESTRUTURA DOS SERVIÇOS SOCIAIS | **57**

Posteriormente, a instituição desse serviço foi efetivada por meio do Decreto nº 4.634/1998 o qual acresceu às suas funções a captação, os repasses e o gerenciamento de recursos de entes públicos e privados; a cooperação com o Estado em prol da implementação de políticas de desenvolvimento científico e tecnológico; e o auxílio administrativo-financeiro para a implementação de programas e projetos relacionados ao desenvolvimento científico e tecnológico[170].

Segundo o mencionado decreto, o Paraná Tecnologia tem como constitutivos de sua estrutura organizacional o Conselho de Administração e a Diretoria Executiva.

O conselho é um órgão interno colegiado de caráter normativo, deliberativo, consultivo e fiscal, sendo o responsável por materializar e dar cumprimento aos objetivos, às diretrizes e aos compromissos da entidade. É formado por seis membros, sendo dois deles o secretário de Estado da Ciência, Tecnologia e Ensino Superior e o presidente da Fundação de Araucária, ambos como membros honorários. Os outros quatro são membros efetivos, sendo eles um representante da comunidade científica paranaense; um representante da comunidade tecnológica paranaense; um representante da comunidade empresarial paranaense; e um representante da comunidade trabalhadora paranaense[171].

Suas competências são a aprovação do estatuto e do regimento interno; a implementação das decisões relacionadas à aplicação dos recursos do Fundo Paraná; a análise e posterior aprovação de trabalhos desenvolvidos pela Diretoria Executiva; a deliberação quanto à aplicação de recursos em projetos; a delegação de competências à diretoria; e a aprovação dos demonstrativos contábeis e financeiros[172].

Por sua vez, a Diretoria Executiva é formada pelo secretário de Estado de Ciência, Tecnologia e Ensino Superior, no cargo de presidência, por um diretor de Operações, e por um diretor administrativo-financeiro[173]. Entre as suas atribuições está representar a entidade em juízo ou fora dele; propor planos de ação estratégica, planos anuais e plurianuais e orçamentos; monitorar o desempenho global da entidade; coordenar os processos de negociação e formação de parcerias ou consórcio; e firmar os termos de Contrato de Gestão[174].

O patrimônio do Paraná Tecnologia constitui-se de legados, doações, heranças e demais recursos provenientes da remuneração pelo gerenciamento do Fundo Paraná, de aportes, empréstimos, auxílios, contribuições, subvenções, prestação de serviços, de fundos especiais, da venda de seus produtos, e de aplicações financeiras[175].

---

[170] Interpretação do art. 3º do Decreto nº 4.634/1998.
[171] Interpretação do art. 6º do Decreto nº 4.634/1998.
[172] Interpretação do art. 8º Decreto nº 4.634/1998.
[173] Interpretação do art. 10 do Decreto nº 4.634/1998.
[174] Interpretação do art. 11 do Decreto nº 4.634/1998.
[175] Interpretação dos arts. 19 e 20 do Decreto nº 4.634/1998.

58 | SISTEMA S: FUNDAMENTOS CONSTITUCIONAIS • *Edvaldo Nilo de Almeida*

Assim como as entidades mencionadas anteriormente, o Conselho de Administração também é o responsável pelo controle interno da entidade, estando ela também submetida ao controle externo do Poder Executivo, por meio da Secretaria de Estado da Ciência, Tecnologia e Ensino Superior (Seti), a qual atua supervisando a execução do contrato pela entidade. Por sua vez, ao Poder Legislativo compete aprovar o relatório enviado e analisado pela Seti, o qual deve conter informações sobre a execução dos planos, programas, projetos, atividades, venda de produtos, prestação de serviços expressos nos planos, bem como a respectiva prestação de contas dos recursos aplicados ao decorrer do ano, análises gerenciais cabíveis e, por fim, uma avaliação do andamento do Contrato de Gestão. Além disso, todas as contas são fiscalizadas pelo Tribunal de Contas do Estado[176].

Nessa senda, no ano de 2003, foi decretada a nulidade do Contrato de Gestão do Paraná Tecnologia com o estado do Paraná, por meio do Decreto estadual nº 1.952/2003, em virtude de ofensa ao art. 205 da Constituição Estadual devido à transferência de atividade tipicamente pública a uma entidade privada[177].

Diante disso, o citado decreto determinou que a gestão do Fundo Paraná passaria a ser competência da Seti, o que foi efetivado pela Lei nº 15.123/2006, que assim dispôs[178]:

> Art. 2º O art. 6º, da Lei nº 12.020, de 09 de janeiro de 1998, passa a vigorar com a seguinte redação:
>
> Art. 6º A Secretaria de Estado da Ciência, Tecnologia e Ensino Superior será o Órgão Gestor do Fundo Paraná.

Nem o Decreto nº 1.952/2003, nem a Lei nº 15.123/2006, contudo, extinguiram o Paraná Tecnologia, que, segundo a Instrução nº 80/2011, da DCE, não está mais em atividade, porém continua recebendo recursos para saldar compromissos assumidos anteriormente ao decreto que declarou a nulidade de seu contrato e, também, para manter a estrutura administrativa[179].

1.2.1.5 Paranacidade

O Paranacidade, instituído pela Lei nº 15.211/2006 e com alterações realizadas pela Lei nº 19.848/2019, foi criado na forma de "pessoa jurídica de direito privado, sem fins lucrativos, de interesse público, sob a modalidade de serviço social autônomo", cujo objetivo é a promoção e a execução de atividades e serviços não exclusivos do Estado e que estejam, obrigatoriamente, vinculados aos

---

[176] Arts. 15 e 16 do Decreto nº 4.634/1998.

[177] Relatório de Parecer Prévio do TCE/PR e a Instrução nº 80/2011.

[178] Art. 2º da Lei nº 15.123/2006.

[179] Relatório de Parecer Prévio do TCE/PR e Instrução nº 80/2011.

Capítulo 1 • BREVE HISTÓRICO, ORGANIZAÇÃO E ESTRUTURA DOS SERVIÇOS SOCIAIS | **59**

desenvolvimentos urbano, regional e institucional dos municípios do estado do Paraná e à administração de recursos e de fundos financeiros públicos destinados a essas atividades[180]. Sua estrutura organizacional constitui-se pelo Conselho de Administração e pela Diretoria Executiva.

O Conselho é formado por nove membros, sendo um membro honorário, qual seja, o secretário de Estado de Desenvolvimento Urbano; três membros natos, sendo o secretário de Estado da Fazenda, o secretário de Estado do Planejamento e Coordenação Geral e o secretário de Estado do Meio Ambiente; e cinco membros efetivos, dentre eles, o presidente da Federação das Associações dos Municípios do Paraná (Femupar); o representante da Federação do Comércio do Paraná (Fecomércio PR); o representante da Federação das Indústrias do Estado do Paraná (Fiep); o representante do Instituto de Arquitetos do Brasil/Seção do Paraná (IAB); e o representante do Instituto de Engenharia do Estado do Paraná (IEP)[181].

Tem caráter consultivo, deliberativo, normativo e, também, de controle. Suas competências são: a aprovação do regimento interno, do estatuto, dos planos anuais, dos demonstrativos financeiros, dos planos de trabalho, das metas, das diretrizes orçamentárias; a fixação de diretrizes e prioridades na gestão dos fundos da entidade e do Fundo de Desenvolvimento Urbano; a definição do objeto de auditorias internas e externas; entre outras atribuições[182].

Por sua vez, a Diretoria Executiva é um órgão de gerenciamento composto por um superintendente, um superintendente-executivo, um diretor de Operações e um diretor de Administração e Finanças. A ela compete a normatização de procedimentos e atividades operacionais, financeiras, técnicas e administrativas; a aprovação, a definição e a realização de certames públicos; as atividades relacionadas à gestão dos recursos humanos, como contratação, elaboração de plano de cargos, salário e benefícios; a aprovação de processos de compra de materiais e serviços; entre outras competências[183].

O patrimônio dessa entidade abarca legados; doações; heranças; e recursos oriundos do repasse do Contrato de Gestão, de aplicações financeiras, juros, amortizações, de aporte de recursos municipais, estaduais e federais, de ajuda e cooperação internacional, de doações, auxílios, contribuições, subvenções, acordos, convênios, ajustes, contratos, além das receitas advindas da alienação de seus bens ou imóveis[184].

Quanto ao controle, o Paranacidade é controlado internamente pelo Conselho de Administração. Também é supervisionado pela Secretaria de Estado do

---

[180]   Interpretação do art. 1º da Lei nº 15.211/2006.
[181]   Interpretação do art. 12 do Estatuto do Paranacidade.
[182]   Interpretação do art. 10 da Lei nº 15.211/2006.
[183]   Interpretação do art. 21 da Lei nº 15.211/2006 e do art. 16 do estatuto.
[184]   Interpretação do art. 20 e do art. 23 da Lei nº 15.211/2006.

60 | SISTEMA S: FUNDAMENTOS CONSTITUCIONAIS • *Edvaldo Nilo de Almeida*

Desenvolvimento Urbano e de Obras Públicas (Sedu), lembrando que há diversos representantes do Poder Executivo integrando seu conselho, o que pressupõe que há um considerável controle por parte desse Poder. Contudo, além disso, a maior parte do controle externo fica a cargo do Poder Legislativo e do Tribunal de Contas do Estado[185].

Para possibilitar esse controle, a entidade encaminha, anualmente, um relatório de prestação de contas ao TCE-PR contendo informações sobre as atividades executadas previstas nas metas, nos planos de trabalho e no Contrato de Gestão, explicitando os recursos aplicados nelas. Além disso, a qualquer tempo, por ser determinada, pelo Conselho de Administração, a realização de auditorias internas e externas nas operações do Paranacidade[186].

1.2.1.6 Agência Paraná de Desenvolvimento

A Agência Paraná de Desenvolvimento (APD) foi instituída pela Lei nº 17.016/2011, sendo criada na forma de "pessoa jurídica de direito privado, sem fins lucrativos e de interesse e finalidade públicos, sob a modalidade de serviço social autônomo", tendo como objetivo a prestação de serviços de atração de investimento econômicos do Estado, mantendo o foco na identificação de oportunidades que atraiam novas empresas, de modo a gerar empregos, otimizar a utilização dos recursos energéticos e promover a modernização tecnológica[187]. Seus órgãos internos são o Conselho de Administração e a Diretoria.

O conselho é formado por cinco membros, todos nomeados pelo governador do Estado, dentre eles, o secretário de Estado do Planejamento e Coordenação Geral, que preside o órgão; o secretário de Estado da Fazenda; o secretário de Estado de Infraestrutura e Logística; o procurador-geral do Estado e o diretor-presidente da Agência de Fomento do Paraná S.A. Entre suas competências está a aprovação do estatuto e eventuais alterações, do plano de cargos, salário e benefícios, a indicação de membros para a Diretoria e a nomeação de representantes com plenos poderes de deliberação em suas reuniões[188].

Por sua vez, a Diretoria é composta por um diretor-presidente e um diretor-executivo, e, diferentemente do conselho – cujos cargos devem ser ocupados obrigatoriamente pelas autoridades supracitadas –, os cargos da Diretoria são de livre nomeação e exoneração pelo governador. Algumas de suas atribuições são a contratação de empregados, a administração e a dispensa de recursos humanos

---

[185] Interpretação do art. 20 e art. 19 da Lei nº 15.211/2006.
[186] Interpretação do art. 19 da Lei nº 15.211/2006.
[187] Interpretação dos arts. 1º e 2º da Lei nº 17.016/2011.
[188] Interpretação dos arts. 7º e 11 da Lei nº 17.016/2011.

Capítulo 1 • BREVE HISTÓRICO, ORGANIZAÇÃO E ESTRUTURA DOS SERVIÇOS SOCIAIS | 61

e a elaboração, a atualização e a regulamentação do Plano de Cargos, Salários e Benefícios que deverá passar pela aprovação do conselho[189].

O patrimônio dessa entidade é constituído de bens móveis, imóveis, instalações e equipamentos que lhe forem destinados; doações; legados; e recursos provenientes da prestação de serviços, da venda de produtos, de auxílios, subvenções, acordos, convênios, ajustes, contratos, juros e amortizações ou de aplicações financeiras, além de outros bens não elencados, mas vinculados ao exercício de suas atividades[190].

Quanto ao controle, fica evidente que o Conselho de Administração é o responsável pelo controle interno, sendo o órgão pelo qual todas as outras atividades ou projetos devem passar para receber aprovação. O controle externo é feito tanto pelo Poder Executivo – o qual possui diversos representantes ocupando, obrigatoriamente, o conselho – quanto pelo Legislativo, considerando que a APD deve encaminhar, semestralmente, um relatório de atividades e exercício fiscal e financeiro à Assembleia Legislativa. Por fim, suas contas são analisadas e julgadas pelo Tribunal de Contas do Estado[191].

1.2.2 Estado de Minas Gerais

Em Minas Gerais, tem-se como serviços sociais autônomos a Caixa Beneficente dos ex-Guardas Civis e Fiscais de Trânsito de Minas Gerais e o Serviço Social Autônomo Servas.

1.2.2.1 Caixa Beneficente dos ex-Guardas Civis e Fiscais de Trânsito

A partir da edição da Lei estadual nº 13.165/1999, o estado de Minas Gerais transformou a Caixa Beneficente da Guarda Civil e da Inspetoria de Veículos de Belo Horizonte, instituída pela Lei nº 977, de 17 de setembro de 1927, em Caixa Beneficente dos ex-Guardas Civis e Fiscais de Trânsito de Minas Gerais.

Nessa nova lei, a CBGC passou a ser "um serviço social autônomo, sem fins lucrativos, com personalidade jurídica de direito privado, dotada de autonomia administrativa e financeira"[192], com a finalidade de "tornar disponíveis aos seus contribuintes e dependentes benefícios e serviços de natureza assistencial e social"[193].

Essa entidade é administrada por uma diretoria composta por diretor- -presidente, diretor-vice-presidente, diretor-financeiro e diretor-secretário[194]. A

---

[189] Interpretação dos arts. 7º e 9º da Lei nº 17.016/2011.
[190] Interpretação dos arts. 5º e 6º da Lei nº 17.016/2011.
[191] Arts. 12 e 14 da Lei nº 17.016/2011.
[192] Interpretação do art. 2º da Lei nº 13.165/1999.
[193] Interpretação do art. 3º da Lei nº 13.165/1999.
[194] Interpretação do art. 5º da Lei nº 13.165/1999.

Assembleia Geral é a instância máxima de deliberação da CBGC[195]. Além disso, a fiscalização e o controle desse serviço social autônomo **são exercidos por um Conselho Fiscal**[196].

1.2.2.2 Serviço Social Autônomo Servas

O SSA-Servas teve sua autorização para criação conferida por meio da Lei estadual nº 22.607/2017, segundo a qual o estado de Minas Gerais estava autorizado a instituir "pessoa jurídica de direito privado sem fins econômicos, de interesse coletivo e de utilidade pública, com prazo de duração indeterminado e sede e foro no município de Belo Horizonte"[197].

A Lei estadual nº 22.607/2017 estabeleceu que essa instituição teria natureza paraestatal, para atuar na cooperação com o Estado, prestando serviços públicos traduzidos em "ações complementares às políticas públicas de desenvolvimento social no Estado, com vistas à diminuição da desigualdade social, à erradicação da pobreza e da fome e à melhoria da qualidade de vida da população"[198]. A norma trouxe um claro enfoque no desenvolvimento de atividades voltadas à inclusão social de pessoas de baixa renda e em situação de vulnerabilidade, além de "especial atenção à criança, ao adolescente, ao idoso, à pessoa com deficiência e ao usuário de drogas"[199]. A estruturação interna do SSA-Servas foi assim definida pela Lei nº 22.607/2017:

> Art. 4º O SSA-Servas é composto pelos seguintes órgãos e unidades administrativas:
>
> I – Unidades de Administração Superior:
>
> a) Presidência;
>
> b) Vice-presidência;
>
> II – Unidades de Fiscalização:
>
> a) Conselho Administrativo;
>
> b) Conselho Fiscal.

---

[195]   Interpretação do art. 8º da Lei nº 13.165/1999.

[196]   Interpretação do art. 7º da Lei nº 13.165/1999.

[197]   Interpretação do art. 1º da Lei estadual nº 22.607/2017.

[198]   Interpretação do art. 2º da Lei estadual nº 22.607/2017.

[199]   Interpretação do art. 3º da Lei estadual nº 22.607/2017.

Capítulo 1 • BREVE HISTÓRICO, ORGANIZAÇÃO E ESTRUTURA DOS SERVIÇOS SOCIAIS | **63**

O controle da entidade, por sua vez, é exercido interna – por seus próprios órgãos – e externamente. Este é exercido tanto pela Administração Pública como pelo Tribunal de Contas do Estado[200].

1.2.3 Estado do Amapá

1.2.3.1 Instituto de Pesquisa e Desenvolvimento em Administração Pública

No Amapá, o serviço social autônomo Ipesap teve a criação autorizada em 1999, pela Lei nº 0447/1999, e foi extinto em 2002, pela Lei nº 0660/2002.

Em sua criação, foi instituído na forma de "pessoa jurídica de direito privado, sem fins lucrativos, de interesse coletivo e de utilidade pública", cuja finalidade era prestar assistência, fomento, execução e pesquisa científica nas áreas de saúde, educação, tecnologia da informação, meio ambiente, ciência e tecnologia e serviços públicos em parceria com o poder público, mediante contrato de gestão.

Sua estrutura organizacional era composta por dois órgãos: o Conselho de Administração e a Diretoria. O conselho era formado por cinco membros nomeados pelo governador de Estado para mandados de dois anos, admitida uma recondução. Por sua vez, a Diretoria é composta por três membros, sendo eles, o presidente, o diretor administrativo-financeiro e secretário-geral[201].

A lei que criou esse instituto não explicita quais seriam suas principais fontes de receita e do que se constitui seu patrimônio; contudo, autorizava ao Poder Executivo a incorporação de bens de sua propriedade ao patrimônio do Ipesap, sendo que, no caso de sua extinção, esse patrimônio deveria ser reincorporado ao Estado – e assim ocorreu[202].

Quanto ao controle, o interno fica a cargo do Conselho de Administração, e, além disso, essa entidade também possui intensa participação do Poder Executivo em sua estrutura organizacional, inclusive no conselho, o que pressupõe que esse poder exercer parte considerável do controle externo.

Já no ano de 2002, a Lei nº 0660/2002, que extinguiu o instituto, determinou a incorporação dos servidores do Ipesap ao quadro de agentes da Administração Estadual; no entanto, essa disposição ainda se mostra controversa, sendo que, no

---

[200] Segue a redação do artigo 11 da Lei nº 22.607/2017, *in verbis*: "Art. 11. O SSA-Servas se sujeitará às atividades de controle interno e externo da administração pública previstas em lei. § 1º Caberá ao SSA-Servas a adoção de planejamento e sistema de controle interno que permitam a análise de sua situação econômica, financeira, operacional e a formulação adequada de programas e atividades. § 2º O SSA-Servas apresentará ao Tribunal de Contas do Estado, até 31 de março de cada ano, ou em prazo estabelecido por esse órgão, relatório circunstanciado sobre a execução do plano do exercício findo, com a prestação de contas dos recursos públicos e privados nele aplicados".

[201] Interpretação do art. 8º da Lei nº 0447/1999.

[202] Interpretação dos arts. 6º e 10 da Lei nº 0447/1999.

dia 23 de outubro de 2019, o ministro Edson Fachin julgou inconstitucional a lei que integra ao quadro estatal os servidores do extinto Ipesap, considerando que os servidores submetidos a regimes celetistas passaram ao regime estatutário. Assim entendeu o ministro:

> Depreende-se dos autos que os empregados do Ipesap foram admitidos por força de Contrato de Gestão para ocuparem empregos públicos. Logo, as nomeações, do modo como ocorridas, constituem hipótese de provimento derivado de cargo, uma vez que os ora recorrentes não foram nomeados para ocupar cargos públicos em carreira na qual já encontravam investidos, posto que ocupavam empregos públicos em carreiras diversas.
>
> O provimento derivado de cargos constitui-se prática repudiada pela Constituição Federal de 1988, em face da norma do inciso II do seu art. 37, a exigir a aprovação prévia em concurso público de provas ou de provas e títulos como requisito para a investidura em cargo ou emprego público.[203]

O governo do estado do Amapá, por meio da Procuradoria-geral do Estado, está recorrendo da decisão para assegurar os cargos dos 33 servidores da extinta entidade, e, ainda, o Ministério Público do Amapá interpôs agravo interno requerendo a modulação dos efeitos da decisão, não para afastar a declaração de inconstitucionalidade, mas para afastar a anulação das nomeações dos servidores.

Em 16 de dezembro de 2019, o estado do Amapá também interpôs agravo interno, no qual defende: (a) que a declaração de inconstitucionalidade de uma lei só pode ocorrer por julgamento colegiado, não por decisão monocrática; (b) que não houve a citação de todos os litisconsortes necessários; (c) que a situação desses 33 servidores já é fato consumado, destacando que os atos concretos praticados com amparado em lei posteriormente declarada inconstitucional devem ser preservados em respeito à segurança jurídica, e o processo se encontra concluso de desde 20 de março de 2020[204].

No caso, o ministro Edson Fachin já antecipou seu entendimento de que a Lei estadual nº 660 foi publicada no diário de 8 de abril de 2002, quanto já se encontrava pacificada a matéria pelo STF, com o julgamento da ADI 837, com acórdão publicado em 25 de junho de 1999, não se enquadrando na hipótese de exigir a incidência do princípio da segurança jurídica, no sentido de que a situação dos servidores já é fato consumado.

---

[203] ARE 1.049.842, *DJE* 232, divulgado em 24/10/2019.
[204] ARE 1049842.

Capítulo 1 • BREVE HISTÓRICO, ORGANIZAÇÃO E ESTRUTURA DOS SERVIÇOS SOCIAIS | **65**

1.2.4   Estado do Amazonas

1.2.4.1 Fundo Previdenciário do Estado do Amazonas

O Amazonprev, órgão gestor do Regime Próprio de Previdência do Estado do Amazonas, instituição paradministrativa, sem fins lucrativos, com natureza de serviço social autônomo e personalidade jurídica de direito privado, foi criado pela Lei Complementar nº 30/2001, com o objetivo de gerir o Regime Próprio de Previdência do Estado do Amazonas[205]. E, em 25 de novembro de 2011, por decisão meramente política, em face de alteração de governo, foi transformado pela Lei Complementar nº 93/2011 em fundação, sem fins lucrativos, compondo a Administração Indireta do Poder Executivo, dotada de personalidade jurídica de direito público e autonomia administrativa, financeira e contábil. Foram dez anos como serviço social autônomo, registrando-se a similaridade da situação fática e de Direito com o caso do Ipesap/AP.

Sua estrutura organizacional divide-se em Conselho de Administração, de caráter normativo e deliberativo; Conselho Diretor, com função gerenciadora e executiva; e Conselho Fiscal, como órgão de fiscalização[206].

O Conselho de Administração possui oito integrantes, os quais devem cumprir um mandado de quatro anos, permitida uma recondução, dentre eles: o presidente e o vice-presidente, nomeados livremente pelo governador de Estado; dois membros efetivos representantes de um das secretarias de Estado e seus respectivos suplentes; um representante do Poder Executivo e seu suplente; um representante do Poder Legislativo e seu suplente; um representante um Poder Judiciário e seu suplente; e um representante do Ministério Público Estadual e seu suplente[207].

As competências desse órgão são: a provação do regimento interno, do orçamento anual e plurianual, do relatório e das contas da diretoria, dos bens oferecidos pelo Estado como dotação, da aquisição e da alienação de bens, do Plano de Aplicações e Investimentos e das vagas a serem preenchidas por concurso público; o pronunciamento sobre assuntos de interesse da entidade; a elaboração de lista tríplice a ser enviada ao governador; entre outras atribuições[208].

O Conselho Diretor é formado por um diretor-presidente, um diretor de Administração e Finanças e um diretor de Previdência, sendo todos escolhidos na lista tríplice, de elaboração do Conselho de Administração, pelo governador de Estado. Tem como atribuições a elaboração do regimento interno, do orçamento anual, do manual de organização, do relatório e das contas anuais; a propositura das vagas a serem preenchidas, dos bens a serem alienados, adquiridos ou aceitos

---

[205]   Art. 54 da LC 30/2001.

[206]   Interpretação do art. 62 da LC 30/2001.

[207]   Interpretação do art. 67 da LC 30/2001.

[208]   Interpretação do art. 69 da LC 30/2001.

do Estado a título de dotação, do plano de aplicações e investimentos, bem como outras questões que devem passar pela aprovação do Conselho de Administração; e a provação das normas de Administração[209].

Por sua vez, o Conselho Fiscal é composto por um presidente e seu vice, ambos nomeados pelo governador de Estado, sendo os candidatos a vice indicados pelos Poderes Legislativo e Judiciário e pelo Ministério Público; um representante das entidades representativas de servidores estaduais ativos; e um representante das entidades representativas de servidores estaduais inativos. Suas atribuições são emitir pareceres sobre o orçamento anual, o parecer atuarial do exercício, o balanço e as contas anuais, o plano de contas, os balancetes mensais, os bens oferecidos pelo Estado, as proposições de aquisição e alienação de bens e o plano de aplicação e investimentos; manifestar-se sobre assuntos de natureza econômico-financeira e contábil e outros assuntos de interesse da entidade; informar o Conselho de Administração de todos os fatos relevantes relativos à Amazonprev[210].

O patrimônio dessa entidade constitui-se do Fundo Previdenciário de Aposentadoria e Pesões do Estado do Amazonas, do Fundo Financeiro de Aposentadorias e Pensões, pela taxa de administração e por recursos oriundos de aplicações, investimentos, convênios, acordos, alienações e receitas de privatizações[211].

Quanto aos mecanismos de controle, o Conselho de Administração e o Conselho Fiscal exercem o controle interno da Amazonprev. Por outro lado, como visto, há um representante do Ministério público e de cada um dos Três Poderes integrando os órgãos internos da entidade, em maioria, integrantes do Poder Executivo, o que significa que esse poder tem uma maior participação na fiscalização e na tomada de decisões, mas, além disso, os Poderes Legislativo e Judiciário também possuem relevante atuação no exercício do controle externo.

Destaque-se que o Tribunal de Contas do Estado é o responsável pela apreciação e pela aprovação do pagamento do benefício previdenciário, pela determinação de revisões dos proventos de aposentados e pensões e pela provação ou não aprovação das contas referentes ao pagamento dos servidores[212].

Ademais, a Amazonprev deve elaborar balancetes mensais e balanços, relatórios e prestação de contas anuais, além de estar submetida à inspeção permanente e ao controle das contas por uma Auditoria Externa Independente, além do Conselho Fiscal[213].

---

[209] Interpretação dos arts. 71 e 72 da LC 30/2001.
[210] Interpretação dos arts. 77 e 78 da LC 30/2001.
[211] Interpretação dos arts. 79 e 113 da LC 30/2001.
[212] Interpretação dos arts. 39, 103 e 104 LC 30/2001.
[213] Interpretação dos arts. 26 e 98 da 104 LC 30/2001.

Capítulo 1 • BREVE HISTÓRICO, ORGANIZAÇÃO E ESTRUTURA DOS SERVIÇOS SOCIAIS | **67**

1.2.5 Estado de São Paulo

1.2.5.1 Agência Paulista de Promoção de Investimentos e Competitividade

A Investe SP teve sua criação autorizada pela Lei nº 13.179/2008, como serviço social autônomo, sem fins lucrativos, de interesse coletivo e de utilidade pública, com a finalidade de promover a execução de políticas de desenvolvimento, especialmente as que contribuam para a atração de investimentos, a redução das desigualdades regionais, a competitividade da economia, a geração de empregos e a inovação tecnológica[214].

A lei deixou claro que a função é o desenvolvimento social do estado de São Paulo, em consonância linear com a política de desenvolvimento nacional, de modo a atrair novos investimentos, fomentar o emprego e a imagem do estado como destino de investimentos e auxiliar os municípios nessas atividades, isto é, desenvolver o estado por meio da promoção de investimentos, do aumento das exportações, do incentivo à inovação e da melhoria do ambiente de empregabilidade.

A direção da Investe SP é composta dos seguintes órgãos: Diretoria Executiva, composta por um presidente e três diretores; Conselho Deliberativo, composto por 15 membros; e Conselho Fiscal, composto por três membros[215]. Esses órgãos sociais foram regulamentados pelo Decreto estadual nº 53.766/2008, e o estatuto da entidade foi aprovado pelo Decreto estadual nº 53.961/2009.

Além do controle exercido por seus órgãos internos (Conselho Fiscal), a Investe SP também se submete ao controle dos Poderes Executivo e Legislativo, bem como ao Tribunal de Contas do Estado, que analisa as contas da gestão anual aprovadas pelo Conselho Deliberativo.

1.2.6 Estado do Acre

1.2.6.1 Serviço Social de Saúde do Acre

O Pró-Saúde foi instituído pela Lei nº 2.031/2008 como "paraestatal de direito privado, sem fins lucrativos, de interesse coletivo e utilidade pública, com autonomia gerencial, patrimonial, orçamentária e financeira, quadro de pessoal próprio e prazo de duração indeterminado". A finalidade é prestar auxílio à Secretaria de Estado de Saúde do Acre (Sesacre), fornecendo serviços gratuito de saúde, bem como promovendo a realização de atividades educacionais e de pesquisa na área da saúde, lembrando que os serviços prestados devem estar em conformidade com as normas do Serviço Único de Saúde (SUS)[216].

---

[214] Interpretação do art. 1º da Lei estadual nº 13.179/2008.
[215] Interpretação do art. 2º da Lei estadual nº 13.179/2008.
[216] Art. 1º da Lei nº 2.031/2008.

68 | SISTEMA S: FUNDAMENTOS CONSTITUCIONAIS • *Edvaldo Nilo de Almeida*

Seus órgãos internos são o Conselho de Administração e a Diretoria Executiva. O conselho, por exemplo, tem como competências estabelecer metas e executá-las, zelar pela transparência na gestão da entidade e adotar as condutas necessárias à garantia de serviços de qualidade[217].

Em relação ao controle externo, o Pró-Saúde é vinculado à Sesacre, a qual deve supervisionar a entidade quanto ao cumprimento de seus objetivos. A maior parte dessa fiscalização, contudo, é feita pela Controladoria-geral e pelo Tribunal de Contas do Estado, além do Conselho Estadual de Saúde (CES), o qual fiscaliza os serviços finalísticos da entidade[218]. Para possibilitar o controle, o Serviço Social de Saúde do Acre deve desenvolver um plano e um sistema de contabilidade e apuração dos custos para, além de facilitar a análise econômica, permitir a formulação de programas de atividades adequados e eficientes[219].

Vale mencionar que, sem alterar os demais regramentos legais por decisão política, em 2018, foi promulgada a Lei nº 3.375/2018, a qual transformou o serviço social autônomo em autarquia estadual, pessoa jurídica de direito público, de interesse coletivo e utilidade pública, com autonomia administrativa, patrimonial, orçamentária e financeira, quadro de pessoal próprio e prazo de duração indeterminado.

1.2.7 Estado do Alagoas

1.2.7.1 AL Previdência

O AL Previdência foi criado como serviço social autônomo em 2009, pela Lei nº 7.114/2009, na forma de ente paradministrativo de cooperação governamental, com personalidade jurídica de direito privado e sem fins lucrativos, tendo por finalidade gerir o Regime Próprio de Previdência Funcional do Estado de Alagoas, segundo o regime de benefícios e custeio estabelecidos nos termos legais[220].

Sua estrutura interna foi organizada da seguinte forma: um Conselho Deliberativo de caráter gerenciador, normativo e deliberativo; um Conselho Diretor, de função executiva; e um Conselho Fiscal, órgão responsável pelo controle interno. A lei de criação ainda determinava a criação de um Comitê de Investimentos e Ouvidoria[221]. O patrimônio da entidade, ainda segundo a lei de criação, era composto por recursos oriundos de transferências, doações, dações, aplicações, investimentos, aluguéis, privatizações, alienações, contratos, convênios, acordos e compensações previdenciárias[222].

---

[217] Interpretação do art. 6º da Lei nº 2.031/2008.
[218] Interpretação do art. 22 da Lei nº 2.031/2008.
[219] Interpretação do art. 22 da Lei nº 2.031/2008.
[220] Art. 24, § 1º, da Lei nº 7.114/2009.
[221] Interpretação dos arts. 27 e 28 da Lei nº 7.114/2009.
[222] Interpretação do art. 10 da Lei nº 7.114/2009.

Capítulo 1 • BREVE HISTÓRICO, ORGANIZAÇÃO E ESTRUTURA DOS SERVIÇOS SOCIAIS | **69**

A entidade nasceu como Serviço Social Autônomo de direito privado, contudo, em 2015, por meio da Lei nº 7.751/2015, foi transformada em autarquia, vinculada à Secretaria de Estado do Planejamento, Gestão e Patrimônio (Seplag), caracterizando-se pela autonomia financeira, patrimonial e administrativa, com total independência de gestão no cumprimento das ações pertinentes às suas atividades-fim.

1.2.8 Estado do Mato Grosso

1.2.8.1 Instituto Mato-grossense da Carne

O Imac teve a criação autorizada pela Lei nº 10.370/2016, em fevereiro daquele ano, sendo que esta foi regulamentada em março pelo Decreto nº 436/2016. Assim, foi instituído como serviço social autônomo, pessoa jurídica de direito privado sem fins lucrativos, com a finalidade de promover a carne de Mato Grosso, bem como desenvolver pesquisas e tecnologias para padronização de carcaças e melhoria na qualidade da carne, além de garantir um controle rigoroso na pesagem das carcaças e rastreabilidade da carne[223].

O instituto é constituído por três órgãos internos: o Conselho Deliberativo, a Diretoria Executiva e o Conselho Fiscal. O Conselho Deliberativo é formado por cinco membros, sendo eles: o secretário de Estado de Desenvolvimento Econômico presidindo o órgão; dois membros representantes da Associação dos Criadores de Mato Grosso (Acrimat); e dois membros representantes do Sindicato das Indústrias de Frigorífico do Estado de Mato Grosso (Sindifrigo). Cada integrante deve ter um suplente, e o mandado a ser cumprido é de dois anos, sendo admitida uma recondução[224].

Tem como atribuições: deliberar sobre alterações no estatuto e sobre a sistematização dos procedimentos de operação do Sistema de Informação das Indústrias de Carne; propor planos de trabalho, demonstrações contábeis, relatórios de orçamentos, planos de gestão de pessoal, manuais de aquisição, contratos, regulamentos de convênios, alienação ou oneração de bens e criação de filiais, sucursais e escritórios; fixar a remuneração dos membros da Diretoria Executiva; propor a dispensa de membros da Diretoria Executiva; entre outras[225].

Compõem a Diretoria Executiva um presidente, um diretor administrativo-financeiro, um diretor de Marketing e um diretor de Operações. Suas competências são o cumprimento e a execução do estatuto e das diretrizes do Imac; a elaboração de propostas quanto a planejamento estratégico, planos de trabalho e de gestão de pessoal, orçamentos, regulamentos, manuais de aquisição ou contratação, alienação ou oneração de bens; a organização interna; a elaboração de relatórios de

---

[223] Art. 2º do Decreto nº 436/2016.
[224] Art. 4º do Decreto nº 436/2016.
[225] Art. 5º do Decreto nº 436/2016.

70 | SISTEMA S: FUNDAMENTOS CONSTITUCIONAIS • *Edvaldo Nilo de Almeida*

acompanhamento e avaliação; a prestação de contas do Conselho Deliberativo e ao Conselho Fiscal; entre outras competências[226].

O Conselho Fiscal, por sua vez, é composto por dois integrantes do Poder Executivo: o presidente desse órgão interno e um representante da Acrimat ou do Sindfrigo. O mandado é de 20 anos, sendo vedada a recondução. São suas atribuições a fiscalização da gestão do Imac em todos os âmbitos; a deliberação sobre demonstrações contábeis; a emissão de pareceres sobre alienação ou onerações de imóveis; e a proposição de contratação de serviços contábeis e de auditoria externa[227].

O patrimônio do Imac constitui-se de recursos provenientes de transferências a título de dotação, créditos adicionais, acordos, contratos, contribuições, doações, legados, subvenções, investimentos, aplicações financeiras, decisões judiciais e alienação ou venda de seus bens[228].

O Conselho Fiscal e o Poder Executivo – este segundo principalmente por meio da Secretaria de Estado de Desenvolvimento Econômico (Sedec) – são os responsáveis pelo controle interno do Imac. O controle externo fica a cargo da Assembleia Legislativa conjuntamente com o Tribunal de Contas do Estado[229].

Para facilitar o controle, foi instituída, pela Sedec, uma comissão de monitoramento, controle e avaliação, a qual deve elaborar um relatório técnico trimestralmente e submeter à apreciação da Sedec, que, por sua vez, encaminhará ao Imac para a proposição de eventuais alterações. Cópias de todos os relatórios elaborados devem, ainda, ser enviadas para a Comissão Permanente de Agropecuária, Desenvolvimento Florestal e Agrário e de Regularização Fundiária da Assembleia Legislativa do Estado de Mato Grosso (ALMT) e para a Acrimat[230].

Assim, percebe-se a existência de um controle tanto do Estado, por meio dos Poderes Executivo e Legislativo, quanto dos setores da economia relacionados à entidade.

1.2.9 Distrito Federal

1.2.9.1 Instituto Hospital de Base do Distrito Federal

O IHBDF teve sua criação autorizada pela Lei distrital nº 5.899/2017, regulamentada pelo Decreto nº 38.332/2019. Essa lei autorizou o Poder Executivo distrital a instituir o serviço social autônomo Instituto Hospital de Base do Distrito Federal, pessoa jurídica de direito privado sem fins lucrativos, de interesse coletivo

---

[226] Interpretação do art. 13 do estatuto e do art. 7º do Decreto nº 436/2016.

[227] Interpretação dos arts. 11 e 12 do Decreto nº 436/2016.

[228] Interpretação do art. 13 da Lei nº 10.501/2017, que alterou algumas disposições da Lei nº 10.370/2016.

[229] Interpretação dos arts. 13-C e 13- F da Lei nº 10.501/2017 e do art. 12 do Decreto nº 436/2016.

[230] Interpretação do art. 13 da Lei nº 10.501/2017.

Capítulo 1 • BREVE HISTÓRICO, ORGANIZAÇÃO E ESTRUTURA DOS SERVIÇOS SOCIAIS | **71**

e de utilidade pública, com o objetivo de prestar assistência médica qualificada e gratuita à população e de desenvolver atividades de ensino, pesquisa e gestão no campo da saúde, em cooperação com o poder público[231].

A principal atividade do IHBDF é o atendimento exclusivo e gratuito aos usuários do SUS, em auxílio à atuação do poder público[232]. A partir da criação do Instituto Hospital de Base do Distrito Federal, o poder público, por meio da Secretaria de Estado de Saúde, celebrou contrato de gestão com a entidade, para o cumprimento de suas finalidades. Na prestação dos serviços públicos de saúde, o IHBDF também tem a função de administrar os bens móveis e imóveis que compõem o patrimônio da Secretaria de Estado de Saúde do Distrito Federal, que foi afetada ao Instituto Hospital de Base do Distrito Federal[233].

A constitucionalidade da criação do IHBDF foi questionada perante o Tribunal de Justiça do Distrito Federal e dos Territórios e no julgamento da ADI 20170020137585, proposta pelo Partido dos Trabalhadores. O Tribunal confirmou a constitucionalidade da Lei nº 5.899/2017 fazendo remissões aos fundamentos elencados pelo Supremo Tribunal Federal na ADI 1.864/PR. Na ementa do julgado, foram destacados os seguintes e importantes elementos:

> A Lei 5.899/2017 confere uma autorização para o Poder Executivo criar o serviço social autônomo Instituto Hospital de Base do Distrito Federal – IHBDF, pessoa jurídica de direito privado sem fins lucrativos, de interesse coletivo e de utilidade pública, com o objetivo de prestar assistência médica qualificada e gratuita à população e de desenvolver atividades de ensino, pesquisa e gestão no campo da saúde, em cooperação com o poder público. A administração pública federal, estadual e municipal têm instituído serviços sociais autônomos como forma de organização da gestão de atividades próprias. O Supremo Tribunal Federal reconheceu a possibilidade de instituição de Serviços Sociais Autônomos, como pessoa jurídica de direito privado criada para fins de prestação de serviços públicos de cooperação com o Estado, inclusive, para atuar na prestação de assistência médica qualificada (ADI 1.864/PR e RE 789874).

> O objetivo legal da lei impugnada é a prestação de assistência médica qualificada e gratuita à população e o desenvolvimento de atividades de ensino, pesquisa e gestão no campo da saúde, em cooperação com o poder público. O IHBDF é incumbido de administrar os bens móveis e

---

[231] Lei distrital nº 5.899/2017.

[232] Art. 1º, § 3º, da Lei distrital nº 5.899/2017.

[233] Art. 4º da Lei distrital nº 5.899/2017, que assim dispõe: "O IHBDF é incumbido de administrar os bens móveis e imóveis que compõem o patrimônio da unidade da Secretaria de Estado de Saúde de denominação correlata".

imóveis que compõem o patrimônio da unidade da Secretaria de Estado de Saúde de denominação correlata (art. 4º da Lei 5.899/2017). Portanto, a lei impugnada não representa afronta aos objetivos prioritários do Distrito Federal previstos nos incisos I a IV, do art. 3º, da LODF, nem contraria o disposto no art. 16, inciso II, da Lei Orgânica do Distrito Federal, quanto à conservação do patrimônio público.

Os Serviços Sociais Autônomos não integram a administração pública direta ou indireta, de sorte que não se submetem aos regramentos constantes dos artigos 19, incisos II e IX; 22, § 3º; 26; 28; 60, inciso XIV, 80, 149, §§ 7º e 8º, 151, inciso I, 157, § 1º, incisos I e II, 186, inciso I, 204, § 2º e 214, todos da Lei Orgânica do Distrito Federal.

(Brasil. Tribunal de Justiça do Distrito Federal e dos Territórios. Acórdão 1064790, 20170020137585ADI, Relator: Romão C. Oliveira, Conselho Especial, data de julgamento: 21/11/2017, publicado no *DJE*: 07/12/2017. p. 67/68)

O controle das atividades do IHBDF é exercido por meio de órgãos do próprio instituto, pela Secretaria de Estado de Saúde do Distrito Federal e pelo Tribunal de Contas do Distrito Federal. Destaca-se, ainda, a existência de uma Assessoria de *Compliance* e de uma Ouvidoria[234] no âmbito do IHBDF, constante de seu Regimento Interno (Resolução CA/Igesdf nº 03/2019)[235].

---

[234] "Art. 24. À ouvidoria compete: (i) receber e encaminhar as manifestações de elogios, sugestões, reclamações, denúncias, representações e sugestões referentes a procedimentos e ações de agentes, unidades administrativas e entidades vinculadas, no âmbito do Igesdf; (ii) informar ao interessado o andamento e o resultado das providências adotadas em relação às manifestações recebidas; (iii) organizar e interpretar o conjunto das manifestações recebidas e produzir estatísticas indicativas do nível de satisfação dos agentes envolvidos com as atividades sob a competência das unidades da estrutura organizacional; (iv) apresentar sugestões à diretoria executiva para o aprimoramento e a correção de situações de inadequado funcionamento das atividades assistenciais e administrativas do Instituto; e (v) coordenar os processos da central de atendimento (*call center*) do Igesdf."

[235] "Art. 23. À assessoria de *compliance* compete: (i) planejar, coordenar e supervisionar os padrões da conformidade legal dos processos internos do Igesdf; (ii) monitorar os trabalhos de auditorias internas, controlando a implementação das recomendações de ajustes técnicos e administrativos no âmbito do Igesdf; (iii) acompanhar a implementação das recomendações e determinações dos órgãos/unidades do Sistema de Controle Interno do Poder Executivo do Distrito Federal e do Tribunal de Contas do Distrito Federal; (iv) apoiar as áreas corporativas do Igesdf na implementação de padrões de conformidade para processos relacionados à gestão de pessoas, às aquisições de bens e às contratações de obras e serviços, bem como aos modelos de pareceres jurídicos; (v) prospectar e propor novos modelos de conformidade e mitigação de riscos para os processos administrativos e jurídicos do Igesdf; (vi) elaborar relatórios gerenciais sobre a qualidade da instrução dos processos do Igesdf, de forma a subsidiar a implementação de ações corretivas; e (vii) disseminar a cultura de

Capítulo 1 • BREVE HISTÓRICO, ORGANIZAÇÃO E ESTRUTURA DOS SERVIÇOS SOCIAIS | **73**

Além dos órgãos de controle interno, o Decreto distrital nº 39.674/2019 estruturou a gestão do IHBDF em Conselho de Administração, Diretoria Executiva e Conselho Fiscal.

O Conselho de Administração compõe-se de 11 integrantes – cinco conselheiros designados pelo governador do Distrito Federal, cinco conselheiros indicados por setores da sociedade[236] e o secretário de Estado de Saúde como seu presidente.

A Diretoria Executiva, por sua vez, é composta pelo diretor-presidente, pelo diretor-vice-presidente e até quatro diretores, eleitos pelo Conselho de Administração, para mandato de três anos, admitida uma reeleição[237]. Já o Conselho Fiscal é composto por três membros titulares e seus suplentes, indicados pelo governador[238].

1.3 SERVIÇOS SOCIAIS AUTÔNOMOS MUNICIPAIS

No âmbito municipal, destacam-se as seguintes entidades do Sistema S: em Curitiba, o Instituto Curitiba de Saúde; em Manaus, o Fundo Único de Previdência de Manaus, criado em 2005 e extinto em 2013; em Petrópolis, o Fundo de Saúde dos Servidores Públicos do Município de Petrópolis, instituído em 2002 e liquidado extrajudicialmente pela ANS em 2012, e o Hospital Alcides Carneiro.

Destacam-se, ainda, em São Paulo, a Agência São Paulo de Desenvolvimento e a São Paulo Negócios; em Belo Horizonte, o serviço social autônomo Hospital Metropolitano Doutor Célio de Castro; e, em Varginha, o Instituto de Saúde dos Servidores Públicos de Varginha.

1.3.1 Município de Curitiba

1.3.1.1 Instituto Curitiba de Saúde

A partir de uma contextualização inicial sobre o percurso histórico da fundação do ICS, faz-se oportuno salientar que, por meio da edição da Lei Municipal nº 1.762/59, os organismos oficiais de seguridade social existiam de forma conjugada

---

compliance nas áreas corporativas do Instituto, promovendo, inclusive, a capacitação de equipes quando necessário."

[236] Segue a redação do art. 3º, III, do Decreto distrital nº 39.674/2019: "III – cinco conselheiros, e respectivos suplentes, com mandato de dois anos, podendo ser prorrogado uma única vez, sendo: a) um representante da unidade regional em Brasília da Fundação Oswaldo Cruz; b) um representante do Conselho de Saúde do Distrito Federal; c) um representante das entidades da sociedade civil que atuam em colaboração com o Instituto de Gestão Estratégica de Saúde do DF (Igesdf) ou com a unidade da Secretaria de Estado de Saúde denominada Hospital Regional de Santa Maria (HRSM); d) um representante dos trabalhadores ocupantes de cargos ou empregos de nível superior da área de saúde do Igesdf; e) um representante da Câmara Legislativa do Distrito Federal".

[237] Art. 5º do Decreto distrital nº 39.674/2019.

[238] Art. 7º do Decreto distrital nº 39.674/2019.

sob a gestão vinculante do Instituto de Previdência e Assistência dos Servidores do Município de Curitiba (IPMC), cuja administração se incumbia de prestar, de maneira integrada, os serviços de saúde e os provimentos dos benefícios previdenciários destinados ao quadro de servidores municipais.

Contudo, em 1999, foi editada nova lei no município curitibano, cuja finalidade era materializar a separação dos referidos organismos oficiais de seguridade. Assim, a Lei municipal nº 9.626/99 ficou responsável por fundar o ICS, voltado a dar prosseguimento à prestação de serviços de assistência médica, hospitalar e odontológica, agora de forma desvinculada ao IPMC.

Dessa forma, restou autorizada a criação do Instituto Curitiba de Saúde, na qualidade de serviço social autônomo, cuja gestão está vinculada por cooperação à Secretaria Municipal de Recursos Humanos. Assim, fica a cargo da entidade assistencial o Programa de Serviços de Assistência Social Médico-Hospitalar e Afim, cabendo-lhe promover, desenvolver e executar o programa destinado aos servidores públicos municipais, seus dependentes e pensionistas[239]. No que concerne aos seus objetivos, a entidade possui como missão institucional moldar a execução do programa assistencial supracitado aos seguintes fins:

(i) Prestar com exclusividade o atendimento aos servidores municipais inseridos nas Ações e Programas de Saúde Ocupacional, conforme previsto em contrato a ser formalizado entre ICS e Município, podendo realizar exames periódicos, admissionais, demissionais e todos os demais procedimentos de Medicina Ocupacional, mediante contrato especial de prestação de serviços;

(ii) Prestar com exclusividade os serviços de Plano Privado de Assistência à Saúde, denominado Plano de Saúde do ICS, destinado aos servidores públicos da Administração Direta, Autarquias e Fundações de Direito Público, ativos, inativos, pensionistas e seus dependentes, mediante contrato especial de prestação de serviços;

(iii) Prestar com exclusividade os serviços de Plano Privado de Assistência à Saúde, denominado Plano de Saúde do ICS, destinado aos servidores públicos ativos, inativos, pensionistas e seus dependentes da Câmara Municipal de Curitiba, mediante contrato especial de prestação de serviços;

(iv) Prestar com exclusividade os serviços de Plano Privado de Assistência à Saúde, destinado aos agentes políticos e empregados públicos e privados, bem como seus dependentes, da Câmara Municipal de Curitiba, das paraestatais, sociedades de economia mista, empresas públicas e demais entidades com vinculação direta, indireta, participação acionária

---

[239] Interpretação do art. 44 da Lei nº 9.626/1999.

Capítulo 1 • BREVE HISTÓRICO, ORGANIZAÇÃO E ESTRUTURA DOS SERVIÇOS SOCIAIS | **75**

ou controle pelo Município de Curitiba, mediante contrato especial de prestação de serviços.[240]

A Secretaria Municipal de Recursos Humanos, por sua vez, intervém na gestão dos serviços prestados, supervisionando a execução e o desenvolvimento dos objetivos institucionais do ICS. Outrossim, no que toca à sua estrutura organizacional, urge destacar que os órgãos diretivos da entidade compreendem o Conselho de Administração, na qualidade de órgão superior, de natureza consultiva e deliberativa; a Diretoria, como órgão executivo; e o Conselho Fiscal, como órgão de controle interno responsável por fazer o controle interno da gestão de recursos públicos da entidade e da execução do programa de assistência médica.

A Diretoria é composta pelo diretor-presidente do instituto, ao qual compete a representação da entidade, bem como pelos demais diretores, cuja nomeação será feita por nomes indicados pelo prefeito municipal e confirmados posteriormente pelo Conselho de Administração[241].

A respeito dos recursos arrecadados para o patrimônio do ICS, faz-se oportuno destacar que um de seus financiamentos se dá mediante o desconto do percentual de 3,90% da folha de salário dos servidores municipais, o que destaca a natureza de serviço social autônomo financiado por recursos públicos[242].

1.3.2 Município de Manaus

1.3.2.1 *Fundo Único de Previdência de Manaus*

A criação do Fundo Único de Previdência de Manaus está prevista na lei de instituição do Regime Próprio de Previdência do Município de Manaus (RPPS), qual seja, a Lei nº 870/2005, voltada à reestruturação do RPPS e destinada a prover os filiados do Regime dos benefícios previdenciários relativos à aposentadoria e à pensão por morte.

Assim, a gestão previdenciária destinada a atender os beneficiários é o fator que embasa a criação do referido fundo, que, nos termos de sua lei de criação, qualifica-se como ente de cooperação governamental, com natureza de serviço social autônomo, cuja instituição atende pelo nome de Manausprev.

Ocorre que, com a edição da Lei nº 1.804/2013, extinguiu-se o Fundo Único em comento, tendo sido criado no lugar da entidade de serviço social autônomo uma autarquia vinculada à Administração Pública municipal para fins de concessão dos benefícios previdenciários. Em que pese a extinção do fundo ocorrida em 2013, passaremos à análise do mesmo para os fins propostos por esta pesquisa.

---

[240] Art. 44-A da Lei nº 9.626, de 8 de julho de 1999.

[241] Interpretação do parágrafo único do art. 47 da Lei nº 9.626, de 8 de julho de 1999.

[242] Interpretação do art. 14 da Lei nº 9.626, de 8 de julho de 1999.

Como órgão gestor, a Manausprev era vinculada ao munícipio de Manaus mediante a celebração de Contrato de Gestão com a Secretaria Municipal de Administração e Planejamento. Os propósitos do contrato celebrado deviam se enquadrar aos seguintes objetivos: "Assegurar a autonomia da Manausprev, fixar metas e estabelecer instrumentos para a atuação, controle, desempenho e supervisão da instituição de gestão previdenciária, administrativa, técnica, atuarial e econômico-financeira"[243]. A supervisão da execução do contrato firmado ficava a cargo do secretário municipal de Planejamento e Administração.

Outrossim, no que toca à organização administrativa da antiga entidade assistencial, esta tinha a sua estrutura composta pelo Conselho Municipal de Previdência, pelo Conselho Diretor e pelo Conselho Fiscal – este incumbido das ações de controle interno, sendo órgão superior de fiscalização colegiada[244]. Sobre o Conselho Diretor, este deveria observar a seguinte composição: um diretor-presidente, um diretor de Administração e Finanças e um diretor de Previdência, sendo todos nomeados pelo prefeito municipal em observância aos critérios de capacidade técnica adequada ao cargo[245].

O Conselho Fiscal, por sua vez, à época que a entidade ainda estava qualificada como serviço social autônomo, observava a composição transcrita a seguir, devendo, necessariamente, o prefeito de Manaus nomear integrantes de qualificação superior: (i) um representante do Poder Executivo; (ii) um representante do Poder Legislativo; (iii) um representante dos servidores ativos; (iv) um representante dos inativos e pensionistas[246].

1.3.3 Município de Petrópolis

1.3.3.1 Fundo de Saúde dos Servidores Públicos do Município de Petrópolis

De sua contextualização histórica, impende destacar que, no percurso de criação do Fundo de Saúde dos Servidores Públicos de Petrópolis, seu marco legal foi a edição da Lei nº 4.806/1991, a partir da qual já foi o bastante para instituir o referido fundo, não se tratando, pois, de lei autorizativa. O FSSPMP foi criado com o objetivo de propiciar o ambiente financeiro e gerencial favorável ao desenvolvimento das ações de saúde pública, senão vejamos:

> Art. 1º Fica instituído o Fundo Municipal de Saúde, que tem por objetivo, criar condições financeiras e de gerência dos recursos destinados ao desenvolvimento das ações comuns de saúde, que compreendem:

---

[243] Art. 77, revogado, da Lei nº 870, de 21 de julho de 2005.
[244] Art. 80, revogado, da Lei nº 870, de 21 de julho de 2005.
[245] Interpretação do revogado art. 81 da Lei nº 870, de 21 de julho de 2005.
[246] Art. 86, revogado, da Lei nº 870, de 21 de julho de 2005.

Capítulo 1 • BREVE HISTÓRICO, ORGANIZAÇÃO E ESTRUTURA DOS SERVIÇOS SOCIAIS | **77**

I – gestão, coordenação, controle do Sistema Municipal de Saúde;

II – execução direta dos serviços de saúde de abrangência Municipal, os de atenção básica de vigilância epidemiológica, de saúde ocupacional e do controle de endemias;

III – planejar, organizar, controlar, avaliar as ações e os serviços de saúde;

IV – participar do planejamento, programação e organização da rede regionalizada e hierarquizada, concomitante com o Sistema Único de Saúde;

V – participar da execução, em colaboração com o SUS do planejamento, programação e organização da rede regionalizada em articulação com os Governos Estadual e Federal, na avaliação das ações referentes às condições de trabalho;

VI – executar serviços;

a) de vigilância epidemiológica;

b) de vigilância sanitária;

c) de alimentação e nutrição;

d) de saneamento básico; e

e) de saúde do trabalhador.

VII – dar execução, em âmbito municipal, à política de insumos e equipamentos para a saúde;

VIII – colaborar, em participação com os Governos Estadual e Federal, na fiscalização das agressões ao meio ambiente que tenham repercussão sobre a saúde humana;

IX – participação na gestão e controle de convênios com entidades públicas e privadas;

X – colaboração, com a participação de todos os segmentos organizados, notadamente do Conselho Municipal de Saúde, na coordenação e elaboração do Plano Municipal de Saúde;

XI – controle de fiscalização das agressões ao meio ambiente, em comum com as organizações nacionais e internacionais, incluindo-se as organizações afins das esferas Estadual e Federal;

XII – implementação dos Planos Municipais de Saúde, com abrangência em recursos humanos, informação e distribuição de insumos críticos, em permanente atuação subsidiária e supletiva ao Sistema único de Saúde – SUS.[247]

---

[247] Art. 1º da Lei nº 4.806, de 27 de março de 1991.

78 | SISTEMA S: FUNDAMENTOS CONSTITUCIONAIS • *Edvaldo Nilo de Almeida*

No que diz respeito ao patrimônio que constitui o FSSPMP, este será regido financeiramente pela arrecadação de recursos financeiros e pela operacionalização de verbas previstas em orçamento específico, bem como por recursos adquiridos ou transferidos e aqueles recursos oriundos dos resultados financeiros obtidos pelas suas aplicações legais[248].

Acerca da movimentação e da administração do patrimônio constituído, tal gestão é competência do secretário municipal de Saúde, o qual fica encarregado de prover todos os recursos da correta destinação, bem como aplicá-los em projetos e programas de saúde compatíveis com a sua finalidade institucional.

No que diz respeito ao controle e à supervisão dos serviços prestados, estes ficam sob a responsabilidade tanto do secretário de Saúde como do coordenador do FSSPMP, na medida de suas atribuições legais[249].

O dever de prestar contas, por fim, é estabelecido de maneira esmiuçada, estabelecendo a exigibilidade de vários registros contábeis-financeiros e com a obrigação expressa de proporcionar o controle nas modalidades prévia, concomitante e subsequente, bem como de tornar eloquente os custos dos serviços prestados pela entidade[250].

1.3.3.2 Hospital Alcides Carneiro

A criação do serviço social autônomo Sehac remete à promulgação da Lei nº 6.483/2007, cujas disposições estabelecem o marco legal autorizativo de sua fundação. Resta consignado, no referido diploma normativo, que o Sehac atua como entidade de natureza paradministrativa, vinculada, na forma de cooperação, ao município de Petrópolis, competindo-lhe a gestão do Hospital Alcides Carneiro[251].

Para esse serviço social autônomo municipal também resta expresso que o regime de cooperação será executado mediante a celebração de contrato de gestão junto ao município correspondente, cujas cláusulas devem englobar o que se segue:

> Art. 4º O Sehac celebrará com o Município de Petrópolis Contrato de Gestão, cujo objeto, respeitada a autonomia do primeiro, abrangerá:
>
> I – o estabelecimento dos instrumentos de supervisão da instituição, nos campos administrativo, técnico e econômico-financeiro;
>
> II – a enumeração de metas a serem atingidas no desenvolvimento da atividade institucional;

---

[248] Interpretação do art. 2º da Lei nº 4.806, de 27 de março de 1991.

[249] Interpretação dos art. 4º e 5º da Lei nº 4.806, de 27 de março de 1991.

[250] Interpretação do art. 13 da Lei nº 4.806, de 27 de março de 1991.

[251] Art. 1º e 2º da Lei nº 6.483, de 14 de novembro de 2007.

Capítulo 1 • BREVE HISTÓRICO, ORGANIZAÇÃO E ESTRUTURA DOS SERVIÇOS SOCIAIS | **79**

III – a fixação de responsabilidades pela execução, nos respectivos prazos, de planos, programas, projetos e atividades;

IV – a enumeração de critérios e meios de avaliação de desempenho, para aferição da eficiência e da eficácia da atuação da instituição; bem como do controle da observância dos princípios da isonomia, impessoalidade, legalidade, legitimidade, moralidade, probidade, finalidade, interesse público, razoabilidade, proporcionalidade, economicidade, transparência, publicidade e universalidade de atendimento; e dos preceitos constitucionais, legais, regulamentares, estatutários e regimentais aplicáveis;

V – a preceituação de parâmetros para a contratação, gestão e dispensa de pessoal, sob o regime trabalhista, e de contratação de obras, serviços, compras e alienações;

VI – a formalização de outras cláusulas, conforme previsto em dispositivos desta Lei, com ampliação do serviço de urgência e emergência.[252]

A respeito de sua estrutura organizacional, registra-se que esta é composta pelo Conselho Deliberativo, órgão superior de gerenciamento, regulação e deliberação, incluindo também os órgãos do Conselho Fiscal e da Diretoria, sendo essa última composta por diretor-presidente, diretor de Administração, Finanças e Patrimônio e diretor de Ensino[253].

A respeito da constituição do patrimônio institucional, este será composto por bens móveis e imóveis de qualquer natureza, cuja aquisição pode se dar por compra, dotação, doação, herança ou legado, bem como daqueles bens de que seja titular mediante a constituição de direito real ou pessoal[254]. Sobre as receitas obtidas para prestação de seus serviços, os recursos são compostos da seguinte forma:

Art. 15 São receitas do Sehac:

I – os recursos que lhe forem transferidos pelo Município de Petrópolis, provenientes do repasse do contrato de gestão;

II – os aportes que lhe forem feitos por pessoas físicas ou jurídicas, públicas e privadas, nacionais ou estrangeiras;

III – o produto financeiro obtido com o desenvolvimento de atividades suas;

IV – os rendimentos das aplicações que realizar;

V – os recursos provenientes de ajuda e cooperação internacional e de acordos bilaterais entre governos;

---

[252] Art. 4º da Lei nº 6.483, de 14 de novembro de 2007.
[253] Art. 6º da Lei nº 6.483, de 14 de novembro de 2007.
[254] Interpretação do art. 14 da Lei nº 6.483, de 14 de novembro de 2007.

VI – os recursos provenientes de acordos, convênios, ajustes ou contratos celebrados com entidades públicas ou privadas, inclusive com a Fundação Octacílio Gualberto;

VII – outras rendas eventuais.[255]

Por fim, a respeito do dever de prestar contas, é atribuída ao Conselho Deliberativo a competência de remeter as contas anuais da entidade assistencial ao Tribunal de Contas do Estado, para fins de controle finalístico exercido por órgão externo de fiscalização[256].

1.3.4 Município de São Paulo

1.3.4.1 Agência São Paulo de Desenvolvimento

Partindo de uma contextualização da fundação da ADE Sampa, nota-se que esta entidade, enquanto serviço social autônomo municipal, surgiu recentemente, dado que sua lei de criação foi editada em 2013. Uma vez autorizado o Poder Executivo paulista a instituir a ADE Sampa mediante a promulgação da Lei nº 15.838/2013, tal entidade se viu fundada com o precípuo fim de promover crescimento econômico e geração de empregos mediante a execução e o desenvolvimento de programas destinados ao fortalecimento de micro, pequenas e médias empresas e cooperativas.

Entre as suas finalidades institucionais, destacam-se como objetivos a serem perquiridos pela instituição os que seguem[257]:

I – promoção do acesso a instituições financeiras habilitadas à concessão de microcrédito com taxas de juros reduzidas;

II – assunção gradual das atividades da São Paulo Confia e de seu papel na oferta de microcrédito no Município;

III – oferta de treinamento e desenvolvimento para empreendedores e empregados, com foco na abertura de empresas e sua gestão sustentável;

IV – organização e promoção de assistência técnica nas áreas jurídica, contábil, financeira e de gestão ao empreendedor;

V – implementação de políticas que estimulem a pesquisa, a difusão de tecnologias e a inovação e que incrementem a competitividade das empresas, atuando em conjunto com os Parques Tecnológicos, Centros

---

[255] Art. 15 da Lei nº 6.483, de 14 de novembro de 2007.
[256] Interpretação do art. 8º, inciso V, da Lei nº 6.483, de 14 de novembro de 2007.
[257] Art. 3º da Lei nº 15.838/2013.

Capítulo 1 • BREVE HISTÓRICO, ORGANIZAÇÃO E ESTRUTURA DOS SERVIÇOS SOCIAIS | 81

Tecnológicos, Institutos de Ciência e Tecnologia (ICTs) e Incubadoras de Empresas;

VI – implementação do Programa para a Valorização de Iniciativas Tecnológicas – VAI TEC, com a finalidade de apoiar financeiramente, por meio de subsídios, atividades inovadoras e em especial as ligadas à Tecnologia da Informação e Comunicação – TIC;

VII – promover a estruturação e o desenvolvimento de cadeias produtivas formadas por micro, pequenas e médias empresas e cooperativas;

VIII – outras atividades e projetos aprovados pelo Conselho Deliberativo;

IX – contribuir para a redução das desigualdades regionais de desenvolvimento dentro do Município e promover a geração de emprego e renda, prioritariamente nas áreas com alta densidade populacional e limitada oferta de empregos e nas iniciativas voltadas à inclusão social dos segmentos mais vulneráveis, como jovens, mulheres e população negra e indígena;

X – desenvolver programa de incentivo aos setores da economia criativa, a saber: arquitetura, publicidade, design, artes, antiguidades, artesanato, moda, cinema e vídeo, televisão, editoração e publicações, artes cênicas, rádio, softwares de lazer e música, como estímulo ao desenvolvimento econômico e geração de empregos de qualidade e produção de bens e serviços de elevado valor agregado.

Como instrumento de execução de seus objetivos, a ADE Sampa, enquanto ente de cooperação governamental, vincula-se, mediante celebração de contrato de gestão, à Secretaria Municipal do Desenvolvimento, Trabalho e Empreendedorismo, sendo facultado à mesma firmar contratos, convênios e demais parcerias, em especial, com outros serviços sociais autônomos instituídos que prezam pela assistência às atividades empresariais e industriais. A sua lei de criação, assim, confere destaque especial ao Senai, Sebrae e Senac[258].

Outrossim, quanto às normas que disciplinam acerca de sua estrutura organizacional, faz-se oportuno destacar que esta instituição é formada por três órgãos superiores. O primeiro deles é o Conselho Deliberativo – órgão colegiado de natureza deliberativa –, sendo seguido pelo Conselho Fiscal – órgão colegiado de fiscalização e controle interno – e pela Diretoria Executiva – órgão diretivo e de administração.

Quanto à composição dos Conselhos e da Diretoria Executiva, registra-se que todos os seus integrantes, bem como o presidente do Conselho Deliberativo e o diretor-presidente, têm a sua nomeação efetivada pelo prefeito de São Paulo, que

---

[258] Interpretação do art. 4º da Lei nº 15.838, de 4 de julho de 2013.

também pode destituí-los a qualquer tempo, de ofício ou por provocação do Conselho Deliberativo mediante proposta aprovada por decisão de maioria absoluta[259].

Cabe destacar, para fins de elucidação do controle interno exercido pelo Conselho Fiscal, as atribuições e os deveres institucionais delegados a este órgão, cujo papel é fundamental na fiscalização dos atos executados pelos demais órgãos superiores.

Uma vez instaurado o processo de elaboração do contrato de gestão, a ser celebrado entre o município de São Paulo e a ADE Sampa, este deve necessariamente abarcar previsões que possam permitir a supervisão da execução contratual – trazendo objetivamente prazos a serem cumpridos, indicadores de qualidade e produtividade relativas ao desempenho – e especificar o programa pelo qual o trabalho deve se pautar, entre outros critérios para os serviços prestados.

Faz-se oportuno destacar o dever de prestar contas relativo às atividades exercidas pela entidade em tela, sendo expressa a sua obrigação de remeter, para fins de controle finalístico, todas as contas prestadas, de maneira anual, ao Poder Executivo local, bem como ao Tribunal de Contas municipal e à Câmara Municipal. Regulamenta-se, assim, a forma em que se dá o controle externo de seus atos, submetendo as contas da gestão anual ao crivo dos órgãos de fiscalização da aplicação de recursos públicos, a saber: Poder Executivo, Tribunal de Contas do Município, Câmara Municipal de São Paulo e sociedade[260].

1.3.4.2 São Paulo Negócios

A criação do serviço social autônomo intitulado SP Negócios foi autorizada na ocasião da promulgação da Lei nº 16.665/2017, ficando a cargo do Poder Executivo paulista instituí-lo, cuja existência está vinculada, por cooperação, à Secretaria Municipal da Fazenda. Analisando-se os seus objetivos institucionais, nota-se que a entidade tem por missão implementar programas que visam à otimização do ambiente de empresas no município paulista, ao fortalecimento da economia local com geração de emprego e renda e ao incremento das oportunidades de investimento. O rol de objetivos colacionado é o que se segue:

> I – identificar e articular oportunidades de investimentos nos setores econômicos definidos como estratégicos pelo Poder Executivo;
>
> II – articular-se com entes públicos e privados, nacionais ou estrangeiros, para a promoção de oportunidades de negócios no Município de São Paulo e de exportações de produtos e serviços das empresas do Município;

---

[259] Interpretação do art. 8º da Lei nº 15.838, de 4 de julho de 2013.
[260] Art. 20 da Lei nº 15.838, de 4 de julho de 2013.

Capítulo 1 • BREVE HISTÓRICO, ORGANIZAÇÃO E ESTRUTURA DOS SERVIÇOS SOCIAIS | **83**

III – potencializar a imagem da Cidade de São Paulo, no Brasil e no Exterior, como polo de realização de negócios;

IV – articular parcerias institucionais, públicas e privadas, para estimular investimentos no Município de São Paulo, inclusive atuação em rede;

V – atrair novos investimentos, nacionais ou estrangeiros, bem como promover e estimular a expansão de empresas instaladas no Município de São Paulo;

VI – auxiliar na proposição e implementação de medidas pela Administração Pública com a finalidade de otimizar o ambiente de negócios no Município;

VII – estimular a criação de formas de economia solidária, em especial cooperativas, para proporcionar oportunidades de trabalho e renda para a população em situação de rua;

VIII – atuar em outras atividades relacionadas com as finalidades previstas nos incisos deste artigo;

IX – outras atividades e projetos aprovados pelo Conselho Deliberativo, desde que estritamente relacionados aos incisos I a VII.[261]

Decerto, o serviço social autônomo em tela, na qualidade de ente de cooperação governamental, está vinculado, mediante o firmamento de contrato de gestão, à Secretaria Municipal da Fazenda, merecendo destaque a inovação legislativa que permite a celebração de contratos de prestação de serviços submetidos a processo licitatório simplificado, desde que observados os princípios da Administração Pública. No que concerne às características que devem ser atendidas no momento da elaboração do referido contrato, cabe destacar que as mesmas previsões disciplinadas para a ADE Sampa são exigidas para esta entidade assistencial, senão vejamos:

Art. 21. Na elaboração do contrato de gestão, devem ser observados os princípios da legalidade, impessoalidade, moralidade, publicidade e economicidade, bem como os estabelecidos nos incisos I e II do art. 149 e nos arts. 161, 162 e 163 da Lei Orgânica do Município de São Paulo, prevendo-se, expressamente:

I – a especificação do programa de trabalho;

II – as metas e objetivos a serem atingidos e os respectivos prazos de execução;

III – critérios objetivos de avaliação de desempenho a serem utilizados, mediante indicadores de qualidade e produtividade;

IV – critérios para avaliação da aplicação dos recursos repassados.

---

[261] Art. 3º da Lei nº 16.665, de 23 de maio de 2017.

§ 1º O contrato de gestão discriminará ainda:

I – as atribuições, responsabilidades e obrigações do poder público e da SP Negócios;

II – as penalidades para o caso de inadimplemento das obrigações;

III – limites e critérios para a despesa com remuneração e vantagens de qualquer natureza a serem percebidas pelos empregados da SP Negócios;

IV – os recursos orçamentários e financeiros destinados à execução do contrato, bem como os bens públicos e ativos municipais.[262]

1.3.5 Município de Belo Horizonte

1.3.5.1 *Hospital Metropolitano Doutor Célio de Castro*

Partindo do contexto em que se deu a criação do Hospital Metropolitano Doutor Célio de Castro, cabe destacar que o marco legal responsável por autorizar a sua fundação foi a Lei nº 10.754/2014, propiciando ao Poder Executivo do município de Belo Horizonte a permissão de instituir esta entidade, na qualidade de serviço social autônomo voltado à prestação de serviços públicos de saúde.

Atuando como ente de cooperação do município, foi delineada como missão institucional a perquirição da finalidade de manter e prestar ações e serviços de saúde em todos os níveis de atendimento hospitalar, bem como executar serviços públicos nos demais ramos correspondentes da saúde pública, o que delimita a sua área de atuação a incidir de maneira exclusiva na esfera do Sistema Único de Saúde[263].

Analisando-se a forma de cooperação pela qual essa entidade assistencial deve se pautar, verifica-se que a execução de suas atividades fica vinculada à Secretaria Municipal de Saúde, sobre a qual recai o encargo de fiscalizar e supervisionar o serviço social autônomo em tela, visando à compatibilização de seus atos com os objetivos institucionais e com as políticas do SUS[264].

A respeito de sua estrutura organizacional, cabe destacar que esta é composta por três órgãos superiores, sendo eles o Conselho de Administração, a Diretoria Executiva e o Conselho Fiscal.

No que diz respeito ao modo em que se dá o preenchimento de seus cargos, apenas a Diretoria Executiva tem seus membros nomeados por órgão pertencente à estrutura interna do HMDCC, estando os demais vinculados à indicação da prefeitura municipal.

---

[262] Art. 21 da Lei nº 16.665, de 23 de maio de 2017.

[263] Interpretação do art. 2º da Lei nº 10.754, de 19 de setembro de 2014.

[264] Interpretação do art. 11 da Lei nº 10.754, de 19 de setembro de 2014.

Capítulo 1 • BREVE HISTÓRICO, ORGANIZAÇÃO E ESTRUTURA DOS SERVIÇOS SOCIAIS | **85**

Registre-se que, para fins da prestação dos serviços de saúde pública, a entidade deve firmar contratos de gestão e convênios com o poder público, em especial sob a forma de cooperação com a Secretaria Municipal de Saúde, devendo o contrato conter cláusulas com elementos objetivos que permitam auferir a produtividade e o desempenho dos serviços prestados, bem como indicar a eficiência no cumprimento de prazos e metas.

Faz-se oportuno anotar a vinculação da entidade ao dever de prestar contas, submetendo-as à apreciação do Tribunal de Contas do Estado e à Secretaria Municipal de Saúde até 31 de março de cada ano, para fins de estabelecimento de mecanismos de controle externo dos recursos públicos aplicados[265].

Sobre a constituição de seu patrimônio, este será formado pela transferência de bens móveis e imóveis possuídos pelo município, de todos os bens e direitos reversíveis quando finda a concessão do HMDCC, de direitos e ações que integrem seu ativo permanente, de doações e legados e, por fim, dos demais direitos, títulos, ações e bens que componham seu patrimônio[266].

1.3.6 Município de Varginha

1.3.6.1 Instituto de Saúde dos Servidores Públicos de Varginha

O ISA/VG foi criado pela Lei nº 3.758/2002, a qual, uma vez editada, efetivamente criou o instituto, o qual se vincula por cooperação à Secretaria Municipal de Administração de Varginha, sempre exercendo atos na qualidade de serviço social autônomo[267].

Analisando-se a sua missão institucional, registra-se que fica a cargo do ISA/VG o Programa de Serviço de Assistência Médico-Hospitalar e Afim, destinado a atender os servidores públicos municipais, ativos e inativos, bem como seus dependentes e pensionistas. Tal objetivo deve ser desenvolvimento mediante a celebração de contrato de gestão com a supracitada Secretaria de Administração, à qual cabe supervisionar os seus atos nos seguintes termos:

Art. 3º Competirá à Secretaria Municipal de Administração, em relação ao "ISA/VG":

I – promover os atos necessários à sua instituição, mediante:

a) formalização do respectivo Estatuto, segundo texto previamente submetido ao Prefeito Municipal, e por este aprovado em ato próprio;

---

[265] Interpretação do art. 12 da Lei nº 10.754, de 19 de setembro de 2014.

[266] Interpretação do art. 13 da Lei nº 10.754, de 19 de setembro de 2014.

[267] Art. 1º da Lei nº 3758, de 22 de outubro de 2002.

b) registro, no Ofício das Pessoas Jurídicas, do instrumento neste inciso referido;

II – supervisionar a execução do Contrato de Gestão de que trata o artigo 2º desta Lei;

III – encaminhar, através da Secretaria Municipal da Fazenda, as contas anuais do "ISA/VG" ao Tribunal de Contas do Estado, acompanhadas dos pareceres do Conselho Fiscal;

IV – apreciar e enviar ao Prefeito Municipal, para aprovação, após ouvido o Conselho de Administração, proposta de alteração do Estatuto ou do Contrato de Gestão, promovendo a ulterior formalização das modificações;

V – praticar os demais atos previstos por esta Lei e no Estatuto da Entidade, como de sua competência.

Parágrafo único. Preservada a autonomia gerencial, patrimonial, financeira e orçamentária do "ISA/VG", o Contrato de Gestão, elaborado de comum acordo entre as partes, terá por objeto:

a) o estabelecimento dos instrumentos para a atuação, controle e supervisão da Entidade, nos campos administrativo, técnico, atuarial, contábil e econômico-financeiro;

b) a fixação de metas para a realização de suas finalidades;

c) o estabelecimento das responsabilidades pela execução e pelos prazos referentes aos programas, planos, projetos e atividades a cargo da Entidade, bem como a contrapartida por parte do poder público, conforme definida nesta Lei;

d) a avaliação de desempenho da Entidade, com aferição de sua eficiência e da observância dos princípios da legalidade, legitimidade, moralidade, razoabilidade.

e) a preceituação de parâmetros para a contratação, gestão e dispensa de pessoal, sob o regime trabalhista, de forma a assegurar a preservação dos mais elevados e rigorosos padrões técnicos de seus programas, planos, projetos e atividades, bem como de seus produtos e serviços;

f) a formalização de cláusulas complementares, conforme previsto em dispositivos desta Lei.[268]

Quanto à estrutura organizacional, a entidade assistencial é formada por um órgão superior de natureza deliberativa e de normatização, qual seja, o Conselho de Administração, sendo seguido pela Diretoria, na qualidade de órgão executivo, e pelo Conselho Fiscal, como órgão de controle interno. O diretor administrativo, integrante do órgão executivo, é indicado pelo prefeito, devendo ser escolhido entre

---

[268] Art. 3º da Lei nº 3.758, de 22 de outubro de 2002.

Capítulo 1 • BREVE HISTÓRICO, ORGANIZAÇÃO E ESTRUTURA DOS SERVIÇOS SOCIAIS | **87**

pessoas de reputação ilibada[269]. No que concerne ao Conselho de Administração, este terá sua composição feita nos seguintes moldes:

> Art. 5º O Conselho de Administração será composto por 07 (sete) membros, a saber:
>
> I – seu Presidente, escolhido pelo Prefeito Municipal;
>
> II – 01 (um) Conselheiro indicado pelo Prefeito Municipal, dentre os servidores participantes do Instituto;
>
> III – 01 (um) Conselheiro de livre escolha do Prefeito Municipal;
>
> IV – 01 (um) Conselheiro indicado pela Associação dos Servidores Públicos do Município de Varginha;
>
> V – 01 (um) Conselheiro indicado pela entidade representativa da classe dos servidores públicos municipais;
>
> VI – 01 (um) Conselheiro representante dos servidores aposentados e pensionistas;
>
> VII – 01 (um) Conselheiro indicado pela Câmara Municipal de Varginha.[270]

Já quanto ao Conselho Fiscal, este será composto da forma que se segue:

> Art. 17 O Conselho Fiscal será composto por 07 (sete) membros, a saber:
>
> I – seu Presidente, de livre escolha do Prefeito Municipal;
>
> II – 01 (um) Conselheiro indicado pela entidade representativa da classe dos servidores públicos municipais;
>
> III – 01 (um) Conselheiro representante dos servidores aposentados e pensionistas;
>
> IV – 01 (um) Conselheiro indicado pela Câmara Municipal de Varginha.
>
> V – 03 (três) Conselheiros de livre escolha do Prefeito Municipal, dentre servidores estáveis da Administração Municipal.[271]

Quanto à constituição de seu patrimônio, este é composto pelos bens e direitos transferidos pelo município de Varginha e por aqueles que sejam incorporados ao patrimônio do ISA/VG. Ademais, para fins arrecadatórios, a entidade também adota o modelo de contribuição mediante desconto mensal na folha de pagamento do servidor que opte por aderir ao seu sistema de internação pactuado com hospitais

---

[269] Interpretação do art. 4º da Lei nº 3.758, de 22 de outubro de 2002.
[270] Art. 5º da Lei nº 3.758, de 22 de outubro de 2002.
[271] Art. 17 da Lei nº 3.758, de 22 de outubro de 2002.

mantidos ou sob a gestão municipal. Assim, a contribuição devida segue a fixação pecuniária estabelecida em lei:

> Art. 20 Para o sistema de internação porventura pactuado pelo "ISA/ VG" com os hospitais mantidos ou sob a administração municipal, o Município contribuirá para com o Instituto com até R$ 37,50 (trinta e sete reais e cinquenta centavos) por servidor que aderir a tal sistema, limitada o total dessa contribuição até o valor de R$ 80.000,00 (oitenta mil reais) mensais.[272]

Por fim, é exercido controle das contas prestadas pela entidade, cuja obrigação de contabilizar de maneira transparente e lícita os serviços prestados é materializada em comando legal expresso, senão vejamos: "Art. 29 O Instituto manterá sua contabilidade, seus registros e seus arquivos atualizados, para facilitar a inspeção permanente e o controle das contas pela Secretaria Municipal de Controle Interno e pelo Conselho Fiscal"[273].

1.4 SERVIÇOS SOCIAIS AUTÔNOMOS NAS CONSTITUIÇÕES BRASILEIRAS

Com vistas a subsidiar o papel de colaboração dos serviços sociais autônomos instituídos, o Estado brasileiro buscou invocar, no momento da criação das entidades, o devido fundamento constitucional que molde a atividade exercida, de notório interesse público, à força normativa das Constituições vigentes ao longo da história.

Com efeito, a singularidade que lhes é própria de atuação em colaboração com o poder público evidencia a natureza privada destas instituições, as quais são respaldadas pela pertinente estatura constitucional que assegura a sua subvenção mediante o instituto de contribuições compulsórias.

Por certo, ao se examinar as Constituições anteriores à atualmente vigente, observa-se que inexistia, à luz do texto constitucional, qualquer previsão de criação de contribuições sociais de patrocínio aos interesses das classes profissional e econômica. Isso significa dizer também que não havia o delineamento constitucional de um modelo de financiamento do Sistema S por dotações orçamentárias consignadas no âmbito da União, dos Estados e dos Municípios, o que alcançou previsão constitucional com a Carta de 1988.

Noutro giro, verifica-se que o Executivo Federal, ante a outorga da Constituição de 1937, já visava reconhecer o desafio da formação profissional como um dever de Estado, a partir do que estabeleceu em seu artigo 129: "É dever das indústrias e dos sindicatos econômicos criar, na esfera de sua especialidade, escolas

---

[272] Art. 20 da Lei nº 3.758, de 22 de outubro de 2002.
[273] Art. 29 da Lei nº 3.758, de 22 de outubro de 2002.

Capítulo 1 · BREVE HISTÓRICO, ORGANIZAÇÃO E ESTRUTURA DOS SERVIÇOS SOCIAIS | **89**

de aprendizes destinadas aos filhos dos operários e de seus associados"[274]. Há, portanto, um posicionamento de que a responsabilidade pela fundação de centros educacionais e escolas voltadas aos setores vulneráveis socialmente seja delegada às classes produtoras.

Registra-se que o citado art. 129 da Carta de 1937 já estabelecia que, para o Estado dar execução ao dever de cumprir com o objetivo de ensino pré-vocacional profissional destinado às classes menos favorecidas em matéria de educação, poderia subsidiar as iniciativas dos indivíduos ou de associações particulares e profissionais. Além disso, a lei regularia o cumprimento desse dever, e os poderes sobre essas escolas caberão ao Estado, bem como os auxílios, as facilidades e os subsídios a lhes serem concedidos pelo poder público.

Assim, a fundação das entidades intituladas como serviços sociais autônomos já encontrava respaldo objetivo para fins de sua implementação ainda na vigência da Carta de 1937, cuja previsão expressa em seu artigo 138 serve também de fundamento para as atividades destas instituições, senão vejamos:

> A associação profissional é livre. Somente, porém, o sindicato regularmente reconhecido pelo Estado tem o direito de representação legal dos que participarem da categoria de produção para que foi constituído, e de defender-lhes os direitos perante o Estado e as outras associações profissionais, estipular contratos coletivos de trabalho obrigatórios para todos os seus associados, impor-lhes contribuições e exercer em relação a eles funções delegadas do poder público.[275]

É silente o referido dispositivo, contudo, no que diz respeito ao estabelecimento da fonte de seus recursos, o que contém uma razão de ser: a União, à luz desta Constituição, não criava tais serviços sociais autônomos, mas tão somente delegava à pertinente Confederação Nacional, por meio da edição de lei autorizativa, o encargo de instituir a entidade, estabelecendo as suas formas de arrecadação de receita para fins de que o próprio serviço a coletasse e administrasse.

A intervenção do poder público, desde essa época, é conhecida por ser de fomento à vocação social destes entes, tratando-se de serviços que, embora não sejam englobados pela Administração Pública, trabalham em cooperação com o Estado. A respeito do funcionamento de entes associativos para fins de exercício

---

[274] BRASIL. [Constituição (1937)] Constituição dos Estados Unidos do Brasil, de 10 de novembro de 1937. Rio de Janeiro, 1937. Disponível em: http://www.planalto.gov.br/ccivil_03/constituicao/constituicao37.htm. Acesso em: 1 jan. 2020.

[275] BRASIL. [Constituição (1937)] Constituição dos Estados Unidos do Brasil, de 10 de novembro de 1937. Rio de Janeiro, 1937. Disponível em: http://www.planalto.gov.br/ccivil_03/constituicao/constituicao37.htm. Acesso em: 21 jan. 2020.

profissional e sindical, a Constituição Federal de 1967 também disciplinou a matéria nos seguintes moldes:

> Art. 159. É livre a associação profissional ou sindical; a sua constituição, a representação legal nas convenções coletivas de trabalho e o exercício de funções delegadas de poder público serão regulados em lei.
>
> § 1º Entre as funções delegadas a que se refere este artigo, compreende-se a de arrecadar, na forma da lei, contribuições para o custeio da atividade dos órgãos sindicais e profissionais e para a execução de programas de interesse das categorias por eles representadas.[276]

A referência constitucional supracitada, portanto, comporta efetivamente a matriz apta a propiciar a criação destes serviços, sendo expresso que devem se vincular a entidades patronais e arrecadar os próprios recursos ante o recolhimento das contribuições devidas pela própria classe produtora contribuinte.

É cediço também que, embora não tenha existido, à época, expressa previsão constitucional para o dever de prestação de contas, isto não impediu a produção de uma base normativa que vinculasse as entidades à obrigação de submeter as suas contas ao controle finalístico do TCU, conforme legislação infraconstitucional compatível com a Carta Magna. Assim, à época, os serviços integrantes do Sistema S ficam vinculados ao órgão estatal pertinente com suas atividades, para fins de controle de desempenho e prestação de contas dos valores arrecadados para o seu custeio.

As contribuições favoráveis aos interesses das categorias profissionais, assim, foram beneficiadas pelos avanços da Constituição de 1967. Houve, pela primeira vez na história do constitucionalismo brasileiro, a elaboração de um capítulo voltado à instituição de um Sistema Tributário Nacional, cujo desenho reiterou o que havia sido estabelecido pela Emenda Constitucional nº 18/1965 no tocante à composição do sistema, que se forma pela integração de cinco espécies de tributos, quais sejam, impostos, taxas, contribuições de melhoria, empréstimo compulsório e contribuições especiais.

Desta feita, a Carta de 1967 proporcionou, ante a inclusão de dispositivos reguladores das contribuições sindicais, que as associações profissionais ou sindicais poderiam recolher as contribuições para custeio das atividades exercidas, avançando consideravelmente na matéria constitucional relativa ao tema.

Ultrapassadas as pretéritas Constituições, traz-se à baila a análise da Carta Magna de 1988, cujo texto prevê, de maneira inédita, a competência exclusiva da

---

[276] BRASIL. [Constituição (1967)] Constituição da República Federativa do Brasil, de 24 de janeiro de 1967. Brasília, 1967. Disponível em: http://www.planalto.gov.br/ccivil_03/constituicao/constituicao67.htm. Acesso em: 21 jan. 2020.

Capítulo 1 • BREVE HISTÓRICO, ORGANIZAÇÃO E ESTRUTURA DOS SERVIÇOS SOCIAIS | **91**

União para, conforme disciplinado em seu artigo 149, instaurar as contribuições sociais recolhidas em favor dos interesses das classes profissionais e econômicas.

Na análise do desenho institucional promovido pela atual Constituição, que concede os fundamentos que subsidiam a governança das entidades particulares, verifica-se que o supracitado artigo não determina que as contribuições sociais previstas devam ser fundadas por lei complementar, inobstante haver, no ordenamento jurídico pátrio, um conjunto de contribuições tributárias estabelecidas por diferentes leis para fins de financiamento das entidades[277].

A atual Constituição Federal, ainda sobre o modelo de financiamento adotado para o Sistema S, previu, no art. 240 e no art. 62 do Ato das Disposições Constitucionais Transitórias, a legitimação necessária para se instituir as contribuições de natureza compulsória dos empregadores sobre a folha de salários das empresas integrantes da classe profissional correspondente. É o comando legal extraído dos mencionados dispositivos normativos, destinados a regular a atividade das instituições privadas de serviço social e de formação profissional que se vinculam ao sistema sindical, *in verbis*:

> Art. 240. Ficam ressalvadas do disposto no art. 195 as atuais contribuições compulsórias dos empregadores sobre a folha de salários, destinadas às entidades privadas de serviço social e de formação profissional vinculadas ao sistema sindical.
>
> Art. 62. A lei criará o Serviço Nacional de Aprendizagem Rural (Senar) nos moldes da legislação relativa ao Serviço Nacional de Aprendizagem Industrial (Senai) e ao Serviço Nacional de Aprendizagem do Comércio (Senac), sem prejuízo das atribuições dos órgãos públicos que atuam na área.[278]

---

[277] AI 518.082 ED, Min. Carlos Velloso, 2ª T, *DJ* 17.06.2005: "[...] II – As contribuições do art. 149, CF contribuições sociais, de intervenção no domínio econômico e de interesse de categorias profissionais ou econômicas posto estarem sujeitas à lei complementar do art. 146, III, CF, isso não quer dizer que deverão ser instituídas por lei complementar. A contribuição social do art. 195, § 4º, CF, decorrente de 'outras fontes', é que, para a sua instituição, será observada a técnica da competência residual da União: CF, art. 154, I, *ex vi* do disposto no art. 195, § 4º. A contribuição não é imposto. Por isso, não se exige que a lei complementar defina a sua hipótese de incidência, a base imponível e contribuintes: CF, art. 146, III, a. III – A contribuição do Sebrae, Lei nº 8.029/90, art. 8º, § 3º, redação das Leis nº 8.154/90 e nº 10.668/2003, é contribuição de intervenção no domínio econômico, não obstante a lei a ela se referir como adicional às alíquotas das contribuições sociais gerais relativas às entidades de que trata o art. 1º do DL 2.318/86, Sesi, Senai, Sesc, Senac".

[278] BRASIL. [Constituição (1988)] Constituição da República Federativa do Brasil, de 5 de outubro de 1988. Brasília, 1988. Disponível em: http://www.planalto.gov.br/ccivil_03/constituicao/constituicao.htm. Acesso em: 21 jan. 2020.

Com efeito, o art. 62 transcrito anteriormente autoriza a criação de novo serviço social também vinculado ao sistema sindical, o que o inclui no rol de entidades privadas favorecidas pela norma expressa do art. 240 de estabelecimento do instituto das compensações compulsórias.

O recolhimento das contribuições devidas é arrecadado, em sua grande parte, pela Receita Federal do Brasil, que, ulteriormente, faz o repasse dos recursos às respectivas instituições.

Já em relação à prestação de contas e sua respectiva matriz constitucional, deve-se salientar que restou firmada a obrigação de que os serviços autônomos e as entidades com personalidade jurídica de direito devem prestar contas de sua administração, estando sujeitos ao controle finalístico do TCU, conforme o parágrafo único do art. 70 da CF/88, que dispõe o seguinte:

> Parágrafo único. Prestará contas qualquer pessoa física ou jurídica, pública ou privada, que utilize, arrecade, guarde, gerencie ou administre dinheiros, bens e valores públicos ou pelos quais a União responda, ou que, em nome desta, assuma obrigações de natureza pecuniária.[279]

Outrossim, fica a cargo do Congresso Nacional a realização desse controle externo, sendo auxiliado pelo TCU, que, conforme prevê o art. 71, inciso II, da Carta de 1988, está incumbido da responsabilidade de julgar as contas dos administradores e outros responsáveis por dinheiros, bens e valores de natureza pública. É imperioso reconhecer, portanto, que as atividades executadas pelas entidades integrantes do Sistema S são voltadas a prestações sociais e iniciativas de aprendizagem profissional que se respaldam pela matriz constitucional da Carta de 1988. Na saúde, como exemplo fundamental, o texto constitucional é claro na mensagem do seu artigo 197:

> São de relevância pública as ações e serviços de saúde, cabendo ao poder público dispor, nos termos da lei, sobre sua regulamentação, fiscalização e controle, devendo sua execução ser feita diretamente *ou através de terceiros e, também, por pessoa física ou jurídica de direito privado.* (BRASIL, 1988, grifos nossos)

Assim, o Sistema S encontra os dispositivos constitucionais aptos a alçá-lo com a estatura constitucional que lhe é assegurada, sendo também verificado isso no art. 204 da CF, o qual prevê que as ações governamentais na área tenham a sua forma de atuação pautada na diretriz prevista em seu inciso I, *in verbis*:

---

[279] BRASIL. [Constituição (1988)] Constituição da República Federativa do Brasil, de 5 de outubro de 1988. Brasília, 1988. Disponível em: http://www.planalto.gov.br/ccivil_03/constituicao/constituicao.htm. Acesso em: 21 jan. 2020.

Capítulo 1 • BREVE HISTÓRICO, ORGANIZAÇÃO E ESTRUTURA DOS SERVIÇOS SOCIAIS | **93**

I – descentralização político-administrativa, cabendo a coordenação e as normas gerais à esfera federal e a coordenação e a execução dos respectivos programas às esferas estadual e municipal, bem como a entidades beneficentes e de assistência social.

É evidente, portanto, o diálogo de fomento promovido pela Constituição de 1988, a qual incentiva, em vários de seus dispositivos, a união das esferas pública e privada. O Sistema S, com a sua vocação social e capilaridade no âmbito nacional, possui amplo espaço para contribuir com a implementação do Estado de Bem-Estar Social almejado pelo texto constitucional vigente.

1.5 CONCLUSÕES

A partir do estudo acerca da história, da criação, da organização, da composição, da estrutura, das atividades desenvolvidas, das fontes de custeio, dos meios de controle, da forma de elaboração do orçamento anual e dos resultados produzidos nos serviços sociais autônomos federais, é possível compreender o Sistema S brasileiro, agregando características comuns de modo a constatar a natureza jurídica do serviço social autônomo e o seu conceito.

A evolução do tema nos textos constitucionais da história brasileira também contribui para a verificação dos elementos fundantes dessas entidades. O levantamento da legislação e do histórico relativo aos serviços autônomos federais demonstrou que todas as entidades do Sistema S ou foram diretamente criadas por lei ordinária ou por ato normativo equivalente: decreto-lei ou medida provisória.

Apesar de serem criadas pelo Estado, essas entidades têm natureza jurídica de direito privado, mas submetem-se às regras orçamentárias pública, porquanto se sustentam, majoritariamente, por meio de repasse de tributos. Em decorrência desse repasse, as entidades sujeitam-se ao controle do Poder Executivo e do Tribunal de Contas da União.

A forte presença do Estado no momento da criação dessas entidades também se verifica quando da regulamentação de seu funcionamento, que, normalmente, se faz por meio de decreto do chefe do Poder Executivo.

Também, na composição dos órgãos deliberativos e administrativos, constata-se a presença de agentes do Estado em todos os entes do serviço social autônomo brasileiro. Na tentativa de imprimir uma gestão democrática, autônoma e fiscalizada pelo setor beneficiado pelos serviços prestados pela entidade, muitas vezes, essa participação estatal é equitativa em relação à participação de empresários e empregados, como verifica-se no Senai, no Sesi, no Sesc, no Senac, no Senar, na Aps, no Sest, no Senat, no Sescoop, no Sebrae, na Abdi e na Apex-Brasil.

Entretanto, algumas vezes, verifica-se uma forte presença do Estado na gestão de outras entidades, o que prejudica a autonomia privada da gestão e o controle da sociedade, como é possível observar na Adaps e na Embratur.

O prejuízo a esse elemento fundamental de independência das entidades dos serviços sociais autônomos no Brasil traduz-se em uma grande contradição e em perdas impostas pelo governo às entidades, uma vez que não há serviço social "autônomo" sem a presença da autonomia do setor privado em relação ao setor público. Por outro lado, não há razão para se criar uma entidade de direito privado, de gestão mais flexível, se os agentes públicos que acabam por controlar internamente esses entes estão submetidos ao regime de direito público.

Há também um forte conflito de interesses nessas situações. Os representantes do poder público que, de forma amplamente majoritária, integram a Administração ou o Conselho da Adaps e da Embratur certamente priorizarão o interesse do Estado, e não o do setor beneficiado pelos serviços sociais prestados pela entidade.

Por fim, um último aspecto negativo dessa inserção exacerbada do Estado na gestão das entidades em destaque é a diminuição do controle social, exercido pelo setor privado beneficiário dos serviços prestados. Se os trabalhadores ou os empresários do setor são, de fato, excluídos do processo de decisão, não há como fazer um controle imediato das decisões proferidas. Isso, certamente, prejudica a eficiência no processo de controle, pois a decisão ruim só será identificada quando seus efeitos maléficos já estiverem sendo produzidos.

Outro aspecto de fundamental relevo para o desenvolvimento do presente trabalho identificado a partir do levantamento promovido neste capítulo é o objeto desempenhado por cada entidade analisada.

Constatou-se que os estudantes e os trabalhadores são os principais beneficiados, com diversas ações voltadas para a educação, a saúde, o lazer, o treinamento profissionalizante, a valorização do trabalho por meio do desenvolvimento de tecnologias e a inserção do trabalhador nesse contexto, a promoção da organização do trabalhador em cooperativas etc.

Assim, os serviços sociais autônomos são entes com participação estatal, desde sua criação, mas de natureza privada, voltados para a prestação de serviços sociais fundamentais para toda a sociedade e, principalmente, para estudantes e trabalhadores brasileiros.

RESUMO OBJETIVO

1.	Os serviços sociais autônomos surgem na década de 1940, em face da ineficiência do Estado na formação de profissionais qualificados e da carência de políticas de lazer, de cultura e de saúde para os trabalhadores e seus familiares.
2.	Os serviços sociais autônomos têm, já na sua gênese, a concreção de aspectos da seguridade social em função da sua concepção constitucional mais atual de promoção de ações destinadas a assegurar os direitos relativos à assistência social do trabalhador (art. 194, *caput*, da CF/88) e, assim, de formar e de desenvolver políticas de promoção da integração ao mercado de trabalho (art. 203, inciso III, da CF/88), por meio de desenvolvimento do ensino profissional e de geração de empregos.

Capítulo 1 • BREVE HISTÓRICO, ORGANIZAÇÃO E ESTRUTURA DOS SERVIÇOS SOCIAIS | **95**

3.	Os serviços sociais autônomos têm, na sua história, a concretização direta de três dos quatro objetivos constitucionais fundamentais da República Federativa do Brasil, buscando-se construir uma sociedade livre, justa e solidária (art. 3º, inciso I, da CF), o desenvolvimento nacional (art. 3º, inciso II, da CF) e a erradicação da pobreza e da marginalização com a redução das desigualdades sociais (art. 3º, inciso III, da CF).
4.	O estudo das referências históricas, da organização, da estrutura e dos demais aspectos dos serviços sociais autônomos contribui para a compreensão das perspectivas, da natureza jurídica e do entendimento consciente da solução ao questionamento do seu conceito constitucional a partir da interpretação e da aplicação do art. 6º da atual Constituição Cidadã.
5.	Todas as entidades dos serviços sociais autônomos federais, criadas a partir da década de 1940 e existente até os dias atuais, possuem, em sua gênese, a necessidade de prestar serviços sociais relativos à educação, à saúde, à assistência social, ao ensino profissionalizante, à alimentação, à habitação, ao lazer, ao bem-estar social, à divulgação de novas técnicas e tecnologias, ao ensino superior, ao vestuário, à cultura, à geração de empregos (Senai, Sesi, Sesc, Senac, Sebrae, Abdi e Apex-Brasil), à promoção do turismo (Embratur), ao ensino rural (Senar), ao ensino cooperativo, ao acesso às cooperativas (Sescoop), à promoção do transporte rodoviário (Sest e Senat), à assistência médica, ao desenvolvimento de pesquisas no campo da saúde (APS – Rede Sarah), à atenção primária à saúde de famílias em locais de difícil provimento ou alta vulnerabilidade, à atenção primária no SUS (Adaps).
6.	Essas entidades, normalmente, possuem em sua estrutura interna um Conselho Nacional (deliberativo), uma Diretoria ou um Conselho Executivo (gestão) e um Conselho Fiscal, além de estruturas regionais que guardam simetria com a composição da entidade nacional.
7.	Essas entidades revelam ótimos resultados anuais no cumprimento de suas missões institucionais.
8.	Na Constituição de 1988, há a competência exclusiva da União para, conforme disciplinado em seu art. 149, instaurar as contribuições sociais recolhidas em favor dos interesses das classes profissionais e econômicas.
9.	A atual Constituição Federal, ainda sobre o modelo de financiamento adotado para o Sistema S, previu, nos arts. 240 e 62 do Ato das Disposições Constitucionais Transitórias, a legitimação necessária para se instituir as contribuições de natureza compulsória dos empregadores sobre a folha de salários das empresas integrantes da classe profissional correspondente.
10.	Já em relação à prestação de contas e sua respectiva matriz constitucional, deve-se salientar que restou firmada a obrigação de que os serviços sociais autônomos, como entidades com personalidade jurídica de direito privado, devem prestar contas de sua administração, estando sujeitos ao controle finalístico do TCU, conforme o parágrafo único do art. 70 da CF/88.

11. É imperioso reconhecer, portanto, que as atividades executadas pelas entidades integrantes do Sistema S são voltadas a prestações sociais e a iniciativas de aprendizagem profissional que se respaldam pela matriz constitucional da Carta de 1988. Assim, o Sistema S encontra os dispositivos constitucionais aptos a alçá-lo a estatura constitucional que lhe é assegurada, sendo também verificado isso nos arts. 203 e 204 da CF.

12. É evidente, portanto, o diálogo de fomento promovido pela Constituição de 1988, a qual incentiva em vários de seus dispositivos a união das esferas pública e privada. O Sistema S, com a sua vocação social e capilaridade no âmbito nacional, possui amplo espaço para contribuir com a implementação do Estado de Bem-Estar Social almejado pelo texto constitucional vigente.

13. O levantamento da legislação e do histórico relativo aos serviços autônomos federais demonstrou que todas as entidades do Sistema S foram diretamente criadas por lei ordinária ou ato normativo de *status* equivalente: decreto-lei ou medida provisória.

14. Apesar de serem criadas pelo Estado, essas entidades têm natureza jurídica de direito privado, mas se submetem às regras orçamentárias públicas, porquanto se sustentam, majoritariamente, por meio de repasse de tributos. Em decorrência desse repasse, as entidades se submetem ao controle do Poder Executivo e do Tribunal de Contas da União.

15. A presença do Estado no momento da criação dessas entidades também se verifica quando da regulamentação de seu funcionamento, que, normalmente, se faz por meio de decreto do chefe do Poder Executivo.

16. Também na composição dos órgãos deliberativos e administrativos se constata a presença de agentes do Estado em todos os entes do serviço social autônomo brasileiro. Entretanto, algumas vezes verifica-se uma presença desproporcional e irrazoável do Estado na gestão das entidades, o que prejudica a autonomia privada da gestão e o controle da sociedade.

17. Outro aspecto de fundamental relevo para o desenvolvimento do presente trabalho, identificado a partir do levantamento promovido, é o objeto desempenhado por cada entidade analisada. Todas as entidades têm por objeto a prestação de serviços sociais fundamentais ao setor beneficiado.

18. Os serviços sociais autônomos são entes com forte participação estatal, desde sua criação, mas de natureza privada, voltados para a prestação de serviços sociais fundamentais para toda a sociedade e, principalmente, para o trabalhador brasileiro.

Capítulo **2**

SERVIÇOS SOCIAIS AUTÔNOMOS
NO CONTEXTO DE SUJEITOS JURÍDICOS PRÓXIMOS

O presente capítulo contextualiza os serviços sociais autônomos com figuras ou sujeitos jurídicos próximos e, normalmente, confundidos com o objeto desta tese, especialmente as entidades que se relacionam com a Administração Pública, prestando serviços de interesse público não exclusivos do Estado.

Ao apresentar os conceitos das mais diversas entidades que desempenham atividades de promoção de direitos e prestação de serviços à sociedade, este capítulo situa, sobretudo, o espaço de atuação dos entes que não necessariamente fazem parte da estrutura do Estado, mas que contribuem para a prestação de serviços públicos prestacionais fundamentais para a coletividade.

Nesse sentido, evidencia-se o conceito e o regime jurídico-constitucional de entidades próximas, mas diferentes dos serviços sociais autônomos, de modo a identificar as características jurídicas de cada grupo, a fim de lançar os elementos constitutivos para a identificação, a natureza jurídica e o conceito constitucional dos serviços sociais autônomos nos próximos capítulos.

A inserção dos serviços sociais autônomos no contexto de figuras jurídicas como entes paraestatais ou exclusivamente equiparadas às entidades privadas de serviço social e de formação profissional vinculadas ao sistema sindical (art. 240 da CF) vem prejudicando – e muito – a identificação do regime jurídico incidente e a compreensão constitucional da criação e da atuação dos novos serviços sociais autônomos, instituídos legalmente a partir da década de 1990 pelos entes federativos com o objetivo de suprir ou minimizar as deficiências estatais na concretização de direitos prestacionais sociais.

Por certo, o objetivo deste capítulo é identificar o significado jurídico adequado e útil, a partir do texto constitucional de 1988 e suas posteriores "Reformas Constitucionais Administrativas", de sujeitos jurídicos como entidades paraestatais, entes de colaboração, terceiro setor, pessoa administrativa, pessoa pública não estatal, corporações profissionais, sindicatos, associações fundações, agências executivas, organização social, organização da sociedade civil de interesse público, organização da sociedade civil, entidades de fomento, escolas oficializadas, entidade certificada como de assistência social, fundação de apoio e retirar a quase totalidades deles do mesmo rótulo jurídico dos serviços sociais autônomos.

Nesse cenário, por exemplo, quando a Constituição Federal de 1988 estabelece já originariamente, no seu art. 62 do Ato das Disposições Constitucionais Transitórias, que a lei, sem prejuízo das atribuições dos órgãos públicos que atuam na área, criará o Serviço Nacional de Aprendizagem Rural (Senar) e não mais autorizará como fez anteriormente nos casos do Serviço Nacional de Aprendizagem Industrial (Senai), do Serviço Nacional de Aprendizagem do Comércio (Senac), do Serviço Social da Indústria (Sesi), do Serviço Social do Comércio (Sesc), já se avizinhavam um sinal de novos tempos e uma necessidade de interpretações jurídicas constitucionalmente adequadas ao ordenamento jurídico atual, isto é, taxinomias e significados jurídicos antes utilizados pela doutrina se tornariam indefensáveis de serem aceitos no Direito brasileiro.

Assim sendo, englobar entidades jurídicas sujeitas a regras e princípios bem distintos sob o mesmo *nomen juris*, classificação ou regime jurídico não é válido nem útil, pois classificar ou nominar juridicamente sujeitos jurídicos sob o mesmo signo ou critério pressupõe que sejam aplicáveis um conjunto de princípios e regras bem similares e de acordo com os mesmos fundamentos constitucionais. Dessa forma, no Direito, o nome importa e toda a investigação que se preze, por ser jurídico-científica, deve primar pela correta nomenclatura dos institutos jurídicos. Concorda-se integralmente com Barbosa Moreira, *in verbis*:

> *What's in a name? That which we call a rose by any other name would smell as sweet* (Romeo and Juliet, 2º ato, cena II). Ao pôr na boca de sua gentil heroína êsses versos famosos, cunhou Shakespeare uma das mais perfeitas fórmulas poéticas de que se tem notícia, mas não terá enunciado, nem o pretendera, um princípio científico. Em ciência os nomes importam bem mais do que parecia à apaixonada Julieta. Na ciência do Direito não menos do que em qualquer outra. Pode o jurista deleitar-se com o lirismo do texto shakespeariano; mal andaria, porém, se dele quisesse tirar uma regra aplicável ao seu próprio ofício. A elaboração dogmática já é por si trabalho bem árduo para que nos demos ao luxo de entravá-lo com o pesado lastros dos equívocos terminológicos. À precisão dos conceitos há de corresponder, nesse terreno, como condição *sine qua non* de todo progresso, a univocidade da nomenclatura por meio da qual eles se expressem. Não existe outro modo de evitar a esterilidade das discussões doutrinárias que se resolvem em simples *querelles de mots*. Dar a cada coisa o seu nome, e apenas este, não é preocupação formalística de quem pusesse acima de tudo o amor pela boa arrumação e pelo impecável polimento do mobiliário dogmático; é esforço que se inspira, principalmente, na compreensão da utilidade que daí se tira para a melhor aplicação do Direito e, portanto, para uma realização menos imperfeita da Justiça entre os homens.[1]

---

[1] MOREIRA, José Carlos Barbosa. Questões prejudiciais e questões preliminares. In: *Direito processual civil* (ensaios e pareceres). Rio de Janeiro: Borcoi, 1971. p. 73-74.

Capítulo 2 • SERVIÇOS SOCIAIS AUTÔNOMOS NO CONTEXTO DE SUJEITOS JURÍDICOS PRÓXIMOS | **99**

Está claro que o ponto não interessará a quem não dê importância à terminologia – a quem suponha, digamos, que em geometria tanto faz chamar triângulo ou pentágono ao polígono de três lados, e que em anatomia dá na mesma atribuir ao fígado a denominação própria ou a de cérebro... Mas – digamos com franqueza – tampouco interessará muito o que esses pensem ou deixem de pensar.[2]

Entende-se, assim, que, no Direito, importa tanto a essência como o nome. A essência do instituto pode ter maior importância, mas o nome errado ou a falta de precisão terminológica causa efeitos nefastos na aplicação do Direito. Tanto é verdade que, no Direito Tributário, estabeleceu-se uma regra impositiva no sentido de que a denominação e demais características formais adotadas pela lei são irrelevantes para identificar a natureza jurídica específica do tributo (art. 4º, inciso I, do Código Tributário Nacional – CTN).

Dessa maneira, este capítulo não é de um formalismo exacerbado, mas sim a busca da correta denominação dos serviços sociais autônomos para contribuir no seu correto enquadramento constitucional e que, portanto, quando o aplicador do Direito pronuncie esse signo, todos saibam do que se trata, e não se esteja a pensar sobre instituto com a realidade jurídica profundamente diferente do uso da expressão serviço social autônomo no sentido constitucionalmente adequado.

2.1 ENTIDADES PARAESTATAIS, TERCEIRO SETOR E ENTES DE COLABORAÇÃO

A palavra "paraestatal" é composta de duas partículas: "para", que tem origem grega e designa "ao lado de", e "estatal", que tem origem latina e designa "Estado". A partir da etimologia da palavra, Cretella Júnior concluiu que paraestatal "[...] não se confunde com o Estado, porque caminha lado a lado, paralelamente [...]" a ele[3].

A origem da palavra não contribui para o estabelecimento de um conceito doutrinário único de entidade paraestatal. Pelo contrário, Di Pietro observa que "[...] não existe uniformidade de pensamento entre os autores na definição das entidades paraestatais [...]"[4]. Carvalho Filho[5] apresenta seis diferentes correntes

---

[2] MOREIRA, José Carlos Barbosa. *Exceção de pré-executividade*: uma denominação infeliz, Temas de direito processual. 7ª série, São Paulo: Saraiva, 2001. p. 121.

[3] CRETELLA JÚNIOR, José. *Administração indireta brasileira*. Rio de Janeiro: Editora Forense, 1980. p. 140.

[4] DI PIETRO, Maria Sylvia Zanella; MOTTA, Fabrício. *Tratado de direito administrativo*. Administração pública e servidores públicos. 2. ed. São Paulo: Revista dos Tribunais, v. 2, 2019. p. 300.

[5] "Há juristas que entendem serem entidades paraestatais aquelas que, tendo personalidade jurídica de direito privado (não incluídas, pois, as autarquias), recebem amparo oficial do Poder público, como as empresas públicas, as sociedades de economia mista, as fundações públicas e

doutrinárias a respeito do conceito de entidades paraestatais. Ruy de Souza[6], em texto de máximo relevo entre os estudiosos do Direito brasileiro, também destaca a confusão terminológica de entidade paraestatal na doutrina brasileira e, não sem antes enfatizar que a doutrina nacional sobre o assunto é escassa e absolutamente falha em suas proposições, registra o seguinte conceito de entidades paraestatais:

> Para nós, a terminologia deverá reter o conceito de ente paraestatal no limite do caráter quase público, exercendo serviços de interesse coletivo, reconhecidos, ou mesmo organizados pelo Estado, mas entregues a uma administração privada, sem patrimônio constituído exclusivamente pelo Estado e sem poder de coação. Não importa a fórmula de organização: sociedade de economia mista, fundação ou mera sociedade civil ou comercial. As normas a que se sujeitariam não seriam constante de regime especial peculiar ao Direito Público.
>
> Estariam nesse caso, pois, a Cia. Siderúrgica Nacional de Volta Redonda, a Cia. Vale do Rio Doce, a Legião Brasileira de Assistência, as fundações universitárias ou hospitalares, a sociedade de Assistência à Maternidade e à Infância, etc.[7]

Por outro lado, Themistocles Brandão Cavalcanti parte da comparação entre os conceitos de entidades paraestatais e entidades autárquicas para concluir que:

> [...] a expressão paraestatal afasta mais a entidade da estrutura administrativa do estado, pressupõe menores laços de subordinação, enquanto

---

as entidades de cooperação governamental (ou serviços sociais autônomos), como o Sesi, Senai, Sesc, Senac etc. (Hely Lopes Meirelles, ob. cit., p. 318). Outros pensam exatamente o contrário: entidades paraestatais seriam as autarquias (Cretella Júnior, Curso, cit., p. 52). Alguns, a seu turno, só enquadram nessa categoria as pessoas colaboradoras que não se preordenam a fins lucrativos, estando excluídas, assim, as empresas públicas e as sociedades de economia mista (Celso Antônio Bandeira de Mello, *Prestação de serviços público e administração indireta*, p. 353). Para outros, ainda, paraestatais seriam as pessoas de direito privado integrantes da Administração Indireta, excluindo-se, por conseguinte, as autarquias, as fundações de direito público e os serviços sociais autônomos (Sérgio de Andréa Ferreira, Curso, cit., p. 78). Por fim, já se considerou que na categoria se incluem além dos serviços sociais autônomos até mesmo as escolas oficializadas, os partidos políticos e os sindicatos, excluindo-se a administração indireta (Oswaldo Aranha Bandeira de Mello, Princípios, cit., v. II, p. 271). Na prática, tem-se encontrado, com frequência, o emprego da expressão empresas estatais, sendo nelas enquadradas as sociedades de economia mista e as empresas públicas. Há também autores que adotam o referido sentido (Lucia Valle Figueiredo, Curso, cit., p. 72)." (CARVALHO FILHO, José dos Santos. *Manual de direito administrativo*. 33. ed. São Paulo: Ed. Atlas, 2019. p. 493-494)

6   SOUZA, Ruy de. Serviços do estado e seu regime jurídico, *Revista de Direito Administrativo – RDA*, Rio de Janeiro, v. 285, p. 10-37, 1952.

7   SOUZA, Ruy de. Serviços do estado e seu regime jurídico. *Revista de Direito Administrativo – RDA*, Rio de Janeiro, v. 285, p. 29, 1952.

Capítulo 2 • SERVIÇOS SOCIAIS AUTÔNOMOS NO CONTEXTO DE SUJEITOS JURÍDICOS PRÓXIMOS **101**

que a outra – autarquia – indica apenas uma autonomia administrativa, mas não exclui a subordinação hierárquica e de organização.[8]

Hely Lopes Meirelles, por sua vez, conceitua as entidades paraestatais como pessoas jurídicas de direito privado, cuja criação é autorizada por lei específica, "[...] com patrimônio público ou misto, para realização de atividades, obras ou serviços de interesse coletivo, sob normas e controle do Estado [...]"[9], e insere as empresas estatais, as fundações públicas e os serviços sociais autônomos nesse conceito.

Di Pietro critica o enquadramento dos serviços sociais autônomos no conceito de entidades paraestatais de Hely Lopes Meirelles:

[...] em primeiro lugar, pelo sentido etimológico da expressão; em segundo lugar, porque está incluindo na mesma categoria entidades de natureza jurídica diferente, ou seja, pessoas jurídicas que fazem parte da administração pública indireta e entidades privadas que se situam fora do âmbito estatal, como é o caso dos serviços sociais autônomos [...].[10]

Um parâmetro legal adequado para a conceituação de entidade paraestatal encontra-se expressamente no art. 84, § 1º, da Lei nº 8.666/1993[11], quando a lei de licitações e contratos administrativos conceitua "servidor público" para fins de enquadramento das sanções administrativas e penais estabelecidas na norma.

Essa norma equipara a servidor público àquele que exerce cargo, emprego ou função em entidade paraestatal, "[...] assim consideradas, além das fundações, empresas públicas e sociedades de economia mista, as demais entidades sob controle, direto ou indireto, do poder público"[12].

De um lado, a norma afasta as entidades autárquicas do conceito de entidade paraestatal, uma vez que as autarquias, embora situadas na administração indireta, têm natureza jurídica de direito público e mantêm todas as características da administração direta[13].

---

[8]   CAVALCANTI, Themistocles Brandão. *Tratado de direito administrativo*. 3. ed. Rio de Janeiro/São Paulo: Livraria Freitas Bastos, v. II, 1956. p. 106-107.

[9]   MEIRELLES, Hely Lopes. *Direito administrativo brasileiro*. 32. ed. São Paulo: Malheiros Editores, 2006. p. 362.

[10] DI PIETRO, Maria Sylvia Zanella; MOTTA, Fabrício. *Tratado de direito administrativo*. Administração pública e servidores públicos. 2. ed. São Paulo: Revista dos Tribunais, v. 2, 2019. p. 307.

[11] BRASIL. Lei nº 8.666, de 21 de junho de 1993. Regulamenta o art. 37, inciso XXI, da Constituição Federal, institui normas para licitações e contratos da Administração Pública e dá outras providências. Brasília, DF: Planalto, 1993. Disponível em: http://www.planalto.gov.br/ccivil_03/leis/l8666cons.htm. Acesso em: 2 jan. 2020.

[12] Artigo 84, § 1º, da Lei nº 8.666/1993.

[13] As autarquias gozam de benefícios processuais, pagam seus débitos judiciais por meio de precatório, são custeadas pelo orçamento público, possuem poder de polícia, dentre outras características da administração direta.

De outro, o art. 84, § 1º, da Lei nº 8.666/1993[14] também afasta acertadamente os serviços sociais autônomos do conceito de entidade paraestatal, pois essas entidades não fazem parte da administração direta ou indireta e são pessoas jurídicas de direito privado.

Registra-se, ainda, que tal conceito legal é abrangente apenas de pessoas jurídicas de direito privado que fazem parte da administração indireta – ou seja, empresas públicas, sociedades de economia mista e fundações públicas de direito privado – e, além disso, é totalmente compatível com o parágrafo único do art. 1º da Lei nº 8.666/1993, que exclui diretamente do seu âmbito de incidência material os serviços sociais autônomos.

Esse conceito de entidade paraestatal, portanto, afasta-se igualmente do conceito de "terceiro setor", na medida em que o primeiro admite a presença de entidades que compõem a estrutura administrativa do Estado (empresas públicas, sociedades de economia mista e fundações públicas de direito privado) e o segundo não abrange pessoas jurídica com fins empresariais, ou seja, compõem o terceiro setor as pessoas jurídicas de direito criadas autonomamente e de forma independente, sem participação estatal e sem fins lucrativos.

Nesse rumo, o terceiro setor, em regra, é conceituado pela doutrina como uma designação imprecisa, residual e vaga em que se pretende colocar todas as organizações sociais que, por um lado, sendo privadas, não visam a fins lucrativos e, por outro, sendo animadas por objetivos sociais, públicos ou coletivos, não são estatais[15].

Dessa maneira, o estudo do terceiro setor no Brasil foi impulsionado no início da década de 1990, quando o Governo Fernando Henrique Cardoso lançou discussões para promover uma reforma do Estado e editou o "Plano Diretor da Reforma do Aparelho do Estado", em 1995[16]. Essa reforma consistia em alterar o modelo excessivamente burocrático de administração pública então vigente para um modelo com foco em resultados, na tentativa de gerar eficiência nos gastos públicos.

Diante da crise fiscal existente à época, uma das soluções que se vislumbrou foi o fortalecimento do terceiro setor, por meio da edição de instrumentos jurídicos que favorecessem o fomento dessas atividades, de modo a aumentar a

---

[14]   BRASIL. Lei nº 8.666, de 21 de junho de 1993. Regulamenta o art. 37, inciso XXI, da Constituição Federal, institui normas para licitações e contratos da Administração Pública e dá outras providências. Brasília, DF: Planalto, 1993. Disponível em: http://www.planalto.gov.br/ccivil_03/leis/l8666cons.htm. Acesso em: 2 jan. 2020.

[15]   SANTOS, Boaventura de Sousa. Para uma reinvenção solidária e participativa do Estado. In: BRESSER PEREIRA, Luiz Carlos; WILHEIM, Jorge; SOLA, Lourdes (org.). *Sociedade e estado em transformação*. São Paulo: Unesp; Brasília: ENAP, 1999. p. 250-251.

[16]   BRASIL. Presidência da República. *Plano Diretor da Reforma do Aparelho do Estado*. 1995. Disponível em: http://www.bresserpereira.org.br/Documents/MARE/PlanoDiretor/plano-diretor.pdf. Acesso em: 6 jan. 2020.

Capítulo 2 • SERVIÇOS SOCIAIS AUTÔNOMOS NO CONTEXTO DE SUJEITOS JURÍDICOS PRÓXIMOS | **103**

prestação dos serviços de interesse público não exclusivos do Estado por entidades sem fins lucrativos[17].

Na Itália, a Lei nº 106, de 6 de junho de 2016, delegou ao Poder Executivo poderes para promover uma reforma no terceiro setor, conferindo parâmetros para a edição da norma reguladora. Entre esses parâmetros, a lei estabelece a definição de terceiro setor para o Direito italiano:

> O terceiro setor refere-se ao complexo de entidades privadas constituído para a busca, sem fins lucrativos, de finalidade cívica, solidária e de utilidade social e que, na implementação princípio da subsidiariedade e de acordo com os respectivos estatutos ou estatutos, promove e implemente atividades de interesse geral por meio de formas voluntárias e gratuitas ou de produção e troca de bens e serviços. Não fazem parte do terceiro setor as formações e associações políticas nem sindicatos, associações profissionais e representantes de categorias econômicas.[18]

A atividade desenvolvida no terceiro setor é pautada pelo princípio da subsidiariedade, segundo o qual "[...] uma entidade superior não deve realizar os interesses da coletividade inferior quando esta puder supri-los por si mesma de maneira mais eficaz [...]"[19], ou seja, o Estado somente deve se ocupar de determinada atividade se a sociedade, organizada por seus próprios meios, não puder assumi-la.

---

[17] "Vale mencionar que a reforma gerencial brasileira foi pensada em um contexto de reduções orçamentárias, decorrente da crise fiscal que o país atravessava no início da década de 1990. Havia uma evidente insuficiência na prestação dos serviços públicos estabelecidos na Constituição Federal de 1988, e essa conjuntura propiciou a discussão de um novo modelo de gestão pública que garantisse maior eficiência na execução dos serviços públicos; em poucas palavras: que possibilitasse ao Estado fazer mais com menos. [...] É nesse contexto que as parcerias com terceiro setor assumem grande relevância e ganham um sentido mais pragmático, pois, em razão da dificuldade de se estabelecer maior autonomia às entidades da própria Administração Pública, o terceiro setor foi 'aproximado' do Estado como um meio de se pôr em prática o modelo de administração gerencial." (SOUSA, Otavio Augusto Venturini de. Parcerias com o terceiro setor no Brasil: evolução e aspectos críticos nos últimos 20 anos. *Revista Brasileira de Estudos da Função Pública – RBEFP*. Belo Horizonte, ano 4, n. 12, p. 153-154, set./dez. 2015)

[18] Tradução do autor: "Per Terzo settore si intende il complesso degli enti privati costituiti per il perseguimento, senza scopo di lucro, di finalità civiche, solidaristiche e di utilità sociale e che, in attuazione del principio di sussidiarietà e in coerenza con i rispettivi statuti o atti costitutivi, promuovono e realizzano attività di interesse generale mediante forme di azione volontaria e gratuita o di mutualità o di produzione e scambio di beni e servizi. Non fanno parte del Terzo settore le formazioni e le associazioni politiche, i sindacati, le associazioni professionali e di rappresentanza di categorie economiche".

[19] ROCHA, Sílvio Luís Ferreira da. *Terceiro setor*. Coleção Temas de Direito Administrativo 7. 2. ed. São Paulo: Malheiros Editores, 2006. p. 17.

Assim, embora desempenhe atividade de interesse geral, muitas vezes imposta constitucionalmente como dever – não exclusivo – do Estado, para a concretização de direitos individuais e sociais, o terceiro setor é formado por entidades privadas sem fins lucrativos, apoiadas e não criadas pelo poder público[20].

A partir dessa definição de terceiro setor, composto por entidades privadas sem fins lucrativos que desempenham serviços de interesse geral não exclusivos do Estado, excluindo, de um lado, os entes públicos e, de outro, as organizações privadas com fins lucrativos, conclui-se que os serviços sociais autônomos não compõem o terceiro setor, pois são criados por lei com participação ativa estatal. Ademais, a doutrina[21] revela a necessária presença do voluntarismo para que uma entidade integre o terceiro setor, o que afasta o serviço social autônomo desse grupo de entidades.

Essa posição encontra amparo nos seguintes autores: Maria Sylvia Zanella Di Pietro (*Administração pública e servidores públicos*. Tratado de direito administrativo. 2. ed. São Paulo: Ed. Revista dos Tribunais, v. 2, 2019. p. 309 e 316[22]); Paulo

---

[20]   Ao explicar a relação entre a Reforma do Estado, promovida a partir de 1995, e o terceiro setor, Carla Bertucci Barbieri expõe: "No núcleo dos sérvios não exclusivos, transferem-se para o setor não estatal os mesmos serviços por meio de um programa de publicização, transformando as fundações e associações provadas em organização sociais. Esse processo de publicização, muito combatido por autores antineoliberalistas, consiste na descentralização para o setor público não estatal da execução de serviços que não envolvem o exercício do poder do Estado, mas que devem ser subsidiados por ele. A denominada publicização de serviços dá-se mediante o financiamento de atividades praticadas pelo terceiro setor e mediante a celebração de termos de parceria (entre o Estado e as organizações da sociedade civil de interesse público) e de contratos de gestão (entre o Estado e as organizações sociais)" (BARBIERI, Carla Bertucci. *Terceiro setor* – Desafios e perspectivas constitucionais. Curitiba: Juruá, 2011. p. 106-107).

[21]   Conferir: LINS, Bernardo Wildi. *Organizações sociais e contratos de gestão*. 2. ed. Rio de Janeiro: Lumen Juris, 2018. p. 129; SALAMON, Lester. Estratégias para o fortalecimento do terceiro setor. In: IOSCHPE, Evelyn Berg (org.). *3º setor*: desenvolvimento social sustentado. 3. ed. Rio de Janeiro: Paz e Terra, 2005; *O terceiro setor em perspectiva*: da estrutura à função social. Belo Horizonte: Fórum, 2011.

[22]   Nessa obra, Di Pietro expõe: "Serão analisadas como entidades do terceiro setor: as fundações de apoio, os serviços sociais autônomos, as organizações sociais, as organizações da sociedade civil de interesse público e as organizações da sociedade civil" (p. 309). "Diante dessas características, tais entidades melhor se enquadrariam na esfera da Administração indireta do Estado, com a peculiaridade de usufruírem de maior grau de autonomia do que as demais." (p. 316) Entretanto, a mesma autora, na obra *Parcerias na administração pública*, escreve: "[...] daí a expressão 'entidade paraestatal'; nessa expressão podem ser incluídas todas as entidades integrantes do chamado terceiro setor, o que abrange as declaradas de utilidade púbica, as que recebem certificado de fins filantrópicos, os serviços sociais autônomos (Sesi, Sesc, Senai etc.), as organizações sociais e as organizações da sociedade civil de interesse público" (DI PIETRO, Maria Sylvia Zanella. *Parcerias na administração pública*. 10. ed. São Paulo: Atlas, 2015. p. 261).

Capítulo 2 • SERVIÇOS SOCIAIS AUTÔNOMOS NO CONTEXTO DE SUJEITOS JURÍDICOS PRÓXIMOS | **105**

Modesto (Reforma administrativa e marco legal das organizações sociais no Brasil: as dúvidas dos juristas sobre o modelo das organizações sociais. *RTDP*, São Paulo, n. 16, p. 178-99, out./dez. 1996); Celso Antônio Bandeira de Mello (*Curso de direito administrativo*. 34. ed. São Paulo: Malheiros, 2019. p. 230[23]); Ronny Charles Lopes de Torres (*Terceiro setor – Entre a liberdade e o controle*. Salvador: Ed. JusPodivm, 2013. p. 80-81); Sílvio Luís Ferreira da Rocha (*Terceiro setor*. Coleção Temas de Direito Administrativo 7. 2. ed. São Paulo: Malheiros Editores, 2006[24]); e Marçal Justen Filho (*Curso de direito administrativo*. 13. ed. São Paulo: Ed. Revista dos Tribunais, 2018. p. 207-216[25]).

Este trabalho não ignora a posição de autores em sentido contrário[26]. Entretanto, diante da falta de voluntarismo dos serviços sociais autônomos e da grande vinculação que o mesmo tem com o Estado, desde sua criação por lei até a forte presença de setores públicos em sua gestão, conclui-se que os serviços sociais autônomos não integram o terceiro setor.

Por fim, outro conceito que se aproxima das entidades paraestatais e do terceiro setor é o de "entes de colaboração" ou "entes associados de colaboração". Essas expressões designam a associação, por meio de uma delegação administrativa atípica, entre o poder público e as entidades que não têm finalidade econômica precípua, ou seja, são os mais diversos arranjos jurídicos de colaboração entre entes privados sem fins lucrativos e o Estado para o desempenho de atividade de interesse público não exclusiva[27].

Assim, os entes de colaboração são entes extraestatais que atuam em colaboração com o Estado para o desempenho de atividade social. Entre eles, destacam-se:

---

[23] O autor coloca como entidade integrante do terceiro setor apenas as organizações sociais, as organizações da sociedade civil de interesse público e as entidades de utilidade pública previstas na já revogada Lei nº 91/1935.

[24] Ao indicar as entidades do terceiro setor, o autor aborda apenas as "entidades de utilidade pública", a "sociedade civil de interesse público" e as "organizações sociais".

[25] O autor separa os tópicos "28 As entidades paraestatais ('serviços sociais autônomos')" e "30 As organizações não governamentais: o chamado terceiro setor".

[26] Conferir: FERNANDES, Luciana de Medeiros. *Reforma do estado e terceiro setor*. Curitiba: Juruá, 2009. p. 336; CHAHAIRA, Bruno Valverde. *Terceiro setor, direitos fundamentais e as políticas públicas no Brasil em crise*. Rio de Janeiro: Lumen Juris, 2018. p. 100; BARBIERI, Carla Bertucci. *Terceiro setor – Desafios e perspectivas constitucionais*. Curitiba: Juruá, 2011. p. 70-71; OLIVEIRA, Rafael Carvalho Rezende. *Curso de direito administrativo*. 7. ed. Rio de Janeiro: Forense, 2019. p. 224; CUNHA JÚNIOR, Dirley da. *Curso de direito administrativo*. 17. ed. Salvador: JusPodivm, 2019. p. 206.

[27] "O vínculo jurídico que caracteriza a colaboração administrativa terá a natureza de uma delegação administrativa atípica, através da qual uma entidade pública competente para a prossecução de determinado interesse público transfere à entidade privada de colaboração o exercício de certas funções ou prerrogativas próprias da Administração Pública." (MOREIRA NETO, Diogo de Figueiredo. *Curso de direito administrativo*. 16. ed. Rio de Janeiro: Forense, 2014. p. 311)

106 | SISTEMA S: FUNDAMENTOS CONSTITUCIONAIS • *Edvaldo Nilo de Almeida*

as organizações sociais, as organizações da sociedade civil de interesse público, as fundações de apoio a instituições oficiais de ensino superior, as fundações de previdência privada, as associações profissionais, as federações e confederações e as sociedades civis de fins assistenciais[28].

Diante desse quadro conceitual, o presente trabalho adota o entendimento de que os serviços sociais autônomos não se inserem no grupo das entidades paraestatais nem compõem o terceiro setor, tampouco são entes de colaboração. Esses pressupostos são fundamentais para estabelecer a correta natureza jurídica dos serviços sociais autônomos, que será abordada nos próximos capítulos.

2.2 CORPORAÇÕES OU AUTARQUIAS PROFISSIONAIS, SINDICATOS E ASSOCIAÇÕES

Neste tópico, algumas entidades relacionadas ao exercício da profissão e à representatividade de determinados grupos organizados são conceituadas de modo a ficar clara a distinção entre elas e os serviços sociais autônomos.

Em primeiro lugar, apresenta-se o conceito de corporação ou autarquia profissional como pessoa jurídica de direito público criada por lei com a função de regulamentar, fiscalizar, exercer o poder de polícia e emitir declarações, certidões e atos autorizativos relacionados a determinada profissão[29].

Por ter como uma de suas atribuições o exercício de poder de polícia, o Supremo Tribunal Federal declarou inconstitucionais os dispositivos da Lei nº 9.649/1998 que conferiam às autarquias profissionais personalidade jurídica de direito privado e que estabeleciam que os serviços de fiscalização de profissões regulamentadas seriam exercidos em caráter privado, por delegação do poder público, mediante autorização legislativa.

O STF decidiu que não é possível delegar "[...] a uma entidade privada, de atividade típica de Estado, que abrange até poder de polícia, de tributar e de punir, no que concerne ao exercício de atividades profissionais regulamentadas"[30]. Destaca-se, ainda, que as autarquias corporativas ou profissionais possuem um regime jurídico que as diferencia das demais autarquias, uma vez que não estão subordinadas ou vinculadas direta ou indiretamente a nenhuma entidade política[31], isto

---

[28] MOREIRA NETO, Diogo de Figueiredo. *Curso de direito administrativo.* 16. ed. Rio de Janeiro: Forense, 2014. p. 311-316.

[29] CUNHA JUNIOR, Luiz A. P.; SALGADO, Valéria A. B.; ALMEIDA, Valdomir J. *Propostas de taxonomias para órgãos entidades da administração pública federal e outros entes de cooperação e colaboração.* 2. ed. Brasília: IABS, 2013.

[30] BRASIL. Supremo Tribunal Federal. ADI 1717, Relator(a): Min. Sydney Sanches, Tribunal Pleno, julgado em 07/11/2002, *DJ* 28/03/2003 PP-00063 EMENT VOL-02104-01 PP-00149.

[31] FURTADO, Lucas Rocha. *Curso de direito administrativo.* 5. ed. Belo Horizonte: Fórum, 2016. p. 159.

Capítulo 2 • SERVIÇOS SOCIAIS AUTÔNOMOS NO CONTEXTO DE SUJEITOS JURÍDICOS PRÓXIMOS | **107**

é, não há tutela ou controle pela Administração Pública, em face da necessidade de independência, autonomia e liberdade no exercício do poder de fiscalização do respectivo profissional regulamentado profissionalmente.

Não há, desse modo, aproximação dessas entidades com os serviços sociais autônomos, pois são pessoas jurídicas de direito público e exercem o poder de polícia constitucionalmente garantido.

Outra entidade relacionada ao exercício de profissão é o sindicato. Ao contrário das autarquias profissionais, que, via de regra[32], integram a administração indireta e são criadas por lei, os sindicatos são organizações privadas criadas por trabalhadores e empregadores (ou pessoas jurídicas) de determinada categoria profissional, sem a necessidade de autorização estatal prévia e interferência do Estado no seu funcionamento (art. 8º, inciso I, da Constituição), para a representação organizada dos interesses do grupo nas relações coletivas de trabalho (art. 8º, inciso III, da Constituição)[33], inclusive nos processos judiciais[34].

A associação sindical é livre ao trabalhador ou ao empregador (art. 8º, *caput,* da Constituição). Contudo, as negociações coletivas de trabalho devem ser promovidas por sindicatos (art. 8º, inciso VI, da Constituição)[35].

---

[32] Na ADI 3026, o Supremo Tribunal Federal entendeu que: "A OAB não é uma entidade da Administração Indireta da União. A Ordem é um serviço público independente, categoria ímpar no elenco das personalidades jurídicas existentes no direito brasileiro" (BRASIL. Supremo Tribunal Federal. ADI 3026, Relator(a): Min. Eros Grau, Tribunal Pleno, julgado em 08/06/2006, *DJ* 29/09/2006 PP-00031 EMENT VOL-02249-03 PP-00478 *RTJ* VOL-00201-01 PP-00093).

[33] Conferir: NASCIMENTO, Amauri Mascaro. *Direito sindical*. São Paulo: Saraiva, 1989. p. 153; ANDRADE, Everaldo Gaspar Lopes de. *Curso de direito sindical*. São Paulo: LTr, 1991. p. 102; CATHARINO, José Martins. *Tratado elementar de direito sindical*: doutrina, legislação. São Paulo: LTr, 1982. p. 165; ROMITA, Arion Sayão. *Direito sindical brasileiro*. Rio de Janeiro: Brasília, 1976. p. 18.

[34] Tema 823 de repercussão geral: "Os sindicatos possuem ampla legitimidade extraordinária para defender em juízo os direitos e interesses coletivos ou individuais dos integrantes da categoria que representam, inclusive nas liquidações e execuções de sentença, independentemente de autorização dos substituídos" (BRASIL. Supremo Tribunal Federal. RE 883642 RG, Relator(a): Min. Ministro Presidente Ricardo **Lewandowski**., julgado em 18/06/2015, Acórdão Eletrônico Repercussão Geral – Mérito *DJe*-124 DIVULG 25/06/2015 PUBLIC 26/06/2015).

[35] Constituição da República: "Art. 8º É livre a associação profissional ou sindical, observado o seguinte: I – a lei não poderá exigir autorização do Estado para a fundação de sindicato, ressalvado o registro no órgão competente, vedadas ao Poder público a interferência e a intervenção na organização sindical; [...] III – ao sindicato cabe a defesa dos direitos e interesses coletivos ou individuais da categoria, inclusive em questões judiciais ou administrativas; [...] V – ninguém será obrigado a filiar-se ou a manter-se filiado a sindicato; VI – é obrigatória a participação dos sindicatos nas negociações coletivas de trabalho".

Outra característica dos sindicatos no Brasil é a unicidade sindical, que veda a "criação de mais de uma organização sindical, em qualquer grau, representativa de categoria profissional ou econômica, na mesma base territorial"[36]. Essa norma impõe o registro das entidades sindicais no Ministério do Trabalho para que o órgão possa verificar o cumprimento desse requisito constitucional[37].

Em resumo, o sindicato possui as seguintes características: pessoa jurídica de direito privado, permanente, autônoma, livre, sem fins lucrativos e com legitimidade para representar judicial ou extrajudicialmente integrantes de um setor da atividade econômica ou profissional[38]. A organização sindical está regulamentada a partir do art. 511 da Consolidação das Leis do Trabalho (CLT).

Por fim, as associações são pessoas jurídicas de direito privado, reguladas pelo Código Civil, e se caracterizam pela união de pessoas que se organizam para fins não econômicos, ou seja, sem o propósito de desenvolver atividade econômica com o intuito de lucro (art. 53 do Código Civil).

Não há associação sem a união de associados. Com a constituição da associação se cria a posição do associado e a pessoa jurídica denominada associação. Nas palavras de Maria Helena Diniz, "[...] cada um dos associados constituirá uma individualidade, e a associação uma outra [...]"[39], de modo que a relação entre os associados e a relação entre estes e a associação são de fundamental importância para o desenvolvimento das atividades da associação desde sua constituição até a sua extinção.

A regulamentação dessa relação constará do estatuto da associação. Esse instrumento jurídico prevê, entre outros aspectos, a denominação, os fins, os requisitos para admissão e exclusão de associados, os direitos e deveres destes, as fontes de recursos para a manutenção da associação, os órgãos deliberativos e a forma de gestão e de aprovação de contas (art. 54 do Código Civil).

É possível que um grupo de trabalhadores ou de empresários se una para constituir uma associação para a defesa de seus interesses, de forma coletiva, afinal, a liberdade de associação é um direito fundamental previsto no art. 5º, inciso XVIII, da Constituição. Contudo, as associações constituídas com essa finalidade não possuem personalidade sindical[40]. Desse modo, os sindicatos gozam de prerrogativas que os diferenciam das demais associações profissionais ou econômicas[41].

---

[36] Art. 8º, II, da Constituição da República.

[37] Súmula 677 do Supremo Tribunal Federal: "Até que lei venha a dispor a respeito, incumbe ao Ministério do Trabalho proceder ao registro das entidades sindicais e zelar pela observância do princípio da unicidade".

[38] CAIO JR., José. *Curso de direito do trabalho* – Direito individual e coletivo do trabalho. 16. ed. Salvador: JusPodivm, 2019. p. 1272-1273.

[39] DINIZ, Maria Helena. *Código civil anotado*. 9. ed. São Paulo: Saraiva, 2003. p. 72.

[40] DINIZ, Maria Helena. *Código civil anotado*. 9. ed. São Paulo: Saraiva, 2003. p. 1270.

[41] "Atualmente, estão reservadas às entidades sindicais as prerrogativas de, dentre outras, segundo art. 593 da CLT:

Capítulo 2 • SERVIÇOS SOCIAIS AUTÔNOMOS NO CONTEXTO DE SUJEITOS JURÍDICOS PRÓXIMOS | **109**

Além da inexistência de prerrogativas sindicais, o STF limitou o alcance da legitimidade processual das associações para promover a defesa judicial de temas de seu interesse. O STF definiu como tema de repercussão geral (Tema 499) que a decisão transitada em julgado em ação coletiva proposta por associação somente beneficia "[...] os filiados, residentes no âmbito da jurisdição do órgão julgador, que o fossem em momento anterior ou até a data da propositura da demanda, constantes de relação juntada à inicial do processo de conhecimento [...]"[42].

Assim, sob o enfoque da tutela dos interesses de profissões, de trabalhadores ou de empregadores, as associações têm uma menor relevância em relação aos sindicatos, mas, sob o enfoque do desempenho de atividades de interesse geral não exclusivo do Estado, as associações têm grande relevância, compondo o terceiro setor e se configurando com organizações da sociedade civil ou organizações não governamentais, conforme se verá adiante.

Nesse quadro, também não há qualquer relação de aproximação entre os serviços sociais autônomos e os sindicatos e as associações, pois aquelas entidades não representam categorias profissionais e não são criadas a partir da vontade de entes ou pessoas privadas sem qualquer participação estatal.

2.3 FUNDAÇÕES

Na Constituição da República de 1988 há diversas referências às fundações instituídas pelo poder público, entre elas, os arts. 22, 37, inciso XI, e 38 ("administração fundacional"); os arts. 37, incisos XIX e XX, 39, § 1º, 40, *caput*, e 163 ("fundação" ou "fundações"); e os arts. 150, § 2º, 157, 158 e 165, § 5º, incisos I e III ("fundação instituída e mantida")[43].

Entretanto, o dispositivo constitucional mais relevante acerca das fundações é a alteração promovida pela Emenda Constitucional nº 19/1998 no art. 37, inciso XIX, da Constituição. A redação original do inciso era a seguinte: "[...] somente por lei específica poderão ser criadas empresa pública, sociedade de economia mista, autarquia ou fundação pública". Com a EC 19/98, a criação das fundações

---

a) representação dos trabalhadores no âmbito de seu raio subjetivo de abrangência;

b) celebração de contratos coletivos (acordos e convenções coletivas de trabalho);

c) colaborar com o Estado, como órgãos técnicos e consultivos, no estudo e solução dos problemas que se relacionam com a respectiva categoria ou profissão liberal; [...]". (CAIO JR., José. *Curso de direito do trabalho* – Direito individual e coletivo do trabalho. 16. ed. Salvador: JusPodivm, 2019. p. 1296-1297)

42 BRASIL. Supremo Tribunal Federal. RE 612.043, Relator(a): Min. Marco Aurélio, Tribunal Pleno, julgado em 10/05/2017, *DJe*-229 DIVULG 05/10/2017 PUBLIC 06/10/2017.

43 PAES, José Eduardo Sabo. Fundação pública instituída pelo poder público com personalidade jurídica de direito privado. *Revista do Ministério Público Distrito Federal e Territórios*, n. 4, Brasília, p. 110, 2010. Disponível em: http://www.fundacoes.mppr.mp.br/arquivos/File/ Artigo_Sabo_Paes_Fundacoes_publicas_de_direito_privado.pdf. Acesso em: 16 jan. 2020.

passou a ser "autorizada" por lei específica, cabendo à lei complementar "definir as áreas de sua atuação"[44].

Essa lei complementar ainda não foi editada, mas tramita na Câmara dos Deputados o Projeto de Lei Complementar (PLP) nº 92/2007, que busca regulamentar as áreas de atuação das fundações instituídas pelo poder público[45]. Na ausência dessa lei complementar, o art. 5º, inciso IV, do Decreto-lei nº 200/1967 é o definidor do campo de atuação das fundações públicas: "[...] desenvolvimento de atividades que não exijam execução por órgãos ou entidades de direito público [...]"[46].

Extrai-se, por sua vez, as seguintes características de fundação da doutrina italiana: (i) com a sua instituição e com a escritura de doação, os ativos necessários são atribuídos para que se possa iniciar as atividades; (ii) ter uma estrutura organizacional composta, como órgãos, por administradores, que são controlados e supervisionados por uma autoridade governamental; (iii) existe um complexo de bens destinados a durar para a consecução de um objetivo estabelecido nos estatutos; (iv) buscar objetivos de utilidade social[47].

---

[44] "XIX – somente por lei específica poderá ser criada autarquia e autorizada a instituição de empresa pública, de sociedade de economia mista e de fundação, cabendo à lei complementar, neste último caso, definir as áreas de sua atuação; [...]"

[45] "Art. 1º Poderá, mediante lei específica, ser instituída ou autorizada a instituição de fundação sem fins lucrativos, integrante da administração pública indireta, com personalidade jurídica de direito público ou privado, nesse último caso, para o desempenho de atividade estatal que não seja exclusiva de Estado, nas seguintes áreas: I – saúde; II – assistência social; III – cultura; IV – desporto; V – ciência e tecnologia; VI – meio ambiente; VII – previdência complementar do servidor público, de que trata o art. 40, §§ 14 e 15, da Constituição; VIII – comunicação social; e IX – promoção do turismo nacional. § 1º Para os efeitos desta Lei Complementar, compreendem-se na área da saúde também os hospitais universitários federais. § 2º O encaminhamento de projeto de lei para autorizar a instituição de hospital universitário federal sob a forma de fundação de direito privado será precedido de manifestação pelo respectivo conselho universitário. Art. 2º Esta Lei Complementar entra em vigor na data de sua publicação." (Disponível em: https://www.camara.leg.br/proposicoesWeb/prop_mostrarintegra;jsessionid=BBC702155D6C61063A2404AB5DB7D3EF.proposicoes WebExterno2?codteor=483713&filename=PLP+92/2007. Acesso em: 4 jan. 2020)

[46] "[...] a entidade dotada de personalidade jurídica de direito privado, sem fins lucrativos, criada em virtude de autorização legislativa, para o desenvolvimento de atividades que não exijam execução por órgãos ou entidades de direito público, com autonomia administrativa, patrimônio próprio gerido pelos respectivos órgãos de direção, e funcionamento custeado por recursos da União e de outras fontes."

[47] LOPILATO, Vicenzo. *Manuale di diritto amministrativo*. Torino: G. Giappichelli Editore, 2019. p. 241. O autor afirma, em resumo, que aplicam-se as seguintes regras para as fundações: "i) con il negozio di fondazione si constituisce l'ente e con l'atto di dotazione si attribuiscono i mezzi patrimoniali necessari perché esso possa operare; ii) hanno una struttura organizzativa composta, quali organi, da amministratori, che sono controllati e vigilati da un'autorità governativa; iii) esiste un complesso di beni destinati durevolmente al perseguimento di una finalità fissata nell'atto constitutivo; iv) perseguono scopi di utilità sociale".

Capítulo 2 • SERVIÇOS SOCIAIS AUTÔNOMOS NO CONTEXTO DE SUJEITOS JURÍDICOS PRÓXIMOS | **111**

Por certo, a fundação é um patrimônio personalizado afetado a um fim específico[48] e é gênero que comporta as espécies: fundação privada e fundação pública[49]. Nas palavras de José Cretella Júnior:

> Se o patrimônio for "privado", se a personalização ocorrer "mediante emprego de processo típico do direito privado", ou seja, "do registro" e se o fim for "eminentemente privado", estaremos, sem dúvida, diante da fundação de direito privado, mas se o patrimônio for "público", se a personalização se der "mediante processo típico do direito público", como por exemplo, "a lei", e se o fim for "público", é claro que, nestas condições, há dois tipos de fundações paralelas e inconfundíveis, a fundação de direito privado, regida por princípios privatísticos, a fundação de direito público, regida por princípios publicísticos, exorbitantes e derrogatórios do direito civil.[50]

Assim, a fundação privada é constituída por patrimônio privado para o exercício de atividade de interesse geral não exclusivo do Estado e não tem fins lucrativos (art. 62 do Código Civil)[51].

As fundações instituídas pelo Estado, às quais se refere Cretella Júnior na citação anterior, por sua vez, se subdividem em dois tipos: fundações públicas (ou fundações autárquicas ou autarquias fundacionais ou fundações estatais de direito público), com personalidade jurídica de direito público; e fundações estatais privadas (ou fundação pública de direito privado[52] ou fundações estatais de direito privado[53]), com personalidade jurídica de direito privado[54].

---

[48] Conferir, nesse sentido: CRETELLA JÚNIOR, José. *Fundações de direito público*. 2. ed. Rio de Janeiro: Forense, 2002. p. 3; FERREIRA, Sergio de Andréa. *As fundações de direito privado instituídas pelo estado*. Rio de Janeiro: Editora Rio, 1973. p. 13; FREIRE, André Luiz. *O regime de direito público na prestação de serviços públicos por pessoas privadas*. Coleção Temas de Direito Administrativo, n. 34. São Paulo: Malheiros, 2014. p. 316; RAO, Vicente. *O direito e a vida dos direitos*. 3. ed. Revista dos Tribunais, São Paulo, v. 2, 1991. p. 695; SOUSA, Leandro Marins de. Fundação-sócia e fundação-empresa: exercício de atividades econômicas por fundações privadas. In: OLIVEIRA, Gustavo Justino de. (coord.) *Direito do terceiro setor*. Belo Horizonte: Editora Fórum, 2008. p. 181-183.

[49] CRETELLA JÚNIOR, José. Op. cit., p. 2.

[50] Ibid., p. 32-33.

[51] FREIRE, André Luiz. Op. cit., p. 316.

[52] FURTADO, Lucas Rocha. *Curso de direito administrativo*. 5. ed. Belo Horizonte: Fórum, 2016. p. 163.

[53] DI PIETRO, Maria Sylvia Zanella; MOTTA, Fabrício. *Tratado de direito administrativo*. Administração pública e servidores públicos. 2. ed. São Paulo: Revista dos Tribunais, v. 2, 2019. p. 203-207.

[54] FREIRE, André Luiz. Op. cit., p. 316.

É de fundamental relevo a distinção entre a natureza dessas duas fundações criadas pelo Estado, uma vez que o regime jurídico aplicável a cada uma dessas fundações se altera se ela é de direito público ou de direito privado. Conforme Sergio de Andréa Ferreira, a natureza jurídica do ente influencia

> [...] desde os requisitos e a forma de criação da entidade, e no que tange, por exemplo, às relações jurídicas com os titulares de seus órgãos, e com terceiros, à natureza jurídica dos atos que pratique, aos fundamentos de sua responsabilidade civil.[55]

A fundação estatal de direito público é uma espécie de autarquia[56]. Ela se insere na administração indireta, conforme estabelece o art. 4º, inciso II, alínea *d*, do Decreto-lei nº 200/1967, e conforme reconhece a doutrina[57].

Por ter natureza autárquica, a fundação estatal de direito público é criada pela lei (art. 37, inciso XIX, da Constituição). Os bens que são destinados à execução dos fins dessa fundação são públicos, gozam dos atributos da inalienabilidade e da impenhorabilidade e não podem ser usucapidos. Além disso, seus agentes são servidores públicos detentores de cargo efetivo providos por concurso ou comissionados, e os atos praticados por essa fundação são administrativos. A responsabilidade civil segue o regime de responsabilidade objetiva do art. 37, § 6º, da

---

[55] FERREIRA, Sergio de Andréa. *As fundações de direito privado instituídas pelo estado*. Rio de Janeiro: Editora Rio, 1973. p. 19-20.

[56] Marcello Caetano aponta as diferenças entre fundação estatal de direito público e autarquia: "Na autarquia cria-se um serviço administrativo com fins especiais e asseguram-se-lhe receitas com as quais deve fazer face às despesas do seu funcionamento e do cumprimento das suas atribuições. Essas receitas podem provir de taxas, subsídios orçamentais etc., mas são sujeitas ao regime da anualidade orçamental. A autarquia tem o seu património (toda a pessoa jurídica possui vocação patrimonial) constituído pelos bens de capital e por direitos sobre coisas que estejam no comércio jurídico e de que seja titular. Mas esse património advém-lhe após a constituição, é uma consequência da sua existência e da necessidade de agir utilizando recursos pecuniários e bens. Ao passo que na fundação pública o ponto de partida é o património. O Estado individualiza entre os seus bens um conjunto de coisas imóveis (os monumentos históricos, por exemplo) uma universalidade (um museu), uma obra assistencial ou cultural (hospitais, universidades), um capital produtivo, e verificando que esses bens podem constituir um património gerido autonomamente de modo a manter-se e a ser acrescentado mediante rendimentos bastantes para realizar o fim cultural, assistencial ou outro a que esteja *afecto*, dá-lhe uma organização, confere-lhe personalidade jurídica e deixa que siga sua trajetória própria" (CAETANO, Marcello. *Princípios fundamentais do direito administrativo*. Almedina: Coimbra, 1996. p. 59).

[57] Conferir: CRETELLA JÚNIOR, José. *Fundações de direito público*. 2. ed. Rio de Janeiro: Forense, 2002. p. 34.

Capítulo 2 • SERVIÇOS SOCIAIS AUTÔNOMOS NO CONTEXTO DE SUJEITOS JURÍDICOS PRÓXIMOS | **113**

Constituição. Ademais, a fundação estatal de direito público goza dos privilégios da Fazenda Pública na atuação em juízo e é submetida ao controle externo do Tribunal de Contas[58].

Esse foi o entendimento adotado pelo Supremo Tribunal Federal quando constatou que a Fundação de Amparo à Pesquisa do Estado do Rio de Janeiro (Faperj) era uma fundação pública de direito público, e não uma fundação estatal de direito privado. Na oportunidade, o ministro Moreira Alves afirmou que essas fundações "[...] se inserem na Administração Indireta [...] por serem autarquias [...]" e que a Faperj é "[...] subordinada aos preceitos da lei que determinou sua instituição, e não se sujeita às normas do Código Civil"[59].

Por outro lado, a fundação estatal de direito privado tem a sua criação autorizada por lei específica (art. 37, inciso XIX, da Constituição). Essa lei deve delinear a finalidade da fundação e como será constituído seu patrimônio, além de indicar os parâmetros básicos para o estatuto da entidade[60].

A partir da previsão legal constante do art. 5º, § 3º, do Decreto-lei nº 200/1967[61], que afasta as previsões do Código Civil das fundações públicas, e da natureza privada dessa espécie de fundação estatal, criou-se grande divergência doutrinária a respeito da interferência ou não das normas de direito público nessas fundações, principalmente aquelas de origem constitucional aplicáveis à administração direta e indireta.

Lucas Rocha Furtado[62] entende que as fundações estatais de direito privado integram a administração indireta e que as normas de direito público previstas na Constituição Federal relacionadas à obrigatoriedade de realização de concurso público (art. 37, inciso II), à vedação de acumulação de cargos ou empregos públicos (art. 37, inciso XVII), à obrigatoriedade de licitação (art. 22, inciso XXVII), à execução por meio de precatório (art. 100) e ao controle exercido pelo Tribunal de Contas da União (art. 71, incisos II e IV) aplicam-se a essas fundações.

---

[58] DI PIETRO, Maria Sylvia Zanella; MOTTA, Fabrício. *Tratado de direito administrativo*. Administração pública e servidores públicos. 2. ed. São Paulo: Revista dos Tribunais, v. 2, 2019. p. 208-209.

[59] BRASIL. Supremo Tribunal Federal. RE 101126, Relator: Min. Moreira Alves, Tribunal Pleno, julgado em 24/10/1984, DJ 01/03/1985 PP-02098 EMENT VOL-01368-02 PP-00188 *RTJ* VOL-00113-01 PP-00314.

[60] DI PIETRO, Maria Sylvia Zanella; MOTTA, Fabrício. Op. cit., p. 203-206.

[61] Art. 5º, § 3º, do DL 200/67: "As entidades de que trata o inciso IV deste artigo adquirem personalidade jurídica com a inscrição da escritura pública de sua constituição no Registro Civil de Pessoas Jurídicas, não se lhes aplicando as demais disposições do Código Civil concernentes às fundações".

[62] FURTADO, Lucas Rocha. *Curso de direito administrativo*. 5. ed. Belo Horizonte: Fórum, 2016. p. 162-163.

114 | SISTEMA S: FUNDAMENTOS CONSTITUCIONAIS • *Edvaldo Nilo de Almeida*

Calil Simão[63] acompanha esse entendimento, embora entenda que somente a fundação estatal privada desempenhe atividade de titularidade exclusiva do Estado e integre a administração indireta.

Fabricio Motta, por sua vez, expõe que as fundações estatais de direito privado "[...] são regidas primordialmente pelo direito privado, com as derrogações impostas constitucional e legalmente pelo direito público [...]"[64]. Assim, o autor informa que as fundações estatais, de direito público e de direito privado, submetem-se às regras do art. 37 da Constituição, às regras da licitação pública, à fiscalização pelo Tribunal de Contas e gozam de imunidade tributária, previstas no art. 150, § 2º, e 150, inciso VI, alínea *c*, da Constituição.

Entretanto, entende o autor que os bens das fundações estatais de direito privado são particulares[65], que apenas os atos praticados no exercício de função pública delegada constituem-se em atos administrativos (os demais são atos privados),

---

[63] "As normas de direito público podem ser derrogatórias do regime de direito privado ou complementares a ele. Vale dizer, incidem sobre as entidades fundacionais de direito privado, instituídas pelo Poder público, como regra, o regime jurídico de direito civil para contratação de pessoal, para contratação com terceiros, o regime fiscal e tributário. Porém, a Constituição Federal estende a essas entidades, desde que o Poder público se mantenha no seu controle, por exemplo: (a) no tocante ao regime de pessoal, embora celetista, há necessidade de concurso público para ingresso no emprego (CF, art. 37, II) e a impossibilidade de acumulação de cargos (CF, art. 37, XVI); (b) no tocante aos contratos, as fundações devem submeter o processo de contratação a um regime concursal mínimo para legitimá-lo, salvo nos casos de dispensa ou inexigibilidade (CF, art. 37, XXI; c/c Lei 8.666/1993, art. 119); (c) no tocante ao regime fiscal, sendo uma entidade fundacional dependente, aplica-se ainda a regra de contabilidade pública e a necessidade de constar dotação orçamentária (CF, art. 52, VIII, art. 165, §§ 5º e 9º, art. 169; Lei 4.230/1964; LC 101/2000, art. 1º § 3º, I, b, c/c art. 2º, II); (d) quanto ao regime tributário, estão elas imunes (CF, art. 150, VI, c; art. 150, § 2º).

Esses são alguns exemplos de que o regime jurídico que as entidades fundacionais com personalidade jurídica de direito privado instituídas pelo Poder público seguem não é apenas o definido pelas normas de direito privado, especialmente porque está envolvido dinheiro público na sua instituição, controle do Poder público em sua administração, muitas vezes custeio público, e, em todo caso, a perseguição de um interesse público (não só social). Trataremos melhor de cada um dos itens do regime jurídico em tópico próprio a fim de deixar mais clara tal situação jurídica." (SIMÃO, Calil. *Fundações governamentais*. Versão *e-book*. São Paulo: Revista dos Tribunais, 2014)

[64] DI PIETRO, Maria Sylvia Zanella; MOTTA, Fabrício. *Tratado de direito administrativo*. Administração pública e servidores públicos. 2. ed. São Paulo: Revista dos Tribunais, v. 2, 2019. p. 203.

[65] Quanto aos bens, Sérgio de Andréa Ferreira entende que não são bens públicos e, em tese, poderiam ser penhorados, usucapidos e onerados, mas a lei que autoriza a criação da fundação pública de direito privado pode estabelecer as restrições da impenhorabilidade, da imprescritibilidade e da não onerabilidade. Conferir em: FERREIRA, Sergio de Andréa. *As fundações de direito privado instituídas pelo estado*. Rio de Janeiro: Editora Rio, 1973. p. 86-87.

Capítulo 2 • SERVIÇOS SOCIAIS AUTÔNOMOS NO CONTEXTO DE SUJEITOS JURÍDICOS PRÓXIMOS | **115**

que não há privilégio processual[66] e que a responsabilidade civil dessas fundações somente é objetiva quando estiverem prestando serviço público[67].

Assim, percebe-se que, apesar da submissão ao regime jurídico de direito privado, as fundações públicas de direito privado sofrem inúmeras interferências do regime jurídico de direito público, em especial, as imposições constitucionais relativas à licitação, ao concurso público e ao controle exercido pelo Tribunal de Contas.

De mais a mais, deve-se dissertar especificadamente sobre as denominadas fundações de apoio, que são fundações privadas, criadas sob o regime estabelecido no art. 62 do Código Civil (patrimônio afetado a um fim específico), normalmente por um grupo de pessoas ligadas a universidades públicas, cujo propósito é apoiar as atividades ligadas ao ensino, à pesquisa, à extensão, ao estímulo à inovação e ao desenvolvimento institucional, científico e tecnológico da universidade[68].

Ao serem instituídas, essas fundações acabam impulsionando a prestação do serviço público de educação superior em todas as vertentes determinadas pela Constituição: ensino, pesquisa e extensão[69]. Ademais, contribuem, também, para dar cumprimento ao postulado constitucional que determina a promoção da inovação nas universidades (art. 213 da Constituição).

A natureza jurídica das fundações de apoio é de fundação de direito privado. Desse modo, para estabelecer vínculo jurídico com as universidades públicas, devem celebrar contratos ou convênios[70]. Entretanto, de modo a incentivar a implementação do direito social à educação, a legislação acaba por viabilizar a dinamização dos vínculos entre estas e as instituições de ensino públicas[71], permitindo a contratação destas fundações sem licitação (art. 1º da Lei nº 8.958/1994 e art. 24, XIII, da Lei nº 8.666/1993).

De qualquer forma, quando recebem recursos públicos ou prestam serviços em nome das instituições públicas, as fundações de apoio se submetem ao controle da Administração Pública e do Tribunal de Contas[72].

---

[66] Esse é também o entendimento de Sérgio de Andréa Ferreira (Ibid., p. 137).

[67] DI PIETRO, Maria Sylvia Zanella; MOTTA, Fabrício. DI PIETRO, Maria Sylvia Zanella; MOTTA, Fabrício. *Tratado de direito administrativo*. Administração pública e servidores públicos. 2. ed. São Paulo: Revista dos Tribunais, v. 2, 2019. p. 205-206.

[68] DI PIETRO, Maria Sylvia Zanella; MOTTA, Op. cit., p. 212-214.

[69] Art. 207 da Constituição: "As universidades gozam de autonomia didático-científica, administrativa e de gestão financeira e patrimonial, e obedecerão ao princípio de indissociabilidade entre ensino, pesquisa e extensão".

[70] Art. 1º da Lei nº 8.958/1994.

[71] CUNHA JUNIOR, Luiz A. P.; SALGADO, Valéria A. B.; ALMEIDA, Valdomir J. *Propostas de taxonomias para órgãos entidades da administração pública federal e outros entes de cooperação e colaboração*. 2. ed. Brasília: IABS, 2013.

[72] Art. 3º-A da Lei nº 8.958/1994.

Por fim, há que se registar que, em alguns julgados, o STF adotou o entendimento de que o regime jurídico das fundações públicas de direito privado realmente é diverso das fundações autárquicas.

No julgamento da ADI 191/RS[73], o STF apreciou a constitucionalidade do art. 28 da Constituição do Rio Grande do Sul, que conferia aos servidores das fundações instituídas pelo Estado os mesmos direitos dos servidores das fundações públicas[74]. Na oportunidade, o Supremo Tribunal declarou a inconstitucionalidade da norma ao fundamento de que existem duas espécies distintas de fundação criadas pelo poder público: as que se submetem ao regime jurídico de direito público e as que se submetem ao regime jurídico de direito privado.

Assim, a depender "[...] da forma como foram criadas, da opção legal pelo regime jurídico a que se submetem, da titularidade de poderes e também da natureza dos serviços por elas prestados [...]"[75], altera-se o regime jurídico das duas espécies de fundação instituídas pelo poder público.

Mais recentemente, o Supremo Tribunal Federal julgou o RE 716378 e definiu o seguinte enunciado para o Tema 545 de repercussão geral:

> 1. A qualificação de uma fundação instituída pelo Estado como sujeita ao regime público ou privado depende (i) do estatuto de sua criação ou autorização e (ii) das atividades por ela prestadas. As atividades de conteúdo econômico e as passíveis de delegação, quando definidas como objetos

---

[73] BRASIL. Supremo Tribunal Federal. Tribunal Pleno. ADI 191/RS, Relatora: Min. Cármen Lúcia, julgado em 29/11/2007, publicado no Diário de Justiça eletrônica em 06/03/2008. Disponível em: http://redir.stf.jus.br/paginadorpub/paginador.jsp?docTP=AC&docID=513617. Acesso em: 2 jan. 2020.

[74] "Art. 28. Aos servidores das fundações instituídas e mantidas pelo Estado são assegurados os mesmos direitos daqueles das fundações públicas, observado o respectivo regime jurídico."

[75] "EMENTA: CONSTITUCIONAL. ADMINISTRATIVO. ART. 28 DA CONSTITUIÇÃO DO ESTADO DO RIO GRANDE DO SUL. EQUIPARAÇÃO ENTRE SERVIDORES DE FUNDAÇÕES INSTITUÍDAS OU MANTIDAS PELO ESTADO E SERVIDORES DAS FUNDAÇÕES PÚBLICAS: INCONSTITUCIONALIDADE. 1. A distinção entre fundações públicas e privadas decorre da forma como foram criadas, da opção legal pelo regime jurídico a que se submetem, da titularidade de poderes e também da natureza dos serviços por elas prestados. 2. A norma questionada aponta para a possibilidade de serem equiparados os servidores de toda e qualquer fundação privada, instituída ou mantida pelo Estado, aos das fundações públicas. 3. Sendo diversos os regimes jurídicos, diferentes são os direitos e os deveres que se combinam e formam os fundamentos da relação empregatícia firmada. A equiparação de regime, inclusive o remuneratório, que se aperfeiçoa pela equiparação de vencimentos, é prática vedada pelo art. 37, inciso XIII, da Constituição brasileira e contrária à Súmula 339 do Supremo Tribunal Federal. Precedentes. 4. Ação Direta de Inconstitucionalidade julgada procedente." (BRASIL. Supremo Tribunal Federal. Tribunal Pleno. ADI 191/RS, Relatora: Min. Cármen Lúcia, julgado em 29/11/2007, publicado no Diário de Justiça eletrônica em 06/03/2008. Disponível em: http://redir.stf.jus.br/paginadorpub/paginador.jsp?docTP=AC&docID=513617. Acesso em: 3 jan. 2020)

de dada fundação, ainda que essa seja instituída ou mantida pelo poder público, podem-se submeter ao regime jurídico de direito privado. 2. A estabilidade especial do art. 19 do ADCT não se estende aos empregados das fundações públicas de direito privado, aplicando-se tão somente aos servidores das pessoas jurídicas de direito público.[76]

Esse julgamento revela que as fundações estatais de direito privado se submetem a um regime jurídico específico, preservando aspectos do direito privado, no caso, a inexistência de estabilidade do empregado dessa fundação. Diante do quadro anteriormente delineado, constata-se que ambas as espécies de fundação pública se inserem na administração indireta[77].

2.4 AGÊNCIAS EXECUTIVAS

No período de redemocratização do Brasil, entre 1987 e 1991, o país viveu uma profunda crise econômica, de inflação exponencial, moratória da dívida externa, baixa capacidade produtiva e grande burocracia estatal. Diante desse quadro, e após inúmeras tentativas frustradas de reverter a situação nos primeiros anos da década de 1990, o governo do ex-presidente da República Fernando Henrique Cardoso editou o "Plano Diretor da Reforma do Aparelho do Estado", em 1995[78].

Esse plano foi inspirado na reforma administrativa promovida no Reino Unido, influenciada por ideias neoliberais, e tinha o propósito de implementar uma administração pública gerencial no Brasil[79].

---

[76]   Ata nº 26, de 07/08/2019. *DJE* 176, divulgado em 13/08/2019.

[77]   Essa conclusão foi objeto de debate no Supremo Tribunal Federal entre os ministros Menezes Direito e Cármen Lúcia. Na oportunidade, a ministra teceu a seguinte consideração: "E o *caput*, inclusive, do artigo 37, que, inicialmente, era 'A administração pública direta, indireta ou fundacional de qualquer dos Poderes da União, dos Estados' mudou agora para dizer 'A administração pública direta ou indireta, e retirou-se, na Emenda Constitucional nº 19, a referência ao fundacional para dizer que, eventualmente, ela faz parte da administração, mas com um outro regime". O ministro Menezes Direito corroborou: "Esse é o alcance que se deu ao dispositivo". (BRASIL. Supremo Tribunal Federal. ADI 191. p. 18. Acórdão disponível em http://redir.stf.jus. br/paginadorpub/paginador.jsp?docTP=AC&docID=513617. Acesso em: 3 jan. 2020)

[78]   BRASIL. Presidência da República. *Plano Diretor da Reforma do Aparelho do Estado*. 1995. Disponível em: http://www.bresserpereira.org.br/Documents/MARE/PlanoDiretor/plano-diretor.pdf. Acesso em: 6 jan. 2020.

[79]   "Tomávamos como base as experiências recentes em países da OCDE, principalmente o Reino Unido, onde se implantava a segunda grande reforma administrativa da história do capitalismo – a reforma gerencial do final deste século. As novas ideias estavam ainda em formação; surgira no Reino Unido uma nova disciplina, a *new public management*, que, embora influenciada por ideias neoliberais, de fato não podia ser confundida com as ideias da direita; muitos países socialdemocratas estavam na Europa envolvidos no processo de reforma e de implantação de novas práticas administrativas. O Brasil tinha a oportunidade de participar desse grande movimento, e constituir-se no primeiro país em desenvolvimento

A administração gerencial, nas palavras de Bresser-Pereira, "[...] está voltada para a realização eficiente das tarefas, ou seja, para a redução dos custos e o aumento da qualidade dos serviços, independentemente das normas e rotinas, que continuam necessárias mas são flexibilizadas"[80].

No contexto da reforma gerencial, as agências executivas inseriram-se no setor das atividades exclusivas do Estado, com o propósito de conferir aos órgãos e entes públicos padrões de desempenho de excelência na execução das leis e na gestão pública, aumentando a governança[81].

Assim, paralelamente à Emenda Constitucional nº 19, de 4 de junho de 1998, que inseriu o princípio da eficiência como princípio da Administração Pública brasileira, foi editada a Lei nº 9.649, de 27 de maio de 1998.

Essa lei dispõe sobre a organização da Presidência da República e dos ministérios. Em seus artigos 51 e 52, a lei dispõe que as agências executivas são autarquias ou fundações qualificadas pelo Poder Executivo e define os requisitos necessários para a sua criação e para a celebração de contrato de gestão[82].

A qualificação de um ente público como agência executiva é realizada em ato do presidente da República. Os dois requisitos necessários são: ter um plano estratégico de reestruturação e de desenvolvimento institucional em andamento e ter celebrado contrato de gestão com o respectivo ministério supervisor.

Com a qualificação, a entidade recebe o título de agência executiva e torna-se habilitada a celebrar contrato de gestão com o poder público[83]. Dessa forma, a autonomia administrativa da entidade é dilatada, consoante o art. 37, § 8º, da CF[84].

---

a fazer a reforma." (BRESSER-PEREIRA, Luiz Carlos. *Burocracia pública na construção do Brasil*. 2008. p. 97. Disponível em: http://www.bresserpereira.org.br/BOOKS/Burocracia_Publica_construcao_Brasil.pdf. Acesso em: 6 jan. 2020.

[80]   Ibid., p. 27.

[81]   "Considerando esta tendência, pretende-se reforçar a governança – a capacidade de governo do Estado – através da transição programada de um tipo de administração pública burocrática, rígida e ineficiente, voltada para si própria e para o controle interno, para uma administração pública gerencial, flexível e eficiente, voltada para o atendimento do cidadão. O governo brasileiro não carece de 'governabilidade', ou seja, de poder para governar, dada sua legitimidade democrática e o apoio com que conta na sociedade civil. Enfrenta, entretanto, um problema de governança, na medida em que sua capacidade de implementar as políticas públicas é limitada pela rigidez e ineficiência da máquina administrativa." (BRASIL. Presidência da República. Op. cit., p. 13-14)

[82]   BRASIL. Lei nº 9.649, de 27 de maio de 1988. Dispõe sobre a organização da Presidência da República e dos Ministérios, e dá outras providências. Brasília, DF: Planalto, 1998. Disponível em: http://www.planalto.gov.br/ccivil_03/LEIS/L9649compilado.htm. Acesso em: 2 jan. 2020.

[83]   CARDOZO, José Eduardo M.; QUEIROZ, João Eduardo L.; SANTOS, Márcia W. B. *Direito administrativo econômico*. São Paulo: Atlas S.A., 2011.

[84]   Constituição da República Federativa do Brasil de 1988: "Art. 37, § 8º: A autonomia gerencial, orçamentária e financeira dos órgãos e entidades da administração direta e indireta poderá ser

Capítulo 2 • SERVIÇOS SOCIAIS AUTÔNOMOS NO CONTEXTO DE SUJEITOS JURÍDICOS PRÓXIMOS | **119**

O Poder Executivo edita as medidas de organização administrativa específicas a fim de assegurar a autonomia de gestão das agências executivas e, do mesmo modo, edita a disponibilidade de recursos orçamentários e financeiros para a execução dos objetivos e das metas previstos nos contratos de gestão.

Esses contratos de gestão são celebrados com periodicidade mínima de um ano, estabelecendo os objetivos, as metas e os indicadores de desempenho da entidade qualificada, além dos recursos necessários, os critérios e os instrumentos de avaliação do seu cumprimento.

A celebração dos contratos de gestão com as agências executivas insere-se em um contexto de execução de planos estratégicos de reestruturação e de desenvolvimento institucional dos órgãos públicos qualificados. Nesses planos são definidas as diretrizes, as políticas e as medidas direcionadas à racionalização de estruturas e ao quadro de servidores, à revisão dos processos de trabalho, ao desenvolvimento dos recursos humanos e ao fortalecimento da identidade institucional[85].

A execução dos contratos de gestão é acompanhada pelo Poder Executivo de modo a verificar o cumprimento das metas, constatar o cumprimento dos programas estratégicos de reestruturação e de desenvolvimento institucional dos órgãos públicos qualificados.

Assim, a edição de lei com o propósito de qualificar órgãos públicos como agências executivas ocorreu no contexto da implementação da reforma administrativa do Estado, com o propósito de promover a eficiência na Administração Pública, inserindo os órgãos qualificados em uma realidade de estabelecimento de metas e controle de resultados.

2.5 ORGANIZAÇÃO SOCIAL

A organização social foi pensada também no contexto da Reforma do Aparelho do Estado, de 1995[86]. Mas, já com a Constituição Cidadã de 1998, a priorização

---

ampliada mediante contrato, a ser firmado entre seus administradores e o poder público, que tenha por objeto a fixação de metas de desempenho para o órgão ou entidade cabendo à lei dispor sobre: I – o prazo de duração do contrato; II – os controles e critérios de avaliação de desempenho, direitos , obrigações e responsabilidades dos dirigentes; III – a remuneração do pessoal".

[85] Interpretação do art. 52, *caput*, da Lei nº 9.649/1998.

[86] "Três instituições organizacionais emergiram da reforma, ela própria um conjunto de novas instituições: as 'agências reguladoras', as 'agências executivas', e as 'organizações sociais'. [...] No campo dos serviços sociais e científicos, ou seja, das atividades que o Estado executa mas não lhe são exclusivas, a ideia foi transformar as fundações estatais hoje existentes em 'organizações sociais'. As agências executivas serão plenamente integradas ao Estado, enquanto as organizações sociais incluir-se-ão no setor público não estatal. Organizações sociais são organizações não estatais autorizadas pelo Parlamento a receber dotação orçamentária. Sua receita deriva integral ou parcialmente de recursos do Tesouro." (BRESSER-PEREIRA, Luiz Carlos. *Burocracia pública na construção do Brasil*. 2008. p. 101. Disponível em: http://www.bresserpereira.org.br/BOOKS/ Burocracia_Publica_construcao_Brasil.pdf. Acesso em: 6 jan. 2020)

de ações conjuntas entre o Estado e o cidadão, a criação do Programa Nacional de Publicização (PNP), os serviços públicos mistos ou sociais passaram a ser regulados com maiores detalhes pelo legislar ordinário, permitindo-se a interação entre os setores públicos e privados em busca de uma maior cooperação e efetivação dos direitos fundamentais sociais.

Dessa maneira, a Constituição Federal albergou os princípios da subsidiariedade e da livre-iniciativa (art. 1º, inciso IV), conforme os quais o monopólio da atividade estatal ocorre por exceção e apenas em casos de serviços constitucionais exclusivos do Estado, inviabilidade ou inconveniência máxima do desempenho de determinada atividade pelo particular.

Assim, por exemplo, o texto constitucional prestigiou a atuação das pessoas jurídicas de direito privado e a interação com o setor público nas áreas sociais da saúde (arts. 194, 197, 198, inciso III, e 199)[87], da educação (arts. 205, 209 e 213)[88],

---

[87] "Art. 194. A seguridade social compreende *um conjunto integrado de ações de iniciativa dos Poderes Públicos e da sociedade*, destinadas a assegurar os direitos relativos à saúde, à previdência e à assistência social. Art. 197. São de relevância pública as ações e serviços de saúde, cabendo ao Poder público dispor, nos termos da lei, sobre sua regulamentação, fiscalização e controle, *devendo sua execução ser feita diretamente ou através de terceiros e, também, por pessoa física ou jurídica de direito privado.* Art. 198. As ações e serviços públicos de saúde integram uma rede regionalizada e hierarquizada e constituem um sistema único, organizado de acordo com as seguintes diretrizes: III – *participação da comunidade.* Art. 199. A *assistência à saúde é livre à iniciativa privada.* § 1º As *instituições privadas poderão participar de forma complementar* do sistema único de saúde, segundo diretrizes deste, mediante contrato de direito público ou convênio, *tendo preferência as entidades filantrópicas e as sem fins lucrativos.* § 2º É vedada a destinação de recursos públicos para auxílios ou subvenções às instituições privadas com fins lucrativos." (Grifos nossos)

[88] "Art. 205. A educação, direito de todos e dever do Estado e da família, *será promovida e incentivada com a colaboração da sociedade*, visando ao pleno desenvolvimento da pessoa, seu preparo para o exercício da cidadania e sua qualificação para o trabalho. Art. 209. O *ensino é livre à iniciativa privada*, atendidas as seguintes condições: I – cumprimento das normas gerais da educação nacional; II – autorização e avaliação de qualidade pelo Poder público. Art. 213. Os recursos públicos serão destinados às escolas públicas, *podendo ser dirigidos a escolas comunitárias, confessionais ou filantrópicas, definidas em lei, que*: I – comprovem finalidade não lucrativa e apliquem seus excedentes financeiros em educação; II – assegurem a destinação de seu patrimônio a outra escola comunitária, filantrópica ou confessional, ou ao Poder público, no caso de encerramento de suas atividades. § 1º Os recursos de que trata este artigo *poderão ser destinados a bolsas de estudo para o ensino fundamental e médio*, na forma da lei, para os que demonstrarem insuficiência de recursos, *quando houver falta de vagas e cursos regulares da rede pública na localidade da residência do educando*, ficando o Poder público obrigado a investir prioritariamente na expansão de sua rede na localidade. § 2º As atividades de pesquisa, de extensão e de estímulo e fomento à inovação realizadas por universidades e/ou *por instituições de educação profissional e tecnológica poderão receber apoio financeiro do Poder público.*" (Grifos nossos)

Capítulo 2 • SERVIÇOS SOCIAIS AUTÔNOMOS NO CONTEXTO DE SUJEITOS JURÍDICOS PRÓXIMOS | **121**

da cultura (arts. 215, 216, § 1º e 216-A, § 1º, inciso IV)[89], da ciência e tecnologia (arts. 218, §§ 4º e 5º, 219, parágrafo único, 219-A e 219-B)[90] e da preservação do meio ambiente (art. 225[91]).

Diante desse quadro, a Organização Social (OS) é uma qualificação concedida pelo Poder Executivo às pessoas jurídicas de direito privado, sem fins lucrativos, cujas atividades sejam dirigidas ao ensino, à pesquisa científica, ao desenvolvimento tecnológico, à proteção e à preservação do meio ambiente, à cultura e à saúde.

---

[89] "Art. 215. O Estado garantirá a todos o *pleno exercício dos direitos culturais e acesso às fontes da cultura nacional, e apoiará e incentivará a valorização e a difusão das manifestações culturais.* Art. 216. § 1º O Poder público, *com a colaboração da comunidade*, promoverá e protegerá o patrimônio cultural brasileiro, por meio de inventários, registros, vigilância, tombamento e desapropriação, e de outras formas de acautelamento e preservação. Art. 216-A. O Sistema Nacional de Cultura, *organizado em regime de colaboração, de forma descentralizada e participativa*, institui um processo de gestão e promoção conjunta de políticas públicas de cultura, democráticas e permanentes, *pactuadas entre os entes da Federação e a sociedade*, tendo por objetivo promover o desenvolvimento humano, social e econômico com pleno exercício dos direitos culturais. § 1º O Sistema Nacional de Cultura fundamenta-se na política nacional de cultura e nas suas diretrizes, estabelecidas no Plano Nacional de Cultura, e rege-se pelos seguintes princípios: IV – *cooperação entre os entes federados, os agentes públicos e privados atuantes* na área cultural." (Grifos nossos)

[90] "Art. 218. O Estado promoverá e incentivará o desenvolvimento científico, a pesquisa, a capacitação científica e tecnológica e a inovação. § 4º A *lei apoiará e estimulará as empresas que invistam em pesquisa, criação de tecnologia adequada ao País, formação e aperfeiçoamento de seus recursos humanos* e que pratiquem sistemas de remuneração que assegurem ao empregado, desvinculada do salário, participação nos ganhos econômicos resultantes da produtividade de seu trabalho. § 6º O Estado, na execução das atividades previstas no *caput*, *estimulará a articulação entre entes, tanto públicos quanto privados, nas diversas esferas de governo*. Art. 219. O mercado interno integra o patrimônio nacional e será incentivado de modo a viabilizar o desenvolvimento cultural e socioeconômico, o bem-estar da população e a autonomia tecnológica do País, nos termos de lei federal. Parágrafo único. O Estado *estimulará a formação e o fortalecimento da inovação nas empresas, bem como nos demais entes, públicos ou privados*, a constituição e a manutenção de parques e polos tecnológicos e de demais ambientes promotores da inovação, a atuação dos inventores independentes e a criação, absorção, difusão e transferência de tecnologia. Art. 219-A. A União, os Estados, o Distrito Federal e os Municípios *poderão firmar instrumentos de cooperação com órgãos e entidades públicos e com entidades privadas*, inclusive para o compartilhamento de recursos humanos especializados e capacidade instalada, para a execução de projetos de pesquisa, de desenvolvimento científico e tecnológico e de inovação, mediante contrapartida financeira ou não financeira assumida pelo ente beneficiário, na forma da lei. Art. 219-B. O Sistema Nacional de Ciência, Tecnologia e Inovação (SNCTI) *será organizado em regime de colaboração entre entes, tanto públicos quanto privados*, com vistas a promover o desenvolvimento científico e tecnológico e a inovação." (Grifos nossos)

[91] "Art. 225. Todos têm direito ao meio ambiente ecologicamente equilibrado, bem de uso comum do povo e essencial à sadia qualidade de vida, *impondo-se ao Poder público e à coletividade o dever de defendê-lo e preservá-lo para as presentes e futuras gerações.*" (Grifos nossos)

Desse modo, o veículo da qualificação jurídica de organização social é o decreto do presidente da República, e podem receber a qualificação as associações ou as fundações privadas previstas no art. 44 do Código Civil, observando-se a forma pública, objetiva e impessoal na condução do procedimento, com ênfase no atendimento do cidadão-cliente, nos resultados, qualitativos e quantitativos nos prazos pactuados e no controle social das ações de forma transparente.

Portanto, de acordo com a Lei nº 9.637/1998[92], o Decreto nº 9.190/2017[93] e a ADI 1923/DF[94], veda-se a qualificação para desenvolvimento de atividades exclusivas de Estado, de apoio técnico e administrativo à administração pública federal e de fornecimento de instalação, de bens, de equipamentos ou execução de obra pública em favor da administração pública federal, concedendo-se, por sua vez, o título à associação ou à fundação privada, sem fins lucrativos, que celebra parceria com o governo e recebe fomento para executar atividades de direitos fundamentais prestacionais de longo prazo.

Desse modo, ao conferir essa qualificação a entidades privadas, o poder público incentiva o desempenho de atividade de interesse público não exclusiva do Estado por entidades civis sem fins lucrativos, e a qualificação permite o repasse de recursos materiais e financeiros públicos a título de fomento da atividade-fim da entidade parceira.

Registra-se que a natureza das organizações sociais e a relação com o Estado foi delineada de forma bastante ampla pelo Supremo Tribunal Federal no julgamento da ADI 1923. Nesse julgamento, o STF concluiu acertadamente que os setores da saúde, da educação, da cultura, do desporto, do lazer, da ciência e tecnologia e do meio ambiente são serviços públicos sociais e livres à atuação da iniciativa privada, permitindo-se a atuação, por direito próprio, dos particulares, sem que seja necessária a delegação pelo poder público, por meio de licitação, sob o regime de concessão ou permissão de serviço público, sem incidir, portanto, o art. 175, *caput*, da Constituição[95].

---

[92] BRASIL. Lei nº 9.637 de 15 de maio de 1998. Dispõe sobre a qualificação de entidades como organizações sociais, a criação do Programa Nacional de Publicização, a extinção dos órgãos e entidades que menciona e a absorção de suas atividades por organizações sociais, e dá outras providências. Brasília, DF: Planalto, 1998. Disponível em: http://www.planalto.gov.br/ccivil_03/leis/l9637.htm. Acesso em: 3 jan. 2020.

[93] BRASIL. Decreto nº 9.190, de 1º de novembro de 2017. Regulamenta o disposto no art. 20 da Lei nº 9.637, de 15 de maio de 1998. Brasília, DF: Planalto, 2017. Disponível em: http://www.planalto.gov.br/ccivil_03/_Ato2015-2018/2017/Decreto/D9190.htm. Acesso em: 3 jan. 2020.

[94] BRASIL. Supremo Tribunal Federal. Tribunal Pleno. ADI 1923, Relator: Min. Ayres Britto, Relator para Acórdão: Min. Luiz Fux, julgado em 16/04/2015, publicado no Diário de Justiça eletrônico em 16/12/2015. Disponível em: http://redir.stf.jus.br/paginadorpub/paginador.jsp?docTP=TP&docID=10006961. Acesso em: 3 jan. 2020.

[95] BRASIL. Supremo Tribunal Federal. Tribunal Pleno. ADI 1923, Relator: Min. Ayres Britto, Relator para Acórdão: Min. Luiz Fux, julgado em 16/04/2015, publicado no Diário de Justiça eletrônico em 16/12/2015. Disponível em: http://redir.stf.jus.br/paginadorpub/paginador.jsp?docTP=TP&docID=10006961. Acesso em: 4 jan. 2020.

Capítulo 2 • SERVIÇOS SOCIAIS AUTÔNOMOS NO CONTEXTO DE SUJEITOS JURÍDICOS PRÓXIMOS | **123**

Nesse julgado, o STF também explicitou que a atuação do poder público no domínio econômico e social pode ocorrer por meio do fomento, pelo uso de incentivos e estímulos a comportamentos voluntários, a partir da aplicação de sanções premiais e em observância aos princípios da consensualidade e da participação na Administração Pública. Desse modo, a Administração fomenta econômica, social e institucionalmente a iniciativa privada ao conceder recursos, bens e pessoal para as entidades prestarem serviços de direitos fundamentais sociais, previstos no contrato de gestão, que estipula as metas e os resultados a serem alcançado em consonância com o interesse público[96].

Assim, o âmbito de atuação da organização social é a prestação de serviços de interesse público social, não exclusivos do Estado, mas este incentiva a sua prestação por meio de repasse de recursos, bens ou servidores, estabelecendo metas, responsabilidades e parâmetros de desempenho em um contrato de gestão.

A qualificação de uma organização não governamental como OS é feita por meio de decreto presidencial, e os requisitos objetivos para a seleção da organização social estão explicitados em lei ou em regulamento, observando-se, obrigatoriamente, os princípios constitucionais da legalidade, da impessoalidade, da

---

[96] "3. A atuação do poder público no domínio econômico e social pode ser viabilizada por intervenção direta ou indireta, disponibilizando utilidades materiais aos beneficiários, no primeiro caso, ou fazendo uso, no segundo caso, de seu instrumental jurídico para induzir que os particulares executem atividades de interesses públicos através da regulação, com coercitividade, ou através do fomento, pelo uso de incentivos e estímulos a comportamentos voluntários.

4. Em qualquer caso, o cumprimento efetivo dos deveres constitucionais de atuação estará, invariavelmente, submetido ao que a doutrina contemporânea denomina de controle da Administração Pública sob o ângulo do resultado (Diogo de Figueiredo Moreira Neto).

5. O marco legal das Organizações Sociais inclina-se para a atividade de fomento público no domínio dos serviços sociais, entendida tal atividade como a disciplina não coercitiva da conduta dos particulares, cujo desempenho em atividades de interesse público é estimulado por sanções premiais, em observância aos princípios da consensualidade e da participação na Administração Pública.

6. A finalidade de fomento, *in casu*, é posta em prática pela cessão de recursos, bens e pessoal da Administração Pública para as entidades privadas, após a celebração de contrato de gestão, o que viabilizará o direcionamento, pelo Poder público, da atuação do particular em consonância com o interesse público, através da inserção de metas e de resultados a serem alcançados, sem que isso configure qualquer forma de renúncia aos deveres constitucionais de atuação.

7. Na essência, preside a execução deste programa de ação institucional a lógica que prevaleceu no jogo democrático, de que a atuação privada pode ser mais eficiente do que a pública em determinados domínios, dada a agilidade e a flexibilidade que marcam o regime de direito privado." (BRASIL. Supremo Tribunal Federal. Tribunal Pleno. ADI 1923, Relator: Min. Ayres Britto, Relator para Acórdão: Min. Luiz Fux, julgado em 16/04/2015, publicado no Diário de Justiça eletrônico em 16/12/2015. Disponível em: http://redir.stf. jus.br/paginadorpub/paginador.jsp?docTP=TP&docID=10006961. Acesso em: 3 jan. 2020)

moralidade, da publicidade e da eficiência (art. 37, *caput*, da CF). Por sua vez, o ministro responsável pela área afeta aos serviços prestados pela entidade precisa se manifestar quanto à conveniência e à oportunidade da concessão da qualificação, e, para a entidade participar dessa atividade de qualificação discricionária do poder público, a finalidade não lucrativa e a obrigatoriedade de investimento dos excedentes financeiros no desenvolvimento das próprias atividades precisam estar previstas no seu estatuto social.

O repasse de recursos públicos e a execução das atividades pela OS são instrumentalizados por meio do contrato de gestão, que tem natureza jurídica de convênio[97]. Nos termos da Lei nº 9.637/1998, o contrato de gestão é o instrumento jurídico celebrado entre o poder público e a entidade qualificada como organização social, com vistas à formação de parceria entre as partes para fomento e execução de atividades relativas às áreas de interesse público-social, sendo identificadas as obrigações e a responsabilidades das partes.

Quanto à organização interna, a OS deve contar com um Conselho de Administração que tenha a participação obrigatória do poder público e da sociedade civil e que irá fiscalizar o cumprimento das finalidades e dos objetivos do contrato

---

[97] "O procedimento de qualificação de entidades, na sistemática da Lei, consiste em etapa inicial e embrionária, pelo deferimento do título jurídico de 'organização social', para que Poder público e particular colaborem na realização de um interesse comum, não se fazendo presente a contraposição de interesses, com feição comutativa e com intuito lucrativo, que consiste no núcleo conceitual da figura do contrato administrativo, o que torna inaplicável o dever constitucional de licitar (CF, art. 37, XXI).

10. A atribuição de título jurídico de legitimação da entidade através da qualificação configura hipótese de credenciamento, no qual não incide a licitação pela própria natureza jurídica do ato, que não é contrato, e pela inexistência de qualquer competição, já que todos os interessados podem alcançar o mesmo objetivo, de modo includente, e não excludente.

11. A previsão de competência discricionária no art. 2º, II, da Lei nº 9.637/98 no que pertine à qualificação tem de ser interpretada sob o influxo da principiologia constitucional, em especial dos princípios da impessoalidade, moralidade, publicidade e eficiência (CF, art. 37, *caput*). É de se ter por vedada, assim, qualquer forma de arbitrariedade, de modo que o indeferimento do requerimento de qualificação, além de pautado pela publicidade, transparência e motivação, deve observar critérios objetivos fixados em ato regulamentar expedido em obediência ao art. 20 da Lei nº 9.637/98, concretizando de forma homogênea as diretrizes contidas nos incisos I a III do dispositivo.

12. A figura do *contrato de gestão configura hipótese de convênio*, por consubstanciar a conjugação de esforços com plena harmonia entre as posições subjetivas, que buscam um negócio verdadeiramente associativo, e não comutativo, para o atingimento de um objetivo comum aos interessados: a realização de serviços de saúde, educação, cultura, desporto e lazer, meio ambiente e ciência e tecnologia, razão pela qual se encontram fora do âmbito de incidência do art. 37, XXI, da CF." (BRASIL. Supremo Tribunal Federal. Tribunal Pleno. ADI 1923, Relator: Min. Ayres Britto, Relator para Acórdão: Min. Luiz Fux, julgado em 16/04/2015, publicado no Diário de Justiça eletrônico em 16/12/2015. Disponível em: http://redir.stf.jus.br/paginadorpub/paginador.jsp?docTP=TP&docID=10006961. Acesso em: 3 jan. 2020)

Capítulo 2 • SERVIÇOS SOCIAIS AUTÔNOMOS NO CONTEXTO DE SUJEITOS JURÍDICOS PRÓXIMOS | **125**

de gestão. Esse controle ocorre externamente também por entidade supervisora do Poder Executivo da área de atuação correspondente à atividade fomentada e pelo Tribunal de Contas.

Por certo, por receberem recursos públicos, bens públicos e servidores públicos, as compras e contratações realizadas devem se submeter aos princípios da Administração Pública, especialmente os princípios da impessoalidade e da moralidade, de modo que o regulamento próprio deve possuir parâmetros públicos, objetivos e impessoais, conforme já decidiu o Tribunal de Contas da União[98].

2.6 ORGANIZAÇÃO DA SOCIEDADE CIVIL DE INTERESSE PÚBLICO

Como já dito, a promoção de uma maior eficiência na relação do Estado com as entidades da sociedade civil e os particulares também se inseriu no "Plano Diretor da Reforma do Aparelho do Estado", que buscava incentivar a prestação de serviços de interesse público não exclusivos por meio de entidades privadas, proporcionando parcerias com o Estado, de modo que este pudesse contribuir com o financiamento dos serviços. Ademais, buscou-se viabilizar a participação da sociedade na formulação das parcerias e promover um controle de resultados na prestação dos serviços[99].

---

[98] "Diante das análises realizadas, evidencia-se que as Organizações Sociais não se submetem às normas licitatórias aplicáveis ao Poder público, devendo as suas contratações com terceiros – com previsão de dispêndios com suporte em verbas públicas – observar o que tiver sido disposto em regulamento próprio, que deve, isso sim, ser orientado pelo núcleo essencial dos princípios da Administração Pública referidos no art. 37, *caput*, da Constituição Federal, compatibilizando-se, dessa forma, a incidência dos princípios administrativos com as atributos mais flexíveis inerentes ao regime de direito privado." (BRASIL. Tribunal de Contas da União. Segunda Câmara. Acórdão nº 5236/2015. Relator: Raimundo Carreiro)

[99] "6.4 Objetivos para os Serviços Não-exclusivos: Transferir para o setor público não estatal estes serviços, através de um programa de 'publicização', transformando as atuais fundações públicas em organizações sociais, ou seja, em entidades de direito privado, sem fins lucrativos, que tenham autorização específica do poder legislativo para celebrar contrato de gestão com o poder executivo e assim ter direito a dotação orçamentária. Lograr, assim, uma maior autonomia e uma consequente maior responsabilidade para os dirigentes desses serviços. Lograr adicionalmente um controle social direto desses serviços por parte da sociedade através dos seus conselhos de administração. Mais amplamente, fortalecer práticas de adoção de mecanismos que privilegiem a participação da sociedade tanto na formulação quanto na avaliação do desempenho da organização social, viabilizando o controle social. Lograr, finalmente, uma maior parceria entre o Estado, que continuará a financiar a instituição, a própria organização social, e a sociedade a que serve e que deverá também participar minoritariamente de seu financiamento via compra de serviços e doações. Aumentar, assim, a eficiência e a qualidade dos serviços, atendendo melhor o cidadão-cliente a um custo menor." (BRASIL. Presidência da República. *Plano Diretor da Reforma do Aparelho do Estado*. 1995. p. 46-47. Disponível em: http://www.bresserpereira.org.br/Documents/MARE/PlanoDiretor/planodiretor.pdf. Acesso em: 6 jan. 2020)

A partir de várias rodadas de interlocução política entre o governo federal e representantes do terceiro setor, chegou-se a um projeto de lei que facilitasse a relação entre a Administração Pública e as organizações da sociedade civil prestadoras de serviço público não exclusivos do Estado e sem fins lucrativos.

Com a edição da Lei nº 9.790/1999, buscou-se adotar, de forma ainda mais incisiva, o princípio da subsidiariedade, revelando que o Estado não tem o monopólio da prestação de serviços de interesse público. Pelo contrário, ao se promover mecanismos de colaboração entre o poder público e as entidades sem fins lucrativos, o Estado proporciona a prestação de um serviço mais eficiente, pois incentiva aquelas entidades criadas para o fim específico de prestar tais serviços. É necessária, nesse rumo, a fala de Diogo de Figueiredo Moreira Neto, a saber:

> A pluralização dos canais jurídicos e participação, através dos quais o Estado também se vale de um número crescente de modelos de colaboração, reforça-se com os progressos do princípio da subsidiariedade, que, desde sua pioneira introdução na Lei Fundamental alemã de Bonn, vem multiplicando as possibilidades participativas, fato que foi desde logo observado por Caio Tácito, um dos mais autorizados administrativistas brasileiros de seu tempo, ao observar o célere avanço da administração associada, revelado pela multiplicação de instrumentos participativos, muitos deles, como então averbou, acolhidos em modernos textos constitucionais e legais, mediante a perspectiva de iniciativa popular ou de cooperação privada no desempenho de funções administrativas.[100]

Nesse quadro, a Organização da Sociedade Civil de Interesse Público (Oscip) foi esmiuçada pela Lei nº 9.790/1999 como uma qualificação dada a uma pessoa jurídica de direito privado sem fins lucrativos[101], de modo a proporcionar o estabelecimento de uma parceria entre o Estado e o particular (associação ou fundação privada), o que viabiliza o incentivo estatal a atividade de interesse público desempenhada pela entidade[102].

---

[100] MOREIRA NETO, Diogo de Figueiredo. *Curso de direito administrativo*. 16. ed. Rio de Janeiro: Forense, 2014. p. 604-605.

[101] Dispõe o art. 1º, § 1º, da Lei nº 9.790/1999, *in verbis*: "Para os efeitos desta Lei, considera-se sem fins lucrativos a pessoa jurídica de direito privado que não distribui, entre os seus sócios ou associados, conselheiros, diretores, empregados ou doadores, eventuais excedentes operacionais, brutos ou líquidos, dividendos, bonificações, participações ou parcelas do seu patrimônio, auferidos mediante o exercício de suas atividades, e que os aplica integralmente na consecução do respectivo objeto social".

[102] Estabelece o art. 1º da Lei nº 9.790/1999, *in verbis*: "Podem qualificar-se como Organizações da Sociedade Civil de Interesse Público as pessoas jurídicas de direito privado sem fins lucrativos que tenham sido constituídas e se encontrem em funcionamento regular há, no mínimo, 3 (três) anos, desde que os respectivos objetivos sociais e normas estatutárias atendam aos requisitos instituídos por esta Lei".

Capítulo 2 • SERVIÇOS SOCIAIS AUTÔNOMOS NO CONTEXTO DE SUJEITOS JURÍDICOS PRÓXIMOS | **127**

O objetivo principal da Oscip é estabelecer um instrumento jurídico de fomento ao terceiro setor, de modo a aumentar a quantidade de entidades que guardam relação institucionalizada com o poder público, fortalecendo-se as entidades civis sem fins lucrativos instituídas por iniciativa de particulares e promover o fomento a projetos relevantes de interesse público.

Por ser uma qualificação dada pelo Estado e por este conferir diversos incentivos à entidade qualificada, Diogo de Figueiredo Moreira Neto insere tanto a Oscip quanto a OS no denominado fomento institucional à administração associada de interesses públicos[103].

Sob a perspectiva constitucional, a Lei nº 9.790/1999, ao incentivar a relação entre o Estado e as entidades prestadoras de serviços não exclusivos, promoveu os fundamentos da cidadania e da dignidade da pessoa humana estabelecidos no art. 1º, incisos II e III, da Constituição. Além disso, perseguiu-se a concretização dos objetivos fundamentais da construção de uma sociedade livre, justa e solidária, do desenvolvimento nacional e da erradicação da pobreza, marginalização e redução da desigualdade social (art. 3º, incisos I, II e III, da Constituição).

Isso porque a Lei nº 9.790/1999 autorizou o Estado a qualificar diversas entidades como Oscip, propiciando o incentivo de diversas atividades sociais nos mais amplos setores. Entre eles, destacam-se, na Constituição Federal: a assistência social (art. 203), cultural (art. 215), à saúde (art. 196), à segurança alimentar e nutricional (art. 6º, *caput*), à proteção e à preservação do meio ambiente (art. 225), à promoção do desenvolvimento sustentável, econômico e social e aos direitos humanos (art. 5º)[104].

A qualificação das Oscips é feita pelo ministro da Justiça e obedece a requisitos estatutários, mas a iniciativa parte da entidade privada. Outras entidades que possuem qualificação baseadas em diplomas legais diversos podem adquirir a qualificação das Oscips, caso sejam atendidos os requisitos legais. A manutenção simultânea de qualificações é assegurada em até cinco anos contados da data de vigência da Lei nº 9.790/1999[105].

O instrumento de cooperação celebrado entre a entidade e o poder público é o termo de parceria[106]. Nesse ajuste, é possível prever a cessão de bens móveis e imóveis pelo Estado e o repasse de recursos de acordo com as metas estipuladas.

As principais características das Oscips são: (i) estabelecimento de obrigações no termo de parceria, não sendo elas sujeitas ao direito público, exceto quanto aos princípios da Administração; (ii) não previsão para a participação do poder público

---

[103] MOREIRA NETO, Diogo de Figueiredo. *Curso de direito administrativo*. 16. ed. Rio de Janeiro: Forense, 2014. p. 609.

[104] Art. 3º da Lei nº 9.790/1999.

[105] Art. 18 da Lei nº 9.790/1999.

[106] Arts. 9º a 15-B da Lei nº 9.790/1999.

no Conselho de Administração, porém aqueles servidores que participarem não podem receber remuneração ou subsídio, isto é, a participação do Estado no Conselho de Administração é facultativa; (iii) regime celetista de pessoal; (iv) não exigência de licitação para contratar com o poder público, eis que sujeita a termo de parceria, que, em regra, é sujeito a concurso de projetos, sem natureza licitatória, nos termos da Lei nº 8.666/1993; (v) exigência de gratuidade nas área de educação e saúde.

A prestação de contas e o controle dos resultados promovidos pela Administração Pública são elementos característicos da Oscip. Tanto o Poder Executivo como o Tribunal de Contas exercem o controle sobre as atividades desenvolvidas e a utilização dos recursos públicos repassados[107].

Assim, destaca-se que a Oscip é uma entidade privada, sem fins lucrativos, que recebe uma qualificação do poder público que a habilita a receber incentivos públicos para desempenhar suas atividades de interesse coletivo não exclusivas do Estado.

2.7 ORGANIZAÇÃO DA SOCIEDADE CIVIL OU ORGANIZAÇÃO NÃO GOVERNAMENTAL

As organizações não governamentais, comumente designadas pela sigla ONG, são entidades sem fins lucrativos constituídas sob a forma de associação ou fundação, para exercício de atividade não econômica, ou seja, atividades que não tenham o intuito de lucro, mas sim de prestação de serviços, tais como assistência social, educação, saúde, cultura, pesquisa e religioso.

As organizações da sociedade civil, assim, são conceituadas pelo art. 2º, inciso I, alínea *a*, da Lei nº 13.019/14, como entidades privadas que não distribuam, de nenhuma forma, lucro entre seus sócios, associados, diretores, empregados ou terceiros. Qualquer sobra de recursos decorrentes das atividades exercidas por essas entidades deve ser revertida para a execução de atividades relacionadas ao seu objeto social.

Também são consideradas organizações da sociedade civil pela Lei nº 13.019/2014 as sociedades cooperativas sociais, as sociedades integradas por pessoas em situação de risco, as alcançadas por programas de combate à pobreza e de geração de trabalho, as voltadas aos trabalhadores rurais ou capacitação rural e as capacitadas para execução de atividades ou de projetos de interesse público e de cunho social[108].

A mesma lei insere, dentro do rol das organizações da sociedade civil, as organizações religiosas que se dediquem a atividades ou projetos de interesse público e de cunho social distintos dos destinados a fins exclusivamente religiosos[109].

Assim sendo, a legislação brasileira conferiu preponderância a dois elementos para definir as organizações da sociedade civil: (a) a inexistência de finalidade

---

[107] Interpretação dos arts. 11 a 13 da Lei nº 9.790/99.
[108] Interpretação do art. 2º, inciso I, alínea *b*.
[109] Art. 2º, inciso I, alínea *c*.

Capítulo 2 • SERVIÇOS SOCIAIS AUTÔNOMOS NO CONTEXTO DE SUJEITOS JURÍDICOS PRÓXIMOS | **129**

lucrativa, isto é, a vedação à distribuição de qualquer forma de resultado positivo a quem quer que seja; e (b) finalidade social. Conforme Fonseca Dias e Souza Bechara[110], essa definição se aproxima das definições anglo-saxônica[111] e europeia--canadense[112] de terceiro setor.

Além de definir os conceitos anteriormente expostos, a Lei nº 13.019/2014 estabelece o regime jurídico das parcerias entre a administração pública e as organizações da sociedade civil. O propósito da norma é facilitar a mútua cooperação entre o poder público e essas entidades, de modo a aumentar a oferta de atividades de interesse público recíproco com repasses financeiros do Estado a esses entes privados.

Assim como as já mencionadas Leis nº 9.637/1998 e nº 9.790/1999, a Lei nº 13.019/2014 incentiva o estabelecimento de mais um modelo de colaboração social entre o Estado e as entidades sem fins lucrativos para a prestação de serviço público não exclusivo.

Esse cenário legislativo, nas palavras de Diogo de Figueiredo Moreira Neto,

> [...] incentiva a colaboração social, a começar pela afirmação do princípio do pluralismo, estampado no art. 1º, V, seguindo-se o da participação, no parágrafo único do mesmo artigo, descendo à previsão de vários instrumentos de colaboração participativa [...].[113]

---

[110] Analisando o atual conceito legal de OSC, percebe-se o legislador aproximou as duas tradições conceituais do terceiro setor (anglo-saxônica e europeia-canadense), preocupando-se não só com as questões institucionais e formais da entidade e com a caracterização da sua finalidade não lucrativa, mas agregando a esta tradição a finalidade social das entidades. (DIAS, Maria Tereza Fonseca; BECHARA, Juliana de Souza. *Parcerias da administração pública com as entidades privadas sem fins lucrativos na Lei nº 13.019/2014 e a questão da univocidade conceitual do "terceiro setor"*. Brasília: Repats, v. 2, n. 2, jul./dez. 2015. p. 83)

[111] Como demonstram Jiménez Escobar e Morales Gutierrez, na tradição anglo-saxã, o elemento fundamental do terceiro setor é o fato de as organizações privadas serem sem fins lucrativos, a partir da análise de suas regras constitutivas. Assim, para integrar o terceiro setor, "[...] não podem distribuir benefícios às pessoas que as controlam, devendo ser destinados à realização de seus objetivos ou a ajuda de pessoas que não exerçam nenhum controle sobre a organização. (ESCOBAR, Jiménez; GUTIERREZ, Morales. Tercer sector y univocidad conceptual: necesidad y elementos configuradores. *Revista Katálysis*, Florianópolis, v. 11 n. 1 p. 84-95 jan./jun. 2008. Disponível em: http://www.scielo.br/scielo.php?script=sci_ar ttext&pid=S141449802008000100008. Acesso em: 19 mar. 2018. Esse enfoque, portanto, exclui do terceiro setor as organizações que distribuem qualquer tipo de benefícios a seus membros, tais como as cooperativas. (Ibid., p. 74 -75)

[112] Na tradição europeia-canadense, entretanto, revelam os citados autores que outros fatores são levados em consideração para que determinada entidade possa ser considerada do terceiro setor, tal como sua finalidade (caráter mutual, altruísta ou de prestação de serviços à coletividade), a autonomia e independência de poderes públicos ou privados, a gestão democrática, primazia das pessoas e do trabalho sobre o capital na repartição de suas receitas. (Ibid., p. 75)

[113] MOREIRA NETO, Diogo de Figueiredo. *Curso de direito administrativo*. 16. ed. Rio de Janeiro: Forense, 2014. p. 605.

Esses instrumentos fomentam a prestação de serviços nas áreas da saúde (arts. 197 e 198, III, da Constituição), da assistência social (art. 204, I, da Constituição), da educação (arts. 205 e 206, IV, da Constituição), da cultura (art. 2016, § 1º, da Constituição), do meio ambiente (art. 225 da Constituição), da criança e do adolescente (art. 227, § 1º, da Constituição), entre inúmeras outras.

Ao expor o cenário do setor público não estatal no contexto da legislação que viabiliza formas de colaboração entre o setor público e as entidades da sociedade civil prestadoras de serviços públicos não exclusivos, Moreira Neto destaca:

> Essas *novas modalidades institucionais* se arrimam em suportes doutrinários de grande atualidade, nitidamente identificados nas tendências de *despolitização,* de *gerenciamento privado de interesses públicos,* de prestígio às *entidades intermédias,* de estímulo à *descentralização social* e de *autorregulação setorial,* muitas delas desenvolvidas para remediar a paulatina defasagem que apresentam as Constituições analíticas, como é o caso da Carta brasileira de 1998, para atualizarem eficientemente as funções administrativas em suas relações com uma sociedade em permanente mudança e para enfrentar exitosamente tanto os antigos problemas pendentes quanto os novos, em constante surgimento.[114]

A partir da edição da Lei nº 13.019/2014, buscou-se aumentar a transparência na celebração dos convênios com o Estado, fomentar a participação social, estabelecer procedimentos impessoais de escolha das entidades beneficiadas, aumentando-se a eficiência dos gastos públicos e os parâmetros de controle desses gastos.

Nesses termos, as parcerias serão formalizadas mediante a celebração de termo de colaboração[115], de termo de fomento[116] ou de acordo de cooperação[117]. Esses ajustes deverão ser acompanhados de planos de trabalho, que descreverão a

---

[114] MOREIRA NETO, Diogo de Figueiredo. *Curso de direito administrativo.* 16. ed. Rio de Janeiro: Forense, 2014. p. 605.

[115] O art. 2º, inciso VII, da Lei nº 13.019/2014, define termo de colaboração como "instrumento por meio do qual são formalizadas as parcerias estabelecidas pela administração pública com organizações da sociedade civil para a consecução de finalidades de interesse público e recíproco propostas pela administração pública que envolvam a transferência de recursos financeiros".

[116] O art. 2º, inciso VIII, da Lei nº 13.019/2014, define termo de fomento como "instrumento por meio do qual são formalizadas as parcerias estabelecidas pela administração pública com organizações da sociedade civil para a consecução de finalidades de interesse público e recíproco propostas pelas organizações da sociedade civil, que envolvam a transferência de recursos financeiros".

[117] O art. 2º, inciso VIII-A, da Lei nº 13.019/2014, define acordo de cooperação como "instrumento por meio do qual são formalizadas as parcerias estabelecidas pela administração pública com organizações da sociedade civil para a consecução de finalidades de interesse público e recíproco que não envolvam a transferência de recursos financeiros".

Capítulo 2 • SERVIÇOS SOCIAIS AUTÔNOMOS NO CONTEXTO DE SUJEITOS JURÍDICOS PRÓXIMOS | **131**

realidade fática a ser atingida pelo objeto do termo celebrado, indicarão as metas que serão cumpridas, as receitas que custearão os serviços prestados e os parâmetros de avaliação do cumprimento de metas[118].

A transparência na escolha da entidade que celebrará o ajuste com o poder público se dá por meio do chamamento público. Essa escolha deverá ser pautada em critérios objetivos a partir da seleção de objetivos, metas, custos e indicadores qualitativos e quantitativos da avaliação dos resultados. A participação social é também proporcionada por meio do procedimento de manifestação de interesse social, por meio da qual a sociedade pode provocar o poder público para que este promova um chamamento público para atender a determinada demanda da comunidade[119].

O controle dessa parceria com as organizações da sociedade civil é, essencialmente, um controle de resultados, ou seja, do cumprimento das metas estabelecidas a partir dos indicadores prefixados[120].

Desse modo, o quadro normativo que proporciona a formalização de modelos de colaboração entre organizações não governamentais ou organizações da sociedade civil com o poder público efetiva o princípio da subsidiariedade, de modo a revelar que a atividade de interesse público não exclusiva do Estado só deve ser prestada por este quando o ambiente social, formado por entidades privadas e pela comunidade, não possuir meios para prestá-la[121].

Moreira Neto define esse cenário como uma *despolitização de interesses públicos,* que elimina "[...] conteúdo político supérfluo em decisões administrativas diretamente relacionadas à satisfação de interesses públicos, que possam ser vantajosamente cometidas a órgãos técnicos ou comunitários [...]"[122].

---

[118] Interpretação do art. 22 da Lei nº 13.019/2014.

[119] Interpretação do art. 18 da Lei nº 13.019/2014.

[120] Dispõe o art. 64 da Lei nº 13.019/2014, *in verbis*: "A prestação de contas apresentada pela organização da sociedade civil deverá conter elementos que permitam ao gestor da parceria avaliar o andamento ou concluir que o seu objeto foi executado conforme pactuado, com a descrição pormenorizada das atividades realizadas e a comprovação do alcance das metas e dos resultados esperados, até o período de que trata a prestação de contas".

[121] "A despolitização se articula também como o *princípio da subsidiariedade*, já referido, pois o seu núcleo consiste em reconhecer a *prioridade da atuação dos corpos sociais* sobre *os corpos políticos* no atendimento de interesses gerais, só justificando cometimentos administrativos depois que a sociedade, em seus diversos níveis de organização, vier a necessitar de atuação subsidiária do Estado. Este princípio aponta, assim, para a *delegação social,* como forma de devolver à sociedade organizada aquelas atividades que, não obstante específico e definido *interesse público, dispensem o tratamento político-burocrático* e, ordinariamente, o pesado e oneroso *emprego do aparelho coercitivo estatal.* Pode-se afirmar que, por esta *delegação social,* o Poder público não perde o controle dos processos, cuja execução defere a entes da sociedade, mas apenas se retrai a uma atuação subsidiária, com atividades de acompanhamento, de fiscalização e de controle dessas entidades privadas quanto à sua higidez e eficiência." (MOREIRA NETO, Diogo de Figueiredo. *Curso de direito administrativo.* 16. ed. Rio de Janeiro: Forense, 2014. p. 606)

[122] Ibid., p. 606.

Assim, ao mesmo tempo em que o Estado se afasta da prestação direta do serviço não exclusivo e abre espaço para as organizações não governamentais, aquele ainda possui instrumentos para, caso entenda relevante, incentivar a prestação desses serviços de interesse público e controlar o resultado de sua prestação. Por outro lado, as organizações da sociedade civil possuem a livre-iniciativa de executarem suas atividades sem a celebração de qualquer ajuste com o poder público, mas possuem, à sua disposição, uma legislação que prevê a possibilidade de celebração de parcerias com o poder público, caso queiram receber recursos públicos.

2.8 ENTIDADES DE FOMENTO

Sob a perspectiva das atividades administrativas públicas, o Estado desempenha dois grupos de funções: um é direcionado ao atendimento do interesse público primário, das demandas da sociedade (atividade-fim), e o outro é voltado aos interesses institucionais para o funcionamento da própria Administração Pública (atividade-meio). O exercício do primeiro grupo de atividades é chamado de administração extroversa e o do segundo, administração introversa[123].

A administração extroversa é subdividida em cinco categorias de atividades administrativas públicas: exercício da polícia, prestação de serviços públicos, atividades de ordenamento econômico, atividades do ordenamento social e fomento público[124].

A atividade de fomento é a atuação do Estado voltada a incentivar, orientar, estimular ou coordenar esforços para o desenvolvimento de determinada atividade econômica ou social de interesse público. O Estado promove uma ação propulsora para que os particulares executem ações para atender às necessidades públicas ou consideradas de utilidade coletiva[125]. Não há prestação direta de serviço público pelo Estado nem obrigação imposta por ele, mas sim um incentivo para aquela empresa ou entidade que, por livre vontade, se submete aos requisitos legais para o gozo dos benefícios e passa a executar a atividade de interesse público nas condições apresentadas pelo Estado[126].

---

[123] MOREIRA NETO, Diogo de Figueiredo. *Curso de direito administrativo*. 16. ed. Rio de Janeiro: Forense, 2014. p. 128.

[124] Ibid., p. 129.

[125] CARDOZO, José Eduardo M.; QUEIROZ, João Eduardo L.; SANTOS, Márcia W. B. *Direito administrativo econômico*. São Paulo: Atlas S.A., 2011.

[126] ROCHA, Sílvio Luís Ferreira da. *Manual de direito administrativo*. São Paulo: Malheiros Editores, 2013. p. 579.

Capítulo 2 • SERVIÇOS SOCIAIS AUTÔNOMOS NO CONTEXTO DE SUJEITOS JURÍDICOS PRÓXIMOS | **133**

O fomento é, portanto, mais uma ação estatal decorrente do princípio da subsidiariedade[127], e essa atividade tem previsão constitucional no art. 174[128] como um instrumento para o desenvolvimento da ordem econômica, ou seja, a Constituição aborda de forma direta o conceito de fomento em seu viés econômico. Sobre a atuação subsidiária do Estado, acerta Roberto Dromi ao dizer:

> A premissa básica é que a intervenção estatal que *fomenta, estimula, ordena, supre* e *complementa* não deve privar as pessoas e a comunidade daquilo que possam conseguir por meio de seus próprios esforços e iniciativa, nem impedir as comunidades menores e inferiores daquilo que podem proporcionar à sociedade, por sua própria força e natureza. Deve prestar ajuda aos membros do corpo social, mas sem destruí-los ou absorvê-los.
>
> A subsidiariedade, por meio da qual o Estado não intervém diretamente senão de forma subsidiária, em um bem similar aos *direitos fundamentais* e às *liberdades públicas* tanto sob o ponto de vista econômico como do sociocultural, que consiste em uma das premissas fundamentais da democracia republicana e do Estado constitucional de Direito.
>
> Permitir que o indivíduo faça aquilo que está dentro de seu alcance é um direito inerente à *dignidade humana*, já que não há maior benefício para o homem do que permitir permiti-lo obter com seu próprio esforço os bens espirituais e materiais que dão sentido e qualidade à sua existência. A dificuldade ou a impossibilidade de exercer a iniciativa privada que faz o homem ter o impulso particular e social de melhorar seu ambiente, constitui, antes de mais nada, um empecilho ao exercício do primeiro direito social: a *liberdade*.
>
> [...]
>
> Assim, o Estado só intervém quando o interesse comum, por razões ontológicas ou teleológicas, o exige. Se seus fins não podem ser alcançados sem seu protagonismo, a necessidade de sua participação é indiscutível. Caso contrário, se permite a *gestão social direta*, "autossuficiente" e

---

[127] "O Estado não deve desenvolver atividades que possam ser bem desempenhadas pelos particulares. Nesse caso, o Estado deve apenas auxiliá-las com recursos. É o chamado Estado Subsidiário." (Ibid., p. 580)

[128] Constituição da República Federativa do Brasil de 1988, art. 174: "Como agente normativo e regulador da atividade econômica, o Estado exercerá na forma da lei, as funções de fiscalização, incentivo e planejamento, sendo este determinante para o setor público e indicativo para o setor privado. § 1º A lei estabelecerá as diretrizes e bases do planejamento do desenvolvimento nacional equilibrado, o qual incorporara e compatibilizará os planos nacionais e regionais de desenvolvimento. § 2º A lei apoiará e estimulará o cooperativismo e outras formas de associativismo".

"autosatisfativa" quando suficiente para atingir os objetivos comuns.[129] (Grifos do autor)

Nessa senda, Moreira Neto observa que o fomento possui inúmeras facetas, pois este promove, em última análise, a dignidade da pessoa humana (art. 1º, inciso III) e é motor da promoção dos objetivos fundamentais da República, previstos no art. 3º da Constituição (construção de uma sociedade livre, justa e solidária, desenvolvimento nacional, erradicação da pobreza e promoção do bem de todos)[130].

Além do fomento econômico, o Estado promove o fomento público social, que tem como foco atender às necessidades do homem. A própria Constituição prevê diversas formas de promoção do fomento social quando, por exemplo, prevê a gratuidade do casamento (art. 226, § 1º), quando dá ênfase à assistência familiar (art. 226, § 8º), quando exige que a família, a sociedade e o Estado amparem a pessoa idosa (art. 230).

Essa forma de fomento social se estende, também, à educação. A Constituição, por exemplo, veda a instituição de impostos sobre entidades de educação sem fins lucrativos (art. 150, inciso VI, alínea *c*), confere assistência técnica da União aos estados, Distrito Federal e municípios no desenvolvimento dos sistemas de ensino (art. 211, § 1º) e institui o Fundo de Manutenção e Desenvolvimento da Educação Básica e de Valorização dos Profissionais da Educação (Fudeb) (art. 60 do ADCT).

A Constituição estabelece, também, o fomento público social do trabalho quando prevê que a ordem econômica é fundada na valorização do trabalho (art.

---

[129] Tradução do autor: "La premisa básica es que la intervención estatal que *fomenta, estimula, ordena, suple* y *completa* no debe quitar a los individuos y dar a la comunidad lo que ellos pueden realizar por su propio esfuerzo e industria, ni quitar a las comunidades menores e inferiores lo que ellas pueden hacer y proporcionar a la sociedad, por su propia fuerza y naturaleza. Debe prestar ayuda a los miembros del cuerpo social, pero no destruirlos ni absorberlos. La subsidiariedad, por la cual el Estado no interviene *directamente* sino en *subsidio*, es un bien hermanado con los *derechos fundamentales* y con las *libertades públicas* tanto desde la óptica económica como desde la sociocultural, que consiste en una de las premisas fundamentales de la democracia republicana y del Estado constitucional de Derecho. El permitirle al individuo hacer aquello que está a su alcance realizar de modo eficaz es un derecho inherente a la *dignidad humana*, ya que no existe mayor beneficio para el hombre que el permitirle obtener con su propio esfuerzo los bienes espirituales y materiales que dan sentido y calidad a su existencia. La dificultad o la imposibilidad de ejercer la iniciativa privada que hacen al impulso particular y social del hombre por mejorar su ambiente, constituye ante todo una traba al ejercicio del primer valor social: la *libertad*. [...] Así, el Estado sólo interviene cuando el interés común lo exige por razones ontológicas o teleológicas. Si sus fines no pueden ser alcanzados sin su protagonismo, la necesidad de su participación es indiscutible. De lo contrario, se permite la *gestión social directa*, 'autosuficiente' y 'autosatisfactiva', cuando alcanza para cubrir las necesidades comunes" (DROMI, Roberto. *Derecho administrativo*. 12. ed. Madrid – México: Hispania Libros; Bueno Aires: Ciudad Argentina, 2009. p. 184-185).

[130] MOREIRA NETO, Diogo de Figueiredo. *Curso de direito administrativo*. 16. ed. Rio de Janeiro: Forense, 2014. p. 577.

Capítulo 2 • SERVIÇOS SOCIAIS AUTÔNOMOS NO CONTEXTO DE SUJEITOS JURÍDICOS PRÓXIMOS | **135**

170, *caput)*, quando impõe o princípio da busca do pleno emprego para a ordem econômica (art. 170, inciso VIII) e na instituição dos valores sociais do trabalho como fundamento da República (art. 1º, inciso IV).

Da Constituição extraem-se, ainda, o fomento público social da cultura (arts. 23, incisos III, IV e V, 30, inciso IX, 215 e 216), do lazer (art. 217, § 3º), dos desportos (art. 217), do turismo (art. 180), do meio ambiente (art. 225) e do meio rural (arts. 184 a 191).

A Constituição prevê, ainda, a necessidade de se promover o fomento público econômico, traduzido no incentivo que o Estado deve dar à empresa (arts. 170), à empresa de pequeno porte (arts. 170, inciso IX, e 179), ao cooperativismo (art. 174, § 2º), à agropecuária (arts. 23, inciso VIII, e 187), à pesca (187, § 1º) e à produção mineral (art. 155, § 3º).

Há, também, o fomento público científico e tecnológico, imposição constitucional prevista no art. 218, e o fomento financeiro e creditício, previsto nos arts. 172 e 192[131].

Por fim, o fomento também ocorre de forma institucional, por meio da colaboração entre o Estado e entidades privadas sem fins lucrativos, seja por meio de cooperação entre o Estado e entidades criadas por ele para exercerem atividades não exclusivas, seja por meio de qualificação de entidades privadas sem fins lucrativos (administração associada de interesses públicos)[132]. A OS e a Oscip são exemplos de fomento institucional por meio da administração associada[133].

Por ser uma atividade estatal, o fomento submete-se ao regime jurídico administrativo, ou seja, aos princípios da Administração Pública[134]. Assim, não se pode conceder fomento sem uma legislação autorizativa (princípio da legalidade), tampouco se pode discriminar a entidade ou a empresa que receberá o incentivo (princípio da impessoalidade)[135]. A escolha do beneficiário e da atividade que se propõe a incentivar deve observar o princípio da moralidade. Os atos de promoção do fomento devem ser públicos (princípio da publicidade) e visar a um maior resultado possível com o gasto mínimo indispensável para a atividade incentivada (princípio da eficiência).

---

[131]   MOREIRA NETO, Diogo de Figueiredo. *Curso de direito administrativo*. 16. ed. Rio de Janeiro: Forense, 2014. p. 585-604.

[132]   Ibid., p. 604-608.

[133]   Moreira Neto classifica essas entidades como "administração associada" (Ibid., p. 609-612).

[134]   ROCHA, Sílvio Luís Ferreira da. *Manual de direito administrativo*. São Paulo: Malheiros Editores, 2013. p. 583.

[135]   "Quando impossível atender a todos os possíveis beneficiários, por escassez de recursos, melhor estabelecer entre eles licitação, que privilegie solução definidora extremamente objetiva, como o sorteio, se restar demonstrado que os participantes estão em situações idênticas." (Ibid., p. 584)

136 | SISTEMA S: FUNDAMENTOS CONSTITUCIONAIS • *Edvaldo Nilo de Almeida*

Além dos princípios gerais da Administração Pública, o fomento se submete também ao princípio da repartição de riscos, ou seja, o incentivo estatal não é uma mera liberalidade administrativa. A entidade beneficiada também coloca recursos próprios para desenvolver a atividade de interesse público. Conforme afirma acertadamente Sílvio Rocha, "[...] fomento não é sustento – e, portanto, a Administração Pública está proibida de 'sustentar' entidades privadas, ainda que elas exerçam atividades consideradas socialmente relevantes [...]"[136].

O estímulo promovido por meio de ações de fomento se dá, normalmente, por meio de subvenção econômica, que se traduz em um auxílio econômico, direto ou indireto, à entidade que desempenha atividade de interesse público[137]. Mas o fomento pode ocorrer, também, por meio de auxílios, contratos de gestão, parcerias, convênios e outorgas de títulos[138].

As formas de fomento utilizadas no Brasil são evidenciadas a partir das principais instituições de fomento existentes. O Banco do Brasil, criado em 1808, por exemplo, concede crédito agrícola, empresarial e apoia as exportações; a Caixa Econômica Federal (CEF), criada em 1886, financia o setor de habitação; e por fim, o BNDES, criado em 1952, incentiva o desenvolvimento industrial[139]. Há, também, instituições financeiras estaduais que têm a mesma função de fomento, tais como o Banco do Nordeste S.A., o Banco da Amazônia S.A. e o Banco de Brasília (BRB).

A Superintendência de Desenvolvimento do Nordeste (Sudene), autarquia especial prevista na Lei Complementar nº 125/2007; a Superintendência do Plano de Valorização Econômica da Amazônia (Sudam), autarquia especial prevista na Lei Complementar nº 124/2007; e a Companhia de Desenvolvimento do Vale do São Francisco (Codevasf), empresa pública prevista na Lei nº 6.088/1974, são entidades de fomento econômico criadas com o propósito de promover o desenvolvimento regional (arts. 21, inciso IX, e 43 da Constituição).

Há, ainda, a Empresa Brasileira de Pesquisa Agropecuária (Embrapa), empresa pública criada pela Lei nº 5.851/1972 que apoia e incentiva as atividades rurais no seu aspecto técnico-científico, e a Companhia de Pesquisa de Recursos Minerais (CPRM), empresa pública regida pela Lei nº 8.970/1994 que promove fomento na área de pesquisa para mineração.

Assim, o fomento é uma atividade estatal, com fundamento constitucional, exercida para incentivar determinados setores da economia ou social de interesse

---

[136] ROCHA, Sílvio Luís Ferreira da. *Manual de direito administrativo*. São Paulo: Malheiros Editores, 2013. p. 584.

[137] SOUTO, Marcos Juruena Villela. "Outras entidades púbicas" e os serviços sociais autônomos. *Boletim de Licitações e Contratos – BLC*, n. 8, ano XX, agosto 2007.

[138] ROCHA, Sílvio Luís Ferreira da. *Terceiro setor*. Coleção Temas de Direito Administrativo 7. 2. ed. São Paulo: Malheiros Editores, 2006. p. 41.

[139] CARDOZO, José Eduardo M.; QUEIROZ, João Eduardo L.; SANTOS, Márcia W. B. *Direito administrativo econômico*. São Paulo: Atlas S.A., 2011.

Capítulo 2 • SERVIÇOS SOCIAIS AUTÔNOMOS NO CONTEXTO DE SUJEITOS JURÍDICOS PRÓXIMOS | **137**

público. No âmbito social, o fomento possui a função fundamental de incentivar empresas, organizações e entidades privadas a executarem serviços de interesse geral não exclusivos do Estado, de modo a contribuir para a concretização dos direitos fundamentais e sociais estabelecidos na Constituição.

2.9 ENTIDADES BENEFICENTES DE ASSISTÊNCIA SOCIAL

A assistência social consiste em ações e atividades prestadas por pessoas e entidades públicas e privadas "[...] com o objetivo de suprir, sanar ou prevenir, por meio de técnicas próprias, deficiências e necessidades de indivíduos ou grupos quanto à sobrevivência, convivência e autonomia social"[140].

A Constituição de 1988 inseriu, dentro da seguridade social (título VIII, capítulo II), um tripé de proteção ao cidadão brasileiro: a saúde, a assistência social e a previdência[141]. A previsão constitucional expressa nos artigos 203 e 204 impõe a prestação da assistência social "[...] a quem dela necessitar, independentemente de contribuição à seguridade social [...]" (art. 203, *caput*, da Constituição).

As necessidades que devem ser atendidas pela assistência social constam do art. 203 da Constituição e do art. 2º da Lei nº 8.742/1993 e estão relacionadas à proteção à família (o que inclui proteção à maternidade, à infância, à adolescência e à velhice), ao amparo às crianças e aos adolescentes carentes, à integração ao mercado de trabalho, à habilitação, à reabilitação e à integração à vida comunitária das pessoas portadoras de deficiência e à garantia de um salário mínimo de benefício mensal à pessoa portadora de deficiência e ao idoso que comprovem não possuir meios de prover a sua própria manutenção.

A assistência social é, portanto, uma política de Estado[142] que busca prover "o mínimo social"[143], ou seja, conferir ao cidadão necessitado um amparo material mínimo para a sua sobrevivência.

A Constituição organiza a assistência social a partir da descentralização político-administrativa, conferindo à União a responsabilidade pela coordenação e edição de normas gerais, e aos estados e municípios a execução dos programas de assistência (art. 204, inciso I, da Constituição). Ademais, a Constituição insere as

---

[140] MESTRINER, Maria Luiza. *O estado entre a filantropia e a assistência social*. São Paulo: Cortez, 2001. p. 16.

[141] Art. 194 da Constituição: "A seguridade social compreende um conjunto integrado de ações de iniciativa dos Poderes Públicos e da sociedade, destinadas a assegurar os direitos relativos à saúde, à previdência e à assistência social".

[142] MACHADO, Maria Rejane Bitencourt. *Entidades beneficentes de assistência social* – Contabilidade, obrigações acessórias e principais. 4. ed. Curitiba: Juruá, 2014. p. 26.

[143] Art. 1º da Lei nº 8.742/1993: "A assistência social, direito do cidadão e dever do Estado, é Política de Seguridade Social não contributiva, que provê os mínimos sociais, realizada através de um conjunto integrado de ações de iniciativa pública e da sociedade, para garantir o atendimento às necessidades básicas".

138 | SISTEMA S: FUNDAMENTOS CONSTITUCIONAIS · *Edvaldo Nilo de Almeida*

entidades beneficentes e de assistência social na execução dessa política (art. 204, inciso I, parte final, da Constituição)[144].

Com o propósito de incentivar a participação privada na assistência social, a Constituição (art. 195, § 7º) concede isenção de contribuição para a seguridade social às entidades beneficentes de assistência social que atendam às exigências estabelecidas na Lei nº 12.101/2009, que disciplina a Certificação de Entidades Beneficentes de Assistência Social (Cebas). Cumpridos os requisitos legais, a entidade recebe a certificação e passa a gozar da isenção (imunidade) da contribuição para a seguridade social prevista na Constituição[145].

As entidades que podem receber o Cebas são as pessoas jurídicas de direito privado independentes e criadas autonomamente, de acordo com a liberdade individual, sem fins lucrativos, reconhecidas como entidades beneficentes de assistência social e que tenham por finalidade a prestação de serviços nas áreas de assistência social, saúde ou educação (art. 1º da Lei nº 12.101/2009). A depender da área desenvolvida pela entidade, a lei impõe requisitos adicionais.

Nesse quadro, o Estado incentiva as entidades privadas sem fins lucrativos criadas sem a intervenção estatal a desempenharem serviços de interesse público, conferindo imunidade tributária de contribuição social à entidade que preencher os requisitos para receber a certificação.

Essa figura se afasta, e muito, dos serviços sociais autônomos, pois as entidades beneficentes de assistência social são entidades privadas do terceiro setor instituídas autonomamente, sem a participação estatal, que, ao desempenharem atividade de interesse geral não exclusivo do Estado e cumprirem determinados requisitos legais, podem receber uma certificação ou um atestado administrativo do poder público com *status* de ato administrativo, que lhe confere o benefício tributário especificado. A situação é análoga à certificação conferida pelo Estado às OS e às Oscips.

2.10 UNIVERSIDADES COMUNITÁRIAS OU INSTITUIÇÕES COMUNITÁRIAS DE EDUCAÇÃO SUPERIOR (ICES)

As universidades comunitárias foram criadas pela Lei n. 12.881/2013 e podem ser denominadas de Instituições Comunitárias de Educação Superior (ICES). São organizações da sociedade civil que devem oferecer "serviços gratuitos à população, proporcionais aos recursos obtidos do poder público, conforme previsto em instrumento específico" (art. 1º, § 3º).

---

[144] "E como política de seguridade social, se realizará em ações conjuntas de iniciativa pública e da sociedade, para garantir o atendimento às necessidades básicas dos cidadãos." (MACHADO, Maria Rejane Bitencourt. Op. cit., p. 27)

[145] Art. 31 da Lei nº 12.101/2009: "O direito à isenção das contribuições sociais poderá ser exercido pela entidade a contar da data da publicação da concessão de sua certificação, desde que atendido o disposto na Seção I deste Capítulo".

Capítulo 2 • SERVIÇOS SOCIAIS AUTÔNOMOS NO CONTEXTO DE SUJEITOS JURÍDICOS PRÓXIMOS | **139**

As universidades comunitárias não são instituições públicas. Também não são entidades privadas em sentido estrito. Assemelham-se e muito aos serviços sociais autônomos, pois são instituições de interesse coletivo não-estatal e que prestam serviços de assistência social a população brasileira, com a busca pela inclusão no mercado de trabalho, conforme art. 203, inciso, III, da Carta Magna de 1988.

Dessa maneira, estão constituídas na forma de associação ou fundação, com personalidade jurídica de direito privado, inclusive as instituídas pelo poder público. Por conseguinte, são sem fins lucrativos, observando-se, cumulativamente e obrigatoriamente, os requisitos legais idênticos aos previstos no art. 14 do Código Tributário Nacional: (a) não distribuição de qualquer parcela de seu patrimônio ou de suas rendas, a qualquer título; (b) aplicação integral no País os seus recursos na manutenção dos seus objetivos institucionais; (c) manutenção de escrituração de suas receitas e despesas em livros revestidos de formalidades capazes de assegurar sua exatidão.

Cumprindo os requisitos legais, é ato vinculado e por meio de previsão legal a obrigatoriedade da qualificação de Instituição Comunitária de Educação Superior (art. 1º, § 1º) e, em caso de extinção, a destinação do seu patrimônio deve ser a uma instituição pública ou congênere.

A Instituição Comunitária de Educação Superior deve seguir rigorosamente o princípio da transparência administrativa e prevê em seu estatuto a observância dos princípios fundamentais de contabilidade e das Normas Brasileiras de Contabilidade e de normas que disponham sobre prestação de contas de todos os recursos e bens de origem pública (art. 3º, III).

Por sua vez, o instrumento firmado entre o poder público e as Instituições Comunitárias de Educação Superior é alcunhado de Termo legal de Parceria, destinado à formação de vínculo de cooperação entre as partes, para o fomento e a execução das atividades de interesse público (art. 6º). São cláusulas essenciais previstas legalmente, entre outras: o objeto, que conterá a especificação do programa de trabalho proposto pela Instituição Comunitária de Educação Superior, a estipulação das metas e dos resultados a serem atingidos e os respectivos prazos de execução ou cronograma, e a prestação de contas dos gastos e receitas efetivamente realizados (art. 7º).

Nas universidades públicas, há expressa vedação constitucional a cobranças, com base no princípio constitucional da gratuidade do ensino público em estabelecimentos oficiais, inclusive violando a Súmula Vinculante 12 a cobrança de taxas de matrículas que constitui formalidade essencial para que o aluno tenha acesso à educação superior e, também, ao art. 206, IV, da CF, a cobrança de anuidade relativa à alimentação[146], o que não obsta a cobrança, por universidades públicas, de mensalidade em curso de especialização[147].

---

[146]   RE 357.148, rel. min. Marco Aurélio, j. 27-11-2013, 1ª T, *DJE* de 28-3-2014.
[147]   RE 597.854, rel. min. Edson Fachin, j. 26-4-2017, P, *DJE* de 21-9-2017, Tema 535.

140 | SISTEMA S: FUNDAMENTOS CONSTITUCIONAIS • *Edvaldo Nilo de Almeida*

Por sua vez, assim como acontece nos serviços sociais autônomos, nas universidades comunitárias pode haver, no máximo, a cobrança de valores módicos sobre os cursos ofertados, com o oferecimento, também, de bolsas de estudo e possibilidades de financiamentos. Mas estas instituições não têm fins lucrativos, como dispõe a lei que criou o seu funcionamento legal. Em outras palavras, os recursos adquiridos, via mensalidade ou outras fontes, como convênios, são reinvestidos na própria universidade.

Tendo em vista a grande afinidade com a estrutura jurídica sem fins lucrativos dos serviços sociais autônomos, a respeito da forma de contratação, impõe-se legalmente que o procedimento para a contratação com terceiros, bem como o procedimento para a seleção de pessoal devem observar os princípios constitucionais administrativos previstos no *caput* do artigo 37 da CF, com condução de forma transparente, impessoal e com regras objetivas que respeitem a isonomia.

2.11 CONCLUSÕES

Diante do quadro apresentado neste capítulo, em que foram conceituados sujeitos jurídicos que são comumente confundidos e equiparados aos serviços sociais autônomos, verifica-se que estes não se inserem na conceituação mais adequada de terceiro setor. Faltam aos serviços sociais autônomos a voluntariedade e a desvinculação do Estado de sua origem e de suas estruturas administrativa e de gestão.

Entidades como as organizações sociais, as organizações da sociedade civil de interesse público, as organizações da sociedade civil e as entidades certificadas como de assistência social encaixam-se de maneira bem mais adequada ao terceiro setor, diante do distanciamento que essas entidades têm do Estado, uma vez que são privadas, sem fins lucrativos, criadas voluntariamente por pessoas alheias ao poder público, que executam atividade de relevante interesse geral e que, no máximo, são certificadas pelo Estado para que possam receber algum incentivo pelo exercício dessa atividade.

Também não há qualquer aproximação entre os serviços sociais autônomos e as agências executivas e as fundações autárquicas, uma vez que estes são entes de natureza pública e integram a estrutura da administração indireta.

Ainda, não se pode falar em aproximação da natureza jurídica dos serviços sociais autônomos e das corporações profissionais, dos sindicatos e das associações, pois aqueles não são constituídos por lei para a defesa de categoria profissional aberta. Além disso, as corporações profissionais são autarquias, os sindicatos compõem uma estrutura representativa de determinada profissão ou de empresários de determinado setor, e as associações têm como característica fundamental a sua composição por meio de uma união de associados. Nenhuma dessas caraterísticas está presente nos serviços sociais autônomos.

Quanto às fundações, afastam-se os serviços sociais autônomos dessas entidades pelo simples fato de que estes não se constituem a partir de um patrimônio afetado a um fim específico.

Capítulo 2 • SERVIÇOS SOCIAIS AUTÔNOMOS NO CONTEXTO DE SUJEITOS JURÍDICOS PRÓXIMOS | **141**

Por fim, destaca-se a grande aproximação legal dos serviços sociais autônomos com as Universidades Comunitárias, pois, além da busca pela inclusão no mercado de trabalho, são instituições de interesse coletivo não-estatal e que prestam serviços de assistência social a população brasileira, sem fins lucrativos, observando-se obrigatoriamente os requisitos art. 14 do Código Tributário Nacional e que pode haver, no máximo, a cobrança de valores módicos sobre os cursos ofertados, registrando-se que, em caso de extinção, a destinação do seu patrimônio deve ser a uma instituição pública ou congênere.

Com os parâmetros e pressupostos identificados neste capítulo, passa-se a explorar os elementos constitutivos para a identificação, a natureza jurídica e o conceito constitucional dos serviços sociais autônomos no decorrer deste trabalho.

RESUMO OBJETIVO

1.	Esse capítulo contextualizou os serviços sociais autônomos com figuras ou sujeitos jurídicos próximos, de modo a situar o espaço de atuação dos entes que não fazem parte da estrutura do Estado, mas que contribuem para a prestação de serviços públicos prestacionais fundamentais para a coletividade.
2.	Há um parâmetro legal adequado para a conceituação de entidade paraestatal, qual seja, o art. 84, § 1º, da Lei nº 8.666/1993, que inclui nessa definição apenas as pessoas jurídicas de direito privado que fazem parte da administração indireta, ou seja, empresas públicas, sociedades de economia mista e fundações públicas de direito privado.
3.	Esse conceito de entidade paraestatal, portanto, afasta-se igualmente do conceito de "terceiro setor", na medida em que o primeiro admite a presença de entidades que compõem a estrutura administrativa do Estado (empresas públicas, sociedades de economia mista e fundações públicas de direito privado) e o segundo não abrange pessoas jurídica com fins empresariais, ou seja, compõem o terceiro setor as pessoas jurídicas de direito privado criadas autonomamente, independente de participação estatal e sem fins lucrativos.
4.	Os serviços sociais autônomos não compõem o terceiro setor, pois são criados por lei com participação ativa estatal. Ademais, essas entidades não possuem o necessário voluntarismo para que uma entidade integre o terceiro setor, o que afasta o serviço social autônomo desse grupo de entidades.
5.	Não há aproximação da corporação ou da autarquia profissional com os serviços sociais autônomos, pois aquelas são pessoas jurídicas de direito público (natureza autárquica) e exercem o poder de polícia constitucionalmente garantido sobre determinada profissão regulamentada.
6.	Também não há qualquer relação de aproximação entre os serviços sociais autônomos e os sindicatos e as associações, pois aquelas entidades não representam categorias profissionais e não são criadas a partir da vontade de entes ou pessoas privadas sem qualquer participação estatal.

7. As entidades do Sistema S afastam-se das fundações pelo simples fato de que as primeiras não se constituem a partir de um patrimônio afetado a um fim específico. Nem a fundação pública de direito privado, nem a fundação privada, nem a fundação de apoio têm regimes jurídicos compatíveis com o dos serviços sociais autônomos. A fundação pública é a que mais se afasta do Sistema S, pois tem natureza autárquica, integra a estrutura do Estado e se submete integralmente a um regime de direito público.

8. Na década de 1990, o "Plano Diretor da Reforma do Aparelho do Estado" influenciou a instituição de outras categorias jurídicas de entidades estatais com o propósito de implementar o Estado gerencial. Nesse contexto, foram editadas a Lei nº 9.649, de 27 de maio de 1998, que criou a qualificação de "agência executiva" para órgãos públicos, autarquias e fundações; a Lei nº 9.637/1998, que criou a qualificação de "organização social", a ser concedida pelo Poder Executivo às pessoas jurídicas de direito privado, sem fins lucrativos, cujas atividades sejam dirigidas ao ensino, à pesquisa científica, ao desenvolvimento tecnológico, à proteção e à preservação do meio ambiente, à cultura e à saúde; e a Lei nº 9.790/1999, como uma qualificação dada a uma pessoa jurídica de direito privado sem fins lucrativos, de modo a proporcionar o estabelecimento de uma parceria entre o Estado e o particular (associação ou fundação privada), que viabiliza o incentivo estatal à atividade de interesse público desempenhada pela entidade.

9. As agências executivas distanciam-se dos serviços sociais autônomos por serem entes e órgãos públicos. As Organizações Sociais (OS) e as Organizações da Sociedade Civil de Interesse Público (Oscip) são entidades privadas que recebem qualificação do Estado como um meio de conceder benefícios àquelas que prestam serviço de interesse da coletividade não exclusivo do Estado. Nas funções desempenhadas, as OS e as Oscips aproximam-se do Sistema S, mas se afastam deste quando se percebe que não há a presença do Estado em sua estrutura gerencial e organizacional e não há a presença do Estado na criação dessas entidades.

10. As organizações não governamentais, comumente designadas pela sigla ONG, também se afastam dos serviços sociais autônomos pela mesma razão: não há a presença do Estado em sua estrutura gerencial e organizacional e também não há a presença do Estado na criação dessas entidades.

11. O fomento é uma ação estatal decorrente do princípio da subsidiariedade, e essa atividade tem previsão constitucional no art. 174 como um instrumento para o desenvolvimento da ordem econômica. No âmbito social, o fomento possui a função fundamental de incentivar empresas, organizações e entidades privadas a executarem serviços de interesse geral não exclusivos do Estado, de modo a contribuir para concretização dos direitos fundamentais e sociais estabelecidos na Constituição. O Estado fomenta atividades desenvolvidas pelos serviços sociais autônomos, preponderantemente, por meio de repasse de recursos públicos, quais sejam, contribuições tributárias e repasses previstos em contratos de gestão.

Capítulo 2 • SERVIÇOS SOCIAIS AUTÔNOMOS NO CONTEXTO DE SUJEITOS JURÍDICOS PRÓXIMOS | **143**

12. A Constituição insere as entidades beneficentes e de assistência social na execução da política de assistência social (art. 204, inciso I, parte final, da Constituição). Com o propósito de incentivar a participação privada na assistência social, a Constituição (art. 195, § 7º) concede isenção de contribuição para a seguridade social às entidades beneficentes de assistência social que atendam às exigências estabelecidas na Lei nº 12.101/2009. Ao atenderem a essas exigências, as entidades recebem a Certificação das Entidades Beneficentes de Assistência Social.

13. Essa figura se afasta, e muito, dos serviços sociais autônomos, pois as entidades beneficentes de assistência social são entidades privadas do terceiro setor instituídas autonomamente sem a participação estatal, que desempenham atividade de interesse geral não exclusivo do Estado e que, por cumprirem determinados requisitos legais, podem receber uma certificação ou atestado administrativo do poder público com *status* de ato administrativo que lhe confere o benefício tributário especificado. A situação é análoga à certificação conferida pelo Estado às OS e às Oscips.

14. Existe grande aproximação legal dos serviços sociais autônomos com as Universidades Comunitárias, pois são instituições de interesse coletivo não-estatal e que prestam serviços de assistência social a população brasileira, sem fins lucrativos, observando-se compulsoriamente os requisitos art. 14 do CTN e que pode haver, no máximo, a cobrança de valores parcimoniosos sobre os cursos de nível superior ofertados. Em caso de extinção, também, a destinação do seu patrimônio deve ser a uma instituição pública ou congênere.

Capítulo **3**

ELEMENTOS CONSTITUTIVOS DOS SERVIÇOS SOCIAIS AUTÔNOMOS

O presente capítulo demonstra os elementos constitutivos dos serviços sociais autônomos, iniciando-se por sua gênese jurídica, forma de criação das entidades analisadas, bem como os instrumentos legais que podem ser utilizados para tal finalidade e sua organização jurídica.

No âmago da análise sobre os elementos que caracterizam as entidades do serviço social autônomo, inclui-se o seu fim social, no qual se examina quais são os direitos sociais passíveis de prestação por essas entidades e, concomitantemente, a sua ponte com o princípio da subsidiariedade no campo das novas alterações legislativas por parte da União, dos estados, do Distrito Federal e dos municípios, que trazem a criação e a atuação cada vez mais fortes de entidades autônomas com finalidades sociais específicas e com subordinação às exigências do bem comum ou social.

Não é demais lembrar, neste momento, as lições do Papa João Paulo II, ao afirmar, na Encíclica Centésimo Ano em 1991, o princípio da subsidiariedade como disciplinador das relações dos poderes públicos com os cidadãos, as famílias e as entidades privadas prestadoras de serviços sociais, _in verbis_:

> Para a realização destes objetivos, o Estado deve concorrer tanto direta como indiretamente. Indiretamente e segundo o _princípio de subsidia-riedade, criando as condições favoráveis ao livre exercício da atividade econômica, que leve a uma oferta abundante de postos de trabalho e de fontes de riqueza._ Diretamente e segundo o princípio de solidariedade, pondo, em defesa do mais débil, algumas limitações à autonomia das partes, que decidem as condições de trabalho, e assegurando em todo o caso um mínimo de condições de vida ao desempregado.
>
> Assistiu-se, nos últimos anos, a um vasto alargamento dessa esfera de intervenção, o que levou a constituir, de algum modo, um novo tipo de estado, o "Estado do bem-estar". Esta alteração deu-se em alguns Países, para responder de modo mais adequado a muitas necessidades e carências, dando remédio a formas de pobreza e privação indignas da

pessoa humana. Não faltaram, porém, excessos e abusos que provocaram, especialmente nos anos mais recentes, fortes críticas ao Estado do bem-estar, qualificado como "Estado assistencial". As anomalias e defeitos, no Estado assistencial, derivam de uma inadequada compreensão das suas próprias tarefas. Também neste âmbito, se deve respeitar *o princípio de subsidiariedade: uma sociedade de ordem superior não deve interferir na vida interna de uma sociedade de ordem inferior, privando-a das suas competências, mas deve antes apoiá-la em caso de necessidade e ajudá-la a coordenar a sua ação com a das outras componentes sociais, tendo em vista o bem comum.*

Ao intervir diretamente, irresponsabilizando a sociedade, o Estado assistencial provoca a perda de energias humanas e o aumento exagerado do setor estatal, dominando mais por lógicas burocráticas do que pela preocupação de servir os usuários com um acréscimo enorme das despesas. *De facto, parece conhecer melhor a necessidade e ser mais capaz de satisfazê-la quem a ela está mais vizinho e vai ao encontro do necessitado.*[1] (Grifos nossos)

Por sua vez, a demonstração da forma de organização jurídica, finalidades e formas de participação da sociedade na busca dos objetivos sociais dos serviços sociais autônomos serve para expor as balizas constitucionais dentro das quais essas entidades devem funcionar. Além disso, as peculiaridades da capacidade tributária ativa, do poder de verificar o cumprimento das condições e dos requisitos exigidos para a concessão de isenção tributária e o benefício fiscal da imunidade tributária incondicionada outorgados dentro do contexto do ordenamento jurídico-constitucional, isto é, a competência para cobrar um tributo, a aptidão para constatar a prova do preenchimento das condições e do cumprimento dos requisitos legais para a concessão de isenção tributária de um contribuinte ou responsável tributário e a imunidade tributária estabelecida diretamente do texto constitucional já corroboram os ares de singularidade máxima e de necessidade de classificação autônoma dos serviços sociais autônomos.

Nessa senda, ao se analisar os instrumentos de financiamento das diversas entidades que desempenham o serviço autônomo de promoção dos direitos fundamentais sociais previstos no art. 6º da Constituição Federal, com a normatização forte da denominada constitucionalização social, este capítulo situa as referidas entidades em uma classificação própria de pessoa jurídica de direito privado, que não se enquadra em nenhum dos seis incisos previstos atualmente no art. 44 do Código Civil, que estabelece como pessoas jurídicas de direito privado apenas as

---

[1] *Carta Encíclica Centesimus Annus do Sumo Pontífice João Paulo II.* Centesimus Annus (1º de maio de 1991). Disponível em: http://www.vatican.va/content/john-paul-ii/pt/encyclicals/documents/hf_jp-ii_enc_01051991_centesimus-annus.html#_ftn45. Acesso em: 8 dez. 2019.

Capítulo 3 • ELEMENTOS CONSTITUTIVOS DOS SERVIÇOS SOCIAIS AUTÔNOMOS | **147**

associações, as sociedades, as fundações, as organizações religiosas, os partidos políticos e as empresas individuais de responsabilidade limitada, propondo-se a alteração legislativa fundamentada do dispositivo.

Assim sendo, com a percepção de que o direito público não se confunde com o direito estatal e que as atividades com fins lucrativos ou econômicos não se confundem com as atividades econômicas no sistema capitalista de produção estabelecido constitucionalmente, desde que respeitada a proteção à livre-iniciativa (arts. 1º, inciso IV, 170, parágrafo único, e 174 da CF), percebe-se que os serviços sociais autônomos devem dirigir as suas atividades sociais de modo que empreendam atividades econômicas sempre como meio e que o resultado econômico obtido seja, obrigatória e integralmente, aplicado na sua finalidade social, seguindo-se a premissa constitutiva de não se manter sob a dependência exclusiva de dotações orçamentárias do Estado.

Segue-se, no ponto, a lição enfática e acertada de Sílvio Luís Ferreira da Rocha[2], que, à luz do texto constitucional, atribuiu ao Estado, em colaboração com a iniciativa privada, o dever de também prestar serviços sociais constitucionalmente estabelecidos como a educação ou a saúde, não podendo, por consequência, renunciar por completo às suas competências e financiar exclusivamente os particulares, *in verbis*:

> Por outro lado, a atividade administrativa de fomento, como visto, está marcada, especialmente, pelo *princípio da subsidiariedade* e o da *repartição dos riscos*, o que impede o Estado de promover, *com recursos exclusivos do Tesouro Nacional*, as atividades socialmente relevantes desempenhadas pelos particulares, que, *por conta dos citados princípios devem investir recursos próprios nas atividades desenvolvidas*, a fim de evitar que a filantropia venha a ser exercida exclusivamente com recursos alheios (governamentais) e o fomento transforme-se em sustento, com burla aos princípios da obrigatoriedade de realizar procedimento licitatório para contratar terceiros. (Grifos nossos)

Dessa forma, demonstrar-se-á, neste capítulo, como é fundamental manter como elementos constitutivos obrigatórios dos serviços sociais autônomos o controle externo dos Tribunais de Contas, dos órgãos ministeriais, da Controladoria-Geral da União e o controle interno pelos Departamentos Nacionais e pelas auditorias independentes, no sentido de fiscalizar positivamente se as dotações orçamentárias e as contribuições sociais tributárias têm a sua destinação do produto arrecadado aplicada integralmente no seu fim social, e, negativamente, de vedar de antemão que as entidades sejam exclusivamente financiadas por dinheiro público. Logo, os serviços sociais autônomos devem envidar esforços para obter formas de se manter economicamente saudáveis sem a dependência exclusiva de recursos públicos.

---

[2] ROCHA, Sílvio Luís Ferreira da. *Terceiro setor*. 2. ed. São Paulo: Malheiros, 2006. p. 41.

Por certo, também, como forma de demonstração da necessidade de uma nova abordagem jurídica, ao se conceituar os serviços sociais autônomos, realiza-se a análise dos serviços constitucionais não exclusivos do Estado passíveis de desempenho pelas entidades e, igualmente, as particularidades jurídicas que lhes são próprias, a exemplo dos poderes de autogestão e autorregulação, com as formas de seleção e admissão de pessoal, aliadas às características próprias de seus trabalhadores.

Por certo, o presente capítulo servirá para demonstrar a necessidade de alterações legislativas para que se possa estabelecer regras comuns à prestação de serviços de manifesto interesse social, prestados pelo serviço social autônomo, de forma a possibilitar que os juristas, ao se depararem com a expressão, possam pensar este instituto com a realidade jurídica adequada àquela prevista no regramento constitucional.

3.1 CRIAÇÃO POR LEI

Tudo que desponta do plano das ideias ou da imaginação e passa a existir no plano material ou a este influencia possui uma origem, uma gênese, algo que lhe dá início ou um momento a partir do qual podemos perceber determinado fenômeno. No Direito, essa origem está ligada umbilicalmente ao momento a partir do qual um instituto passa a existir juridicamente, com a possibilidade de produção de efeitos jurídicos próprios ou de se revelar e influenciar diante um caso concreto, criando-se, portanto, direitos e deveres oriundos de sua existência ou da prática de determinados atos.

Nos países de tradição jurídica fundada no *civil law*, a lei assume o papel de principal fonte do Direito e, por conseguinte, de instrumento primordial de criação de institutos jurídicos, tanto que, muitas vezes, é confundida com o próprio Direito[3]. Sobre o ponto, Marta Monaciliuni afirma que o

> [...] sistema jurídico é certamente constituído pelas normais legais, embora não se esgote nelas, em relação às quais é apropriado perguntar como são produzidas, em que relação elas se encaixam e em que eventos ou circunstâncias surgem [...].[4]

---

[3]   Cf. ABBOUD, Georges; CARNIO, Henrique Garbellini; OLIVEIRA, Rafael Tomaz de. *Introdução ao direito*: teoria, filosofia e sociologia do Direito. 4. ed. São Paulo: Thomson Reuters Brasil, 2019. p. 378.

[4]   Tradução do autor: "Abbiamo appreso che l'ordinamento giuridico è sicuramente costituito, anche se non si esaurisce in esse, da norma giuridiche, in relazione alle quali è opportuno chiedersi come vengono prodotte, in che rapporto si collocano le une con le altre, da quali eventi o circunstanze scaturiscono" (MONACILIUNI, Marta. *Mini manuali: diritto pubblico*. 3. ed. Napoli: EdiSES, 2013. p. 375).

Capítulo 3 • ELEMENTOS CONSTITUTIVOS DOS SERVIÇOS SOCIAIS AUTÔNOMOS | **149**

Desse modo, como fonte do Direito, a lei é conceituada sob duas perspectivas: formal e material. Do ponto de vista formal, a lei é o resultado do processo legislativo, transcorrido de acordo com os preceitos constitucionalmente estabelecidos, desembocando no texto normativo que é acordado ao final deste processo. Sob o aspecto material, a lei pode ser conceituada como determinação razoável e geral, de modo que garanta a igualdade entre os cidadãos.

Diante de tal característica, um texto normativo nacional que crie situação de desequilíbrio social ou alargue a marginalização e promova o bem exclusivo de determinado grupo social não satisfaria, sob o aspecto material, o critério de lei, ainda que seja resultado de um regular processo legislativo e haja satisfação ao critério formal.

Importa destacar, ainda, que, como fonte do Direito, a lei não se confunde com a Constituição. Esta estabelece os pilares da sociedade e os fundamentos do Estado, limitando o poder soberano, o exercício dos poderes constituídos e estabelecendo as formas de equilíbrio entre os Poderes e a sociedade civil. Ademais, a Constituição estabelece os regramentos básicos do sistema jurídico-social no qual se insere mediante o estabelecimento de regras e princípios fundamentais que devem ser observados por todos os Poderes do Estado.

Sendo assim, embora o constitucionalismo seja um fenômeno recente, as ideias centrais imbuídas em seu conceito permeiam a história ocidental desde o tempo da Antiguidade Clássica, em especial aquelas surgidas na Grécia Antiga, onde pensadores como Aristóteles, Platão e Sócrates formularam ideias até hoje reconhecidas e admiradas.

Por certo, o constitucionalismo possui, em sua essência, a noção de quebra do poder absoluto, aliado à ideia de supremacia da lei, assim entendida como Estado de Direito, *rule of law* ou *Rechtsstaat*[5]. Segundo ensinamento de Roberto Barroso, embora a palavra constitucionalismo transmita a ideia da existência de uma Constituição, essa associação nem sempre é verdadeira, porquanto existe a possibilidade de os ideais limitadores de poder se fazerem presentes independentemente da existência formal de uma norma escrita, como ocorre no Reino Unido. Por outro lado, existem diversos casos em que o texto normativo limitador existe, mas não cumpre com o ideal constitucionalista, como ocorreu, por exemplo, nas ditaduras latino-americanas dos últimos 40 anos. Desse modo, não basta a existência de uma ordem jurídica, mas é "[...] preciso que ela seja dotada de determinados atributos e que tenha legitimidade, a adesão voluntária e espontânea de seus destinatários"[6].

Nesse sentido, a Constituição legítima atua como instrumento de controle da própria lei, mediante controle de constitucionalidade, estabelecendo os requisitos

---

[5] BARROSO, Luís Roberto. *Curso de direito constitucional contemporâneo*: os conceitos fundamentais e a construção do novo modelo. 8. ed. São Paulo: Saraiva Educação, 2019. p. 32.

[6] Ibid., p. 32-33.

de validade e os limites do texto normativo infraconstitucional. Saliente-se, assim, que a Constituição, ao instituir as determinações jurídicas sobre as quais se fundará o aparato estatal, acaba por adquirir também uma importante característica democrática, estabelecendo as formas de interação e colaboração entre as esferas públicas e privadas da sociedade.

Ante tais particularidades, tem-se que, ainda que a lei venha a estabelecer limitações formais e materiais ao poder estatal – como ocorre, por exemplo, com as imunidades e as isenções tributárias – as características da Constituição não permitem que sejam confundidas com a lei enquanto fonte do Direito.

Nesse rumo, mesmo sendo conhecedor das críticas da ideia da metafórica ou figurativa expressão fontes do Direito[7] e da não uniformidade na doutrina no

---

[7] Principais críticas: (i) classificação em fontes históricas, reais, materiais e formais; (ii) tautologia de que o direito cria o direito quando se adota a lei como fonte do sistema normativo; (iii) influência direta da interdisciplinaridade na criação do direito, pois seriam fontes do direito a economia, a sociologia, a geografia, a história, a psicologia, dentre ouras áreas; (iv) o direito não seria construído, mas preestabelecido ou dado. Cf. CARVALHO, Paulo de Barros. *Direito tributário, linguagem e método*. 2. ed. São Paulo: Noeses, 2008; *Curso de direito tributário*. 30. ed. São Paulo: Saraiva, 2019; MOUSSALÉM, Tárek Moysés. *Fontes do direito tributário*. 2. ed. São Paulo: Saraiva, 2006; CARVALHO, Aurora Tomazini. *Curso de teoria geral do direito*: o constructivismo lógico-semântico. 3. ed. São Paulo: Noeses, 2013; SANTI, Eurico Marcos Diniz de. *Decadência e prescrição no direito tributário*. 3. ed. São Paulo: Max Limonad, 2004; ROBLES, Gregorio. *O direito como texto*. São Paulo: Manole, 2005; FERRAZ JÚNIOR, Tércio Sampaio. *Introdução ao estudo do direito*. 3. ed. São Paulo: Atlas, 2001. Para o constructivismo lógico-semântico, as fontes do Direito são as denominadas enunciações e são construídas a partir do exame dos fatos enquanto enunciações que fazem instituir regras jurídicas introdutoras. Abandona-se, portanto, as construções segundo as quais as linguagens normativas ou normas pudessem ser fontes do direito, isto é, a enunciação seria a fonte do direito ao passo que a lei seria o produto do enunciado. Explica Aurora Tomazini de Carvalho: "De acordo com o posicionamento firmado neste trabalho, o fato da realidade social apto a criar normas jurídicas é a enunciação. Ela é a fonte material do direito na medida em que produz novos enunciados prescritivos e enriquece o sistema modificando-o de alguma maneira. A concepção tradicional, porém, leva-nos a considerar o fato social juridicizado ou regulado com a produção de novos enunciados jurídicos como fonte do direito. Se pararmos para pensar, os fatores sociais que determinam o conteúdo das normas e nelas se espelham apenas motivam a vontade do legislador, mas em si, não criam direito. É preciso um ato de enunciação, este sim, motivado por fatores sociais, para criar normas jurídicas" (*Curso de teoria geral do direito*: o constructivismo lógico-semântico. 3. ed. São Paulo: Noeses, 2013. p. 489). Afirma Paulo de Barros Carvalho: "Por fontes do direito havemos de compreender os focos ejetores de regras jurídicas, isto é, os órgãos habilitados pelo sistema para produzirem normas, numa organização escalonada, bem como a própria atividade desenvolvida por essas entidades, tendo em vista a criação de normas. O significado da expressão fontes do direito implica refletirmos sobre a circunstância de que regra jurídica alguma ingressa no sistema do direito positivo sem que seja introduzida por outra norma, que chamaremos, daqui avante, de 'veículo introdutor de normas'. Isso já nos autoriza a falar em 'normas introduzidas' e 'normas introdutoras'. Pois bem, nos limites desta proposta, as fontes do direito serão os acontecimentos do mundo

Capítulo 3 • ELEMENTOS CONSTITUTIVOS DOS SERVIÇOS SOCIAIS AUTÔNOMOS | **151**

que diz respeito à classificação de leis em sentido material e formal[8-9], adota-se

---

social, juridicizados por regras do sistema e credenciados para produzir normas jurídicas que introduzem no ordenamento outras normas, gerais e abstratas, gerais e concretas, individuais e abstratas, ou individuais e concretas. Agora, tais ocorrências serão colhidas enquanto atos de enunciação, já que os enunciados consubstanciam as próprias normas. Trata-se de um conceito sobremaneira relevante porque a validade de uma prescrição jurídica está intimamente ligada à legitimidade do órgão que a expediu, bem como ao procedimento empregado na sua produção" (*Curso de direito tributário*. 30. ed. São Paulo: Saraiva, 2019. p. 84-85). Tárek Moysés Moussalém exemplifica: "A partir da linguagem do veículo introdutor (enunciação-enunciada), reconstruímos a linguagem do procedimento produtor de enunciados (enunciação), e realizamos o confronto entre esta e a linguagem da norma de produção normativa (fundamento de validade do veículo introdutor) para aferirmos se a produção normativa se deu ou não em conformidade com o prescrito no ordenamento" (*Fontes do direito tributário*. 2. ed. São Paulo: Saraiva, 2006. p. 141). Eurico Marcos Diniz de Santi sintetiza que os "[...] enunciados-enunciados seriam o conteúdo da lei e a enunciação enunciada consistiria nas referências de tempo, lugar e pessoa que, inscritos no texto legal, propiciam a reconstrução do ato legislativo que seu ensejo à lei [...]" (*Decadência e prescrição no direito tributário*. 3. ed. São Paulo: Max Limonad, 2004. p. 66).

8   Cf. FERRAZ JÚNIOR, Tércio Sampaio. *Introdução ao estudo do direito*. 3. ed. São Paulo: Atlas, 2001. p. 231. O autor explica que lei em sentido material, como conteúdo, e lei em sentido formal, como modo de produção, têm ampla divergência na doutrinária, eis que existe a possibilidade de se estabelecer a expressão lei em sentido material, como direito substantivo que garante prerrogativas e impõe obrigações jurídicas, e lei em sentido formal, como os meios judiciais de se fazer valer o direito substantivo ou material. Vale, aqui, citar também Tércio Sampaio Ferraz Júnior ao tratar da teoria das fontes como uma racionalização do fenômeno jurídico e com razões de conjuntura histórica, no momento do ápice do liberalismo, *in verbis*: "A teoria das fontes, em suas origens modernas reposta-se à tomada de consciência de que o direito não é essencialmente um dado, mas uma construção elaborada no interior da cultura humana. Ela desenvolve-se, pois, desde o momento em que a ciência percebe seu objeto (o direito) como um produto cultural e não mais como um dado da natureza ou sagrado. Com isto se cria, porém, um problema teórico, pois o reconhecimento do direito como uma construção não exclui seu aspecto como dado, posto que, afinal, se o direito é feito, é obra humana, a matéria-prima não se confunde com a própria obra. As doutrinas aqui denominadas tradicionalistas, com visões bastante aproximadas entre si, podem ser agrupadas a partir das premissas adotadas para classificar as fontes do direito" (ibid., p. 219).

9   Para Gregorio Robles, defensor da teoria comunicacional do Direito, o direito é texto e um sistema de comunicação com função de regulação das ações, a saber: "A teoria comunicacional concebe o Direito como um sistema de comunicação, cuja função pragmática é organizar a convivência humana mediante, basicamente, a regulação de ações. Outra forma de expressar que o Direito é um sistema de comunicação se obtém a partir da afirmação de que o Direito é texto. Diversamente de outros textos, como o literário ou o histórico, o jurídico é um texto organizador-regulador. Cada ordenamento jurídico é um texto gerado por atos de fala, que denominamos de decisões jurídicas. As decisões geram texto num processo inacabado até que o ordenamento, por qualquer razão, desapareça. As decisões produzem texto verbalizado cujas unidades elementares chamamos de normas jurídicas. Essas normas jurídicas não são proporcionadas diretamente pelas decisões, mas, em verdade constituem o resultado de uma reconstrução hermenêutica que opera sobre o material

a classificação por ser útil em atribuir importância ao conteúdo da lei e facilitar sistematicamente o agrupamento das normas jurídicas em normas essenciais, definidoras da estrutura da sociedade, e, de outra banda, as normas de conjuntura que esmiúçam as normas essenciais em ambiente dinâmico e técnico. Bem explica José Carlos Francisco a classificação, a saber:

> Nesse contexto, as *normas de estrutura* correspondem às decisões essenciais acerca do tema tratado, razão pela qual devem ser conferidas aos Poderes com legitimação democrática (precipuamente o Legislativo), e podem versar tanto sobre relações interpessoais (leis de garantia ou clássicas) como sobre temas técnicos e governamentais. De outro lado, as *normas de conjuntura* devem operar a aplicação minuciosa das normas de estrutura, de modo que a competência para edição das mesmas deve ser confiada àqueles que detêm o conhecimento técnico e a capacidade de acompanhamento imediato dos fatos e das circunstâncias que podem interferir no cumprimento dos objetivos estabelecidos nas normas de estrutura.[10] (Grifos nossos)

Efetuadas, desse modo, essas distinções cruciais, impende-se analisar a forma de criação das entidades integrantes dos serviços sociais autônomos atualmente existentes.

Consoante detalhado no Capítulo 1, o serviço social autônomo teve seu início na década de 1940, durante o período final do Governo de Getúlio Vargas e antes do início da redemocratização, com a Constituição dos Estados Unidos do Brasil em 18 de setembro de 1946. Desse modo, previu-se a existência de quatro entidades, quais sejam: (i) o Serviço Nacional de Aprendizagem Industrial, criado em 22 de janeiro de 1942; (ii) o Serviço Social da Indústria, criado em 25 de junho de 1946; (iii) o Serviço Nacional de Aprendizagem do Comércio, criado em 10 de janeiro de 1946; e (iv) o Serviço Social do Comércio, criado em 13 de setembro de 1946.

Tais entidades foram criadas por decretos-lei, figura jurídica com força normativa de lei ordinária expedida pelo chefe do Poder Executivo no período de 1937 a 1946 e entre 1965 e 1988, que a Constituição Federal de 1988 não mais prevê, surgindo-se a medida provisória com diversos requisitos estabelecidos no art. 62 da CF, especialmente a partir da promulgação da Emenda Constitucional nº 32/2001.

---

bruto do ordenamento". Portanto, as fontes do direito ou sistemas de decisões normativas são originadas das decisões e, consequentemente, produzem o direito, resultando-se das decisões as normas e as instituições. A norma seria elemento do texto jurídico elaborado e trabalhado, dirigindo-se a orientar a ação humana. Já as instituições são as redes normativas em torno de um princípio institucional, cuja função é regular aspectos concretos da realidade social. Cf. ROBLES, Gregorio. *O direito como texto*. São Paulo: Manole, 2005. p. 1-9.

[10] FRANCISCO, José Carlos. *Função regulamentar e regulamentos*. Rio de Janeiro: Forense, 2009. p. 51.

Capítulo 3 • ELEMENTOS CONSTITUTIVOS DOS SERVIÇOS SOCIAIS AUTÔNOMOS | **153**

Decerto, os decretos-lei expedidos pelo chefe do Poder Executivo entre 1937 e 1946 e entre 1965 e 1988 permanecem em vigor, desde que não revogados por lei posterior de igual ou superior hierarquia ou lei especial. Desse modo, os Decretos-lei nº 4.048/1942 (Senai), nº 9.403/1946 (Sesi), nº 8.621/1946 (Senac) e nº 9.853/1946 (Sesc), que tratam a respeito de entidades dos serviços sociais autônomos, permanecem em pleno vigor. Inclusive, entre as quatro leis citadas, houve a revogação de apenas um dispositivo legal no sistema de normas estabelecido e a inclusão de três dispositivos, acrescentando regras novas com a simples renumeração de parágrafos, ou seja, sem qualquer revogação de norma anterior. Esses fatos são muito importantes para demonstrar a consistência, a preservação, a solidez e a perenidade do arcabouço jurídico das entidades[11].

Nessa senda, por sua vez, as referidas leis criaram os serviços sociais autônomos e atribuíram às respectivas confederações nacionais a obrigação legal ou encargo legal de organizar e administrar o sistema, dentro da área de atuação de cada uma delas. Por exemplo, o art. 1º do Decreto-lei nº 4.048/1942 estabelece que fica criado o Serviço Nacional de Aprendizagem dos Industriários, e o art. 3º do mesmo estatuto legal dispõe que o Serviço Nacional de Aprendizagem dos Industriários será organizado e dirigido pela Confederação Nacional da Indústria (CNI). Assim, a CNI ficou responsável pela organização e pela direção do Senai, conforme determinação dos Decretos-lei nº 4.048/1942 e nº 4.936/1942. A mesma situação sobreveio com a Confederação Nacional do Comércio, responsável pelo Senac e pelo Sesc, além de a CNI ficar responsável pelo Sesi.

Em todos os casos as entidades passaram a existir apenas após a necessária criação legal, com personalidade jurídica de direito privada, patrimônio e receita própria das respectivas confederações e decorrentes do pagamento de tributo na modalidade contribuição dos estabelecimentos industriais e empresariais. Importante,

---

[11] A única revogação foi no parágrafo único do art. 6º do Decreto-lei nº 9.403, de 25 de junho de 1946, que criou o Sesi, em que antes o presidente do Conselho Nacional do Sesi era nomeado pelo presidente da Confederação Nacional da Indústria (CNI) e, a partir da promulgação Decreto-lei nº 9.665, de 28 de agosto de 1946, passou a ser nomeado pelo presidente da República. Por sua vez, os três acréscimos de dispositivos legais foram a (i) inclusão pela Lei nº 12.594/2012, do § 1º, do art. 2º, no Decreto-lei nº 4.048/1942 de criação do Senai, da regra que as escolas do Senai poderão ofertar vagas aos usuários do Sistema Nacional de Atendimento Socioeducativo (Sinase) nas condições a serem dispostas em instrumentos de cooperação celebrados entre os operadores do Senai e os gestores dos Sistemas de Atendimento Socioeducativo locais; (ii) inclusão pela Lei nº 12.594/2012 da mesmíssima regra anterior no § 1º do art. 3º no Decreto-lei nº 8.621/1946 de criação do Senac para as escolas do Senac; (iii) inclusão pela Lei nº 13.840/2019 do § 3º do art. 3º no Decreto-lei nº 8.621/1946 de criação do Senac da regra que as escolas do Senac poderão ofertar vagas aos usuários do Sistema Nacional de Políticas Públicas sobre Drogas (Sisnad) nas condições a serem dispostas em instrumentos de cooperação celebrados entre os operadores do Senac e os gestores locais responsáveis pela prevenção do uso indevido, atenção e reinserção social de usuários e dependentes de drogas.

nesse sentido, registrar os preâmbulos legais do Decreto-lei nº 9.403/1946, de criação do Sesi, e do Decreto-lei nº 9.853/1946, de criação do Sesc, respetivamente, *in verbis*:

O Presidente da República, usando da atribuição que lhe confere o artigo 180 da Constituição, e

Considerando *as dificuldades que os encargos de após-guerra têm criado na vida social e econômica do país, com intensas repercussões nas condições de vida da coletividade, em especial das classes menos favorecidas*;

Considerando que é dever do *Estado concorrer não só diretamente para a solução desses problemas, como favorecer e estimular a cooperação das classes em iniciativas tendentes a promover o bem-estar dos trabalhadores e de suas famílias*;

Considerando que a execução de medidas que contribuam para esse objetivo, em relação aos trabalhadores na, indústria e atividades assemelhadas, *constitui uma necessidade indeclinável, favorecendo, outrossim, a melhoria do padrão geral de vida no país*;

Considerando que a *Confederação Nacional da Indústria, como entidade representativa dos interesses das atividades produtoras, em todo o país, oferece o seu concurso a essa obra, dispondo-se a organizar, com recursos auferidos dos empregadores, um, serviço próprio, destinado a proporcionar assistência social e melhores condições de habitação, nutrição, higiene dos trabalhadores e, bem assim, desenvolver o esforço de solidariedade entre empregados e empregadores*;

Considerando que os resultados das experiências já realizadas com o aproveitamento da cooperação das entidades de classes em empreendimentos de interesse coletivo, em outro campo de atividade, como o Serviço de Aprendizagem Industrial, são de molde a recomendar a atribuição à Confederação Nacional da Indústria dos encargos acima referidos.

Considerando que esse *programa, incentivando o sentimento e o espírito de justiça social entre as classes, muito concorrerá para destruir, em nosso meio, os elementos propícios à germinação de influências dissolventes e prejudiciais aos interesses da coletividade*, DECRETA: [...].[12] (Grifos nossos)

O Presidente da República, usando da atribuição que lhe confere o artigo 180 da Constituição, e

---

[12] BRASIL. Decreto-lei nº 9.403, de 25 de junho de 1946. Atribui à Confederação Nacional da Industria o encargo de criar, organizar e dirigir o Serviço Nacional da Industria, e dá outras providencias. Brasília, DF: Planalto, 1946. Disponível em: http://www.planalto.gov.br/ccivil_03/Decreto-Lei/1937-1946/Del9403.htm. Acesso em: 20 jan. 2020.

Capítulo 3 • ELEMENTOS CONSTITUTIVOS DOS SERVIÇOS SOCIAIS AUTÔNOMOS | **155**

Considerando que é *dever do Estado concorrer, por todos os meios ao seu alcance, para melhorar as condições de vida da coletividade, especialmente das classes menos favorecidas*;

Considerando que em recente reunião de entidades sindicais do comércio e associações comerciais de todo o Brasil, realizada nesta Capital, foi reconhecida como oportuna organização de um serviço social em benefício dos empregados no comércio e das respectivas famílias;

Considerando que *a Confederação Nacional do Comércio, órgão máximo sindical da sua categoria, representativo da classe dos comerciantes, oferece sua colaboração para esse fim, dispondo-se a empreender essa iniciativa com recursos proporcionadas pelos empregadores*;

Considerando que igual encargo foi atribuído à Confederação Nacional da Indústria, pelo Decreto-lei número 9.403, de 25 de Junho de 1946;

Considerando que o *Serviço Social do Comércio muito poderá contribuir para o fortalecimento da solidariedade entre as classes, o bem-estar da coletividade comerciária e, bem assim, para a defesa dos valores espirituais que se fundam as tradições da nossa civilização*, DECRETA: [...].[13] (Grifos nossos)

Destarte, os preâmbulos legais são parte do estatuto normativo das entidades que sintetizam os princípios que regem, como um todo, o documento legal e não podem jamais ser desprezados pelo aplicador do Direito, assumindo indiscutível importância jurídica no auxílio e na orientação do intérprete das normas do Sesi e do Sesc.

Ainda mais nesses casos, pois, verifica-se, numa filtragem constitucional, a partir da leitura e da interpretação dos preâmbulos das leis do Sesi e do Sesc, sob a lente do texto constitucional de 1988, não só a consagração dos valores primordiais estabelecidos no próprio preâmbulo constitucional, a materialização direta de conteúdo essencial dos fundamentos da República Federativa do Brasil, a dignidade da pessoa humana e os valores sociais do trabalho (art. 1º, incisos III e IV), e dos objetivos fundamentais de construir uma sociedade livre, justa e solidária, além de garantir o desenvolvimento nacional e reduzir as desigualdades sociais (art. 2º, incisos I, II e III).

Nesse ínterim, estudando-se o tema na ótica da classificação quanto ao conteúdo material e formal das normas constitucionais, os preâmbulos das leis do Sesi e do Sesc seriam normas materialmente constitucionais, ainda que não estejam presentes

---

[13] BRASIL. Decreto-lei nº 9.853, de 13 de setembro de 1946. Atribui à Confederação Nacional do Comércio o encargo de criar e organizar o Serviço Social do Comércio e dá outras providências. Brasília, DF: Planalto, 1946. Disponível em: http://www.planalto.gov.br/ccivil_03/Decreto-Lei/1937-1946/Del9853.htm. Acesso em: 20 jan. 2020.

no corpo formal da Constituição, consagrando, na legislação infraconstitucional, os valores constitucionais supremos da defesa dos menos favorecidos, da proteção da dignidade da pessoa humana e da promoção da justiça social.

Sobre o atual preâmbulo constitucional[14], a despeito de decisão mais antiga do Supremo Tribunal Federal afirmando que não tem força normativa[15] e da controvérsia doutrinária sobre o tema[16], registra-se decisão mais recente da ministra Cármen Lúcia que contém a explicitação dos valores que dominam a obra Constitucional de 1988 e, segundo os valores supremos explicitados, afirma-se, nas normas constitucionais vigentes, o princípio jurídico da solidariedade[17].

A semelhança dos preâmbulos legais do Sesi e do Sesc com o preâmbulo da Carta Cidadã de 1988 é de gritante e fundamental coincidência, pois estes firmam-se

---

[14] "Nós, representantes do povo brasileiro, reunidos em Assembleia Nacional Constituinte para instituir um Estado Democrático, destinado a assegurar o exercício dos direitos sociais e individuais, a liberdade, a segurança, o bem-estar, o desenvolvimento, a igualdade e a justiça como valores supremos de uma sociedade fraterna, pluralista e sem preconceitos, fundada na harmonia social e comprometida, na ordem interna e internacional, com a solução pacífica das controvérsias, promulgamos, sob a proteção de Deus, a seguinte Constituição da República Federativa do Brasil."

[15] *ADI 2.076*, rel. min. Carlos Velloso, j. 15/08/2002, P, *DJ* de 08/08/2003.

[16] Salienta-se que são três compreensões sobre o tema: (i) força normativa direta e imediata, o que equivale a qualquer outra norma constitucional; (ii) força normativa indireta, adotando-se como um vetor hermenêutico; e (iii) ausência de força normativa, compreendendo-se como uma mera declaração política. Registra-se que enorme parte da doutrina adota o entendimento da força vinculante do preâmbulo, quais sejam: Edvaldo Brito, Menelick de Carvalho Neto, Jorge Miranda, Kildare Gonçalves de Carvalho, Georges Vedel, Carmen Lúcia, Dirley da Cunha Júnior, Giusseppe Vergottini, dentre outros. Cf. FERNANDES, Bernardo Gonçalves. *Curso de direito constitucional*. 11. ed. Salvador: JusPodivm, 2019. p. 116-120.

[17] *ADI 2.649*, voto da rel. min. Cármen Lúcia, j. 08/05/2008, P, *DJE* de 17/10/2008. Diz a ministra, *in verbis*: "*Devem ser postos em relevo os valores que norteiam a Constituição e que devem servir de orientação para a correta interpretação e aplicação das normas constitucionais e apreciação da subsunção, ou não, da Lei 8.899/1994 a elas. Vale, assim, uma palavra ao Preâmbulo da Constituição, no qual se contém a explicitação dos valores que dominam a obra constitucional de 1988 [...]. Não apenas o Estado haverá de ser convocado para formular as políticas públicas que podem conduzir ao bem-estar, à igualdade e à justiça, mas a sociedade haverá de se organizar segundo aqueles valores, a fim de que se firme como uma comunidade fraterna, pluralista e sem preconceitos [...]*. E, referindo-se, expressamente, ao Preâmbulo da Constituição brasileira de 1988, escolia José Afonso da Silva que 'O Estado Democrático de Direito destina-se a assegurar o exercício de determinados valores supremos. 'Assegurar', tem, no contexto, função de garantia dogmático-constitucional; não, porém, de garantia dos valores abstratamente considerados, mas do seu 'exercício'. Este signo desempenha, aí, função pragmática, porque, com o objetivo de 'assegurar', tem o efeito imediato de prescrever ao Estado uma ação em favor da efetiva realização dos ditos valores em direção (função diretiva) de destinatários das normas constitucionais que dão a esses valores conteúdo específico' [...]. *Na esteira destes valores supremos explicitados no Preâmbulo da Constituição brasileira de 1988 é que se afirma, nas normas constitucionais vigentes, o princípio jurídico da solidariedade*" (grifos nossos).

Capítulo 3 • ELEMENTOS CONSTITUTIVOS DOS SERVIÇOS SOCIAIS AUTÔNOMOS | **157**

nos valores soberanos da harmonia e da justiça social, na defesa do bem-estar da coletividade, na propulsão do desenvolvimento nacional e no exercício ou dever prestacional dos direitos fundamentais sociais pelo estados e pela sociedade.

Por outro lado, no que tange às normas infralegais, a lei apenas concedeu a possibilidade de as confederações detalharem aspectos mais específicos do funcionamento dos serviços sociais autônomos, pois, interpretando-se à luz dos termos do atual art. 84, inciso IV, da Constituição Federal de 1988, há necessidade de aprovação do regimento dos serviços pelo poder público por meio de decreto regulamentar de competência privativa do chefe do Poder Executivo e, também, da necessidade de se observar os decretos- regulamentares para fiel execução da lei que porventura o chefe do Poder Executivo vier a expedir.

Tal assertiva, igualmente, comprova-se mediante a simples leitura dos atos normativos que criaram os serviços sociais autônomos anteriormente elencados, condicionando-se as deliberações internas de organização e funcionamento às re-gras já postas, bem como a aprovação ou a ratificação dos posteriores regimentos internos ao chefe do Poder Executivo. Senão, vejamos as normas legais, *in verbis*:

SENAI. Art. 8º do Decreto-lei nº 4.048/1942. A organização do Serviço Nacional de Aprendizagem dos Industriários constará de seu regimento, que será, mediante *projeto apresentado ao Ministro da Educação* pela Confederação Nacional da Indústria, *aprovado por decreto do Presidente da República.*

SESI. Art. 2º do Decreto-lei nº 9.403/1946. O Serviço Social da Indústria, com personalidade jurídica de direito privado, nos termos da lei civil, será organizado e dirigido nos termos de regulamento elaborado pela Confederação Nacional da Indústria e aprovado por Portaria do Ministro do Trabalho, Indústria e Comércio.

SESI. Art. 6º do Decreto-lei nº 9.403/1946. O regulamento de que trata o artigo segundo, dará estruturação aos órgãos dirigentes do Serviço Social da Indústria, constituindo um Conselho Nacional e Conselhos Regionais quais farão parte representantes do Ministério do Trabalho, Indústria e Comércio, designados pelo Respectivo Ministro.

Parágrafo único. O Presidente do Conselho Nacional do Serviço Social da Indústria será de nomeação do Presidente da República.

SENAC. Art. 9º Decreto-lei nº 8.621/1946. A Confederação Nacional do Comércio fica investida da necessária, delegação de poder público para elaborar e expedir o regulamento do SENAC e as instruções necessárias ao funcionamento dos seus serviços.

SENAC. Art. 10. Decreto-lei nº 8.621/1946. O regulamento de que trata o artigo anterior, entre outras disposições, dará organização aos órgãos de direção do Senac, constituindo um Conselho Nacional e Conselhos Estaduais ou Regionais.

§ 1º Presidirá o Conselho Nacional do Senac o presidente da Confederação Nacional do Comércio.

§ 2º Os presidentes dos Conselhos Estaduais ou Regionais serão escolhidos entre os presidentes das federações sindicais dos grupos do comércio, preferindo-se sempre o da federação representativa do maior contingente humano.

§ 3º Farão parte obrigatoriamente do Conselho Nacional o diretor do órgão encarregado da administração das atividades relativas ao ensino comercial do Ministério da Educação e Saúde e um representante do Ministério do Trabalho, Indústria e Comércio, designado pelo respectivo Ministro, e dos Conselhos Estaduais ou Regionais farão também parte representantes dos dois Ministérios, igualmente designados.

SESC. Art. 2º Decreto-lei nº 9.853/1946. O Serviço Social do Comércio, com personalidade jurídica de direito privado, nos termos da lei civil, terá sua sede e foro na Capital da República e será organizado e dirigido nos termos do regulamento elaborado pela Confederação Nacional do Comércio, devidamente aprovado pelo Ministro do Trabalho, Indústria e Comércio.

§ 1º As ações em que o Serviço Social do Comércio for autor, réu, ou interveniente serão processadas no Juízo Privativo da Fazenda Pública.

§ 2º A dívida ativa do Serviço Social do Comércio, proveniente de contribuições, multas ou obrigações contratuais, será cobrada judicialmente, segundo o rito processual dos executivos fiscais.

SESC. Art. 6º Decreto-lei nº 9.853/1946. O Regulamento, de que trata o art. 2º, deverá observar, na organização do Serviço Social do Comércio, uma direção descentralizada, com um Conselho Nacional, órgão coordenador e de planejamento geral, e Conselhos Regionais dotados de autonomia para promover a execução do plano adaptando-o às peculiaridades das respectivas regiões. Deverá, igualmente, instituir órgão fiscal, cujos membros, na sua maioria, serão designados pelo Governo.

A análise do texto normativo anteriormente transcrito revela uma incongruência com a posição mais tradicional da doutrina sobre os serviços sociais autônomos, porquanto a posição majoritária se firmou no sentido de que, no início do Sistema S ou dos denominados "S" tradicionais de antes de 1988, a lei não criava as entidades, mas meramente repassava a simples autorização à iniciativa privada. Tal posicionamento é o que se depreende, por exemplo, da lição da Alice Gonzalez Borges sobre os primeiros serviços sociais:

Capítulo 3 • ELEMENTOS CONSTITUTIVOS DOS SERVIÇOS SOCIAIS AUTÔNOMOS | **159**

A União não os criava: atribuía a uma Confederação Nacional o encargo de criar o Serviço, e estabelecia sua fonte de recursos, permitindo que o Serviço arrecadasse contribuições parafiscais e as gerisse.[18]

Ora, a partir dos anos 90, foram surgindo novos *serviços sociais autônomos* criados pela União [...].

Pela sua própria denominação, já se vê que tais novas entidades, criadas *diretamente* pela lei em sua maioria mediante a transformação de pré--existentes entidades da administração indireta, e passando a manter-se exclusivamente com dotações orçamentárias, eram destinadas a finalidades bem diversas da primitiva previsão constitucional de fomento às atividades de aprendizagem e capacitação de categorias profissionais que caracterizava até então os serviços sociais autônomos de que têm o nome.

Não possuem, pois nenhuma semelhança com as entidades do Sistema S.[19]

[...]

No cenário jurídico atual, portanto, temos duas espécies bem nítidas e diferenciadas de entidades de direito privado denominadas *serviços sociais autônomos*:

a) os serviços sociais autônomos originários, que se prestam à colaboração com autonomia, que a lei autoriza sejam criadas por confederações de categorias profissionais; que são destinados ao fomento a atividades de interesse público; que são mantidos por contribuições parafiscais arrecadadas pelas próprias entidades e por estas geridos; *cuja criação se arrima em previsão constitucional.*

b) os *serviços sociais autônomos* criados diretamente pela lei, geralmente mediante transformação de entidades da administração indireta pré-existente; cuja subsistência decorre de repasses governamentais, através de dotações orçamentárias, em razão de fundos públicos ou de transferência de empréstimos internos ou externos; que, sendo extremamente dependentes de recursos do poder público, não possuem nenhuma autonomia de ação; que são destinados a diversas finalidades de interesse público, inclusive na área de saúde, correspondendo a verdadeiro desempenho de serviços públicos; que em regra são acompanhados da assinatura de contrato de gestão; *que não têm sua criação arrimada em nenhuma previsão constitucional.* (Grifos no original)

---

[18] BORGES, Alice Gonzalez. Serviços sociais autônomos – Natureza jurídica. *Revista Eletrônica de Direito do Estado – Rede*, Salvador: Instituto Brasileiro de Direito Público, n. 26, abr./maio/jun. de 2011. Disponível em: http://www.direitodoestado.com. Acesso em: 20 nov. 2019.

[19] Ibid.

No estudo supracitado, Borges considera, portanto, que as entidade sociais criadas sob o ordenamento constitucional anterior seriam espécies diversas daquelas implementadas sob o ordenamento jurídico novo implantado com a Constituição Federal de 1988, em razão de um suposto dirigismo legal derivado do fato de as novas entidades integrantes do serviço social autônomo possuírem uma maior participação do poder público em sua criação e de que seria uma burla ao sistema de normas constitucionais rígidas da Administração Pública o exercício dessas atividades por particulares.

Desse modo, fundando-se no fato de que os primeiros serviços sociais autônomos teriam sido tão somente autorizados pelo poder público e criados pelas confederações, ao passo que aqueles implementados sob a égide da Constituição Federal de 1988 teriam sido instituídos diretamente pelo poder público e não possuiriam autonomia necessária de ação, burlava-se, segundo a autora, os princípios e as regras constitucionais da Administração Pública, pois o "novo" serviço social autônomo prestaria serviço público e deveria continuar sendo atribuição da Administração Pública indireta, entendendo-se pela inconstitucionalidade material e formal dos serviços sociais autônomos desse segundo tipo instituídos após o advento de 1988.

Corroborando também as lições de que os serviços sociais autônomos instituídos antes do atual sistema constitucional implicariam espécie jurídica diversa dos atuais serviços sociais autônomos e de que o interesse seria inconstitucionalmente fugir do sistema de controle publicístico exercido pelo Estado, tem-se o ensinamento de Fernando Facury Scaff, *in verbis*:

> Faz-se observar que os *consideranda* dos seus atos constitutivos deixam bastante claro que sua função não é a de auxiliar o Estado, mas de intervir em área de atividade privada (comércio e indústria) que o Estado decidiu, por razões estratégicas, incentivar. *Por tal fato é que tais entes não são considerados como integrantes da administração indireta.* Neste sentido, alerta Di Pietro, *é que a União não os criou, mas apenas estabeleceu sua fonte de recursos, permitindo que eles cobrassem contribuições paraestatais. Quem efetivamente os criou foram as Confederações Nacionais do Comércio e a da Indústria.*[20]

Ao final de seu estudo, conclui-se pela existência das seguintes espécies de serviço social autônomo:

> Neste passo, entendo que podermos alinhavar algumas conclusões acerca dos Serviços Sociais Autônomos e da figura do Contrato de Gestão.

---

[20] SCAFF, Fernando Facury. Contrato de gestão, serviços sociais autônomos e intervenção do Estado. *Revista de Direito Administrativo – RDA*, Rio de Janeiro, v. 225, p. 281, jul./set. 2001.

Capítulo 3 • ELEMENTOS CONSTITUTIVOS DOS SERVIÇOS SOCIAIS AUTÔNOMOS | **161**

Pode-se afirmar que:

a) Existem dois tipos de Serviços Sociais Autônomos:

1) Aqueles cujas funções são atribuídas à iniciativa privada, vinculada à atribuição de capacidade tributária para arrecadar contribuições parafiscais. Entendo que estes estão aptos a exercer legitimamente as atribuições delegadas pelo Estado;

2) Aqueles que decorrem da extinção de órgãos preexistentes no Estado, cujas atribuições são delegadas a entes também criados pelo Estado, mas com roupagem privada, para o desenvolvimento de funções semelhantes àquelas estabelecidas para o órgão extinto. Estes indicam muito mais uma contrafação estatal do que uma delegação de atribuição administrativa. Se era estatal pode deixar de sê-lo apenas em razão de uma nova forma de organização administrativa e societária, mantida a titularidade do capital e a origem dos recursos? Entendo que não.[21]

De mais a mais, Leila Cuéllar compactua com distinção trazida pelos autores supracitados, no sentido de que a forma de instituição dos serviços sociais autônomos, criados, em sua maioria, sob a égide da Constituição Federal de 1946, implicaria espécie jurídica diversa das instituições criadas após o advento da Constituição Federal de 1988. Sobre este ponto, afirma:

É importante ressaltar que as leis que deram origem a tais entidades (Senai, Senac, Sesc, Sesi etc.) não as criaram diretamente, nem autorizaram o Poder Executivo a fazê-lo; essas leis atribuíram às Confederações Nacionais o encargo de fazê-lo.

[...]

De outro lado, estão os serviços sociais autônomos do segundo tipo, cuja semelhança com as entidades do Sistema S praticamente limita-se ao "rótulo" de serviço social autônomo. Ressalte-se que a simples adoção do mesmo nome não iguala as duas hipóteses, que são bastante distintas.

Pode-se afirmar que os serviços sociais autônomos do segundo tipo apresentam traços comuns aos das organizações sociais, pois a mesma lei que determina a instituição de um serviço social autônomo do segundo tipo autoriza a extinção da entidade pública, que vai desaparecer, por outra, privada. Já no caso dos serviços socais autônomos do primeiro tipo, surge uma entidade paraestatal, que vai funcionar paralelamente ao Estado.[22]

---

[21] Ibid., p. 296.

[22] Os novos serviços sociais autônomos: exame de um caso. *Revista Eletrônica sobre a Reforma do Estado – Rere*, Salvador: Instituto Brasileiro de Direito Público, n. 14, jun./jul./ago. 2008. Disponível em: http://www.direitodoestado.com.br/rere.asp. Acesso em: 10 nov. 2019.

Não obstante, em relação às lições citadas anteriormente, com o devido respeito, o que se interpreta da análise do texto normativo transcrito, bem como dos demais dispositivos constantes do decreto-lei que instituiu os serviço sociais autônomos, é que a lei efetivamente os criou e que não existe uma reserva institucional constitucional que estabelece que o Estado apenas pode criar entidades expressamente previstas constitucionalmente.

Desse modo, discorda-se frontalmente da tese, fundamentada nos art. 37, XIX e XX, da CF[23], de que o Estado somente pode criar autarquias, empresas públicas, sociedades de economia mista, fundações públicas de direito público e subsidiárias dessas entidades e que, portanto, o poder público estaria autorizado constitucionalmente apenas a instituir entes da Administração Pública indireta e não poderia criar uma entidade de direito privado sem fins lucrativos[24].

Na verdade, não existe impedimento constitucional. O entendimento de que a criação dos serviços sociais autônomos, por lei, é decorrente ou alimentada do interesse do Estado de burlar os controles a que se sujeita a Administração Pública

---

[23] "Art. 37. [...] XIX – somente por lei específica poderá ser criada autarquia e autorizada a instituição de empresa pública, de sociedade de economia mista e de fundação, cabendo à lei complementar, neste último caso, definir as áreas de sua atuação; XX – depende de autorização legislativa, em cada caso, a criação de subsidiárias das entidades mencionadas no inciso anterior, assim como a participação de qualquer delas em empresa privada."

[24] Essa também é a compreensão de Lucas Rocha Furtado: "*Temos reiterados trechos deste trabalho defendido a impossibilidade de o poder público criar entidade estranha à Administração Pública. Se o poder público quer desempenhar, diretamente, atividades assistenciais como as que desempenham os serviços sociais autônomos, deve criar fundações públicas.* Se o poder público quer incentivar entidades privadas a desenvolver essas atividades, que firme termos de parceria, convênios, contratos de gestão ou qualquer instrumento de natureza pública e repasse os recursos públicos necessários. Todavia, o poder público criar entidade e querer que ela não integra a Administração Pública parece-nos incompatível com a própria razão de ser do Estado, além de ferir o texto constitucional. Ao longo do presente trabalho temos defendido a maior participação da sociedade civil – empresarial ou não – no desempenho das atividades do Estado. Esse maior intercâmbio, desde que se verifique a partir de parâmetros jurídicos bem definidos e sujeitos à fiscalização – apenas benefícios trará para a sociedade. O propósito aqui não é o de criticar as parcerias entre os setores público e o privado. Ao contrário, devem esses mecanismos ser ampliados e aperfeiçoados. Há atividades que, efetivamente, são mais bem desempenhadas quando a sua execução é transferida à gestão privada. Não negamos, ademais, em absoluto, a possibilidade de o poder público criar entidade de Direito Privado, desde que ela integre a Administração e se sujeite às normas constitucionais pertinentes – como é o caso das empresas públicas, sociedades de economia mista, e, eventualmente, de fundações públicas de Direito Privado. *A rigor, a criação pública, por meio de lei, de entidades instrumentais estranhas à Administração do Estado está ligada a uma única verdade: busca-se fugir aos controles a que se sujeita a Administração Pública. Sob o argumento de que a gestão privada dos recursos públicos importa em solução mais efetiva, abrem-se as portas para todo tipo de malservação e abuso com os recursos públicos*" (grifos nossos) (FURTADO, Lucas Rocha. *Curso de direito administrativo.* 5. ed. Belo Horizonte: Fórum, 2016. p. 189-190).

ou do argumento fático de que o Estado é pior fiscalizador do que prestador de serviço é jurídica e estatisticamente insustentável.

Demonstrar-se-á, ao longo desta obra, que os serviços sociais autônomos federais hoje são as entidades mais fiscalizadas pelo TCU em relação a qualquer outra pessoa jurídica no ordenamento jurídico nacional, ou, ao menos, algumas das mais. Basta, no plano federal, por exemplo, uma simples pesquisa no sítio do TCU com a expressão "Sistema S"[25] e se constatará, de fato, o tipo de pessoa jurídica mais controlado no Brasil ou um dos mais. Nesse prumo, as fiscalizações são constantes e periódicas. Há um setor específico no TCU especializado em serviço social autônomo, o que é uma peculiaridade bastante importante e desmistificadora da falta de fiscalização pelo Estado.

Por exemplo, no dia 26 de julho de 2019, em um único dia, foram publicados, no Diário Oficial da União, dois *leading case* do Plenário do TCU sobre fiscalizações exercidas sobre todos os serviços sociais autônomos[26].

O primeiro, exclusivamente sobre educação e com o espectro bastante detalhado da educação brasileira, registrou uma visão das fontes de receitas destinadas ao financiamento da educação em todo o Brasil e um relatório de levantamento bastante completo, com o objetivo de conhecer a estrutura de Financiamento da Educação no Brasil e direcionar a atuação da *SecexEducação* (que também investiga o "S") em critérios de materialidade, relevância e risco. Constatou-se, nesse relatório, o cumprimento integral pelos serviços sociais autônomos de toda a legislação sobre a prestação de serviço educacional gratuito, e não houve nenhuma recomendação para os serviços sociais autônomos, ao contrário do que aconteceu com o Ministério da Educação e de todas as pessoas jurídicas de direito público vinculadas ao órgão que, já *a priori*, o Plenário do TCU notou de pronto o descumprimento de diversas normas constitucionais e legais e fez diversas recomendações[27].

O segundo – certamente uma das mais profundas auditorias feitas em toda a história do TCU, conforme destacado pelo ministro relator Augusto Sherman Cavalcanti, com acordão publicado de 244 páginas[28] – tratou de levantamento rea-

---

[25] Disponível em: https://pesquisa.apps.tcu.gov.br/#/resultado/jurisprudencia-selecionada/sistema%2520S/%2520/%2520?ts=1579511682308&pb=jurisprudencia-selecionada. Acesso em: 6 jan. 2020.

[26] Disponível em: http://www.in.gov.br/web/dou/-/ata-n-26-de-17-de-julho-de-2019-207238540. Acesso em: 15 dez. 2019.

[27] TC 027.502/2018-0. Disponível em: http://www.in.gov.br/web/dou/-/ata-n-26-de-17-de-julho-de-2019-207238540. Acesso em: 15 dez. 2019.

[28] Foram objetos dessa auditoria as 487 unidades nacionais e regionais do Sistema S e, considerando o planejamento e objetivo da auditoria, formulou-se as seguintes questões, a saber: "Bloco 1 – Despesas contratuais: Questão 1 – Como são os processos licitatórios realizados pelas entidades do Sistema S?; Questão 2 – Os dados referentes às despesas contratuais das entidades do Sistema S são completos e fidedignos?; Bloco 2 – Transparência das informa-

lizado no contexto da solicitação do Congresso Nacional, abrangendo as entidades do Senai, do Sesi, do Senac, do Sesc, do Senar, do Sescoop, do Sest, do Senat, do Sebrae, da ABDI e da Apex-Brasil, com o objetivo de obter dados sobre despesas, transparência, cumprimento de acordo de gratuidade, recursos humanos, disponibilidades financeiras, investimentos decorrentes das atribuições e outros, referentes aos exercícios de 2015 e 2016. Sem sombra de dúvidas, o desempenho dos serviços sociais autônomos no contexto de uma investigação desse porte foi bem-sucedido, com recomendações, por parte do TCU, de melhorias e aperfeiçoamentos, tanto para o Sistema S como para a CGU e a 2ª Diretoria Técnica da *SecexTrabalho*, unidade responsável pela fiscalização das entidades do Sistema S[29].

Por conseguinte, no momento da criação dos serviços sociais autônomos, o Estado, no exercício da sua competência legiferante, estabeleceu, entre outros elementos, por exemplo, a forma de controle rígido pelos Tribunais de Contas, as finalidades do serviço social autônomo, os seus objetivos, a organização jurídica, a forma de custeio, o ente responsável pela arrecadação, a destinação de seu produto, as isenções tributárias, a necessidade de aprovação das normas internas do serviço e do orçamento pelo chefe do Poder Executivo e a supervisão ministerial.

Aos particulares coube estabelecer as formas de execução destas obrigações e de implementação desses objetivos, os quais ainda tiveram que ser referendados nos casos de antes da Constituição de 1988 pelo chefe do Poder Executivo da União para poderem ser considerados plenamente válidos.

Em face de tais fundamentos, tem-se o quadro jurídico delineado pela legislação para a constatação de que a lei criou os serviços sociais autônomos desde o período anterior à vigência da Constituição Federal de 1988, deixando para a iniciativa privada apenas a obrigação acessória ou o dever instrumental de estabelecer como seria cumprido aquilo que a lei já verdadeiramente esmiuçou.

ções, gratuidade e investimentos em áreas não conexas com suas atribuições: Questão 3 – As entidades do Sistema S estão cumprindo as determinações e recomendações do TCU em relação à divulgação e publicação das informações (transparência)?; Questão 4 – As entidades do Sesc, Senac, Senai e Sesi estão cumprindo os acordos de gratuidade estabelecidos nos Decretos 6.632, 6.633, 6.635 e 6.637/2008?; Questão 5 – Quanto é o investimento das entidades no mercado financeiro e em imóveis?; Bloco 3 – Despesas com recursos humanos: Questão 6 – A remuneração dos empregados e dirigentes do Sistema S é condizente com a praticada pelo mercado?; Bloco 4 – Balanços patrimoniais, receitas, transferências e disponibilidades financeiras: Questão 7 – Qual é o perfil do total de ativos e resultados das entidades do Sistema S?; Questão 8 – Qual o volume de recursos das entidades do Sistema S aplicados em disponibilidades financeiras?; Questão 9 – Qual é a situação do volume de receitas das entidades do Sistema S?; Questão 10 – Quais os montantes de recursos de transferências das entidades do Sistema S?" (Disponível em: http://www.in.gov.br/web/dou/-/ata-n-26-de-17-de-julho-de-2019-207238540. Acesso em: 15 dez. 2019).

[29] Acórdão nº 1669/2019 – TCU – Plenário.

Capítulo 3 • ELEMENTOS CONSTITUTIVOS DOS SERVIÇOS SOCIAIS AUTÔNOMOS | **165**

Nessa seara, apesar de as teses anteriormente transcritas entenderem de modo diverso, o que se constata é a inexistência de divergência da forma jurídica adotada para a criação dos serviços sociais autônomos, isto é, todas as entidades, independentemente da época e da Constituição vigente quando de sua implementação, foram criadas por meio de lei. Inclusive o art. 62 do Ato das Disposições Constitucionais Transitórias corrobora com tal compreensão, *in verbis*:

> Art. 62. A lei criará o Serviço Nacional de Aprendizagem Rural (Senar) nos moldes da legislação relativa ao Serviço Nacional de Aprendizagem Industrial (Senai) e ao Serviço Nacional de Aprendizagem do Comércio (Senac), sem prejuízo das atribuições dos órgãos públicos que atuam na área.

Desse modo, a diferença normativa existente entre o serviço social autônomo implementado antes da Constituição Federal de 1988 daqueles que foram instituídos em tempos mais recentes é que, nos modelos mais recentes, a lei não concedeu à iniciativa privada a prerrogativa de regulamentar e decidir de modo mais esmiuçado o funcionamento das entidades, preferindo o legislador definir, desde o momento da criação do respectivo serviço social autônomo, a forma de seu funcionamento.

Em outras palavras, em vez de autorizar ao particular a instituição da entidade privada para prestação de serviço social autônomo relevante, preferiu o legislador permitir ao próprio poder público a criação do referido serviço, de forma direta e sem a necessidade de posterior validação do resultado das deliberações particulares pelo poder público.

Saliente-se que a validação do regulamento pelo poder público decorre da própria estrutura do ordenamento jurídico nacional, o qual exige, para validade dos decretos e regulamentos para fiel execução da lei, que estes sejam produzidos por pessoa jurídica de caráter público, inserida dentro da esfera de atuação do Poder Executivo. Nesse sentido, é a lição de José Carlos Francisco:

> É relevante lembrar que os regulamentos são sempre produzidos exclusivamente por entes com personalidade jurídica de Direito Público e vinculados ao Executivo, de modo que desse conceito estão excluídas as normas elaboradas por entes não estatais (ainda que tenham relação de sujeição especial com o Estado e se reportem à constituição ou às leis), pois a função normativa regulamentar sempre esteve associada à produção normativa estatal. Então, dá implemento a atos normativos primários (às vezes até à constituição), sejam eles editados pelo Chefe do Executivo, sejam por órgãos da administração, mas sempre com personalidade jurídica de Direito Público.[30]

---

[30] FRANCISCO, José Carlos. *Função regulamentar e regulamentos*. Rio de Janeiro: Forense, 2009. p. 263.

Da lição supracitada, extrai-se o entendimento de que pouco importa o ente responsável pela elaboração do regulamento da entidade integrante do serviço social autônomo, se particular ou privado, porquanto o resultado final será sempre o mesmo: a norma final regulamentadora terá que ser aprovada por ente integrante do Poder Executivo, o qual se encontra encarregado de validar as disposições do regulamento, aprová-lo e, ao final, publicar a norma, possibilitando-se que passe a produzir seus necessários efeitos jurídicos.

Desse modo, a dicotomia normativa identificada na doutrina anteriormente transcrita, revela apenas uma aparente divergência no ente responsável pela criação, porquanto o resultado finalístico se revela idêntico em ambos os casos: todas as entidades integrantes do serviço social autônomo são criadas por ato legislativo, independentemente do grau de participação de entidades privadas na elaboração do regulamento.

Nessa linha, a lei que cria o serviço social autônomo não é de natureza autorizativa, que tem por cerne autorizar, indicar ou sugerir a faculdade de uma pessoa jurídica de direito privado instituir ou não o serviço social, de acordo com a sua conveniência e oportunidade, mas sim lei impositiva, que ordena, impõe e introduz no ordenamento jurídico normas jurídicas criadoras de direito novo. Isto é, a lei que institui o serviço social autônomo cria direitos e impõe obrigações jurídicas, inclusive tributárias, e não fica na dependência ou na afetação de novos atos jurídicos para lograr efetividade.

Ademais, o argumento para justificar que a criação dos serviços sociais autônomos não ocorre com a lei, mas sim com registro em cartório, não é correto. Discorda-se desse entendimento. A peculiaridade que se vislumbra no aspecto registral das entidades do serviço social autônomo diz respeito à diferenciação de sua natureza jurídica quando comparada com as demais pessoas jurídicas de direito privado. Os registros públicos são regidos pela Lei nº 6.015/1973, que dispõe sobre os requisitos a serem observados para que os atos jurídicos usufruam da autenticidade, da segurança e da eficácia conferida pela lei. Independentemente do estilo do registrador – se de títulos e documentos, imóveis, registro civil de pessoas naturais ou registo civil de pessoas jurídicas –, todos os atos levados a registro possuem como característica a garantia de publicidade, autenticidade, segurança e eficácia do ato jurídico.

Por publicidade, entende-se a prerrogativa de acesso de indivíduos, independentemente de justificativa e pertinência, ao conteúdo do ato que foi levado a registro[31]. O acesso ao conteúdo registrado é feito de forma mediata ou indireta, porquanto o solicitante não possui acesso aos livros de registro, mas tão somente a certidões que informam o conteúdo do ato, podendo ser esta física ou eletrônica. Realça-se que a publicidade inerente aos registros públicos não se confunde com

---

[31]   Cf. art. 17 da Lei nº 6.015/1975.

Capítulo 3 • ELEMENTOS CONSTITUTIVOS DOS SERVIÇOS SOCIAIS AUTÔNOMOS | 167

sua oponibilidade a terceiros. A publicidade implica a disponibilização de acesso ao ato, ao passo que a eficácia *erga omnes* pode demandar atuações complementares ao ato de registro, como ocorre, por exemplo, no penhor de veículo[32], o qual demanda, para seu aperfeiçoamento, que se efetue o registro do penhor no certificado de propriedade do bem.

A autenticidade do ato levado a registro implica, ao mesmo tempo, a certificação de originalidade do ato, decorrente da fé pública, e a autenticidade das emanações de vontade registradas nos documentos[33]. A força probante dos atos levados a registro se encontra devidamente demonstrada pelo disposto nos arts. 216 e 217 do Código Civil, por meio dos quais se confere às certidões e aos traslados a mesma eficácia probatória que seria concedida aos documentos originais[34].

A segurança pode ser analisada tanto sob a ótica da segurança jurídica do ato quanto pela da segurança física do registro. Por segurança jurídica, tem-se que o registro do ato implica a regularidade formal, ou seja, que o ato registrado cumpriu os requisitos formais de sua validade, não sendo cabível ao oficial de registro realizar considerações sobre ao ato jurídico que não tenham por base os requisitos legais para seu registro. No tocante à segurança física, esta decorre da responsabilidade dos registradores pela segurança dos registros públicos, conforme expressamente previsto no art. 24 da Lei nº 6.015/1975[35], acarretando não apenas a custódia física dos atos registrados, como também a adoção de mecanismos para sua preservação, tanto física quanto eletrônica.

No tocante à eficácia do ato levado a registro, tem-se que esta será constitutiva sempre que o registro inovar na relação jurídica existente entre as partes. Por outro lado, estar-se-á diante da eficácia declaratória sempre que o registro se limitar a reconhecer a ocorrência de uma relação jurídica que havia entre as partes, sem modificá-la. Igual será o efeito na hipótese de ato que meramente registra situação pretérita, produzindo efeitos retroativos, porquanto não afeta, nessa hipótese, a relação jurídica. Quando se tratar de registro cujos efeitos sejam proativos, estar-se-á diante da sua modalidade constitutiva, porquanto a relação

---

[32] "Art. 1.462. Constitui-se o penhor, a que se refere o artigo antecedente, mediante instrumento público ou particular, registrado no Cartório de Títulos e Documentos do domicílio do devedor, e anotado no certificado de propriedade."

[33] SILVA, Fernando Candido da. *Registro de títulos e documentos e registro civil de pessoas jurídicas*. 2. ed. Curitiba: Appris, 2019. p. 25.

[34] "Art. 216. Farão a mesma prova que os originais as certidões textuais de qualquer peça judicial, do protocolo das audiências, ou de outro qualquer livro a cargo do escrivão, sendo extraídas por ele, ou sob a sua vigilância, e por ele subscritas, assim como os traslados de autos, quando por outro escrivão consertados. Art. 217. Terão a mesma força probante os traslados e as certidões, extraídos por tabelião ou oficial de registro, de instrumentos ou documentos lançados em suas notas."

[35] "Art. 24. Os oficiais devem manter em segurança, permanentemente, os livros e documentos e respondem pela sua ordem e conservação."

jurídica será, obrigatoriamente, modificada após a inscrição. Ante a expressa disposição do art. 221 do Código Civil, tem-se o registro como requisito para que a eficácia atinja terceiros[36].

Certamente as disposições da Lei de Registros Públicos se revelam essenciais para dar validade, confiabilidade, segurança, publicidade e eficácia *erga omnes* aos atos produzidos por particulares; no entanto, tal medida se verifica redundante e tautológica quando se trata das entidades do serviço social autônomo. Essas entidades foram criadas por lei, tendo sua norma instituidora sido, na maioria dos casos, complementada por decreto que regulamentou seus órgãos, seu funcionamento e sua estrutura. Em razão disso, verifica-se que os requisitos de publicidade, autenticidade, segurança e eficácia se encontram devidamente cumpridos em razão da produção legislativa que criou a entidade. Mais ainda, dado que a Lei de Introdução às Normas do Direito brasileiro (Lei nº 4.657/1942) determina que ninguém pode descumprir a lei alegando desconhecê-la[37]. Tem-se que a publicidade derivada do ato normativo legal supre qualquer necessidade de publicidade que poderia ser dada pelo registro civil da pessoa jurídica, o mesmo ocorrendo com relação às características de eficácia, confiabilidade e segurança do ato.

Logo, impende-se reconhecer que o registro dos atos das entidades do serviço social autônomo possui eficácia meramente homologatória ou declaratória e não constitutiva, pois, com a lei, dá-se o nascimento e já se tem diversas obrigações jurídicas, inclusive tributárias. Por sua vez, o registro não influi no nascimento do serviço social autônomo, mas apenas declara tautologicamente a sua existência e produz mais uma espécie de publicidade ao seu ato de criação já verificado com a lei.

Seguramente, o ato de registro é meramente declaratório do nascimento do serviço social autônomo, que se constitui com a publicação da lei no Diário Oficial. O ato de registro, na prática, autentica os efeitos do documento formulado conforme as disposições legais, sem que a autenticação implique em alteração dos efeitos jurídicos dos atos legais que determinaram sua produção.

Ainda sobre a forma de criação dos serviços sociais autônomos, já era o ensinamento clássico de Hely Lopes Meirelles, para quem os serviços sociais autônomos são todos aqueles instituídos por lei[38]. Ou, mesmo discordando dessa compreensão, Themistocles Brandão Cavalcanti, ao comentar o art. 1º do Decreto-lei nº 9.853/1946 – que criou o Sesc –, afirma: "Como, porém, a palavra instituição, pode ter um sentido

---

[36] "Art. 221. O instrumento particular, feito e assinado, ou somente assinado por quem esteja na livre disposição e administração de seus bens, prova as obrigações convencionais de qualquer valor; mas os seus efeitos, bem como os da cessão, não se operam, a respeito de terceiros, antes de registrado no registro público."

[37] "Art. 3º Ninguém se escusa de cumprir a lei, alegando que não a conhece."

[38] MEIRELLES, Hely Lopes. *Direito administrativo brasileiro*. Atual. Eurico de Andrade Azevedo, Délcio Balestero Baleixo e José Emanoel Burle Filho. 35. ed. São Paulo: Malheiros, 2009. p. 385.

Capítulo 3 • ELEMENTOS CONSTITUTIVOS DOS SERVIÇOS SOCIAIS AUTÔNOMOS | **169**

mais genérico, não ofende o preceito legal a interpretação que atribui ao Decreto-lei nº 9.853, a origem dessa organização [...]"[39]. Desse modo, com o devido respeito ao posicionamento contrário, verifica-se que não há dúvidas acerca da forma de criação das entidades do serviço social autônomo, obtendo-se, da análise realizada, a constatação de que todas essas entidades têm, como ato jurídico justificador de sua existência, o fundamento e o dever de aumentar a eficácia da prestação de direitos fundamentais sociais e dar concretude à força normativa da Constituição.

Demonstrada a necessidade de lei para a criação de entidade integrante do serviço social autônomo, é necessário examinar qual de suas espécies poderiam ser empregadas para a criação de uma dessas entidades.

Inicialmente, verifica-se que a medida provisória encontra fundamento de existência no art. 62 da Constituição Federal, o qual estabelece que, em caso de relevância e urgência, o presidente da República poderá adotar medidas provisórias, com força de lei, devendo submetê-las de imediato ao Congresso Nacional.

Constata-se, de plano, que as medidas provisórias possuem as mesmas características das leis ordinárias, por expressa determinação constitucional. Logo, são capazes de produzir normas gerais e abstratas do mesmo modo que as leis ordinárias o fazem.

No entanto, a medida provisória possui dois importantes requisitos de validade que não se encontram presentes na lei ordinária, quais sejam: necessidade de relevância da matéria e urgência de sua apreciação. Nesses casos excepcionais, em que o interesse da nação, em tese, exige a imediata apreciação da matéria pelo Congresso Nacional, tem-se um procedimento especial de criação de norma legislativa, a qual é elaborada pelo presidente da República e entra em vigor a partir de sua publicação, sendo encaminhado ao Legislativo para apreciação durante prazo determinado.

Essa forma de criação legislativa deriva do instituto do decreto-lei que, como já visto, existiu em épocas não legalmente democráticas (de 1937 a 1946 e de 1965 a 1988), sendo utilizado, como visto, para a criação das primeiras entidades integrantes do serviço social autônomo. Sobre o objetivo das medidas provisórias, tem-se que a sua inserção no texto constitucional atual seria com a intenção legítima de salvaguardar o sistema constitucional brasileiro, isto é, para as hipóteses em que não fosse possível aguardar a resposta e o tempo de debate do Legislador[40].

Justamente em razão do caráter excepcional desse instituto é que suas hipóteses de cabimento se encontram expressamente limitadas pelo texto constitucional, o qual exige a demonstração concomitante da urgência e da relevância, sem os quais

---

[39] CAVALCANTI, Themistocles Brandão. Autarquias – Natureza jurídica do serviço social do comércio. *Revista de Direito Administrativo*, Rio de Janeiro, v. 19, p. 383, jan. 1950.

[40] Cf. ABBOUD, Georges; CARNIO, Henrique Garbellini; OLIVEIRA, Rafael Tomaz de. *Introdução ao direito*: teoria, filosofia e sociologia do Direito. 4. ed. São Paulo: Thomson Reuters Brasil, 2019. p. 387.

não possui validade, e, consequentemente, a deliberação do Parlamento sobre o mérito das medidas provisórias depende de juízo prévio sobre o atendimento desses pressupostos constitucionais (art. 62, § 5º, da CF).

Assim, antes mesmo de inquirir sobre o mérito político da medida proposta, cada uma das casas do Congresso Nacional deve realizar uma adequada análise jurídica para constatação da existência de aderência entre a norma emanada do Poder Executivo e os requisitos constitucionais de sua validade. Dessa forma, para se verificar a possibilidade de constituição de entidades do serviço social autônomo por meio de medida provisória, faz-se necessário averiguar se encontram-se cumpridos os requisitos de relevância e urgência.

Quanto à relevância, tem-se que sua presença deriva da própria razão de existir do sistema de serviço social autônomo, porquanto estas instituições objetivam a concretização dos direitos fundamentais sociais insertos no art. 6º da Constituição Federal e dão concretude à norma materialmente constitucional fundamental da dignidade da pessoa humana.

Por certo, a garantia e a concretização de direitos como saúde, educação, alimentação, trabalho, moradia, transporte, lazer, segurança, previdência social, maternidade, infância e assistência aos desamparados se reveste de relevante caráter sociofundamental, em especial quando se observa a experiência das entidades integrantes do serviço social autônomo e o impacto de suas iniciativas sobre a parcela mais carente da população.

Logo, a ampliação, em tese, deste leque de entidades privadas aptas a fornecerem assistência à população, de forma gratuita, subsidiada ou por valores inferiores ao praticado pela iniciativa privada, significa uma iniciativa de relevante impacto social e que poderá ser utilizada como justificativa para a criação dessas entidades por meio de medida provisória.

No entanto, há que se considerar que tal medida não se afiguraria possível dentro da presente realidade normativa constitucional, porquanto não se vislumbra qualquer prejuízo decorrente de se aguardar o adequado transcurso do processo legislativo ordinário, de forma a se justificar a criação de entidades do serviço social autônomo por meio do instituto da medida provisória.

Por mais relevantes e necessários que sejam os serviços prestados pelo serviço social autônomo, a necessidade da implementação de uma nova entidade não justifica a quebra do processo legislativo ordinário. Nelson Nery Junior e Georges Abboud caracterizam a medida provisória como função legislativa atípica, razão pela qual a demonstração dos requisitos de relevância e urgência são obrigatórios. Veja-se:

> A medida provisória está regulamentada na CF 62. Assim, referido artigo autoriza o Presidente da República, de forma precária e excepcional, a editar MedProv com força de lei. É ato unilateral que cria direitos e obrigações e não provém do Poder Legislativo, daí caracterizamos como função atípica.

Capítulo 3 · ELEMENTOS CONSTITUTIVOS DOS SERVIÇOS SOCIAIS AUTÔNOMOS | **171**

[...]

Na exposição de motivos, cumpre ao Presidente da República demonstrar, de forma cabal, a presença dos requisitos constitucionais, aferíveis pelo Congresso Nacional (CF 62, § 5º), sujeita a MedProv, bem como a lei que a converter, ao controle judicial de sua constitucionalidade. Compete ao STF, na condição de guardião da CF (CF 102 *caput*), verificar a presença ou não desses requisitos da urgência e relevância, caso questionada a constitucionalidade da MedProv, abstrata (*v.g.*, ADIn, ADC, ADPF) ou concretamente (*v.g.*, RE).[41]

Logo, constatada a ausência do requisito da urgência na criação de entidades do serviço social autônomo, tem-se que não se afigura possível a criação de entidade do serviço social autônomo por meio de medida provisória.

Realizada essa constatação, destaca-se que, em 27 de novembro de 2019, o presidente da República encaminhou ao Congresso Nacional a Medida Provisória nº 907/2019, com o objeto, entre outras matérias, de transformar a Embratur em entidade de serviço social autônomo. Nesse sentido, consta do referido diploma legal:

Art. 4º Fica o Poder Executivo federal autorizado a instituir a Embratur – Agência Brasileira de Promoção Internacional do Turismo, serviço social autônomo, na forma de pessoa jurídica de direito privado, sem fins lucrativos, de interesse coletivo e de utilidade pública, com o objetivo de planejar, formular e implementar ações de promoção comercial de produtos, serviços e destinos turísticos brasileiros no exterior, em cooperação com a administração pública federal.

Embora o tema seja novo e não seja possível prever a forma como será examinado pelo Congresso Nacional, é possível analisar juridicamente a validade da norma que transformou a Embratur em serviço social autônomo.

Sobre a questão da relevância, por certo que a promoção internacional do Brasil é matéria de interesse de toda a sociedade, assim como os empregados gerados pela comercialização da oferta turística brasileira no exterior.

Contudo, a leitura da exposição de motivos da referida medida provisória traz os seguintes fundamentos para a modificação por meio de medida provisória: (i) defasagem nas normas que regem a autarquia, as quais não acompanharam a evolução do ordenamento jurídico brasileiro e da estrutura administrativa atual do Estado; (ii) necessidade de modernização para competir no cenário internacional;

---

[41] NERY JÚNIOR, Nelson; ABBOUD, Georges. *Direito constitucional brasileiro*: curso completo. 2. ed. São Paulo: Thomson Reuters Brasil, 2019. p. 675-677.

e (iii) possibilidade de criação sem aumento de impostos, mediante mera redistribuição do produto da arrecadação de uma contribuição que já existe.

A exposição de motivos traz como justificativa de urgência a necessidade de promoção e a manutenção ou geração de empregos no setor e as férias de inverno na Europa. Nesse sentido, consta do texto:

> A urgência de que se reveste essa Medida Provisória fundamenta-se na necessidade de adotar medidas que possam manter a promoção e a manutenção ou a geração de empregos no setor; melhorar o ambiente de negócios e a segurança jurídica para atrair mais investimentos para o Brasil; diminuir o custo da prestação de serviços de turismo no Brasil e aumentar o fluxo de turistas brasileiros e estrangeiros. Ressalta-se, também, a proximidade das férias de inverno da Europa, concomitante as festividades de Natal e Ano-Novo Brasil, momento estratégico para atrair turistas. A publicação desta MP, diante disso, é imprescindível e urgente.[42]

Com a devida vênia ao órgão técnico responsável pela proposta, verifica-se das razões do parecer a completa ausência de urgência apta para justificar a utilização de medida provisória para a finalidade almejada pelo chefe do Poder Executivo.

Em primeiro lugar, porquanto a alegada necessidade de promoção do turismo não decorre de um fato novo e imprevisível a demandar uma ação emergencial do Executivo. Ainda, ressalta-se que parte das alterações propostas decorrem de mera inação do poder público, o qual deixou de realizar a adequação do estatuto legal e dos objetivos da Embratur, criando uma competência concorrente entre a autarquia e o Ministério do Turismo no que tange à promoção e ao apoio à comercialização de destinos, serviços e produtos turísticos brasileiros no mercado internacional.

Outrossim, a MP foi editada no final de novembro de 2019, com o intuito de mudar a forma de promoção do país no exterior. Referido objetivo, apesar de nobre, demanda uma série de ações e planejamento de médio e longo prazos, como, por exemplo, a constante presença e realização de feiras e eventos, no Brasil e no exterior.

Ademais, a ida a outros países é uma atividade que, para a maioria das pessoas, demanda planejamento e tempo, pois deve-se providenciar não apenas a parte específica do passeio, como também as vacinas, vistos, moeda, seguros e demais procedimentos necessários para uma viagem para outro continente.

Em razão de tais fatos, a referida medida provisória dificilmente terá qualquer impacto relevante na quantidade de estrangeiros que decidirão aproveitar as férias de inverno no Brasil, não servindo, pois, para justificar que a alteração na estrutura jurídica da Embratur se processe por meio de medida provisória em virtude de urgência.

---

[42] Brasil. Medida Provisória nº 907/2019. Disponível em: http://www.planalto.gov.br/ccivil_03/_ato2019-2022/2019/Exm/Exm-MP-907-19.pdf. Acesso em: 2 dez. 2019.

Capítulo 3 • ELEMENTOS CONSTITUTIVOS DOS SERVIÇOS SOCIAIS AUTÔNOMOS | **173**

Saliente-se, por fim, que já tramita no Congresso Nacional o Projeto de Lei nº 7.425/2017 que está apensado ao Projeto de Lei nº 3.982/2019 com o mesmo objeto da MP 907/2019, tanto que a própria exposição de motivos da medida provisória requer que haja preterição do projeto de lei em favor da nova norma do Executivo.

Logo, em face de todo o exposto, entende-se que o instrumento jurídico utilizado para a transformação da Embratur foi equivocado e inconstitucional, razão pela qual restou descumprido o disposto no art. 62 da Constituição Federal, porquanto ausente a demonstração de urgência apta a justificar a utilização dessa espécie normativa para criação de nova entidade do serviço social autônomo.

Verificada, em regra, a impossibilidade de introdução de novo serviço social autônomo por intermédio do instituto da medida provisória, importa analisar a possibilidade de criação de nova entidade por intermédio de lei delegada. Essa espécie legislativa tem força normativa de lei ordinária e encontra fundamento no art. 68 da Constituição Federal, o qual dispõe:

> Art. 68. As leis delegadas serão elaboradas pelo Presidente da República, que deverá solicitar a delegação ao Congresso Nacional.
>
> § 1º Não serão objeto de delegação os atos de competência exclusiva do Congresso Nacional, os de competência privativa da Câmara dos Deputados ou do Senado Federal, a matéria reservada à lei complementar, nem a legislação sobre:
>
> I – organização do Poder Judiciário e do Ministério Público, a carreira e a garantia de seus membros;
>
> II – nacionalidade, cidadania, direitos individuais, políticos e eleitorais;
>
> III – planos plurianuais, diretrizes orçamentárias e orçamentos.
>
> § 2º A delegação ao Presidente da República terá a forma de resolução do Congresso Nacional, que especificará seu conteúdo e os termos de seu exercício.
>
> § 3º Se a resolução determinar a apreciação do projeto pelo Congresso Nacional, este a fará em votação única, vedada qualquer emenda.[43]

A análise do texto constitucional demonstra que não podem ser objeto de lei delegada as matérias de competência exclusiva do Congresso Nacional, da Câmara dos Deputados, do Senado Federal, as reservadas à lei complementar, bem como aquelas que digam respeito à organização do Poder Judiciário e do Ministério Público e a carreira e garantia de seus integrantes, nacionalidade, cidadania, direitos individuais, políticos e eleitorais, planos plurianuais, orçamento e diretrizes orçamentárias.

---

43 BRASIL. [Constituição (1988)]. Constituição da República Federativa do Brasil. Brasília, DF: Presidência da República, em 5 de outubro de 1988. Disponível em: http://www.planalto. gov.br/ccivil_03/constituicao/constituicao.htm. Acesso em: 20 jan. 2020.

Logo, não se constata vedação à utilização dessa modalidade legislativa para criação de entidades do serviço social autônomo entre as matérias elencadas no § 1º do art. 68 da CF. Saliente-se que o rol trazido pela referida norma é taxativo, sendo vedada a sua interpretação extensiva, sob pena de esvaziamento deste instituto legislativo tão importante para a concretização do princípio democrático. Ademais, consoante o que já foi visto, a criação de entidades do serviço social autônomo é sempre realizada por intermédio de criação legislativa, com as quatro primeiras entidades (Senai, Senac, Sesi e Sesc) concebidas por meio de decreto-lei, conforme ordenamento jurídico vigente à época. Sobre o instituto da lei delegada, impende citar os ensinamentos preclaros de Afonso da Silva:

> A delegação não pode ser oferecida pelo Congresso. Ela só tem cabimento quando solicitada pelo Presidente da República. Mas não basta a solicitação, porque o pedido de delegação há de ser instruído com o projeto de lei que o acompanha. Portanto, o pedido já traz delimitações na forma estatuída no projeto de lei que o acompanha. Se o Congresso entender de delegar, na forma do pedido, fá-lo-á por *resolução*. O mais técnico seria utilizar o *decreto legislativo*, porque esse é o instrumento para disciplinar situações que acontecem fora do Congresso. Porém, de acordo com o dispositivo em exame, a delegação tem forma de resolução, que especificará seu conteúdo e os termos de seu exercício. Mas o Congresso pode se recusar a outorgar a delegação, não aprovando a resolução pura e simplesmente, ou pode, ao invés de delegar, aprovar resolução que determine que o próprio Congresso aprecie, por si mesmo, o projeto do Executivo, o que deverá fazer em votação única sem emendas. Aprovado o projeto de resolução conferindo a delegação, o Presidente da República edita a lei na forma e nos termos especificados na resolução. E, assim, a lei delegada estará formada.[44]

Editada, por conseguinte, a lei delegada pelo presidente da República, dentro dos expressos limites do que lhe possibilitou a resolução do Congresso Nacional, tem o seu ingresso no ordenamento jurídico e o início de sua eficácia. Diante de tais características, verifica-se que a adoção da técnica legislativa referente à lei delegada se revela mais adequada ao objetivo de criação das entidades integrantes do serviço social autônomo do que a medida provisória, pois, além de dar maior concretude ao Estado Democrático de Direito e não retirar a atribuição legiferante do Poder Legislativo – que autoriza a atuação do Poder Executivo[45] –, permite que

---

[44] SILVA, José Afonso da. *Comentário contextual à Constituição*. 9. ed. atual. São Paulo: Malheiros. 2014. p. 468-469.

[45] CANOTILHO, J. J. Gomes. *Direito constitucional e teoria da constituição*. 5. ed. Coimbra: Almedina, 2002. p. 756; FERRAZ, Anna Cândida da Cunha. *Conflito entre poderes*: o poder congressual de sustar atos normativos do Poder Executivo. São Paulo: Revista dos Tribunais, 1994. p. 100-101.

o Estado social exerça sua função de legislar com a eficácia social ou a efetividade necessária na dinâmica do dia a dia e mantém no Legislativo o poder de conduzir a política legislativa.

Sendo assim, ao se utilizar da opção pela lei delegada, o presidente da República tem a possibilidade de enviar ao Congresso Nacional os exatos termos da lei que ele deseja que seja aprovada, sem a necessidade de burlar o devido processo legal legislativo, como ocorre no caso de edição de medida provisória para tal fim ao tentar, de forma criativa, transferir urgência para a matéria que não possui e, desse modo, editar medida provisória inconstitucional.

Não obstante tais características, o que se verifica do histórico do constitucionalismo pátrio é que a lei delegada nunca foi muito utilizada, pois havia o decreto-lei na Constituição de 1937 a 1946 e durante o regime militar, de 1964 a 1985, e, posteriormente, em razão da substituição, de fato, do decreto-lei pela medida provisória na Constituição de 1988.

Decerto, embora não possua a mesma utilização fática que as medidas provisórias – as quais são, muitas vezes, editadas sem a necessária observância de seus requisitos constitucionais de validade –, o que se verifica da análise da Constituição e da doutrina é a manifesta possibilidade de se utilizar da lei delegada como forma de criação de entidades do serviço social autônomo, afigurando-se um instrumento constitucionalmente mais adequado que o da medida provisória.

3.2 PESSOAS JURÍDICAS DE DIREITO PRIVADO REGIDAS POR NORMAS DE DIREITO PRIVADO E DE DIREITO PÚBLICO

Verificada a existência da primeira característica comum às entidades integrantes dos serviços sociais autônomos, qual seja: a necessidade de sua criação por intermédio de lei, passa-se à análise da forma como essas entidades, criadas por lei, são organizadas.

Ab initio, sobre a dicotomia do direito – público e privado –, tem-se que a distinção é uma característica mais marcante nos países de tradição jurídica ligada ao sistema romano-germânico do que naqueles que organizam seus sistemas com base no *common law*. Contudo, por exemplo, mesmo no Direito Constitucional americano, o conceito de esfera privada como área que deve estar livre da intervenção estatal ainda é forte, com raízes no conceito individualista de liberdade[46].

Ressalta-se compreensão importante de Peter Häberle, no sentido de que, na era do Estado prestacional de direitos fundamentais sociais, é, especialmente, o Estado de tarefas crescentes que dirige, planeja, conduz, redistribui recursos

---

[46] GROSS, Aeyal M. *Human rights and American public law scholarship*. A comment on Robert Post. Theoretical inquiries in Law 2.1. (2001). Disponível em: https://www7.tau.ac.il/ojs/index.php/til/article/view/207/183. Acesso em: 28 dez. 2019.

financeiros, subvenciona e programa, encontrando-se em todos os níveis de atividade legislativa, executiva e administrativa e com tarefas comuns assumidas pelo Estado, pela sociedade e em formas de cooperação[47]. Afirma o autor:

> O Estado prestacional é caracterizado por uma relação (externa) modificada com os cidadãos e os grupos, ou seja, com a "sociedade", que não mais é "autônoma". Embora prestações também possam estar vinculadas a intervenções, o *status passivus subjectionis* não é mais o status básico em uma democracia liberal. *A relação jurídica entre cidadão e Estado é caracterizada por meio de comunicação e cooperação (no lugar de sujeição!) entre os envolvidos, que dependem um ao outro nas "relações prestacionais", e cuja atividade interliga interesses públicos e privados, e que frequentemente se misturam.*
>
> Na relação interna, o Estado igualmente se modificou: *o "conjunto do poder do Estado" deu lugar a formas pluralistas de cooperação, dada a multiplicidade e tamanho de suas funções prestacionais*; a divisão de poderes começa a se diferenciar por novas formas de vinculação (por exemplo, entre governo e parlamento no planejamento). *O Estado prestacional se abre e começa a integrar partes da sociedade. Ele cria procedimentos prestacionais liberais, mas que não são livres do Estado, nos quais os afetados são "envolvidos" – ainda que apenas na publicidade geral.* Finalmente: o Estado prestacional gasta mais do que o Estado da intervenção e da ordem e precisa, desse modo, arrecadar mais. *O crescimento dos gastos do Estado deveria beneficiar a todos, no sentido da igualdade de oportunidades, ou seja, o aumento da parcela dos gastos estatais no produto nacional bruto poderia efetivar direitos fundamentais.*[48] (Grifos nossos)

Desse modo, apesar da dualidade clássica do direito sofrer duras críticas, em face do atual constitucionalismo social e da força normativa vinculante da Constituição em todas as esferas do direito privado, Roberto Barroso acertadamente entende que a distinção possui uma utilidade didática relevante, razão pela qual essa divisão deve ser mantida, isto é, "[...] sem embargos das resistências ideológicas, dificuldades teóricas e críticas diversas, tem base científica sustentável e é de utilidade pública [...]"[49]. Além do mais, vale a advertência de Hila Shamir: "[...]

---

[47] HÄBERLE, Peter. *Direitos fundamentais no estado prestacional*. Porto Alegre: Livraria do Advogado, 2019. p. 27-28.

[48] Ibid., p. 28-29.

[49] BARROSO, Luís Roberto. *Curso de direito constitucional contemporâneo*: os conceitos fundamentais e a construção do novo modelo. 8. ed. São Paulo: Saraiva Educação, 2019. p. 72.

Capítulo 3 • ELEMENTOS CONSTITUTIVOS DOS SERVIÇOS SOCIAIS AUTÔNOMOS | **177**

se não há distinção entre direito público e direito privado, o que o direito tem a oferecer além da política? [...]"[50].

Nessa senda, contribui com o debate a constatação histórica e precisa de Xingzhong Yu ao dissertar sobre a divisão de direito público e direito privado na teoria e na prática do desenvolvimento do Direito chinês, afirmando-se que, nos anos em que a distinção era incipiente, o sistema jurídico funcionou apenas como ferramenta política para o governo central, ou seja, a tarefa do sistema jurídico chinês era apenas servir ao Estado, com poderes públicos muito fortes e direitos privados quase que inexistentes, sem garantias efetivas de direitos individuais, tais como direitos da pessoa jurídica de direito privado (empresas e corporações) e direito de propriedade privada[51].

De fato, o exemplo chinês demonstra claramente que a divisão contribuiu para o desenvolvimento jurídico e econômico do sistema desde a reforma. Diz Xingzhong Yu, *in verbis*:

> O caso chinês é obviamente um exemplo muito bom para mostrar que a distinção desempenha um papel na formação ou melhoria de um sistema jurídico. [...]
>
> Foram realizados debates entre estudiosos chineses sobre a distinção entre o público e o privado com o objetivo de reconhecer a propriedade privada. Não houve acordo entre os acadêmicos que participaram dos debates sobre a forma como tal distinção poderia ser justificada, mas a visão de que uma distinção deve ser feita entre os dois, para que as leis que protegem a propriedade e o interesse privado pudessem ser promulgadas, ainda assim prevaleceu. [...]
>
> Apesar da discordância se a distinção entre o direito público e direito privado faz sentido em um mundo de direito cada vez mais misto, a experiência chinesa sugere que essa distinção desempenha um papel significativo no desenvolvimento jurídico e econômico de um país.[52]

---

[50]   Tradução do autor: "If there is no public/private distinction what does law have to offer beyond politics?" (SHAMIR, Hila. *The Public/Private Distinction Now: The Challenges of Privatization and of the Regulatory State*. Theoretical Inquiries in Law, Volume 15, Number 1, January 2014, p. 1-25. Disponível em: https://www7.tau.ac.il/ojs/index.php/til/article/view/527/491. Acesso em: 28 dez. 2019).

[51]   YU, Xingzhong. *State Legalism and the Public/Private Divide in Chinese Legal Development*. Theoretical Inquiries in Law, Volume 15, Number 1, January 2014, p. 27-51. Disponível em: https://www7.tau.ac.il/ojs/index.php/til/article/view/527/491; https://www7.tau.ac.il/ojs/index.php/til/article/view/528/492. Acesso em: 28 dez. 2019.

[52]   Tradução do autor: "The Chinese case is obviously a very good example to show that such a distinction does play a role in shaping or improving a legal system. [...] Debates were waged among Chinese scholars over the distinction between the public and the private for

Nesse rumo, acredita-se que a distinção entre os regimes de direito público e de direito privado deve ser procurada nas normas jurídicas, e, assim, os serviços sociais autônomos prestam serviço de relevante interesse público, razão pela qual o ordenamento jurídico lhes concede incentivos e praticam verdadeiras atividades administrativas em cooperação com o poder público, não obstante serem pessoas jurídicas de direito privado e não integrarem a Administração Pública direta ou indireta.

Tal assertiva é comprovada, por exemplo, mediante a interpretação dos atos normativos dos serviços sociais autônomos federais. Com efeito, verifica-se, igualmente, a existência de expressa menção ao fato de que são pessoas jurídicas de direito privado, a saber: (i) Senai (art. 2º do Decreto-lei nº 4.048/1942 c/c arts. 3º e 4º do Decreto nº 494/1962)[53]; (ii) Sesi (art. 2º do Decreto-lei nº 9.403/1946)[54]; (iii) Senac (art. 4º do Decreto nº 61.843/1967)[55]; (iv) Sesc (art. 2º do Decreto-lei nº

---

the purpose of recognizing private ownership. There was no agreement among the scholars who participated in the debates as to whether such a distinction could be justified, but the view that a distinction should be made between the two, so that laws protecting private ownership and interest could be enacted, prevailed nonetheless. [...] Despite disagreement over whether the distinction between public law and private law makes sense in an increasingly mixed world of law, the Chinese experience suggests that such a distinction does play a significant role in a country's legal and economic development" (YU, Xingzhong. *State Legalism and the Public/Private Divide in Chinese Legal Development*. Theoretical Inquiries in Law, Volume 15, Number 1, January 2014, p. 27-51. Disponível em: https://www7.tau. ac.il/ojs/index.php/til/article/view/527/491; https://www7.tau.ac.il/ojs/index.php/til/article/view/528/492. Acesso em: 28 dez. 2019).

[53] "Art. 2º do Decreto-lei nº 4.048/1942. Compete ao Serviço Nacional de Aprendizagem dos Industriários organizar e administrar, em todo o país, escolas de aprendizagem para industriários. Art. 3º do Decreto-lei nº 4.048/1942. O Serviço Nacional de Aprendizagem dos Industriários será organizado e dirigido pela Confederação Nacional da Indústria. Art. 3º do Decreto nº 494/1962: O Serviço Nacional de Aprendizagem Industrial é *uma entidade de direito privado*, nos termos da lei civil, com sede e foro jurídico na Capital da República, cabendo a sua organização e direção à Confederação Nacional da Indústria. Parágrafo único. Os dirigentes e prepostos do Senai, embora responsáveis, administrativa e criminalmente, pelas malversações que cometerem, não respondem individualmente pelas obrigações da entidade. Art. 4º do Decreto nº 494/1962: A entidade inscreverá no registro público competente os seus atos constitutivos para todos os efeitos de direito." (Grifos nossos).

[54] "Art. 2º O Serviço Social da Indústria, *com personalidade jurídica de direito privado*, nos termos da lei civil, será organizado e dirigido nos termos de regulamento elaborado pela Confederação Nacional da Indústria e aprovado por Portaria do Ministro do Trabalho, Indústria e Comércio." (Grifos nossos).

[55] "Art. 4º O Serviço Nacional de Aprendizagem Comercial é *uma instituição de direito privado*, nos termos da Lei civil, com sede e foro jurídico na Capital da República, cabendo sua organização e direção à Confederação Nacional do Comércio que inscreverá este Regulamento e quaisquer outras alterações posteriores, previstas no art. 50, no Registro Público competente, onde seu ato constitutivo está registrado sob número 366 – Cartório do Registro Civil das Pessoas Jurídicas." (Grifos nossos).

Capítulo 3 • ELEMENTOS CONSTITUTIVOS DOS SERVIÇOS SOCIAIS AUTÔNOMOS | **179**

9.853/1946)[56]; (v) Senar (art. 1º do Decreto nº 566/1992)[57]; (vi) Sest e Senat (art. 1º da Lei nº 8.706/1993)[58]; (vii) Sescoop (art. 8º da Medida Provisória nº 2168-40)[59]; (viii) Apex-Brasil (art. 1º da Lei nº 10.668/2003)[60]; (ix) Abdi (art. 1º, § 1º, da Lei nº 11.080/2004)[61]; (x) Anater (art. 1º, § 1º, da Lei nº 12.897/2013)[62]; (xi) Sarah (art. 1º da Lei nº 8.246/1991)[63]; (xii) Adaps (art. 6º da Lei nº 13.958/2019)[64]; (xiii) Embratur

---

[56] "Art. 2º O Serviço Social do Comércio, *com personalidade jurídica de direito privado*, nos termos da lei civil, terá sua sede e foro na Capital da República e será organizado e dirigido nos termos do regulamento elaborado pela Confederação Nacional do Comércio, devidamente aprovado pelo Ministro do Trabalho, Indústria e Comércio." (Grifos nossos).

[57] "Art. 1º O Serviço Nacional de Aprendizagem Rural (Senar), criado pela Lei nº 8.315, de 23 de dezembro de 1991, *com personalidade jurídica de direito privado*, tem sede e foro em Brasília, Distrito Federal." (Grifos nossos).

[58] "Art. 1º Ficam cometidos à Confederação Nacional do Transporte – CNT, observadas as disposições desta Lei, os encargos de criar, organizar e administrar o Serviço Social do Transporte – Sest, e o Serviço Nacional de Aprendizagem do Transporte – Senat, *com personalidade jurídica de direito privado*, sem prejuízo da fiscalização da aplicação de seus recursos pelo Tribunal de Contas da União." (Grifos nossos).

[59] "Art. 8º Fica autorizada a criação do Serviço Nacional de Aprendizagem do Cooperativismo – Sescoop, *com personalidade jurídica de direito privado* (Grifos nossos), composto por entidades vinculadas ao sistema sindical, sem prejuízo da fiscalização da aplicação de seus recursos pelo Tribunal de Contas da União, com o objetivo de organizar, administrar e executar em todo o território nacional o ensino de formação profissional, desenvolvimento e promoção social do trabalhador em cooperativa e dos cooperados."

[60] "Art. 1º É o Poder Executivo autorizado a instituir o Serviço Social Autônomo Agência de Promoção de Exportações do Brasil – Apex-Brasil, *na forma de pessoa jurídica de direito privado sem fins lucrativos* (Grifos nossos), de interesse coletivo e de utilidade pública, com o objetivo de promover a execução de políticas de promoção de exportações, em cooperação com o Poder público, especialmente as que favoreçam as empresas de pequeno porte e a geração de empregos."

[61] "Art. 1º, § 1º O Serviço Social Autônomo de que trata o *caput* deste artigo, pessoa jurídica de direito privado sem fins lucrativos, de interesse coletivo e de utilidade pública, denomina-se Agência Brasileira de Desenvolvimento Industrial – ABDI." (Grifos nossos).

[62] "Art. 1º [...] § 1º O Serviço Social Autônomo de que trata o *caput, pessoa jurídica de direito privado* sem fins lucrativos, de interesse coletivo e de utilidade pública, denomina-se Agência Nacional de Assistência Técnica e Extensão Rural – Anater." (Grifos nossos).

[63] "Art. 1º É o Poder Executivo autorizado a instituir o Serviço Social Autônomo Associação das Pioneiras Sociais, *pessoa jurídica de direito privado* (Grifos nossos) sem fins lucrativos, de interesse coletivo e de utilidade pública, com o objetivo de prestar assistência médica qualificada e gratuita a todos os níveis da população e de desenvolver atividades educacionais e de pesquisa no campo da saúde, em cooperação com o Poder público."

[64] "Art. 6º Fica o Poder Executivo federal autorizado a instituir a Agência para o Desenvolvimento da Atenção Primária à Saúde (Adaps), serviço social autônomo, *na forma de pessoa jurídica de direito privado* (Grifos nossos) sem fins lucrativos, de interesse coletivo e de utilidade pública, com a finalidade de promover, em âmbito nacional, a execução de políticas de desenvolvimento da atenção primária à saúde, com ênfase: [...]."

(art. 4º da Medida Provisória nº 907/2019)[65]. Noutro ponto, constatando-se serem entidades organizadas como pessoas jurídicas de direito privado, precisa-se analisar a natureza das normas jurídicas aplicáveis nas relações jurídicas com os particulares e o Estado, tendo-se em conta alguns critérios.

Nesta tese, utilizam-se os ensinamentos de Roberto Barroso, para quem a distinção sobre em qual esfera do direito se situa determinada relação jurídica pode ser determinada mediante a investigação de três fatores em conjunto, a saber: (i) os sujeitos; (ii) o objeto; e (iii) a natureza da relação, com a observação de que esses requisitos necessitam de complementação recíproca[66]. Veja-se com maiores detalhes essa classificação, *in verbis*:

> Tomando como critério os *sujeitos* da relação jurídica, tem-se que, caso ela se estabeleça entre particulares – indivíduos ou pessoas jurídicas de direito privado –, será naturalmente regida pelo direito privado. Se, todavia, em um ou em ambos os polos da relação figurar o Estado ou qualquer outra pessoa jurídica de direito público, estar-se-á, como regra, diante de uma relação jurídica de direito público. [...]
>
> No tocante ao *objeto* ou conteúdo da relação jurídica, deve se levar em conta o interesse preponderante tutelado pela norma. Se ela visar, predominantemente, à proteção do bem coletivo, do interesse social, estará no âmbito do direito público. Quando o Estado, nos exemplos dados, desapropria um imóvel ou institui um tributo, atua para satisfazer um interesse público. Ao contrário, encontra-se no domínio do direito privado a disciplina das situações nas quais avulta o interesse particular, individual. Tal será o caso da aquisição de um imóvel para construção de uma residência ou para sede de uma empresa comercial, bem como a obtenção de empréstimo junto a instituição financeira para custear a construção.
>
> Por fim, há a questão da *natureza* jurídica da relação ou, mais propriamente, da posição dos sujeitos em interação. O Estado, como regra, atua no exercício de seu poder soberano, de seu *imperium*, estabelecendo uma relação de subordinação jurídica com o particular. O proprietário de um imóvel desapropriado ou o sujeito passivo de um tributo sujeitam-se a tais imposições independentemente de sua vontade (desde que

---

[65] "Art. 4º Fica o Poder Executivo federal autorizado a instituir a Embratur – Agência Brasileira de Promoção Internacional do Turismo, serviço social autônomo, *na forma de pessoa jurídica de direito privado* (Grifos nossos), sem fins lucrativos, de interesse coletivo e de utilidade pública, com o objetivo de planejar, formular e implementar ações de promoção comercial de produtos, serviços e destinos turísticos brasileiros no exterior, em cooperação com a administração pública federal."

[66] BARROSO, Luís Roberto. *Curso de direito constitucional contemporâneo*: os conceitos fundamentais e a construção do novo modelo. 8. ed. São Paulo: Saraiva Educação, 2019. p. 72.

Capítulo 3 • ELEMENTOS CONSTITUTIVOS DOS SERVIÇOS SOCIAIS AUTÔNOMOS | **181**

elas sejam constitucionais e legais). Este é um traço comum das relações de direito público. Já no direito privado, a regra é a igualdade jurídica entre as partes, sendo que as normas jurídicas desempenham um papel de coordenação. Se o proprietário de um bem não desejar vendê-lo ao pretendente à sua compra, ou se a instituição financeira recusar crédito a quem solicitou empréstimo, a relação jurídica simplesmente não se estabelece. No direito privado, como regra, exige-se consenso, sem que uma vontade possa impor-se à outra.

Numa visão esquemática, a distinção direito público e direito privado pode ser assim representada:

1) Quanto aos sujeitos da relação jurídica: a) se forem ambos particulares – indivíduos e sociedades civis ou comerciais: direito privado; b) se um ou ambos forem o Estado ou outra pessoa jurídica de direito público: direito público.

2) Quanto ao objeto da relação jurídica: a) se o interesse predominante for individual, particular: direito privado; b) se o interesse predominante for de natureza geral, da sociedade com o um todo: direito público.

3) Quanto à natureza da relação jurídica: a) se a posição dos sujeitos se articular em termos de igualdade jurídica e coordenação: direito privado; b) se a posição dos sujeitos se articular em termos de superioridade jurídica e subordinação: direito público.[67] (Grifos no original)

A partir dessa classificação, faz-se obrigatório tomar como base, primeiramente, qual a relação jurídica existente entre o serviço social autônomo e o Estado ou particular e quais normas jurídicas se aplicam.

Observa-se, desse modo, que, quando os sujeitos da relação jurídica são o serviço social autônomo e o Estado, aplicam-se as normas de direito público. Já quando os sujeitos da relação jurídica são o serviço social autônomo e o particular, aplicam-se, em regra, para a prática de atos e contratos, o regime de direito privado e as disposições especiais privadas de seu regulamento interno, desde que observem por óbvio a lei de sua criação e, se for o caso de existência, os decretos e os regulamentos do chefe do Poder Executivo para fiel execução da lei de criação.

Porém, muitas vezes, levando-se em conta o objeto ou o conteúdo da relação jurídica, aplicar-se-ão as normas de direito público, eis que o serviço social autônomo tem por finalidade institucional a execução de atividades de alto significado social. Por exemplo, como aconteceu na proibição, pelo Tribunal de Contas da União,

---

[67] BARROSO, Luís Roberto. *Curso de direito constitucional contemporâneo*: os conceitos fundamentais e a construção do novo modelo. 8. ed. São Paulo: Saraiva Educação, 2019. p. 73-74.

da contratação de serviço social autônomo para prestação de serviços médicos, odontológicos e ambulatoriais aos Correios. Disse acertadamente o TCU, *in verbis*:

> As atividades das entidades integrantes do Sistema S concentram-se, precipuamente, nas áreas relativas à assistência social e à formação profissional e educação para o trabalho, além da promoção de ações fomentadoras do setor econômico ao qual se vincula.
>
> Assim, os Serviços Sociais Autônomos não possuem fins lucrativos por não explorarem atividade econômica, desempenhando, na verdade, ações de interesse público.
>
> Por conseguinte, não se pode admitir a contratação em questão, pois se trata de verdadeira exploração comercial pelo Sesi de prestação de serviços médicos, odontológicos e ambulatoriais, com cessão de mão de obra, à ECT, o que caracteriza desvirtuamento de suas atividades institucionais.
>
> Considerando, portanto, que a exploração de atividade econômica não se encontra entre as finalidades institucionais, mostra-se acertada a determinação deste Tribunal endereçada à entidade, ora recorrida.
>
> Nota-se tratar-se de atividade estritamente comercial, sem qualquer vinculação com a atuação assistencial. Consiste em competição, em igualdade de condições com outras pessoas jurídicas com finalidade lucrativa, com o objetivo de atuar comercialmente na prestação de serviços médicos, odontológicos e ambulatoriais. [...]
>
> A busca da eficiência econômica e até mesmo da proposta mais vantajosa, por vezes, *não subsiste à necessária preservação dos fins institucionais dos entes de cooperação, tais como o recorrente, questão de Estado que supera o interesse estrito do contratante.* Ao contrário, com frequência, ao tratar de assistência social, a eficiência econômica é desconsiderada. No âmbito dos Serviços Sociais Autônomos isso é observado no cotidiano dos municípios brasileiros.[68]

Desse modo, o fim social ou conteúdo da relação jurídica pode estabelecer que as normas de direito público sejam aplicáveis aos serviços sociais autônomos. Sendo assim, impende-se por expressa disposição constitucional que todos os serviços sociais foram criados para prestar serviços de relevante interesse social, nos diversos segmentos nos quais atuam, e, apesar de serem declaradamente pessoas jurídicas de direito privado e com respeito à sua autonomia privada, devem se sujeitar à fiscalização de controle finalístico permanente dos respectivos controles internos, dos Tribunais de Contas e do Ministério Público, com a necessária responsabilização pelos recursos públicos que recebem e o respeito ao princípio maior da isonomia constitucional.

---

[68] Acórdão nº 1286/2015 – TCU – Plenário.

Capítulo 3 · ELEMENTOS CONSTITUTIVOS DOS SERVIÇOS SOCIAIS AUTÔNOMOS | **183**

De mais a mais, quanto à natureza jurídica da relação, em regra, não deve existir o exercício do poder de *imperium* na atividade. Os dirigentes e os empregados investidos na missão de trabalhar nos serviços sociais autônomos, após a criação da entidade e da determinação de suas características, incluindo forma de financiamento e objeto social, passam a objetivar, em conjunto com o próprio Estado, o dever de concretizar o direito fundamental social estabelecido no marco da sua criação por meio de permanente colaboração de pessoas privadas, sejam físicas ou jurídicas.

Assim sendo, o não uso do *jus imperium* corrobora no conceito moderno de assistência social que não é um modelo assistencialista paternalista ou tutelador máximo, mas sim subsidiário, expressão da liberdade e da autonomia de vontade, buscando-se tirar da condição de necessitado ou de carente aquele que se encontra nessa condição e oferecendo oportunidade e liberdade de atuação não necessariamente gratuita, e sim com responsabilidades emancipatórias, ou seja, orientando-se sempre no sentido de tornar o ajudado livre e independente de atuação estatal.

De fato, tais características remodeladas do serviço social autônomo necessitam de um ordenamento menos impositivo, no sentido de uma menor sujeição da entidade e dos particulares às prerrogativas que são conferidas ao Estado, passando-se, na realidade, à assunção de um papel de coordenação e colaboração por meio do qual Estado e o setor privado busquem, em conjunto ou isoladamente, efetivar os direitos fundamentais sociais previstos no art. 6º da Constituição Federal.

Nesse sentido, há pareceres bem acertados do deputado federal Elvino Bohn Gass, na Comissão de Agricultura, Pecuária, Abastecimento e Desenvolvimento Rural da Câmara dos Deputados, e do senador José Pimentel, na Comissão de Constituição, Justiça e Cidadania do Senado Federal, ao votarem favoravelmente à criação pelo Poder Executivo Federal do serviço social autônomo da Agência Nacional de Assistência Técnica e Extensão Rural, destacando-se a observância dos princípios administrativos e, na organização, na administração e na execução do serviço social, o importantíssimo rito horizontal, participativo, integrado e fiscalizado das relações entre o poder público, o serviço social autônomo instituído e a sociedade, *in verbis*:

> Os médios produtores rurais serão, a partir da criação da Anater, objeto da prestação de serviços de ATER a serem contratadas. Não obstante a priorização dada aos agricultores familiares, reconhecemos que os médios produtores também necessitam e exigem acompanhamento técnico especializado. Outro componente fundamental retoma, com vigor, na discussão em torno da integração da pesquisa agropecuária com a ATER. Além de ocorrer a integração institucional, expressa pela presença da Embrapa no Conselho de Administração da Anater, estão sendo alinhados nas competências da Anater, a promoção desta integração. Espera-se que *esta integração represente um novo fluxo de oferta de tecnologias e de*

captura de novas demandas por parte do público da Anater, em um rito horizontal e participativo, que envolva as instituições de pesquisa, a Anater e os beneficiários dos serviços de ATER.

Reconhecidamente, há diferentes iniciativas de ação técnica no meio rural. Denominadas de diferentes formas, incluir os "agentes" dentre aqueles que devem receber qualificação continuada, assim como os profissionais de ATER, representa dar oportunidades para todos que atuam no desenvolvimento rural sustentável.

Somando-se a esta articulação, *o envolvimento das entidades privadas, podendo assim, realizar o somatório de esforços para a maior cobertura possível dos serviços de ATER, com as competências e atribuições das mais variadas formas, que deem conta das diversas especificidades do meio rural brasileiro.*[69]

Já o Conselho de Administração será composto de onze membros, *dentre eles representantes do Poder Executivo, da sociedade civil e das entidades de produtores rurais e de trabalhadores do campo* (art. 5º). Quanto ao Conselho Fiscal (art. 6º), será integrado por três membros (dois deles indicados pelo poder Executivo e um representante da sociedade civil). *A entidade, apesar de não integrar a Administração Pública, será fiscalizada pelo Tribunal de Contas da União (TCU), além de ser obrigada a disponibilizar na Internet informações sobre a sua gestão* (arts. 16 e 17). Ademais, *será supervisionada pelo Poder Executivo (art. 10), com o qual celebrará contrato de gestão (arts. 10 e 13).* O regime de pessoal será celetista, e os empregados serão escolhidos *por meio de processo seletivo público*, com edital publicado no Diário Oficial da União (art. 13, §§ 1º e 2º). As remunerações deverão ser compatíveis com o mercado (art. 15), e a *contratação de bens e serviços obedecerá aos princípios administrativos* (art. 14 e 19).

Trata-se de um serviço social autônomo – *democraticamente gerido e controlado* – para fomentar a inovação tecnológica e produtiva no campo, além de melhorar a qualidade de vida no meio rural, inclusive mediante o apoio aos pequenos e médios produtores. *Trata-se, portanto, de medida conveniente e oportuna, demonstrando a nítida preocupação em, de um lado, buscar o aumento da produtividade, e, de outro, prestar assistência aos produtores rurais e às pessoas mais necessitadas.*[70]

---

[69] Disponível em: https://www.camara.leg.br/proposicoesWeb/prop_mostrarintegra;jsessioni d=F414B3CEAA60528D8EEA1E98AAAAA2C3.proposicoesWebExterno2?codteor=1113 090&filename=Tramitacao-PL+5740/2013. Acesso em: 26 dez. 2019.

[70] Disponível em: https://legis.senado.leg.br/diarios/ver/18726?sequencia=207. Acesso em: 26 dez. 2019.

Capítulo 3 • ELEMENTOS CONSTITUTIVOS DOS SERVIÇOS SOCIAIS AUTÔNOMOS | **185**

Por certo, é importante compreender que as antigas e, sobretudo, as novas legislações de criação de entidades devem observância das normas de direito privado com as atenuações das normas de direito público no que tange à fiscalização, aos processos de contratação de serviços ou de aquisição de bens de qualquer natureza e ao processo seletivo de contratação de pessoal. Observar normas de direito público não quer dizer seguir o rito da Administração Pública direta e indireta, mas sim observar os princípios administrativos derivados da isonomia constitucional, especialmente a publicidade, a impessoalidade e a moralidade, com ênfase na fiscalização do órgão de controle na destinação dos recursos financiadores do serviço social autônomo e na avaliação positiva ou não dos resultados alcançados na gestão dos recursos públicos.

Nesse passo, impende-se registrar um dos primeiros julgamentos do TCU após a Constituição Cidadã de 1988 ao decidir se ao serviço social autônomo APS estender-se-ia a aplicação das regras específicas da Lei de Licitações e Contratos da Administração Pública direta e indireta, ou seja, as Associações das Pioneiras Sociais estariam compelidas a observar as limitações e as restrições que impõem às entidades da Administração direta e indireta?

Respondeu com exatidão a Corte de Contas em voto da relatoria do ministro Luciano Brandão Alves de Souza, em caso que se compreende como paradigmático e a ser guia em todos os julgamentos desse Tribunal ao apreciar hipóteses de consulta ou julgamento de contas envolvendo os serviços sociais autônomos, *in verbis*:

> Buscou-se, sem dúvida, o equilíbrio ideal entre a autonomia da entidade – imprescindível para garantir-lhe a mobilidade que inspirou sua criação – e os controles mantidos pelo Poder oficial, visando assegurar o cumprimento dos fins públicos, de natureza médico-hospitalar, que presidem a existência da organização. [...]
>
> Inegavelmente, eventuais barreiras ou exigências burocráticas, quando não situadas em grau razoável e indispensável, poderão prejudicar ou inviabilizar os resultados perseguidos com o inovador método institucional criado à vista da importante função governamental de prestar *assistência médico-hospitalar qualificada e gratuita a todos os níveis da população.*
>
> [...]
>
> Todo esse modelo característico da Associação das Pioneiras Sociais parece-nos plenamente compatível com a sua atual situação jurídica. Trata-se de entidade autônoma que atende ao processo de *descentralização por cooperação.* É diferente, portanto, das pessoas administrativas resultantes do processo de descentralização institucional, e que compõem a Administração Indireta.
>
> [...]
>
> Vale destacar, dentre esses postulados essenciais, o *princípio da publicidade,* como corolário da garantia de igualdade, ao impor a prévia

estipulação das regras do processo licitatório, mediante edital ou aviso, e a divulgação dos atos decorrentes, para pleno conhecimento dos licitantes e de terceiros.[71] (Grifos nossos)

Destarte, tem-se que, analisando a relação das entidades integrantes do serviço social autônomo com o Estado e com os particulares, deve-se guiar muito mais pela liberdade e pela autonomia de vontade com responsabilidade no controle da isonomia constitucional na destinação dos recursos institucionais e na avaliação do resultado da gestão dos serviços sociais, aos quais as leis de criação determinam o cumprimento de escopos previamente definidos na concretização dos direitos fundamentais sociais almejado e a fiscalização interna e externa do retorno obtido para a população com a aplicação dos recursos repassados.

Portanto, em virtude das peculiaridades de sua atuação – em especial, pelo fato de terem sido as referidas entidades criadas por lei e de exercerem atividade considerada de relevante interesse social –, impende-se que a relação dessas entidades com o Estado e com as pessoas privadas faça-se com normas de características marcadamente de direito privado e, por exercerem, isoladamente ou em conjunto como poder público, parcelas da atividade administrativa, haja necessidade de observância dos princípios constitucionais decorrentes da isonomia e do controle público finalístico.

3.3 FIM SOCIAL

Ao estudar o Direito Constitucional, deve o jurista iniciar o seu exame pela própria Constituição, que é, nas palavras de Roberto Barroso, "[...] um instrumento do processo civilizatório [...]"[72]. Importa, assim, lançar que tal qualidade não lhe é atribuída de forma desmerecida, pois a Constituição se revela o instrumento por meio do qual as conquistas das lutas históricas da humanidade são conservadas, permitindo às sociedades avançarem na busca da concretização de direitos ainda não alcançados.

Nesse sentido, no Brasil, após 32 anos da presença da Constituição da República Federativa do Brasil de 1988, pelo forte conteúdo normativo em defesa da cidadania, da dignidade da pessoa humana, dos valores sociais do trabalho e da livre-iniciativa como matrizes nucleares do ordenamento jurídico e do Estado Democrático de Direito, a Lei Maior é denominada de estatuto do homem, da liberdade e da democracia. O texto constitucional de 1988 foi justificadamente intitulado por Ulysses Guimarães como Constituição cidadã, Constituição coragem, Constituição

---

[71] Processo nº TC-010.982192-2 – TCU – Plenário.

[72] BARROSO, Luís Roberto. *Curso de direito constitucional contemporâneo*: os conceitos fundamentais e a construção do novo modelo. 8. ed. São Paulo: Saraiva Educação, 2019. p. 66.

Capítulo 3 • ELEMENTOS CONSTITUTIVOS DOS SERVIÇOS SOCIAIS AUTÔNOMOS | **187**

fiscalizadora e Constituição representativa e participativa. Disse o presidente da Assembleia Constitucional Constituinte, *in verbis*:

> A Constituição é caracteristicamente o estatuto do homem. É sua marca de fábrica. O inimigo mortal do homem é a miséria. *O estado de direito, consectário da igualdade, não pode conviver com estado de miséria. Mais miserável do que os miseráveis é a sociedade que não acaba com a miséria.* Tipograficamente *é hierarquizada a precedência e a preeminência do homem, colocando-o no umbral da Constituição* e catalogando-lhe o número não superado, só no art. 5º, de 77 incisos e 104 dispositivos. Não lhe bastou, porém, defendê-lo contra os abusos originários do Estado e de outras procedências. *Introduziu o homem no Estado, fazendo-o credor de direitos e serviços. Tem substância popular e cristã o título que a consagra:* "a Constituição cidadã".
>
> [...]
>
> Democracia é a vontade da lei, que é plural e igual para todos, e não a do príncipe, que é unipessoal e desigual para os favorecimentos e os privilégios. Se a democracia é o governo da lei, não só ao elaborá-la, mas também para cumpri-la, são governo o Executivo e o Legislativo. O Legislativo brasileiro investiu-se das competências dos Parlamentos contemporâneos. *É axiomático que muitos têm maior probabilidade de acertar do que um só. O governo associativo e gregário é mais apto do que o solitário. Eis outro imperativo de governabilidade: a coparticipação e a corresponsabilidade.*
>
> [...]
>
> Tem significado de diagnóstico a Constituição ter alargado o exercício da democracia, em participativa além de representativa. *É o clarim da soberania popular e direta, tocando no umbral da Constituição, para ordenar o avanço no campo das necessidades sociais.*
>
> [...]
>
> Não é a Constituição perfeita, mas será útil, pioneira, desbravadora.
>
> Será luz, ainda que de lamparina, na noite dos desgraçados. É caminhando que se abrem os caminhos. Ela vai caminhar e abri-los. Será redentor o caminho que penetrar nos bolsões sujos, escuros e ignorados da miséria.
>
> Recorde-se, alvissareiramente, que o Brasil é o quinto país a implantar *o instituto moderno da seguridade, com a integração de ações relativas à saúde, à previdência e à assistência social.*[73] (Grifos nossos)

---

[73] Discurso proferido na sessão de 5 de outubro de 1988, p. 1-9. Disponível em: https://www2.camara.leg.br/atividade-legislativa/plenario/discursos/escrevendohistoria/25-anos-da-constituicao-de-1988/constituinte-1987-1988/pdf/Ulysses%20Guimaraes%20-%20DISCURSO%20%20REVISADO.pdf. Acesso em: 30 dez. 2019.

Nesse rumo, as cartas constitucionais modernas, como a brasileira, deixaram o caráter orientativo que permeava o modelo constitucional anterior de lado e passaram a explicitar de forma jurídica, sistemática e exaustiva a forma de exercício e organização do poder estatal. Essas novas constituições, enquanto conjunto de normas jurídicas, não representam a realidade social, mas criam expectativas na sociedade, razão pela qual se utilizam do apoio jurídico. Ainda, merece destaque que a função de limitação do poder soberano da Constituição, embora traduza relevante objetivo de seu texto normativo, tem dado espaço, na atualidade, à disposição sobre matérias que abarcam os fundamentos da sociedade, disciplinando as relações existentes entre as esferas públicas e privadas[74].

Assim, verifica-se que os textos constitucionais evoluem, buscando consolidar as conquistas sociais já alcançadas, ao mesmo tempo em que lançam novos objetivos e metas a serem implementados na busca da satisfação dos anseios da sociedade. Essa transformação seguramente decorreu da constatação de que a igualdade formal pregada pelo puro liberalismo se traduziu em um aumento da desigualdade dentro da sociedade, em razão de que as garantias e as liberdades existentes no Estado liberal não cumpriam o objetivo de proteger a parcela mais pobre da população, razão pela qual se passou a adotar um modelo constitucional mais intervencionista, com o objetivo de se conseguir o bem-estar social mediante intervenção na economia e no desenvolvimento dos países[75].

Com a transformação de Estado liberal para Estado social, adveio um incremento dos direitos sociais, moldando o que veio a ser definido como Estado de Bem-Estar Social. Dentro desse contexto, tem-se que o constituinte decidiu pela clara preponderância dos direitos sociais quando da elaboração do texto constitucional, separando-os dos direitos e das garantias individuais previstos na Constituição e destinando 12 capítulos específicos e 63 artigos ligados diretamente aos *status* passivo, ativo, positivo, negativo e procedimental dos direitos fundamentais sociais perante os poderes estatais, a saber:

(i) Capítulo II, Direitos Sociais, do Título II dos Direitos e Garantias Fundamentais, nos arts. 6º a 11;

(ii) Capítulo I, Princípios Gerais da Atividade Econômica, do Título VII da Ordem Econômica e Financeira, nos arts. 170, incisos II, III, VI, VII, VIII, IX, 174, 178 a 180;

---

[74]   Cf. NERY JÚNIOR, Nelson; ABBOUD, Georges. *Direito constitucional brasileiro*: curso completo. 2. ed. São Paulo: Thomson Reuters Brasil, 2019. p. 108-110.

[75]   Cf. ASSIS, Vinicius de. *A proibição de retrocesso social em matéria de direitos sociais dos trabalhadores*: análise da (in)constitucionalidade da reforma trabalhista. Rio de Janeiro: Lumen Juris, 2019. p. 7.

(iii) Capítulo II, Política Urbana Econômica, do Título VII da Ordem Econômica e Financeira, nos arts. 182 e 183;

(iv) Capítulo III, Política Agrícola e Fundiária e da Reforma Agrária, do Título VII da Ordem Econômica e Financeira, nos art. 184 a 191;

(v) Capítulo I, Disposição Geral, do Título VIII da Ordem Social, no art. 193;

(vi) Capítulo II, Seguridade Social, do Título VIII da Ordem Social, nos arts. 194 a 204;

(vii) Capítulo III, Educação, da Cultura e do Desporto, do Título VIII da Ordem Social, nos arts. 205 a 217;

(viii) Capítulo IV, Ciência, Tecnologia e Inovação, do Título VIII da Ordem Social, nos arts. 218 a 219-B;

(ix) Capítulo V, Comunicação Social, do Título VIII da Ordem Social, nos arts. 220 a 224;

(x) Capítulo VI, Meio Ambiente, do Título VIII da Ordem Social, no art. 225;

(xi) Capítulo VII, Família, da Criança, do Adolescente, do Jovem e do Idoso, do Título VIII da Ordem Social, nos arts. 226 a 230;

(xii) Capítulo VIII, Dos Índios, do Título VIII da Ordem Social, nos arts. 231 a 232.

Saliente-se que a classificação ora defendida encontra fundamento não só expresso na Constituição brasileira, mas, do mesmo modo, no Direito Comparado, porquanto, ao comentar a Constituição da República de Portugal, Jorge Bacelar Gouveia afirma sobre os direitos sociais, *in verbis*:

A consagração constitucional dos direitos económicos, sociais e culturais é generosa, tal a profusão de tipos de direitos que são formulados, abrangendo os principais setores da vida humana colectiva, sendo de salientar estes mais relevantes:

- o *trabalho*: "Todos têm direito ao trabalho";

- a *segurança social*: "Todos têm direito à segurança social";

- a *saúde*: "Todos têm direito à protecção da saúde e o dever de a defender e a promover";

- a *habitação*: "Todos têm direito, para si e para a sua família, a uma habitação de dimensão adequada, em condições de higiene e conforto e que preserve a intimidade pessoal e a privacidade familiar";

- o *ensino*: "Todos têm direito ao ensino com garantia do direito à igualdade de oportunidades de acesso e êxito escolar";

- a *cultura*: "Todos têm direito à fruição e criação cultural, bem como o dever de preservar, defender e valorizar o património cultural";

- o *desporto*: "Todos têm direito à cultura física e ao desporto".[76] (Grifos do autor)

Nesse sentido, no que concerne aos *status* passivo, ativo, positivo e negativo dos direitos fundamentais, a análise da lição de Georg Jellinek[77] – para quem todo o direito é um Direito Positivo – sobre a razão de existência das garantias fundamentais se revela esclarecedora. Inicialmente, destaca-se que, para o autor, a validade ou a positividade de um direito precisa ser garantida de alguma forma. Essa garantia dar-se-á mediante a criação de poderes que façam com que os cidadãos possuam a legítima expectativa de que as normas legais se transformem, deixando de ser normas jurídicas abstratas e passando a se traduzir em ações concretas. Tais normas possuem, pois, natureza de fundamentos do ordenamento jurídico, na medida em que buscam incutir no cidadão a certeza de que seus direitos serão concretizados pelas normas vigentes.

Nessa senda, essas garantias foram divididas e agrupadas pelo autor em garantias sociais, políticas e jurídicas, de acordo com a finalidade de cada uma delas. Como forma de verificação da finalidade dos direitos fundamentais, Jellinek propõe que se observe, antecipadamente, a situação em que o cidadão se encontra em relação ao Estado, no que diz respeito aos seus direitos fundamentais. Esse é o ponto de partida para se realizar a verificação da classificação proposta pelo autor, de forma a se constatar a natureza de cada uma das normas garantidoras.

Partindo dessa proposta, Jelinek desenvolveu a teoria segundo a qual as relações entre indivíduos e Estado poderiam ser agrupadas em quatro *status*, conforme a função a ser cumprida pelo direito fundamental dentro do ordenamento jurídico[78].

Em sua primeira abordagem, Jellinek observa que o indivíduo se encontra numa posição de clara subordinação em relação ao Estado, o *status* passivo, no qual ter-se-ia o ente estatal atribuições e prerrogativas originadas de sua própria condição, capazes de vincular o indivíduo, criando obrigações e proibições que determinam aquilo que o indivíduo pode fazer ou não fazer. Assim, percebe-se uma clara sujeição do indivíduo ao Estado, o qual impõe obrigações que necessariamente vinculam o primeiro, com o objetivo de garantir o respeito à harmonia social. Aqui não existem substancialmente direitos individuais, mas sim deveres a serem cumpridos pelo cidadão, os quais decorrem diretamente do exercício do poder de império do Estado.

No entanto, em outras circunstâncias, inverte-se essa posição, assumindo o indivíduo um *status* ativo em relação ao Estado e passando a ser o sujeito de

---

[76] GOUVEIA, Jorge Bacelar. *Manual de direito constitucional*: introdução, parte geral, parte especial. 2 v. 3. ed. Coimbra: Almedina. 2010. p. 965.

[77] JELLINEK, Georg. *Teoría general del estado*. Trad. Espan. 1. ed. México: FCE, 2000. p. 670.

[78] JELLINEK, Georg. *Sistema dei diritti pubblici subiettivi*. Trad. italia., Milão: Società Editrice Libreria, 1912. p. 244.

Capítulo 3 • ELEMENTOS CONSTITUTIVOS DOS SERVIÇOS SOCIAIS AUTÔNOMOS | **191**

prerrogativas que determinam a atuação do Estado, alterando a forma e o desenvolvimento das atividades estatais. A concretização desse *status* ocorre quando o indivíduo exerce diretamente o poder soberano por meio dos direitos políticos em sentido estrito, principalmente quanto ao sufrágio universal e o voto direto.

Em outra abordagem, Jellinek observou que, embora o Estado possua prerrogativas capazes de interferir na esfera pessoal dos indivíduos, o exercício dessa capacidade encontra limitações no ordenamento jurídico. Nesse sentido, o cidadão possui a capacidade de demandar, por parte do Estado, uma abstenção do exercício de seu poder de império em respeito à liberdade do indivíduo, impedindo-se a interferência estatal na esfera individual de direitos. Assim, em virtude da obrigação de reconhecer a personalidade de seus súditos, o Estado tem suas prerrogativas limitadas, que o impedem de atuar mediante exercício da integralidade de seu poder de império. Essa limitação implica o reconhecimento de um *status* negativo no exercício do direito do indivíduo, em respeito ao seu direito de autodeterminação.

Por fim, extrai-se que, em determinadas situações, o indivíduo pode exigir do Estado uma atuação concreta e eficaz, o *status* positivo. Tal indivíduo, ao verificar a existência de uma determinada contingência ou por entender que determinado direito seu está sendo desrespeitado ou não concretizado, possui a capacidade de demandar que o Estado solucione a contingência ou concretize seu direito. Nessa abordagem, o Estado reconhece que o indivíduo possui a capacidade jurídica de obrigar a atuação do poder público em seu favor, passando o Estado a figurar na relação como o garantidor da pretensão individual. Ademais, segundo o ensinamento de Gilmar Mendes, a pretensão individual pode almejar tanto a entrega de prestações de natureza fática quanto de natureza normativa[79]. Nesse caso, encontram-se os direitos sociais previstos na Carta Cidadã, em que o indivíduo tem o *status* positivo e pode exigir do Estado uma prestação em seu favor.

Destaca-se, por outro lado, que a classificação anterior é objeto de críticas por Peter Häberle, para quem a classificação de Jellinek deixa de lado importante abordagem na classificação do *status* do indivíduo. Para ele, a classificação de Jellinek não aborda o direito de participação do indivíduo nas decisões do Estado, em especial, nas hipóteses nas quais o indivíduo possui a faculdade de agir ativamente e assumir sua própria responsabilidade nos procedimentos que o afetam, bem como mediante sua participação nas estruturas sociais diretamente ligadas ao exercício de direitos sociais, o que se adota integralmente na hipótese dos serviços sociais autônomos, em que há a sociedade atua em conjunto com Estado para dar conta e concretude à força normativa dos direitos sociais fundamentais.

---

[79] MENDES, Gilmar Ferreira. Os direitos fundamentais e seus múltiplos significados na ordem constitucional. *Revista Diálogo Jurídico*, Salvador: CAJ – Centro de Atualização Jurídica, nº 10, jan. 2002. Disponível em: https://livros-e-revistas.vlex.com.br/vid/fundamentais-multiplos-significados-59306903?_ga=2.155787583.520207255.1578327971-1389459247.1578327971. Acesso em: 6 jan. 2020.

Desse modo, tem-se pela existência da importante diferenciação entre *status* ativo e *status* processual, porquanto na abordagem ativa o indivíduo tem o poder de exigir que o Estado lhe conceda a proteção jurídica prevista no direito material, ao passo que, no *status* processual, a parte deve participar ativamente do processo de decisão da concretização dos direitos sociais fundamentais.

Häberle criou, assim, o *status activus processualis*, que implica a operacionalização dos direitos subjetivos de participação e conformação do *status politicus*, constituindo a base de uma democracia autônoma e que represente as garantias do funcionamento democrático. Essa nova forma de relação entre o indivíduo e o Estado se concretiza, principalmente, mediante a garantia de participação do indivíduo nos procedimentos de decisão dos Poderes Públicos. O exercício desse direito não se limita, contudo, ao direito de falar e ser ouvido. Mais do que isso, implica a possibilidade de o indivíduo influir de forma relevante no resultado do processo e da concretização dos direitos fundamentais sociais.

Sem sombra de dúvidas, dentro desse contexto, os serviços sociais autônomos podem e devem ser considerados órgãos e medidas de garantias institucionais criadas pelo Estado, de participação efetiva do cidadão e, igualmente, adequados constitucionalmente ao vínculo de colaboração entre cidadão e Estado na função de prestação de direitos fundamentais sociais. O *status activus processualis* é um fundamento constitucional de característica constitucionalmente adequada aos serviços sociais autônomos, verdadeira autorrepresentação e convivência umbilical entre sociedade e poder público, com *status* de pró-realização de forma pública, impessoal e totalmente gratuito na atividade prestacional dos direitos fundamentais sociais.

Pois bem, efetuada essa importante classificação, impende-se trabalhar a questão dos direitos sociais previstos no art. 6º da Constituição Federal[80]. Inicialmente, registra-se que a conceituação dos direitos sociais previstos no texto normativo se traduz em uma complexa tarefa. Poder-se-ia cometer o equívoco da simplificação e amalgamá-los sob a alcunha de direitos de cunho apenas prestacional. No entanto, esse reducionismo não designa todo o conjunto de direitos previstos ao longo do texto constitucional, os quais possuem características e naturezas distintas.

O primeiro ponto a se ressaltar é a interdependência, a reciprocidade, a correspondência, a mutualidade entre os direitos constitucionais sociais previstos no art. 6º, especialmente a partir do conceito moderno e constitucional do direito social a saúde. Conforme define habilmente José Afonso da Silva, *in verbis*:

> Que é saúde? Não há de ser simplesmente a ausência de doença. Há de ser também o gozo de uma qualidade de vida. Não se trata apenas de assistência

---

[80] "Art. 6º São direitos sociais a educação, a saúde, a alimentação, o trabalho, a moradia, o transporte, o lazer, a segurança, a previdência social, a proteção à maternidade e à infância, a assistência aos desamparados, na forma desta Constituição."

Capítulo 3 • ELEMENTOS CONSTITUTIVOS DOS SERVIÇOS SOCIAIS AUTÔNOMOS | **193**

médica, ambulatorial, hospitalar. Vai muito além disso, porque envolve ações governamentais destinadas a criar ambiente sanitário saudável. Por isso mesmo a Constituição submete o direito à saúde ao conceito de seguridade social, o que inclui no campo da proteção social. A leitura do art. 196, mostra que *a concepção de saúde adotada não é a simplesmente curativa, aquela que visa restabelecer um estado saudável após a enfermidade, mas a prestação social, no campo da saúde, se volta, especialmente, para os aspectos da prevenção e da medicina curativa. A saúde tem como fatores determinantes e condicionantes, entre outros, a alimentação, a moradia, o saneamento básico, o meio ambiente, o trabalho, a renda, a educação, o transporte, o lazer e o acesso aos bens e serviços essenciais; os níveis de saúde da população expressam a organização social e econômica do país e as condições de bem-estar físico, mental e social* (Lei 8.080/1990).[81] (Grifos nossos)

Assim, a definição dos direitos sociais presentes no art. 6º da Constituição Federal deve ser antecedida de uma avaliação das características comuns aos diversos elementos que integram a norma. Diante desse quadro, Vidal Serrano Nunes Junior[82] elenca acertadamente os seguintes elementos comuns aos direitos sociais: (i) são subjetivos; (ii) traduzem atividade normativo-reguladora do Estado; e (iii) são instrumento assecuratórios.

Os direitos sociais são classificados como subjetivos em razão de sua concretização demandar uma atuação estatal, seja por meio da oferta do serviço, seja por meio de ações que permitam aos indivíduos usufruir dos benefícios que a sociedade possui.

Ainda, os direitos sociais demandam a atuação do Estado mediante utilização de seu poder normativo-regulador, de forma a se garantir que a desigualdade de forças existentes na sociedade não permita a ocorrência de abusos por parte das classes mais privilegiadas em detrimento das mais vulneráveis. Por fim, no tocante à forma de instrumentos assecuratórios, tem-se que direitos sociais devem conter medidas que permitam a proteção dos direitos assegurados. Com efeito, algumas das normas de direitos sociais possuem cunho meramente ou supostamente declaratório, razão pela qual se complementam de outras normas existentes no ordenamento jurídico que lhes dão efetividade.

Justamente em razão dessas características, Serrano Nunes Junior elabora a seguinte conceituação de direitos sociais:

[...] podemos conceituar direitos sociais como o subsistema dos direitos fundamentais que reconhecendo a existência de um segmento social

---

[81] SILVA, José Afonso da. *Sistema constitucional da seguridade social*. Direito tributário: estudos avançados em homenagem a Edvaldo Brito. São Paulo: Atlas, 2014. p. 121-122.

[82] NUNES JÚNIOR, Vidal Serrano. *A cidadania social na constituição de 1988*: estratégias de positivação e exigibilidade judicial dos direitos sociais. São Paulo: Verbatim, 2009. p. 68-69.

economicamente vulnerável busca, que por meio da atribuição de direitos prestacionais, quer pela normatização e regulação das relações econômicas, ou ainda pela criação de instrumentos assecuratórios de tais direitos, atribuir a todos os benefícios da vida em sociedade.[83]

Decerto, em razão do caráter de norma de defesa, os direitos sociais elencados no art. 6º da Constituição Federal foram modificados ao longo dos anos de existência do texto constitucional de 1988. Inicialmente, constavam do rol de direitos sociais garantidos pela norma os direitos sociais à educação, à saúde, ao trabalho, ao lazer, à segurança, à previdência social, à proteção à maternidade e à infância e à assistência aos desamparados. No entanto, buscando dar maior efetividade aos anseios sociais, referido texto foi ampliado no ano 2000, por meio da Emenda Constitucional nº 26, a qual inseriu a moradia entre o rol de direitos sociais a serem protegidos, sendo novamente ampliado em 2010, quando a Emenda Constitucional nº 64 introduziu a alimentação como direito social. Em 2015, após uma série de protestos envolvendo o aumento das tarifas do transporte público, a Emenda Constitucional nº 90 acabou por reconhecer acertadamente o caráter social desse direito.

Esse breve histórico demonstra a correção da definição anteriormente adotada, quando se vislumbra a fluidez dos direitos sociais na evolução da dinâmica da sociedade plural. Não obstante a rigidez que as normas inseridas na Constituição brasileira possuem, o que se verifica é que, ao longo do tempo, têm sido alteradas pelo poder reformador em razão da necessidade de ampliação dos direitos sociais, perante os anseios da sociedade.

Sendo assim, embora exista uma expressa disposição constitucional estabelecendo que os direitos previstos no art. 6º da Constituição Federal se inserem no rol de direitos sociais, importa-se discorrer sobre a pertinência de tal adjetivo. Com efeito, todos os direitos inseridos no art. 6º são direitos que, historicamente, sempre foram de acesso restrito no país. Pegue-se, por exemplo, a educação, área social de notória vulnerabilidade e dificuldade de acesso por parte da população. Nela, tem-se uma enorme disparidade decorrente da desigualdade social e do poder econômico, em que se confronta uma educação pública que busca universalizar o acesso à educação, mas que ainda se debate para vencer a marcante desigualdade social.

Dados do Anuário da Educação de 2019 demonstram que, apesar de 91,5% dos jovens de 15 a 17 estarem na escola, apenas 68,7% estão no Ensino Médio. Como prova dos contornos da desigualdade social neste dado, a publicação traz a informação de que a diferença na taxa líquida de matrículas entre brancos e negros chega a 12%[84]. Segundo a mesma publicação, mais de 81% dos alunos brasileiros dependem da escola pública para sua formação.

---

[83] Ibid., p. 70.
[84] Instituto Todos Pela Educação. *Anuário brasileiro da educação básica 2019*. Disponível em: https://www.todospelaeducacao.org.br/_uploads/_posts/302.pdf. Acesso em: 6 jan. 2020.

Capítulo 3 • ELEMENTOS CONSTITUTIVOS DOS SERVIÇOS SOCIAIS AUTÔNOMOS | **195**

Logo, tem-se que apenas uma pequena parcela da sociedade possui condições de arcar com os custos da educação privada. Tal fato se verifica da aferição do nível socioeconômico (NSE) das matrículas na educação básica. Enquanto 4,9% das matrículas da rede pública foram feitas por estudantes classificados com NSE alto ou muito alto, 26,4% das matrículas da rede privada foram de estudantes nessa situação.

A análise desses dados demonstra que a maior parcela da população brasileira se utiliza da rede pública de ensino para a educação de seus filhos. Essa mesma população possui um padrão econômico inferior à média da parcela que frequenta a escola particular, o que a torna mais vulnerável a mudanças nas políticas públicas destinadas a tal direito.

Procurando dar efetividade a esse direito, a Constituição inseriu a educação no rol de direitos sociais (art. 6º da CF) não apenas de forma declarativa, mas dotada de mandamentos auxiliares que buscam criar instrumentos à sua concretização. Nesse sentido, encontram-se normas complementares referente à educação ao longo de toda a Constituição, como se verifica na matéria relativa à competência de execução de políticas públicas (art. 23, V, da CF[85]), à competência legislativa (art. 24, IX, da CF[86]), às imunidades tributárias (art. 150, VI, alínea c, da CF[87]), à garantia de piso salarial ao professores (art. 206, VIII, da CF[88]), aos deveres do Estado (art. 208 da CF[89]), entre outros.

A análise do conjunto dessas medidas revela que o poder constituinte, originário e derivado, buscou não apenas elencar a educação entre os direitos assegurados no rol constitucional, mas também dar-lhe efetividade mediante a criação de obrigações atribuídas ao Estado em suas variadas esferas. Não há como se negar, pois, que o referido direito satisfaz o caráter de direito social. Essa qualidade, segundo a classificação de Vidal Serrano, é aplicável aos demais integrantes do rol do art. 6º da Constituição Federal, porquanto se verifica que a mesma realidade fática utilizada para fundamentar a educação como um direito social se encontra presente nos demais direitos.

---

[85] "Art. 23. É competência comum da União, dos Estados, do Distrito Federal e dos Municípios: [...] V – proporcionar os meios de acesso à cultura, à educação, à ciência, à tecnologia, à pesquisa e à inovação."

[86] "Art. 24. Compete à União, aos Estados e ao Distrito Federal legislar concorrentemente sobre: [...] IX – educação, cultura, ensino, desporto, ciência, tecnologia, pesquisa, desenvolvimento e inovação."

[87] "Art. 150. Sem prejuízo de outras garantias asseguradas ao contribuinte, é vedado à União, aos Estados, ao Distrito Federal e aos Municípios: [...] VI – instituir impostos sobre: [...] c) patrimônio, renda ou serviços dos partidos políticos, inclusive suas fundações, das entidades sindicais dos trabalhadores, das instituições de educação e de assistência social, sem fins lucrativos, atendidos os requisitos da lei."

[88] "Art. 206. O ensino será ministrado com base nos seguintes princípios: [...] VIII – piso salarial profissional nacional para os profissionais da educação escolar pública, nos termos de lei federal."

[89] "Art. 208. O dever do Estado com a educação será efetivado mediante a garantia de [...]."

196 | SISTEMA S: FUNDAMENTOS CONSTITUCIONAIS • *Edvaldo Nilo de Almeida*

A saúde, por exemplo, é garantida pelo Estado mediante repartição de competências e financiamento do Sistema Único de Saúde, o qual, apesar das notórias críticas e ineficiências, ainda é responsável pela maioria dos atendimentos realizados. A moradia, doutro ponto, é alvo de programas estatais de garantia e financiamento, possuindo os bancos públicos manifesto papel na concretização desse direito. O transporte, também, é objeto de regulação e estabelecimento de políticas públicas, financiamento da infraestrutura necessária ao seu funcionamento e gratuidade do uso coletivo urbano para idosos e cobrança de meia-passagem para estudantes. O lazer, da mesma maneira, é considerado forma de promoção social, cuja promoção é obrigação tanto do poder público como da família. A segurança, igualmente, deve ser compreendida não apenas como a segurança pública, mas também como a privada, exercida por empresas autorizadas pelo Estado a fornecerem serviços como a escolta armada, a ronda noturna e a vigilância patrimonial. A previdência social e a assistência aos desamparados, por exemplo, destinam-se à parcela da população que não pode arcar com os custos da previdência privada ou não possui os recursos necessários para garantir sua sobrevivência na velhice sem o perigo de ficar desamparada. A assistência aos desamparados, ainda, é alvo de políticas públicas destinadas à garantia dos direitos da parcela mais vulnerável da população, por meio de programas sociais como de inclusão no mercado de trabalho, o Bolsa Família e o benefício de garantia de um salário mínimo de benefício mensal à pessoa portadora de deficiência e ao idoso que comprovem não possuir meios de prover à própria manutenção ou de tê-la provida por sua família. A maternidade e a infância, por fim, contam com normas que vão desde as matérias trabalhistas – como, por exemplo, a garantia do emprego da gestante e a proibição do trabalho infantil – até o estabelecimento de um sistema socioeducativo voltado especificamente para a recuperação de jovens que tenham cometido atos infracionais.

Reforça-se, ainda, a característica comum aos direitos sociais elencados no art. 6º da Constituição Federal de ausência de prerrogativa para sua prestação exclusivamente pelo Estado. Ademais, vislumbrando-se que o constituinte derivado tem efetuado a criação de direitos em razão do reconhecimento das amplas necessidades da população, ou seja, uma progressiva constitucionalização dos direitos sociais positivados constitucionalmente – razão pela qual o rol de direitos previstos no art. 6º da Constituição vem sendo paulatinamente ampliado –, tem-se pela não exaustividade dos direitos sociais previsto em seu texto. Com efeito, afigura-se plenamente possível ampliar, por meio de emenda à Constituição, o rol desses direitos, desde que sejam compatíveis com o signo de direitos sociais.

Nesse contexto, como visto deste trabalho, tem-se identificado que as entidades integrantes do serviço social autônomo vêm sendo criadas, justamente, como forma de concretizar os direitos sociais previsto no art. 6º da Constituição Federal, haja vista possuírem como objetivo precípuo a concretização dos direitos constantes da referida norma constitucional. Em outros termos, as entidades até o momento criadas por lei federal – Senai, Senac, Sesi, Sesc, Sebrae, Senar, Sest, Senat, Sescoop,

Capítulo 3 • ELEMENTOS CONSTITUTIVOS DOS SERVIÇOS SOCIAIS AUTÔNOMOS | **197**

Apex-Brasil, Abdi, Anater, Adaps e Embratur – são serviços sociais autônomos que preenchem os requisitos constitucionais fundados no art. 6º da CF e prestam verdadeiramente serviços de natureza prestacional social.

Ademais, o moderno conceito de saúde amplia a noção clássica para incluir não apenas a ausência de doença, mas também o bem-estar físico, mental e social das pessoas, abarcando, dessa forma, a ideia de desenvolvimento pessoal e a capacidade de bem-estar social. Observa-se que todas as entidades do serviço social autônomo acabam por buscar concretizar esse conceito de saúde, mediante a proteção e o incentivo do trabalho como meio de bem-estar social e mental do indivíduo e a educação como forma de desenvolvimento pessoal e social. Não obstante, a atuação das entidades não se limita à garantia da saúde, do trabalho e da educação. Outros direitos sociais não foram negligenciados pelas normas legais instituidoras dos serviços sociais autônomos, conforme se processa, por exemplo, quando o Sesc desenvolve programas voltados à melhoria da alimentação do trabalhador do comércio, ou a atuação do Sesi no fornecimento de habitações populares para seus beneficiários, ou, ainda, a proteção à maternidade e à infância realizada pela Aps – Rede Sarah e pelo Sest, além da assistência aos desamparados promovida pela Aps – Rede Sarah, eis que tais atuações demonstram a ampla rede de proteção social derivada do desempenho direto das entidades. Em resumo, as áreas de atuação das entidades do Sistema S podem ser assim estratificadas:

Área de atuação (Direito Social)	Entidade
Educação, trabalho e saúde	Sesi
	Senai
	Senac
	Sesc
	Sebrae
	Senar
	Sest
	Senat
	Sescoop
	Apex-Brasil
	ABDI
	APS – Rede Sarah
	Anater
	Adaps
	Embratur
Lazer	Sesi
	Sesc
	Sest

Área de atuação (Direito Social)	Entidade
Alimentação	Sest
	Sesc
Moradia	Sesc
	Sesi
Transporte	Sest
	Senat
Segurança	Senai e Senat
Previdência Social	Sesc
Proteção à maternidade e à infância	APS – Rede Sarah e Sest
	Sesc
Assistência aos desamparados	APS – Rede Sarah

3.3.1 Inconstitucionalidade da transformação do Instituto Nacional de Propriedade Industrial (INPI) em Serviço Social Autônomo

Realizadas essas considerações, ressalta-se que, em recentes publicações divulgadas na imprensa[90-91], o governo federal defende a extinção do Instituto Nacional de Propriedade Industrial (INPI) e a transferência patentemente inconstitucional de seus serviços e funções para o serviço social autônomo Abdi.

O Instituto Nacional de Propriedade Industrial foi criado por meio da Lei nº 5.648/1970, com a finalidade de executar as obras de registro público da propriedade industrial, bem como efetuar pareceres sobre assinatura, ratificação e denúncia de tratados, convênio e acordos cujo objeto seja a propriedade industrial. Ademais, absorveu as funções do extinto Departamento Nacional de Propriedade Industrial, que se encontravam previstas no Decreto-lei nº 1.005/1969. Na atualidade, essas atribuições envolvem o registro de marcas, desenhos industriais, indicações geográficas, programas de computador e topográficas de recursos integrados, concessões de patentes e averbações de contratos de franquia e distintas modalidades de tecnologia[92].

---

[90] PUPO, Fábio. Governo estuda extinguir INPI e incorporar funções ao Sistema S. *Valor Econômico*, Brasília, 10 dez. 2019. Disponível em: https://valor.globo.com/brasil/noticia/2019/12/10/governo-estuda-extinguir-inpi-e-incorporar-funes-ao-sistema-s.ghtml. Acesso em: 28 dez. 2019.

[91] NUNES, Vicente. Governo estuda fusão do INPI com ABDI para criação de nova agência industrial. *Correio Braziliense*, Brasília, 10 dez. 2019. Disponível em: http://blogs.correiobraziliense.com.br/vicente/governo-estuda-fusao-do-inpi-com-abdi-para-criacao-de-nova-agencia-industrial/. Acesso em: 28 dez. 2019.

[92] Cf. Lei nº 9.279/1996 e Lei nº 9.610/1998.

Capítulo 3 • ELEMENTOS CONSTITUTIVOS DOS SERVIÇOS SOCIAIS AUTÔNOMOS | **199**

Excetuada a atribuição de assessoramento do poder público em matéria de propriedade industrial, as atribuições do INPI podem ser resumidas em um único ramo: o registro público de informações de caráter industrial. De plano, já se vislumbra que referida atividade, embora relevante para a sociedade, não possui relação com nenhum dos direitos sociais previstos no art. 6º da Constituição Federal, porquanto não é possível que o registro público da propriedade industrial possa se encaixar como uma hipótese constitucional definida no conceito de direito social. A influência das funções do INPI sobre os direitos sociais dar-se-á, quando muito, como consequência indireta do desenvolvimento de suas atividades, como a melhora no clima de negócios e o estímulo à inovação decorrentes de uma adequada defesa da propriedade intelectual, resultando em um aumento da confiança na indústria e geração de emprego.

E justamente nesse tópico reside também a diferença entre o INPI e as demais entidades do serviço social autônomo: a ligação direta entre suas atividades e o direito social a ser protegido. Observa-se que em todos os serviços sociais autônomos existe essa relação de causalidade direta. Por exemplo: (i) o Sesi cria exposições e eventos culturais e, com isso, concretiza o direito social ao lazer, à cultura e à educação; (ii) o Senat cria programas voltados à aprendizagem do trabalhador em transporte rodoviário e, com isso, concretiza seu fim social quanto à saúde e ao trabalho; (iii) quando o Senai cria cursos de capacitação para a população carente, realiza não só com fim social da educação, mas também de assistência aos desamparados; (iv) ao disponibilizar cursos e palestras estimulando às micro e pequenas empresas a inovarem e conquistarem mercados para seus produtos, o Sebrae estimula o emprego; (v) a Aps – Rede Sarah concretiza o direito à saúde ao prestar atendimento gratuito à população.

No caso do INPI, encontra-se ausente essa direta relação. A concretização de um direito social, ainda que verificada, advirá como evento reflexo indireto do desenvolvimento de suas atividades. A defesa da propriedade intelectual, por mais relevante que seja, não gera, por si só, a concretização de um dos direitos sociais insertos no art. 6º da Constituição Federal[93].

Nesse rumo, ressalta-se que a proteção constitucional à propriedade industrial tem base no art. 5º, inciso XXIX, que garante aos brasileiros e aos estrangeiros residentes no país que a lei protegerá aos autores de inventos industriais privilégio temporário para sua utilização, bem como proteção às criações industriais, à propriedade das marcas, aos nomes de empresas e a outros signos distintivos.

No ponto, entende-se que há reserva de administração, pois apenas o poder público pode dizer a primeira palavra sobre a proteção dos direitos relativos à

---

[93] "Art. 6º São direitos sociais a educação, a saúde, a alimentação, o trabalho, a moradia, o transporte, o lazer, a segurança, a previdência social, a proteção à maternidade e à infância, a assistência aos desamparados, na forma desta Constituição."

propriedade industrial. Isto é, o poder público que pode fazer a concessão de patentes de invenção, de modelo de utilidade, de registro de desenho industrial, de registro de marca, bem como a repressão às falsas indicações geográficas e à concorrência desleal. De fato, é constitucional e juridicamente insustentável que uma pessoa jurídica de direito privado com fins sociais possa assumir tais atividades estatais.

O postulado da reserva de administração, ou princípio constitucional da reserva de administração, significa que, em relação a certos direitos, como nos direitos relativos à propriedade industrial, cabe à Administração Pública a primeira palavra concernente à fixação do direito aplicável. Nesse sentido, o ex-ministro do STF Carlos Alberto Menezes Direito, dissertando sobre a disciplina constitucional da propriedade industrial na Constituição Federal de 1988, afirma, *in verbis*:

> Se, inquestionavelmente, *a disciplina jurídica do sistema de patentes pertence ao Estado*, é fundamental considerar, como já destacado, que o atual progresso da humanidade impõe a democratização do sistema, por via de acordos multilaterais, que propiciem um aproveitamento regular dos inventos em benefício dos povos.[94] (Grifos nossos)

Decerto, o STF julgando a questão da contratação temporária no INPI já se pronunciou duas vezes no sentido de que a função desempenhada pelos servidores públicos dessa autarquia federal vinculada ao Ministério da Economia é de uma atividade pública permanente, *in verbis*:

> Deferido pedido de liminar em ação direta ajuizada pelo Partido dos Trabalhadores para suspender, até decisão final, a eficácia da alínea *c* do inciso VI do art. 2º da Lei 8.745/93, na redação dada pela Lei 9.849/99, que autoriza a contratação temporária de servidores para a atividade de análise e registro de marcas e patentes pelo Instituto Nacional da Propriedade Industrial – INPI, por doze meses, mediante análise do *curriculum vitae*. O Tribunal, à primeira vista, reconheceu a plausibilidade jurídica da tese de inconstitucionalidade por ofensa ao art. 37, IX da CF ("a lei estabelecerá os casos de contratação por tempo determinado para atender a necessidade temporária de excepcional interesse público;"), uma vez que *o cargo a ser preenchido consubstancia uma atividade pública permanente, a ser desempenhada por servidores públicos devidamente concursados* (CF, art. 37, II), não se configurando, pois, como necessidade temporária de excepcional interesse público.[95] (Grifos nossos)

---

[94] DIREITO, Carlos Alberto Menezes. A disciplina constitucional da propriedade industrial. *Revista de Direito Administrativo*, Rio de Janeiro, v. 185, p. 19-25, jul. 1991.

[95] ADInMC 2.380-DF, Rel. Min. Moreira Alves, *DJe* 20.06.2001.

Capítulo 3 • ELEMENTOS CONSTITUTIVOS DOS SERVIÇOS SOCIAIS AUTÔNOMOS | **201**

Deferido pedido de liminar em ação direta ajuizada pelo Partido dos Trabalhadores, para suspender, até decisão final, a eficácia do art. 2º da MP 2.014/2000, que autoriza o Instituto Nacional de Propriedade Industrial a efetuar contratação temporária de servidores, por doze meses, nos termos do art. 37, IX da CF (CF, art. 37 [...] IX: "a lei estabelecerá os casos de contratação por tempo determinado para atender a necessidade temporária de excepcional interesse público;"). O Tribunal, à primeira vista, entendeu haver relevância na tese sustentada pelo autor, em que se alegava inconstitucionalidade por ofensa à obrigatoriedade de concurso público para a investidura em cargo ou emprego público (CF, art. 37, II), por se tratar de contratação por tempo determinado *para atender necessidade permanente – atividades relativas à implementação, ao acompanhamento e à avaliação de atividades, projetos e programas na área de competência do INPI –*, não se enquadrando na hipótese prevista no inciso IX do art. 37 da CF.[96] (Grifos nossos)

Por conseguinte, tem-se que eventual transformação do INPI em entidade do serviço social autônomo seria feita ao arrepio do normativo constitucional que autoriza a criação dessas entidades apenas como instrumento de concretização dos direitos sociais e também por se tratar de função pública permanente e indelegável sujeita à reserva de administração, razão pela qual é inconstitucional a medida proposta pelo governo federal.

Por fim, registra-se, ainda, que o próprio ato de transferência das atividades de registro da propriedade industrial não se afigura possível, em face, também, do art. 236 da Constituição Federal, que determina que os registros públicos e notariais são exercidos em caráter privado por intermédio de delegação do poder público[97]. Segundo Manoel Gonçalves Ferreira Filho, comentando o citado dispositivo constitucional, esse "preceito veio deter a tendência de 'oficialização' (ou seja, estatização) dos serviços cartoriais. Por força da norma em exame, os cartórios de notas e de registros hão de ser preservados dessa 'oficialização'"[98].

Logo, mediante interpretação sistemática do texto constitucional, o fato de os serviços de registro e de notas serem exercidos pela iniciativa privada mediante delegação implica o reconhecimento de que os demais serviços de registro são de prestação exclusiva do Estado. Sendo o registro de propriedade industrial atividade estatal, cuja regulação é de competência legislativa exclusiva da União[99], tem-se que

---

[96] ADInMC 2.125-DF, Rel. Min. Maurício Corrêa, *DJe* 06.04.2000.

[97] "Art. 236. Os serviços notariais e de registro são exercidos em caráter privado, por delegação do Poder público."

[98] FERREIRA FILHO, Manoel Gonçalves. *Comentários à Constituição brasileira de 1988*. São Paulo: Saraiva, v. 4, 1995. p. 127.

[99] "Art. 22. Compete privativamente à União legislar sobre: [...] XXV – registros públicos."

eventual transferência desta prorrogativa demandaria alteração do texto constitucional, e não simples edição de medida provisória, razão pela qual, a criação de um serviço social autônomo para o INPI implicaria inconstitucionalidade, dada a indelegabilidade do serviço na atual normativa constitucional.

3.4 SEM SÓCIOS OU ASSOCIADOS

Ao se analisar as entidades integrantes do serviço social autônomo sob o prisma de sua organização jurídica e, igualmente, por não possuírem nem sócios nem associados na sua composição, verifica-se a existência de uma singularidade na forma de como se constituem e são organizadas quando comparadas com as demais pessoas jurídicas de direito privado.

A Constituição Federal prevê a liberdade de associação como um direito fundamental, positivado no art. 5º, inciso XVII[100]. Sobreleva-se do texto normativo que a associação referida na norma possui interpretação abrangente, devendo ser entendida como a possibilidade de participar de pessoas jurídicas de forma ampla, como as sociedades empresárias, as associações, os partidos políticos, as organizações religiosas e as fundações. Destaca-se que a forma de participação dos indivíduos no alcance dos objetivos sociais de cada uma delas é fator distintivo dessas pessoas jurídicas para as entidades do serviço autônomo, em particular no que diz respeito à figura do sócio ou do associado.

O sócio é aquele que integra a empresa, mediante contribuição de capital ou de serviços, objetivando contribuir para o atingimento do objetivo social da sociedade e participando no resultado que esta venha a alcançar. Em virtude desse vínculo relacional, a participação em sociedades é um negócio jurídico que demanda do sócio a capacidade de assumir obrigações tanto na fundação da sociedade quanto na hipótese de seu posterior ingresso. Os sócios se incumbem perante si e perante terceiros de honrar as obrigações existentes na legislação e no contrato social podendo, inclusive, responderem subsidiariamente pelas obrigações da sociedade na hipótese de sociedade de pessoas ou de previsão do contrato social.

Uma vez constituída a sociedade, tem-se a figura do sócio como mero elemento constituidor da sociedade, assumindo uma posição singular de detentor de direito de crédito eventual contra a sociedade na hipótese de esta obter lucro ou de garantidor de eventuais prejuízos, caso existentes. Em seu relacionamento interno com a sociedade, o sócio se compromete a oferecer determinada quantia, ou bem avaliável em pecúnia. Ante esse comprometimento, o sócio passa a ser devedor dessa

---

[100] "XVII – é plena a liberdade de associação para fins lícitos, vedada a de caráter paramilitar; [...]." (BRASIL. [Constituição (1988)]. Constituição da República Federativa do Brasil. Brasília, DF: Presidência da República, 5 de outubro de 1988. Disponível em: http://www. planalto.gov.br/ccivil_03/constituicao/constituicao.htm. Acesso em: 20 jan. 2020).

Capítulo 3 • ELEMENTOS CONSTITUTIVOS DOS SERVIÇOS SOCIAIS AUTÔNOMOS | **203**

importância perante a sociedade, nos termos do art. 1.004 do Código Civil[101]. Caso não cumpra o acordado, pode ser acionado pela sociedade para recebimento desses valores, respondendo, em todo caso, por eventuais danos causados por sua mora. Os demais sócios podem, ainda, preferir sua indenização, exclusão ou redução da quota ao montante já realizado[102], com a consequente realização da redução do capital social da sociedade, caso necessário[103].

De igual modo, o sócio se posiciona perante terceiros como garantidor dos compromissos da sociedade de pessoas ou contratuais, em razão de posição de devedor subsidiário das obrigações da sociedade. Ademais, encontra-se obrigado a não empregar os fundos sociais em atividades alheias ao interesse da sociedade, conforme dispõe o art. 1.006 do Código Civil. Sobre essa limitação, as lições relevantes de Fran Martins[104]:

> Igualmente, constitui obrigação dos sócios de todas as sociedades empresárias não aplicar os fundos sociais nos seus interesses particulares. O Código Civil edita essa norma em referência à sociedade de pessoas (art. 1.006, XX), mas é evidente que ela se aplica a todas as sociedades, porque os bens dessas sociedades pertencem a elas próprias e não aos sócios.

Fora as obrigações descritas, o contrato social pode criar obrigações que não contradigam os termos da lei. De outro lado, os sócios são detentores de direitos perante as sociedades. O primeiro deles é o de participar nos lucros auferidos pela sociedade. Sendo os lucros obtidos em razão do desempenho da sociedade empresária, torna-se evidente que estes, em essência, pertencem à sociedade. No entanto, não haveria congruência lógica em demandar do sócio o emprego de seu capital sem que houvesse retorno do emprego de seu patrimônio na atividade empresária, razão pela qual se entende que o sócio contribui para o capital social da empresa na expectativa de participar dos lucros obtidos pela sociedade.

---

[101] "Art. 1.004. Os sócios são obrigados, na forma e prazo previstos, às contribuições estabelecidas no contrato social, e aquele que deixar de fazê-lo, nos trinta dias seguintes ao da notificação pela sociedade, responderá perante esta pelo dano emergente da mora."

[102] Parágrafo único do art. 1.004 do Código Civil. (BRASIL. Lei nº 10.406, de 10 de janeiro de 2002. Institui o Código Civil. Brasília, DF: Planalto, 2002. Parágrafo único do art. 1.004 do Código Civil)

[103] Art. 1.031, *caput* e § 1º, do Código Civil: "Nos casos em que a sociedade se resolver em relação a um sócio, o valor da sua quota, considerada pelo montante efetivamente realizado, liquidar-se-á, salvo disposição contratual em contrário, com base na situação patrimonial da sociedade, à data da resolução, verificada em balanço especialmente levantado. § 1º O capital social sofrerá a correspondente redução, salvo se os demais sócios suprirem o valor da quota" (BRASIL. Lei nº 10.406, de 10 de janeiro de 2002. Institui o Código Civil. Brasília, DF: Planalto, 2002. Parágrafo único do art. 1.004 do Código Civil).

[104] MARTINS, Fran. *Curso de direito comercial*. Atual. Carlos Henrique Abrão. 41. ed. Rio de Janeiro: Forense, 2018. p. 182.

Afora esse direito, o sócio também possui outros, como participar da administração da sociedade, fiscalizar seus negócios, ter acesso aos livros, obter informações sobre o estado financeiro da empresa, entre outros previstos no contrato social. Nesse contexto, por expressa previsão do art. 972 do Código Civil, a capacidade civil e a inexistência de vedação legal são os requisitos para que uma pessoa possa exercer a condição de sócio[105], admitindo-se a existência de sócio incapaz apenas na hipótese em que o sócio tiver sua incapacidade declarada após ter dado início à empresa, quando a tiver recebido de seus pais ou por herança[106]. Acordando sua associação para ingresso em sociedade, ou sua constituição, o indivíduo assume responsabilidades, como a de integralizar o capital social, devolução de lucros e resultados em razão de posterior verificação de sua distribuição em prejuízo do capital social, além de sua responsabilização pela utilização do nome social em atividades estranhas ao nome. Dessa forma, tem-se que a capacidade civil é critério indispensável para a condição de sócio.

De outro lado, no tocante aos associados, o objetivo é, sempre, o exercício de atividade finalística não econômica[107]. Quanto à impossibilidade de exercício de atividade comercial, Fernando Cândido da Silva sustenta, com muita propriedade, que a associação pode exercer atividade mercantil, desde que o resultado da sua atividade seja empregado na execução das próprias atividades da associação, sendo vedada a sua distribuição aos associados[108]. O associado pode ser possuidor de quota ou detentor de fração do patrimônio da associação, mas a condição de associado é pessoal e só pode ser transmitida se o estatuto permitir a transferência de forma expressa[109].

Diferentemente do que ocorre nas sociedades, os associados não possuem direitos e obrigações recíprocos[110]. Como regra geral, devem os associados possuir direitos iguais, embora a lei permita que existam categorias com vantagens

---

[105] "Art. 972. Podem exercer a atividade de empresário os que estiverem em pleno gozo da capacidade civil e não forem legalmente impedidos." (BRASIL. Lei nº 10.406, de 10 de janeiro de 2002. Institui o Código Civil. Brasília, DF: Planalto, 2002. Parágrafo único do art. 1.004 do Código Civil).

[106] "Art. 974. Poderá o incapaz, por meio de representante ou devidamente assistido, continuar a empresa antes exercida por ele enquanto capaz, por seus pais ou pelo autor de herança."

[107] Art. 53, *caput*, do Código Civil. (BRASIL. Lei nº 10.406, de 10 de janeiro de 2002. Institui o Código Civil. Brasília, DF: Planalto, 2002. Parágrafo único do art. 1.004 do Código Civil).

[108] SILVA, Fernando Cândido da. *Registro de títulos e documentos no registro civil de pessoas jurídicas*. 2. ed. Curitiba: Appris, 2019. p. 187.

[109] "Art. 56. A qualidade de associado é intransmissível, se o estatuto não dispuser o contrário."

[110] Cf. art. 53, parágrafo único, do Código Civil. (BRASIL. Lei nº 10.406, de 10 de janeiro de 2002. Institui o Código Civil. Brasília, DF: Planalto, 2002. Parágrafo único do art. 1.004 do Código Civil).

Capítulo 3 • ELEMENTOS CONSTITUTIVOS DOS SERVIÇOS SOCIAIS AUTÔNOMOS | **205**

especiais[111]. O vínculo da associação é com a pessoa que lhe é associada, sendo essa condição intransferível, salvo expressa autorização do estatuto. Ao associado incumbe, por exemplo, a obrigação de custear as atividades da associação mediante contribuição. Outra característica da associação é a do respeito ao princípio democrático na tomada de decisões, que deriva do poder da Assembleia Geral para alterar o estatuto, decidir os rumos da associação e destituir os membros de seus órgãos diretivos[112]. Além disso, a exclusão do associado apenas pode acontecer se houver justa causa e se for precedida de procedimento no qual lhe seja garantido o direito de defesa e de recurso. Para exercer os direitos que lhe confere o estatuto social, o associado necessita deter capacidade civil, de forma a se comprometer com os objetivos da sociedade e exercer os direitos que são concedidos pelo estatuto.

No tocante às entidades do serviço social autônomo, a situação de seus beneficiários apresenta estrutura jurídica diversa das anteriormente expostas. Inicialmente, destaca-se que os beneficiários não contribuem com o capital social da entidade, a qual é sustentada, principalmente, por verbas arrecadadas pelo poder público. Sendo assim, os beneficiários não podem ser chamados a responder em hipótese de a entidade apresentar prejuízo fiscal, tampouco recebendo qualquer valor em caso de haver sobras orçamentárias da entidade. Ademais, os beneficiários não podem influir diretamente nos diversos ramos do serviço social autônomo, não lhes sendo facultado alterar seu regulamento, tampouco votar em matérias de seu interesse, salvo se participarem dos órgãos de direção. Na hipótese de ser a entidade dissolvida, o excesso de seu patrimônio, após a satisfação de suas obrigações, não reverte em favor dos beneficiários – o que poderia ocorrer no caso da sociedade ou da associação –, devendo o patrimônio ter a destinação que lhe foi atribuída pela norma instituidora.

De outro fronte, os serviços prestados se encontram disponíveis aos beneficiários sem a necessidade de qualquer manifestação destes. A vinculação se dá, por exemplo, por se inserir o beneficiário dentro de uma determinada categoria econômica ou profissional, e independentemente de anuência expressa do indivíduo para sua disponibilização. Além disso, tem-se que os órgãos diretivos das entidades são constituídos por pessoas que não contribuíram com o capital social da entidade – como ocorre nas sociedades – ou adquiriram a condição de participar da sociedade

---

[111] Cf. art. 55 do Código Civil. (BRASIL. Lei nº 10.406, de 10 de janeiro de 2002. Institui o Código Civil. Brasília, DF: Planalto, 2002. Parágrafo único do art. 1.004 do Código Civil).

[112] "Art. 59 do Código Civil: Compete privativamente à assembleia geral: I – destituir os administradores; II – alterar o estatuto; Parágrafo único. Para as deliberações a que se referem os incisos I e II deste artigo é exigido deliberação da assembleia especialmente convocada para esse fim, cujo quórum será o estabelecido no estatuto, bem como os critérios de eleição dos administradores. (Redação dada pela Lei nº 11.127, de 2005)." (BRASIL. Lei nº 10.406, de 10 de janeiro de 2002. Institui o Código Civil. Brasília, DF: Planalto, 2002. Parágrafo único do art. 1.004 do Código Civil).

mediante associação – o que acontece nas associações. Os dirigentes das entidades do serviço social autônomo ostentam essa condição em razão de cumprirem com as regras de indicação das normas instituidoras, e não por eventual contribuição para a entidade. Como exemplo, temos que o presidente do Conselho Nacional do Sesi é indicado diretamente pelo presidente da República[113], ao passo que os beneficiários do Sesi são o trabalhador da indústria e a sua família[114].

Como podem vir a responder pelos ato praticados durante o período em que estiveram à frente da entidade, bem como pela necessidade de serem sujeitos de direitos e obrigações, os dirigentes das entidades necessitam de capacidade civil, enquanto os beneficiários dos serviços das entidades não necessitam, bastando, por exemplo, que um de seus pais ostente tal condição para ser beneficiário. Tem-se, pois, que a condição de beneficiário das entidades do serviço social autônomo independe da capacidade civil.

Assim sendo, seja sob a ótica societária, seja pela da capacidade civil, tem-se que a figura do beneficiário das entidades do serviço social autônomo não equivale à do sócio ou associado, o mesmo ocorrendo para figura de seus dirigentes, cuja indicação segue critérios estabelecidos em lei ou decreto regulamentar com fundamento constitucional no art. 84, inciso IV, da CF, e não em contrato social ou estatuto de associados. Certamente essa diferenciação já se revela suficiente para se distinguir os sócios ou associados das espécies de participação em experimentada pelos integrantes e beneficiários do serviço social autônomo.

3.4.1 Proposta de alteração do artigo 44 do Código Civil

Conforme artigo publicado recentemente[115], constata-se uma singularidade máxima nos serviços sociais autônomos, quando comparadas com as demais pessoas

---

[113] "Art. 22 O Conselho Nacional, com jurisdição em todo o território brasileiro, exercendo em nível de planejamento, fixação de diretrizes, coordenação e controle das atividades do Sesi, a função normativa superior, ao lado do poder de inspecionar, fiscalizar e intervir, em caráter de correição, em qualquer setor institucional da entidade, no centro e nas regiões, se compõe dos seguintes membros: [...] a) de um presidente, nomeado pelo Presidente da República, nos termos do Decreto-lei nº 9.665, de 28 de agosto de 1946." (BRASIL. Decreto nº 57.375/1965. Aprova o Regulamento do serviço Social da Indústria (Sesi). Brasília, DF: Planalto, 1965. Disponível em: http://www.planalto.gov.br/ccivil_03/decreto/1950-1969/D57375.htm. Acesso em: 22 jan. 2020).

[114] "Art. 2º A ação do Sesi abrange: a) o trabalhador da indústria, dos transportes, das comunicações e da pesca e seus dependentes; b) os diversos meios-ambientes que condicionam a vida do trabalhador e de sua família." (BRASIL. Decreto nº 57.375/1965. Aprova o Regulamento do serviço Social da Indústria (Sesi). Brasília, DF: Planalto, 1965. Disponível em: http://www.planalto.gov.br/ccivil_03/decreto/1950-1969/D57375.htm. Acesso em: 22 jan. 2020).

[115] Almeida, Edvaldo Nilo. Uma proposta de alteração do artigo 44 do Código Civil. Disponível em: https://www.conjur.com.br/2020-out-17/opiniao-proposta-alteracao-artigo-44-codigo-civil. Acesso em: 24 mar. 2021.

jurídicas de Direito privado previstas no artigo 44 do Código Civil, especialmente no que concerne ao seu fim de direito social, na forma de como se constituem por meio de lei e são organizadas sem sócios ou associados.

Desse modo, seria salutar a alteração legislativa do artigo 44 do Código Civil para o acréscimo dos serviços sociais autônomos no inciso VII, pois são qualificados com características próprias e apartadas conforme defendido ao longo desse trabalho e, a despeito de serem pessoas jurídicas de Direito privado, não são associações como sustentam alguns autores ou sociedades e, muito menos, fundações, organizações religiosas, partidos políticos ou empresas individuais de responsabilidade limitada.

3.5 ORGANIZAÇÃO E DIREÇÃO SUPERIOR A CARGO DA SOCIEDADE CIVIL, DO PODER EXECUTIVO E DO SISTEMA SINDICAL

A verificação dos requisitos e formas de direção das entidades integrantes do serviço social autônomo é uma tarefa que demanda uma análise da própria legislação que criou essas entidades sob a perspectiva da autonomia das entidades, bem como da interpretação efetuada pelo STF em caso envolvendo a troca da presidência de uma das entidades do serviço social autônomo.

Inicia-se a avaliação, portanto, pelo primeiro serviço social autônomo criado, o Senai, por meio do Decreto-lei nº 4.048/1942, complementado pelo Decreto-lei nº 4.936/1942 e regulado pelo Decreto nº 494/1962. O Senai é composto, em nível nacional, pelo Conselho Nacional e Departamento Nacional e, em nível regional, pelos Conselhos Regionais e Departamentos Regionais.

O Conselho Nacional é composto por representante da Confederação Nacional das Indústrias (presidente da CNI e presidentes dos Conselhos Regionais); um representante sindical do setor do transporte, comunicação e pesca; o diretor do Departamento Nacional; o diretor da Diretoria de Ensino Industrial do Ministério da Educação e Cultura; um representante do Ministério do Trabalho e Previdência Social; e seis indicados pelos trabalhadores da indústria, por meio de sindicatos.

Na esfera regional, os Conselhos Regionais são compostos pelo presidente da Federação das Indústrias local; quatro delegados das atividades industriais; um representante sindical do setor do transporte, comunicação e pesca; o diretor do Departamento Regional; um representante do Ministério do Trabalho; um representante do Ministério da Educação; e um representante dos trabalhadores na indústria. Ao poder público cabe a indicação de dois integrantes para sua composição.

Com base na análise anterior, tem-se que a estrutura do Senai possui relevante participação da sociedade, caracterizada por um equilíbrio de forças entre o setor produtivo – representado pela CNI –, o poder público – por meio de seus indicados – e os sindicatos – pelos seus delegados –, afirmando-se plenamente a sua autonomia.

Essa modalidade de participação nos órgãos de direção com equilíbrio de presença da sociedade e do Estado é praticamente replicada no Sesi, no Senac, no

Sesc, no Senar, na APS – Rede Sarah, no Sest, no Senat, no Sescoop, no Sebrae, na Apex-Brasil, na Abdi e na Anater, equilibrando-se as forças de decisão e o pluralismo político dentro das entidades, conforme já estudado no Capítulo 1.

Em verdade, ao se analisar a composição das entidades dos serviços sociais autônomos, constata-se que, em sua maior parte, a proporção entre participantes do poder público e da sociedade é mantida de forma equilibrada, com uma estrutura que privilegia a participação da sociedade na tomada de decisões. Sua estrutura porosa exposta a diversos segmentos sociais inclui a presença de empresários, trabalhadores, corpo técnico e governo, permitindo-se que seus órgãos diretivos apresentem uma visão ampla e plural, essencial para fins de fiscalização pelo controle social, permitindo-se a consideração de um amplo espectro de realidades ao se decidir pelas iniciativas a serem implementadas quando da busca da concretização de seu respectivo fim social.

3.5.1 Inconstitucionalidades na Adaps e na Embratur

A pluralidade de visões aliada ao caráter democrático na origem do corpo diretivo não se encontra presente, contudo, na Adaps e na Embratur. A primeira conta com uma pequena participação da sociedade, sendo esta capaz de indicar apenas um terço de seus membros, enquanto, na última, é ainda pior a situação de controle social.

Na verdade, constata-se, na estrutura da Adaps e da Embratur, a completa sujeição de suas decisões à posição amplamente majoritária do poder público, o que retira, por completo, a caracterização de autonomia e independência necessária por parte do serviço social. Portanto, na Adaps e na Embratur, não se verifica a existência de diálogo e a pluralidade de fontes e de opiniões existentes nas demais entidades do serviço social autônomo. Nas entidades ora analisadas, o poder público possui a prerrogativa de aprovar as suas decisões, sem o eventual confronto necessário e qualificado por parte da sociedade. Enquanto, nos serviços sociais autônomos, o governo influencia nas decisões sobre a implementação das políticas, nos casos da Adaps e da Embratur, o governo efetivamente decide, sem a possibilidade de equilíbrio e a interferência real da sociedade.

Ciente da inconstitucionalidade decorrente da ausência de representação relevante da sociedade nos órgão diretivos da Adaps, o Congresso Nacional propôs as Emendas à MP 890/2019 nºs 3, 6, 23, 34, 35, 36, 42, 47, 48, 49, 59, 63, 64, 66, 95, 96, 99, 108, 138, 158, 160, 177, 212, 214, 232, 250, 285, 286, 307, 320, 334, 335, 339 e 356, com o ensejo de ampliar a participação da sociedade civil no Conselho Deliberativo, fundamentando a alteração em razão da necessidade de observância da pluralidade de visões sobre matérias envolvendo a atenção primária da saúde. Antes das referidas alterações o Conselho Deliberativo era composto de sete membros, sendo seis indicados pelo Ministério da Saúde e um da sociedade. Aprovadas algumas pequenas alterações ao texto original, conforme visto no Capítulo 1, a composição passou a ser de 12 membros, sendo seis do Ministério da Saúde, um do Conselho Nacional de Secretários de Saúde, um do Conselho Nacional de

Capítulo 3 • ELEMENTOS CONSTITUTIVOS DOS SERVIÇOS SOCIAIS AUTÔNOMOS | **209**

Secretarias Municipais de Saúde, um representante da Associação Médica Brasileira, um representante do Conselho Federal de Medicina, um representante da Federação Nacional dos Médicos e um representante do Conselho Nacional de Saúde, o que ainda situa a entidade fora do ideal constitucional, porquanto o principal órgão da Adaps ainda é amplamente dirigido pelo Estado e sem a observância da necessidade de composição equânime entre Estado e sociedade.

Por outro lado, o Conselho Deliberativo da Embratur é composto por 11 membros – sete indicações estatais e quatro representantes de entidades privadas de turismo –, sendo presidido pelo Ministro de Estado do Turismo. Essa composição, de forma até mais evidente do que na Adaps, revela o dirigismo estatal das atividades, acrescentando-se o fato de que até mesmo a representação privada existente sofre forte influência e vinculação ao poder estatal, uma vez que a necessidade de os representantes da sociedade serem do Conselho Nacional do Turismo afigura-se como limitação completamente desarrazoada, porquanto o referido órgão é composto majoritariamente de integrantes estatais, e os representantes da sociedade são indicados pelo presidente da República[116].

Não se verifica, portanto, a existência de independência da Adaps e da Embratur em relação à administração pública, razão pela qual essas entidades não possuem a autonomia necessária para que possam funcionar sob a forma de serviço social autônomo, sendo inconstitucional a utilização dessa forma de estruturação jurídica, tratando-se, ao que tudo indica, de mero instrumento de criação de entidades privadas, inteiramente submissas ao Estado, como forma de inconstitucionalmente se contornar as demandas burocráticas estatais.

Dada a grave situação de ausência de isonomia entre a participação do Estado e a da sociedade, a regra legal, segundo a qual os representantes dos ministérios e das entidades do Conselho Deliberativo da Embratur devem ser escolhidos pelo chefe do Poder Executivo, revela flagrante inconstitucionalidade na formação desse serviço social autônomo, pois os representantes da iniciativa privada ligados ao turismo deveriam possuir o direito de escolher seus representantes, em consonância com o princípio democrático, revelando que, na realidade, o órgão deliberativo máximo da Embratur é estatal, e não parte de permanente cooperação entre Estado e sociedade.

Assim sendo, não se revela aderente ao regramento constitucional vigente a criação de entidades do serviço social autônomo desprovidas do necessário contrapeso da sociedade em relação ao poder público. Se um dos motivos levados em consideração para a instituição de entidades de serviço social autônomo foi a incapacidade do poder público de garantir a concretização de direitos sociais, necessitando atuar em cooperação com a iniciativa privada para fomentar e proteger estes direitos, nenhum sentido faz, portanto, permitir que o Estado crie uma

---

[116] Interpretação do art. 2º do Decreto nº 6.705, de 19 de dezembro de 2008.

entidade privada inteiramente sob o seu domínio. A criação de uma entidade sob essas condições não revela o melhor sistema de enfrentamento das idiossincrasias da administração pública e se aproxima de forma perigosa de uma tentativa de burlar o sistema constitucional de controle dos atos administrativos previstos no art. 37 da Constituição Federal, entre os quais se inserem a obrigatoriedade de realização de concurso público para admissão de pessoal[117] e a realização de licitações para contratação de obras, serviços, compras e alienações[118].

Ademais, o desvirtuamento da figura das entidades do serviço social autônomo como instrumento para escapar das limitações impostas ao poder público pela Constituição é medida que representa, por si só, um atentado ao princípio constitucional da moralidade administrativa, cuja conceituação foi devidamente explorada por Afonso da Silva, para quem a esse princípio está ligada a ideia de que:

> [...] moralidade administrativa não é *moralidade comum*, mas *moralidade jurídica*. Essa consideração não significa necessariamente que o ato legal seja honesto. Significa, como disse Maurice Hauriou, que a moralidade administrativa consiste no conjunto de "regras de condutas tiradas da disciplina interior da Administração".
>
> Pode-se pensar na dificuldade que será desfazer um ato, produzido conforme a lei, sob o fundamento de vício de imoralidade. Mas isso é possível, porque a moralidade administrativa não é meramente subjetiva, porque não é puramente formal, porque tem conteúdo jurídico, a partir de regras e princípios da Administração. A lei pode ser cumprida moralmente ou imoralmente. Quando sua execução é feita, por exemplo, com o intuito de prejudicar ou de favorecer alguém deliberadamente, por certo se está produzindo um ato *formalmente* legal, mas *materialmente* ofensivo à moralidade administrativa.[119] (Grifos do autor)

Partindo da lição anteriormente transcrita, chega-se ao entendimento de que a norma instituidora que cria entidade do serviço social autônomo sem a observância da paridade de poderes entre o Estado e a sociedade acaba por desvirtuar inconstitucionalmente o instituto, prejudicando a sociedade como um todo – já que esta deixa de ser beneficiária de uma entidade capaz de assumir uma postura independente na busca de seu fim social –, e, em seu lugar, vê surgir uma entidade sujeita aos notórios problemas da administração estatal, sem os instrumentos de controle social necessários para assegurar a correta e adequada destinação dos recursos públicos recebidos.

---

[117] Cf. art. 37, II, da Constituição Federal.

[118] Cf. art. 37, XXI, da Constituição Federal.

[119] SILVA, José Afonso da. Comentário contextual à Constituição. 9. ed. São Paulo: Malheiros, 2014. p. 341.

Se o objetivo do poder público foi criar uma entidade privada que esteja inteiramente sob seu controle, para a concretização de uma atividade social, deveria ter se utilizado da figura da fundação, não podendo, em qualquer caso, criar entidade de serviço social que não possui autonomia para decidir as políticas das quais se encontra encarregada de concretizar. A criação dessas entidades viola, assim, o disposto no art. 37 da CF, porquanto, na prática, cria pessoa jurídica integrante da administração pública federal que não se sujeita aos controles de despesas, ingresso, financiamento e orçamento exigidos das entidades que integram o poder público.

Essa concepção das entidades do serviço social autônomo como entidades abertas ao debate e como um espaço de concepções plurais é decorrente da própria natureza dos direitos sociais, os quais correspondem a um processo de evolução histórica de consolidação de lutas em busca da plena dignidade da pessoa humana. Por incorporarem esse histórico de lutas e conquistas da humanidade ao longo da evolução histórica, entende-se que seus valores se incorporam à própria cidadania e, por tal medida, não podem ser suprimidos.

Nesse sentido, faz-se forçoso reconhecer a chapada inconstitucionalidade da criação da Adaps e da Embratur como entidades de serviço social autônomo, eis que, no sistema constitucional, radica a compreensão de que o serviço social autônomo funciona adequadamente com uma cultura institucional de assumir as suas próprias decisões, e não com a interferência de forma absoluta por parte do poder estatal, enfraquecendo-se, por conseguinte, a legitimidade do seu papel frente aos seus principais destinatários, que são os próprios cidadãos.

3.5.2 A proibição de retrocesso social nos serviços sociais autônomos

A existência de entidades do serviço social autônomo, com personalidade jurídica de direito privado, que cumpram os requisitos de criação por lei, destinando-se à concretização de um fim social e prestando serviços de interesse de toda a sociedade, significa a disponibilização de um instrumento de garantia institucional da sociedade, porque implica a criação de uma estrutura organizativa e procedimental que busca a universalização dos direitos sociais.

Justamente em virtude da necessidade de proteção dos direitos sociais é que exsurge, por exemplo, a questão da proibição constitucional do retrocesso social, de modo a restringir a atuação legislativa que possua como resultante a redução da proteção social concedida aos cidadãos. Isso porque os direitos sociais, uma vez obtidos, transformam-se em garantia institucional e direito subjetivo, atuando a vedação ao retrocesso social como uma barreira limitadora da "[...] reversão dos direitos já conquistados, com fundamento no princípio da confiança e da segurança dos cidadãos, em respeito à dignidade da pessoa humana [...]"[120]. Um direito social, uma vez reconhecido pelo legislador, não pode ser arbitrariamente extinto.

---

[120] ASSIS, Vinicius de. *A proibição de retrocesso social em matéria de direitos sociais dos trabalhadores:* análise da (in)constitucionalidade da reforma trabalhista. Rio de Janeiro: Lumen Juris, 2019. p. 13.

Esse princípio não se encontra positivado expressamente no texto constitucional, decorrendo da interpretação dos direitos concedidos pela Constituição Federal aliada aos tratados de direitos humanos dos quais o Brasil é signatário. Em virtude de tal fato, necessário se faz reconhecer que a vedação ao retrocesso social é um princípio implícito no ordenamento jurídico brasileiro, embora seus corolários possam ser identificados no texto positivado na Constituição. Como exemplo de norma que garante os direitos já conquistados, o art. 60 da Constituição Federal dispõe sobre as formas de alteração de seu texto, *in verbis*:

> Art. 60. A Constituição poderá ser emendada mediante proposta:
>
> I – de um terço, no mínimo, dos membros da Câmara dos Deputados ou do Senado Federal;
>
> II – do Presidente da República;
>
> III – de mais da metade das Assembleias Legislativas das unidades da Federação, manifestando-se, cada uma delas, pela maioria relativa de seus membros.
>
> § 1º A Constituição não poderá ser emendada na vigência de intervenção federal, de estado de defesa ou de estado de sítio.
>
> § 2º A proposta será discutida e votada em cada Casa do Congresso Nacional, em dois turnos, considerando-se aprovada se obtiver, em ambos, três quintos dos votos dos respectivos membros.
>
> § 3º A emenda à Constituição será promulgada pelas Mesas da Câmara dos Deputados e do Senado Federal, com o respectivo número de ordem.
>
> § 4º Não será objeto de deliberação a proposta de emenda tendente a abolir:
>
> I – a forma federativa de Estado;
>
> II – o voto direto, secreto, universal e periódico;
>
> III – a separação dos Poderes;
>
> IV – os direitos e garantias individuais.

Conforme se vê da norma anteriormente transcrita, a alteração do texto constitucional demanda quórum especial de três quintos dos parlamentares de cada uma das casas legislativas, em votações realizadas em dois turnos em cada uma das casas. Apesar dessa forma qualificada de alteração do texto normativo, a própria Constituição Federal tratou de elencar hipóteses de normas, entre as quais as que visem abolir direitos e garantias individuais (art. 60, § 4º, inciso IV). Os direitos e garantias individuais, bem como as demais matérias elencadas nos incisos do § 4º do art. 60, são denominados de cláusulas pétreas em razão da impossibilidade de sua abolição.

Isso porque o papel da Constituição não é apenas o de fixar normas que apontem para o futuro, mas o de tornar inalienáveis os direitos conquistados em decorrência das lutas do passado. Destarte, embora hodiernamente destinada ao

Capítulo 3 • ELEMENTOS CONSTITUTIVOS DOS SERVIÇOS SOCIAIS AUTÔNOMOS | **213**

legislador, a impossibilidade de abolição das normas constitucionais afigura-se oponível *erga omnes*, especialmente contra o Poder Executivo, legitimando-se o controle dos atos da Administração Pública, tomando-se como parâmetro o princípio de proibição do retrocesso social. Nas palavras de Vinicius de Assis[121]:

> A proibição de retrocesso encontra referência no sistema constitucional como um todo, incluindo o sistema internacional de proteção aos direitos humanos, bem como assevera o dever de progressividade na consolidação dos direitos sociais.

Em suma, a vedação do retrocesso social é o princípio sobre o qual se erguem os fundamentos para a impugnação de medidas que visem suprimir ou restringir direitos sociais tendo como resultado a sua violação. Para que não se viole o princípio da proibição do retrocesso social, é fundamental que se preserve o núcleo duro desses direitos, em especial, naquilo que for necessário para uma vida de acordo com a preservação da dignidade da pessoa humana.

3.5.2.1 A (in)constitucionalidade na redução dos valores ou desoneração de folha do Sistema S

Como já se disse, os Serviços Sociais Autônomos foram criados no Brasil por meio de legislação específica que conferiu, a cada um dos entes, a missão constitucional de prestar serviços sociais (art. 6º da CF) em favor de determinado setor, de determinados trabalhadores ou, ainda, da sociedade em geral, especialmente na promoção e indução ao emprego.

Decerto, a cada dia ganham em relevância para a sociedade brasileira e, hoje, no âmbito Federal, por exemplo, são aproximadamente 1.100 unidades operacionais das entidades do Sistema S com capilaridade amplamente nacional, isto é, em todas as unidades da federação existe pelo menos uma unidade de cada dos sistemas sociais citados. Só o Sesc São Paulo tem 44 unidades operacionais com atendimento de 30 milhões e 700 mil pessoas nessas unidades apenas em 2019.

Desse modo, invariavelmente, as sucessivas leis que autorizaram, instituíram ou criaram os serviços sociais autônomos, vêm veiculando disposições concretizadoras dos direitos sociais assistenciais, ligadas ao desenvolvimento de categorias profissionais ou econômicas específicas, ou, ainda, de políticas públicas fundamentais ligadas à geração de emprego e a promoção da saúde.

Assim, todos os serviços sociais autônomos estabelecidos na ordem jurídica brasileira buscam garantir o acesso dos direitos sociais atualmente previstos no

---

[121] ASSIS, Vinicius de. *A proibição de retrocesso social em matéria de direitos sociais dos trabalhadores*: análise da (in)constitucionalidade da reforma trabalhista. Rio de Janeiro: Lumen Juris, 2019. p. 33.

artigo 6º, da CF. Portanto, a educação, a saúde, a alimentação, o trabalho, a moradia, o transporte, o lazer, a segurança, a previdência social, a proteção à maternidade e à infância, a assistência aos desamparados, são direitos fundamentais que devem ser considerados direitos e garantias individuais previstos no art. 60, § 4º, inciso IV.

Nesse rumo, como bem afirma Aloisio Masson, a valorização do trabalho humano, fundamento da República Federativa do Brasil (art. 1º, IV, da CF), deve ter um cuidado especial do Estado brasileiro para assegurar os direitos e garantias do trabalhador urbano e rural contidos no art. 7º da CF, sobretudo para que sejam efetivados os direitos sociais fundamentais. No ponto, dispõe, igualmente, o autor, *in verbis*:

> A redução das desigualdades sociais e regionais também deve ser observada sob o vértice da valorização do trabalho humano, assistindo ao Estado precipuamente investir na educação e em políticas públicas voltadas para capacitar mão de obra (Serviço Nacional de Aprendizagem Nacional – SENAI; Escolas Técnicas - ETEC, etc.), principalmente da ordem técnica, cuja necessidade no plano de desenvolvimento econômico e regional é primordial, mas a sua qualidade é baixa e sua quantidade é escassa[122].

Por sua vez, o art. 203, III, da CF dispõe que a assistência social será prestada a quem dela necessitar, independentemente de contribuição à seguridade social, e tem por objetivos a promoção da integração ao mercado de trabalho. Nesse rumo, a lei 8.742/93, que dispõe sobre a organização da assistência social no Brasil, prevê que os objetivos são a proteção social, a promoção da integração ao mercado de trabalho, a proteção à família, à maternidade, à infância, à adolescência e à velhice, a vigilância socioassistencial e a defesa dos direitos sociais dos brasileiros. Assim sendo, os serviços sociais autônomos, na qualidade de entidades de assistência social criadas por lei, fazem jus ao recebimento das contribuições que lhes são destinadas para concretizar os direitos sociais especificados na Constituição e na legislação de sua criação.

A prestação desses serviços não decorre da lei ou do decreto que instituiu cada ente, mas sim da consecução dos objetivos fundamentais da República (art. 3º da CF), especialmente o de garantir o desenvolvimento nacional (art. 3º, inc. II, da CF) e de reduzir as desigualdades sociais (art. 3º, inc. III, da CF). Ademais, a atividade das entidades do Sistema S estão diretamente afetas à implementação dos direitos sociais previstos no art. 6º da Constituição (educação, à saúde, à alimentação, ao trabalho, à moradia, ao transporte, ao lazer, à segurança, à previdência social, à proteção, à maternidade e à infância e à assistência) e da assistência social, prevista no art. 203 da Constituição.

Assim, a MP 932/20, por exemplo, ao reduzir em 50% as alíquotas das contribuições sociais destinadas a essas entidades acaba por violar frontalmente os arts. 3º, 6º e 203 da Constituição, porquanto prejudica desproporcionalmente

---

[122] *O desporto como instrumento do direito econômico*. Rio de Janeiro: Forense, 2014, pp. 63-64.

Capítulo 3 • ELEMENTOS CONSTITUTIVOS DOS SERVIÇOS SOCIAIS AUTÔNOMOS | **215**

atividades sociais que visam exatamente o "suposto" objeto da norma provisória que é a promoção do emprego. Essa desoneração da folha de pagamento apenas para os serviços sociais autônomos é medida inócua já que, ela mesma, prejudica abusivamente os serviços que tem por norte garantir a manutenção da produção e emprego na sociedade brasileira e, que devido ao desaquecimento da economia, já estão trabalhando com cerca de 30% da sua arrecadação ordinária e, ainda, não há pertinência temática, inviabilizando a continuidade da prestação de serviços sociais de excelência que contribuem para o desenvolvimento econômico do país.

Além disso, o próprio Instituto de Pesquisa Econômica Aplicada (IPEA) já demonstrou através de diversas pesquisas técnicas que a desoneração da folha no Brasil não gera efeitos positivos na demanda por trabalho[123] e, mais, no caso estudado, faz com que as próprias entidades do S que são as instituições que mais empregam proporcionalmente no Brasil (recursos recebidos x número de funcionários) pelo seu amplo espectro e fundamento social também tenham que demitir centenas de funcionários.

Mas não é só.

Da leitura da norma constitucional do art. 149 da CF, elenca-se três modalidades de contribuições: as sociais, as de intervenção no domínio econômico e as de interesse de categorias profissionais ou econômicas. Referidas contribuições possuem natureza jurídica tributária autônomas, diferente de impostos, taxas, contribuições de melhoria ou empréstimo compulsório. Outra característica singular dessas contribuições é a destinação da sua arrecadação, pois, nem sempre, é destinada ao Estado, mas, também, a pessoas jurídicas que não integram, diretamente, a estrutura administrativa estatal como as autarquias e as entidades privadas que colaboram com o Poder Público.

A natureza das contribuições tributárias que financiam o sistema S, o qual existe como instrumento para a concretização de direitos sociais, exige um cuidado maior ao se lidar com os recursos recebidos pelas entidades do serviço social autônomo. Por certo, o caráter finalístico é elemento que diferencia as contribuições sociais de outras espécies tributárias e, ao mesmo tempo, determina a destinação a ser dada ao produto das arrecadações.

Se o art. 149 da CF prevê a possibilidade de a União instituir contribuições para a garantia de direitos sociais, por exemplo, a instituição desse tributo tem que ser destinada ao seu desiderato, em regra, sob pena de se retirar a lógica normativa do texto constitucional.

Esse argumento da finalidade das contribuições sociais encontra validade jurídica na estrutura desses tributos dentro da CF, porquanto o art. 149 da CF vinculou expressamente a instituição de contribuições para as áreas para as quais

---

[123] SACHSIDA, Adolfo. Impacto da Desoneração da Folha de Pagamento sobre o Emprego: novas evidências. *Ipea*, Brasília, jan. 2018. Disponível em: https://www.ipea.gov.br/portal/index.php?option=com_content&view=article&id=32196&Itemid=433. Acesso: 25 de mar. 2021.

foram criadas, mediante a utilização da expressão "como instrumento de atuação nas respectivas áreas", ou seja, como meio de atuação nas áreas sociais, de intervenção de domínio econômico e de categorias profissionais ou econômicas.

Decerto, o artigo 149 da CF prevê a competência tributária privativa da União Federal para "instituir contribuições sociais, de intervenção no domínio econômico e de interesse das categorias profissionais ou econômicas, como instrumento de sua atuação nas respectivas áreas". Acerca das contribuições de seguridade social, o artigo 195 dispõe que a seguridade social será financiada por toda a sociedade, de forma direta e indireta, nos termos da lei, mediante recursos provenientes dos orçamentos da União, dos Estados, do Distrito Federal e dos Municípios, e das contribuições sociais a que alude o dispositivo.

Por sua vez, o artigo 240 da Carta Magna esclarece que as contribuições compulsórias dos empregadores sobre a folha de salários, destinadas às entidades privadas de serviço social e de formação profissional vinculadas ao sistema sindical, não se incluem naquelas listadas no citado artigo 195. Assim, a alteração da destinação das contribuições do sistema S representa uma violação à finalidade das contribuições sociais, prevista nos arts. 149 e 240 da Constituição.

Por fim, o aumento exacerbado de 100% da taxa de retribuição da Receita Federal do Brasil promovido pela MP 932/20 para arrecadação das contribuições do S configura nítido confisco, pois representa uma interdição desproporcional ou injusta apropriação estatal, comprometendo-se de forma abusiva ainda mais as atividades sociais das entidades, ou seja, configura-se confisco o injustificado aumento em dobro da retribuição a ser paga à RFB pelos mesmos serviços administrativos prestados há anos às entidades sociais.

Nesse contexto, entende-se que a MP 932/20, diante dos óbices constitucionais materiais, traduzidos na violação aos arts. 3º, 6º, 149, 150, IV, 203, III, e 240 da Constituição, não passa igualmente pelo crivo da razoabilidade que condiciona a análise dos atos estatais.

3.5.3 A extinção dos serviços sociais autônomos

Preservada a imutabilidade dos direitos e das garantias concedidos aos cidadãos e verificado que as entidades do serviço social autônomo são veículos por meio dos quais a parceria entre Estado e iniciativa privada busca concretizar esses direitos, necessário se faz analisar a possibilidade de eventual extinção de entidade do serviço social autônomo.

Em estudo elaborado pela Consultora Legislativa da Câmara dos Deputados, Gisele Santoro Trigueiro[124], observou-se que a extinção de uma entidade do Sistema

---

[124] BRASIL. Câmara dos Deputados, consultoria legislativa. Gisele Santoro Trigueiro Mendes. Extinção dos serviços sociais e de aprendizagem que compõem o Sistema S (Sesi, Senai,

Capítulo 3 • ELEMENTOS CONSTITUTIVOS DOS SERVIÇOS SOCIAIS AUTÔNOMOS | **217**

S configura violação, a um só tempo, aos seguintes direitos individuais previstos na Constituição: direito à propriedade (art. 5º, XXII,) e devido processo legal (art. 5º, inciso LIV). Isso porque as entidades do serviço social autônomo têm natureza jurídica de direito privado, e, desse modo, não poderia o Estado extingui-las, sob pena de interferência indevida do poder público na propriedade privada. Nesse sentido, consta do estudo[125]:

> c) Desrespeito aos princípios constitucionais de garantia ao direito de propriedade (art. 5º, inciso XXII, da CF) e de não privação de bens sem o devido processo legal (art. 5º, inciso LIV): as entidades dos Serviços social e de aprendizagem, vinculadas ao Sistema S, têm personalidade jurídica de direito privado, sendo inviável pensar-se em apropriação de bens "particulares" (móveis ou imóveis) para constituição de patrimônio de órgão público. Mesmo que se alterasse a destinação dos recursos provenientes das contribuições compulsórias hoje disponíveis ao Sistema S, a apropriação pelo Estado dos bens móveis e imóveis de tais entidades, dotadas de personalidade jurídica de direito privado, ainda que para a constituição de órgão público, se nos afigura ilegítima, assemelhando-se a um "confisco" de patrimônio particular. Diversos dispositivos constitucionais poderiam ser tidos como violados, importando destacar a ofensa aos princípios constitucionais de garantia ao direito de propriedade (art. 5º, inciso XXII, da CF) e de não privação de bens sem o devido processo legal (art. 5º, inciso LIV).

Outro óbice material à edição de emenda constitucional para extinguir entidade do Sistema S seria o do art. 8º da Constituição, que protege o direito à livre associação profissional ou sindical. Entende-se que os direitos e as garantias individuais não são apenas aqueles insertos exclusivamente no art. 5º da Constituição. Há direitos individuais em toda a Constituição Federal, e a proteção conferida pela cláusula pétrea também abarca os direitos sociais. Nesse sentido, Ingo Sarlet disserta, *in verbis*:

> Antes de adentrarmos com maior ênfase o problema dos direitos sociais, é necessário registrar, ao menos de acordo com a evolução doutrinária e jurisprudencial dominante no Brasil, que em princípio não apenas

---

[125] Sesc, Senac, Sest, Senat, Senar e Sebrae) e criação do Instituto Brasileiro do Trabalho – Ibrat. Disponível em: http://bd.camara.gov.br/bd/handle/bdcamara/1519. Acesso em: 1 jan. 2020.

BRASIL. Câmara dos Deputados, consultoria legislativa. Gisele Santoro Trigueiro Mendes. Extinção dos serviços sociais e de aprendizagem que compõem o Sistema S (Sesi, Senai, Sesc, Senac, Sest, Senat, Senar e Sebrae) e criação do Instituto Brasileiro do Trabalho – Ibrat. Disponível em: http://bd.camara.gov.br/bd/handle/bdcamara/1519. Acesso em: 1 jan. 2020.

os direitos fundamentais expressamente elencados no Título II da CF, mas também direitos dispersos pelo texto constitucional encontram-se blindados em face do poder de reforma constitucional, como dá conta o paradigmático julgamento proferido pelo STF quando da impugnação da constitucionalidade do artigo 2º da Emenda Constitucional nº 3/1993, ocasião na qual, além do reconhecimento de que as limitações ao poder de tributar estabelecidas no artigo 150, III, CF, correspondem, no plano subjetivo, a direitos e garantias fundamentais do contribuinte, também foi reconhecido que tais direitos e garantias não poderiam ser pura e simplesmente abolidas ou desconsideradas pelo poder reformador.[126]

Sobre essa questão, o STF já reconheceu a existência de direitos fundamentais fora do art. 5º quando decidiu que as limitações ao poder de tributar como limite material à possibilidade de emenda à Constituição. Confira-se:

Direito Constitucional e Tributário. Ação Direta de Inconstitucionalidade de Emenda Constitucional e de Lei Complementar. I.P.M.F. Imposto Provisório sobre a Movimentação ou a Transmissão de Valores e de Créditos e Direitos de Natureza Financeira – I.P.M.F. Artigos 5º, par. 2., 60, par. 4., incisos I e IV, 150, incisos III, *b*, e VI, *a*, *b*, *c* e *d*, da Constituição Federal. 1. Uma Emenda Constitucional, emanada, portanto, de Constituinte derivada, incidindo em violação à Constituição originária, pode ser declarada inconstitucional, pelo Supremo Tribunal Federal, cuja função precípua e de guarda da Constituição (art. 102, I, *a*, da C.F.). 2. A Emenda Constitucional n. 3, de 17.03.1993, que, no art. 2º, autorizou a União a instituir o I.P.M.F., incidiu em vício de inconstitucionalidade, ao dispor, no parágrafo 2. Desse dispositivo, que, quanto a tal tributo, não se aplica "o art. 150, III, *b* e VI", da Constituição, porque, desse modo, violou os seguintes princípios e normas imutáveis (somente eles, não outros): 1. o princípio da anterioridade, que é garantia individual do contribuinte (art. 5º, par. 2., art. 60, par. 4., inciso IV e art. 150, III, *b* da Constituição); 2. o princípio da imunidade tributária recíproca (que veda a União, aos Estados, ao Distrito Federal e aos Municípios a instituição de impostos sobre o patrimônio, rendas ou serviços uns dos outros) e que é garantia da Federação (art. 60, par. 4., inciso I, e art. 150, VI, *a*, da C.F.); 3. a norma que, estabelecendo outras imunidades, impede a criação de impostos (art. 150, III) sobre: *b*) templos de qualquer culto; *c*) patrimônio,

---

[126] SARLET, Ingo. *Proteção de direitos fundamentais diante das emendas constitucionais*. Conjur, 6 de maio de 2016. Disponível em: https://www.conjur.com.br/2016-mai-06/direitos--fundamentais-protecao-direitos-fundamentais-diante-emendas-constitucionais-parte. Acesso em: 1 jan. 2020.

Capítulo 3 • ELEMENTOS CONSTITUTIVOS DOS SERVIÇOS SOCIAIS AUTÔNOMOS | **219**

renda ou serviços dos partidos políticos, inclusive suas fundações, das entidades sindicais dos trabalhadores, das instituições de educação e de assistência social, sem fins lucrativos, atendidos os requisitos da lei; e *d*) livros, jornais, periódicos e o papel destinado a sua impressão; 3. Em consequência, e inconstitucional, também, a Lei Complementar n. 77, de 13.07.1993, sem redução de textos, nos pontos em que determinou a incidência do tributo no mesmo ano (art. 28) e deixou de reconhecer as imunidades previstas no art. 150, VI, *a, b, c* e *d* da C.F. (arts. 3º, 4º e 8º do mesmo diploma, L.C. n. 77/93). 4. Ação Direta de Inconstitucionalidade julgada procedente, em parte, para tais fins, por maioria, nos termos do voto do Relator, mantida, com relação a todos os contribuintes, em caráter definitivo, a medida cautelar, que suspendera a cobrança do tributo no ano de 1993.[127]

Há, ainda, limitação constitucional material ao poder de reformar a constituição quanto ao princípio fundamental inserido no art. 1º, inciso IV, da Constituição, que estabelece como fundamento da República Federativa do Brasil os valores sociais do trabalho e da livre-iniciativa. Esse dispositivo é complementado pelos arts. 170, *caput*[128], e 193 da Constituição[129], que protegem a ordem econômica, fundada na valorização do trabalho humano, e a ordem social, que tem por base o primado do trabalho.

Destarte, as entidades integrantes do serviço social autônomo possuem, como razão de existir, a execução de ações voltadas a concretizações de direitos sociais que são inalienáveis, em especial os fundados no art. 6º da Constituição. Portanto, a existência dessas entidades se encontra diretamente vinculada a estes direitos fundamentais sociais. Não há como se almejar a dignidade da pessoa humana sem a valorização do trabalho, a garantia da saúde, a assistência aos desamparados, a educação e o lazer.

---

[127] BRASIL. Supremo Tribunal Federal. ADI 939, Relator(a): Min. Sydney Sanches, Tribunal Pleno, julgado em 15/12/1993, DJ 18/03/1994 PP-05165 EMENT VOL-01737-02 PP-00160 *RTJ* VOL-00151-03 PP-00755.

[128] "Art. 170. A ordem econômica, fundada na valorização do trabalho humano e na livre iniciativa, tem por fim assegurar a todos existência digna, conforme os ditames da justiça social, observados os seguintes princípios: [...]." (BRASIL. [Constituição (1988)]. Constituição da República Federativa do Brasil. Brasília, DF: Presidência da República, 5 de outubro de 1988. Disponível em: http://www.planalto.gov.br/ccivil_03/constituicao/constituicao.htm. Acesso em: 20 jan. 2020).

[129] "Art. 193. A ordem social tem como base o primado do trabalho, e como objetivo o bem-estar e a justiça sociais." (BRASIL. [Constituição (1988)]. Constituição da República Federativa do Brasil. Brasília, DF: Presidência da República, 5 de outubro de 1988. Disponível em: http://www.planalto.gov.br/ccivil_03/constituicao/constituicao.htm. Acesso em: 20 jan. 2020).

Nesse contexto, eventual extinção de entidades do serviço social autônomo implicaria violação aos direitos sociais previstos no art. 6º da Constituição Federal, revelando, por sua vez, evidente retrocesso social, porque os valores defendidos estão diretamente relacionados aos princípios sensíveis da Carta e aos fundamentos da República. Ressalta-se, no ponto, julgamento do STF sobre os princípios sensíveis que ganham a garantia de eternidade a depender da limitação que o poder de reforma esteja lhe impondo, *in verbis*:

> É muito difícil indicar, *a priori*, os preceitos fundamentais da Constituição passíveis de lesão tão grave que justifique o processo e o julgamento da arguição de descumprimento. Não há dúvida de que alguns desses preceitos estão enunciados, de forma explícita, no texto constitucional. [...] não se poderá deixar de atribuir essa qualificação aos demais princípios protegidos pela cláusula pétrea do art. 60, § 4º, da Constituição [...] É fácil ver que a amplitude conferida às cláusulas pétreas e a ideia de unidade da Constituição [...] acabam por colocar parte significativa da Constituição sob a proteção dessas garantias. Tal tendência não exclui a possibilidade de um "engessamento" da ordem constitucional, obstando à introdução de qualquer mudança de maior significado [...]. Daí afirmar-se, correntemente, que tais cláusulas hão de ser interpretadas de forma restritiva. Essa afirmação simplista, ao invés de solver o problema, pode agravá-lo, pois a tendência detectada atua no sentido não de uma interpretação restritiva das cláusulas pétreas, mas de uma interpretação restritiva dos próprios princípios por elas protegidos. Essa via, em lugar de permitir fortalecimento dos princípios constitucionais contemplados nas "garantias de eternidade", como pretendido pelo constituinte, acarreta, efetivamente, seu enfraquecimento. Assim, parece recomendável que eventual interpretação restritiva se refira à própria garantia de eternidade sem afetar os princípios por ela protegidos [...]. [...] Essas assertivas têm a virtude de demonstrar que o efetivo conteúdo das "garantias de eternidade" somente será obtido mediante esforço hermenêutico. Apenas essa atividade poderá revelar os princípios constitucionais que, ainda que não contemplados expressamente nas cláusulas pétreas, guardam estreita vinculação com os princípios por elas protegidos e estão, por isso, cobertos pela garantia de imutabilidade que delas dimana. [...] Ao se deparar com alegação de afronta ao princípio da divisão de poderes de Constituição estadual em face dos chamados "princípios sensíveis" (representação interventiva), assentou o notável Castro Nunes lição que, certamente, se aplica à interpretação das cláusulas pétreas: "[...]. Os casos de intervenção prefigurados nessa enumeração se enunciam por declarações de princípios, comportando o que possa comportar cada um desses princípios como dados doutrinários, que são conhecidos na exposição do direito público. E por isso mesmo ficou reservado o seu

Capítulo 3 • ELEMENTOS CONSTITUTIVOS DOS SERVIÇOS SOCIAIS AUTÔNOMOS | **221**

exame, do ponto de vista do conteúdo e da extensão e da sua correlação com outras disposições constitucionais, ao controle judicial a cargo do STF. Quero dizer com estas palavras que a enumeração é limitativa como enumeração. [...] A enumeração é taxativa, é limitativa, é restritiva, e não pode ser ampliada a outros casos pelo Supremo Tribunal. Mas cada um desses princípios é dado doutrinário que tem de ser examinado no seu conteúdo e delimitado na sua extensão. Daí decorre que a interpretação é restritiva apenas no sentido de limitada aos princípios enumerados; não o exame de cada um, que não está nem poderá estar limitado, comportando necessariamente a exploração do conteúdo e fixação das características pelas quais se defina cada qual deles, nisso consistindo a delimitação do que possa ser consentido ou proibido aos Estados" (RP 94, Rel. Min. Castro Nunes, Archivo Judiciário 85/31, 34-35, 1947).[130]

Em face de tais elementos, é evidente a constatação de que a extinção das entidades do serviço social autônomo trata-se de medida vedada pela Constituição Federal, porquanto implicaria retrocesso para toda a sociedade, dada a capilaridade e a finalidade social de seus serviços, com a consequente cessação desses serviços sem grave prejuízos sobre a concretização dos direitos sociais.

Torna-se forçoso reconhecer que a proteção às entidades que se prestam à concretização de direitos sociais visa evitar o constitucionalismo abusivo, o legalismo autocrático, a democracia iliberal e o retrocesso institucional. Em detalhada decisão monocrática proferida quando do deferimento da Medida Cautelar em Ação Declaratória de Descumprimento de Preceito Fundamental nº 622/DF[131], o ministro Roberto Barroso definiu que, nos tempos modernos, as maiores ameaças à democracia não vêm de grupos que adquirem o poder por meio de golpes de Estado, mas sim por meio de alterações normativas pontuais.

Referidas alterações vão sendo introduzidas de forma aparentemente formal, e, quando analisadas isoladamente, podem deixar dúvidas quanto à sua inconstitucionalidade. No entanto, quando analisadas em conjunto, implicam progressiva redução de direitos e significam verdadeiro ataque ao regime democrático, mediante exclusão do espaço público de todos os dissidentes e agentes que possam limitar ou dividir com o líder autocrático o poder soberano. No mérito da citada Medida Cautelar em Ação Declaratória de Descumprimento de Preceito Fundamental nº 622/DF, analisou-se decreto do presidente da República que exonerou membros

---

[130] BRASIL. Supremo Tribunal Federal. Tribunal Pleno. ADPF 33 MC. Relator: Ministro Gilmar Mendes, julgado em 29 de outubro de 2003 e publicado em 6 de agosto de 2004.

[131] BRASIL. Supremo Tribunal Federal. Tribunal Pleno. ADPF 622 MC, Relator: Ministro Roberto Barroso, disponibilizado em 19 de dezembro de 2019 e publicado em 20 de dezembro de 2019.

do Conselho Nacional dos Direitos da Criança e do Adolescente (Conanda), tendo acertadamente decidido:

> Nessa linha e ao contrário do que sugerem as manifestações da própria Presidência da República e da Advocacia Geral da União, a participação de organizações representativas da sociedade civil nas ações governamentais voltadas à proteção da criança e do adolescente constitui exigência constitucional expressa. Em primeiro lugar, a Constituição determina tratar-se de dever da família, da sociedade e do Estado assegurar à criança, ao adolescente e ao jovem, com absoluta prioridade, proteção integral (art. 227, CF). Em segundo lugar, a constituição determina que a formulação de políticas públicas para tais grupos e o controle das respectivas ações deve ocorrer com "participação da população, por meio de organizações representativas" (art. 204, II, CF). Confira-se o teor dos dispositivos: [...]
>
> Não há dúvida, portanto, de que a participação de entidades representativas da sociedade civil constitui mandamento constitucional. Tal mandamento visa a assegurar a proteção integral e prioritária às crianças e adolescentes, por meio da incorporação de diferentes perspectivas e grupos na formulação e no controle de políticas públicas. Em um país com as dimensões territoriais e a diversidade do Brasil, o adequado tratamento da matéria implica a produção de respostas diferenciadas. Como bem assinalado em arrazoado encabeçado pelo Instituto Alana, devem-se considerar, na formulação de tais políticas, todas as infâncias, entre as quais: a infância indígena, a ribeirinha, a fronteiriça, a quilombola, a negra, a cigana, bem como os povos e comunidades tradicionais entre outros.
>
> [...]
>
> Resta, portanto, saber se as alterações promovidas pelo Decreto 10.003/2019 são restritivas, a ponto de comprometer o cumprimento do mandamento constitucional em questão. A resposta a essa segunda questão também me parece afirmativa. De fato, tais alterações sugerem que, diante da impossibilidade, constitucional e legal de rejeitar ou reduzir a participação de entidades da sociedade civil na matéria, editou-se um decreto que, na prática, esvazia e inviabiliza tal participação.
>
> Assim, em primeiro lugar, de acordo com o art. 79 do Decreto 10.003/2019, determinou-se que os representantes da sociedade civil não serão mais eleitos, em assembleia específica convocada pelo Conanda, como sempre ocorreu, mas serão selecionados pelo próprio poder público, por meio de um processo seletivo a ser elaborado pelo Ministério da Mulher, da Família e dos Direitos Humanos. Com base nessas normas, abriu-se caminho para que o Estado estabelecesse requisitos e controlasse os

Capítulo 3 • ELEMENTOS CONSTITUTIVOS DOS SERVIÇOS SOCIAIS AUTÔNOMOS | **223**

representantes que são ou não elegíveis para o Conselho, com os riscos de um órgão "chapa branca", meramente homologador. Em segundo lugar, recusou-se o custeio do deslocamento de conselheiros que não residissem no Distrito Federal, que, segundo a norma, deverão participar das reuniões por videoconferência (art. 80, § 3º, do Decreto 10.003/2019). Naturalmente, os representantes dos Ministérios tendem a residir no Distrito Federal. Ao que tudo indica, portanto, a norma, também nesse ponto, restringe a participação dos representantes da sociedade civil, que vêm de distintos Estados da federação. Além disso, reduziu-se o número de reuniões do Conselho, de 12 (doze) reuniões anuais para apenas 4 (quatro). Qualquer outra reunião dependerá de decisão discricionária da Ministra da Mulher, Família e dos Direitos Humanos. Por fim, caso haja empate na votação, quem decidirá, com voto de qualidade, será o Presidente do Conselho, selecionado pelo Presidente da República (art. 80, § 2º, do Decreto 10.003/2019). [...] Em síntese, as medidas promovidas pelo Decreto 10.003/2019 acabam por conferir ao Executivo o controle da sua composição e das suas decisões, o que o neutraliza como instância crítica de controle. Trata-se, portanto, de norma que frustra o comando constitucional que assegurou participação às entidades representativas da sociedade civil na formulação e no controle das políticas públicas para crianças e adolescentes. Não bastasse isso, o decreto viola o princípio da legalidade, uma vez que desrespeita as normas que regem o Conanda, tal como previstas na Lei 8.242/1991. Além disso, ao procurar modificar o funcionamento do Conanda por meio de decreto, quando seria necessária lei, também se exclui a participação do Congresso Nacional de debate de extrema relevância para o país.

Nessas circunstâncias, cabe ao Supremo Tribunal Federal, na condição de corte de mais alta hierarquia em matéria constitucional, a proteção do adequado funcionamento da democracia, bem como a tutela a direitos fundamentais, sendo de se destacar que a presente decisão visa a assegurar a participação da sociedade civil no processo decisório estatal. Não tenho dúvidas, portanto, quanto à plausibilidade do direito alegado.

Por outro lado, o perigo na demora é evidente, já que, dadas as circunstâncias antes narradas, o Conanda encontra-se sem conselheiros, sem adequado funcionamento e sujeito a regime jurídico incompatível com a Constituição. Além disso, conforme Edital de Convocação nº 5/2019, do Ministério da Mulher, da Família e dos Direitos Humanos, há processo seletivo em curso para a escolha de novos representantes de entidades da sociedade civil, nos termos da norma ora impugnada [17]. Tal processo prevê a publicação de resultado até 30.12.2019 e a posse dos conselheiros a partir de março de 2020, podendo tornar ainda mais complexa a situação já narrada.

CONCLUSÃO

Diante do exposto, defiro parcialmente a cautelar para suspender: (i) os artigos 79; 80, *caput* e § 3º, e 81 do Decreto nº 9.579/2018, com a redação dada pelo Decreto 10.003/2019; bem como (ii) o art. 2º do Decreto 10.003/2019. Em razão disso, restabeleço: (i) o mandato dos antigos conselheiros até o seu termo final; (ii) a eleição dos representantes das entidades da sociedade civil em assembleia específica, disciplinada pelo Regimento Interno do Conanda; (iii) a realização de reuniões mensais pelo órgão; (iv) o custeio do deslocamento dos conselheiros que não residem no Distrito Federal; (v) a eleição do Presidente do Conanda por seus pares, na forma prevista em seu Regimento Interno. [...][132]

Portanto, verifica-se que o exercício do controle de atos do poder público pelo Poder Judiciário se afigura possível mesmo quando haja dúvidas sobre a constitucionalidade das normas impugnadas, se no choque de princípios estiver em jogo a possibilidade de nulificação de um direito social, como ocorreu no caso da participação popular no Conanda.

Por fim, faz-se imperioso ressaltar que a proteção às entidades de serviço social autônomo não é absoluta, no sentido de que o exercício de prerrogativas legais que não impliquem em restrição ou supressão de direitos podem ser efetuadas, dentro dos limites da lei, sem que haja em tal ação estatal vício de inconstitucionalidade. Por exemplo, a possibilidade de alteração do presidente de entidade de serviço social autônomo já foi devidamente analisada pelo STF, entendendo-se que a exoneração pode ser efetuada a qualquer tempo pela autoridade responsável pela nomeação, *in verbis*:

Consoante se observa do dispositivo, ao tempo em que prevê "mandato de 4 (quatro) anos" para o exercício da Presidência da Anater, o art. 8º da Lei nº 12.897/13 informa ser o cargo exonerável a qualquer tempo, inclusive de ofício (e, evidentemente, pela autoridade nomeante, o Presidente da República).

Tenho que o comando legal, em verdade, evidencia a precariedade de que se reveste o mandato do cargo de Presidência da Anater.

De fato, ao prever a existência de mandato para o Presidente da Anater, mas associado à possibilidade de exoneração a qualquer tempo – inclusive de ofício – tencionou o dispositivo, em verdade, estipular limite máximo ao exercício da Presidência desse serviço social autônomo através da estipulação do mandato, e não estabilidade no curso desse período.

---

132   BRASIL. Supremo Tribunal Federal. Tribunal Pleno. ADPF 622 MC, Relator: Ministro Roberto Barroso, disponibilizado em 19 de dezembro de 2019 e publicado em 20 de dezembro de 2019.

Capítulo 3 • ELEMENTOS CONSTITUTIVOS DOS SERVIÇOS SOCIAIS AUTÔNOMOS | **225**

Dito de outro modo: ao ser nomeado pelo Presidente da República, o escolhido à Presidência da Anater recebe a incumbência (nominada mandato) de exercer essa função pelo período de até (já que pode ser exonerado *ex officio* antes desse período) quatro (4) anos, findos os quais, de qualquer modo, o ato de nomeação não produzirá mais efeitos.

A situação, destaque-se, é bastante distinta da estabilidade conferida aos dirigentes de agências reguladoras. Quando esta Corte reconheceu, nos autos da ADI nº 1949/RS, que o mandato a eles atribuído por lei lhes assegura estabilidade contra exoneração a critério discricionário da autoridade nomeante, o fez tendo em conta a natureza de autarquia especial das agências reguladoras, que lhe confere certo grau de autonomia.

Para outras espécies de entes, contudo, a aplicação de entendimento semelhante exigiria a conjugação de dois elementos: (i) a exigência relacionada à natureza do órgão (que, à semelhança do que ocorre com as agências reguladoras pode justificar, em conteúdo, a existência da estabilidade ao mandato de seus dirigentes) e (ii) o elemento formal, ou seja, a previsão legal da estabilidade. No caso da Anater, sem qualquer necessidade de se avaliar o atendimento do primeiro requisito, não se observa a presença do segundo, uma vez que – como já destacado – ao contrário de assegurar estabilidade, a previsão de mandato inserta no art. 8º da Lei nº 12.897/13 aponta, ao contrário, para a expressa intenção de promover a limitação temporal ao mandato de presidente daquele serviço social, concedido por ato de nomeação do Presidente da República.

[...]

Pelo exposto, nos termos do art. 21, § 1º, do STF, nego seguimento ao mandado de segurança, prejudicado o agravo regimental.[133]

Nas hipóteses em que os integrantes dos órgãos de orientação e administração sejam demissíveis *ad nutum*, a figura de seu mandato assume caráter de mero instrumento de controle temporal de permanência do integrante, não servindo, contudo, como qualquer espécie de garantia da sua permanência durante o integral transcurso do interstício temporal de seu mandato, em razão da possibilidade de exoneração de ofício.

Logo, não obstante as entidades do serviço social autônomo gozem da proteção necessária para que possam concretizar sua finalidade social em cooperação com o Estado e desde que seus órgãos de direção tenham participação equânime do Estado e da sociedade, não é inconstitucional a lei que estabelece o poder do presidente da República para exonerar o presidente do serviço social autônomo,

---

[133] BRASIL. Supremo Tribunal Federal. Primeira Turma. MS 34278, Relator: Ministro Dias Toffoli, julgado em 17 de maio de 2017, publicado no Diário de Justiça eletrônico em 31 de maio de 2017.

de ofício ou por proposta do Conselho de Administração aprovada por maioria absoluta de seus membros[134].

3.6 SERVIÇOS CONSTITUCIONAIS NÃO EXCLUSIVOS DE ESTADO

A ideia de direitos sociais remonta aos primórdios do capitalismo industrial, quando vigorava a ideia de que as relações sociais deveriam ser estabelecidas com base no princípio da autonomia da vontade e do respeito à propriedade privada como principais instrumentos de balizamento das relações econômicas. A autonomia da vontade conferia ampla liberdade para contratar, e, uma vez assumida a obrigação, as partes ficavam obrigadas a honrar os termos do acordado.

Esse foco extremado na liberdade acabou por gerar um paradoxo, no qual a garantia de liberdade servia para retirar tal direito da parcela mais economicamente vulnerável da população, em favor daqueles que detinham o poderio econômico. Como essa parcela da sociedade estava interessada apenas no resultado financeiro dessas relações, em especial as de trabalho, não havia preocupação com a remuneração e as condições de trabalho dos indivíduos que ocupavam o polo mais frágil da relação de trabalho.

Restou clara a incapacidade do Estado liberal de prover o bem-estar social e a convivência pacífica entre os seus integrantes[135], razão pela qual se iniciou um processo de luta social, que propiciou o surgimento de normas de proteção aos trabalhadores, formando um conjunto mínimo de direitos que deveria ser estendido a todos os trabalhadores[136].

A partir dessa nova perspectiva, houve uma ampliação dos direitos sociais, com uma busca por sua efetivação e positivação no âmbito interno das nações e no plano internacional, por meio de tratados e declarações. Criou-se, desse modo, uma nova ideia de Estado, não mais absenteísta, mas atuante e dirigente, na tentativa de buscar a concretização dos direitos reservados à sua população. Deu-se a esse modelo o nome de Estado de Bem-Estar Social, ou Estado Social.

---

[134] "Art. 5º O Conselho de Administração será composto pelo presidente da Anater, pelo presidente da Embrapa, por 4 (quatro) representantes do Poder Executivo federal, por 1 (um) representante de governos estaduais, por 1 (um) representante da Confederação Nacional dos Trabalhadores na Agricultura – Contag, 1 (um) representante da Federação Nacional dos Trabalhadores e Trabalhadoras na Agricultura Familiar – Fetraf, 1 (um) representante da Confederação Nacional da Agricultura e Pecuária do Brasil – CNA e 1 (um) representante da Organização das Cooperativas Brasileiras – OCB, titulares e suplentes, escolhidos na forma estabelecida em regulamento, com mandato de 2 (dois) anos, permitida a recondução. Art. 6º O Conselho Fiscal será composto por 2 (dois) representantes do Poder Executivo federal e 1 (um) da sociedade civil, titulares e suplentes, escolhidos na forma estabelecida em regulamento, com mandato de 2 (dois) anos, podendo ser reconduzidos uma única vez por igual período."

[135] NUNES JÚNIOR, Vidal Serrano. *A cidadania social na Constituição de 1988*: estratégias de positivação e exigibilidade judicial dos direitos sociais. São Paulo: Editora Verbatim, 2009. p. 50.

[136] CAIRO JÚNIOR, José. *Curso de direito do trabalho*. 16. ed. rev. e atual. Salvador: JusPodivm, 2019. p. 65.

Capítulo 3 • ELEMENTOS CONSTITUTIVOS DOS SERVIÇOS SOCIAIS AUTÔNOMOS | **227**

As garantias desse novo modelo estatal abrangem: (i) o sufrágio universal e o direto no estado plúrimo; (ii) pluralismo político com diversos partidos com projetos para a sociedade; (iii) ampla liberdade econômica com a presença de múltiplos sindicatos disputando a representação das diversas categorias econômicas e produtivas; (iv) liberdade cultural e liberdade de ensino, direito de criar escolas e universidades e liberdade científica e artística; (v) liberdade religiosa com liberdade a todas as denominações religiosas; (vi) rigidez constitucional como forma de garantia dos princípios e interesses; (vii) princípio da legalidade vinculando a legislação de acordo com a Constituição; (viii) balanceamento contínuo dos valores e interesses garantidos pela constituição pelas cortes constitucionais, em especial a ênfase na defesa de direitos de novas gerações; (ix) direitos sociais de forma a possibilitar a todos os cidadãos a participação na vida política e econômica da nação; e a (x) separação dos poderes, dotada de nova competência em face da maior intervenção do Estado na sociedade[137].

Contudo, o modelo do Estado social esbarrou em dificuldades em face das transformações da sociedade e da incapacidade do poder público de prover todas as necessidades dos indivíduos, razão pela qual o modelo de Estado foi sendo paulatinamente alterado de forma a se garantir os direitos fundamentais dos cidadãos sem, contudo, impedir o livre exercício da iniciativa privada e da livre concorrência, necessária à exploração econômica existente no modelo capitalista.

Nesse contexto, a Constituição Federal de 1988 adotou esse novo modelo, por meio de seus arts. 1º, inciso IV[138], 170[139] e 174[140], conferindo o protagonismo na exploração econômica à iniciativa privada, e ao Estado, a incumbência de atuar como agente normativo e regulador dessa atividade, isto é, como responsável pela

---

[137] MONACILIUNI, Marta. *Mini manuali: diritto pubblico*. 3. ed. Napoli: EdiSES, 2013. p. 47-48.

[138] "Art. 1º A República Federativa do Brasil, formada pela união indissolúvel dos Estados e Municípios e do Distrito Federal, constitui-se em Estado Democrático de Direito e tem como fundamentos: [...] IV – os valores sociais do trabalho e da livre iniciativa; [...]."

[139] "Art. 170. A ordem econômica, fundada na valorização do trabalho humano e na livre iniciativa, tem por fim assegurar a todos existência digna, conforme os ditames da justiça social, observados os seguintes princípios: I – soberania nacional; II – propriedade privada; III – função social da propriedade; IV – livre concorrência; V – defesa do consumidor; VI – defesa do meio ambiente; VI – defesa do meio ambiente, inclusive mediante tratamento diferenciado conforme o impacto ambiental dos produtos e serviços e de seus processos de elaboração e prestação; VII – redução das desigualdades regionais e sociais; VIII – busca do pleno emprego; IX – tratamento favorecido para as empresas brasileiras de capital nacional de pequeno porte; IX – tratamento favorecido para as empresas de pequeno porte constituídas sob as leis brasileiras e que tenham sua sede e administração no País. Parágrafo único. É assegurado a todos o livre exercício de qualquer atividade econômica, independentemente de autorização de órgãos públicos, salvo nos casos previstos em lei."

[140] "Art. 174. Como agente normativo e regulador da atividade econômica, o Estado exercerá, na forma da lei, as funções de fiscalização, incentivo e planejamento, sendo este determinante para o setor público e indicativo para o setor privado."

fiscalização, pelo planejamento, pelo incentivo e pelo ordenador da atuação dos agentes econômicos privados. Já a atuação direta do Estado na economia, produzindo bens e prestando serviços, por outro lado, ocorre mediante concorrência com a iniciativa privada ou por meio de monopólio, realizando-se em caráter complementar, restrito aos casos em que a segurança nacional ou um relevante interesse coletivo justifiquem a atuação do Estado na economia[141].

Ainda, sempre que o Estado exercer atividade econômica por meio de empresa estatal, deverá se submeter às mesmas regras de direito privado aplicáveis às empresas privadas, inclusive no tocante à tributação e aos privilégios fiscais[142]. Se a empresa estatal prestar serviço público, submeter-se-á ao disposto no art. 175 da Constituição Federal, atuando diretamente ou como permissionária ou concessionária desse serviço público[143].

Resta claro que a normatização constitucional deu preferência ao regime privado na exploração das atividades econômicas, devendo o Estado atuar de forma subsidiária e agir apenas quando não houver interesse privado ou não for viável sua exploração pela iniciativa privada. A determinação da atuação subsidiária do Estado, desse modo, permite que a iniciativa privada assuma parte de suas atribuições em cooperação com o ente público, com o objetivo de concretizar os direitos sociais e sem almejar o lucro.

Por sua vez, os objetivos do Plano Nacional de Desestatização, criado pela Lei nº 9.491/1997, reconheceu igualmente a necessidade de se reduzir a presença indevida do Estado na economia, permitindo-o focar nas áreas nas quais a Administração Pública é prioritária e fundamental para se atingir os objetivos nacionais[144]. Nesse sentido, tem-se que a atuação estatal na economia e na prestação de serviços, ainda que públicos, deve se pautar pelo princípio da atuação residual, secundária e subsidiária, intervindo apenas quando necessário para garantia dos interesses da sociedade ou quando não haja interesse do setor privado em uma determinada atividade.

No caso brasileiro, além dos princípios constitucionais que determinam a subsidiariedade na atuação estatal, existe uma série de razões fáticas a justificar a limitação da atuação estatal. A lição de Alécia Paolucci Nogueira Bicalho muito serve para iluminar essa questão:

> A alta politização, a baixa profissionalização e a carência de técnicas de gestão empresarial geraram conhecidas disfunções nas estatais brasileiras,

---

[141] "Art. 173. Ressalvados os casos previstos nesta Constituição, a exploração direta de atividade econômica pelo Estado só será permitida quando necessária aos imperativos da segurança nacional ou a relevante interesse coletivo, conforme definidos em lei."

[142] Art. 173, § 2º, da Constituição Federal: "As empresas públicas e as sociedades de economia mista não poderão gozar de privilégios fiscais não extensivos às do setor privado".

[143] "Art. 175. Incumbe ao Poder público, na forma da lei, diretamente ou sob regime de concessão ou permissão, sempre através de licitação, a prestação de serviços públicos."

[144] Interpretação do art. 1º, I e V, da Lei nº 9.491/1997.

Capítulo 3 • ELEMENTOS CONSTITUTIVOS DOS SERVIÇOS SOCIAIS AUTÔNOMOS | **229**

observadas notadamente na pouca nitidez de seu acionista controlador, na falta de autonomia gerencial de seus dirigentes e, em alguns casos, até mesmo pouca clareza em relação à missão, às metas e à própria função destas empresas.[145]

A ingerência do Estado, em suas diversas divisões políticas, não é fenômeno recente e deriva de um passado político em que as estatais eram utilizadas com o fim de apoiar uma política paternalista com indicações não técnicas para os quadros dessas empresas estatais. As consequências dessa realidade são de conhecimento geral da sociedade, a qual assiste, há vários anos, aos desdobramentos do que a interferência política nas estatais é capaz de causar ao Estado, como se verifica em casos de notório conhecimento público em Companhias de Docas[146-147], por exemplo.

Justamente em razão dessa realidade é que o Poder Executivo Federal vem acentuando, desde 2016, seu programa de desestatização, por meio de programas de delegações e desinvestimentos, pautando suas decisões em decisões governamentais e de gestão dessas empresas[148].

Com base nessa análise, verifica-se que sobejam razões normativas e fáticas para que o Estado mantenha sua atuação restrita às hipóteses nas quais a sua atuação seja estritamente necessária constitucionalmente. Por conseguinte, nos casos em que sua atuação não seja constitucionalmente necessária, deve o Estado se abster de intervir no domínio econômico ou, caso já se encontre em situação de intervenção, retirar sua participação direta, mediante estratégias de privatização.

Ao assumir para si uma determinada tarefa, o poder público assume como seu objetivo o cumprimento e a disponibilização para a sociedade dessa determinada atividade, tornando-a uma tarefa pública. Quando se inicia o processo de privatização dessas atividades, o Estado pode realizá-lo de duas formas: mediante a privatização da própria tarefa ou apenas de sua execução.

---

[145] BICALHO, Alécia Paolucci Nogueira. *Desestatizações*: privatizações, delegações, desinvestimentos e parcerias. Belo Horizonte: Fórum, 2019. p. 73.

[146] *PF vê Codesp como "antro de corrupção" e estima perda de R$ 100 mi*. Disponível em: https://valor.globo.com/politica/noticia/2019/08/22/pf-ve-codesp-como-antro-de-corrupcao-e-estima-perda-de-r-100-mi.ghtml. Acesso em: 2 jan. 2020.

[147] *MPF denuncia dez pessoas por irregularidades em licitações na Companhia Docas do Rio de Janeiro*. Disponível em: http://www.mpf.mp.br/rj/sala-de-imprensa/noticias-rj/mpf-denuncia-dez-pessoas-por-irregularidades-em-licitacoes-na-companhia-docas-do-rio-de-janeiro. Acesso em: 2 jan. 2020.

[148] BICALHO, Alécia Paolucci Nogueira. *Desestatizações*: privatizações, delegações, desinvestimentos e parcerias. Belo Horizonte: Fórum, 2019. p. 74.

Ao abordar essa questão, verificamos que os ensinamentos de Pedro António Pimenta da Costa Gonçalves são valiosos para a compreensão da diferenciação entre privatização de tarefas públicas e privatização da execução destas. Veja-se:

> No caso de privatização de tarefas, insiste-se, o Estado renuncia a uma missão, confiando-a ao sector privado, à Sociedade. Vimos que o Estado pode, e em alguns casos deve, assumir uma responsabilidade pública de garantia. Todavia, em si mesma, a tarefa, (por ex., fornecimento de serviços essenciais; serviços de certificação e controlo) é privada e, como tal, pode exercer-se no contexto da liberdade de empresa. Ao invés, na privatização no domínio da execução de tarefas públicas, estão envolvidas tarefas públicas, missões por cuja execução o Estado se responsabiliza. O Estado aqui não tem apenas o *dever de garantir* a obtenção de certos resultados ou a realização de certos fins, mas, verdadeiramente, recai sobre ele um *dever de executar* ou, talvez melhor, *de assumir uma responsabilidade de execução*.[149]

Em face disso, para que se possa verificar a amplitude sobre a qual pode recair a transferência de responsabilização para a sociedade de uma determinada tarefa, é necessário verificar-se qual a "missão" que está sendo repassada à iniciativa privada. Do mesmo modo, revela-se necessário que a referida incumbência possua natureza pública, porquanto não há que se falar em transferência para a esfera privada (privatização) de uma atividade que não seja pública. Pela mesma razão, para que a referida transferência possa ser concretizada, é necessário que a atividade a ser repassada à iniciativa privada possa ser constitucionalmente por esta assumida.

Para a verificação da possibilidade desta última hipótese, em decorrência da supremacia exercida pelo texto constitucional no ordenamento jurídico, faz-se necessário observar as limitações que seu texto exibe sobre a oferta de serviços públicos pelo ente estatal. A Constituição não é mera carta de intenções puramente política ou normas dotadas de meros programas, seu texto não se limita a fazer sugestões ou convites a seus intérpretes e aplicadores, mas sim obrigações cogentes que vinculam tanto os particulares como os Poderes, órgãos estatais e servidores públicos.

As normas constitucionais, dessa forma, vinculam a todos, independentemente da sua posição no extrato social ou dentro da organização do Estado, seja ele pessoa física ou jurídica, de direito público ou privado. Por conseguinte, conquanto possa haver norma legal instituidora de entidade de serviço social autônomo definindo a transferência de um determinado serviço estatal para a esfera de competência de entidade do sistema social autônomo, faz-se necessária a verificação da adequação

---

[149] GONÇALVEZ, Pedro. *Entidades privadas com poderes públicos*: o exercício de poderes públicos de autoridade por entidades privadas com funções administrativas. Coimbra: Almedina, 2008. p. 322-323.

Capítulo 3 • ELEMENTOS CONSTITUTIVOS DOS SERVIÇOS SOCIAIS AUTÔNOMOS | **231**

do texto legal às disposições constitucionais vigentes sobre as competências do poder público.

As atividades estatais indelegáveis ou exclusivas do Estado são abordadas em vários dispositivos do texto constitucional, *exempli gratia,* as atividades diplomáticas, as quais incluem o relacionamento com os atores de Direito Internacional, a declaração de guerra e a celebração de paz. Em julgamento, o Supremo Tribunal Federal já se pronunciou no sentido de também serem indelegáveis as atividades de Justiça, de segurança, de fiscalização de tributos, bem como a administração das verbas estatais, conforme se verifica do voto do ministro Maurício Corrêa quando do julgamento da ADI 1.864/PR.

Nesse julgamento, a Suprema Corte foi provocada a se pronunciar acerca da legalidade da criação do serviço social autônomo, no âmbito do estado do Paraná, denominado de Paranaeducação e responsável pela administração do ensino público no estado. No curso de seu voto, o ministro Joaquim Barbosa, relator para acórdão, afirmou:

> Ora, Senhora Presidente, a educação é atividade essencialmente pública, de interesse público e coletivo, embora a Constituição permita que entidades privadas também atuem nessa área.
>
> [...]
>
> Como se vê, o serviço social autônomo tem atuação paralela à da Secretaria de Educação e com esta coopera, de modo que não tenho por violada a norma do art. 205 da Carta da República, que consagra a educação como *dever* do Estado.
>
> Ademais, a Constituição silencia a respeito da possibilidade de atuação de serviços sociais autônomos na área de educação. Mas uma interpretação sistemática do texto constitucional conduz ao entendimento de que a educação é um dos pilares do estado de direito e dos direitos sociais, consistindo em serviço público essencial a ser prestado pelo Estado, com a *colaboração* de toda a sociedade e, portanto, também da iniciativa privada.
>
> O moderno direito administrativo também impõe uma reavaliação do sistema de cooperação entre as entidades de direito público e as de direito privado, na busca por um Estado mais eficiente, valorizando-se a participação da sociedade civil no apoio das atividades estatais.
>
> Por essa razão, entendo que é compatível com a ordem constitucional a prestação do serviço educacional do Estado com a cooperação de entes de natureza jurídica de direito privado, como os serviços sociais autônomos [...]. (Grifos originais)

Não obstante tenha o eminente ministro entendido pela constitucionalidade da prestação dos serviços de educação do estado do Paraná por ser entidade integrante do serviço social autônomo, não isentou de críticas o diploma legislativo impugnado por intermédio da ação em comento, corroborando a assertiva de que as funções previstas como indelegáveis na Constituição não podem ser repassadas a entidades privadas. Nesse sentido, consta de seu voto:

> Por outro lado, a norma-programa de garantia da educação, traduzida no direito de acesso ao sistema educacional instituído pelo Estado, somente é passível de efetividade mediante o provimento de fundos suficientes para a implementação dos equipamentos indispensáveis para a tarefa: não se garante educação sem que se contratem professores ou se construam escolas.
>
> E é justamente em virtude do enorme custo demandado, da essencialidade e imprescindibilidade da atividade para o desenvolvimento e aprimoramento da cidadania que se atribui ao Estado o dever de garantir o direito à educação, ressalvando-se a possibilidade de colaboração com a iniciativa privada nesse mister.
>
> [...]
>
> Sob esse enfoque, a lei paranaense retira do Estado parcela significativa da gerência dos recursos destinados à educação e, por conseguinte, a responsabilidade sobre as decisões mais relevantes acerca da matéria, ao autorizar que uma entidade de natureza privada gerencie todos os recursos destinados à educação.
>
> [...]
>
> Ocorre que o art. 205 da Constituição determina, como já dito, que a educação é *dever do Estado* e que a sociedade atuará como mera colaboradora em sua promoção. Assim, não pode o Paranaeducação, criado pela Lei estadual 11.970/1997, gerir a integralidade dos recursos destinados à educação, sob pena de o Estado estar abdicando de seu dever constitucional e transferindo a responsabilidade para uma entidade de cunho privado.[150] (Grifo original)

Para além da verificação da existência de responsabilidade estatal na atividade a ser delegada, deve se verificar também se as atividades a serem desempenhadas pela entidade do serviço social autônomo atentam contra o postulado da reserva constitucional de jurisdição. Referido postulado se consubstancia na afirmação de que apenas o Poder Judiciário seria competente para realizar determinadas atribuições do Estado. Sobre o tema, a lição de Paulo Gustavo Gonet Branco:

---

[150] BRASIL. Supremo Tribunal Federal. ADI 1864, Relator(a): Min. Maurício Corrêa, Relator(a) p/ Acórdão: Min. Joaquim Barbosa, Tribunal Pleno, julgado em 08/08/2007, *DJe*-078 DIVULG 30/04/2008 PUBLIC 02/05/2008 EMENT VOL-02317-01 PP-00089 *RTJ* VOL-00204-02 PP-00535.

Capítulo 3 • ELEMENTOS CONSTITUTIVOS DOS SERVIÇOS SOCIAIS AUTÔNOMOS | **233**

A cláusula da reserva de jurisdição consiste em confinar ao âmbito do Judiciário a prática de certos atos que impliquem restrição a direitos individuais especialmente protegidos. A se aceitar a existência de tal cláusula, haveria poderes de investigação que apenas as autoridades judiciais estariam legitimadas a exercer. A cláusula da reserva de jurisdição tem sido invocada, para inibir decisões de CPIs envolvendo buscas e apreensões no domicílio de investigados.[151]

Destaca-se que o postulado da reserva de jurisdição, também denominado de princípio da reserva de jurisdição, é uma construção oriunda da Constituição Portuguesa de 1976, fundada, de igual modo, na lição de eminentes constitucionalistas lusitanos. A doutrina portuguesa, ao analisar esse postulado, dividiu-o em monopólio do juiz e reserva de jurisdição. O monopólio do juiz implica o reconhecimento de que a última e decisiva palavra deve ser reservada aos magistrados, encarregados de assegurar a instauração e o desenvolvimento de um processo judicial constitucionalmente justo e adequado à defesa dos direitos do indivíduo. Por outro lado, a reserva de jurisdição significa que, em determinados litígios, cabe ao juiz não apenas a última e decisiva palavra, como também a primeira[152]. Diante da constatação de ser a reserva de jurisdição um postulado de reserva material em favor do Poder Judiciário, tem-se que as decisões de cunho judicial, bem como aquela prevista no art. 97 da Constituição Federal, não podem ser objeto de delegação.

De outro lado, tem-se que os serviços de educação[153], saúde[154], alimentação, trabalho, moradia, transporte, lazer, segurança, previdência social[155], proteção à maternidade e à infância[156], assistência aos desamparados, todos insertos no *caput* do art. 6º da Constituição Federal, são passíveis de execução pela iniciativa privada, com base no próprio texto constitucional. Saliente-se que, em se tratando de limitação estatal às atividades econômicas exercidas pelo setor privado, tem-se que a inexistência de limitação constitucional ao seu exercício pelo setor privado

---

[151] BRANCO, Paulo Gustavo Gonet; COELHO Inocêncio Mártires Coelho; MENDES, Gilmar Ferreira. *Curso de direito constitucional*. São Paulo: Saraiva, 2007. p. 824-825.

[152] CANOTILHO, José Joaquim Gomes. *Direito constitucional e teoria da constituição*. 5. ed. Coimbra: Almedina, 2002. p. 661-664.

[153] "Art. 209. O ensino é livre à iniciativa privada, atendidas as seguintes condições: [...]."

[154] "Art. 199. A assistência à saúde é livre à iniciativa privada [...]."

[155] "Art. 202. O regime de previdência privada, de caráter complementar e organizado de forma autônoma em relação ao regime geral de previdência social, será facultativo, baseado na constituição de reservas que garantam o benefício contratado, e regulado por lei complementar."

[156] "Art. 227. É dever da família, da sociedade e do Estado assegurar à criança, ao adolescente e ao jovem, com absoluta prioridade, o direito à vida, à saúde, à alimentação, à educação, ao lazer, à profissionalização, à cultura, à dignidade, ao respeito, à liberdade e à convivência familiar e comunitária, além de colocá-los a salvo de toda forma de negligência, discriminação, exploração, violência, crueldade e opressão."

implica autorização tácita para a exploração da atividade em razão da aplicação do postulado de direito, segundo o qual aos particulares é permitido praticar todos os atos que não lhes sejam vedados.

Tem-se, portanto, que o repasse da tarefa de concretização dos direitos sociais por entidades privadas não encontra óbice constitucional, desde que a atividade privada não seja exercida sobre a parcela da atividade estatal que, por força da normatividade constitucional, deve ser exercida única e exclusivamente pelo Estado.

No *leading case* da ADI 1.864/PR, o ministro Joaquim Barbosa destaca devidamente como indelegáveis as atividades estatais da justiça, a segurança pública, a fiscalização de tributos e a diplomacia. Nesse sentido, afirma (fls. 331-332)[157]:

> 17. A inicial rebela-se contra essa parceria, alegando que "a fuga desse regime jurídico [de Direito Público] importará em retirada do Estado desse setor, deixando sua prestação exclusivamente em campo da iniciativa privada" (fl. 16), com o fim da obrigatoriedade de ministrar gratuitamente o ensino fundamental e ausente garantia de universalizar progressivamente o ensino médio gratuito (CF, artigo 208, I e II). Acrescenta-se que "se ao Estado a prestação da educação é um dever, por se tratar de campo em que atua preferencialmente, não pode retirar-se dele, eximindo-se de seu dever constitucional, deixando ao encargo do setor privado, cuja atuação é meramente facultativa" (fl. 17).
>
> 18. *Creio que se chegaria à convicção da inconstitucionalidade da lei em questão se a Carta Fundamental tivesse incluído a educação entre as atividades estatais indelegáveis, como é a justiça, a segurança, a fiscalização de tributos e a diplomacia.* Entretanto, segundo ficou explicitado, o artigo 205 da Carta de 1988 dispõe, expressamente, que a educação é dever do Estado e será desenvolvida com a colaboração da sociedade, enquanto seu artigo 209 franqueia o ensino à iniciativa privada. (Grifos nossos)

Por sua vez, nas discussões do voto do ministro Maurício Correa, pronunciou-se o ministro Gilmar Mendes no sentido de que a ordem constitucional determina os casos expressos nos quais a prestação de serviços tem que ser efetuada, obrigatoriamente, pelo Estado. Afirmando, na ocasião (fl. 347)[158]:

---

[157] BRASIL. Supremo Tribunal Federal. ADI 1864, Relator(a): Min. Maurício Corrêa, Relator(a) p/ Acórdão: Min. Joaquim Barbosa, Tribunal Pleno, julgado em 08/08/2007, *DJe*-078 DIVULG 30/04/2008 PUBLIC 02/05/2008 EMENT VOL-02317-01 PP-00089 *RTJ* VOL-00204-02 PP-00535.

[158] BRASIL. Supremo Tribunal Federal. ADI 1864, Relator(a): Min. Maurício Corrêa, Relator(a) p/ Acórdão: Min. Joaquim Barbosa, Tribunal Pleno, julgado em 08/08/2007, *DJe*-078 DIVULG 30/04/2008 PUBLIC 02/05/2008 EMENT VOL-02317-01 PP-00089 *RTJ* VOL-00204-02 PP-00535.

Capítulo 3 • ELEMENTOS CONSTITUTIVOS DOS SERVIÇOS SOCIAIS AUTÔNOMOS | **235**

Acho que o ônus é invertido, a indicar qual é o dispositivo que determina que haja uma prestação de serviço direto. Parece-me que a pergunta está invertida. A rigor, temos que nos perguntar se existe na Constituição uma forma preconizada de prestação desses serviços.

O voto vencedor do referido julgamento, proferido pelo ministro Joaquim Barbosa, apropriadamente reconheceu que a atuação de entidades privadas pode se dar sempre que o serviço não for de prestação exclusiva de Estado, pois, nesse último caso, não pode o Estado delegar sua prestação a outrem, tampouco renunciar ao direito de prestar o serviço, por se tratar de obrigações constitucionais a serem cumpridas pelo Estado em favor dos particulares.

Nesse ponto, as principais competências exclusivas da União se encontram previstas no art. 21 da Constituição Federal, que, interpretadas em conjunto, com outros dispositivos constitucionais, constata-se o tema de diversas competências administrativas federais indelegáveis, ou seja, que devem ser prestadas diretamente pela União. Estas podem ser agrupados nos seguintes grupos: (i) atuação internacional (art. 21, incisos I e II[159]); (ii) preservação da integridade e segurança nacional (art. 21, incisos III, IV, VI e XXII[160]); (iii) disciplina em situações excepcionais (art. 21, inciso V[161]); (iv) atividades de uniformidade nacional (art. 21, incisos VII, X, XIX e XXII; art. 164[162]); (v) fiscalização federal (art. 21, incisos VIII, XIV, XV, XVI, XXV[163]); (vi) planejamento nacional (art. 21, incisos IX, XVIII, XX; art. 174, § 1º;

---

[159] "Art. 21. Compete à União: I – manter relações com Estados estrangeiros e participar de organizações internacionais; II – declarar a guerra e celebrar a paz."

[160] "Art. 21. Compete à União: III – assegurar a defesa nacional; IV – permitir, nos casos previstos em lei complementar, que forças estrangeiras transitem pelo território nacional ou nele permaneçam temporariamente; VI – autorizar e fiscalizar a produção e o comércio de material bélico; XXII – executar os serviços de polícia marítima, aeroportuária e de fronteiras."

[161] "Art. 21. Compete à União: V – decretar o estado de sítio, o estado de defesa e a intervenção federal."

[162] "Art. 21. Compete à União: VII – emitir moeda; X – manter o serviço postal e o correio aéreo nacional; XIX – instituir sistema nacional de gerenciamento de recursos hídricos e definir critérios de outorga de direitos de seu uso; XXIII – explorar os serviços e instalações nucleares de qualquer natureza e exercer monopólio estatal sobre a pesquisa, a lavra, o enriquecimento e reprocessamento, a industrialização e o comércio de minérios nucleares e seus derivados, atendidos os seguintes princípios e condições."; "Art. 164. A competência da União para emitir moeda será exercida exclusivamente pelo banco central."

[163] "Art. 21. Compete à União: VIII – administrar as reservas cambiais do País e fiscalizar as operações de natureza financeira, especialmente as de crédito, câmbio e capitalização, bem como as de seguros e de previdência privada; XIV – organizar e manter a polícia civil, a polícia penal, a polícia militar e o corpo de bombeiros militar do Distrito Federal, bem como prestar assistência financeira ao Distrito Federal para a execução de serviços públicos, por meio de fundo próprio; XV – organizar e manter os serviços oficiais de estatística, geografia, geologia e cartografia de âmbito nacional; XVI – exercer a classificação, para efeito

art. 184; art. 214[164]); (vii) responsabilidade pelo Distrito Federal e pelos Territórios (art. 21, incisos XIII e XIV[165]); e (viii) anistia (art. 21, incisos XVII[166]).

Os Estados-membros, por sua vez, detêm competência residual, sendo-lhes permitido atuar onde não haja competência exclusiva dos demais entes federados (art. 25, § 1º, da Constituição Federal). No ponto, o texto constitucional deve ser interpretado conforme o entendimento coerente do STF, firmado quando do julgamento da ADI 845, por meio do qual se reconheceu que a competência dos estados é realizada por exclusão, podendo tratar das matérias que não lhes sejam "[...] vedadas pela Constituição, nem estiverem contidas entre as competências da União ou dos Municípios[167]".

A competência dos Estados-membros, também, deve ficar restrita ao caráter regional, critério que deve ser observado, por exemplo, quando da divisão das competências para legislar sobre o transporte coletivo, tendo a Constituição Federal limitado a competência estadual para legislar sobre o transporte intermunicipal,

---

indicativo, de diversões públicas e de programas de rádio e televisão; XXV – estabelecer as áreas e as condições para o exercício da atividade de garimpagem, em forma associativa."

[164] "Art. 21. Compete à União: IX – elaborar e executar planos nacionais e regionais de ordenação do território e de desenvolvimento econômico e social; XVIII – planejar e promover a defesa permanente contra as calamidades públicas, especialmente as secas e as inundações; XX – instituir diretrizes para o desenvolvimento urbano, inclusive habitação, saneamento básico e transportes urbanos."; "Art. 184: Compete à União desapropriar por interesse social, para fins de reforma agrária, o imóvel rural que não esteja cumprindo sua função social, mediante prévia e justa indenização em títulos da dívida agrária, com cláusula de preservação do valor real, resgatáveis no prazo de até vinte anos, a partir do segundo ano de sua emissão, e cuja utilização será definida em lei."; Art. 174, § 1º: "A lei estabelecerá as diretrizes e bases do planejamento do desenvolvimento nacional equilibrado, o qual incorporará e compatibilizará os planos nacionais e regionais de desenvolvimento"; "Art. 214. A lei estabelecerá o plano nacional de educação, de duração decenal, com o objetivo de articular o sistema nacional de educação em regime de colaboração e definir diretrizes, objetivos, metas e estratégias de implementação para assegurar a manutenção e desenvolvimento do ensino em seus diversos níveis, etapas e modalidades por meio de ações integradas dos poderes públicos das diferentes esferas federativas que conduzam a: I – erradicação do analfabetismo; II – universalização do atendimento escolar; III – melhoria da qualidade do ensino; IV – formação para o trabalho; V – promoção humanística, científica e tecnológica do País; VI – estabelecimento de meta de aplicação de recursos públicos em educação como proporção do produto interno bruto."

[165] "Art. 21. Compete à União: XIII – organizar e manter o Poder Judiciário, o Ministério Público do Distrito Federal e dos Territórios e a Defensoria Pública dos Territórios; XIV – organizar e manter a polícia civil, a polícia penal, a polícia militar e o corpo de bombeiros militar do Distrito Federal, bem como prestar assistência financeira ao Distrito Federal para a execução de serviços públicos, por meio de fundo próprio."

[166] "Art. 21. Compete à União: XVII – conceder anistia."

[167] DI 845, Relator(a): Min. Eros Grau, Tribunal Pleno, julgado em 22/11/2007, DJe-041 DIVULG 06/03/2008 PUBLIC 07/03/2008 EMENT VOL-02310-01 PP-00031 RTJ VOL-00205-01 PP-00029 LEXSTF v. 30, n. 352, 2008, p. 43-56.

Capítulo 3 • ELEMENTOS CONSTITUTIVOS DOS SERVIÇOS SOCIAIS AUTÔNOMOS | **237**

ao passo que o transporte urbano ficou sob a competência dos municípios. Como o transporte local configura interesse do município e o transporte regional configura interesse regional, foi a competência repartida dentro desses parâmetros[168]. Portanto, a organização dos serviços públicos de interesse regional, incluído o de transporte coletivo, que tem caráter essencial, são de competência exclusiva dos Estados-membros, mas a prestação pode ser feita diretamente ou sob regime de concessão ou permissão.

Por fim, aos municípios é concedida a competência prevista no art. 30 da Constituição Federal, que lhe atribui, entre outros, o poder de legislar sobre normas de interesse local, serviços públicos locais, inclusive de transporte coletivo, promover o ordenamento territorial e a proteção do patrimônio histórico-cultural local[169].

Desse modo, a Constituição é o arcabouço normativo para se considerar sobre a possibilidade ou não de exercício de funções estatais por parte dos particulares. Em outros termos, não sendo permitida a transferência da atividade para fora do Estado, tem-se a constatação da impossibilidade de delegação da referida atividade, e seria inconstitucional, por exemplo, a criação de uma entidade integrante do serviço social autônomo que tivesse por objeto a prestação de serviços diplomáticos ou a garantia da soberania nacional, por não ser serviço social fundado no art. 6º da Constituição e, ainda, tratar-se de atuações típicas de Estado, portanto, indelegáveis.

Ademais, em se tratando de atividade que o texto constitucional permita a prestação por parte de pessoa jurídica de direito privado, há que se ponderar se a atividade delegada pertence ao rol de competências do ente delegante, porquanto não cabe ao ente federativo transferir competência que não possui. Nesse contexto, seria inconstitucional a criação, pelo Estado, de uma entidade do serviço social autônomo que se dedicasse a prestar serviço de transporte municipal, ante sua incompetência para tanto.

---

[168] "Art. 30. Compete aos Municípios: [...] V – organizar e prestar, diretamente ou sob regime de concessão ou permissão, os serviços públicos de interesse local, incluído o de transporte coletivo, que tem caráter essencial."

[169] "Art. 30. Compete aos Municípios: I – legislar sobre assuntos de interesse local; II – suplementar a legislação federal e a estadual no que couber; III – instituir e arrecadar os tributos de sua competência, bem como aplicar suas rendas, sem prejuízo da obrigatoriedade de prestar contas e publicar balancetes nos prazos fixados em lei; IV – criar, organizar e suprimir distritos, observada a legislação estadual; V – organizar e prestar, diretamente ou sob regime de concessão ou permissão, os serviços públicos de interesse local, incluído o de transporte coletivo, que tem caráter essencial; VI – manter, com a cooperação técnica e financeira da União e do Estado, programas de educação infantil e de ensino fundamental; VII – prestar, com a cooperação técnica e financeira da União e do Estado, serviços de atendimento à saúde da população; VIII – promover, no que couber, adequado ordenamento territorial, mediante planejamento e controle do uso, do parcelamento e da ocupação do solo urbano; IX – promover a proteção do patrimônio histórico-cultural local, observada a legislação e a ação fiscalizadora federal e estadual."

3.7 CONTROLE EXTERNO DOS TRIBUNAIS DE CONTAS DA UNIÃO E DOS ÓRGÃOS MINISTERIAIS

Como requisito para a concretização do fim social pelo qual almejam, as entidades do serviço social autônomo demandam recursos destinados à concretização de seu fim social, além das demais despesas necessárias à manutenção da estrutura física, administrativa e tecnológica obrigatória à prestação adequada de seus serviços. As fontes de custeio disponíveis às entidades para atingir seus objetivos sociais se encontram previstas na própria norma introdutória, bem como a destinação obrigatória de seus recursos. Importa verificar, portanto, a natureza desses repasses, além da normativa jurídica fiscalizatória que lhes é aplicável.

Inicialmente, frisa-se que a Lei nº 11.457/2007, que criou a Secretaria da Receita Federal do Brasil, concedeu-lhe competência para planejar, executar, acompanhar e avaliar as atividades relativas à tributação, à fiscalização, à arrecadação, à cobrança e ao recolhimento das contribuições sociais previstas nas alíneas *a*, *b* e *c* do parágrafo único do art. 11 da Lei nº 8.212, bem como daquelas contribuições que viessem a ser criadas em substituição a estas. Entretanto, essa competência não ficou restrita às contribuições sociais oficiais, tendo o art. 3º do mesmo diploma normativo estendido a competência da Receita Federal do Brasil para abarcar também as contribuições de terceiros. Nesse sentido:

> As atribuições de que trata o art. 2º desta Lei se estendem às contribuições devidas a terceiros, assim entendidas outras entidades e fundos, na forma da legislação em vigor, aplicando-se em relação a essas contribuições, no que couber, as disposições desta Lei.

Como corolário da norma supratranscrita, as contribuições sociais devidas às entidades do serviço social autônomo sujeitam-se aos mesmos prazos, condições, sanções e privilégios estipulados em favor das contribuições sociais, inclusive no que diz respeito à possibilidade de sua cobrança judicial[170]. Em contrapartida, ficou a Secretaria da Receita Federal do Brasil autorizada a descontar 3,5% do valor arrecadado em favor dessas entidades como forma de remuneração pelo serviço prestado. A referida modalidade de arrecadação encontra igual respaldo em normativos internos das próprias entidades do serviço social autônomo, a exemplo do Sesi[171], do Senai[172], do Sesc[173], do Senac[174], do Senar[175], do Sescoop[176] e do Sebrae[177.]

---

[170] Cf. art. 3º, § 3º, da Lei nº 11.457/2007.

[171] Art. 49 do Decreto nº 57.375/1965: "A arrecadação das contribuições devidas ao Sesi será feita pelo instituto ou caixa de pensões e aposentadoria a que estiver filiada a empresa contribuinte, concomitantemente com as contribuições da previdência social".

[172] Art. 46 do Decreto nº 494/1962: "A arrecadação das contribuições devidas ao Senai será feita pelo Instituto ou Caixa de Aposentadoria e Pensões a que estiver filiada a empresa contribuinte, concomitantemente com a das contribuições de previdência social, quer na fase de cobrança administrativa, quer na de cobrança judicial, correndo as ações daí porventura resultantes no mesmo foro da instituição arrecadadora".

Capítulo 3 • ELEMENTOS CONSTITUTIVOS DOS SERVIÇOS SOCIAIS AUTÔNOMOS | **239**

Na esfera constitucional, tem-se que as obrigações que originam as receitas dessas entidades estão previstas no art. 149 da Constituição Federal[178], cuja leitura conjugada, com o disposto no art. 3º do Código Tributário Nacional[179], faz exsurgir a natureza tributária dessa cobrança.

Destarte, as contribuições destinadas ao serviço social autônomo são obrigatórias para os contribuintes e responsáveis tributários que se situam dentro das esferas de sua atuação, foram instituídas por lei e são cobradas mediante atividade administrativa plenamente vinculada, não constituindo sanção de ato ilícito e satisfazendo, portanto, o conceito legal de tributo. Uma vez comprovada a natureza tributária dos recursos recebidos pelas entidades do serviço social autônomo, importa ponderar a possibilidade de fiscalização de sua utilização pelo Tribunal de Contas da União.

Em razão da sistemática normativa fiscalizatória adotada pela Constituição Federal de 1988, em especial a disciplina prevista no *caput* do art. 70 e seu parágrafo único, todas as pessoas, físicas ou jurídicas, públicas ou privadas, que se utilizem de verbas ou bens públicos, ainda que ausente a condição de destinatário final desses recursos, estão sujeitas à obrigatoriedade de prestarem contas

---

[173] Art. 30 do Decreto nº 61.836/1967: "A arrecadação das contribuições devidas ao Sesc será feita pelos órgãos arrecadadores, concomitantemente com as contribuições para o Instituto Nacional de Previdência Social".

[174] Art. 30 do Decreto nº 61.843/1967: "A arrecadação das contribuições devidas ao Senac será feita pelos órgãos arrecadadores, concomitantemente com as contribuições para o Instituto Nacional de Previdência Social".

[175] Art. 14 do Decreto nº 566/1992: "A arrecadação das contribuições devidas ao Senar, na forma estabelecida nos incisos I e II do *caput* do art. 11, será feita pela Secretaria da Receita Federal do Brasil do Ministério da Fazenda e, no inciso VIII do *caput* do art. 11, será feita pelo Instituto Nacional de Colonização e Reforma Agrária – Incra, ou por órgão ou entidade designado pelo Poder Executivo, em conjunto com o recolhimento das contribuições para a Seguridade Social e do Imposto sobre a Propriedade Territorial Rural e, nas mesmas condições, prazos e sanções, foro e privilégio que lhes são aplicáveis, inclusive no que se refere à cobrança judicial mediante processo de execução fiscal, na forma estabelecida na Lei nº 6.830, de 22 de setembro de 1980".

[176] Art. 12, I, do Decreto nº 3.017/1999.

[177] Art. 6 do Decreto nº 99.570/1992: "O adicional de que trata o § 3º do art. 8º da Lei nº 8.029, de 12 de abril de 1990, será arrecadado pelo Instituto Nacional de Seguridade Social (INSS) e repassado ao Sebrae no prazo de trinta dias após a sua arrecadação".

[178] "Art. 149. Compete exclusivamente à União instituir contribuições sociais, de intervenção no domínio econômico e de interesse das categorias profissionais ou econômicas, como instrumento de sua atuação nas respectivas áreas, observado o disposto nos arts. 146, III, e 150, I e III, e sem prejuízo do previsto no art. 195, § 6º, relativamente às contribuições a que alude o dispositivo."

[179] "Art. 3º Tributo é toda prestação pecuniária compulsória, em moeda ou cujo valor nela se possa exprimir, que não constitua sanção de ato ilícito, instituída em lei e cobrada mediante atividade administrativa plenamente vinculada."

ao Congresso Nacional da forma de sua utilização[180]. Por conseguinte, o dever de prestar contas é exigível de todo aquele que possua envolvimento com bens ou recursos públicos.

Assim, recebidos os recursos públicos, tem-se o surgimento da obrigação de prestar contas, mediante controle externo exercido pelo TCU no âmbito federal e pelos demais tribunais de contas no âmbito de suas competências. Nesse sentido, a autonomia administrativa que é assegurada pela legislação às entidades integrantes do serviço social autônomo não cria imunidade ao controle finalístico exercido pelo TCU quanto à aplicação dos recursos recebidos da União. Assim, o Supremo Tribunal Federal, quando do julgamento do Recurso Extraordinário nº 789.874/DF, da relatoria do ministro Teori Zavascki, decidiu:

> Cumpre enfatizar, finalmente, que a não obrigatoriedade de submissão das entidades do Sistema S aos ditames do art. 37, notadamente ao seu inciso II, da Constituição, não exime essas entidades de manter um padrão de objetividade e eficiência na contratação e nos gastos com seu pessoal. Essa exigência constitui requisito de legitimidade da aplicação dos recursos que arrecadam para a manutenção de sua finalidade social. Justamente em virtude disso, cumpre ao Tribunal de Contas da União, no exercício da sua atividade fiscalizatória, exercer controle sobre a manutenção desse padrão de legitimidade, determinando, se for o caso, as providências necessárias para coibir eventuais distorções ou irregularidades.[181]

Esse acompanhamento das despesas realizadas pelas entidades do serviço autônomo é tido por Hely Lopes Meirelles como decorrência natural da administração de interesses alheios[182]. Nesse sentido, a necessidade de fiscalização da prestação da destinação dos recursos recebidos por essas entidades provém não das entidades que recebem os recursos, mas da origem pública do bem ou do recurso que lhes é confiado.

---

[180] "Art. 70. A fiscalização contábil, financeira, orçamentária, operacional e patrimonial da União e das entidades da administração direta e indireta, quanto à legalidade, legitimidade, economicidade, aplicação das subvenções e renúncia de receitas, será exercida pelo Congresso Nacional, mediante controle externo, e pelo sistema de controle interno de cada Poder.
Parágrafo único. Prestará contas qualquer pessoa física ou jurídica, pública ou privada, que utilize, arrecade, guarde, gerencie ou administre dinheiros, bens e valores públicos ou pelos quais a União responda, ou que, em nome desta, assuma obrigações de natureza pecuniária."

[181] BRASIL. Supremo Tribunal Federal. Recurso Extraordinário nº 789.874/DF. Relator(a): Min. Teori Zavascki, Tribunal Pleno, julgado em 17/09/2014, DJe-193 DIVULG 02/10/2014 PUBLIC 19/11/2014 Ata nº 174/2014, DJE nº 227, divulgado em 18/11/2014.

[182] MEIRELLES, Hely Lopes. Direito administrativo brasileiro. 35. ed. São Paulo: Malheiros, 2009. p. 712.

Capítulo 3 • ELEMENTOS CONSTITUTIVOS DOS SERVIÇOS SOCIAIS AUTÔNOMOS | **241**

Ademais, impende observar que o art. 71 da Constituição Federal elencou as principais competências do TCU, entre as quais se destacam: (i) julgar as contas dos administradores e demais responsáveis por dinheiros, bens e valores públicos; (ii) aplicar sanções e determinar a correção de ilegalidades em atos e contratos; (iii) sustar a execução do ato, caso não atendida sua determinação; e (iv) apurar as denúncias apresentadas.

Saliente-se que a redação da norma constitucional estabelece como objeto de exame as contas, não as pessoas responsáveis pela gestão do patrimônio, fato este que não impede a fixação de sanção contra pessoas físicas[183]. Destaca-se que a norma constitucional não restringe a responsabilização às pessoas dos dirigentes ou diretores das pessoas jurídicas que recebem os recursos ou bens públicos, devendo recair sobre os responsáveis por sua gestão. Por certo, é possível a instauração de tomada de contas especial pelo TCU, tanto contra agentes públicos que não sejam administradores como pessoas físicas e jurídicas com personalidade jurídica de direito privado que possam ter contribuído de forma ativa ou passiva para um evento danoso ao erário.

Acrescenta-se que a Lei nº 8.443/1992, comumente denominada de Lei Orgânica do TCU, inseriu, dentro do escopo jurisdicional do Tribunal, os responsáveis pelo recebimento de contribuições parafiscais ou de intervenção no domínio econômico e as pessoas jurídicas que prestem serviços de interesse público ou social[184].

Conclui-se, pois, pela competência do TCU de analisar os relatórios de gestão e instaurar processo de tomada de contas em face de irregularidades apuradas no âmbito das entidades do serviço social autônomo. Acerca da circunscrição do controle externo do TCU ao elemento finalístico, já se pronunciou o Supremo Tribunal Federal:

EMENTA: Agravo regimental em mandado de segurança. Tribunal de Contas da União. Controle finalístico das entidades do Sistema S. Tomada de contas especial. Observância ao postulado do contraditório. Alcance de norma constitucional (art. 8º, I, da CF/88). Pretensão de interpretação genérica. Inadequação da via eleita. Contribuições sindicais. Natureza pública. Agravo regimental do qual se conhece e ao qual se nega provimento.

---

[183] Cf. LIMA, Luiz Henrique. *Controle externo*: teoria e jurisprudência para os tribunais de contas. 8. ed. Rio de Janeiro: Forense; São Paulo: Método, 2019. p. 48.

[184] Art. 5º, V, da Lei nº 8.443/1992: "A jurisdição do Tribunal abrange: [...] V – os responsáveis por entidades dotadas de personalidade jurídica de direito privado que recebam contribuições parafiscais e prestem serviço de interesse público ou social; [...]."

242 | SISTEMA S: FUNDAMENTOS CONSTITUCIONAIS • *Edvaldo Nilo de Almeida*

1. O estabelecimento do contraditório em procedimentos iniciais de apuração de materialidade de atos objeto de denúncia perante o TCU não é obrigatório, pois, nessa fase, há mero ato investigatório, sem formalização de culpa. Precedentes.

2. De acordo com previsão do art. 12, II, da Lei Orgânica do TCU (nº 8.443/92), é no processo da tomada de contas que o apontado como responsável tem a oportunidade de exercer seu direito ao contraditório e à ampla defesa, o que foi observado no caso dos autos.

3. Incabível a pretensão de transformar o mandado de segurança em instrumento para a interpretação acerca do alcance, de maneira genérica, de dispositivo constitucional, com vistas a delinear, de modo dissociado do caso dos autos, os limites do controle finalístico que compete ao TCU. A solução da lide no sentido de que é legítimo ao controle finalístico exercido pelo TCU adentrar na apreciação do padrão de objetividade e eficiência em contratação realizada por entidades do Sistema S se deu em seguimento a precedentes da Corte e se mostra suficiente para o deslinde da controvérsia.

4. *As contribuições sindicais compulsórias possuem natureza tributária, constituindo receita pública, estando os responsáveis sujeitos à competência fiscalizatória do Tribunal de Contas da União. Precedentes.*

5. A inexistência de argumentação apta a infirmar o julgamento monocrático conduz à manutenção da decisão recorrida.

6. Agravo regimental do qual se conhece e ao qual se nega provimento.[185] (Grifos nossos)

No mesmo sentido é a jurisprudência do próprio Tribunal de Contas da União:

Embora as entidades integrantes do Sistema S tenham natureza jurídica de direito privado, estão sujeitas à observância de princípios gerais que norteiam a execução da despesa pública, por gerirem recursos de natureza pública, podendo editar regulamentos próprios de licitações que guardem coerência com tais princípios.[186]

Ademais, ressalte-se que o controle finalístico exercido pelo Tribunal de Contas não é o único instrumento de controle a que se submetem as entidades integrantes

---

[185] BRASIL. Supremo Tribunal Federal. Mandado de Segurança nº 34.296 AgR, Relator(a): Min. Dias Toffoli, Segunda Turma, julgado em 24/04/2018, Processo Eletrônico *DJe*-103 DIVULG 25/05/2018 PUBLIC 28/05/2018.

[186] BRASIL. Tribunal de Contas da União. Acórdão 1584/2016. Relator Walton Alencar Rodrigues. Pleno, julgado em 22/06/2016, Ata 24/2016.

Capítulo 3 • ELEMENTOS CONSTITUTIVOS DOS SERVIÇOS SOCIAIS AUTÔNOMOS | **243**

do serviço social autônomo. Com efeito, o art. 74 da Constituição Federal[187] traz um regramento que prevê a participação colaborativa entre as esferas de poder, atuando de forma sistêmica, com intuito de fiscalizar a eficácia e a eficiência da gestão orçamentária, financeira e patrimonial e apoiar o exercício do controle externo.

No âmbito do Poder Executivo, a Lei nº 13.844/2019 inseriu nas atribuições do Ministério da Cidadania a competência para aprovar o orçamento do Sesi, do Sesc e do Sest[188], além de inserir a Apex-Brasil no controle do Ministério das Relações Exteriores[189]. Vislumbra-se ante tais características que, embora haja independência das entidades do serviço social autônomo para a concretização de seus fins, essa liberdade não é concedida de forma ilimitada e sem qualquer fiscalização pelo Poder Executivo, o qual aprova o orçamento das entidades anualmente e supervisiona a atuação conforme os interesses finalísticos sociais de cada instituição.

Ademais, verifica-se a existência de atuação concorrente do Tribunal de Contas da União também na questão orçamentária das entidades do serviço social autônomo, mediante expedição de recomendações que devem ser seguidas pelas entidades. Desse modo, é obrigação das entidades estabelecer um adequado planejamento orçamentário balanceado, evitando-se a obtenção de superávits expressivos em detrimento da concretização de sua finalidade social[190].

A proposta orçamentária deve, ainda, ser elaborada da forma mais próxima possível da realidade da entidade, evitando a existência de despesas para as quais não haja previsão de receitas, além de estarem obrigadas a seguirem as orientações da Lei nº 4.320/1962 e as normas gerais de contabilidade que lhes sejam aplicáveis, inclusive aquelas editadas pelo Conselho Federal de Contabilidade[191].

---

[187] "Art. 74. Os Poderes Legislativo, Executivo e Judiciário manterão, de forma integrada, sistema de controle interno com a finalidade de: I – avaliar o cumprimento das metas previstas no plano plurianual, a execução dos programas de governo e dos orçamentos da União; II – comprovar a legalidade e avaliar os resultados, quanto à eficácia e eficiência, da gestão orçamentária, financeira e patrimonial nos órgãos e entidades da administração federal, bem como da aplicação de recursos públicos por entidades de direito privado; III – exercer o controle das operações de crédito, avais e garantias, bem como dos direitos e haveres da União; IV – apoiar o controle externo no exercício de sua missão institucional."

[188] "Art. 23. Constituem áreas de competência do Ministério da Cidadania: [...] XIII – aprovação dos orçamentos gerais do Serviço Social da Indústria (Sesi), do Serviço Social do Comércio (Sesc) e do Serviço Social do Transporte (Sest); [...]."

[189] "Art. 45. Constituem áreas de competência do Ministério das Relações Exteriores: [...] IX – promoção do comércio exterior, de investimentos e da competitividade internacional do País, em coordenação com as políticas governamentais de comércio exterior, incluída a supervisão do Serviço Social Autônomo Agência de Promoção de Exportações do Brasil (Apex-Brasil) e a presidência do Conselho Deliberativo da Apex-Brasil."

[190] Conforme decisão proferida no Acórdão 3594/2007. Rel. Marcos Bemquerer. 1ª Câmara, julgado em 20/11/2007. Ata 41/2007.

[191] Sobre essas obrigações, confira-se os seguintes julgados: Acórdão de Relação 2386/2006, 1ª Câmara; Acórdão de Relação 2486/2006, Segunda Câmara; Acórdão de Relação 1537/2006, Segunda Câmara; Acórdão de Relação 3001/2007, Primeira Câmara.

244 | SISTEMA S: FUNDAMENTOS CONSTITUCIONAIS • *Edvaldo Nilo de Almeida*

Além disso, as entidades se encontram vinculadas à necessidade de execução orçamentária de acordo com os regramentos da Lei nº 4.320/1962, devendo-se implementar instrumentos informatizados para que a execução financeira ocorra apenas após a execução orçamentária e a entidade deve se abster de efetuar despesas que comprometam orçamentos futuros[192].

Nada obstante, a fiscalização orçamentária não afasta a obrigatoriedade de prestação anual de contas pelos dirigentes das entidades do serviço social autônomo, as quais devem ser apresentadas até o dia 31 de maio de cada ano. Destarte, as regras a serem observadas para prestação das contas das entidades são estabelecidas por meio de decisões normativas e instruções publicadas anualmente pelo próprio TCU.

Quando do julgamento das contas, a Lei nº 8.443/1992 estabelece, em seu art. 10, que o Tribunal de Contas da União pode proferir as seguintes decisões: (i) preliminar; (ii) definitiva; e (iii) terminativa. A decisão preliminar é aquela por meio da qual o relator ou o Tribunal, antes de se pronunciar sobre o mérito das contas, decide postergar seu exame, determinando a realização de diligências que se julguem necessárias ao saneamento do processo. Esta é a única decisão que pode ser tomada pelo relator de forma monocrática. Por sua vez, a decisão de caráter definitivo decide o mérito da tomada de contas, mediante decisão que as julga regulares, regulares com ressalva ou irregulares. Por fim, a decisão terminativa implica trancamento das contas, seja por ausência de fundamentos que permitam sua liquidação (contas iliquidáveis), seja pela ausência de alguns dos pressupostos do desenvolvimento válido e regular do processo ou, ainda, por racionalização administrativa e economia processual. Em qualquer caso, na decisão terminativa não há decisão de mérito.

Consoante disposição do art. 16, inciso I, da Lei nº 8.443/1992, a decisão definitiva julgará as contas regulares quando revelarem, de maneira clara e objetiva, a exatidão dos registros contábeis, a legalidade, a legitimidade e a economicidade dos atos de gestão praticados pelo responsável e implica quitação plena para o gestor responsável[193].

Noutro ponto, as contas serão aprovadas com ressalvas quando nelas existirem impropriedades ou erros formais que não causem danos ao erário e permitam concluir pela boa-fé do gestor. Verificada a presença desses requisitos e subsistindo o débito, o Tribunal intimará o gestor para que recolha a importância devida, fixando prazo improrrogável para seu pagamento. Na hipótese de adimplemento da obrigação, o Tribunal julgará as contas regulares com ressalvas e dará quitação ao gestor.

Afinal, as contas serão julgadas irregulares quando: (i) não houver cumprimento do dever de prestar contas; (ii) houver a prática de algum ato considerado ilegal,

---

[192] Cf. Acórdão de Relação 2819/2007, Primeira Câmara; Acórdão de Relação 2815/2007, Primeira Câmara; Acórdão de Relação 3813/2008, Primeira Câmara.

[193] Interpretação do art. 17 da Lei nº 8.443/1992.

Capítulo 3 • ELEMENTOS CONSTITUTIVOS DOS SERVIÇOS SOCIAIS AUTÔNOMOS | **245**

ilegítimo ou antieconômico, ou, ainda, infração à norma regulamentar de natureza contábil, financeira, orçamentária, operacional ou patrimonial; (iii) houver dano ao erário ocasionado por ato de gestão ilegítimo ou antieconômico; e (iv) houver desfalque ou desvio de dinheiros, bens ou valores públicos[194].

Nas hipóteses de dano ao erário e desfalque ou desvio, o Tribunal fixará a responsabilidade solidária do agente público que praticou o ato irregular e de terceiro que tenha concorrido para sua ocorrência. Ademais, podem as contas serem julgadas irregulares em razão da reiteração de falhas cuja ocorrência o responsável tenha tido ciência em processo de tomada ou prestação de contas. Veja-se:

> TOMADA DE CONTAS. MULTIPLICIDADE DE FALHAS E IRREGU-LARIDADES. REJEIÇÃO DAS RAZÕES DE JUSTIFICATIVA. CONTAS IRREGULARES. MULTA. DETERMINAÇÕES. A multiplicidade de falhas e irregularidades, avaliadas em conjunto e a repetição de algumas delas já apontadas em exercícios anteriores são fundamentos suficientes para a irregularidade das contas e aplicação de multa ao responsável.[195]

Saliente-se, por fim, que o controle externo é exercido também pelo Poder Executivo, nos termos do art. 183 do Decreto-lei nº 200/1967, que dispõe:

> Art. 183. As entidades e organizações em geral, dotadas de personalidade jurídica de direito privado, que recebem contribuições parafiscais e prestam serviços de interesse público ou social, estão sujeitas à fiscalização do Estado nos termos e condições estabelecidas na legislação pertinente a cada uma.

Nesse sentido, nos termos da criação legal de cada entidade, o controle externo é exercido por variados órgãos da estrutura do Poder Executivo, os quais submetem às entidades diferentes níveis de supervisão, razão pela qual o detalhamento dessa atividade é medida que se impõe.

Sendo assim, no regulamento do Senai, enquanto instituição de ensino, restou expressamente consignada a supervisão pelo Ministério da Educação. Desse modo, antes de disponibilizar os cursos profissionalizantes ligados ao seu fim social, deve o Senai verificar as diretrizes do Ministério da Educação para as modalidades de cursos ofertados pela entidade, realizando o controle de sua qualidade e o cumprimento dos requisitos objetivos de sua oferta, como instituição de ensino[196]. Além desse controle de cunho pedagógico, o Senai é objeto de controle externo exercido

---

[194] Interpretação do art. 16, III, da Lei nº 8.443/1992.

[195] BRASIL. Tribunal de Contas da União. Acórdão 3137/2006. Relator Ubiratan Aguiar. 2ª Câmara, julgado em 31/10/2006. Ata 40/2006.

[196] Interpretação do art. 11, *caput* e parágrafo único, do Decreto nº 494/1962.

pelo Ministério da Economia. É da competência desse órgão, como sucessor do Ministério do Trabalho e Emprego[197], realizar a verificação e a aprovação do orçamento do Senai[198]. Essa atribuição do órgão é, sem dúvida, uma forma de controle externo da atividade do Senai, assegurando que os princípios orçamentários e de execução serão cumpridos pela entidade, sob pena de não ter seu orçamento aprovado. O mesmo acontece com o Sesi, o Sesc e o Sest, os quais, por força do disposto no art. 23, inciso XIII, da Lei nº 13.844/2019, necessitam ter seus orçamentos aprovados pelo Ministério da Cidadania.

Seguindo o exemplo das demais entidades, o Senac também se encontra obrigado a apresentar à Presidência da República, por intermédio do Ministério da Economia – atual sucessor do Ministério do Trabalho –, sua proposta orçamentária para aprovação[199], condicionando sua aprovação ao cumprimento, pelo entidade, das diretrizes orçamentárias que lhes são aplicáveis.

O controle externo do Poder Executivo sobre o Sebrae é, igualmente, incisivo, porquanto a legislação determina expressos e detalhados limites de destinação dos recursos que lhe são devidos[200], além da sujeição de seu orçamento à aprovação do Ministério da Economia, sucessor do Ministério do Desenvolvimento, Indústria e Comercio Exterior e onde se situava a Secretaria Especial da Micro e Pequena Empresa, extinta pela Lei nº 13.844/2019.

O Senar, por sua vez, também se encontra vinculado ao Ministério da Economia, na condição de sucessor do Ministério do Trabalho e Emprego, o qual possui a competência para aprovar seu orçamento anual, nos termos do art. 8º, inciso XVI, do Regimento Interno do Senar[201]. Como característica da aglutinação de competências efetuada sobre o Ministério da Economia pela Lei nº 13.844/2019, existe ainda a responsabilidade pela aprovação do orçamento do Senat e do Sescoop.

---

[197]   Interpretação do art. 57, I, da Lei nº 13.844/2019.

[198]   Art. 1º do Decreto nº 715/1992: "Fica delegada ao Ministro de Estado do Trabalho e Emprego competência para aprovar os orçamentos gerais do Serviço Social da Indústria (Sesi), do Serviço Social do Comércio (Sesc), do Serviço Nacional de Aprendizagem Industrial (Senai), do Serviço Nacional de Aprendizagem Comercial (Senac), do Serviço Nacional de Aprendizagem Rural (Senar), do Serviço Social do Transporte (Sest), do Serviço Nacional de Aprendizagem do Transporte (Senat) e do Serviço Nacional de Aprendizagem do Cooperativismo (Sescoop)".

[199]   Art. 36, § 1º, do Decreto nº 61.843/1967: "Depois de examinados pelo CF, serão encaminhados à AN, até 30 de setembro, o seu próprio orçamento e, até 15 de novembro, os orçamentos das AA.RR., para, reunidos numa só peça formal, serem apresentados à Presidência da República, por intermédio do Ministro do Trabalho e Previdência Social, até 15 de dezembro, nos termos dos arts. 11 e 13, da Lei nº 2.613, de 23 de setembro de 1955".

[200]   Conforme o art. 11, § 1º, da Lei nº 8.029/1990.

[201]   "Art. 8º Ao Conselho Deliberativo competirá a função de superior deliberação e normatização dos objetivos do Senar, notadamente no que se refere ao planejamento, estabelecimento das diretrizes, organização, coordenação, controle e avaliação das atividades, e especificamente: [...] XVI – submeter ao Ministério do Trabalho e Emprego o orçamento consolidado do Senar."

Capítulo 3 • ELEMENTOS CONSTITUTIVOS DOS SERVIÇOS SOCIAIS AUTÔNOMOS | **247**

Do mesmo modo, a Associação das Pioneiras Sociais é alvo de controle externo na prestação de seus serviços, pois incumbe ao Ministério da Saúde não apenas a aprovação de seu orçamento, mas também a definição dos termos do contrato de gestão que vincula as partes[202]. Além do controle objetivo sobre o cumprimento das normas orçamentárias, o Ministério da Saúde tem poderes para verificar o adequado cumprimento do fim social da entidade e os critérios que serão utilizados na mensuração de resultados.

Da mesma forma, a Apex-Brasil é fiscalizada pelo Ministério das Relações Exteriores em razão do contrato de gestão que possui com este[203], validando-se, ainda, pelo Ministério da Economia e pela Casa Civil, para que possa ser formalmente assinado. À semelhança do que ocorre no caso da APS, o contrato da Apex-Brasil prevê a estipulação de metas, de objetivos, de prazos e de responsabilidades que devem ser cumpridas e supervisionadas pelo Ministério das Relações Exteriores.

De igual modo, a celebração de contrato de gestão é o meio pelo qual se vincula a atuação da Abdi ao Ministério da Economia, que é responsável por estabelecer objetivos, programa de trabalho, planos de ação anuais, metas a serem atingidas e critérios objetivos de avaliação de desempenho[204]. O controle externo exercido sobre a Abdi atinge, portanto, não apenas a questão da elaboração de seu orçamento, como também a definição de meios pelos quais se poderá verificar o cumprimento do objetivo social da entidade.

O Ministério da Agricultura, por sua vez, possui a obrigação de elaborar os termos do contrato de gestão da Anater com o Poder Executivo, incluindo as metas, os objetivos, os prazos, as responsabilidades e os critérios de avaliação a serem observados no curso da execução do contrato[205], vinculando a atuação da Anater e a forma de persecução de seu objetivo social. Ademais, o Ministério da Agricultura

---

[202] "Art. 3º Competirá ao Ministério da Saúde supervisionar a gestão do Serviço Autônomo Associação Sociais, observadas as seguintes normas: III – observado o disposto nesta lei, o Ministério da Saúde e a Secretaria da Administração Federal definirão os termos do contrato de gestão, que estipulará objetivamente prazos e responsabilidades para sua execução e especificará, com base em padrões internacionalmente aceitos, os critérios para avaliação do retorno obtido com a aplicação dos recursos repassados ao Serviço Social Autônomo Associação das Pioneiras Sociais, atendendo ao quadro nosológico brasileiro e respeitando a especificidade da entidade; IV – o orçamento-programa do Serviço Social Autônomo Associação das Pioneiras Sociais para a execução das atividades previstas no contrato de gestão será submetido anualmente ao Ministério da Saúde."

[203] "Art. 45. Constituem áreas de competência do Ministério das Relações Exteriores: [...] IX – promoção do comércio exterior, de investimentos e da competitividade internacional do País, em coordenação com as políticas governamentais de comércio exterior, incluída a supervisão do Serviço Social Autônomo Agência de Promoção de Exportações do Brasil (Apex-Brasil) e a presidência do Conselho Deliberativo da Apex-Brasil."

[204] Cf. art. 11 do Decreto nº 5.352/2005.

[205] Cf. art. 10, I e II, da Lei nº 12.897/2013.

também realiza o controle externo no tocante à elaboração do orçamento pela Anater, fiscalizando o cumprimento das normas orçamentárias e a sua adequação às atividades previstas no contrato de gestão.

Por outro lado, a exemplo do que se confere na atuação das APS, a Adaps também se encontra vinculada ao Ministério da Saúde, a quem incumbe definir os parâmetros do contrato de gestão, que deve conter especificação do programa de trabalho, das metas, dos prazos, dos critérios objetivos de avaliação de desempenho, das diretrizes para os programas de integridade (*compliance*), da auditoria, do incentivo à denúncias de irregularidades, do código de ética e de conduta para seus empregados e dirigentes e da gestão da política de pessoal[206]. Além dos termos do contrato, há existência de competência do ministério para aprovar o orçamento da Adaps, necessário ao cumprimento do contrato de gestão[207].

De mais a mais, a Embratur, que foi transformada em serviço social por meio da Medida Provisória nº 907/2019, está vinculada ao Ministério do Turismo[208], a quem incumbe estabelecer os termos do contrato de gestão, com o programa de trabalho, as metas, os objetivos, os prazos e as responsabilidades para a execução de seus termos, além dos critérios para avaliação dos recursos aplicados, observando-se os princípios da Administração Pública. Também devem ser criados mecanismos de integridade, auditoria e incentivo a denúncias e o estabelecimento do código de ética e de conduta para os dirigentes e empregados. Derradeiramente, incumbe ao Ministério do Turismo a aprovação do orçamento da Embratur, o qual deverá corresponder às atividades previstas nos contratos de gestão.

Constata-se, portanto, a tutela administrativa por parte do Poder Executivo em todas as entidades dos serviços sociais autônomos. Porém, a tutela deve ser feita nos termos expressamente estabelecidos em lei, isto é, tão somente os atos, a forma, os órgãos e os efeitos estabelecidos legalmente.

Dessa maneira, a tutela administrativa é o poder conferido ao chefe do Poder Executivo e aos ministros de Estado de interferir na gestão dos serviços sociais autônomos, apenas autorizando ou aprovando os seus orçamentos e fiscalizando os seus serviços no intuito de examinar se os interesses das entidades estão de acordo com os interesses sociais definidos em lei e cumprindo as respectivas metas finalísticas.

Por certo, a tutela administrativa conferida legalmente ao chefe do Poder Executivo e aos ministros de Estado não institui hierarquia ou se destina a garantir o exercício dos direitos por parte dos serviços sociais autônomos, mas sim de assegurar a sua própria autonomia e, no caso dos orçamentos, um simples exequátur ou aprovação que não se pode alterar o conteúdo e, na hipótese de fiscalização da

---

[206] Interpretação do art. 16 da Lei nº 13.958/2019.
[207] Cf. art. 18, II, da Lei nº 13.958/2019.
[208] Cf. art. 12, *caput*, da MP 907/2019.

Capítulo 3 • ELEMENTOS CONSTITUTIVOS DOS SERVIÇOS SOCIAIS AUTÔNOMOS | **249**

gestão, incide sobre a execução dos recursos disponibilizados para os serviços no que tange à sua adequada aplicação nos fins sociais da entidade.

Adotando-se a acertada classificação de espécies de tutelas administrativas de Marcelo Caetano[209], que podem se revestir de tutelas corretivas, tutelas inspetivas e tutelas substitutivas ou supletivas, nos serviços sociais autônomos apenas há a tutela inspetiva referente à má gestão e a tutela corretiva *a posteriori*, concernente aos orçamentos, registrando-se, uma vez mais, que essa última espécie de tutela não tem o poder de alterar ou transformar o conteúdo do orçamento, mas sim de tornar a executoriedade da norma orçamentária efetiva.

Não existe, na hipótese, evidentemente, tutela administrativa substitutiva ou supletiva, pois, em razão da autonomia dos serviços sociais autônomos, que estaria quebrada ou altamente enfraquecida, é inconstitucional existir previsão na lei infraconstitucional de o chefe do Poder Executivo ou os respetivos ministros de Estado suprirem diretamente as omissões do tutelado, exercitando os atos que deveriam ter sido produzidos pelos órgãos dos serviços sociais autônomos.

Por fim, como forma de facilitar a compreensão do tema, elaborou-se a tabela a seguir, a qual traz as entidades do serviço social autônomo objeto do presente estudo, bem como os órgãos do Poder Executivo encarregados de seu controle externo e os dispositivos que justificam esse acompanhamento. Destaca-se, em derradeiro, que o controle exercido pelo Poder Executivo não interfere no exercido pelo Tribunal de Contas da União, com a independência e a complementariedade de suas atuações. Dessa forma, segue a espécie de serviço social autônomo e o ministério ao qual existe a sua vinculação legal, a saber:

Senai	Ministério da Educação (art. 13 da Lei nº 2.613/1955 e art. 11 do Decreto nº 494/1962) e Ministério da Economia (art. 13 da Lei nº 2.613/1955 e art. 1º do Decreto nº 715/1992, antigo Ministério do Trabalho)
Sesi	Ministério da Cidadania (art. 23, XIII, da Lei nº 13.844/2019)
Sesc	Ministério da Cidadania (art. 23, XIII, da Lei nº 13.844/2019)
Senac	Ministério da Economia (art. 13 da Lei nº 2.613/1955 e art. 36, § 1º, do Decreto nº 61.843/1967, antigo Ministério do Trabalho)
Sebrae	Ministério da Economia (art. 11, § 1º, da Lei nº 8.029/1990, antiga Secretaria da Micro e Pequena Empresa do Ministério do Desenvolvimento, Indústria e Comércio Exterior)
Senar	Ministério da Economia (art. 11 da Lei nº 2.613/1955 e art. 8º, XVI, do Regimento Interno do Senar, antigo Ministério do Trabalho)
Sest	Ministério da Cidadania (art. 23, XIII, da Lei nº 13.844/2019)

---

[209] CAETANO, Marcello. *Manual de direito administrativo*. 8. ed. portuguesa e 1. ed. brasileira. Rio de Janeiro: Forense, 1970. p. 222-225.

Senat	Ministério da Economia (Lei nº 2.613/1955 e art. 1º do Decreto nº 715/1992, antigo Ministério do Trabalho)
Sescoop	Ministério da Economia (art. 13 da Lei nº 2.613/1955 c/c art. 12 do Decreto-lei nº 200/1967 e art. 1º do Decreto nº 715/1992, antigo Ministério do Trabalho)
APS	Ministério da Saúde (art. 3º da Lei nº 8.246/2019)
Apex	Ministério das Relações Exteriores (art. 45, IX, da Lei nº 13.844/2019)
ABDI	Ministério da Economia (art. 10, § 1º, do Decreto nº 5.352/2005, antigo Ministério do Desenvolvimento, Indústria e Comércio Exterior) e Ministério do Planejamento Orçamento e Gestão e a Casa Civil da Presidência da República (art. 8º, II, da Lei nº 11.080/2004 e art. 10, § 1º, do Decreto nº 5.352/2005)
Anater	Ministério da Agricultura (art. 10, I e II, da Lei nº 12.897/2013)
Adaps	Ministério da Saúde (art. 18, II, da Lei nº 13.958/2019)
Embratur	Ministério do Turismo (art. 12, § 4º, da MP 907/2019)

3.7.1 A competência jurisdicional para julgamento das causas cíveis e de desvio de verbas dos serviços sociais autônomos

A competência jurisdicional para julgamento das causas cíveis e de desvio de verbas dos serviços sociais autônomos decorre da interpretação e da aplicação conjunta dos artigos 25, *caput*, § 1º; 109, incisos I e IV; e 125, *caput*, da Constituição Federal. Ao mesmo tempo, principiologicamente, da garantia do juiz natural em que a Constituição estabelece que não haverá juízo ou tribunal de exceção e que ninguém será processado nem sentenciado senão pela autoridade competente, nos termos do art. 5º, incs. XXXVII e LIII.

Na prática, a Constituição estabelece exaustivamente a competência jurisdicional dos magistrados da Justiça Federal, impondo-se aos juízes federais a competência para processar e julgar as causas em que União, entidade autárquica ou empresa pública federal forem interessadas na condição de autoras, rés, assistentes ou oponentes e as infrações penais praticadas em detrimento de bens, serviços ou interesse da União ou de suas entidades autárquicas ou empresas públicas, excluídas as contravenções e ressalvadas as causas judiciais de falência, as de acidentes de trabalho e a competência da Justiça Militar, da Justiça do Trabalho e da Justiça Eleitoral (art. 109, I e IV).

Portanto, a competência da Justiça Federal é constitucionalmente estabelecida de forma taxativa, e não cabe a lei complementar ou ordinária, tampouco a medida provisória ou aplicador do Direito sobre ela, definir novas e criativas hipóteses de incidência[210]. Assim, os serviços sociais autônomos não são entidades autárquicas nem empresas públicas federais, e sim pessoas jurídicas de direito privado que não

---

[210] ADI 2.473 MC, Rel. Min. Néri da Silveira, *DJ* de 07/11/2003.

Capítulo 3 • ELEMENTOS CONSTITUTIVOS DOS SERVIÇOS SOCIAIS AUTÔNOMOS | **251**

fazem parte da Administração Pública direta ou indireta, com natureza jurídica própria e características singulares. Conceitua-se o serviço social autônomo como pessoa jurídica de direito privado sem finalidade lucrativa, destinado à promoção dos direitos sociais inscritos no artigo 6º da CF, criada por lei que preveja delimitação de sua atuação e de obtenção de recursos, com participação equitativa dos setores sociais em seus órgãos de direção, poder de autorregulamentação e autogestão de seus recursos, porém submetido para controle finalístico à fiscalização do Tribunal de Contas da União.

Nessa senda, a competência da Justiça Estadual é residual (artigos 25, *caput*, § 1º; e 125, *caput*, da CF) e abarca as causas judiciais de todos os serviços sociais autônomos, conforme entendimento sumulado e ainda plenamente vigente do STF. Ou seja, dizer que "o Serviço Social da Indústria está sujeito à jurisdição da Justiça Estadual" (Súmula nº 516) é compatível e foi recepcionado pelo texto constitucional de 1988.

Apesar de a Súmula nº 516 do STF ser de publicação de 12 de dezembro de 1969 e anterior à Constituição Federal de 1988, torna-se necessária a afirmação de que é extremamente atual, e a sua ratificação leal e constante na jurisprudência do STF apenas reforça a sua solidez, permanência e estabilidade jurídica na determinação da competência da Justiça Estadual para julgar e processar as causas do Sistema S no hodierno ordenamento jurídico brasileiro, conforme pode se observar com tranquilidade em diversos precedentes, entre outros: RE 1.097.286, Rel. Min. Gilmar Mendes, *DJE* de 03/10/2018; ARE 966.048, AgR, Rel. Min. Edson Fachin, *DJE* de 18/10/2016; ARE 850.933, Min. Dias Toffoli, DJE de 30/08/2016; RE 603.612/RS, Rel. Min. Roberto Barroso *DJe* de 11/12/2015; ACO 2.640/ES, Rel. Min. Roberto Barroso, *DJe* de 20/08/2015; ACO 2.082/SP, Rel. Min. Luiz Fux, *DJe* de 23/02/2015; ACO 1.953 AgR, Rel. Min. Ricardo Lewandowski, DJe de 19/02/2014; RE 645.243/DF, Rel. Min. Luiz Fux, *DJe* de 08/06/2012; ACO 1.588/SP, Rel. Min. Cármen Lúcia, *DJe* de 08/02/2012; RE 589.840/RS-AgR, Rel. Min. Cármen Lúcia, *DJe* de 26/05/2011; RE 366.168, Rel. Min. Sepúlveda Pertence, *DJ* de 14/05/2004; ACO 1382, Rel. Min. Eros Grau, *DJe*-165, *DJ* de 01/09/2009; RE 414.375/SC, Rel. Min. Gilmar Mendes, *DJ* de 01/12/2006.

Registra-se, por outro lado, que a decisão monocrática e isolada na ACO 2250, Rel. Min. Celso de Mello, *DJe* 11/06/2014, reconhecendo a competência da Justiça Federal para processar e julgar causa referente a irregularidades na prestação de contas dos gestores do Senac/ES, reminiscentes ao exercício do ano de 2000, adota a técnica da motivação *per relationem* ou aliunde, manifestando-se pela simples transcrição como único fundamento de decidir do parecer oferecido pela douta Procuradoria-Geral da República à época, que, além de literalmente afirmar que contraria orientação jurisprudencial do STF e do STJ e que a Justiça Federal é a única competente para processar e julgar as ações envolvendo o Sistema S – conforme disposto expressamente no art. 109, I, da CF –, diz, equivocadamente, que a Federação das Indústrias do Estado de Pernambuco (Fiepe) é entidade do Sistema S e que os serviços sociais autônomos estão sujeitos a normas que regem a Administração Pública no que tange à observância de processo licitatório e *à responsabilização criminal e civil*, o que viola frontalmente o Tema de Repercussão Geral 569[211].

Ressalta-se, assim, que, na ADPF 396 proposta pela CNT, com fundamento de que a orientação jurisprudencial que confere à justiça comum estadual a competência para o julgamento de ações penais envolvendo recursos percebidos por entidades integrantes do Sistema S desrespeitaria o princípio do juiz natural e a competência da Justiça Federal para julgar infrações penais praticadas contra bens e interesses da União, decidiu-se que não comporta conhecimento a arguição em razão do requisito da subsidiariedade e que a mesma não constitui meio idôneo para tutelar situações jurídicas individuais[212].

Dessa maneira, afirmar que os serviços sociais autônomos de abrangência nacional devem prestar contas das contribuições tributárias recebidas e, igualmente, submeterem-se ao controle principiológico e finalístico do Tribunal de Contas da União está correto e decorre de interpretação do parágrafo único do art. 70 da Constituição; do art. 5º, inc. V, da Lei nº 8.443/1992; do art. 183 do Decreto-lei nº 200/1967; e do próprio Tema 569 do STF[213], mas isso não altera a sua natureza de pessoa jurídica de direito privado em pessoa jurídica de direito público da União (União, autarquias e associações públicas de interesse federal) ou em empresa pública estatal federal, como a Caixa Econômica Federal ou a Empresa Brasileira de Correios e Telégrafos (ECT), cuja maioria do capital votante pertence diretamente à União e cujo capital social é constituído de recursos provenientes exclusivamente do Estado.

Em outras palavras, a sujeição dos serviços sociais autônomos ao controle finalístico do TCU no que concerne à aplicação dos recursos tributários recebidos não tem juridicamente a capacidade de modificar a competência da Justiça Federal fundada no art. 109 da CF, isto é, não tem a força normativa de uma emenda à Constituição. A competência da Justiça Federal, inspirada no Direito anglo-saxão, rege-se exaustivamente na Constituição e exclusivamente pelo interesse processual da União Federal, das autarquias federais e das empresas públicas federais.

Portanto, o controle e a fiscalização meramente finalísticos do TCU sobre as contas dos serviços sociais autônomos não fazem incidir os incisos I e IV do art. 109 do Texto Magno de 1988, isto é, a competência jurisdicional da Justiça Federal não é assentada e determinada pela abrangência da alçada das atividades fiscalizatórias do TCU, órgão de controle externo de auxílio do Congresso Nacional, mas sim, peremptoriamente, pelo texto constitucional. Isso significaria concluir que, alterada a competência do TCU, automaticamente se modificaria a competência da Justiça Federal, o que é um erro jurídico grosseiro.

---

[211]   RE 789.874, Rel. Min. Teori Zavascki, *DJE* de 19/11/2014.
[212]   ADPF 396, Rel. Min. Edson Fachin, *DJE* de 18/02/2020.
[213]   RE 789.874, Rel. Min. Teori Zavascki, *DJE* de 19/11/2014, Tema 569.

Capítulo 3 • ELEMENTOS CONSTITUTIVOS DOS SERVIÇOS SOCIAIS AUTÔNOMOS | **253**

Nessa senda, a Súmula nº 208 do Superior Tribunal de Justiça (STJ)[214], que tem referência legal no art. 109, inciso IV, da Constituição, não altera nem de longe esse panorama jurisidicional ao afirmar que compete "à Justiça Federal processar e julgar prefeito municipal por desvio de verba sujeita a prestação de contas perante órgão federal".

A uma, a súmula descreve situação completamente distinta dos serviços sociais autônomos porque não se trata de contribuição tributária incorporada ao patrimônio de pessoa jurídica de direito privado, mas sim de enunciado sumular decorrente de hipótese específica de convênio de direito público de verbas da União Federal repassadas para outro ente federativo por meio de ação administrativa da administração direta (à época, Ministério da Ação Social) destinada à construção de 40 unidades habitacionais, e, segundo se infere da documentação dos autos, o gestor do município teria desviado material de construção, não construindo as unidades habitacionais com recursos alocados exclusivamente do erário federal.

A duas, os demais precedentes que também deram procedência à publicação da súmula foram os seguintes: (i) desvio de verbas federais destinadas a município em razão de convênio com a autarquia federal conhecida como Fundo Nacional de Desenvolvimento da Educação (FNDE), em que prefeito havia utilizado irregularmente recursos públicos repassados unicamente pelo erário federal; (ii) caso de acusação de prefeito haver se apropriado de repasses públicos da União Federal para a construção de um alojamento de dois pavimentos para os estudantes da Escola Agrícola Municipal, verba essa decorrente tão somente de convênio administrativo com verbas públicas federais; (iii) secretário estadual de Cultura, Esporte e Turismo indiciado por ter malversado verbas federais provenientes de convênio público estabelecido entre a secretaria e o Ministério da Cultura; (iv) suposta prática do crime previsto no art. 312 do Código Penal, tendo em vista irregularidades ocorridas na destinação de recursos orçamentários, provenientes de dotação federal, objetivando a instalação de rede de eletrificação rural[215].

A três, em todos esses casos há límpido interesse direto, específico e individual da União Federal na realização do objeto do contrato administrativo porque as verbas são unicamente públicas federais, e dos fatos certamente se originará a obrigação legal de devolução dos recursos aos cofres do Tesouro Nacional, isto é, a restituição aos cofres da União dos valores não utilizados e a cobrança pela União das multas legais pelos descumprimentos das cláusulas contratuais, o que, indubitavelmente, arrasta para a esfera federal o desfecho das ações judiciais.

---

[214] Súmula nº 208 do STJ, Terceira Seção, em 27/05/1998, *DJ* 03/06/1998.

[215] CC 14.358-RS, 3ª S, 09/04/1997, *DJ* 19/05/1997; CC 15.426-RS, 3ª S, 27/03/1996, *DJ* 27/05/1996; CC 15.703-RO, 3ª S, 13/03/1996, *DJ* 22/04/1996; CC 18.517-SP, 3ª S, 23/04/1997, *DJ* 26/05/1997.

A quatro, o produto da arrecadação das contribuições tributárias dos serviços sociais autônomos perde o caráter de recurso público tributário ao ingressar nos caixas das entidades e se torna recurso privado próprio, pois os tributos incidentes sobre a folha de pagamentos total do empresário contribuinte não integram a título algum a receita do Estado, e a passagem de recursos pela Receita Federal é meramente procedimental, como já decidiu algumas vezes, à unanimidade, o STF[216].

Sendo assim, por exemplo, compete à Justiça Federal processar e julgar ações dos Conselhos de Fiscalização Profissional ante a sua natureza jurídica de autarquias corporativistas federais[217], mas não compete processar e julgar as causas em que as sociedades de economia mista de âmbito federal sejam interessadas na condição de autoras, rés, assistentes ou oponentes e, muito menos, as infrações penais praticadas em detrimento de bens, serviços ou interesse das sociedades de economia mista, salvo quando a União intervém como assistente ou opoente, de acordo com a própria imposição do texto constitucional. Essa interpretação é a consolidada no STF, aplicando-se sob a égide da atual Constituição de 1988, a saber:

> Compete à Justiça estadual, em ambas as instâncias, processar e julgar as causas em que for parte o Banco do Brasil S.A. (Súmula nº 508; HC 69.881, Rel. Min. Celso de Mello, 1ª T., *DJ* de 06/10/2006; HC 70.808, Rel. Min. Carlos Velloso, 2ª T., *DJ* de 18/03/1994).

> As sociedades de economia mista só têm foro na Justiça Federal quando a União intervém como assistente ou opoente (Súmula nº 517; RE 750.142 AgR, Rel. Min. Edson Fachin, 1ª T., *DJe* 43 de 08/03/2016, ACO 2.438 AgR, Rel. Min. Luiz Fux, 1ª T., *DJe* 45 de 10/03/2015).

> É competente a Justiça comum para julgar as causas em que é parte sociedade de economia mista (Súmula nº 556; ACO 1.213 AgR, Rel. Min. Roberto Barroso, 1ª T., *DJe* 213 de 30/10/2014).

No ponto, o raciocínio e a jurisprudência aplicáveis às sociedades de economia mista, empresa estatal de direito privado instituída por lei, cuja maioria das ações com direito a voto pertence diretamente à União e cujo capital social admite a participação do setor privado, são, do mesmo modo, o constitucionalmente adequado para os serviços sociais autônomos. Ou seja, não existe, *a priori* ou por si só, interesse jurídico direto ou econômico da União apto a fixar a competência da Justiça Federal brasileira nas causas envolvendo pessoas jurídicas de direito privado ou pessoas físicas que desviem recursos pertencentes ao Sistema S, mesmo que, nesses casos, exista a exigência constitucional de prestar contas ao TCU e a competência

---

[216] ACO 1.953 AgR, Rel. Min. **Ricardo Lewandowski**, *DJe* 34, 19/02/2014; ACO 1382, Rel. Min. **Eros Grau**, *DJe* 165, divulgado em 01/09/2009.

[217] RE 595.332, Rel. Min. Marco Aurélio, *DJE* de 23/06/2017, Tema 258.

Capítulo 3 • ELEMENTOS CONSTITUTIVOS DOS SERVIÇOS SOCIAIS AUTÔNOMOS | **255**

da CGU para a fiscalização das verbas públicas federais recebidas. O mesmo fato acontece diuturnamente com os sindicatos, as organizações sociais, as organizações da sociedade civil de interesse público, as ONGs, as entidades de fomento, as entidades beneficentes de assistência social e as Universidades Comunitárias, que são, do mesmo modo, financiadas por tributos, mas isso não é motivo suficiente e *per si* para manipular ao bel-prazer do intérprete do Direito o conceito de interesse da União para alterar as regras constitucionais de demarcação originária de competência da Justiça Federal.

Por sua vez, o art. 20, alínea *c*, da Lei nº 4.717/1965, ao estabelecer que, para os fins da Lei de Ação Popular, consideram-se entidades autárquicas as entidades de direito público ou privado a que a lei tiver atribuído competência para receber e aplicar contribuições parafiscais, do mesmo modo, não tem o condão de transformar os serviços sociais autônomos em entidades autárquicas ou em empresas públicas federais, pois a competência da Justiça Federal é originária da Constituição, iniciando-se a interpretação pelo diploma normativo de hierarquia maior e, assim, interpretando a legislação infraconstitucional à luz do Texto Magno, isto é, do cume ou do ápice jurídico para a base da pirâmide normativa, e não o inverso.

Portanto, de acordo com a interpretação atual e consolidada do STF e a interpretação dos artigos 25, *caput*, § 1º; 109, incisos I e IV; e 125, *caput*, da CF, o juiz natural competente para processar e julgar as causas cíveis e de desvios de verbas do Sistema S é o da Justiça Comum dos Estados.

3.8 CONTROLE INTERNO PELOS DEPARTAMENTOS NACIONAIS E PELAS AUDITORIAS INDEPENDENTES

Verificada a existência de duplo controle externo, exercido pelos Poderes Executivo e Legislativo, passa-se à análise da existência de instrumentos de controle interno no âmbito das entidades, o papel da CGU e das auditorias independentes na efetivação desses controles internos.

A função do controle possui íntima relação com as demais funções do processo administrativo das corporações. Assim, as atividades de controle sofrem influência direta das áreas de planejamento, organização e direção, o que possibilita medir e avaliar os resultados das ações corporativas por meio dessas áreas. Desse modo, a definição de controle depende da função específica na qual se aplica e pode ter função administrativa quando integra o processo administrativo organizacional e funciona como meio de regulação utilizado por um indivíduo ou pessoa jurídica. Logo, essa função administrativa possui uma natureza restritiva, porquanto regula as formas por meio das quais os integrantes de seus sistemas internos devem se portar, com o intuito de evitar os desvios e de se fixar o padrão de atuação desejado.

A atividade de controle pode, ainda, englobar atividades de conferência, verificação, regulação e comparação. Decerto, pode-se conceituar a atividade de controle como "[...] políticas e procedimentos que direcionam as ações individuais na implementação da política de gestão de riscos, diretamente ou mediante aplicação de tecnologia, a fim de que as respostas aos riscos sejam executadas"[218].

De modo geral, as atividades de controle implicam a execução de dois elementos: o político e o procedimental. O político pode, por exemplo, requerer a revisão das formas de relacionamento com a sociedade para evitar a ocorrência de desvios de conduta na interação entre a entidade e o particular. O procedimental, por sua vez, seria a própria revisão das normas de interação, em que deverão ser observados os riscos identificados, as estratégias de mitigação e o relacionamento com o particular.

Nessa senda, a doutrina tem elencado cinco princípios para a organização e o funcionamento do controle interno, a saber: (i) o princípio da segregação de funções, que visa impedir, por meio de regramentos internos, que uma mesma pessoa tenha funções que a permitam errar ou cometer desvios e escondê-los, separando-se as funções de autorização daquelas que envolvem a execução, a contabilização ou o controle; (ii) o princípio da autorização hierárquica, que impõe a necessidade da obtenção de autorização hierárquica de diversos escalões, a depender do nível de operação a ser realizada; (iii) o princípio do acesso limitado, que visa restringir o uso dos ativos da companhia às pessoas devidamente autorizadas, a fim de protegê-los, assegurando sua utilização eficaz; (iv) o princípio do controle sobre transações, que demanda o acompanhamento dos fatos contábeis, financeiros e operacionais, além do cumprimento dos requisitos de autorização; (v) o princípio da adequada seleção, que implica a realização de uma adequada seleção, qualificação e treinamento da força de trabalho, além de se realizar um rodízio de funções e concessão de férias regulares. Ademais, é importante a existência de um código de ética e de conduta, além de remuneração compatível com o cargo[219].

Passa-se, assim, a analisar as entidades do serviço social autônomo sob a ótica das formas de controle que se colocam como parte de sua estrutura, de forma a verificar as suas principais características.

Dessa forma, o Senai possui uma clara divisão interna de suas atribuições entre órgãos normativos e órgãos de administração, de forma que a administração não interfira nas normas que deve seguir. Por certo, como órgãos normativos, temos o Conselho Nacional, que atua em nível nacional, e os Conselhos Regionais, que operam em suas respectivas bases. A função administrativa da entidade é exercida nacionalmente pelo Departamento Nacional e regionalmente pelos Departamentos Regionais, em suas respectivas bases territoriais. Da observação da estrutura jurídica,

---

[218] *Commitee of Sponsoring Organizations of the Treadway Commission (COSO)*. Disponível em: https://www.coso.org/Documents/COSO-ERM-Executive-Summary-Portuguese.pdf. Acesso em: 1 jan. 2020.

[219] LIMA, Luiz Henrique. *Controle externo*: teoria e jurisprudência para os tribunais de contas. 8. ed. Rio de Janeiro: Forense; São Paulo: Método, 2019. p. 333.

Capítulo 3 • ELEMENTOS CONSTITUTIVOS DOS SERVIÇOS SOCIAIS AUTÔNOMOS | **257**

observa-se uma separação de funções com claras distinções entre a estrutura normativa fiscalizatória e a executória. A atuação do Conselho Nacional se inicia antes mesmo da prática de qualquer ato de administração, porquanto, a esse órgão, incumbe a fixação das diretrizes que serão seguidas pelo Departamento Nacional e pelas Administrações Regionais no tocante aos temas de educação profissional, tecnológica e de gratuidade. Outro relevante aspecto da atuação do Conselho Nacional é o papel de criador de normas abstratas, com a fixação das normas de funcionamento e de decidir, independentemente de provocação.

No tocante à limitação dos atos de administração, tem-se que o Conselho Nacional exerce relevante papel nos atos que antecedem e sucedem a execução das despesas pelo Departamento Nacional, ao qual incumbe a elaboração de seu orçamento, que deve ser analisado, votado e aprovado pelo Conselho Nacional. Ademais, uma vez executado o orçamento pelo Departamento Nacional, a este cabe o envio das contas para parecer da Comissão de Contas, que será formada por três membros do Conselho Nacional auxiliados por auditores externos contratados, por prazo determinado, especificamente para auxiliá-la. Após o parecer da Comissão de Contas, a execução orçamentária é submetida à aprovação do Conselho Nacional.

Destaca-se, ainda, o fato de que o Conselho Nacional possui função moderadora dos atos praticados pelo Departamento Nacional, a exemplo da necessidade de autorização do Conselho para autorizar a compra, o recebimento, a alienação ou o gravame de imóveis, a aprovação do quadro de pessoal, o quadro de vencimentos, critérios e épocas de promoção, bem como o reajuste de salários e a fixação da remuneração dos dirigentes do Departamento Nacional.

Não obstante integre a estrutura de administração do Senai, o Departamento Nacional também influi nas decisões dos Conselhos Regionais quando, por exemplo, (i) elabora ou planeja a compra dos programas, das séries metódicas, dos livros e do material didático a serem utilizados nos cursos oferecidos; (ii) fixa as diretrizes das estatísticas relativas à aprendizagem realizada pelo Senai; e (iii) orienta os serviços orçamentários dos Departamentos Regionais. Além disso, tem o dever de intervir na Administração Regional, após verificação realizada por comissão especial, caso a Administração Regional venha a descumprir norma legal ou institucional, como também em caso de comprovada ineficiência do órgão local.

Já no plano regional temos as figuras do Conselho Regional e da Administração Regional. A exemplo do que ocorre em nível nacional, incumbe ao Conselho Regional votar o orçamento de sua respectiva Administração Regional, deliberar sobre a prestação de contas do Departamento Regional e acompanhar, por meio de Comissão de Contas local, a execução orçamentária regional. Tem-se, desse modo, a repetição das separações de funções existentes em nível nacional, atuando o Conselho Regional, como entidade normativa e fiscalizadora do Departamento Regional. A fiscalização do cumprimento do orçamento regional também ocorre em duplo momento. Inicialmente, as disposições orçamentárias serão elaboradas pelo Departamento Regional e são submetidas à aprovação do Conselho Regional.

Após sua aprovação, o Conselho Regional acompanha a execução orçamentária durante todo o ano e, ao final do exercício, decide sobre a aprovação das contas do departamento após parecer da Comissão de Contas.

Por conseguinte, ao se efetuar uma análise da estrutura do Senai, tem-se plena satisfação do critério de separação das funções, eis que as funções de fiscalização e administração se encontram devidamente separadas e a função de acompanhamento da execução orçamentária é devidamente apartada da execução. Destaca-se, ainda, o fato de que seus membros são auxiliados por uma auditoria independente, a qual é contratada para períodos de 18 meses, vedada a renovação de seu contrato e nova contratação antes que tenham decorrido, no mínimo, dois anos desde o término de seu último contrato, criando-se alternância nos avaliadores das contas e garantindo maior segurança jurídica no sentido que os avaliadores, cientes da temporariedade de sua posição, não venham a comprometer seu mister em favor de integrantes da estrutura da entidade.

No tocante à comprovação do princípio da autorização hierárquica, constata-se que é decorrente do próprio caráter de moderação que o Conselho Nacional exerce sobre a Administração Nacional quando condiciona a alienação ou o gravame de imóveis, bem como o estabelecimento das regras de remuneração, promoção e reajuste de salários à aprovação dessas medidas pelo Conselho Nacional. Desse modo, ao proteger os bens de elevado valor, bem como limitar a possibilidade de ampliação dos gastos com pessoal, a função moderadora do Conselho Nacional acaba por dar efetividade também ao princípio do acesso limitado.

Quanto ao princípio do acompanhamento das transações, tem-se que este é exercido em nível nacional e regional pelas comissões de contas, as quais possuem a atribuição de fiscalizar o cumprimento da execução orçamentária dentro do nível hierárquico ao qual se encontram submetidas. Assim, a execução orçamentária do Departamento Nacional é acompanhada pela comissão de contas nacional, a quem incumbe, ao final do exercício financeiro, elaborar parecer sobre a execução orçamentária para ser encaminhado ao Conselho Nacional.

Além disso, confirma-se a existência de Código de Ética e Conduta, tanto em nível nacional quanto regional, com a presença de um Comitê de Ética com competência para receber e averiguar comunicações sobre condutas de colaboradores e representantes que possam constituir violações ao código[220]. Além disso, a estrutura remuneratória se revela adequada, com valores remuneratórios que superam a média funcional em alguns casos. Verifica-se, dessa forma, o cumprimento de todos os princípios de organização e funcionamento do controle interno.

---

[220] Disponível em: https://bucket-gw-cni-static-cms-si.s3.amazonaws.com/media/filer_public/dc/41/dc415951-ffbe-43c2-9281-f2d3973a2eaa/codigo-de-etica-final-web.pdf. Acesso em: 12 jan. 2020.

Capítulo 3 • ELEMENTOS CONSTITUTIVOS DOS SERVIÇOS SOCIAIS AUTÔNOMOS | **259**

Por outro lado, a Apex-Brasil, criada em 2003 por meio da Medida Provisória nº 106, posteriormente convertida na Lei nº 10.668, possui três órgãos dentro de sua estrutura interna: o Conselho Deliberativo, o Conselho Fiscal e a Diretoria Executiva. A estipulação das atribuições competiu ao Decreto nº 4.584/2003, o qual regulamentou a prestação de serviços da Apex-Brasil, sua estrutura e competência. Sua estrutura de funções foi separada em três órgãos, que dividem as funções diretivas, fiscalizatórias, de controle e gerenciais da entidade.

Decerto, ao Conselho Deliberativo incumbem os poderes diretivos da entidade, entre os quais se destaca a aprovação do orçamento, do balanço anual, a prestação de contas da Diretoria-Executiva e a política de atuação institucional da entidade. As funções fiscalizatórias e de controle são exercidas pelo Conselho Fiscal, a quem cabe fiscalizar as atividades administrativa, orçamentária, contábil e patrimonial da entidade, do Conselho Deliberativo e da Diretoria Executiva. Ademais, possui o poder de solicitar informações e esclarecimentos aos demais órgãos da Apex-Brasil relativos à sua função fiscalizadora.

Destarte, a Diretoria Executiva é responsável pela gestão direta da entidade, a qual deve ser exercida de modo acordante com a política estabelecida pelo Conselho Deliberativo, incumbindo-lhe o cumprimento do contrato de gestão, elaborar o balanço anual e a prestação de contas do contrato de gestão. Outra relevante característica da Diretoria Executiva é a previsão legal de estabelecimento de requisitos técnicos-profissionais mínimos para os membros[221], fator este que objetiva acertadamente estabelecer uma maior profissionalização da atividade gerencial da Diretoria Executiva, restrita, às pessoas que: (i) tenham concluído curso superior; (ii) possuam experiência comprovada no exercício de atividade, pública ou privada, diretamente ligada ao comércio exterior; e (iii) sejam fluentes no idioma inglês[222]. Por exemplo, esses requisitos foram decisivos para que o ex-presidente da Apex--Brasil, Alex Carreiro, passasse apenas oito dias na função e pedisse demissão do cargo em 9 de janeiro de 2019[223].

Derivada da observação da estrutura jurídica apresentada pela entidade, constata-se que a Apex-Brasil possui uma maior especialização de suas funções internas do que o Senai. Se, no Senai, as atividades de fiscalização se encontram aglutinadas com as atividades deliberativas do Conselho Deliberativo, na Apex-Brasil a acumulação não ocorre. Com efeito, há uma clara especialização dessas funções dentro da estrutura da Apex-Brasil, com a criação de um órgão específico e independente

---

[221] Cf. art. 6º, § 2º, do Decreto nº 4.584/2003.

[222] Cf. art. 16, § 2º, do Estatuto Social da Apex-Brasil.

[223] Disse o noticiário: "A decisão não foi surpresa: Carreiro só poderia permanecer no cargo se o estatuto da agência fosse alterado, isso porque ele não é fluente em inglês e não tem experiência no setor público na área de comércio exterior" (Disponível em: https://www.metro1.com.br/noticias/politica/66961,sem-fluencia-em-ingles-presidente-da-apex-pede-demissao. Acesso em: 23 dez. 2019).

para fiscalizar tanto o órgão diretivo quanto o de gestão, auxiliando no processo de controle da atividade. Observando-se a estrutura jurídica da Apex-Brasil, tem-se a existência acentuada da separação de funções e distinção de órgãos com atribuições específicas. Ao Conselho Deliberativo incumbe a criação de normas abstratas que guiarão a atuação da entidade bem como a aprovação dos atos de planejamento, como o planejamento estratégico e o plano de gestão de pessoal.

Destaca-se, de igual modo, as atribuições moderadoras do Conselho Deliberativo a quem incumbe a aprovação das alterações ao Estatuto Social da entidade, a aprovação do quadro de pessoal e de plano de cargos, salários e benefícios, bem como a fixação da remuneração dos membros da Diretoria Executiva. Ante tais características, o princípio da especialidade das funções se encontra devidamente cumprido no âmbito interno da Apex-Brasil. A crítica é que não há a previsão de que as atividades do Conselho Fiscal sejam auxiliadas por meio de uma auditoria independente, contratada de forma temporária, como o ocorre no caso do Senai. Nesse ponto, o parecer de uma auditoria externa, especialmente se realizada de acordo com padrões internacionalmente aceitos, dá credibilidade e transparência à atuação dos órgãos, qualidades que sempre devem ser almejadas por entidades cuja função precípua é a de garantia de direitos sociais promovidos com recurso públicos, e por si seriam bem-vindas como parte da estrutura hierárquica permanente da Apex-Brasil.

Quanto à questão da observância do princípio da autorização hierárquica, ao Conselho Deliberativo é atribuído o poder de deliberar sobre a alienação e a oneração de bens imóveis e a aceitação de doações com encargos, conforme consta de seu estatuto social[224]. Ante tal constatação, o Conselho Deliberativo atua como controlador de várias atividades exercidas pela Diretoria Executiva, aprovando as formas de atuação, os planos de trabalho, o orçamento, os planos de aplicação dos recursos e o plano de cargos, salários e benefícios, obedecendo-se o princípio da autorização hierárquica. Não obstante isso, diversamente do que acontece com o Senai, na Apex-Brasil, não há uma delimitação tão detalhada das matérias que requerem aprovação do Conselho Deliberativo, tendo o legislador optado por uma norma de cunho mais aberto e que possibilite ao Conselho Deliberativo mais liberdade para fixar limites para a atuação da Diretoria Executiva. Contudo, não se impede a constatação de que a Apex-Brasil cumpre com o princípio do acesso limitado, dada a existência de filtros institucionais que restringem o acesso dos funcionários e diretores aos bens da entidade.

O princípio do controle sobre transações é objeto de especial acompanhamento por parte de um órgão específico da Apex-Brasil, qual seja, o Conselho Fiscal. A presença de uma estrutura destacada com o objetivo precípuo de realizar a fiscalização de gastos, com especial foco nas gestões patrimonial, contábil, orçamentária e

---

[224] Interpretação do art. 9º do Estatuto Social da Apex-Brasil.

Capítulo 3 • ELEMENTOS CONSTITUTIVOS DOS SERVIÇOS SOCIAIS AUTÔNOMOS | **261**

administrativa, bem como o cumprimento dos mecanismos de controle, possuindo, inclusive, poderes para solicitar informações e esclarecimentos aos demais órgãos da entidade, é fato que, indubitavelmente, atesta o cumprimento do princípio do controle sobre transações.

De outro lado, a Apex-Brasil possui um Código de Ética[225], mas não se vislumbra, até o presente momento, a criação de um comitê para julgamento das infrações. Por sua vez, conforme se depreende da estrutura disponível no organograma organizacional da presidência da entidade[226], esta possui uma Gerência de Governança e *Compliance*, com uma Coordenação de Ouvidoria e Transparência. Desse modo, verifica-se, de um lado, a ausência de um órgão especificamente instituído para apurar desvio éticos dos funcionários e gestores da entidade e, de outro, uma estrutura que serve, de igual modo, para se alcançar esse objetivo.

Dessa maneira, tem-se que são parte da estrutura administrativa da Gerência de Governança e *Compliance* da Apex-Brasil: (i) a Coordenação de Processos e Gestão de Riscos; (ii) a Coordenação de Gestão de Desempenho Organizacional; (iii) a Coordenação de Planejamento e Projetos; e (iv) a Coordenação de Ouvidoria e Transparência. No tocante à remuneração, a Apex-Brasil pratica uma política remuneratória semelhante àquela praticada pelo Senai. Em face de tais características, averigua-se o cumprimento do princípio da adequada seleção.

A adoção de instrumentos de controle pelas entidades integrantes do serviço social autônomo atende não apenas a uma exigência legal de fiscalização e transparência das verbas recebidas pelas entidades, mas decorre do próprio objetivo social do serviço. Uma das principais características dessas entidades é, justamente, o seu caráter prospectivo, reconhecido por meio de uma longa história de inclusão e participação da sociedade em seu processo decisório e de planejamento de políticas públicas, além de instrumentos transformadores da realidade social do país por meio de suas iniciativas e programas, voltados ao fim social que almejam. Na atual estrutura globalizada, ganha força a visão de que não apenas o Estado, mas a sociedade como um todo, e as pessoas jurídicas em particular, devem ser instrumento de transformação positiva do meio no qual se encontram. Baseados nessa visão, cada vez mais, diversos atores socioeconômicos cobram das instituições uma postura mais transparente quanto a suas práticas econômicas, legais, éticas e discricionárias. Referida visão advém da concepção de que as entidades privadas devem ser não apenas instrumento de multiplicação dos benefícios econômicos, mas também dos benefícios sociais de sua atividade.

---

[225] Disponível em: http://www.apexbrasil.com.br/uploads/Co%CC%81digo%20de%20 E%CC%81tica_02032018.pdf. Acesso em: 1 jan. 2020.

[226] Disponível em: https://portal.apexbrasil.com.br/wp-content/uploads/2019/09/2019.11.14- -organograma-presidencia-com-gestores-rd-10-05.2019.pdf. Acesso em: 1 jan. 2020.

No plano jurídico, observa-se a existência explícita de normas jurídicas constitucionais concretizadoras dessa visão, eis que a República Federativa do Brasil tem como fundamentos a cidadania (art. 1º, inciso II), os valores sociais do trabalho (art. 1º, inciso IV) e o pluralismo político (art. 1º, inciso V). Em se tratando das entidades do serviço social autônomo, a dimensão de suas atividades, por constituírem o próprio fundamento de sua existência, acabam por adquirir especial relevância e justificar a adoção das medidas mais avançadas de cidadania corporativa como formas de fomento dos direitos sociais pela iniciativa privada.

Ademais, as entidades integrantes do serviço social autônomo são organizações vibrantes e cuja finalidade social sempre foi exercida em conjunto com um espírito que, muitas vezes, se antecipou às exigências legais expressas no plano da legislação infraconstitucional. Naturalmente, parte dessa característica advém da formação pluralística e democrática que, de modo geral, diferencia as entidades. Sendo assim, diversamente do que ocorre com as entidades governamentais, o serviço social autônomo deve contar com uma visão mais plural e uma clara obediência ao princípio democrático e de participação social, que lhe permitem ter uma visão dos problemas e das soluções necessárias para enfrentá-los, de modo a se conseguir efetividade na busca pelo seu fim social.

Nesse contexto, a valorização da integridade, da responsabilidade e da participação acabam por levar a uma mudança nos padrões de tomada de decisão, ultrapassando-se as fronteiras internas da organização e impactando positivamente na sociedade, processo que recebe o nome de sociabilidade corporativa, que, quando incorporada ao processo decisório, associa-se à própria identidade da organização e faz surgir o que se convencionou chamar de identidade corporativa. Por fim, quando a identidade se encontra arraigada na organização, criando-se uma identidade entre o pensar, o falar e o agir, acaba por reverberar na cultura organizacional e nasce um *status* de cidadania corporativa.

Porém, antes de se definir a cidadania corporativa, seus processos e características, importa diferenciar esse termo de outro mais conhecido, qual seja, a responsabilidade social corporativa, que é uma estratégia de maximização econômica e, ao mesmo tempo, uma prática socialmente responsável. No entanto, a estruturação da responsabilidade social corporativa ocorre como parte de uma estratégia de mercado para capturar valor e eventuais benefícios para a sociedade, são meras consequências incidentais. A implementação dessa estratégia é geralmente fundada em quatro argumentos: obrigação moral, sustentabilidade, licença para operar e reputação. Todavia, esses argumentos pecam ao focar exclusivamente na questão da tensão entre a instituição e a sociedade, quando, na realidade, seria melhor ressaltar a interdependência existente entre esses atores.

Por outro lado, a cidadania corporativa pressupõe que as corporações assumam o seu papel de administrar direitos de cidadania para os indivíduos. Essa presunção acaba por afastar a concepção de que a organização seria, ela própria, uma cidadã em si, atribuindo tal prerrogativa exclusivamente aos indivíduos. As organizações,

Capítulo 3 • ELEMENTOS CONSTITUTIVOS DOS SERVIÇOS SOCIAIS AUTÔNOMOS | **263**

assim, reconhecem o seu papel na administração de certos direitos de cidadania a certos grupos. Ressalta-se que não equivale dizer que as corporações seriam as únicas responsáveis pelo fornecimento desses direitos, mas significa que elas assumiram uma parte considerável de uma responsabilidade que antes ficava a cargo do Estado. Como contrapartida, as organizações buscam a conquista de ativos intangíveis para si, que permitam a sua atividade econômica saudável e a sua própria sobrevivência. A cidadania corporativa, dessa maneira, contribui para uma estratégia de diferenciação, ajudando-a a criar valor para sua reputação na sociedade e reforça os laços sociais entre a organização, os funcionários, o Estado e a sociedade em geral.

A implementação da cidadania corporativa não ocorre de uma forma linear e única, pois trata-se de progressão natural da internalização do papel social das organizações como provedora de direitos aos indivíduos, classificando-se a internalização de acordo com cinco estágios de sua implementação, a saber: (i) elementar – implica cumprimento dos deveres de acordo com as disposições da lei, prestando contas, distribuindo resultados e pagando seus tributos; (ii) engajado – desenvolvem-se programas voltados à proteção da comunidade do entorno da organização e a gerência já se posiciona de forma reativa às demandas sociais, agindo sob provocação; (iii) inovador – a gerência atua como responsável pelo atendimento das demandas sociais e o relacionamento com seu público estratégico passa a ser pautado pela mútua influência; (iv) integrado – tomam-se medidas efetivas rumo à linha de sustentabilidade ambiental, na qual as três preocupações fundamentais são as pessoas, o planeta e a atividade econômica[227]; e (v) transformador – provoca a criação de instrumentos de cidadania, utilizando-se da participação social para promover mudanças efetivas na sociedade e, igualmente, oferece instrumentos de avaliação e participação de forma pública e constante em sua prestação de contas[228].

Verifica-se, pois, que a busca pela concretização da cidadania corporativa possui clara ligação com as entidades do serviço social autônomo e com a concretização do princípio da igualdade. A finalidade social dessas entidades é algo que as acompanha desde a sua gênese, e, atualmente, tais entidades encontram-se em posição privilegiada para sua implementação transformadora, com o decisivo cumprimento do princípio da igualdade e seus corolários, como moralidade, publicidade, impessoalidade e desenvolvimento sustentável.

Nesse ponto sobre o princípio da isonomia, vale destacar duas lições de Jorge Miranda, ao afirmar que os direitos são para todos, mas, "[...] como nem todos se

---

[227] Cf. SLAPER, Tymothy F.; HALL, Tanya J. *The Triple Bottom Line: What Is It and How Does It Work?* Indiana Business Review. Disponível em: https://www.ibrc.indiana.edu/ibr/2011/spring/article2.html. Acesso em: 27 dez. 2019.

[228] Cf. ABREU, Monica Cavalvante Sá; LIMA, Bruno Chaves Correia; SILVA, Verbena Maria Medeiros da; CUNHA, Larissa Teixeira. *Rebrae – Revista Brasileira de Estratégia*. Curitiba, v. 6. n. 2, p. 165-177, maio/ago. 2013.

acham em igualdade de condições para os exercer, é preciso que essas condições sejam criadas ou recriadas através da transformação da vida e das estruturas dentro das quais as pessoas se movem [...]"[229], e que, conquanto

> [...] a superação destas ou daquelas desigualdades nunca seja definitiva e, por vezes, até venha acompanhada do aparecimento de novas desigualdades, o ideal de uma sociedade alicerçada na igualdade (ou na justiça) é um dos ideais permanentes da vida humana e um elemento crítico de transformação não só dos sistemas jurídicos mas também das estruturas sociais e políticas [...].[230]

Por fim, há que se analisar a legitimidade do controle da Controladoria-geral da União em relação às entidades do serviço social autônomo. Inicialmente, tem-se que essa entidade possui suas atribuições definidas na Lei nº 13.844/2019, entre as quais se encontram a defesa do patrimônio público, o controle interno, a auditoria pública, a correição, a prevenção e o combate à corrupção, as atividades de ouvidoria e o incremento da transparência da gestão no âmbito da administração pública federal[231]. Nesse sentido, verifica-se que, ao menos em um exame inicial, a CGU não possuiria qualquer competência para fiscalizar as entidades do serviço social autônomo, uma vez que estas não integram a estrutura da administração pública federal.

Por sua vez, o Decreto nº 3.591/2000, que institui o Sistema de Controle Interno do Poder Executivo, atribuiu à Controladoria-Geral da União um papel orientador a ser exercido perante os serviços sociais autônomos, recomendando-se providências de controle interno a essas entidades com o intuito de fortalecer sua gestão e seu controle. Essa atividade, contudo, encerrar-se-ia quando da criação do referido órgão pelas entidades, o que supostamente impediria a atuação da CGU após a criação do referido órgão.

Nesse rumo, contudo, deve-se avaliar o fundamento constitucional da CGU, que está expresso no art. 74 da CF, ao dizer que os Poderes Legislativo, Executivo e Judiciário manterão, de forma integrada, sistema de controle interno com a finalidade de: (i) avaliar o cumprimento das metas previstas no plano plurianual e a execução dos orçamentos da União; (ii) avaliar os resultados da aplicação de recursos públicos por entidades de direito privado; (iii) exercer o controle dos direitos e haveres da União; e (iv) apoiar o controle externo no exercício de sua missão institucional.

---

[229] MIRANDA, Jorge. *Direitos fundamentais*. 2. ed. Almedina: Coimbra, 2018. p. 289.

[230] MIRANDA, Jorge. *Manual de direito constitucional*. Tomo IV, 2. ed. Coimbra Editora: Coimbra, 1993. p. 204.

[231] Interpretação do art. 51 da Lei nº 13.844/2019.

Capítulo 3 • ELEMENTOS CONSTITUTIVOS DOS SERVIÇOS SOCIAIS AUTÔNOMOS | **265**

Diante dos fundamentos constitucionais expressos, não há dúvidas de que a CGU pode avaliar a questão da execução e o cumprimento dos resultados das dotações orçamentárias da União aplicadas aos serviços sociais autônomos e apoiar o TCU na sua missão de controle externo de analisar as contas dos serviços sociais autônomos e a observância dos princípios constitucionais administrativos.

Dessa maneira, a própria Lei nº 13.844/2019 estabelece que a CGU tem a missão de encaminhar à Advocacia-geral da União os casos que configurarem improbidade administrativa e aqueles que recomendarem a indisponibilidade de bens e o ressarcimento ao erário, e provocará, sempre que necessário, a atuação do Tribunal de Contas da União, da Secretaria Especial da Receita Federal do Brasil do Ministério da Economia, dos órgãos do Sistema de Controle Interno do Poder Executivo Federal e, quando houver indícios de responsabilidade penal, da Polícia Federal do Ministério da Justiça e Segurança Pública e do Ministério Público Federal (art. 51, § 4º).

Ademais, a mesma lei dispõe que os procedimentos e os processos administrativos de instauração e avocação facultados à CGU incluem aqueles de que tratam de improbidade administrativa e de responsabilização administrativa e civil de pessoas jurídicas pela prática de atos contra a administração pública, nacional ou estrangeira, desde que relacionados a lesão ou ameaça de lesão ao patrimônio público (art. 51, § 5º).

De mais a mais, como já pontuou o TCU, as entidades integrantes do Sistema S estão sujeitas "[...] à observância de princípios gerais que norteiam a execução da despesa pública, por gerirem recursos de natureza pública, podendo editar regulamentos próprios de licitações que guardem coerência com tais princípios [...]"[232]. Dessa maneira, as obrigações do serviço social autônomo são geridas pelas normas gerais das despesas públicas, em especial aquelas previstas na Lei nº 4.320/1964. Entre os referidos princípios, encontra-se o do controle da execução orçamentária, o qual prevê que órgão responsável pela elaboração da proposta orçamentária fica também responsável pelo controle do cumprimento de sua execução e abrange o cumprimento do programa de trabalho financeiro e de realização de obras e prestação de serviços[233].

Com base nessa sistemática constitucional e legal, tem-se que as entidades do serviço social autônomo contam com autonomia para dispor das verbas da forma que melhor atinja a concretização dos direitos sociais fundamentais e desde que respeitados os percentuais mínimos previstos na legislação para dispêndio. Por certo, a autonomia é objeto de investigação de sua aderência aos princípios da

---

[232] BRASIL. Tribunal de Contas da União. Acórdão 1584/2016. Relator Walton Alencar Rodrigues. Pleno, julgado em 22/06/2016, Ata 24/2016.

[233] Interpretação dos arts. 75 e 79 da Lei nº 4.320/1964.

despesa pública desde o momento da elaboração da proposta orçamentária até o julgamento das contas pelo TCU, após o término do exercício financeiro.

Desse modo, tem-se que é inquestionável a vinculação dos serviços sociais autônomos aos princípios gerais que dirigem a execução da despesa pública e aos princípios administrativos decorrentes da isonomia, especialmente moralidade, impessoalidade e publicidade, com a consequente atribuição da CGU de contribuir na avaliação finalística do cumprimento desses importantes princípios.

3.9 PODER CONSTITUCIONAL DE AUTORREGULAMENTAÇÃO E AUTOGESTÃO DE RECURSOS

A efetividade da existência dos serviços sociais autônomos como instrumentos de concretização dos direitos sociais previstos no art. 6º da CF decorre de sua maior liberdade de atuação em relação ao poder público, porquanto não lhe é aplicável o regramento mais rígido e burocrático que se aplica exclusivamente às entidades públicas. Essa maior liberdade de atuação, contudo, seria mera ficção jurídica se não houvesse garantias de que o Estado não poderia interferir na forma como utilizam seus recursos. Tal afirmação, por certo, não afasta a necessidade de controle finalístico das verbas utilizadas pelas entidades, apenas garante-lhes a liberdade de priorizar sua utilização e gerir os recursos que lhes são destinados de forma a se obter a maior efetividade na concretização dos direitos sociais.

Sobre a definição de atividade regulamentar, tem-se a relevante e esclarecedora lição aplicável ao Direito Constitucional brasileiro de Enrique Linde Paniagua:

> O poder regulamentar é um poder originário, atribuído pela Constituição ao Governo, que o exercerá de acordo com a constituição e as leis (artigo 97 CE), restando explicado o princípio básico que governa as relações entre o regulamento e a lei, que é o da subordinação da norma administrativa à norma parlamentar, consequência das posições do Governo e do Parlamento no ordenamento jurídico.[234]

Diante dessa lição, tem-se que o poder regulamentar é aquele exercido pelo Poder Executivo, dentro dos limites de competência que a lei fixa para sua atuação, por meio do qual exerce o seu poder normativo. Nessa senda, a regulamentação,

---

[234] Tradução do autor: "La potestad reglamentaria es una potestad originaria atribuida por la Constitución al Gobierno, que la ejercerá «de acuerdo con la Constitución y las leyes» (artículo 97 CE), quedando de esta forma expresado el principio básico que preside las relaciones entre el reglamento y la ley, esto es, el de subordinación de la norma administrativa a la norma parlamentaria, consecuencia de las posiciones del Gobierno y el Parlamento en el orden normativo" (PANIAGUA, Enrique Linde. *Fundamentos de derecho administrativo*: del derecho del poder al derecho de los ciudadanos. 4. ed. Madrid: Universidad Nacional de Educación a Distancia, 2012. p. 281).

Capítulo 3 • ELEMENTOS CONSTITUTIVOS DOS SERVIÇOS SOCIAIS AUTÔNOMOS | **267**

exercida dentro de um sistema jurídico hierarquizado, é ligada à ideia de complementação de normas de estrato superior fixando limites para a atuação dos agentes públicos, que, em vez de confiarem apenas nas disposições mais abstratas e gerais presentes na lei, são obrigados a cumprir, em caráter adicional, as normas mais concretas e específicas constantes dos regulamentos[235].

Além disso, o regulamento também presta auxílio à lei ou à norma superior objeto da regulamentação, visando atender à necessidade de ordenação jurídica da gestão pública que necessita de normas mais técnicas e ágeis e que, muitas vezes, não conseguem ser supridas pela dinâmica do Poder Legislativo, razão que justifica a ampliação da competência do Poder Executivo[236]. Imperioso ressaltar que o poder regulamentar necessita ser exercido pela autoridade competente para sua prolação, conforme previsto em lei ou na Constituição, sob pena de violação ao princípio constitucional da legalidade.

No caso específico das entidades que integram o serviço social autônomo, tem-se que sua criação foi determinada por lei com regulamentação do chefe do Poder Executivo, nos termos do art. 84, IV, da CF, submetendo-as ao regime jurídico de direito privado. Nessa ideia, a aceitação da possibilidade de criação de normas jurídicas por entidades privadas demanda muita atenção dos estudiosos, em virtude da possibilidade de pessoas jurídicas de direito privado, que se encontram investidas de poderes normativos de natureza pública não se confundirem com a criação de normas jurídicas emitidas em razão de um poder normativo puramente privado, como, por exemplo, o poder normativo do empregador no direito do trabalho com alcance restrito ao âmbito da empresa, que é exercido sobre os empregados ou o poder normativo de natureza privada contratual ou negocial com características de autonomia de vontade e liberdade.

Como parte do juízo de existência de um poder normativo privado de pessoas jurídicas investidas de poderes públicos, tem-se a existência implícita do conceito de norma jurídica, no sentido de um poder de prescrição, de eficácia geral ou limitada, que é juridicamente imposta, independentemente do consentimento de seus destinatários. Esse poder normativo e a lei não se confundem, porque esta, tanto em sentido formal quanto material, é compreendida como ato de autoridade pública, ao passo que aquele demanda a investigação da existência de um poder privado para emissão de normas jurídicas decorrentes da lei e que, igualmente, não se confunde com o contrato, em razão do caráter unilateral da norma jurídica que sujeita o indivíduo às suas disposições, enquanto o contrato pressupõe a capacidade das partes

---

[235] Cf. FRANCISCO, José Carlos. *Função regulamentar e regulamentos*. Rio de Janeiro: Forense, 2009. p. 215-216.

[236] Cf. FRANCISCO, José Carlos. *Função regulamentar e regulamentos*. Rio de Janeiro: Forense, 2009. p. 216.

de celebrarem um acordo de vontades ao qual se submetem[237]. Em outras palavras, o contrato traz consigo obrigações assumidas; a norma, obrigações impostas.

Dessa maneira, portanto, o conceito de poder normativo privado de pessoas jurídicas com poderes públicos se distingue dos regulamentos internos das entidades privadas que disciplinam as formas de conduta e são, na realidade, uma autorregulação privada e independente, cujas normas demandam a aquiescência do indivíduo. Destaca-se, por outro lado, que os códigos de conduta, quando dotados de força cogente para toda uma classe ou profissão, são resultado de expressas determinações legislativas.

Ademais, da análise da Constituição Federal, observa-se que não existe um monopólio público de criação das normas jurídicas, mas sim um monopólio acerca da criação de determinados tipos de norma jurídica. Desse modo, o art. 59 da Constituição Federal estabelece os atos que podem ser produzidos por meio do processo legislativo, e não a vedação à prática de outros atos normativos não previstos em seu corpo, tratando tão somente da vinculação das emendas à Constituição, das leis complementares, das leis ordinárias, das medidas provisórias, dos decretos legislativos e das resoluções ao adequado procedimento legislativo. Nada impede que outros atos normativos sejam praticados em outras esferas de poder, como ocorre, inclusive, na própria Constituição Federal ao possibilitar a criação de normas regulamentares pelo presidente da República. Sobre essa questão, a lição de Pedro Gonçalvez aplicável ao Direito Constitucional nacional, *in verbis*:

> A negação de um monopólio público da criação de normas jurídicas não implica, no entanto, aceitar as doutrinas da *pluralidade de ordenamentos jurídicos*, que apontam para uma recusa de "unicidade originária" do ordenamento jurídico estadual. Em vez disso e pelo menos de princípio, "basta" aceitar o *pluralismo das fontes de direito*.[238]

Nesse ímpeto, a aceitação da existência de poderes normativos de pessoas jurídicas privadas com poderes públicos não implica afastar o papel do Estado de dizer, em último caso, os preceitos que podem valer como norma jurídica, pois as espécies legislativas previstas no art. 59 possuem valor jurídico decorrente de sua própria força, enquanto a norma privada, para possui valor heteronômico, depende de autorização ou validação do Estado. Logo, a juridicidade da norma privada estudada decorre da conjugação de dois fatores: a criação da norma, com característica de autorregulação social e produzida fora da esfera estatal; e o reconhecimento estatal da referida norma, concedendo qualidade jurídica à prescrição privada, assim, validada a norma jurídica privada, passa-se a ter juridicidade.

---

[237] Cf. GONÇALVEZ, Pedro. *Entidades privadas com poderes públicos*: o exercício de poderes públicos de autoridade por entidades privadas com funções administrativas. Coimbra: Almedina, 2008. p. 695-699.

[238] Ibid., p. 703.

Capítulo 3 • ELEMENTOS CONSTITUTIVOS DOS SERVIÇOS SOCIAIS AUTÔNOMOS | **269**

Nessa senda, constatada a possibilidade de existência de norma jurídica privada de ordem geral e abstrata, submetida à validação estatal, faz-se necessário classificar as espécies desses atos normativos presentes no ordenamento jurídico: (i) executivos ou complementares; (ii) delegados; (iii) autorizados; e (iv) autônomos ou independentes.

Sendo assim, os regulamentos executivos ou complementares caracterizam-se por objetivarem dar executoriedade à lei, dando-lhe interpretação e complementariedade. Essa função interpretativa dos regulamentos é objeto de críticas, porquanto a corrente contrária à sua existência afirma que, em face do princípio da legalidade, é inócuo falar em atividade interpretativa e apenas seria legítima se estivesse dentro da moldura normativa existente na norma objeto de interpretação. Registra-se, porém, que, muitas vezes, a legislação regulada deixa a cargo de seu regulamento a definição do alcance de determinados institutos por ela trazidos, cabendo-lhe respeito à Constituição e ao texto normativo a ser interpretado. Desse modo, definem-se os decretos de execução como os instrumentos administrativos encarregados do desenvolvimento dos textos legais.

Por outro lado, os regulamentos delegados, a exemplo dos regulamentos executivos ou complementares, também encontram sua origem em lei prévia que delegue ou habilite a exercer a competência regulamentar em determinadas matérias e adentram em matéria que, inicialmente, não seria de sua competência. Assim sendo, entende-se que não é permitida a possibilidade pela Constituição Federal, porque apenas permite o exercício de delegação legislativa na hipótese do art. 68 da Constituição Federal e o fundamento de restrição constitucional aos regulamentos delegados encontra força, também, na redação do art. 25, I, do Ato das Disposições Constitucionais Transitórias (ADCT), o qual revoga expressamente a ação normativa delegada pelo Congresso Nacional ao Poder Executivo[239]. Ante tais fundamentos, o Direito brasileiro não recepciona os regulamentos delegados.

Por outro lado, os regulamentos autorizados possuem tratamento jurídico diverso, e a lei confere permissão para o regulamento dispor de determinadas matérias que já foram ajustadas, com certo grau de densidade, na própria lei. Essa espécie de poder regulamentar é encontrada no Direito americano, tendo sido criada por meio de construção jurisprudencial, e, no Brasil, não há previsão constitucional expressa de sua aplicabilidade. Marcílio da Silva Ferreira Filho, reconhecendo a inexistência de previsão constitucional desse instituto, defende a sua utilização como forma de fazer frente a uma realidade na qual há "[...] densidade cada vez menor de preceitos legislativos, é um dos preceitos utilizados para viabilizar as novas funções do Estado

---

[239] "Art. 25. Ficam revogados, a partir de cento e oitenta dias da promulgação da Constituição, sujeito este prazo a prorrogação por lei, todos os dispositivos legais que atribuam ou deleguem a órgão do Poder Executivo competência assinalada pela Constituição ao Congresso Nacional, especialmente no que tange a: I – ação normativa."

[...]"[240]. Em algumas oportunidades, o STF analisou a possibilidade de criação de regulamentos autorizados, tendo proferido decisões divergentes sobre o tema. No julgamento da ADI 3.232, entendeu a Corte Suprema pela impossibilidade de autorização na hipótese de o Poder Executivo aumentar despesas financeiras[241]. Por outro lado, ao julgar o Recurso Ordinário em Mandado de Segurança (RMS) n° 28.456/ DF, no qual se discutiam os Decretos n° 752/1993 e n° 2.536/1998 e a Resolução Mpas/Cnas n° 46/1994, que regulamentaram as Leis n° 8.742/1993 e n° 8.909/1994 para estabelecer o percentual mínimo de 20% de atendimentos gratuitos para que as entidades beneficentes façam jus à imunidade prevista no art. 150, inciso I, alínea c da Constituição Federal, restou consignada a constitucionalidade dos referidos regulamentos que se enquadravam na categoria de regulamentos autorizados, *in verbis*:

RECURSO ORDINÁRIO EM MANDADO DE SEGURANÇA CONTRA ACÓRDÃO DO SUPERIOR TRIBUNAL DE JUSTIÇA. RENOVAÇÃO DO CERTIFICADO DE ENTIDADE BENEFICENTE DE ASSISTÊNCIA SOCIAL – CEBAS. APLICAÇÃO DE VINTE POR CENTO DA RECEITA BRUTA EM GRATUIDADE. EXIGÊNCIA DOS DECRETOS N. 752/1993 E 2.536/1998 E DA RESOLUÇÃO MPAS/CNAS N. 46/1994. RECURSO ORDINÁRIO EM MANDADO DE SEGURANÇA NÃO PROVIDO. [...]

2. O *Decreto n. 2.536/1998 e a Resolução MPAS/CNAS n. 46/1994 são regulamentos autorizados pelas Leis n. 8.742/1993 e 8.909/1994.*

3. Não há ofensa ao art. 150, inc. I, da Constituição da República, pois esse dispositivo exige lei para instituição ou aumento de tributos e não cuida do estabelecimento de requisito a ser cumprido por entidade beneficente a fim de obter imunidade ao pagamento de tributos.

[...]

7. Recurso ordinário em mandado de segurança não provido.[242] (Grifos nossos)

Por certo, tem-se que a maior parte da doutrina e da jurisprudência entendem pela inadequação do decreto autorizativo à realidade constitucional brasileira[243].

---

[240] FERREIRA FILHO, Marcílio da Silva. *Poder regulamentar*: aspectos controvertidos no contexto da função regulatória. Rio de Janeiro: Lumen Juris, 2016. p. 89-90.

[241] Cf. BRASIL. Supremo Tribunal Federal. ADI 3232, Relator(a): Min. Cezar Peluso, Tribunal Pleno, julgado em 14/08/2008, DJe-187 DIVULG 02/10/2008 PUBLIC 03/10/2008 EMENT VOL-02335-01 PP-00044 *RTJ* VOL-00206-03 PP-00983.

[242] BRASIL. Supremo Tribunal Federal. RMS 28456, Relator(a): Min. Cármen Lúcia, Primeira Turma, julgado em 22/05/2012, Acórdão Eletrônico DJe-112 DIVULG 08/06/2012 PUBLIC 11/06/2012 *RT* v. 101, n. 925, 2012, p. 573-588.

[243] Cf. Superior Tribunal De Justiça. REsp 279.168/SC, Rel. Ministro Humberto Gomes de Barros, Primeira Turma, julgado em 01/03/2001, *DJ* 09/04/2001, p. 335; Supremo Tri-

Capítulo 3 • ELEMENTOS CONSTITUTIVOS DOS SERVIÇOS SOCIAIS AUTÔNOMOS | **271**

Destarte, deve ser reconhecido que, inobstante essa modalidade de regulamento eventualmente apresentar vantagens em um contexto de redução da participação direta do Estado na sociedade, o arcabouço jurídico necessário para sua utilização nos preceitos constitucionais vigentes ainda precisa ser desenvolvido.

Os regulamentos autônomos ou independentes, por sua vez, destacam-se pela sua independência em relação à lei no tocante à necessidade de existência de norma legislativa infraconstitucional que fixe a sua regulação. A Constituição Federal de 1988, com redação dada pela Emenda Constitucional nº 32/2001, traz o fundamento constitucional a essa espécie de regulamento ao estabelecer a competência privativa do presidente da República para dispor, mediante decreto, sobre organização e funcionamento da administração federal, quando não implicar aumento de despesa nem criação ou extinção de órgãos públicos e sobre a extinção de funções ou cargos públicos, quando vagos, podendo delegar essas atribuições aos ministros de Estado, ao procurador-geral da República ou ao advogado-geral da União, que observarão os limites traçados nas respectivas delegações (art. 84, VI, parágrafo único). Por óbvio, qualquer outra espécie de regulamento independente como forma de criação de direitos e obrigações enseja uma situação de conflito normativo direto com o princípio da legalidade constitucional, o qual não admite alterações na esfera privada, senão por meio de lei, e desde que respeitadas as demais garantias constitucionais.

Realizada a análise sobre as formas de exercício do poder de regular por pessoas jurídicas privadas com poderes públicos, a conclusão é que o sistema constitucional brasileiro apenas admite o exercício do poder regulamentar na modalidade de execução, sendo que as demais espécies normativas tradicionalmente estudadas pela doutrina não contam com a validação jurisprudencial ou constitucionalmente adequada à sua eficácia no ordenamento jurídico brasileiro, embora reconheça amplos poderes regulamentares para o chefe do Poder Executivo.

Nessa senda, cabe registrar a forma de atuação das entidades do serviço social autônomo como pessoas jurídicas de regime privado que possuem poder normativo para elaborar suas formas de contratação de pessoal, serviços e aquisição de bens. Desse modo, em razão de serem destinatárias de verbas públicas, são objeto de fiscalização finalística de seus recursos por órgãos de controle do Executivo e do Legislativo, devendo observar os princípios da Administração Pública e das despesas públicas em todas as suas atuações.

---

bunal Federal. ADI 561 MC, Relator(a): Min. Celso de Mello, Tribunal Pleno, julgado em 23/08/1995, *DJ* 23/03/2001 PP-00084 EMENT VOL-02024-01 PP-00056; Supremo Tribunal Federal. ADI 311 MC, Relator(a): Min. Carlos Velloso, Tribunal Pleno, julgado em 08/08/1990, *DJ* 14/09/1990 PP-09423 EMENT VOL-01594-01 PP-00023; CARDOSO, Henrique Ribeiro. *O poder normativo das agências reguladoras*. 2. ed. rev. e atual. Rio de Janeiro: Lumen Juris, 2016. p. 145.

Desse modo, se, de um lado, não lhes é aplicável o regime jurídico das pessoas de direito público, com a consequente subordinação à necessidade de contratação de fornecedores por meio de procedimentos licitatório e de pessoal por concurso público, ainda assim, precisam os serviços sociais autônomos cumprirem as determinações constitucionais mais abertas, de forma a se assegurar que as verbas por elas recebidas tenham a destinação legal para o seu fim social devidamente observadas. Em razão dessas características, as entidades do serviço social autônomo possuem liberdade e autonomia para editar regulamento disciplinando a contratação de serviços, bens e pessoal, de forma simplificada.

Sendo assim, a inaplicabilidade da lei de licitações decorre de seu regramento constitucional, previsto no art. 37, XXI, da Constituição Federal, o qual vincula a obrigatoriedade de procedimento licitatório apenas à "administração pública direta e indireta de qualquer dos Poderes da União, dos estados, do Distrito Federal e dos municípios", deixando de incluir nesse rol as entidades do serviço social autônomo. Estas, de igual modo, não constam do rol de subordinados constantes do art. 1º, parágrafo único, da Lei nº 8.666/1993[244]. Diante de tal posicionamento jurídico, o TCU firmou o entendimento consagrado, segundo o qual não é exigível das entidades do serviço social autônomo o cumprimento da lei de licitações, *in verbis*:

> Denúncia procedente, em parte. Inspeção realizada no local, objetivando apuração dos fatos constantes da peça acusatória relacionados com problemas em processos licitatórios e contratação de pessoal. Natureza jurídica dos serviços sociais autônomos. Inaplicabilidade dos procedimentos estritos da Lei 8.666 ao Sistema S. Necessidade de seus regulamentos próprios. Uso de recursos parafiscais impõe necessidade de obediência aos princípios gerais da legislação federal pertinente. Importância da Auditoria Operacional. Determinações. Conhecimento. Juntada às contas ordinárias (fls. 54/55).[245]

Consoante lição extraída do julgado anteriormente transcrito, a obrigatoriedade de cumprimento das regras de direito público deve estar restrita ao conteúdo principiológico aplicável à Administração Pública e seu orçamento, tendo liberdade de formular seus regulamentos de forma mais simples que a Administração Pública. Desse modo, as normas de cunho regulamentar editadas são, em virtude da natureza jurídica das entidades do serviço social autônomo, de cunho privado, mas dotadas de valor heteronômico, porquanto aplicáveis a todos os que desejarem

---

[244] "Subordinam-se ao regime desta Lei, além dos órgãos da administração direta, os fundos especiais, as autarquias, as fundações públicas, as empresas públicas, as sociedades de economia mista e demais entidades controladas direta ou indiretamente pela União, Estados, Distrito Federal e Municípios."

[245] BRASIL. Tribunal de Contas da União. Decisão 907/1997. Plenário. Rel. Lincoln Magalhães da Rocha. Julgado em 11/12/1997. Ata 53/1997 – Plenário.

Capítulo 3 • ELEMENTOS CONSTITUTIVOS DOS SERVIÇOS SOCIAIS AUTÔNOMOS | **273**

contratar com a entidade, razão pela qual suas normas possuem caráter cogente para todos os cidadãos, de forma independente e autônoma.

Finalmente, constata-se que o poder público não possui autorização constitucional para realizar, por meio de legislação infralegal, qualquer revisão das normas de licitação editadas pelas entidades do serviço social autônomo, sendo a competência fiscalizatória do Estado restrita à verificação da aderência das normas editadas aos princípios administrativos vigentes no ordenamento jurídico, conforme entendimento acertado do TCU. Veja-se:

> Em julgados recentes (Decisão nº 907/97, Plenário, Decisão nº 080/98 2ª Câmara, Acórdão nº 023/98, 1ª Câmara, entre outros), tem-se solidificado no TCU o entendimento, do qual compartilho, de que a fiscalização a ser exercida sobre esses entes deve-se ater mais à efetividade na concretização de seus objetivos e metas do que à observância dos estritos procedimentos da Lei nº 8.666/93, sendo permitida a elaboração de regulamentos internos de licitações e contratos com procedimentos simplificados e adequados às especificidades daquelas entidades, obviamente respeitados os princípios constitucionais e legais aplicáveis à despesa pública.[246]

Tem-se, pois, que o poder de regulamentação existente no âmbito dos serviços sociais autônomos significa o poder dessas entidades de criar normas jurídicas privadas, às quais devem se submeter todas as pessoas, jurídicas ou privadas, que queiram com elas contratar, excetuando-se, de toda forma, a relação jurídica havida diretamente entre essas entidades e os beneficiários de seus serviços sociais.

Realizada a análise acerca do poder de autorregulação das entidades integrantes do serviço social autônomo, impende-se tratar, em sequência, dos fundamentos, da forma e dos limites de seu poder de autogestão. Inicialmente, define-se como elemento do poder de autogestão a capacidade das entidades de elaborar seus orçamentos, elegendo suas prioridades, definindo seus quadros de cargos e salários, mediante políticas internas próprias.

Dessa maneira, por exemplo, partindo-se do arcabouço jurídico que criou e regula o Senai, tem-se a moldura jurídica do poder de autogestão aplicável à essa entidade. Assim sendo, sua criação foi efetuada por meio do Decreto-lei nº 4.048/1942, posteriormente complementado pelo Decreto-lei nº 4.936/1942, e a lei instituidora não particularizou a forma de gestão de seus recursos ou de eventuais controles aplicáveis. Nesse rumo, os arts. 11 e 13 da Lei nº 2.613/1955 estabeleceram que o Sesi, o Senac, o Sesc e o Senai são obrigados a elaborar, anualmente, um orçamento geral, cuja aprovação cabe ao presidente da República, que englobe as previsões

---

[246] BRASIL. Tribunal de Contas da União. Acórdão 139/1999. Primeira Câmara. Rel. Marcos Vilaça. Julgado em: 27/04/1999. Ata 13/1999 – Primeira Câmara.

de receitas e as aplicações dos seus recursos e a remeter ao Tribunal de Contas, no máximo até 31 de março do ano seguinte, as contas da gestão anual, acompanhadas de sucinto relatório do presidente, indicando os benefícios realizados.

Nessa senda, a regulação infralegal da matéria ocorreu por meio do Decreto nº 494/1962, que criou o Regimento do Senai e estabeleceu algumas obrigações, a saber: (i) formulação de orçamento a ser aprovado, na época da aprovação do regimento, pelo presidente da República; (ii) competência do Conselho Nacional para aprovar, em verbas globais, o orçamento do Departamento Nacional, bem como homologar o plano de contas do Departamento Nacional e dos Departamentos Regionais; (iii) possibilidade de o Departamento Nacional verificar as contas dos Departamentos Regionais, quando receber determinação do Conselho Nacional; (iv) competência do Conselho Regional para aprovar, em verbas globais, o orçamento do Departamento Regional; e (v) competência do Departamento Regional, sujeito à aprovação do Conselho Regional, para estabelecer a localização e os planos de instalação de escolas, cursos de aprendizagem e cursos extraordinários para maiores de 18 anos[247].

Assim sendo, a legislação deu liberdade ao Senai, por meio dos seus diversos órgãos, para estabelecer as prioridades que entender necessárias para atingir seu fim social, com restrições de vinculações de percentagens específicas de verbas para a ampliação de escolas e cursos e a manutenção de escolas e cursos em localidades nas quais a arrecadação não seja suficiente para a manutenção do nível mínimo de ensino julgado necessário pela entidade[248].

Apesar da existência de algumas restrições à forma como o Senai pode dispor de partes de suas verbas, o fato não possui o condão de afetar a sua discricionariedade no que diz respeito à possibilidade de estabelecimento de prioridades e à implementação de políticas internas voltadas à concretização de seu fim social. Em verdade, as normas regulamentares não retiram do Senai o poder de gerir seus recursos, objetivando-se dar o mínimo de estrutura para suas operações, garantindo o financiamento de seus órgãos e a existência de verbas suficientes para a concretização de seus objetivos. Desse modo, tem-se que os órgãos de direção do Senai são livres para estabelecerem suas políticas de prestação de serviços, sem hierarquia ou tutela supletiva ou substitutiva do chefe do Poder Executivo ou de entidades estranhas ao seu sistema, razão pela qual se entende que possui o poder de autogestão.

De outro lado, ao se analisar a norma instituidora da Apex-Brasil, a Lei nº 10.668/2003, que criou a entidade, previu duas modalidades de financiamento, quais sejam: repasses de dotações orçamentárias fundamentados em contrato de gestão e contribuições tributárias. No caso da Apex-Brasil, a norma instituidora

---

247 Interpretação dos arts. 10, 19, 34 e 40 do Decreto nº 494/1962.
248 Interpretação do art. 51 do Decreto nº 494/1962.

Capítulo 3 • ELEMENTOS CONSTITUTIVOS DOS SERVIÇOS SOCIAIS AUTÔNOMOS | **275**

originária adentrou não apenas na questão da forma de financiamento da entidade, como também na vinculação da entidade às metas, aos prazos, aos objetivos e às responsabilidades que deverão ser respeitados na execução do contrato, estabelecendo, ainda, a necessidade de estipulação de critérios objetivos para avaliação da gestão dos recursos que serão repassados à entidade. Ao contrato de gestão, estabeleceu-se a responsabilidade pela fixação de critérios e limites para a despesa com remuneração e vantagens aplicáveis a todos os empregados e a base sobre a qual o orçamento da Apex-Brasil é avaliado[249].

Ao regulamentar o funcionamento da entidade, o Decreto n° 4.584/2003 determinou que os critérios objetivos do contrato de gestão deveriam conter, no mínimo: (i) objetivos e metas da Apex-Brasil, com planos de ação anuais, prazos de execução e indicadores para avaliação de seu desempenho; (ii) demonstrativo que permite a inquirição da compatibilidade dos planos de ação anuais com seu orçamento e cronograma de desembolso; (iii) responsabilidade dos signatários em relação ao atingimento dos objetivos e metas definidos; (iv) penalidades que serão aplicadas em caso de descumprimento dos objetivos e metas, prevendo a aplicação de forma proporcional ao grau de descumprimento[250].

O próprio contrato de gestão atualmente vigente, por sua vez, estabeleceu obrigações adicionais, como a obrigação de a Diretoria Executiva da entidade realizar a contratação de um serviço de auditoria independente para efetuar as verificações das demonstrações contábeis e financeiras. O contrato de gestão realiza, ainda, a limitação dos valores que poderão ser destinados ao pagamento de pessoal e a limitação da quantidade de cargos de confiança[251].

Desse modo, em sua atuação na busca do fim social de que foi incumbida, a Apex-Brasil usufrui de margem de discricionariedade e capacidade de gerir, de forma autônoma, a sua atividade. Embora o contrato de gestão e a legislação avancem sobre alguns temas ligados à vinculação de verbas e gestão da entidade, à exemplo da remuneração e do provimento de cargos de confiança, o que se verifica da análise da estrutura da entidade é que a sua capacidade gerencial se mantém.

O contrato de gestão mantém a autonomia gerencial da Apex-Brasil e assegura a autonomia para definição da contratação e administração de pessoal, bem como lhe dá a possibilidade de fixar o seu plano estratégico e elaborar o seu orçamento e

---

[249]   Interpretação do art. 9°, II, da Lei n° 10.668/2003.

[250]   Interpretação do art. 7°, § 5°, do Decreto n° 4.584/2003.

[251]   Disponível em: http://www.apexbrasil.com.br/uploads/Contrato%20de%20 Gest%C3%A3o%20MDIC%20e%20Apex-Brasil%202016-2019_de%2006.05.2016_Anexos%20Assinados.pdf. Acesso em: 26 dez. 2019. 1° Termo aditivo ao contrato. Disponível em: https://portal.apexbrasil.com.br/wp-content/uploads/2019/02/portal.apexbrasil.com.br--primeiro-termo-aditivo-ao-contrato-de-gestao-2016-2019-1-ta-contrato-de-gestao-2016--2020-apex-brasil-x-mre-final-assinado-2.pdf. Acesso em: 28 dez. 2019.

os planos de ações anuais[252]. Assim sendo, tem-se que sua competência para gerir os próprios recursos e pessoal demonstra a existência de discricionariedade interna para efetuar a remuneração de seu pessoal, estabelecer metas, critérios de promoção e efetuar o planejamento de suas atividades e despesas, desde que demonstrada a pertinência dessas atividades com seu fim social e com os objetivos e planejamento traçado no contrato de gestão. Em face disso, entende-se pela presença do poder de autogestão dentro da estrutura normativa aplicável à entidade.

Os exemplos supracitados demonstram as duas formas de autogestão existentes dentro dos serviços sociais autônomos. Em ambas há necessidade de submissão do orçamento para aprovação do Poder Executivo, mas não lhe cabe emendar a proposta que lhe é apresentada, podendo apenas rejeitá-la baseado em critério objetivos. Ou seja, em nenhum dos casos existe tutela supletiva ou substitutiva do Poder Executivo, sem poder de suprir as omissões e assumir as responsabilidades que são legalmente dos serviços sociais autônomos. De igual modo, identifica-se a existência de normas disciplinando limites orçamentários e locais nos quais sua execução é obrigatória, definidos em razão do fim social a que se destina cada entidade, mas sem prejuízo da sua autonomia gerencial dentro dos limites legais.

Por fim, a vinculação das entidades que se organizam pela modalidade de contrato de gestão preserva ainda mais a sua autonomia nos casos da APS – Rede Sarah, Apex-Brasil, ABDI e Anater. Nesses casos, embora haja uma maior supervisão da execução dos serviços por parte do poder público, a supervisão fica adstrita à observância do contrato de gestão, de forma a se preservar o fim social da entidade. Decerto, comprova-se que, em ambas as formas de organização, a capacidade de autogestão se encontra preservada, restando limitada apenas por normas jurídicas que visam dar maior garantia à concretização do fim social dessas entidades, não lhes retirando, contudo, a autonomia gerencial necessária para o desenvolvimento de suas atividades.

3.10 FINANCIAMENTO PÚBLICO: DOTAÇÕES ORÇAMENTÁRIAS E CONTRIBUIÇÕES TRIBUTÁRIAS

As entidades integrantes do serviço social autônomo são entidades privadas que não integram a Administração Pública e possuem a finalidade de concretizar direitos sociais mediante a prestação de serviços ordinariamente identificados com o Estado após a Constituição Federal de 1988. Nessa senda, para que possam concretizar esses fins sociais e prestar relevantes serviços em prol da sociedade, essas entidades necessitam de instalações físicas, contratação de pessoal e fornecedores, aquisição de equipamentos e realização de despesas necessárias à busca de seus

---

[252] Interpretação do art. 9º, inc. II, da Lei nº 10.668/2003 e das cláusulas terceira, 11ª e 14ª do primeiro termo aditivo ao contrato de gestão atual.

Capítulo 3 • ELEMENTOS CONSTITUTIVOS DOS SERVIÇOS SOCIAIS AUTÔNOMOS | **277**

objetivos. Em razão disso, precisam de recursos com os quais possam financiar suas atividades e remunerar seu pessoal.

As entidades do serviço social autônomo têm como fonte principal de receitas as contribuições tributárias, ressalvando-se a Adaps[253], a Aps[254] e a Anater[255] como únicas exceções a essa regra no plano federal, que possuem exclusivamente como financiamento dotações orçamentárias decorrentes da implementação do contrato de gestão. Com ambas as fontes de custeio originadas de receitas, tem-se que a forma de financiamento dessas entidades é essencialmente pública, ainda que possam obter outras fontes, como rendas oriundas de prestação de serviços, da alienação ou da locação de seus bens ou receitas operacionais.

As contribuições tributárias são instituídas pela União com fundamento no art. 149 da Constituição Federal, *in verbis*:

> Art. 149. Compete exclusivamente à União instituir contribuições sociais, de intervenção no domínio econômico e de interesse das categorias profissionais ou econômicas, como instrumento de sua atuação nas respectivas áreas, observado o disposto nos arts. 146, III, e 150, I e III, e sem prejuízo do previsto no art. 195, § 6º, relativamente às contribuições a que alude o dispositivo.

Da leitura da norma constitucional, elencam-se três modalidades de contribuições: as sociais, as de intervenção no domínio econômico e as de interesse de categorias profissionais ou econômicas. As referidas contribuições possuem natureza jurídica tributária autônoma, diferente de impostos, taxas, contribuições de melhoria ou empréstimo compulsório, conforme reconhecido pelo Supremo Tribunal Federal, no julgamento do Recurso Extraordinário nº 138.284/CE[256] e no do Recurso Extraordinário nº 177.137-2/RS[257]. Outra característica singular dessas contribuições é a destinação da sua arrecadação, pois nem sempre é destinada ao Estado, mas também a pessoas jurídicas que não integram, diretamente, a estrutura administrativa estatal, como as autarquias e as entidades privadas que colaboram com o poder público.

As contribuições sociais, desse modo, foram implementadas com o objetivo de viabilizar a entrega do bem-estar social e são submetidas ao princípio da

---

[253]   Interpretação do art. 8º da Lei nº 13.958/2019.

[254]   Interpretação do art. 3º da Lei nº 8.246/1991.

[255]   Interpretação do art. 18 da Lei nº 12.897/2013.

[256]   BRASIL. Supremo Tribunal Federal. RE 138284, Relator(a): Min. Carlos Velloso, Tribunal Pleno, julgado em 01/07/1992, *DJ* 28/08/1992 PP-13456 EMENT VOL-01672-03 PP-00437 *RTJ* VOL-00143-01 PP-00313.

[257]   BRASIL. Supremo Tribunal Federal. RE 177137, Relator(a): Min. Carlos Velloso, Tribunal Pleno, julgado em 24/05/1995, *DJ* 18/04/1997 PP-13788 EMENT VOL-01865-05 PP-00925.

278 | SISTEMA S: FUNDAMENTOS CONSTITUCIONAIS • *Edvaldo Nilo de Almeida*

solidariedade, o qual preconiza que todos, indistintamente, inclusive os aposenta-dos, devem contribuir para o bem-estar da população em geral. Com base nesse princípio, tem-se que todas as pessoas, físicas ou jurídicas, devem contribuir para o bem-estar social. A garantia do bem-estar social foi implementada na Constituição Federal mediante a positivação de direitos que demandam, em sua maior parte, ações afirmativas por parte do Estado. Como resultado da necessidade de financiamento para a realização das ações afirmativas necessárias à concretização desses direitos, o constituinte criou as contribuições sociais. Desse modo, por exemplo, são espécies de contribuições sociais a contribuição previdenciária, instituída com o intuito de financiar a seguridade social, incidindo sobre valores de propriedade de empre-gados e empresa, conforme previsão do art. 195 da Constituição Federal[258]. Para auxiliar com o financiamento da educação, noutro exemplo, tem-se a contribuição social do salário educação, prevista no § 5º do art. 212 da Constituição Federal[259].

As Contribuições para Intervenção no Domínio Econômico (Cide) têm como objetivo financiar fomentar determinados setores da economia, intervindo em determinado setor ou ramo da atividade econômica, com vistas à redução das desigualdades sociais e regionais. O objetivo é que o produto da arrecada-ção seja revertido em favor da sociedade, mediante políticas econômicas que traduzam benefício social. Desse modo, o benefício direto para o sujeito passivo não é característica da Cide, tendo o STJ firmado o entendimento de que essa contribuição não goza de referibilidade[260]. Atualmente, existem contribuições de intervenção no domínio econômico incidentes sobre diversos setores, como a de financiamento do Sebrae, da Apex-Brasil, da Abdi e da Embratur, prevista

---

[258] "Art. 195. A seguridade social será financiada por toda a sociedade, de forma direta e in-direta, nos termos da lei, mediante recursos provenientes dos orçamentos da União, dos Estados, do Distrito Federal e dos Municípios, e das seguintes contribuições sociais: I – do empregador, da empresa e da entidade a ela equiparada na forma da lei, incidentes sobre: a) a folha de salários e demais rendimentos do trabalho pagos ou creditados, a qualquer título, à pessoa física que lhe preste serviço, mesmo sem vínculo empregatício; b) a receita ou o faturamento; c) o lucro. II – do trabalhador e dos demais segurados da previdência social, podendo ser adotadas alíquotas progressivas de acordo com o valor do salário de contribuição, não incidindo contribuição sobre aposentadoria e pensão concedidas pelo Regime Geral de Previdência Social."

[259] Art. 212, § 5º: "A educação básica pública terá como fonte adicional de financiamento a contribuição social do salário-educação, recolhida pelas empresas na forma da lei".

[260] BRASIL. Superior Tribunal de Justiça. REsp 895.596/SC, Rel. Ministra Eliana Calmon, Segunda Turma, julgado em 08/05/2007, DJ 23/05/2007, p. 255.

Capítulo 3 • ELEMENTOS CONSTITUTIVOS DOS SERVIÇOS SOCIAIS AUTÔNOMOS | **279**

no art. 8º, §§ 3º e 4º, da Lei nº 8.029/1990[261]; a de combustíveis[262], prevista no art. 177, § 4º, da Constituição Federal; o adicional de frete para a renovação da marinha mercante, previsto na Lei nº 10.893/2004; e a contribuição para o desenvolvimento da indústria cinematográfica, denominada de Condecine, criada pela Lei nº 10.454/2002, entre outras.

Já as contribuições das categorias profissionais ou econômicas possuem como elemento comum o interesse de determinada categoria. Esse é o caso das contribuições para financiamento do Senai, do Sesi, do Senac, do Sesc, do Senar, do Sest, do Senat, do Sescoop, bem como o das entidades de fiscalização do exercício profissional, excetuando-se dessa modalidade a contribuição para a Ordem dos Advogados do Brasil (OAB), em razão de essa entidade possuir natureza *sui generis*, segundo o STF[263].

Como outra forma de financiamento, apresenta-se o contrato de gestão entre o Poder Executivo e o serviço social autônomo como o instrumento jurídico pelo qual se consolida o escopo de atuação da entidade, a qual recebe do Poder Executivo as metas, os objetivos, os prazos e as responsabilidades contratuais, bem como os critérios a serem utilizados para avaliação da destinação das verbas orçamentárias que serão repassadas e eventuais limitações de gastos. Para execução das atividades propostas pelo contrato de gestão, a entidade elabora um orçamento e o submete à aprovação do Poder Executivo, o qual reflete se as despesas estão de acordo com o plano de ação que lhe foi apresentado, bem como sua aderência ao contrato de

---

[261] Art. 8º, § 3º: "Para atender à execução das políticas de apoio às microempresas e às pequenas empresas, de promoção de exportações, de desenvolvimento industrial e de promoção internacional do turismo brasileiro, fica instituído adicional às alíquotas das contribuições sociais relativas às entidades de que trata o art. 1º do Decreto-lei nº 2.318, de 30 de dezembro de 1986, de: a) um décimo por cento no exercício de 1991; b) dois décimos por cento em 1992; e c) três décimos por cento a partir de 1993. § 4º O adicional de contribuição a que se refere o § 3º será arrecadado e repassado mensalmente pelo órgão ou pela entidade da administração pública federal ao Serviço Brasileiro de Apoio às Micro e Pequenas Empresas – Sebrae, à Agência de Promoção de Exportações do Brasil – Apex-Brasil, à Agência Brasileira de Desenvolvimento Industrial – ABDI e à Embratur – Agência Brasileira de Promoção do Turismo, nas seguintes proporções: I – setenta por cento ao Sebrae; II – doze inteiros e vinte e cinco centésimos por cento à Apex-Brasil; III – dois por cento à ABDI; e, IV – quinze inteiros e setenta e cinco centésimos por cento à Embratur".

[262] Art. 177, § 4º: "A lei que instituir contribuição de intervenção no domínio econômico relativa às atividades de importação ou comercialização de petróleo e seus derivados, gás natural e seus derivados e álcool combustível deverá atender aos seguintes requisitos: I – a alíquota da contribuição poderá ser: a) diferenciada por produto ou uso; b) reduzida e restabelecida por ato do Poder Executivo, não se lhe aplicando o disposto no art. 150, III, *b*; II – os recursos arrecadados serão destinados: a) ao pagamento de subsídios a preços ou transporte de álcool combustível, gás natural e seus derivados e derivados de petróleo; b) ao financiamento de projetos ambientais relacionados com a indústria do petróleo e do gás; c) ao financiamento de programas de infraestrutura de transportes".

[263] ADI 3026/DF, Pleno, Relator Ministro Eros Grau, DJ de 19/06/2006.

gestão celebrado entre as partes e às normas orçamentárias aplicáveis. A remuneração desse contrato se dá mediante repasses efetuados pela União, os quais devem observar o cronograma de desembolsos constantes da lei orçamentária anual.

O contrato de gestão, comumente, prevê uma série de obrigações adicionais, como a necessidade de contratação de consultoria externa para validação das informações contábeis e financeiras da entidade, bem como previsão de acompanhamento do contrato por um dos órgãos do Poder Executivo e os requisitos que deverão constar dos relatórios de gestão. Referidos documentos, por seu turno, destinam-se à prestação de contas dos recursos financeiros utilizados pelas entidades do serviço social autônomo e de dados que permitam a verificação do desempenho da entidade em relação aos objetivos e às metas que lhe foram estabelecidos. Em caso de descumprimento de quaisquer das metas ou dos objetivos traçados, faz-se necessário que a entidade justifique os fatores que ensejaram o seu não cumprimento.

Em ambas as formas de financiamento, as medidas propostas visam garantir que as verbas públicas arrecadadas atinjam a sua destinação social e assegurar que seu emprego está sendo efetuado de acordo com os princípios da administração pública e com a observância das regras legais e contratuais aplicáveis a cada entidade. Do ponto de vista constitucional, a medida se justifica sob aspecto de que as contribuições sociais e as verbas oriundas do tesouro público devem ser utilizadas da forma que melhor beneficie a sociedade, e o resultado de sua utilização deve ser compatível com os princípios da Administração Pública.

Ademais, a própria natureza das contribuições tributárias que financiam o Sistema S, o qual existe como instrumento para a concretização de direitos sociais, exige um cuidado maior ao se lidar com os recursos recebidos pelas entidades do serviço social autônomo. Por certo, o caráter finalístico é elemento que diferencia as contribuições sociais de outras espécies tributárias e, ao mesmo tempo, determina a destinação a ser dada ao produto das arrecadações. Se o art. 149 da Constituição Federal prevê a possibilidade de a União instituir contribuições para a garantia de direitos sociais, por exemplo, a instituição desse tributo tem que ser destinada ao seu desiderato, em regra, sob pena de se retirar a lógica normativa do texto constitucional.

Esse argumento da finalidade das contribuições sociais encontra validade jurídica na estrutura desses tributos dentro da Constituição Federal, porquanto o art. 149 da CF vinculou expressamente a instituição de contribuições para as áreas que se destinam, mediante a utilização da expressão "[...] como instrumento de atuação nas respectivas áreas [...]", ou seja, como meio de atuação nas áreas sociais, de intervenção de domínio econômico e de categorias profissionais ou econômicas.

Por sua vez, sempre que foi necessário vincular o produto da arrecadação de contribuições sociais, o próprio texto normativo excepcionou essa medida. Como exemplo, tem-se a disposição do art. 194 da Constituição Federal que criou contribuição para o financiamento da saúde, da previdência e da assistência social. Assim, ao criar uma contribuição incidente sobre área na qual não haja expressa vinculação

Capítulo 3 • ELEMENTOS CONSTITUTIVOS DOS SERVIÇOS SOCIAIS AUTÔNOMOS | **281**

constitucional, o legislador infraconstitucional possui liberdade para fixar a sua incidência, desde que vinculada a uma das áreas descritas no *caput* do art. 149.

Diante do quadro normativo constitucional, defende-se que os recursos empregados para financiamento dos serviços sociais autônomos necessitam ser destinados às respectivas áreas para as quais foram criados e que as verbas devem ser alvo de adequada fiscalização acerca de sua destinação, ainda mais, diante do art. 76 do ADCT e seus dois parágrafos atualmente vigentes – §§ 2º e 4º –, com redação dada pela Emenda Constitucional nº 103, de 2019, que desvincula de órgão, fundo ou despesa, até 31 de dezembro de 2023, 30% da arrecadação da União relativa às contribuições sociais, às contribuições de intervenção no domínio econômico e às taxas, já instituídas ou que vierem a ser criadas até a referida data, excetuando dessa regra a contribuição social do salário-educação e das contribuições sociais destinadas ao custeio da seguridade social. O STF, por três vezes, já julgou como plenamente constitucional a Desvinculação de Receitas da União (DRU) estabelecida no texto constitucional, *in verbis*:

> Desvinculação de Receitas da União (DRU). Art. 76 do ADCT. Ausência de correlação entre a alegada inconstitucionalidade da DRU e o direito à desoneração tributária proporcional à desvinculação. [...] Não é possível concluir que eventual inconstitucionalidade da desvinculação parcial da receita das contribuições sociais teria como consequência a devolução ao contribuinte do montante correspondente ao percentual desvinculado, pois a tributação não seria inconstitucional ou ilegal, única hipótese autorizadora da repetição do indébito tributário ou do reconhecimento de inexistência de relação jurídico-tributária.[264]
>
> A desvinculação parcial da receita da União, constante do art. 76 do ADCT, não transforma as contribuições sociais e de intervenção no domínio econômico em impostos, alterando a essência daquelas, ausente qualquer implicação quanto à apuração do Fundo de Participação dos Municípios.[265]
>
> Não é inconstitucional a desvinculação de parte da arrecadação de contribuição social, levada a efeito por emenda constitucional.[266]

Nesse sentido, por outro lado, para uma melhor compreensão do destino da arrecadação, tem-se que verificar a norma instituidora das entidades.

O Senai foi criado com o objetivo de administrar escolas de aprendizagem industrial em todo o país, além do oferecimento de bolsas de estudos para operários, para cursos de aperfeiçoamento ou especialização profissional, podendo, ainda,

---

[264] RE 566.007, Rel. Min. Cármen Lúcia, j. 13/11/2014, P, *DJE* de 11/02/2015, Tema 277.

[265] *RE 793.564 AgR*, Rel. Min. Marco Aurélio, j. 12/08/2014, 1ª T, *DJE* de 01/10/2014.

[266] *RE 537.610*, Rel. Min. Cezar Peluso, j. 01/12/2009, 2ª T, *DJE* de 18/12/2009.

282 | SISTEMA S: FUNDAMENTOS CONSTITUCIONAIS • *Edvaldo Nilo de Almeida*

montar laboratórios destinados à complementação de suas atividades pedagógicas[267]. Com vistas à execução desse objetivo, o Senai está autorizado a realizar a formação, o aperfeiçoamento ou a especialização dos funcionários das indústrias. Além disso, deve investir no aperfeiçoamento ou na especialização de seu próprio corpo técnico, tanto nos docentes quanto nos que trabalham na parte administrativa, por meio de bolsas de cursos ou estágios[268]. Acrescente-se, ainda, o fato de o TCU, desde 1993, ter firmado entendimento de que as entidades integrantes do serviço social autônomo podem aplicar recursos em instituições financeiras oficiais, desde que os recursos sejam aplicados na prestação de seus serviços[269].

Já o Sesi foi criado com o objetivo de melhorar o padrão de vida dos trabalhadores da indústria e de atividades congêneres, sendo autorizado a realizar estudos, planejar e executar, direta ou indiretamente, medidas com o intuito de incrementar o bem-estar desses trabalhadores, além de estimular o aperfeiçoamento moral e cívico e o desenvolvimento do espírito de solidariedade entre as classes. Como parte das atividades a serem implementadas para a realização de seu objetivo social, possui o dever de defender melhorias reais de salários para o trabalhador, inclusive melhorias de suas condições de habitação, nutrição e higiene. Todavia, as suas atribuições não se restringem ao aspecto da melhoria das relações de trabalho, encarregando-se legalmente de prestar assistência aos trabalhadores, de fornecer atividades educativas e culturais com o objetivo de valorização humana. Ademais, encontra-se encarregado de realizar pesquisas de cunho social e econômico e incentivar a atividade produtora[270]. São elencados como objetivos da entidade a alfabetização do trabalhador e de seus dependentes, a educação de base, a educação para a economia, a educação voltada para a saúde física, mental e emocional, a educação familiar, a educação moral e cívica e a educação comunitária[271].

Para cumprimento das referidas obrigações, o Sesi pode aplicar seus recursos em qualquer de seus objetivos e atribuições, sendo vedada a destinação de verba para atividades que não estejam relacionadas a seus fins sociais ou que não se destinem ao pagamento de remuneração de pessoal, ressaltando-se que um terço da receita líquida da contribuição compulsória deve ser obrigatoriamente destinado a ações de educação básica e continuada, bem como a ações educativas ligadas à saúde, ao esporte, à cultura e ao lazer, destinadas a estudantes vinculados aos trabalhadores

---

[267]   Interpretação do parágrafo único do art. 6º do Decreto-lei nº 4.048/1942.

[268]   Interpretação do art. 53 do Decreto nº 494/1962.

[269]   Este entendimento foi firmado no Acórdão 196/1993 da relatoria do Min. Marcos Vilaça. Julgado pelo plenário em 19/05/1993 e registrado na Ata nº 18/1993 – Plenário, que analisou o caso da Associação das Pioneiras Sociais (APS). O Senai foi objeto de decisão semelhante em 1994 por meio do Acórdão 362/1994 da relatoria do Min. Paulo Affonso de Oliveira. Julgado pelo plenário em 08/06/1994 e registrado na Ata nº 24/1994 – Plenário.

[270]   Interpretação do art. 1º do Decreto-lei nº 9.403/1946.

[271]   Interpretação do art. 5º do Decreto nº 57.375/1965.

Capítulo 3 • ELEMENTOS CONSTITUTIVOS DOS SERVIÇOS SOCIAIS AUTÔNOMOS | **283**

e seus dependentes, de preferência de baixa renda, sendo que metade desse valor deve ser empregada para dar gratuidade a estas ações[272]. O Sesi possui, ainda, a faculdade de firmar convênios com o Banco Nacional de Habitação, regulando a aplicação de recursos de sua receita na construção, na reforma ou na aquisição de casas populares para os beneficiários do serviço, ou seja, concretizando-se o direito social fundamental de moradia[273].

O Senac, no que lhe diz respeito, foi criado com propósito semelhante ao do Senai, mas voltado à área do comércio. Logo, compete ao Senac estabelecer as escolas de aprendizagem comercial, com cursos práticos, de continuação e de especialização, para os empregados adultos do comércio, não sujeitos a aprendizagem, além de difundir e aperfeiçoar o ensino comercial mediante colaboração com estabelecimentos de ensino comercial do governo federal[274]. O Decreto nº 61.843/1967, que regulamentou a entidade, previu como objetivos suplementares a orientação para a aprendizagem metódica, a promoção da divulgação de novos métodos e técnicas de comercialização, a execução de programas de treinamento de pessoal e a assistência às empresas comerciais no recrutamento, na seleção e no enquadramento de pessoal[275].

Para atingir os seus fins sociais, o Senac encontra-se autorizado a empregar recursos para a organização dos serviços de aprendizagem comercial e de formação, treinamento e adestramento para os comerciários adultos, por meio de programas voltados às necessidades e às possibilidades regionais, locais e nacionais do mercado de trabalho. Pode, ainda, estabelecer convênios, contratos e acordos voltados à formação profissional e de pesquisas de mercado de trabalho, conceder bolsas de estudo – no país e no exterior – para aprimoramento de seu pessoal técnico e contratar técnicos – dentro e fora do país – sempre que necessário para o desenvolvimento e o aperfeiçoamento de seus serviços[276].

É de responsabilidade do Senac a realização de estudos sobre as circunstâncias de vida de seus beneficiários, a eficiência da produção individual e coletiva, os aspectos ligados à vida do comerciário e às condições socioeconômicas da empresa comercial. Além disso, dois terços da receita líquida da contribuição social que lhe é destinada devem ser empregados para garantir oferta de vagas gratuitas de aprendizagem, em formação inicial e continuada e em educação profissional técnica de nível médio a pessoas de baixa renda, matriculadas ou egressas da educação básica; trabalhadores de baixa renda, empregados ou desempregados; usuários dos programas de proteção a vítimas e testemunhas ameaçadas; acusados ou condenados

---

[272] Interpretação do art. 69 combinado com o art. 6º, § 2º, ambos do Decreto nº 57.375/1965.

[273] Cf. art. 50, parágrafo único, do Decreto nº 57.375/1965.

[274] Interpretação dos arts. 1º e 3º do Decreto-lei nº 8.621/1946.

[275] Interpretação do art. 1º do Decreto nº 61.843/1967.

[276] Interpretação do art. 3º do Decreto nº 61.843/1967.

284 | SISTEMA S: FUNDAMENTOS CONSTITUCIONAIS • *Edvaldo Nilo de Almeida*

que tenham voluntariamente prestado efetiva colaboração à investigação policial ou ao processo criminal; e defensores dos Direitos Humanos[277]. Ressalte-se que o valor de custeio direto e indireto da entidade, os custos de gestão e de investimento são considerados como sendo parte integrantes do valor a ser obrigatoriamente gasto com a gratuidade[278].

Na sequência, inclui-se o Sesc, cuja criação objetivou a elevação do bem-estar social e a melhoria do padrão de vida dos comerciários e de suas famílias e do aperfeiçoamento moral e cívico da sociedade. Ficou determinado legalmente que a execução de atividades objetiva especialmente a resolução de problemas domésticos como nutrição, habitação, vestuário, saúde, educação e transporte, bem como a defesa dos salários reais dos comerciários e o incentivo à atividade produtora. Também se encontra entre seus objetivos a realização de atividades educativas e culturais, visando à valorização do indivíduo e à realização de pesquisas sociais e econômicas[279]. O Decreto nº 61.836/1967, que regulamentou o Sesc, previu, ainda, que as suas atividades abrangem não apenas o trabalhador no comércio e as atividades assemelhadas, mas também seus dependentes e os diversos contextos que condicionam a vida do trabalhador e de sua família[280].

Para atingir seus objetivos, o Sesc está autorizado a utilizar recursos educativos e assistenciais, tanto públicos quanto privados, promover quaisquer modalidades de cursos e atividades especializadas de serviço social, conceder bolsas de estudo no país e no estrangeiro, para formação e aperfeiçoamento de seu pessoal técnico. Além disso, incumbe à entidade a realização de estudos e pesquisas sobre as circunstâncias de vida de seus beneficiários, a eficiência da produção individual e coletiva, os aspectos ligados à vida do trabalhador e as condições socioambientais das comunidades. Por fim, é atribuição do Sesc desenvolver programas nas áreas de educação, cultura, saúde, assistência, lazer e turismo, além de promover a aproximação entre empregados e empregadores[281].

O Senar segue a mesma lógica de atribuições presentes no Senai e no Senac, com a diferença de ser voltado para ao trabalhador rural, com a obrigação de organizar, administrar e executar, no território nacional, o ensino da formação profissional rural, a promoção social, a assistência técnica e gerencial do trabalhador rural, em centros instalados e mantidos pela entidade, ou sob a forma de cooperação[282].

---

[277] Cf. art. 3º do Decreto nº 61.843/1967.

[278] Art.33-A do Decreto nº 61.843/1967: "No montante anual da Receita de Contribuição Compulsória Líquida do Senac, aplicado pela AN e pelas AA.RR. em programa de gratuidade, a que se refere o parágrafo único do art. 3º, serão computados os recursos necessários ao custeio direto e indireto, à gestão e aos investimentos".

[279] Interpretação do art. 1º do Decreto-lei nº 9.853/1946.

[280] Cf. art. 2º do Decreto nº 61.836/1967.

[281] Interpretação do art. 3º do Decreto nº 61.836/1967.

[282] Interpretação do art. 2º do Decreto nº 566/1992.

Capítulo 3 • ELEMENTOS CONSTITUTIVOS DOS SERVIÇOS SOCIAIS AUTÔNOMOS | **285**

No caso do Senar, ficou a cargo de seu regimento interno o detalhamento de seus objetivos, suas obrigações, sua forma de atuação e sua destinação de recursos, respeitando-se a aplicação proporcional dos recursos nas diferentes unidades da Federação, sendo até 5% sobre a arrecadação para a administração superior a cargo da CNA e até 5% sobre a arrecadação regional para a administração superior a cargo da Federação da Agricultura e Pecuária[283].

Assim sendo, restou consignado no Regimento Interno do Senar que figuram, entre outras obrigações, a assistência às entidades empregadoras na elaboração e na execução de programas de treinamento e na realização de aprendizagem metódica ministrada no próprio ambiente de trabalho, a divulgação de metodologias adequadas à formação profissional rural e a promoção social do trabalhador rural com base nos princípios da livre-iniciativa e da economia de mercado. Ademais, compete-lhe coordenar, supervisionar e fiscalizar a execução dos programas e dos projetos de formação profissional rural e promoção social, além de assessorar o governo federal, em assuntos ligados à formação de profissionais rurais e atividades semelhantes.

Para cumprimento de seus objetivos, o Senar pode dispender recursos com o custeio de sua estrutura nacional e regional e com os projetos de formação profissional rural e promoção social. De sua arrecadação líquida, o Senar destina 20% para despesas de caráter geral, entre os quais se inserem 8% que são diretamente aplicados nos estados, de acordo com as normas do Conselho Deliberativo. O montante restante – 80% da arrecadação – é aplicado pelas Administrações Regionais em cursos de formação profissional rural e promoção social, e, destes, 20% são destinados a seu custeio e investimento[284].

O Sebrae, no que lhe concerne, foi criado com o objetivo de coordenar e orientar programas técnicos, projetos e atividades de apoio às micro e pequenas empresas, de acordo com as políticas nacionais de desenvolvimento[285]. Por expressa previsão do Decreto nº 99.570/1990, os recursos serão aplicados em projetos que objetivem o aperfeiçoamento técnico, a racionalização, a modernização e a capacitação gerencial das micro e pequenas empresas e terão a seguinte destinação: 45% serão investidos nos estados e no Distrito Federal, outros 45% serão aplicados de acordo com as diretrizes do Conselho Deliberativo do Sebrae. Até 5% serão empregados para o custeio da entidade nacional, e outros 5%, destinados ao custeio das entidades dos estados e do Distrito Federal. A metade dos recursos que não se destinam ao custeio da entidade deve ser aplicada para a modernização de micro

---

[283] Interpretação dos art. 12 e 16 do Decreto nº 566/1992.
[284] Interpretação do art. 28 do Regimento Interno do Senar.
[285] Cf. art. 9º da Lei nº 8.029/1999.

e pequenas empresas, em especial as tecnologicamente dinâmicas, com preferência às localizadas em áreas de parques tecnológicos[286].

O Sest, por sua vez, atuando em cooperação com o poder público e a iniciativa privada, possui a competência de gerenciar, desenvolver, executar, direta ou indiretamente, e apoiar programas voltados à promoção social do trabalhador em transporte rodoviário e do transportador autônomo, notadamente nos campos da alimentação, saúde, cultura, lazer e segurança no trabalho. A lei não esmiúça a forma de vinculação dos valores arrecadados pelo Sest, como fez detalhamento em outras entidades, deixando a definição dos programas e as formas de dispêndio para serem estabelecidas pelos órgãos internos da entidade. Contudo, por óbvio, permanecem as obrigações de adequação das despesas ao seu fim social, a elaboração de orçamento, bem como os controles externos e internos que são exercidos sobre todas as entidades do serviço social autônomo.

O Senat, instituído pela mesma lei que criou o Sest, possui estrutura idêntica e objetiva, também em cooperação com o poder público e a iniciativa privada, de gerenciar, desenvolver, executar, direta ou indiretamente, e apoiar programas voltados à aprendizagem do trabalhador em transporte rodoviário e do transportador autônomo, notadamente nos campos de preparação, treinamento, aperfeiçoamento e formação profissional. De igual modo ao verificado no caso do Sest, a lei não disciplinou de forma específica a destinação das verbas arrecadadas pela entidade, deixando a cargo dos órgãos internos a responsabilidade por definir as diretrizes de distribuição das receitas. Deve-se, ainda, cumprir as obrigações de utilização das verbas para a concretização de seu fim social, a elaboração de orçamento, bem como se submeter aos controles externos e internos que lhe são aplicáveis.

Buscando possibilitar a realização de suas atividades, foram destinadas ao Sest e ao Senat as contribuições das empresas de transporte rodoviário, que antes eram recolhidas ao Sesi e ao Senai, assim como uma contribuição compulsória paga sobre os valores recebidos pelos transportadores autônomos. Ademais, referidos valores são complementados pelos rendimentos oriundos de suas receitas operacionais, por eventuais multas aplicadas, bem como pelo recebimento de doações, legados, contribuições e outras verbas ou subvenções de que as entidades venham a ser destinatárias[287].

---

[286]   Interpretação do art. 7º do Decreto nº 99.570/1990.

[287]   Art. 7º da Lei nº 8.706/1993: "As rendas para manutenção do Sest e do Senat, a partir de 1º de janeiro de 1994, serão compostas: I – pelas atuais contribuições compulsórias das empresas de transporte rodoviário, calculadas sobre o montante da remuneração paga pelos estabelecimentos contribuintes a todos os seus empregados e recolhidas pelo Instituto Nacional de Seguridade Social, em favor do Serviço Social da Indústria – Sesi, e do Serviço Nacional de Aprendizagem Industrial – Senai, que passarão a ser recolhidas em favor do Serviço Social do Transporte – Sest e do Serviço Nacional de Aprendizagem do Transporte – Senat, respectivamente; II – pela contribuição mensal compulsória dos transportadores

Capítulo 3 • ELEMENTOS CONSTITUTIVOS DOS SERVIÇOS SOCIAIS AUTÔNOMOS | **287**

Incumbe à Receita Federal do Brasil, atualmente, o recolhimento das referidas contribuições, bem como a fiscalização de seu pagamento e base de cálculo. Não obstante essa seja a hodierna forma de recolhimento das contribuições, registra-se a existência de expressa previsão legislativa autorizando os contribuintes a realizarem o recolhimento diretamente ao Sest e ao Senat, mediante a celebração de convênio para tanto[288]. Do mesmo modo, as contribuições destinadas ao Sest e ao Senat possuem os mesmos privilégios legais que os créditos da seguridade social, inclusive no tocante aos privilégios e às sanções que são aplicáveis a seus contribuintes[289]. Como forma de remuneração pela administração de todo o sistema do Sest e do Senat, a Confederação Nacional do Transporte faz jus ao recebimento de uma parte do produto da arrecadação.

Ademais, em razão da necessidade de não se onerar demasiadamente a folha de salários das empresas, procedimento que pode, em casos mais extremos, levar a uma redução do valor da remuneração dos trabalhadores em razão do custo do aumento da remuneração para as empresas, previu a lei instituidora do Sest e do Senat que, uma vez iniciada a cobrança das contribuições em favor do Sest e do Senat, cessariam as antigas contribuições recolhida em favor do Sesi e do Senai, bem como a competência destas entidades para disciplinar o recolhimento de tais contribuições[290].

Do mesmo modo, a norma que criou o Sest e o Senat já havia transferido parte das rendas do Sesi e do Senai para essas novas entidades. Por sua vez, essa redução de receitas aliada a eventuais questionamentos acerca da propriedade

---

autônomos equivalente a 1,5% (um inteiro e cinco décimos por cento), e 1,0% (um inteiro por cento), respectivamente, do salário de contribuição previdenciária; III – pelas receitas operacionais; IV – pelas multas arrecadadas por infração de dispositivos, regulamentos e regimentos oriundos desta lei; V – por outras contribuições, doações e legados, verbas ou subvenções decorrentes de convênios celebrados com entidades públicas ou privadas, nacionais ou internacionais".

[288] Art. 7º, § 1º, da Lei nº 8.706/1993: "A arrecadação e fiscalização das contribuições previstas nos incisos I e II deste artigo serão feitas pela Previdência Social, podendo, ainda, ser recolhidas diretamente ao Sest e ao Senat, através de convênios".

[289] Art. 7º, § 2º, da Lei nº 8.706/1993: "As contribuições a que se referem os incisos I e II deste artigo ficam sujeitas às mesmas condições, prazos, sanções e privilégios, inclusive no que se refere à cobrança judicial, aplicáveis às contribuições para a Seguridade Social arrecadadas pelo INSS".

[290] Art. 9º da Lei nº 8.706/1993: "A partir de 1º de janeiro de 1994: I – cessarão de pleno direito a vinculação e a obrigatoriedade do recolhimento das contribuições das empresas de transporte rodoviário ao Sesi e ao Senai; II – ficarão o Sesi e o Senai exonerados da prestação de serviços e do atendimento aos trabalhadores dessas empresas; III – (Vetado); IV – (Vetado); V – ficarão revogadas todas as disposições legais, regulamentares ou de órgãos internos do Sesi e do Senai, relativas às empresas de transporte rodoviário ou à prestação de serviços aos trabalhadores desta categoria, inclusive as que estabelecem a participação de seus representantes nos órgãos deliberativos daquelas entidades".

poderia prejudicar as entidades mais antigas, dificultando a realização de seu fim social. Visando evitar esse tipo de problema, a legislação previu que os patrimônios do Sesi e do Senai não seria afetado pela criação do Sest e do Senat[291], sendo também dispensados do encargo de atender os beneficiários das novas entidades. Tanto é verdade que a legislação possibilitou a celebração de convênio para possibilitar que o Sesi e o Senai realizassem o atendimento provisório de beneficiários do Sest e do Senat. A expressa estipulação da precariedade dessa medida demonstra que não era intenção do legislador manter essa atribuição dentro das competências do Sesi e do Senai[292], mas apenas assegurar o atendimento dos beneficiários durante o interstício temporal necessário para que o Sest e o Senat organizassem suas operações.

A norma instituidora determinou, ainda, que a atuação do Sest e do Senat deve se orientar, primordialmente, por meio de políticas que beneficiem os trabalhadores do transporte rodoviário, os trabalhadores autônomos do transporte, demais trabalhadores do serviço de transporte que sejam vinculados ao sistema da Cnt, bem como seus dependentes e os servidores das próprias entidades[293], nas áreas de saúde, alimentação, cultura, lazer, segurança no trabalho, educação e desenvolvimento pessoal e profissional.

Por seu turno, o Sescoop foi criado com o objetivo de organizar, administrar e executar, em todo o território nacional, o ensino de formação profissional, desenvolvimento e promoção social do trabalhador em cooperativa e dos cooperados. Seus objetivos foram delineados no Decreto nº 3.017/1999[294]. A forma de distribuição e repartição específica de seus recursos foi definida em seu regimento interno[295].

---

[291] Art. 10 da Lei nº 8.706/1993: "A criação do Sest e do Senat não prejudicará a integridade do patrimônio mobiliário e imobiliário do Sesi e do Senai".

[292] Art. 11 da Lei nº 8.706/1993: "O Sest e o Senat poderão celebrar convênios para assegurar, transitoriamente, o atendimento dos trabalhadores das empresas de transporte rodoviário e dos transportadores autônomos em unidades do Sesi e do Senai, mediante ressarcimento ajustado de comum acordo entre os convenentes".

[293] Art. 8º da Lei nº 8.706/1993: "As receitas do Sest e do Senat, deduzidos dez por cento a título de taxa de administração superior a cargo da CNT, serão aplicadas em benefício dos trabalhadores em transportes rodoviário, dos transportadores autônomos, dos seus familiares e dependentes, dos seus servidores, bem como dos trabalhadores de outras modalidades de transporte, que venham a ser a eles vinculados através de legislação específica".

[294] Art. 2º do Decreto nº 3.017/1999: "Constituem objetivos do Sescoop: I – organizar, administrar e executar o ensino de formação profissional e a promoção social dos trabalhadores e dos cooperados das cooperativas em todo o território nacional; II – operacionalizar o monitoramento, a supervisão, a auditoria e o controle em cooperativas, conforme sistema desenvolvido e aprovado em Assembleia Geral da Organização das Cooperativas Brasileiras – OCB; III – para o desenvolvimento de suas atividades, o Sescoop contará com centros próprios ou atuará sob a forma de cooperação com órgãos públicos ou privados".

[295] Disponível em: https://api.somoscooperativismo.coop.br/portal/arquivotransparencia/arquivo/get/50278. Acesso em: 3 jan. 2020.

Capítulo 3 • ELEMENTOS CONSTITUTIVOS DOS SERVIÇOS SOCIAIS AUTÔNOMOS | **289**

Referido documento detalhou os objetivos da entidade, entre os quais consta o monitoramento, a supervisão, a auditoria e o controle em cooperativas, o fomento à cultura cooperativista, o aperfeiçoamento de suas estruturas de governança e o estabelecimento e a difusão de metodologias adequadas à formação profissional e à promoção social do empregado de cooperativa.

Para atingir seus objetivos, o Sescoop está autorizado a empregar sua arrecadação líquida para financiamento de seus fins sociais, bem como para a formação do Fundo Solidário de Desenvolvimento Cooperativo (Fundecoop), administrado pela entidade nacional, bem como para o custeio de suas atividades.

Em virtude de os objetivos do Sescoop estarem circunscritos ao ramo das cooperativas, sua base de financiamento encontra-se, de igual forma, circunscrita à base econômica das sociedades cooperativas. Dessa forma, todo o sistema é financiado por meio de contribuições mensais, de caráter compulsório, que são recolhidas e fiscalizadas pela Receita Federal do Brasil[296]. Em acréscimo, há previsão legal de financiamento adicional por meio de doações, legados e subvenções voluntárias que lhe sejam destinadas pela União, pelos estados, pelos municípios ou pelo Distrito Federal[297]. Dada a ligação do Sescoop com o programa governamental que buscou reestruturar as atividades cooperativas – em especial, as de crédito –, não causa estranheza o fato de que sua lei instituidora tenha expressamente previsto a possibilidade de seu financiamento mediante prestação de serviços, alienação ou locação de bens. Tal possibilidade deve ser exercida em acréscimo às receitas operacionais de que a entidade seja possuidora[298]. Por fim, a entidade também é a destinatária de eventuais penalidades pecuniárias que venha a aplicar[299].

As sociedades cooperativas operam nos mais diversos ramos de atividade econômica, razão pela qual, quando houve a concentração da arrecadação de suas contribuições no Sescoop, foi necessária a retirada da obrigatoriedade do recolhimento dessas contribuições para outras entidades do serviço social autônomo[300]. À

---

[296] Estabelece o art. 10, *caput* e I, da Medida Provisória nº 2.168-40/2001: "Constituem receitas do Sescoop: I – contribuição mensal compulsória, a ser recolhida, a partir de 1º de janeiro de 1999, pela Previdência Social, de dois vírgula cinco por cento sobre o montante da remuneração paga a todos os empregados pelas cooperativas".

[297] Dispõe o art. 10, *caput* e II e III, da Medida Provisória nº 2.168-40/2001: "Constituem receitas do Sescoop: II – doações e legados; III – subvenções voluntárias da União, dos Estados, do Distrito Federal e dos Municípios".

[298] Preceitua o art. 10, *caput* e IV e V, da Medida Provisória nº 2.168-40/2001: "Constituem receitas do Sescoop: IV – rendas oriundas de prestação de serviços, da alienação ou da locação de seus bens; V – receitas operacionais".

[299] Cf. art. 10, VI, da Medida Provisória nº 2.168-40/2001.

[300] Art. 10, §§ 2º e 3º, da Medida Provisória nº 2.168-40/2001: "§ 2º A referida contribuição é instituída em substituição às contribuições, de mesma espécie, devidas e recolhidas pelas sociedades cooperativas e, até 31 de dezembro de 1998, destinadas ao: I – Serviço Nacional de Aprendizagem Industrial – Senai; II – Serviço Social da Indústria – Sesi; III – Serviço

semelhança do que ocorreu quando da criação do Sest e do Senat, optou o legislador pela transferência de recursos de uma entidade mais abrangente para outra mais especializada em vez de simplesmente criar contribuição e aumentar os encargos sobre a folha de salários das empresas.

Quando da criação dessa entidade, a Confederação Nacional da Indústria questionou no STF, entre outros pontos, a capacidade de recebimento da contribuição destinada ao Sescoop, com o fundamento de que não se tratava de entidade do sistema sindical. No julgamento da medida cautelar, o STF, por meio de voto da lavra do ministro Joaquim Barbosa, fixou o entendimento de que o fato de o art. 240 da Constituição Federal ter recepcionado a existência de contribuições em favor das entidades de serviço social autônomo não implica impossibilidade de modificação de sua destinação. Nesse sentido, é o teor acertado do acórdão[301]:

EMENTA: CONSTITUCIONAL. TRIBUTÁRIO. CONTRIBUIÇÃO DESTINADA AO CUSTEIO DOS SERVIÇOS SOCIAIS E DE FORMAÇÃO PROFISSIONAL VINCULADOS AO SISTEMA SINDICAL ("SISTEMA S"). PROGRAMA DE REVITALIZAÇÃO DE COOPERATIVAS DE PRODUÇÃO AGROPECUÁRIA – RECOOP. CRIAÇÃO DO SERVIÇO NACIONAL DE APRENDIZAGEM DO COOPERATIVISMO – SESCOOP. ALEGADA VIOLAÇÃO DOS ARTS. 146, III, 149, 213 E 240 DA CONSTITUIÇÃO. AÇÃO DIRETA DE INCONSTITUCIONALIDADE. MEDIDA CAUTELAR. MEDIDA PROVISÓRIA 1.715/1998 E REEDIÇÕES (MP 1.715-1/1998, 1.715-2/1998 E 1.715-3/1998). ARTS. 7º, 8º E 11. 1. Ação Direta de Inconstitucionalidade, com pedido de medida liminar, ajuizada contra os arts. 7º, 8º, 9º e 11 da MP 1.715/1998 e reedições, que autorizam a criação do Serviço Nacional de Aprendizagem do Cooperativismo – Sescoop, preveem as respectivas fontes de custeio e determina a substituição de contribuições da mesma espécie e destinadas a serviços sociais (Senai, Sesi, Senac, Sesc, Senat, Sest, Senar) pela contribuição destinada a custear o Sescoop. 2. Alegada violação formal, por inobservância da reserva de lei complementar para instituir os tributos previstos no art. 149 da Constituição. Ausência de *fumus boni*

Nacional de Aprendizagem Comercial – Senac; IV – Serviço Social do Comércio – Sesc; V – Serviço Nacional de Aprendizagem do Transporte – Senat; VI – Serviço Social do Transporte – Sest; VII – Serviço Nacional de Aprendizagem Rural – Senar. § 3º A partir de 1º de janeiro de 1999, as cooperativas ficam desobrigadas de recolhimento de contribuições às entidades mencionadas no § 2º, excetuadas aquelas de competência até o mês de dezembro de 1998 e os respectivos encargos, multas e juros".

[301] ADI 1924 MC, Relator(a): Min. Néri da Silveira, Relator(a) p/ Acórdão: Min. Joaquim Barbosa (art. 38, IV, *b*, do RISTF), Tribunal Pleno, julgado em 20/05/2009, *DJe*-148 DIVULG 06/08/2009 PUBLIC 07/08/2009 EMENT VOL-02368-01 PP-00093 *RTJ* VOL-00217-01 PP-00114 *LEXSTF* v. 31, n. 368, 2009, p. 31-69.

Capítulo 3 • ELEMENTOS CONSTITUTIVOS DOS SERVIÇOS SOCIAIS AUTÔNOMOS | **291**

juris, seja porque, à primeira vista, não se trata de tributo novo, seja em razão da distinção entre a reserva de lei complementar para instituição de determinados tributos e a reserva de lei complementar para dispor sobre normas gerais em matéria tributária (art. 146 da Constituição). 3. Alegada violação do art. 240 da Constituição, na medida em que somente as contribuições destinadas ao custeio dos serviços sociais e de formação profissional vinculados ao sistema sindical recebidas pela Constituição de 1988 teriam sido ressalvadas do regime tributário das contribuições destinadas ao custeio da seguridade social. Contrariedade causada, ainda, pela alegada impossibilidade de modificação de tais tributos, por supressão ou substituição. Ausência de *fumus boni juris*, dado que o tributo, em primeiro exame, não se caracteriza como contribuição nova. Ausência do *fumus boni juris* quanto à extensão do art. 240 da Constituição como instrumento apto a conferir imutabilidade às contribuições destinadas a custear os serviços sociais. 4. Ausência do *fumus boni juris* em relação à previsão de destinação específica de recursos públicos somente às escolas públicas, comunitárias, confessionais e filantrópicas (art. 213 da Constituição) porque, em primeiro exame, a norma constitucional se refere à destinação de verba pública auferida por meio da cobrança de impostos. Medida cautelar indeferida.

Para melhor esclarecimento acerca dos fundamentos constitucionais que levaram ao indeferimento do pedido formulado na medida cautelar, transcreve-se trecho esclarecedor do voto do ministro Néri da Silveira:

A contribuição em foco está prevista no art. 240 em favor de entidades privadas de serviço social e de formação profissional já existente, à época, tais como Senai, Sesi e outras da mesma natureza. A norma posta entre as Disposições Constitucionais Gerais não veda, entretanto, a criação de outras entidades com idênticos objetivos, tal como sucede com o Sescoop. As contribuições compulsórias, então existentes, em favor de entidades privadas de serviço social e formação profissional, foram assim ressalvadas. Não tenho, em consequência, como decorrente do art. 250 da Constituição, comando impeditivo de criação de outras entidades com objetivos semelhantes aos do Senai, Sesi e outros, que vêm, em realidade, prestando excelentes serviços no âmbito de suas atividades. No caso, pretende-se dar ao setor de cooperativas, no país, especial assistência, criando-se, para isso, entidade nova. Não considero, neste juízo cautelar, como relevantes as alegações que conduzem à inviabilidade de se retirarem os trabalhadores de cooperativas do âmbito de assistência das entidades previstas no § 2º do art. 9º da Medida Provisória nº 1715/1998. Também não empresto relevo significativo à alegação de que o Sescoop não está expressamente vinculado ao sistema sindical, inexistindo entidade sindical confederativa a representá-lo. De um lado, nada impede sua integração ao sistema sindical, logo passe a ater regular funcionamento. De outra parte, não há descaracterizar o Sescoop como entidade de serviço social e formação profissional, *ut* art. 240 da Constituição, destinado especificamente ao âmbito do cooperativismo, beneficiando os trabalhadores dessa área cuja revitalização se pretende, em todo território nacional, na linha do Programa previsto na Medida Provisória nº 1715.[302] (Grifo no original)

Constata-se, pois, que o Supremo Tribunal Federal, ao se debruçar sobre a matéria, não viu qualquer irregularidade no fato de uma contribuição outrora destinada a uma entidade do serviço social autônomo ser direcionada a outra, desde que mantida a característica de prestação de serviço social relevante e pertinente constitucionalmente.

Por outro lado, importa destacar o teor da Súmula nº 499/STJ[303], a qual se pautou no disposto no art. 240 da Constituição Federal para afirmar que as empresas prestadoras de serviços devem contribuir para o Sesc e o Senac. Embora o enunciado tenha ficado restrito à situação das empresas prestadoras de serviços, o raciocínio empregado é no sentido de que, dentro da estrutura sindical brasileira, toda e qualquer atividade econômica precisa se enquadrar em uma das hipóteses do quadro anexo ao art. 577 da CLT. Mediante a verificação da posição ocupada pelas empresas na relação de atividades econômicas, tem-se a verificação de sua classificação para fins de recolhimento das contribuições sociais.

Ainda com base no verbete sumular, é possível se conferir a existência de uma exceção à regra geral de pagamento das contribuições: quando a empresa já estiver vinculada a outra entidade do serviço social autônomo. Como exemplo, uma empresa prestadora de serviços rurais tem de recolher suas contribuições para o Senar, e não para o Sesc e o Senac, conforme entendimento do STJ. No entender da Corte, aplica-se o princípio da especialização para fins de definição da entidade responsável pelo recebimento das contribuições sociais, sendo o Sesc e o Senac os destinatários gerais das contribuições das empresas prestadoras de serviços.

Por sua vez, a Associação das Pioneiras Sociais foi instituída para prestar assistência médica qualificada e gratuita a todos os níveis da população e desenvolver atividades educacionais e de pesquisa na área da saúde[304]. Seu contrato de gestão[305] ampliou para determinar que a assistência médica seja desenvolvida também nas

---

[302] BADI 1924 MC, Relator(a): Min. Néri da Silveira, Relator(a) p/ Acórdão: Min. Joaquim Barbosa (art. 38, IV, *b*, do RISTF), fls. 531-532.

[303] BRASIL. Superior Tribunal de Justiça. Súmula nº 499: "As empresas prestadoras de serviços estão sujeitas às contribuições ao Sesc e Senac, salvo se integradas noutro serviço social" (Primeira Seção, julgado em 13/03/2013, *DJe* 18/03/2013).

[304] Cf. art. 1º da Lei nº 8.246/1991.

[305] Disponível em: http://www.sarah.br/media/2079/20151228-contrato-de-gest%C3%A3o--ms-aps.pdf. Acesso em: 16 jan. 2020.

Capítulo 3 • ELEMENTOS CONSTITUTIVOS DOS SERVIÇOS SOCIAIS AUTÔNOMOS | **293**

áreas neurológica e ortopédica, além de desenvolver programas de formação e qualificação profissional para estudantes e profissionais de outras instituições, de educação para os funcionários da APS e de redução de patologias, bem como pesquisas científicas. Em razão do contrato de gestão por meio do qual é remunerada a APS, a destinação de seus recursos se encontra vinculada não apenas às finalidades sociais para as quais foi criada a entidade e ao custeio de sua estrutura administrativa e de pessoal, como também para implementação do plano estratégico e eventual ampliação de sua rede física.

De outro lado, a Apex-Brasil foi constituída com o objetivo de promover as exportações, favorecendo, em especial, as pequenas empresas e a geração de empregos. Esse objeto foi ampliado pelo Decreto nº 4.584/2003, para incluir a promoção de investimentos e a cooperação com o poder público na promoção das políticas nacionais de desenvolvimento[306]. O contrato de gestão[307], por sua vez, estabelece que a Apex-Brasil deverá firmar acordos de cooperação técnica com órgãos do Poder Executivo, de forma a apoiar as políticas nacionais de desenvolvimento. A legislação e o contrato limitam os gastos da Apex-Brasil para sua finalidade social e custeio de sua estrutura física e de pessoal, sendo os gastos com pessoal limitados a 25% de seu orçamento-programa anual líquido[308] e que os cargos de confiança não podem ultrapassar 21% do quadro de funcionários contratados[309].

De modo semelhante à Apex-Brasil, a Abdi foi instituída para promover a execução de políticas de desenvolvimento industrial, com especial enfoque à geração de empregos. O Decreto nº 5.532/2005 determinou que a entidade deveria ter foco especial nos programas e nos projetos estabelecidos pela Política Industrial, Tecnológica e de Comércio Exterior (Pitce). Para cumprimento de seus objetivos, o contrato de gestão[310] autorizou a Abdi a utilizar seus recursos em financiamento de programas e projetos relacionados com seu fim social e custeio de sua estrutura administrativa e de pessoal. Referido instrumento ainda impõe a limitação de gasto com pessoal a 50% do orçamento bruto da ABDI[311].

Também regida por contrato de gestão, a Anater foi criada para executar políticas de desenvolvimento da assistência técnica e da extensão rural, com especial enfoque na elevação da produção, da produtividade e da qualidade dos produtos

---

[306] Cf. art. 2º, *caput* e § 1º, do Decreto nº 4.584/2003.

[307] Disponível em: https://portal.apexbrasil.com.br/wp-content/uploads/2019/02/portal.apexbrasil.com.br-primeiro-termo-aditivo-ao-contrato-de-gestao-2016-2019-1-ta-contrato--de-gestao-2016-2020-apex-brasil-x-mre-final-assinado-2.pdf. Acesso em: 16 jan. 2020.

[308] Cf. § 3º da cláusula 12ª do primeiro aditivo ao contrato.

[309] Cf. § 4º da cláusula 12ª do primeiro aditivo ao contrato.

[310] Disponível em: https://api.abdi.com.br/uploads/files/transparency/_5bb27aae4c8f08.19180795.pdf. Acesso em: 1 jan. 2020.

[311] Cf. cláusula 12ª, § 2º do contrato de gestão.

e serviços rurais[312]. A Lei nº 12.897/2013 estabeleceu como competência da Anater a promoção, o estímulo, a coordenação e a implementação de programas de assistência técnica e extensão rural, visando à inovação tecnológica, à geração de novas tecnologias e à geração de conhecimentos científicos, bem como o fomento do aperfeiçoamento e a geração de novas tecnologias. Além disso, a entidade deve apoiar a utilização de tecnologias sociais e a manutenção dos saberes tradicionais pelos produtores rurais. Também se inclui em suas atribuições a competência para credenciar e acreditar em entidades públicas e privadas prestadores de serviços de assistência técnica e extensão rural[313]. O contrato de gestão[314], ao abordar a destinação dos repasses, determinou a liberdade da Anater para fixar suas despesas, ressalvadas a parcela a ser repassada à agricultura familiar e aos médios agricultores, não podendo, contudo, gastar mais do que 10% de seu orçamento com pessoal[315].

A Adaps foi criada com o objetivo de suprir a demanda de médicos do SUS em locais de difícil provimento ou de alta vulnerabilidade e de fomentar a formação de médicos especialistas em medicina de família e comunidade[316]. Os objetivos da entidade são, entre outros, promover o acesso universal, igualitário e gratuito da população às ações e aos serviços do SUS, especialmente em locais de difícil provimento ou de alta vulnerabilidade social, fortalecendo a atenção primária de

---

[312] Cf. art. 1º da Lei nº 12.897/2013.

[313] Art. 1º, § 2º, da Lei nº 12.897/2013: "Compete à Anater: I – promover, estimular, coordenar e implementar programas de assistência técnica e extensão rural, com vistas à inovação tecnológica e à apropriação de conhecimentos científicos de natureza técnica, econômica, ambiental e social; II – promover a integração do sistema de pesquisa agropecuária e do sistema de assistência técnica e extensão rural, fomentando o aperfeiçoamento e a geração de novas tecnologias e a sua adoção pelos produtores; III – apoiar a utilização de tecnologias sociais e os saberes tradicionais pelos produtores rurais; IV – credenciar e acreditar entidades públicas e privadas prestadoras de serviços de assistência técnica e extensão rural; V – promover programas e ações de caráter continuado para a qualificação de profissionais de assistência técnica e extensão rural que contribuam para o desenvolvimento rural sustentável; VI – contratar serviços de assistência técnica e extensão rural conforme disposto em regulamento; VII – articular-se com os órgãos públicos e entidades privadas, inclusive com governos estaduais, órgãos públicos estaduais de assistência técnica e extensão rural e consórcios municipais, para o cumprimento de seus objetivos; VIII – colaborar com as unidades da Federação na criação, implantação e operação de mecanismo com objetivos afins aos da Anater; IX – monitorar e avaliar os resultados dos prestadores de serviços de assistência técnica e extensão rural com que mantenha contratos ou convênios; X – envidar os esforços necessários para universalizar os serviços de assistência técnica e extensão rural para os agricultores familiares e os médios produtores rurais; e XI – promover a articulação prioritária com os órgãos públicos estaduais de extensão rural visando a compatibilizar a atuação em cada unidade da Federação e ampliar a cobertura da prestação de serviços aos beneficiários".

[314] Disponível em: http://www.anater.org/ascom/legado/docs/Contrato-de-Gestao-ANATER. pdf. Acesso em: 16 jan. 2020.

[315] Interpretação da cláusula sexta do contrato de gestão.

[316] Cf. art. 1º da Lei nº 13.958/2019.

Capítulo 3 • ELEMENTOS CONSTITUTIVOS DOS SERVIÇOS SOCIAIS AUTÔNOMOS | **295**

saúde, com foco na saúde da família e no atendimento humanizado[317]. Entre as competências da Adaps, destacam-se as seguintes atribuições: (i) serviços de atenção primária à saúde no âmbito do SUS em caráter complementar ao dos Entes Públicos e com foco nos locais de difícil provimento ou alta vulnerabilidade; (ii) atividades de ensino, pesquisa e extensão integrando ensino e serviço; (iii) execução do Programa Médicos pelo Brasil, em parceria com o Ministério da Saúde; e (iv) programas e ações de caráter continuado para a qualificação profissional na atenção primária à saúde[318].

Por fim, a Embratur, entidade do Sistema S criada a partir da Medida Provisória nº 907/2019, tem por objetivo planejar, formular e implementar ações de promoção comercial de produtos, serviços e destinos turísticos brasileiros no exterior. De acordo com o art. 4º da referida norma, deve a Embratur desenvolver suas atividades em cooperação com a administração pública federal. São competências da entidade a formulação, a implementação e a execução das ações de promoção, marketing e apoio à comercialização de destinos, produtos e serviços turísticos do país no exterior, entre outros[319]. Para atingir suas finalidades, está a Embratur autorizada a participar de organizações e entidades nacionais e internacionais, públicas e privadas, de turismo, na qualidade de membro ou mantenedora; e realizar contratações com outras empresas e entidades, a fim de atingir seus objetivos sociais, sendo permitido, inclusive, o estabelecimento de *joint-venture*[320].

---

[317] Art. 3º, parágrafo único, da Lei nº 13.958/2019: "São objetivos do Programa Médicos pelo Brasil: I – promover o acesso universal, igualitário e gratuito da população às ações e aos serviços do SUS, especialmente nos locais de difícil provimento ou de alta vulnerabilidade; II – fortalecer a atenção primária à saúde, com ênfase na saúde da família e na humanização da atenção; III – valorizar os médicos da atenção primária à saúde, principalmente no âmbito da saúde da família; IV – aumentar a provisão de médicos em locais de difícil provimento ou de alta vulnerabilidade; V – desenvolver e intensificar a formação de médicos especialistas em medicina de família e comunidade; e VI – estimular a presença de médicos no SUS".

[318] Cf. art. 7º da Lei nº 13.958/2019.

[319] Cf. art. 5º da Medida Provisória nº 907/2019.

[320] Art. 6º da Medida Provisória nº 907/2019: "Fica a Embratur – Agência Brasileira de Promoção Internacional do Turismo autorizada a: I – participar de organizações e entidades nacionais e internacionais, públicas e privadas, de turismo, na qualidade de membro ou mantenedora; II – celebrar contratos, convênios, termos de parceria, acordos e ajustes com órgãos e entidades da administração pública, organizações da sociedade, empresas e instituições ou entidades privadas nacionais, internacionais ou estrangeiras, com ou sem fins lucrativos, para a realização de seus objetivos, inclusive para distribuir ou divulgar a 'Marca Brasil' por meio de licenças, cessão de direitos de uso, joint-venture ou outros instrumentos legais; III – instituir, dirigir e manter unidades no exterior, próprias, conveniadas ou terceirizadas; e IV – desenvolver, registrar e comercializar marcas relacionadas à promoção do turismo brasileiro no exterior".

296 | SISTEMA S: FUNDAMENTOS CONSTITUCIONAIS • *Edvaldo Nilo de Almeida*

3.10.1 Constitucionalidade das contribuições tributárias destinadas ao Sistema S

O Recurso Extraordinário nº 603.624 teve o propósito de declarar inconstitucional a exigência da contribuição ao Sebrae, à Apex e à ABDI, instituída como adicional às alíquotas das contribuições sociais relativas às entidades de que trata o art. 1º do Decreto-lei nº 2.318/1986, incidente sobre a folha de salários, nos moldes das Leis nº 8.029/1990, nº 8.154/1990, nº 10.668/2003 e nº 11.080/2004, ante a alteração promovida pela Emenda Constitucional nº 33/2001 na redação do art. 149 da Constituição.

Desse modo, a pretensão da recorrente Fiação São Bento S/A exposta na petição inicial que originou o referido processo se amparou, basicamente, nos seguintes argumentos: "a) que a contribuição tributária destinada ao custeio do Sebrae, segundo entendimento do STF, tem natureza de intervenção no domínio econômico, com fundamento no artigo 149 da CF; b) que, em dezembro de 2001, a Emenda Constitucional nº 033/2001 alterou a redação do artigo 149, § 2º, da CF e estabeleceu novas técnicas de validação e imposição para as contribuições em questão, de forma que, a partir dessa alteração, as contribuições de intervenção no domínio econômico não poderiam mais ter como base de cálculo a folha de salários das empresas, mas sim o faturamento, a receita bruta ou o valor da operação".

A compreensão jurídica da contribuição ao Sebrae/ABDI/Apex, conforme se verificará neste estudo, também se aplica às demais contribuições do Sistema S incidentes sobre a folha de salários, tais como a contribuição ao Sest/Senat, a contribuição ao Sescoop, a contribuição ao Sesc/Senac, a contribuição ao Sesi/Senai e a contribuição ao Senar, pois o artigo 149, § 2º, da CF dispõe linearmente sobre as contribuições sociais e de intervenção no domínio econômico.

Assim sendo, examinada a matéria em primeira instância, o pleito foi julgado improcedente, reconhecendo-se constitucional a exigibilidade da contribuição destinada ao Sebrae, mesmo após a vigência da EC 33/2001. Apreciada a Apelação Cível nº 2008.72.14.000311-8, a Segunda Turma do Egrégio TRF da 4ª Região, por unanimidade de votos, negou-lhe provimento. O STF reconheceu a repercussão geral da controvérsia apresentada, uma vez que a discussão tinha o condão de afetar muitos tributos e contribuintes. No julgamento do recurso extraordinário, iniciado na sessão virtual de 19/06/2020 a 26/06/2020, a Exma. Ministra Rosa Weber, relatora do processo, votou no sentido de dar provimento para julgar procedente a ação e reconhecer a inexigibilidade das contribuições para o Sebrae, a Apex e a ABDI, a partir de 12/12/2001, data em que teve início a vigência da EC 33/2001, reputar indevidos os recolhimentos assim efetivados pela autora, observada a prescrição quinquenal constante dos arts. 168, I, do CTN; e 3º da LC 118/2003, e fixar a seguinte tese: "*A adoção da folha de salários como base de cálculo das contribuições destinadas ao Sebrae, à Apex e à ABDI não foi recepcionada pela Emenda Constitucional nº 33/2001, que instituiu, no art. 149, III, a, da CF, rol taxativo de possíveis bases de cálculo da exação*".

Capítulo 3 · ELEMENTOS CONSTITUTIVOS DOS SERVIÇOS SOCIAIS AUTÔNOMOS | **297**

Segundo entendimento da ministra Rosa Weber, as contribuições sociais e de intervenção no domínio econômico devem obrigatoriamente guardar pertinência com as bases de cálculo descritas no art. 149, § 2º, inciso III da Constituição Federal, sendo certo que, após a Emenda Constitucional nº 33/2001, a contribuição destinada ao Sebrae não encontra suporte de validade na Carta Republicana de 1988 para incidir sobre a folha de salários. Após o voto da excelentíssima ministra relatora, pediu vista dos autos o Exmo. Ministro Dias Toffoli e, ao retomar o julgamento, acompanhado no seu voto por outros cinco ministros, negou provimento ao recurso extraordinário, fixando-se a seguinte tese de repercussão geral (Tema 325): "*As contribuições devidas ao Sebrae, à Apex e à ABDI com fundamento na Lei nº 8.029/1990 foram recepcionadas pela EC 33/2001*".

Conforme se demonstrará, o STF acertou no julgamento, pois a contribuição em debate é de intervenção no domínio econômico, criada por lei ordinária e não guarda qualquer mácula de ilegalidade ou inconstitucionalidade, porquanto tem seu fundamento constitucional no art. 195 da Constituição, razão pela qual deve ser exigida de todas as empresas, preservando-se constitucionalmente o Sistema Tributário Nacional como conhecemos nos dias de hoje.

Após esse julgamento, em outro julgamento fundamental[321], registra-se que o STF declarou a constitucionalidade da contribuição para o Sescoop e a sua natureza jurídica de Cide destinada a fomento do cooperativismo como forma de organização da atividade econômica, com esteio no § 2º do art. 174 da CF. Decidiu, da mesma maneira, que não há proibição constitucional para a destinação de recursos públicos a entidades do Sistema S, sempre com finalidade pública e dever de prestação de contas, de acordo com o parágrafo único do artigo 170 da CF. Além disso, julgou que o estímulo ao cooperativismo é finalidade pública (art. 174, § 2º, da CF) e que o Sescoop tem o dever de prestar contas ao TCU. Ademais, deixou claro, mais uma vez, que o artigo 240 da CF não impede a criação de novas contribuições destinadas ao Sistema S e que contribuições sociais incidentes sobre a folha de pagamentos previstas no art. 195 não implicam, igualmente, a extinção das contribuições destinadas aos serviços sociais e de formação profissional. Decidiu-se, ainda, que não existe afronta ao art. 213 da Constituição na criação da contribuição destinada ao financiamento do Sescoop, cujas atividades de ensino constituem meio de intervenção da União no domínio econômico, para apoio ao cooperativismo, e, por isso, o âmbito de incidência dos recursos públicos, oriundos dos impostos citados no dispositivo constitucional em referência, seria apenas às escolas públicas, comunitárias, confessionais ou filantrópicas, em conformidade como as definições estabelecidas em lei.

---

[321] ADI 1.924, Rel. Min. Rosa Weber, DJE de 05/10/2020.

Em *obiter dictum*, no mesmo julgamento[322], a ministra Rosa Weber pontou acertadamente que, juridicamente, não se pode dizer que exista apenas e tão somente uma única contribuição geral para o Sistema S, partilhada entre várias entidades, em que, criada uma nova entidade do Sistema S, haveria um repasse ou uma quota dessa única contribuição geral destinada para pessoa jurídica de direito privado fundada. Na verdade, existem diversas contribuições tributárias sociais e de intervenção do domínio econômico, todas destinadas a serviços sociais autônomos que buscam a inclusão no mercado de trabalho em sua respectiva área de atuação e, assim, seme-lhantes, mas juridicamente distintas, cada qual instituída em sua legislação ordinária específica. Porém, entende-se que não se impede que juridicamente se diga que existem diversas contribuições tributárias sociais e de intervenção no domínio econômico destinadas ao Sistema S, cada uma com o seu campo de incidência legal próprio, isto é, Sesi/Senai, Sesc/Senac, Sest/Senat, Senar, Sescoop e Sebrae/ABDI/Apex-Brasil.

3.10.1.1 Das características inerentes às contribuições de intervenção no domínio econômico. Regime jurídico do art. 149 da CF

O reconhecimento da natureza da contribuição destinada à manutenção das atividades do Sebrae, da Apex-Brasil e da ABDI não foi capaz de fulminar outras teses jurídicas que se prestam a questionar a validade do referido pagamento. Superadas as questões já reportadas, inaugurou-se uma verdadeira celeuma quanto à sua constitucionalidade, agora considerando o teor da Emenda Constitucional nº 33/2001. O instrumento legislativo mencionado introduziu o § 2º do art. 149 da CF, nos seguintes termos:

> § 2º As contribuições sociais e de intervenção no domínio econômico de que trata o *caput* deste artigo: […] III – *poderão* ter alíquotas:
>
> a) *ad valorem*, tendo por base o faturamento, a receita bruta ou o valor da operação e, no caso de importação, o valor aduaneiro;
>
> b específica, tendo por base a unidade de medida adotada.

Diante da superficial interpretação do comando normativo, muitas empresas passaram a entender que a contribuição ao Sebrae seria inconstitucional, sob o ar-gumento de que o rol de possibilidades para definição da base de cálculo insculpido na referida emenda estaria revestido de caráter taxativo. Ou seja, as contribuições atribuídas ao Sebrae, de natureza *ad valorem*, somente poderiam incidir sobre o faturamento, a receita bruta ou o valor da operação, no caso de importação. Dessa forma, restaria afastada a possibilidade de aplicação do comando à folha de paga-mento, fulminando, assim, a previsão da Lei nº 8.029/1990.

---

[322] ADI 1.924, Rel. Min. Rosa Weber, DJE de 05/10/2020.

Capítulo 3 • ELEMENTOS CONSTITUTIVOS DOS SERVIÇOS SOCIAIS AUTÔNOMOS | **299**

Ocorre que a teoria suscitada parece não se estabelecer sobre fundamentos jurídicos válidos, além de contrariar diretamente os princípios da ordem econômica estabelecidos na Constituição Federal. É isso o que registra a doutrina e jurisprudência, como se passa a demonstrar.

Inicialmente, imperioso melhor compreender as caraterísticas do tributo sob análise, de modo a garantir a compreensão de todo o contexto relacionado à sua instituição e cobrança. Nessa senda, convém destacar que, quando da edição da Constituição Federal de 1988, o legislador constituinte definiu a competência para a instituição das contribuições, superando as dúvidas que pairavam sobre a sua natureza tributária.

Assim, de acordo com o texto constitucional, o sistema tributário nacional passou a dispor de cinco inconfundíveis espécies tributárias, quais sejam: impostos, taxas, contribuições de melhorias, empréstimos compulsórios e contribuições. O STF, em diversas oportunidades, já se pronunciou a respeito da matéria, sustentando a natureza jurídica tributária das contribuições[323]. Esse entendimento tem prevalência tanto na doutrina como na jurisprudência, que, historicamente, reitera que o regime jurídico das contribuições se compatibiliza com o conceito de tributo. Assim explica Paulo Ayres Barreto[324]: "As contribuições têm natureza tributária por se amoldarem ao conceito de tributo. Não é a sua submissão ao regime tributário que lhe confere tal natureza. Ao revés, é a sua natureza que define o regime jurídico ao qual deva estar submetido".

As contribuições, portanto, são espécies tributárias que se diferenciam, por suas características, das demais obrigações compulsórias imputadas pelo poder público aos seus administrados. São tributos por constituírem prestações pecuniárias compulsórias, previstas em lei, que se ajustam às características descritas pelo artigo 3º do Código Tributário Nacional. Diante desse cenário, reconhecida sua natureza jurídica, a doutrina passou a melhor interpretar esse instrumento tributário, destacando-se que a destinação da arrecadação desses tributos é vinculada a fins de interesse notoriamente público, na administração direta ou indireta, ou, por exemplo, nas atividades de entes do Sistema S.

Dois elementos, em especial, diferenciam as contribuições sob análise dos demais tributos, quais sejam: suas hipóteses de incidência desvinculadas de qualquer atuação estatal e suas finalidades estatais específicas. Destarte, a lei de incidência da contribuição especial deve indicar, obrigatoriamente, a finalidade para a qual se impõe a medida tributária. A modificação dessa finalidade compromete a própria contribuição especial, pois tal característica é inerente a essa espécie tributária.

---

[323] STF, Plenário, RExt 138.284-8-CE, Rel. Min. Carlos Mário da Silva Velloso, DJ de 01/07/1992; STF, Pleno, RExt 146.733-9-SP, Rel. Min. Moreira Alves, DJ 12/03/1993.

[324] BARRETO, Paulo Aires. *Contribuições*: regime jurídico, destinação e controle. 2. ed. São Paulo: Noeses, 2011. p. 264.

300 | SISTEMA S: FUNDAMENTOS CONSTITUCIONAIS • *Edvaldo Nilo de Almeida*

No estudo das contribuições sob análise, convém, ainda, rememorar a função dos tributos. Via de regra, tais instrumentos têm como objetivo garantir a arrecadação de fundos aos cofres públicos, a fim de viabilizar a realização de políticas públicas que tutelem os interesses difusos e coletivos da sociedade. Ocorre que, eventualmente, são criados tributos que não se destinam à atividade arrecadatória do Estado, desempenhando outras atividades também voltadas ao atendimento dos interesses públicos. Entre tais funções, destaca-se a imposição de obrigações tributárias voltadas ao custeio de entidades distintas da administração pública, que tenham atribuições específicas de interesse público e social. As contribuições tributárias analisadas tratam-se, portanto, de obrigações instituídas para viabilizar a execução de atividades de utilidade pública, por entidades de direito privado. Nesse grupo, incluem-se as exações previstas no art. 149 da Constituição, ou seja, as contribuições sociais, as contribuições de intervenção no domínio econômico e as contribuições de interesse de categorias profissionais ou econômicas.

A Cide é compreendida como uma contribuição regulatória, utilizada pelo poder público como instrumento de implementação de políticas econômicas voltadas ao enfrentamento de determinadas situações que exijam a intervenção da União. Sendo um instrumento interventivo, somente deve ser adotado quando detectada a existência de relevante motivo. Nesse sentido, objetivam concretizar os princípios da ordem econômica previstos no art. 170 da Constituição Federal, entre os quais se insere o fomento às micro e pequenas empresas, por meio da concessão de tratamento favorecido às mesmas (art. 170, IX). Adicionalmente, também o artigo 179 da Carta Magna estabelece o dever de que a administração pública dispense tratamento privilegiado às empresas de menor porte, confirmando o intuito constitucional de incentivar tal parcela do mercado.

No caso concreto, resta demonstrado o claro intuito do constituinte de impor ao Estado o esforço para conceder tratamento privilegiado às micro e pequenas empresas. Nesse sentido, o Estado instituiu contribuição a ser recolhida por todas as empresas, de modo a prover recursos para a execução da política de apoio às micro e pequenas empresas e, assim, garantir o desenvolvimento nacional.

Cumpre rememorar que as contribuições sob análise não são obrigações pecuniárias devidas pelos beneficiários de um sistema econômico isolado em seu próprio favor, mas sim exações vinculadas a uma finalidade, devidas pelo conjunto de sujeitos passivos com capacidade econômica reconhecida e destacada pelo legislador por este fim. Nesse sentido já decidiu o STF[325]. Resta, portanto, claramente identificada a natureza jurídica, as finalidades da contribuição sob análise, bem como os seus contribuintes.

---

[325] RE 401823 AgR/SC, Ministro Carlos Britto, Primeira Turma, DJ de 11/02/2005.

3.10.1.2 Dos reflexos da Emenda Constitucional n° 33/2001. Nova redação conferida ao artigo 149 da CF

Superadas as discussões jurídicas anteriormente expostas, a questão quanto à legitimidade da cobrança parte, então, para a alteração do texto constitucional promovida pela emenda referenciada, especificamente quanto ao artigo 149 da Carta Magna. Diante desse cenário, é questionada a constitucionalidade da contribuição, amparando-se na superficial interpretação da nova redação conferida à norma.

Se admitida a interpretação suscitada no Recurso Extraordinário n° 603.624, estaria o Judiciário a abolir o tributo constitucionalmente resguardado, comprometendo o desenvolvimento de um dos principais setores econômicos do país. Ou seja, as contribuições atribuídas ao Sebrae, à Apex-Brasil e à ABDI de natureza *ad valorem* somente poderiam incidir sobre o faturamento, a receita bruta ou o valor da operação, no caso de importação, inviabilizando a aplicação do comando disposto de forma expressa na Lei n° 8.029/1990. Muitos são os motivos que conduzem à clara compreensão de que jamais foi a pretensão do constituinte derivado extinguir o tributo quando da edição da EC 33/2001. Inicialmente, destaque-se o teor da Exposição de Motivos do documento sob análise, disponibilizado no Portal Eletrônico da Câmara dos Deputados[326]:

E.M. N° 509 M/F

Brasília, 27 de julho de 2000

Excelentíssimo Senhor Presidente da República,

Tenho a honra de submeter à apreciação de Vossa Excelência a anexa Proposta de Emenda Constitucional, que "altera os arts. 148 e 177 da Constituição Federal".

2. Com a proximidade da total liberalização do mercado nacional relativo ao petróleo e seus derivados e ao gás natural, tomam-se necessárias as alterações propostas, como única forma de se evitar distorções de natureza tributária entre o produto interno e o importado, em detrimento daquele, que fatalmente ocorrerão se mantido o ordenamento jurídico atual.

3. Assim, adotada a presente proposta, poder-se-á construir se implementar, sem nenhum obstáculo de natureza constitucional, uma forma de tributação dos referidos produtos que garantam a plena neutralidade tributária.

Respeitosamente,

Pedro Sampaio Maia

Ministro de Estado da Fazenda

---

[326] Disponível em: http://www2.camara.leg.br/legin/fed/emecon/2001/emendaconstitucional-33-11-dezembro-2001-426596-exposicaodemotivos-149203-pl.html. Acesso em: 14 jun. 2020.

Nota-se, pois, o intento da proposta de emenda constitucional, que passa ao largo das regras já sedimentadas pela Carta Magna, voltando-se, claramente, ao estabelecimento de alternativas de fomento ao mercado de derivados do petróleo de gás natural. É sabido e propagado pelo mercado que a EC 33/2001 inovou no ordenamento jurídico brasileiro ao possibilitar a incidência de Cide sobre a importação de petróleo e seus derivados, gás natural e derivados e álcool combustível. Foi o marco inicial da contribuição interventiva incidente sobre combustíveis e derivados, possibilitando ao legislador ordinário a instituição de leis ordinárias para a criação do tributo.

Assim sendo, percebe-se, de logo, que a teoria suscitada no recurso extraordinário em comento não se estabelece sobre fundamentos fáticos válidos. Além disso, também o seu lastro jurídico não se assenta às disposições que integram o ordenamento jurídico brasileiro, contrariando diretamente os princípios da ordem econômica insculpidos na Constituição Federal.

Segundo a tese recursal, o teor da EC 33/2001, que promoveu a inclusão do inciso III do § 2º do art. 149 da Constituição Federal, teria determinado a disposição restritiva acerca das bases de cálculo das contribuições de intervenção no domínio econômico, não prevendo a possibilidade de incidência sobre a folha de salários. Assim, segundo seus fundamentos, a referida emenda teria determinado a revogação da contribuição ao Sebrae.

Nesse sentido, impende destacar que as orientações da hermenêutica jurídica conduzem ao claríssimo entendimento de que as normas devem ser interpretadas à luz do contexto econômico, político e social retratado à época de sua edição. Apenas assim será viável a integração de todos os múltiplos normativos disponíveis no ordenamento jurídico, sobretudo diante das constantes evoluções da sociedade por ele protegida.

No caso concreto, a Constituição Federal deve ser analisada como um diploma normativo que exprime a realidade de um contexto histórico, uma ferramenta jurídica que se presta a regular o convívio social. Nesse sentido, para além do teor de sua redação, a Constituição Federal carrega valores indisponíveis, insculpidos em seus princípios. O teor subjetivo da norma não deve conduzir o intérprete ao alcance da compreensão que lhe convier, mas sim daquela que se coadune com os valores comuns da sociedade, que devem ser os parâmetros da aplicação da norma.

Decerto, deve ser privilegiado o alcance de um método racional de fundamentação, que eleja as medidas jurídicas necessárias ao resguardo dos valores principiológicos protegidos pela norma. Ou seja, a efetivação do Direito Constitucional deve prezar pelo uso do arcabouço principiológico, a fim de alcançar, de modo racional, os propósitos do comando legal. Especialmente no caso em análise, deve ser ponderado que a interpretação que o recurso pretende encampar contraria os princípios da norma constitucional, não se adequando à melhor técnica hermenêutica.

Capítulo 3 • ELEMENTOS CONSTITUTIVOS DOS SERVIÇOS SOCIAIS AUTÔNOMOS | **303**

Nessa toada, a interpretação da modificação trazida à Constituição por força da EC 33/2001, à luz de sua interpretação gramatical, sistêmica, econômica e histórica, jamais poderia alcançar, como resultado, a compreensão de que se trata de rol taxativo das hipóteses de incidência do tributo, limitando, assim, a competência conferida à União.

Importa destacar que a inovação legislativa trata de regra que estabelece alternativas de bases de cálculo para algumas contribuições, não se caracterizando como imposição à adoção de uma base de cálculo determinada em toda e qualquer hipótese insculpida naquele dispositivo. O comando normativo indica o verbo "poderão" e não "deverão", cujo conteúdo semântico é exemplificativo, e não restritivo.

A própria leitura da integralidade do texto fixado no artigo 149 da Constituição Federal permite a compreensão de que as hipóteses previstas nos incisos do § 2º do referido dispositivo tratam, em verdade, de situações alternativas. Ou seja, a lei determina não ser possível, para a mesma hipótese de incidência, haver tanto a alíquota *ad valorem* quanto a alíquota específica. Do modo como apresentado no recurso sob análise, restou destacada, tão somente, a redação conferida a uma alínea do artigo, comprometendo a perfeita compreensão de seu teor integral.

Há, ainda, que se ponderar que, na eventual ambiguidade ou inexatidão da norma – o que sequer é o caso da narrativa sob análise –, as normas interpretativas servem a suprir a lacuna identificada, e a proposta sugerida na tese recursal consiste em absoluta inovação jurídica, intentando compreensão normativa que contraria todas as regras interpretativas utilizadas na aplicação do Direito.

Esclareça-se, ainda, que o art. 149 da CF não foi alterado naquilo que já dispunha, uma vez que o *caput* permaneceu inalterado, mas tão somente complementado por três parágrafos, que trouxeram regras adicionais. Nesse sentido, restou mantida a sua característica quanto à não disposição expressa de suas materialidades. Diante de tais considerações, conclui-se que, seja do ponto de vista econômico, histórico, semântico ou hermenêutico, a modificação promovida pela EC 33/2001 não objetivou o estabelecimento de um rol taxativo e obrigatório de bases de cálculo de Cide, previsto na alínea *a* do inciso III do § 2º do artigo 149.

Importa ainda destacar que, seguindo a lógica interpretativa sugerida no RE referenciado, caso se admitisse a inconstitucionalidade da contribuição em virtude da nova redação do art. 149, impedindo o uso da folha salarial como base de cálculo de contribuições especiais, igualmente afetadas seriam as contribuições sociais, que se amparam no mesmo comando constitucional. Incluem-se, nesse grupo, todas as contribuições à seguridade social, mais especificamente as previdenciárias e para terceiros, que são cobradas tendo por base de cálculo a folha de salários.

Em outros termos, revolucionar-se-ia a interpretação do Direito Tributário como nunca antes ocorreu no Sistema Constitucional Tributário, com implicações devastadoras e a não recepção pela EC 33 de dezenas de tributos, tais como contribuição ao Sebrae/ABDI/Apex, ao Incra, contribuição previdenciária patronal, contribuição para o Desenvolvimento da Indústria Cinematográfica Nacional,

304 | SISTEMA S: FUNDAMENTOS CONSTITUCIONAIS • *Edvaldo Nilo de Almeida*

Cide-Tecnologia, contribuição ao Fundo Aeroviário, ao salário-educação, ao Sest/ Senat, ao Sescoop, ao Sesc/Senac, ao Sesi/Senai, ao Senar, ao RAT/SAT, ao Adicional ao Frete para a Renovação da Marinha Mercante (AFRMM), entre outros.

Dessa forma, em situação similar, basta a leitura coordenada e harmônica do Sistema Constitucional Tributário nos artigos 145, *caput*; 146, parágrafo único, II e IV; 146-A; 148; 149, §§ 1º, 1º-A e 3º; 149-A; 150, § 7º; 154; 155, §§ 2º, III, 4º, IV, *b* e *c* e 6º, II; e 156, § 1º, que estabelecem o mesmo vocábulo "poderá" ou "poderão", para saber que se trata de uma faculdade. Decerto, quando o Sistema Constitucional Tributário quis restringir, vedar ou obrigar uma conduta utilizou os vocábulos "não poderão" (artigo 145, § 2º), "só poderá" (artigo 150, § 6º), "não poderão" (artigo 155, § 2º, VI) e "nenhum outro imposto poderá" (artigo 155, § 3º). Assim sendo, diante dos inúmeros dispositivos constitucionais exemplificados, percebe-se o verdadeiro pânico ou caos tributário que acarretaria a interpretação e a aplicação das faculdades constitucionais normativas tributárias se transformadas em vedações, restrições ou obrigações desconectadas da realidade institucional e da integração política e social em que o Estado constitucional brasileiro atualmente se encontra.

Desse modo, nos termos da tese sustentada no RE, a alteração legislativa determinaria, também, a inexigibilidade das contribuições sociais incidentes sobre a folha de salários, proposta que resultaria numa contradição insuperável entre o dispositivo sob análise e os arts. 195 e 240, também da CF/1988. Essa não é uma interpretação razoável e válida, pois, reiterando os termos anteriormente registrados, afronta a compreensão sistêmica do texto constitucional.

Resta evidente, portanto, que o propósito da EC 33/2001 não consistiu na exclusão da folha de pagamento das empresas como base de cálculo das contribuições de intervenção no domínio econômico, mas, tão somente, em estabelecer uma regra para situações específicas. Em verdade, a modificação promovida pela mencionada emenda constitucional veio a possibilitar a criação de uma Cide sobre importação de combustíveis. Tanto o é que as datas de edição da EC em estudo e da lei que instituiu a Cide-Combustíveis (Lei nº 10.336/2001) são imediatamente subsequentes, guardando intervalo de apenas oito dias entre a primeira e a segunda. Para além disso, rememore-se o teor da justificativa da proposta de emenda transcrita, que demonstra o claríssimo intento do legislador brasileiro.

3.10.1.3 *Da necessidade de interpretação sistemática para compatibilizar a norma do art. 149, § 2º, III e do art. 195, I, da Constituição Federal de 1988*

Neste tópico, chama-se a atenção para que a Constituição não seja interpretada em tiras, mormente no presente caso, quando a interpretação sistemática dos dispositivos relacionados à contribuição de seguridade social destinada ao Sebrae, à Apex e à ABDI é a forma mais adequada de compatibilizar esses dispositivos.

Dito isso, a tese proposta pela Exma. Ministra Rosa Weber de que "a adoção da folha de salários como base de cálculo das contribuições destinadas ao Sebrae,

Capítulo 3 • ELEMENTOS CONSTITUTIVOS DOS SERVIÇOS SOCIAIS AUTÔNOMOS | **305**

à Apex e à ABDI não foi recepcionada pela Emenda Constitucional nº 33/2001, que instituiu, no art. 149, III, *a*, da CF, rol taxativo de possíveis bases de cálculo da exação" implica a negativa de constitucionalidade e força normativa ao disposto no art. 195, inciso I e suas alíneas, interpretação esta que não deve prevalecer por excluir do sistema constitucional regra ali constante.

Apesar de a instituição desse tipo de contribuição fundamentar-se no art. 149 da CF/88, é no art. 195 da Carta Magna que são indicadas as bases econômicas sobre as quais a incidência é possível (fontes de financiamento), além de outras regras mais específicas relacionadas ao tributo.

A partir da nova redação do art. 149, § 2º, III, *a*, a emenda constitucional não teria excluído a possibilidade de incidência de qualquer contribuição sobre as "folhas de pagamento". Assim, desde 2001, todas as espécies de contribuições incidentes sobre folhas de pagamento de empresas teriam ocorrido em conformidade com a disposição constitucional do art. 195, I. Nota-se que o legislador constitucional optou pela uniformidade de tratamento das contribuições de natureza social e de intervenção no domínio econômico, de forma que a EC 33 não afastou a possibilidade de incidência de tributos sobre as folhas de pagamento das empresas, de modo que todas essas contribuições receberam tratamento único e coerente.

Adverte-se, ademais, que o artigo 195, que trata de tais contribuições, é mencionado por diversas vezes em outros dispositivos constitucionais, que teriam seu sentido e alcance prejudicados no caso de provimento do presente recurso extraordinário. Cite-se, por exemplo, o art. 146, inciso I, alínea *d* (com redação da EC 42/2003); o art. 114, VIII (com redação da EC 45/2004); o art. 167, XI; e o art. 240. Percebe-se, inclusive, que, mesmo após a alteração promovida pela EC 33/2001, outras emendas posteriores reafirmaram a vigência do art. 195, inciso I, tal como a EC 42/2003 e a EC 45/2004 na forma anteriormente indicada.

A afirmação de que as alternativas constantes do art. 149, § 2º, III, *a* constituiriam opções taxativas, implicando a impossibilidade de incidência de quaisquer tributos sobre a "folha de salários", não se sustenta, sendo que a alteração promovida pela EC 33/2001 não tem o condão de revogar a constitucionalidade das contribuições destinadas ao Sebrae, à Apex e à ABDI. Interpretação em sentido contrário implicaria a transformação do texto constitucional em uma colcha de retalhos na qual os novos remendos tornariam o tecido normativo anterior um nada jurídico desprovido de coesão e coerência.

Insista-se que o STF, enquanto Corte Constitucional brasileira, deve presar pela vigência harmônica das disposições constitucionais, optando por uma técnica de interpretação que lance mão de uma razoabilidade sistêmica para a Lei Maior. Como ressaltado anteriormente, o intuito da EC 33/2001 não foi excluir a "folha de salário" de eventual incidência das contribuições sociais ou interventivas, mas apenas estabelecer parâmetros normativos seguros e incontroversos para a criação de uma nova Cide sobre a importação de combustíveis.

Finalmente, fere o equilíbrio democrático conferido pela doutrinados *checks and balances* (freios e contrapesos) que o posicionamento de uma Corte Constitucional supere a vontade popular representada pela motivação parlamentar ao aprovar a EC 33/2001 quando o legislador constitucional não poderia prever que de tal alteração poderia decorrer a inviabilidade total das atividades de uma importante entidade do Sistema S, enfraquecendo o apoio às microempresas e às empresas de pequeno porte justamente em um cenário de pandemia por Covid-19, crise social, econômica e humanitária, no qual esses estabelecimentos seriam ainda mais prejudicados por orientação normativa que o Pretório Excelso pretende consagrar, à revelia da vontade consignada pelo poder constituinte derivado e contrariando os demais comandos constitucionais do art. 170, IX, e do art. 179, que expressam a necessidade de se conferir um tratamento jurídico diferenciado a favorecer as microempresas e as empresas de pequeno porte.

Destaque-se o relevante papel do empreendedorismo no crescimento econômico moderno, representando essas instituições a base da economia nacional. Além de sua importância, esse segmento específico se depara com as maiores dificuldades quando de seu estabelecimento junto ao mercado. Nesse sentido, é de fundamental importância o trabalho realizado pelo Sebrae, pela Apex e pela ABDI no fomento e na capacitação dos pequenos negócios, responsáveis por parcela considerável da produção nacional, bem como da formação de empregos no país.

Por sua vez, as contribuições de intervenção no domínio econômico não se confundem com as contribuições de natureza social, sendo instrumentos tributários absolutamente distintos. Como apresentado no presente estudo, os instrumentos fundamentam-se em previsões legais distintas e visam ao alcance de finalidades distintas.

Especificamente quanto às Cides, destaque-se sua característica de mitigação da referibilidade típica das contribuições. Nesse sentido, a obrigação tributária se vincula a uma finalidade específica, à luz do que determina da Constituição Federal, não se relacionando, diretamente, ao sujeito passivo, o qual não necessariamente será beneficiado pelas medidas interventivas.

Nesse sentido, não há substrato normativo capaz de conduzir à compreensão de que a modificação constitucional estaria a restringir a superposição de tais contribuições, de naturezas manifestamente distintas. Quanto a esse aspecto, convém consignar que o texto constitucional foi elaborado com especial cuidado, tratando de especificar as hipóteses de restrição das competências tributárias. Diante de tais considerações, então, é possível asseverar também que não há restrição normativa à superposição das contribuições de intervenção no domínio econômico e das contribuições sociais incidentes sobre a mesma base de cálculo.

3.10.1.4 *Da base de cálculo da contribuição tributária ser matéria infraconstitucional*

Por algum tempo, prevaleceu-se o entendimento doutrinário de que as contribuições especiais somente poderiam ser instituídas por lei complementar, nos

Capítulo 3 • ELEMENTOS CONSTITUTIVOS DOS SERVIÇOS SOCIAIS AUTÔNOMOS | **307**

termos do quanto previsto no artigo 146, III, da Constituição Federal. O STF, no entanto, no julgamento do RE 564.901/RJ, DJe de 10 de dezembro de 2009, concluiu pela desnecessidade da edição de lei complementar para sua criação. No RE 396.266, cuja relatoria competiu ao ministro Carlos Velloso, também o Plenário do STF firmou entendimento no sentido de que a Cide pode ser criada por lei ordinária. Especificamente em relação ao Sebrae, o STF também se manifestou quando do julgamento do RE 635.682[327].

Nota-se, portanto, que, para as contribuições de intervenção no domínio econômico, os respectivos fatos geradores, bases de cálculo e contribuintes podem ser definidos por lei ordinária da União. Assim, a instituição da Cide prescinde de lei complementar. Nesse caso, a hipótese de incidência tributária não está prevista expressamente na Constituição Federal, devendo o legislador infraconstitucional determinar seu tratamento específico, respeitados os limites de sua competência tributária.

Assim sendo, em relação às Cides, é conferida à União a responsabilidade quanto à elaboração dos dispositivos normativos relativos à sua instituição. É, inclusive, o entendimento firmado pelo STF[328], que, a partir da distinção entre impostos e contribuições, reconheceu a não sujeição dessa última às limitações indicadas no § 2º do artigo 145 da Constituição Federal, ou seja, podem ter mesma base de cálculo que os impostos e as taxas.

As considerações aqui registradas têm servido como referência aos julgados recentes da Justiça Federal, que reconhecem que as disposições relativas às contribuições de intervenção no domínio econômico são objeto de lei ordinária. Nesse sentido, entende-se que as hipóteses de incidência e bases de cálculo devem integrar o teor de legislações infraconstitucionais.

Portanto, as Cides sujeitam-se às normas gerais de Direito Tributário a serem instituídas por lei complementar por serem tributos, mas toda a sua regra-matriz de incidência pode ser definida por meio de lei ordinária. Em outras palavras, podem tranquilamente ser criadas por lei ordinária[329].

Destaque-se, oportunamente, a existência de outras várias Cides previstas no ordenamento jurídico brasileiro, cuja materialidade e bases de cálculo restaram definidas em leis ordinárias. Tome-se como exemplo a Lei nº 10.336/2001, que instituiu a Cide incidente sobre a importação e a comercialização de petróleo e seus derivados, gás natural e seus derivados e álcool etílico combustível. Também o teor da Lei Federal nº 10.168, de 29 de dezembro de 2000, que instituiu a Cide destinada a financiar o Programa de Estímulo à Interação Universidade-Empresa

---

[327] RE 635682 RJ, Rel. Min. Gilmar Mendes, DJe-098, Public. 24/05/2013.

[328] STF, RREE 165.939-RS e 177137-RS, 1995 e 1997, respectivamente.

[329] RE 138.284, Rel. Min. Carlos Velloso, Tribunal Pleno, DJ 28.08.1992; RE 635.682, Rel. Min. Gilmar Mendes, Tribunal Pleno, DJe 24.05.2013; AI 739.715 AgR, Rel. Min. Eros Grau, Segunda Turma, DJe 19.06.2009.

para o Apoio à Inovação. A Lei nº 10.042/2000, instituidora do Fundo para o Desenvolvimento Tecnológico das Telecomunicações (Funttel), determina as condições de seu custeio, que se dá, também, pela cobrança de contribuições tributárias. De igual modo, a Lei nº 9.998/2000 institui o Fundo de Universalização dos Serviços de Telecomunicações. Destaque-se, ainda, o teor da Lei nº 10.893/2004, que dispõe sobre o AFRMM e o Fundo da Marinha Mercante (FMM).

Cumpre ainda anotar o teor das previsões legais que amparam outras entidades do próprio Sistema S, também custeadas por recursos públicos. Quanto ao Sesi, mesmo sendo contribuição tributária social, por exemplo, o Decreto-lei nº 9.403, de 25 de junho de 1946, estabelece sua forma de custeio, especificando a tributação por meio de contribuição tributária sobre a folha de salários. Também o normativo jurídico que determinou a criação do Sesc, o Decreto-lei nº 9.853/1946, segue exatamente a mesma técnica de lei de hierarquia ordinária.

Por todos os elementos, resta suficientemente esclarecido, portanto, que o âmbito constitucional jamais foi local para o exaurimento da matéria tributária no que diz respeito às hipóteses de incidência e alíquotas das Cide. Assim, sequer faria sentido entender que o propósito do legislador foi, com a edição da EC 33/2001, limitar a exigibilidade da contribuição destinada ao custeio do Sebrae. Decerto, nem todas as Cides anteriormente destacadas têm por base o "faturamento, a receita bruta ou o valor da operação", nem tampouco "o valor aduaneiro" ou, ainda, "a unidade de medida adotada", que são as bases de cálculo previstas expressamente no art. 149, § 2º, III, da Constituição.

Nesse contexto, a interpretação literal do texto constitucional redundaria na inconstitucionalidade de quase todas as Cides anteriormente referidas. Logo, não é razoável o acolhimento da tese sustentada no recurso sob análise, seja pela ausência de respaldo jurídico em suas argumentações, seja porque a proposta colide frontalmente com outros dispositivos insculpidos no texto constitucional.

3.10.1.5 O RE 603.624 não trata da mesma matéria analisada quando do julgamento do Tema 1 de repercussão geral no STF

Pertinente observar, neste ponto, que a questão tratada no RE 603.624 difere, e muito, do tema apreciado pela Suprema Corte no julgamento da questão relativa ao "valor aduaneiro" no PIS/Cofins Importação (RE 559.937/RS).

Enquanto no PIS/Cofins Importação a base de cálculo do tributo tem por base o valor aduaneiro, norma expressa apenas no inciso III, alínea *a*, § 2º do art. 149 da CF, a Cide destinada ao Sebrae, à ABDI e à Apex tem sua base de cálculo fundada também no conforme art. 195, inciso I, que determina sua incidência sobre a folha de salários e demais rendimentos do trabalho pagos ou creditados, a qualquer título, à pessoa física que lhe preste serviço, mesmo sem vínculo empregatício; a receita ou o faturamento; ou o lucro.

Nesse sentido, importante destacar que o RE 559.937/RS, quando de seu julgamento, analisou apenas o alcance da base de cálculo do PIS/Cofins Importação,

Capítulo 3 • ELEMENTOS CONSTITUTIVOS DOS SERVIÇOS SOCIAIS AUTÔNOMOS | 309

delimitando o alcance constitucional da expressão "valor aduaneiro". Conforme já dito, no caso da contribuição ao Sebrae, deve-se interpretar sistematicamente o texto para compatibilizar a norma do art. 149, § 2º, III e do art. 195, I, da Constituição Federal de 1988, eis que, a partir da nova redação do art. 149, § 2º, III, *a*, a emenda constitucional não excluiu a possibilidade de incidência da Cide sobre as "folhas de pagamento".

Assim, a contribuição ao Sebrae incidente sobre folhas de pagamento de empresas ocorre em conformidade com a disposição constitucional do art. 195, I, da CF. Decerto, o legislador constitucional optou pela uniformidade de tratamento das contribuições de natureza social e de intervenção no domínio econômico, de forma que a EC 33 não afastou a possibilidade de incidência de tributos sobre as folhas de pagamento das empresas, de modo que todas essas contribuições receberam tratamento único e coerente.

Adverte-se, mais uma vez, que o artigo 195, que trata de tais contribuições, é mencionado por diversas vezes em outros dispositivos constitucionais, que teriam seu sentido e alcance prejudicados no caso de provimento do presente recurso extraordinário. Cite-se, por exemplo, o art. 146, inciso I, alínea *d* (com redação da EC 42/2003); o art. 114, VIII (com redação da EC 45/2004); o art. 167, XI; e o art. 240. Percebe-se, inclusive, que, mesmo após a alteração promovida pela EC 33/2001, outras emendas posteriores reafirmaram a vigência do art. 195, inciso I, tal como as EC 42/2003 e EC 45/2004 na forma anteriormente indicada.

Ressalta-se, portanto, que a afirmação de que as alternativas constantes do art. 149, § 2º, III, *a* constituiriam opções taxativas, implicando a impossibilidade de incidência de quaisquer tributos sobre a "folha de salários", não se sustenta, sendo que a alteração promovida pela EC 33/2001 não tem o condão de revogar a constitucionalidade das contribuições destinadas ao Sebrae. Interpretação em sentido contrário implicaria a transformação do texto constitucional em uma colcha de retalhos na qual os novos remendos tornariam o tecido normativo anterior um nada jurídico desprovido de coesão e coerência.

Conclui-se, pois, que o RE 603.624 não trata da mesma matéria analisada quando do julgamento do PIS/Cofins Importação, analisando apenas a expressão "valor aduaneiro" constante tão somente do art. 149, § 2º, III, *a*, na redação após EC 33/2001.

3.10.1.6 *Os acertos da decisão do STF no desprovimento do RE 603.624*

Em 13 de janeiro de 2021, Ata nº 5 de 2021, *DJE* nº 4, foi publicado o desprovimento do RE 603.624, com acertada ementa, *in verbis*:

> O acréscimo realizado pela EC 33/2001 no art. 149, § 2º, III, da Constituição Federal não operou uma delimitação exaustiva das bases econômicas passíveis de tributação por toda e qualquer contribuição social e de intervenção no domínio econômico.

O emprego, pelo art. 149, § 2º, III, da CF, do modo verbal "poderão ter alíquotas" demonstra tratar-se de elenco exemplificativo em relação à presente hipótese. Legitimidade da exigência de contribuição ao Sebrae – Apex – ABDI incidente sobre a folha de salários, nos moldes das Leis nº 8.029/1990, nº 8.154/1990, nº 10.668/2003 e nº 11.080/2004, ante a alteração promovida pela EC 33/2001 no art. 149 da Constituição Federal.

Recurso extraordinário a que se nega provimento. Tema 325, fixada a seguinte tese de repercussão geral: "As contribuições devidas ao Sebrae, à Apex e à ABDI com fundamento na Lei nº 8.029/1990 foram recepcionadas pela EC 33/2001.

Aspecto a ser considerado em relação à situação jurídica sob análise diz respeito aos reflexos incautos de um eventual provimento do Recurso Extraordinário nº 603.624.

Esse resultado, certamente, redundaria em drásticas consequências na estrutura tributária de diversos agentes econômicos, paraestatais e estatais, uma vez que infirmaria a legislação que sustenta várias contribuições sociais e de intervenção no domínio econômico que não possuem base de cálculo prevista de forma expressa na Constituição.

À luz de tais considerações, é possível admitir, portanto, que eventual decisão de procedência importaria o comprometimento de outros instrumentos tributários atualmente validados pelo ordenamento jurídico brasileiro. Sob esse prisma, por exemplo, pontue-se que as leis instituidoras de salário-educação (Lei nº 9.424/1996), Incra (Lei nº 2.613/1995 e Decreto-lei nº 1.146/1970), Sesc (Decreto nº 9.853/1946), Senac (Decreto-lei nº 8.621/1946) e Sescoop (Decreto nº 3.017/1999) preveem, como hipótese de incidência, expressões de riqueza, incluindo folha de salários.

Rememore-se, ainda, que, caso se admita a inconstitucionalidade da contribuição em virtude da nova redação do art. 149, impedindo o uso da folha salarial como base de cálculo de contribuições especiais, igualmente afetadas seriam as contribuições sociais, que se amparam no mesmo comando constitucional. Incluem-se, nesse grupo, todas as contribuições à seguridade social, mais especificamente as previdenciárias e para terceiros, que são cobradas tendo por base de cálculo a folha de salários.

Nos termos da tese sustentada no RE, portanto, a alteração legislativa determinaria, também, a inexigibilidade de todas as contribuições sociais incidentes sobre a folha de salários, proposta que resultaria numa contradição insuperável entre o dispositivo sob análise e os arts. 195 e 240, também da CF/1988. Essa não é uma interpretação razoável e válida, pois, reiterando os termos anteriormente registrados, afronta a compreensão sistêmica do texto constitucional.

Considerando, ademais, a longa permanência da norma e a potencial repercussão econômica e gravíssima lesão à ordem pública que decorreriam da declaração de inconstitucionalidade de alterações promovidas há mais de 19 anos pela Emenda

Constitucional nº 33/2001, em homenagem à segurança jurídica, constatar-se-ia a necessidade de modulação de efeitos da decisão.

Assim, a eventual fixação de tema quanto à não recepção das contribuições destinadas ao Sebrae poderia implicar nulidade da norma constitucional, sendo necessário regular os efeitos das situações práticas estabelecidas, com a grande dificuldade de eventual restituição de valores aos contribuintes beneficiados pela decisão e demais peculiaridades que impactariam diretamente a viabilidade das atividades desempenhadas pelo Sebrae, pela Apex-Brasil e pela ABDI.

Uma das razões autorizadoras da modulação dos efeitos invocada seria a necessidade de se conferir segurança jurídica à situação anteriormente regulada pela norma então considerada incompatível com o espírito da Constituição. Destarte, a desconstituição da situações vividas caracterizaria atentado maior ao próprio ordenamento e igualmente ao próprio texto constitucional.

Nota-se que, pela necessidade de estabilidade das relações firmadas, cabe ao STF, guardião da Constituição, pensar nos efeitos práticos das situações que restariam desconstituídas pelo julgamento da invalidade da norma constitucional, mesmo após sua produção de efeitos por longo tempo, quando a norma era presumidamente considerada válida.

Tal medida, que se impõe a depender da natureza das situações afetadas, as quais simplesmente não poderão retornar ao *status quo ante* – no qual a norma anteriormente reputada constitucional não produzia quaisquer efeitos –, impede a modificação arbitrária das decisões estatais e tutela a proteção da confiança dos cidadãos na legitimidade da regulação das situações jurídicas pelos poderes estatais. Em última análise, o STF também deve tutelar a previsibilidade, que proporciona aos cidadãos certeza em relação aos atos do poder público.

Nota-se, pois, que a decisão a ser proferida no processo judicial em referência teria o potencial de modificar a compreensão acerca de todo o sistema tributário nacional, propagando seus reflexos para situações outras não tratadas especificamente no julgamento. E esse foi o entendimento recente do STF no sentido de que o Tema 325 de repercussão geral aqui discutido não só se aplica às Cides, mas também a toda e qualquer contribuição social do art. 149 da CF[330].

3.10.1.7 Notas conclusivas

Pelos elementos dispostos, é cediço que a contribuição destinada ao custeio do Sebrae, da Apex-Brasil e da ABDI é constitucional, conforme já se tinha apreciado o próprio STF ao afirmar que a espécie tributária representaria uma das contribuições de intervenção no domínio econômico.

---

[330] RE 1250049 RJ, Rel. Min. Alexandre de Moraes, DJE nº 68, divulgado em 09/04/2021.

As contribuições destinadas ao custeio inicialmente do Sebrae, instituídas pela Lei nº 8.029, de 12 de abril de 1990, têm por finalidade a preservação da ordem econômica e o tratamento privilegiado às pequenas e microempresas. A interpretação restritiva sugerida no RE 603.624, além de não estar em consonância com as melhores técnicas de hermenêutica constitucional, ainda afrontava diretamente os princípios da ordem econômica insculpidos na própria Constituição Federal.

Destaque-se o quanto previsto nos artigos 170 e 179, que preservam a ordem econômica e o tratamento privilegiado às pequenas e microempresas, respectivamente. Do modo como propões a petição inicial do RE 603.624, a interpretação do artigo 149 após alterações promovidas pela EC 33/2001 limitaria a atuação do Estado nos moldes determinados pela própria Constituição Federal, afastando a atuação do legislador infraconstitucional no estabelecimento das contribuições sociais e de intervenção no domínio econômico.

Importa destacar, ainda, que, se admitida a lógica interpretativa sugerida no recurso sob análise, para reconhecer a inconstitucionalidade do uso da folha salarial como base de cálculo de contribuições especiais, seriam igualmente afetadas as contribuições de intervenção no domínio econômico e as contribuições sociais, que se amparam no mesmo comando constitucional.

Não se pode promover uma interpretação do art. 149, § 2º, III, da Constituição que acabe por esvaziar o art. 195, I, da Constituição. Destarte, o STF, ao fixar no Tema 325 a recepção das contribuições destinadas ao Sebrae, à Apex-Brasil e à ABDI, evitou gravíssima lesão à ordem pública e preservou o trabalho realizado pelas entidades no fomento e na capacitação dos pequenos negócios, responsáveis por parcela considerável da produção nacional e pela formação de empregos no país e inclusão no mercado de trabalho.

Portanto, o STF efetivou interpretação razoável e válida, sem afronta à compreensão sistêmica do texto constitucional, pois o propósito da EC 33/2001 não consistiu na exclusão da folha de pagamento das empresas como base de cálculo das contribuições de intervenção no domínio econômico, mas, tão somente, em estabelecer uma regra para situações específicas.

3.10.2 O limite da base de cálculo das contribuições tributárias devidas ao Sistema S

O debate a respeito do limite da base de cálculo das contribuições tributárias devidas ao Sistema S é substanciosamente constitucional e não meramente ou somente infraconstitucional, perpassando-se pela fronteira da classificação das contribuições tributárias especiais da União e, também, sobre a questão da necessidade da recepção ou não de normas legais anteriores ao texto da Constituição conforme o cotejo analítico dos dispositivos que estabelecem os princípios constitucionais tributários e os limites constitucionais aos benefícios fiscais.

De fato, vem-se sustentando na Justiça Federal, atualmente, que a base de cálculo das contribuições tributárias dos serviços sociais autônomos estaria limitada a

Capítulo 3 • ELEMENTOS CONSTITUTIVOS DOS SERVIÇOS SOCIAIS AUTÔNOMOS | **313**

20 salários mínimos, com base na Lei nº 6.950/1981, que, **há 40 anos**, estabeleceu, no art. 4º, parágrafo único, *in verbis*:

> Art. 4º O limite máximo do salário de contribuição, previsto no art. 5º da Lei nº 6.332, de 18 de maio de 1976, é fixado em valor correspondente a 20 (vinte) vezes o maior salário mínimo vigente no País.
>
> Parágrafo único. O limite a que se refere o presente artigo aplica-se às contribuições parafiscais arrecadadas por conta de terceiros.

A literal citação ao art. 5º Lei nº 6.332/1976 refere-se a um limite máximo do salário de contribuição para o cálculo das contribuições destinadas ao INPS a que corresponde também a última classe da escala de salário-base de que trata o artigo 13 da Lei nº 5.890, de 8 de junho de 1973, isto é, existiria, à época, um benefício fiscal de base de cálculo máxima de 20 vezes o salário mínimo para fins de apuração da contribuição previdenciária.

Na sequência, o Decreto-lei nº 2.318/1986 revogou este limite de 20 salários mínimos. Senão, veja-se:

> Art. 3º Para efeito do cálculo da contribuição da empresa para a previdência social, o salário de contribuição não está sujeito ao limite de vinte vezes o salário mínimo, imposto pelo art. 4º da Lei nº 6.950, de 4 de novembro de 1981.

Dessa forma, apesar de o artigo 3º revogar expressamente o benefício fiscal do artigo 4º da Lei nº 6.950/1981, a 1ª Turma do Superior Tribunal de Justiça em 2020[331] julgou da seguinte forma:

> Com a entrada em vigor da Lei nº 6.950/1981, unificou-se a base contributiva das empresas para a Previdência Social e das contribuições parafiscais por conta de terceiros, estabelecendo, em seu art. 4º, o limite de 20 salários mínimos para base de cálculo.
>
> Sobreveio o Decreto nº 2.318/1986, que, em seu art. 3º, alterou esse limite da base contributiva apenas para a Previdência Social, restando mantido em relação às contribuições parafiscais.
>
> Ou seja, no que diz respeito às demais contribuições com função parafiscal, fica mantido o limite estabelecido pelo artigo 4º, da Lei nº 6.950/1981, e seu parágrafo, já que o Decreto-lei nº 2.318/1986 dispunha apenas sobre fontes de custeio da Previdência Social, não havendo como estender a

---

[331] AgInt no REsp 1.570.980/SP, Relator Ministro Napoleão Nunes Maia Filho, 1ª Turma, julgado em 17/02/2020, DJe 03/03/2020.

supressão daquele limite também para a base a ser utilizada para o cálculo da contribuição ao Incra e ao salário-educação.

Registra-se que essa decisão do STJ foi restrita para limitar a base de cálculo a ser utilizada às contribuições do salário-educação (FNDE), Incra, DPC e Faer, pois o pedido e a causa de pedir da empresa não trataram de contribuições tributárias devidas ao Sistema S. Dessa forma, em razão do elevado número de ações judiciais sobre a temática, o STJ afetou o Recurso Especial nº 1.898.532 à sistemática dos recursos repetitivos (Tema Repetitivo nº 1.079), *in verbis*:

> Processual civil. Recurso especial. Código de Processo Civil de 2015. Aplicabilidade. Proposta de afetação como representativo da controvérsia. Tributário. "Contribuições parafiscais". Base de cálculo. Apuração. Aplicação do teto de 20 (vinte) salários mínimos. Lei nº 6.950/1981 e Decreto-lei nº 2.318/1986.
>
> 1. Delimitação da questão de direito controvertida: definir se o limite de 20 (vinte) salários mínimos é aplicável à apuração da base de cálculo de "contribuições parafiscais arrecadadas por conta de terceiros", nos termos do art. 4º da Lei nº 6.950/1981, com as alterações promovidas em seu texto pelos arts. 1º e 3º do Decreto-lei nº 2.318/1986.
>
> 2. Recurso especial submetido à sistemática dos recursos repetitivos, em afetação conjunta com o REsp 1.905.870/PR. (ProAfR no REsp 1898532/CE, rel. ministra Regina Helena Costa, primeira seção, DJe 18/12/2020)

Nessa senda, é com base no parágrafo único do art. 4º da Lei nº 6.950/1981 e no julgamento recente da 1ª Turma do STJ que empresas vêm pretendendo limitar a base de cálculo das contribuições tributárias devidas ao Sistema S. Assim, passa-se a se demonstrar em cada e específica contribuição que a pretensão é, constitucional e infraconstitucionalmente, descabida.

3.10.2.1 Debate constitucional

A partir da interpretação da CF/88, estabelece-se a seguinte classificação das contribuições especiais tributárias de competência da União:

i) **Contribuições sociais** (art. 149 da CF/88), que se dividem em: **(i.a)** contribuições ordinárias para a seguridade social (arts. 195, incisos I a IV; e 239 da CF/88); **(i.b)** contribuições residuais para a seguridade social (art. 195, § 4º, da CF/88); **(i.c)** contribuições sociais gerais (arts. 212, § 5º; e 240 da CF/88; e art. 62 do ADCT);

ii) **Contribuição de Intervenção no Domínio Econômico** (Cide), que é prevista constitucionalmente nos arts. 149, 174, § 2º; e 177, § 4º;

Capítulo 3 • ELEMENTOS CONSTITUTIVOS DOS SERVIÇOS SOCIAIS AUTÔNOMOS | **315**

iii) Contribuição de interesse das categorias profissionais ou econômicas, também denominadas de Contribuições corporativas (arts. 8º, inciso IV; e 149 da CF/88).

CONTRIBUIÇÕES ESPECIAIS DA UNIÃO

- **Contribuições sociais:** contribuições ordinárias da seguridade social; contribuições residuais da seguridade social; contribuições sociais gerais;
- **CIDE;**
- **Contribuição de interesse das categorias profissionais ou econômicas.**

Em relação às contribuições sociais, pode-se classificar da seguinte forma:

i) **Contribuições sociais ordinárias ou nominadas da seguridade social** (arts. 195, incisos I a IV; e 239 da CF/88): **(i.a)** contribuição social do empregador, da empresa e da entidade a ela equiparada na forma da lei (art. 195, I, *a*, *b* e *c*); **(i.b)** contribuição social do trabalhador e dos demais segurados da Previdência Social (art. 195, II); **(i.c)** contribuição social sobre a receita de concursos de prognósticos (art. 195, III); **(i.d)** contribuição social do importador de bens ou serviços do exterior, ou de quem a lei a ele equiparar (art. 195, IV); **(i.e)** contribuição social para os Programas de Integração Social e de Formação do Patrimônio do Servidor Público – PIS/Pasep (art. 239);

ii) **Contribuições sociais residuais ou inominadas para a seguridade social** (art. 195, § 4º, da CF/88);

iii) **Contribuições sociais gerais** (arts. 212, § 5º; e 240 da CF/88; e art. 62 do ADCT).

CONTRIBUIÇÕES ESPECIAIS DA UNIÃO

- **Contribuições ordinárias da seguridade social:** contribuição social do empregador, da empresa e da entidade a ela equiparada; contribuição social do trabalhador e dos demais segurados da Previdência Social; contribuição social sobre a receita de concursos de prognósticos; contribuição social do importador de bens ou serviços do exterior; PIS/PASEP;
- **Contribuições residuais da seguridade social;**
- **Contribuições sociais gerais.**

Sendo assim, entende-se que as contribuições tributárias dos serviços sociais autônomos ou são contribuições sociais, ou são contribuições de intervenção do domínio econômico. As contribuições de Sesi, Senai, Sesc, Senac, Senar, Sest, Senat são contribuições sociais com fundamento primordial no art. 6º do texto constitucional, e as contribuições de Sebrae, ABDI, Apex-Brasil e Sescoop são contribuições de intervenção do domínio econômico com base conjuntamente nos arts. 174, § 2º, e 179 da CF.

Mas em nenhum momento pode-se dizer que, constitucionalmente, as contribuições tributárias dos serviços sociais autônomos são contribuições parafiscais. Decerto, verifica-se que a Constituição não dispõe que as entidades dos serviços sociais autônomos são enquadradas no conceito de entidade paraestatal e, por consequência, as contribuições tributárias do Sistema S seriam consideradas parafiscais.

Como já se discutiu em outros momentos[332] (item 2.1), o conceito de entidade paraestatal é altamente polêmico na doutrina, e o parâmetro legal mais apto para a conceituação de entidade paraestatal, após a Lei nº 6.950/1981 e após a Constituição de 1988, encontra-se expressamente previsto no art. 84, § 1º, da Lei nº 8.666/1993, quando a norma conceitua servidor público para fins de enquadramento das sanções administrativas e penais. Decerto, equipara-se a servidor público aquele que exerce cargo, emprego ou função em entidade paraestatal, "assim consideradas, além das fundações, empresas públicas e sociedades de economia mista, as demais entidades sob controle, direto ou indireto, do poder público". Compreende-se, portanto, por entidade paraestatal as fundações públicas de direito privado, as empresas públicas e as sociedades de economia mista, conforme preceitua o § 1º do artigo 84 da Lei de Normas Gerais de Licitações Públicas ainda vigente até 01 de abril de 2023 (art. 193, inciso II, da Lei nº 14.133/2021).

A nova Lei de Licitações e Contratos Administrativos (Lei nº 14.133/2021) não conceitua entidade paraestatal, o que é igualmente certo, deixando-se aberto o trabalho para a doutrina, mas, outrossim, não muda a respeito dessa temática nenhum parâmetro legal da Lei nº 8.666/1993. Assim sendo, entende-se que continua valendo o conceito já formulado de que as entidades paraestatais não se enquadram como serviço social autônomo.

De toda sorte, realmente, a limitação da base de cálculo em 20 sálarios mínimos das contribuições tributárias devidas aos serviços sociais autônomos não resiste a um mínimo debate constitucional no confronto com os arts. 145, § 1º; 150, II; 150, § 6º, da CF.

Disposto no art. 145, § 1º, da CF, o princípio constitucional da capacidade contributiva é um instrumento de solidificação da igualdade tributária, que opera como fator obrigatório de graduação da obrigação de pagar o tributo conforme as dimensões dos signos presuntivos de riqueza do contribuinte e deve ser vista sob duas perspectivas. Em primeiro lugar, o aspecto objetivo ou absoluto, que leva em conta as manifestações reais de riqueza do fato tributável, isto é, o legislador deve eleger as situações ou atividades que revelem a capacidade econômica do sujeito

---

[332] ALMEIDA, Edvaldo Nilo. *O conceito de entidade paraestatal*. Disponível em: https://www.conjur.com.br/2020-ago-14/edvaldo-almeida-conceito-entidade-paraestatal. Acesso em: 15 abr. 2021.

Capítulo 3 • ELEMENTOS CONSTITUTIVOS DOS SERVIÇOS SOCIAIS AUTÔNOMOS | **317**

passivo. No caso, a folha de salários é constitucionalmente adequada. Em segundo lugar, e bastante importante, o aspecto subjetivo ou relativo, que leva em conta as particularidades de cada sujeito passivo e tem aplicação direta com a capacidade contributiva *in concreto* da empresa contribuinte.

Na hipótese, não observa a capacidade contributiva subjetiva e a isonomia tributária a limitação da base de cálculo em 20 salários mínimos, pois o sujeito passivo que tem maior capacidade de pagar (*ability to pay*) de forma progressivamente e, também, proporcionalmente injustas paga muito menos do que sujeito passivo que possui menor aptidão para honrar com os seus compromissos tributários. No Direito Tributário, busca-se garantir a adequada mensuração da carga tributária que é imposta ao sujeito passivo, e o benefício fiscal da Lei nº 6.950/1981 *é inconstitucionalmente inadequado* nesse sentido.

De fato, o limite estabelecido pelo parágrafo único do artigo 4º da Lei nº 6.950/1981 é um privilégios odioso ou tratamento discriminatório irrazoável, pois estabelece um benefício fiscal para as empresas que têm maior capacidade contributiva sem pertinência aos interesses constitucionalmente protegidos, sobretudo a correlação lógica entre o tratamento tributário diferenciado (benefício fiscal de tributo social) e o elemento de discriminação tributária (limite de 20 salários mínimos), concretizando-se uma espécie de favoritismo para as grandes empresas em detrimento das pequenas.

Há clara violação, assim, na igualdade ou na isonomia em sentido econômico, uma vez que a limitação da base de cálculo, utilizando como critério justificador limitativo o fato presuntivo de riqueza de 20 salários mínimos, impede a graduação de tributo social de acordo com a capacidade contributiva da empresa e, ainda, dificulta sobremaneira a solidariedade tributária e a cooperação dos mais favorecidos financeiramente em benefício dos menos abastados.

Além disso, o parágrafo único do revogado artigo 4º da Lei nº 6.950/1981 fere o art. 150, § 6º, da CF, pois, em razão da proteção à transparência fiscal, a Constituição exige que qualquer redução de base de cálculo de contribuição social ou de Cide seja concedida mediante lei específica, que regule exclusivamente o benefício fiscal ou o correspondente tributo ou contribuição.

No caso, a Lei nº 6.950/1981 trata de diversas matérias esparsas de vários campos do Direito, tais como fontes de receita da Previdência Social, tributação de 20% (vinte por cento) sobre o preço da comercialização final dos bens considerados supérfluos em atos do Poder Executivo, prazo de carência para que o segurado possa começar a usufruir da assistência médica da Previdência Social, requisitos de aposentadoria dos segurados empregados sujeitos ao regime da Consolidação das Leis do Trabalho, alocação de recursos do Fundo de Previdência e Assistência Social – FPAS, entre outros.

Logo, compreende-se que as contribuições tributárias devidas a Sesi, Senai, Senac, Sesc, Sebrae, Senat, Sest, Senar, Sescoop, ABDI e Apex-Brasil não são consideradas contribuições parafiscais, mas sim contribuições sociais (Sesi, Senai,

Senac, Sesc, Senat, Sest, Senar) e Cides (Sescoop, Sebrae, ABDI e Apex-Brasil). Além disso, o isolado parágrafo único do revogado artigo 4º da Lei nº 6.950/1981 não foi recepcionado pela Constituição de 1988, por ser frontalmente incompatível com os arts. 145, § 1º; 150, II; e 150, § 6º, da CF.

3.10.2.2 Debate infraconstitucional

No debate infraconstitucional, além do argumento substancioso de que as contribuições tributárias devidas ao Sistema S não são contribuições parafiscais, passa-se a tratar juridicamente de cada contribuição tributária em espécie devida ao S.

As contribuições devidas aos serviços sociais autônomos, que incidem sobre a folha de salários, possuem hoje as seguintes alíquotas:

Instituição	Alíquota
Senai	1,0%
Sesi	1,5%
Senac	1,0%
Sesc	1,5%
Sebrae	Variável no intervalo de 0,3% a 0,6%
Senar	Variável no intervalo de 0,2% a 2,5%
Sest	1,5%
Senat	1,0%
Sescoop	2,5%

O Decreto-lei no 4.048, de 22 de janeiro de 1942, criou o Senai e definiu a contribuição tributária mensal no art. 4º, sem limitações. Da mesma maneira, o Decreto-lei nº 8.621, de 10 de janeiro de 1946, instituiu o Senac e estabeleceu o pagamento mensal de contribuição tributária equivalente a um por cento (1,0%) sobre o montante da remuneração paga à totalidade dos seus empregados e, além disso, deixou expresso que o montante da remuneração será o mesmo que servir de base à incidência da contribuição de Previdência Social, devida à respectiva instituição de aposentadoria e pensões (art. 4º, § 1º).

Não foi outro o caminho do Decreto-lei nº 9.403, de 25 de junho de 1946, que fez surgir o Sesi e estatuiu a cobrança de dois por cento (2%) sobre montante da remuneração sobre o qual deva ser estabelecida a contribuição de previdência devida ao instituto de previdência ou caixa de aposentadoria e pensões a que o contribuinte esteja filiado (art. 3º, § 1º). No mesmo rumo, o Decreto-lei nº 9.853/1946, de criação do Sesc, que definiu a contribuição tributário sobre o montante da remuneração paga aos empregados (art. 3º, § 1º).

Veja-se que existe um total alinhamento e pertinência jurídica das contribuições devidas ao Sesi, ao Senai, ao Sesc e ao Senac, com a mesma incidência da

Capítulo 3 • ELEMENTOS CONSTITUTIVOS DOS SERVIÇOS SOCIAIS AUTÔNOMOS | **319**

contribuição previdenciária patronal e, outrossim, nas leis especiais e específicas das respectivas entidades que não há nenhuma limitação com base em salários mínimos. Nesse mesmo caminho, impende-se afirmar que o Decreto-lei nº 1.867/1981, que deu nova redação ao art. 1º do Decreto-lei nº 1.861/1981, de mesma hierarquia normativa que a lei ordinária, estabeleceu que as contribuições tributárias dos empregadores calculadas sobre a folha de pagamento e recolhidas pelo Instituto de Administração Financeira da Previdência e Assistência Social – Iapas em favor de Sesi, Senai, Sesc e Senac passarão a incidir até o limite máximo de exigência das contribuições previdenciárias, mantidas as mesmas alíquotas e contribuintes.

Nesse ponto, posteriormente, o importante Decreto-lei nº 2.318, de 30 de dezembro de 1986, revogou os arts. 1º, 2º e 3º do Decreto-lei nº 1.861/1981, e, ao mesmo tempo, estabeleceu que o salário de contribuição não está mais sujeito ao limite de 20 vezes o salário mínimo, imposto anteriormente pelo *caput* do art. 4º da Lei nº 6.950/1981, isto é, as contribuições tributárias de Sesi, Senai, Sesc e Senac passaram a incidir sem limite máximo de exigência das contribuições previdenciárias ou de qualquer outro teto limite.

Neste ponto, vale, e muito, citar o estudo de Christiane Pantoja[333], a saber:

> O artigo 1º do Decreto-lei nº 1.861/1981, com a redação dada pelo artigo 1º do Decreto-lei nº 1.867/1981, manteve a regra de que as contribuições destinadas a Sesi, Senai, Sesc e Senac incidem sobre "o limite máximo de exigência das contribuições previdenciárias". Vale dizer, em linha com o que sempre foi e ainda é, manteve a equivalência histórica entre as bases de cálculo da contribuição previdenciária e da contribuição do Sesi e do Senai (*cf.* § 1º, do artigo 1º e artigo 3º, do DL 6.246/1944, § 1º, do artigo 3º, do Decreto-lei nº 9.403/1946, parágrafo único, do artigo 94, da Lei 8.212/1991, §§ 2º e 3º, do artigo 3º, da Lei nº 11.457/2007 e § 5º, do artigo 109, da Instrução Normativa da RFB nº 971/2009).

> Não é por outro motivo que, na exposição de motivos do então ministro da Previdência e Assistência Social, que acompanhou o projeto do Decreto-lei nº 2.318/1986, restou consignado claramente que um dos objetivos da norma foi fortalecer o Senai e o Sesi, que passaram a receber integralmente o produto da contribuição a eles destinados. Em textual: "Ficam mantidas, na forma do artigo 1º, as contribuições para o Senai, o Senac, o Sesi e o Sesc eliminando o limite a partir do qual as contribuições são carreadas, sob a forma de contribuição da União, para a Previdência Social. Com essa providência, as instituições passarão a

---

[333] PANTOJA, Christiane. *Base de cálculo de contribuições a Sesi e Senai não é limitada a 20 salários mínimos.* Disponível em: https://www.conjur.com.br/2020-out-24/pantoja-base--calculo-contribuicoes-sesi-senai. Acesso em: 16 abr. 2021.

receber integralmente o produto da contribuição a elas destinadas, para melhor cumprir suas finalidades de formação profissional e de execução de programas sociais, em relação à classe trabalhadora".

Similarmente, a Lei nº 8.029, de 12 de abril de 1990 originou a contribuição tributária do Sebrae incidente como adicional às alíquotas das contribuições sociais sobre as folhas de salários do Senai, do Sesi, do Senac e do Sesc, e, após alterações da Leis nº 10.668/03 e nº 11.080/2004, as contribuições à Apex-Brasil e à ABDI, na proporção de 85,75% (oitenta e cinco inteiros e setenta e cinco centésimos por cento) ao Sebrae, 12,25% (doze inteiros e vinte e cinco centésimos por cento) à Apex-Brasil e 2% (dois inteiros por cento) à ABDI.

Por sua vez, a Lei nº 8.315, de 23 de dezembro de 1991, que tem suporte constitucional no art. 62 do ADCT, criou o Senar e impõe como renda da entidade uma contribuição mensal tributária, a ser recolhida à Previdência Social, sobre o montante da remuneração paga a todos os empregados pelas pessoas jurídicas de direito privado, ou a elas equiparadas, que exerçam atividades agroindustriais, agropecuárias, extrativistas vegetais e animais, cooperativistas rurais e sindicais patronais rurais (art. 3º, I). Além disso, sem qualquer limite, estabelece peremptoriamente que contribuição incidirá sobre o montante da remuneração paga aos empregados da agroindústria que atuem exclusivamente na produção primária de origem animal e vegetal (art. 3º, § 4º).

Na mesma senda, a Lei nº 8.706, de 14 de setembro de 1993, que dispõe sobre a criação do Sest e do Senat, determina que as suas rendas para manutenção serão as contribuições compulsórias das empresas de transporte rodoviário, calculadas sobre o montante da remuneração paga pelos estabelecimentos contribuintes a todos os seus empregados e recolhidas pelo INSS, pela contribuição mensal compulsória dos transportadores autônomos do salário de contribuição previdenciária, inclusive afirma que as contribuições ficam sujeitas às mesmas condições, prazos, sanções e privilégios, especialmente no que se refere à cobrança judicial, aplicáveis às contribuições para a Seguridade Social arrecadadas pelo INSS (art. 7º, incisos I e II, e § 2º).

Por fim, e não menos importante, a Medida Provisória nº 2.168-40, de 24 de agosto de 2001, com força de lei e efeito perene, conforme o art. 2º da EC 32/2001, criou o Sescoop e fundou como sua receita a contribuição mensal tributária sobre o montante da remuneração paga a todos os empregados pelas cooperativas recolhida pela Previdência Social, aplicando-se-lhe as mesmas condições, prazos, sanções e privilégios aplicáveis às contribuições para a Seguridade Social. Ainda assim, a lei é expressa ao estabelecer que a contribuição do Sescoop é de mesma espécie das destinadas a Senai, Sesi, Senac, Sesc, Senat, Sest e Senar (art. 10, inciso I, §§ 1º e 2º).

Constata-se, portanto, que cada contribuição tributária devida ao Sistema S tem o seu suporte legal em lei específica, sem qualquer redução de base de cálculo a 20 salários mínimos. Em outras palavras, a Lei nº 8.029/1990 (Sebrae, Apex-Brasil e ABDI), a Lei nº 8.315/1991 (Senar), a Lei nº 8.706/1993 (Sest e Senat) e a Medida

Capítulo 3 • ELEMENTOS CONSTITUTIVOS DOS SERVIÇOS SOCIAIS AUTÔNOMOS | **321**

Provisória n° 2.168-40/2001(Sescoop) são leis específicas e posteriores ao parágrafo único do revogado artigo 4° da Lei n° 6.950/1981, impondo-se juridicamente de todas as formas a interpretação de que não existe mais o suposto benefício fiscal, seja por lei posterior que revoga a lei anterior (*lex posterior derogat priori*), seja por lei especial que revoga lei geral (*lex specialis derogat legi generali*).

Por certo, além do mais, a revogação de uma norma pode resultar da incompatibilidade entre as novas normas e as precedentes ou da circunstância de a nova lei regular toda a matéria da lei anterior. Ora, a Lei n° 8.029/1990, a Lei n° 8.315/1991, a Lei n° 8.706/1993 e a Medida Provisória n° 2.168-40/2001 são incompatíveis com teto limite de 20 salários mínimos e, mais, regularam infraconstitucionalmente toda a matéria referente à incidência tributária das contribuições sobre folha de salários do Sebrae, da Apex-Brasil, da ABDI, do Senar, do Sest, do Senat e do Sescoop. Em verdade, regularam o critério quantitativo da regra-matriz de incidência das respectivas contribuições tributárias como o total das remunerações, sem remissões legais a qualquer outro texto normativo ou fixação de limite de base de cálculo ao regular absolutamente a matéria de base de cálculo.

Ademais, compreende-se que o parágrafo único é acessório, secundário e subordinado ao artigo, e, assim, revogado o *caput* do artigo 4° da Lei n° 6.950/1981 pelo artigo 3° do Decreto-lei n° 2.318/1986, não é juridicamente possível sobreviver sozinho o dispositivo legal suplementar sem a cabeça, isto é, revogando-se o *caput*, não deve subsistir o parágrafo único do artigo correspondente.

Portanto, por qualquer prisma que se sopese, constitucional ou infraconstitucionalmente, a conclusão é pela imprestabilidade do parágrafo único do art. 4° às contribuições tributárias devidas a Sesi, Senai, Senac, Sesc, Sebrae, Senat, Sest, Senar, Sescoop, ABDI e Apex-Brasil, devendo ser aplicada a base de cálculo sem qualquer limitação ao número de salários mínimos.

3.11 PODER CONSTITUCIONAL DE CONCESSÃO DE ISENÇÃO TRIBUTÁRIA

Outra característica marcante encontrada em parte das entidades integrantes do serviço social autônomo é sua capacidade de estimular as empresas a implementar serviços de educação de seus trabalhadores que, dentro da discricionariedade da entidade, sejam considerados adequados para os fins ao qual almejam, tendo como contraprestação a isenção ou a redução da obrigação de recolhimento das contribuições sociais que financiam essas entidades. Referida prerrogativa é exercida pelas entidades por expressa delegação legal e se encontra presente no Senai[334] e

---

[334] Art. 5° do Decreto-lei n° 4.048/1942: "Estarão isentos da contribuição referida no artigo anterior os estabelecimentos que, por sua própria conta, mantiverem aprendizagem, considerada, pelo Serviço Nacional de Aprendizagem dos Industriários, sob o ponto de vista da montagem, da constituição do corpo docente e do regime escolar, adequada aos seus fins".

no Senac[335]. Para adequada análise dessa prerrogativa, necessário se faz ponderar os institutos da isenção e da imunidade tributária.

Inicialmente, destaca-se a existência implícita do princípio da transparência fiscal. A razão de sua existência advém da necessidade de garantir que a sociedade, como um todo, e o sujeito passivo, em particular, tenham conhecimento da carga tributária que lhes é imposta. O desenvolvimento da consciência do impacto fiscal sobre o poder de compra das pessoas é, sem sombra de dúvida, um instrumento para o desenvolvimento da própria cidadania. Nesse contexto, destacam-se dois dispositivos constitucionais que dão substância ao princípio da transparência fiscal.

O primeiro se encontra previsto no art. 150, § 5º, e dispõe que a lei determinará medidas para que os consumidores sejam esclarecidos acerca dos impostos que incidam sobre mercadorias e serviços[336]. O segundo se encontra previsto no art. 150, § 6º, e dispõe sobre a necessidade de lei específica para a concessão de qualquer desoneração tributária, sem prejuízo dos convênios do Conselho Nacional de Política Fazendária (Confaz)[337]. Como implementação da necessidade de esclarecimentos ao consumidor acerca da carga tributária que lhe é aplicada quando da aquisição de bens e serviços, foi promulgada a Lei nº 12.741/2012, que estabeleceu a obrigatoriedade de informação do valor aproximado dos impostos pagos pelo consumidor[338]. Menciona-se que, inobstante o comando constitucional tenha determinado a necessidade de informação aos consumidores apenas dos impostos, a Lei nº 12.741/2012 incluiu não apenas estes, como também as contribuições para o Programa de Integração Social/Programa de Formação do Patrimônio do Servidor Público (Pis/Pasep), a Contribuição para Financiamento da Seguridade Social (Cofins) e a Cide incidente sobre combustíveis.

Entretanto, forçoso se reconhecer que o texto legal poderia ter sido aprimorado no sentido de incluir não apenas a Cide sobre combustíveis e derivados de petróleo, como as demais contribuições de intervenção no domínio econômico e

---

[335] Art. 6º do Decreto-lei nº 8.621/1946: "Ficarão isentos de contribuição os estabelecimentos que, a expensas próprias, mantiverem cursos práticos de comércio e de aprendizagem, considerados pelo Senac adequados aos seus fins, não só quanto às suas instalações como no tocante à Constituição do Corpo docente e ao regime escolar".

[336] Art. 150, § 5º: "A lei determinará medidas para que os consumidores sejam esclarecidos acerca dos impostos que incidam sobre mercadorias e serviços".

[337] Art. 150, § 6º: "Qualquer subsídio ou isenção, redução de base de cálculo, concessão de crédito presumido, anistia ou remissão, relativos a impostos, taxas ou contribuições, só poderá ser concedido mediante lei específica, federal, estadual ou municipal, que regule exclusivamente as matérias acima enumeradas ou o correspondente tributo ou contribuição, sem prejuízo do disposto no art. 155, § 2º, XII, *g*".

[338] "Art. 1º Emitidos por ocasião da venda ao consumidor de mercadorias e serviços, em todo território nacional, deverá constar, dos documentos fiscais ou equivalentes, a informação do valor aproximado correspondente à totalidade dos tributos federais, estaduais e municipais, cuja incidência influi na formação dos respectivos preços de venda."

as próprias contribuições sociais de financiamento do serviço social autônomo. O ajuste sugerido teria o condão de ampliar a possibilidade de conhecimento do consumidor sobre as contribuições, que hoje significam a maior parte da arrecadação do Estado, além de dar a mais ampla efetividade ao princípio da transparência fiscal, cuja importância poderia ser reforçada se a lei previsse a necessidade de divulgação dos impostos incidentes sobre a cadeia produtiva não apenas para o consumidor, mas para a sociedade como um todo.

Baseado no princípio da transparência fiscal, tem-se que eventual isenção deve constar de legislação específica materialmente relacionada com o tributo a que se venha dar isenção, o que foi observado no caso do Senai e do Senac, cujas leis instituidoras trataram do tributo a ser cobrado para seu financiamento, bem como a hipótese de isenção ou redução da contribuição.

No que diz respeito à isenção, o Código Tributário Nacional a define como uma das formas de exclusão do crédito tributário[339]; no entanto, o conceito legal se revela muito limitado e deixa de observar a aplicação do princípio da legalidade estrita para a concessão de isenções. Pondera-se que a isenção, ainda quando prevista em contrato, deve ser estabelecida em lei que estabeleça os requisitos para sua concessão, os tributos para os quais se aplica e seu prazo de duração[340].

Esse conceito deve ser ampliado para definir a isenção como sendo a limitação legal da norma jurídica tributária que impede a geração de efeitos que consubstancia a hipótese de incidência, significando hipótese de exoneração tributária. Sua existência impede o exercício da competência tributária pelo sujeito ativo e, por consequência, o surgimento da obrigação tributária principal.

Em regra, a concessão de isenção poderá ser feita por meio de lei ordinária. A exceção a essa regra reside nos tributos cuja criação dar-se-á apenas por meio de lei complementar, os quais demandam, para concessão de isenção, norma de igual tipo legislativo[341], conforme entendimento do Supremo Tribunal Federal.

---

[339] Cf. art. 175, I, do CTN.

[340] Art. 176 do CTN: "A isenção, ainda quando prevista em contrato, é sempre decorrente de lei que especifique as condições e requisitos exigidos para a sua concessão, os tributos a que se aplica e, sendo caso, o prazo de sua duração".

[341] BRASIL. Supremo Tribunal Federal. RE 516195 ED-AgR-EDv-AgR, Relator(a): Min. Alexandre de Moraes, Tribunal Pleno, julgado em 26/10/2018, Processo Eletrônico DJe-236 DIVULG 06/11/2018 PUBLIC 07/11/2018: "AGRAVO INTERNO. EMBARGOS DE DIVERGÊNCIA. AGRAVO REGIMENTAL. EMBARGOS DE DECLARAÇÃO. RECURSO EXTRAORDINÁRIO. ACOLHIMENTO DOS EMBARGOS DE DIVERGÊNCIA. RECURSO EXTRAORDINÁRIO PROVIDO. 1. Embora, em regra, não caibam embargos de divergência quando o acórdão recorrido não examina o mérito do recurso, por não cumprir os requisitos processuais, esse entendimento comporta pelo menos uma exceção: quando se colocam sob cotejo processos em que constam acórdãos e recursos extraordinários substancialmente idênticos, como no caso dos autos. Precedentes. 2. É assente nesta Corte o entendimento pela legitimidade do art. 56 da Lei nº 9.430/96 para revogação da

324 | SISTEMA S: FUNDAMENTOS CONSTITUCIONAIS • *Edvaldo Nilo de Almeida*

Independentemente da forma legislativa adotada para a instituição da isenção, a lei que a institui deve ser específica, conforme determina o art. 150, § 6º, da Constituição Federal, do mesmo modo que ocorre para a anistia. Ante tal obrigação, é vedada a concessão de isenção por intermédio de lei geral. Desse modo, lei que trate de servidores públicos não poderia disciplinar, em seu texto normativo, hipóteses de isenção do imposto de importação, por exemplo.

Por outro lado, importa verificar a possibilidade de supressão ou revogação da isenção. Sobre esse assunto, sublinha-se que o art. 178 do CTN dispõe que a isenção pode ser revogada ou modificada por lei, exceto se tiver sido concedida por prazo certo e sob condições. Para se verificar a possiblidade de revogação da isenção, é obrigatório, portanto, o exame das condições sob as quais foi concedida.

Caso a isenção tenha sido concedida de forma não onerosa – incondicional –, pode ser revogada a qualquer momento[342]. Desde 2009, quando a Suprema Corte julgou o Recurso Extraordinário nº 204.062/RS, já vigorava o entendimento segundo o qual:

> Na isenção, o tributo já existe. Por isso, revogado o favor legal, força é concluir que um novo tributo não foi criado, senão que houve apenas a restauração do direito de cobrar o tributo, o que não implica a obrigatoriedade de ser observado o princípio da anterioridade.[343]

Em se tratando de isenção onerosa e sem prazo certo, entende-se que a sua supressão não pode ser feita de imediato, devendo-se respeitar o princípio da

---

isenção prevista na LC 70/91, uma vez que (a) esta é, materialmente, lei ordinária e (b) não há hierarquia entre lei ordinária e lei complementar. O posicionamento foi firmado pelo Tribunal Pleno nos autos do RE 377.457 (Rel. Min. Gilmar Mendes, *DJe* de 19/12/2008, Tema 71 da repercussão geral). 3. Agravo Interno a que se nega provimento".

[342] BRASIL. Supremo Tribunal Federal. ADI 4016 MC, Relator(a): Min. Gilmar Mendes, Tribunal Pleno, julgado em 01/08/2008, *DJe*-075 DIVULG 23/04/2009 PUBLIC 24/04/2009 EMENT VOL-02357-01 PP-00047 *RDDT* n. 165, 2009, p. 187-193: "Medida cautelar em ação direta de inconstitucionalidade. 2. Art. 3º da Lei nº 15.747, de 24 de dezembro de 2007, do Estado do Paraná, que estabelece como data inicial de vigência da lei a data de sua publicação. 3. Alteração de dispositivos da Lei nº 14.260/2003, do Estado do Paraná, a qual dispõe sobre o Imposto sobre a Propriedade de Veículos Automotores – IPVA. 4. Alegada violação ao art. 150, III, alínea *c*, da Constituição Federal. 5. A redução ou a extinção de desconto para pagamento de tributo sob determinadas condições previstas em lei, como o pagamento antecipado em parcela única, não pode ser equiparada à majoração do tributo em questão, no caso, o IPVA. Não incidência do princípio da anterioridade tributária. 6. Vencida a tese de que a redução ou supressão de desconto previsto em lei implica, automática e aritmeticamente, aumento do valor do tributo devido. 7. Medida cautelar indeferida".

[343] BRASIL. Supremo Tribunal Federal. RE 204.062/ES. Rel. Min Carlos Velloso, Segunda Turma, julgado em 27/09/1996. Divulgado 18/12/1996. Publicado em 19/12/1996. Ata 62/96, *DJ* 19/12/1996.

Capítulo 3 • ELEMENTOS CONSTITUTIVOS DOS SERVIÇOS SOCIAIS AUTÔNOMOS | **325**

anterioridade[344]. Por fim, se a isenção for dada por prazo certo e condicional, não poderá ser revogada, porquanto existente direito adquirido do contribuinte.

Realizadas essas considerações, ao se meditar sobre a natureza da isenção que pode ser concedida pelas entidades do serviço social autônomo, sobressaem as seguintes características: (i) a isenção do Senai é incidente sobre a integralidade da contribuição social[345], ao passo que a isenção do Senac limita-se a 80% da contribuição[346]; (ii) ambas as isenções se encontram sob o poder discricionário das entidades em razão de sua capacidade de avaliar os cursos e sua adequação para fins de isenção; (iii) as isenções são concedidas de forma onerosa, porquanto demandam investimentos em educação para poderem ser concedidas pelas entidades; e (iv) são pactuadas por prazo indeterminado – enquanto forem mantidas as condições para a isenção, esta deve permanecer.

Perante tais atributos, verifica-se que, uma vez concedida a isenção sem prazo certo pelas entidades do serviço social autônomo, sua revogação se afigura possível, desde que respeitado o princípio da anterioridade.

3.12 SELEÇÃO DE PESSOAL

A modalidade de seleção de pessoal, no que tange aos serviços sociais autônomos, sempre configurou motivo de discussão junto à jurisprudência e aos estudiosos do tema. Em que pese as diversas correntes doutrinárias convergirem, em sua maioria, para afirmar a necessidade da observância de critérios objetivos na contratação de pessoal, a observância estrita das normas gerais da administração pública é motivo de divergência.

A necessidade de as leis internas de cada instituição estabelecerem regras sobre a seleção de pessoal das entidades traduz-se no ponto convergente da doutrina. Todavia, a desavença se instala quanto à limitação e à padronização da modalidade de recrutamento e seleção de seus empregados.

O julgamento do Recurso Extraordinário nº 798.874/DF, submetido ao regime de repercussão geral (Tema 569) pelo STF, analisou a obrigatoriedade da realização de concurso público para a contratação de empregados por entidade pertencente ao Sest/Senat.

O Ministério Público do Trabalho, após dezenas de ações civis públicas questionando o formato de contratação de pessoal, levou a discussão ao Pretório Excelso por meio de recurso constitucional, sustentando a necessidade de observância dos princípios gerais da administração pública da publicidade, da moralidade, da impessoalidade e do concurso público.

---

[344] BRASIL. Supremo Tribunal Federal. Súmula 544. Pleno. Aprovada em 03/12/1969. *DJ* de 10/12/1969, p. 5935; *DJ* de 11/12/1969, p. 5951; *DJ* de 12/12/1969, p. 5999: "Isenções tributárias concedidas, sob condição onerosa, não podem ser livremente suprimidas".

[345] Cf. art. 5º do Decreto-lei nº 4.048/1942.

[346] Interpretação do art. 6º, *caput* e parágrafo único, do Decreto-lei nº 8.621/1946.

Para o *parquet*, e para os doutrinadores filiados a essa corrente, a subvenção parcial das entidades do Sistema S pelo Estado seria suficiente para exigir a observância por estas da regra contida no inciso II do art. 37 da Constituição Federal, ou seja, exigir a contratação de seus empregados por concurso público. Em contraponto a isso, muitos doutrinadores afirmam que os recursos repassados pelo poder público ao sistema "S" são apenas uma contribuição parafiscal e, por isso, não configuram recurso público, atuando o Estado apenas como intermediário fiscalizador e arrecadador, que transmite as contribuições compulsórias setorizadas às respectivas entidades vinculadas àquele setor[347].

De fato, a Lei nº 11.457/2007, que dispõe sobre a Administração Tributária Federal, prevê expressamente que à União Federal, por meio da Secretaria da Receita Federal do Brasil, compete realizar a fiscalização e a arrecadação das contribuições previstas nas alíneas *a, b,* e *c* do parágrafo único do art. 11 da Lei nº 8.212, de 24 de julho de 1991[348]. Logo, esses recursos jamais ingressam nos cofres da União, não podendo ser reconhecidos como recurso público[349].

Por outro lado, tendo sua finalidade única e exclusivamente destinada às respectivas funções sociais que exercem, os serviços sociais autônomos brasileiros submetem-se à fiscalização do Tribunal de Contas da União, não por pertencer à administração pública, mas pela necessidade de controle externo que verifique se os recursos da entidade estão sendo destinados às finalidades previstas em suas leis de criação.

Nesse cenário, o TCU orienta que os entes do Sistema S pautem suas condutas nos princípios básicos que orientam a função administrativa, sobretudo na isonomia, na legalidade, na impessoalidade, na moralidade, na publicidade e na eficiência. Confira-se:

> As entidades do Sistema S, muito embora obedeçam a regulamentos próprios, devem observar os princípios gerais da Administração Pública (legalidade, impessoalidade, moralidade, publicidade e eficiência), uma vez que prestam serviços de interesse público com recursos originados de contribuições parafiscais. (TCU – GRUPO I – CLASSE I – Plenário – TC 032.966/2012-1 – Relator: Raimundo Carreiro, Data da sessão: 27.11.2013)

---

[347] MENDONÇA, Ana Paula Nunes. Análise dogmática da (in)aplicabilidade do princípio constitucional do concurso público. In: RAMOS FILHO, Wilson (coord.). *Trabalho e regulação: as lutas sociais e as condições materiais da democracia.* Belo Horizonte: Fórum, v. 1, 2012. p. 55.

[348] "Art. 11. No âmbito federal, o orçamento da Seguridade Social é composto das seguintes receitas: [...] Parágrafo único. Constituem contribuições sociais: a) as das empresas, incidentes sobre a remuneração paga ou creditada aos segurados a seu serviço; b) as dos empregadores domésticos; c) as dos trabalhadores, incidentes sobre o seu salário de contribuição."

[349] Interpretação dos arts. 2º e 3º da Lei nº 11.457, de 16 de março de 2017.

Capítulo 3 • ELEMENTOS CONSTITUTIVOS DOS SERVIÇOS SOCIAIS AUTÔNOMOS | **327**

A discussão quanto ao modelo de seleção de pessoal a ser adotado pelas entidades do Sistema S surge a partir dessa percepção. Se, por um lado, alguns autores afirmam que, ao observar os princípios da administração pública, tais entidades devem observar também a regra contida no inciso II do art. 37 da Constituição Federal e realizar concurso público de seleção, outros concluem que os princípios administrativos apenas guiam, subsidiariamente, o procedimento de contratação de empregados dessas entidades, que devem observar, de forma objetiva, as regras previstas em seus respectivos estatutos[350].

Nesse contexto, os próprios regulamentos dos serviços sociais autônomos preveem os procedimentos de seleção de seus empregados. Nesses mesmos regulamentos, também é possível notar que tais entidades, embora reconhecidamente de direito privado, observam os princípios da administração pública de forma subsidiária.

A exemplo disso, o regulamento do Sesc, instituído pelo Decreto nº 61.843/1967, previu expressamente a impossibilidade de admissão de servidores com parentesco até o terceiro grau do presidente, membros dos conselhos e dirigentes. Confira-se:

> Art. 44. Não poderão ser admitidos como servidores do Sesc, parentes até o terceiro grau civil (afim ou consanguíneo) do Presidente, ou dos membros, efetivos e suplentes, do Conselho Nacional e do Conselho Fiscal ou dos Conselhos Regionais do Sesc ou do Senac, bem como de dirigentes de entidades sindicais ou civis do comércio, patronais ou de empregados.
>
> Parágrafo único. A proibição é extensiva, nas mesmas condições, aos parentes de servidores dos órgãos do Senac ou do Sesc.

No mesmo sentido, o regulamento de processo seletivo para a contratação de empregados do Sesi[351] prevê expressamente que a seleção de pessoal da entidade deverá pautar-se nos princípios da moralidade e da impessoalidade:

> Art. 20 O processo seletivo tem por objetivo atender à necessidade de serviço e selecionar profissionais qualificados, observado o padrão de mercado e a busca pela eficiência da Entidade, sendo vedada, em obediência aos princípios da moralidade e da impessoalidade, a ocorrência de práticas como nepotismo, tráfico de influência, apadrinhamento, troca de favores, bem como as discriminações previstas no art. 70 da Constituição Federal.

---

[350] ROSSETTI, Suzana Maria. Terceirização no âmbito dos servidores sociais autônomos. *Revista Zênite – Informativo de Licitações e Contratos (ILC)*, Curitiba: Zênite, n. 224, p. 1018, out. 2012.

[351] SERVIÇO SOCIAL DA INDÚSTRIA. Resolução nº Sesi/CN0035/2015. Altera o regulamento de processo seletivo para a contratação de empregados e dá outras providências. Disponível em: http://conselhonacionaldosesi.org.br/wp-content/uploads/2017/03/Resolução-nº-035- -2015-SESI-DN-Altera-Regulamento-de-Processo-Seletivo-Contratação-de-Empregados. pdf. Acesso em: 10 jan. 2020.

328 | SISTEMA S: FUNDAMENTOS CONSTITUCIONAIS • *Edvaldo Nilo de Almeida*

Porém, segmentos da doutrina entendem não ser suficiente a observância dos princípios da administração pública nos regulamentos de contratação elaborados pelos entes do dito Sistema S, afirmando a necessidade de observância da regra contida no inciso II do art. 37 da Constituição Federal, que prevê a realização de concurso público de provas ou de provas e títulos para a investidura em cargos ou empregos públicos.

O texto constitucional prevê expressamente que a obrigatoriedade de realização de concursos públicos refere-se à "[...] investidura em cargo ou emprego público [...]" (art. 37, inciso II), o que, a princípio não deixa margem para interpretações extensivas. Contudo, os defensores dessa tese apontam para uma interpretação ampliativa desse conceito e afirmam a inclusão dos serviços sociais autônomos como entes obrigados à realização de concurso público para seleção de pessoal.

Esses estudiosos afirmam que os entes do Sistema S receberiam tributos oriundos do Estado para o exercício de sua função social e que, por isso, deveriam submeterem-se ao mesmo formato de contratação de pessoal, assim como os membros da administração pública. No entanto, tal afirmação não encontra respaldo na literalidade do texto constitucional e, conforme decidiu o STF no julgamento do Recurso Extraordinário nº 789.874/DF (Tema 569), não é cabível interpretação extensiva.

Desde a instituição da realização de concursos públicos no ordenamento constitucional brasileiro, ocorrida na Revolução Constitucionalista de 1932, que deu origem à Constituição da República dos Estados Unidos do Brasil, sempre restou expresso pelo legislador que esse instrumento obrigatório de seleção de pessoal destinar-se-ia ao provimento exclusivamente de cargos públicos.

O art. 170 da citada Constituição de 1934 assim dispôs:

> Art. 170. O Poder Legislativo votará o Estatuto dos Funcionários Públicos, obedecendo às seguintes normas, desde já em vigor:
>
> [...]
>
> 2º) a primeira investidura nos postos de carreira das repartições administrativas, e nos demais que a lei determinar, efetuar-se-á depois de exame de sanidade e concurso de provas ou títulos;
>
> [...]

Na sequência, a Constituição Federal brasileira de 1937, em seu art. 156, igualmente previu para os cargos públicos que "[...] a primeira investidura nos cargos de carreira far-se-á mediante concurso de provas ou de títulos [...]", e a Constituição de 1946, em seu art. 186, manteve a determinação. A Constituição da República Federativa do Brasil de 1967 foi peremptória e estabeleceu expressamente que todos os cargos públicos, excetuando-se os cargos em comissão declarados em lei de livre nomeação e exoneração, fossem preenchidos por concurso público. Até então, o certame público era exigido somente para o provimento do cargo inicial da carreira, sendo os demais cargos preenchidos por sucessivas promoções.

Capítulo 3 • ELEMENTOS CONSTITUTIVOS DOS SERVIÇOS SOCIAIS AUTÔNOMOS | **329**

Observa-se, no entanto, que, apesar das alterações sobre o procedimento de concurso público realizadas pelos sucessivos legisladores constituintes ao longo do tempo, um ponto permaneceu incólume no ordenamento constitucional brasileiro: a limitação da obrigatoriedade da realização desses certames aos cargos essencialmente públicos, ou seja, pertencentes à estrutura da administração pública federal. Nunca houve, na história constitucional nacional, a imposição da realização desses certames para preenchimento de cargos de entidades de direito privado.

Cabível, quanto ao ponto, discorrer acerca da compreensão do Supremo Tribunal Federal quanto ao tema. Por ocasião do Recurso Extraordinário nº 789.874/DF (Tema 569), conduzido sob a relatoria do ministro Teori Zavascki, restou consignado que cabe aos atos normativos de cada entidade do Sistema S organizar e administrar suas atividades, contando com autonomia administrativa, que somente pode ser limitada pelo controle finalístico do Estado, uma vez que se dedicam a atividades de interesse coletivo e lidam com recursos subvencionados parcialmente pela União Federal.

Isso porque, segundo o ministro, o art. 149 do Decreto nº 93.872/1986 previu expressamente que os

[...] serviços autônomos e entidades com personalidade jurídica de direito privado, de cujo capital a União ou qualquer entidade da administração indireta, seja detentora da totalidade ou da maioria das ações ordinárias, prestarão contas de sua gestão, para julgamento pelo Tribunal de Contas da União [...].[352]

Assim, o fato de os serviços sociais autônomos sofrerem fiscalização do órgão de controle externo estatal não leva necessariamente à conclusão de que essas entidades equiparar-se-iam à administração pública federal e sofreriam submissão às regras constitucionais de seleção de pessoal a essa atribuídas. Afinal, o controle finalístico exercido pelo TCU nas entidades de direito privado é uma das hipóteses legais previstas na legislação vigente, inclusive inserida na Lei Orgânica daquele Tribunal de Contas, nº 8.443/92[353].

Outro ponto relevante que embasou a decisão do Pretório Excelso pela desnecessidade de realização de concurso público nos processos de seleção de pessoal dos serviços sociais autônomos foi a previsão legislativa de autogestão dos recursos dessas entidades, "[...] inclusive no que se refere à elaboração de seus orçamentos,

---

[352]   Art. 149 do Decreto nº 93.872/1986.

[353]   "Art. 5º A jurisdição do Tribunal abrange: [...] V – os responsáveis por entidades dotadas de personalidade jurídica de direito privado que recebam contribuições parafiscais e prestem serviço de interesse público ou social; [...]."

ao estabelecimento de prioridades e à definição de seus quadros de cargos e salários, segundo orientação política própria"[354].

Segundo o relator, acompanhado à unanimidade pelos demais membros do STF, a intenção legislativa de conferir autonomia às entidades do Sistema S, exteriorizada em suas respectivas leis de criação, deixa clara a liberdade que esses entes possuem para procedimentalizar seus mecanismos de seleção e contratação de pessoal. Tanto é assim que a jurisprudência do Supremo Tribunal Federal sempre distinguiu os serviços sociais autônomos da administração pública federal.

O STF já apreciou, em diversas oportunidades, a questão da obrigatoriedade de realização de concurso público por entidades de direito privado que desempenham atividades de interesse coletivo. Cite-se como exemplo o julgamento da ADI 1864/PR, de relatoria do ministro Maurício Corrêa, referente ao serviço social autônomo Paranaeducação, criado pelo estado do Paraná para auxiliar na gestão do sistema educacional local. Na ocasião, restou consignado no voto vencedor, proferido pelo ministro Joaquim Barbosa, que, mesmo desempenhando atividade pública em cooperação com o estado paranaense, a personalidade jurídica de direito privado da instituição autoriza, por si só, a contratação de empregados sem a necessidade da realização de concurso público[355].

Porém, foi no julgamento do Recurso Extraordinário nº 789.874/DF, ao qual foi reconhecida repercussão geral e classificado sob o Tema 569, que a divergência jurisprudencial foi sanada, sagrando-se vencedora a corrente doutrinária que sempre afirmou a desnecessidade da realização de concurso público para seleção de pessoal no quadro de empregados das entidades pertencentes ao Sistema S.

Conclui-se, portanto, que, em que pese restar reconhecida a desobrigação dos serviços sociais autônomos de realização de concurso público para contratação de seus empregados, por força do julgamento do RE 789.874/DF, pelo STF, permanece do princípio da isonomia e seu corolário direto, o princípio da impessoalidade. Desse modo, os serviços autônomos devem concretizar, por meio de seus regramentos próprios, a isonomia e a impessoalidade, como forma de evitar distorções nos processos seletivos de contratações dos seus empregados.

3.13 REGIME JURÍDICO DE PESSOAL, PENAL E DE IMPROBIDADE ADMINISTRATIVA

A Constituição Federal de 1988 estabeleceu aos servidores públicos da administração pública direta, das autarquias e das fundações públicas o regime jurídico

---

[354] Supremo Tribunal Federal, Tribunal Pleno, RE 789.874/DF, Relator Ministro Teori Albino Zavascki, julgado em 20/08/2014, publicado no Diário Oficial da Justiça em 19/11/2014.

[355] Supremo Tribunal Federal, Tribunal Pleno, ADI 1864/PR, Relator Ministro Maurício Corrêa, Relator para Acórdão Ministro Joaquim Barbosa, julgado em 08/08/2007, publicado no Diário Oficial da Justiça em 30/04/2008.

único e estatutário, conforme originário art. 39 e decisão do Plenário do STF que deferiu medida cautelar na ADI 2135 para suspender, com efeito *ex nunc*, a eficácia do *caput* do art. 39 da CF, na redação dada pela EC 19/1998[356]. No caso das entidades do Sistema S, por sua vez, o regime jurídico de pessoal a ser observado é aquele atinente às pessoas jurídicas de direito privado.

No Brasil, as relações individuais e coletivas de trabalho envolvendo pessoas jurídicas de direito privado são regidas pela Consolidação das Leis do Trabalho, que remonta à década de 1940, tendo sido sancionada em 1º de maio de 1943, na Era Vargas, durante o período do Estado Novo. A CLT surgiu com o objetivo de unificar a legislação trabalhista – até então esparsa – em um documento consolidado.

O art. 3º da CLT esclarece que empregado é toda "[...] pessoa física que prestar serviços de natureza não eventual a empregador, sob a dependência deste e mediante salário". Nessa relação de trabalho, não há a necessidade de observância de procedimentos formais na recrutação de pessoal, devendo o empregador, no entanto, por exemplo, observar os princípios constitucionais da não discriminação, da igualdade e do respeito à honra e à dignidade da pessoa humana.

No caso dos entes do Sistema S, além dos princípios norteadores das relações de trabalho regidas pelo direito privado, deve-se observar também os princípios da legalidade, da impessoalidade, da moralidade, da publicidade e da eficiência, que regem à administração pública. Para tanto, essas entidades adotam um regulamento próprio de contratação, com metodologia e critérios internos, respaldados tanto pela Consolidação das Leis do Trabalho quanto pelo art. 37, *caput*, da Constituição Federal.

---

[356] Disse o STF: "A matéria votada em destaque na Câmara dos Deputados no DVS 9 não foi aprovada em primeiro turno, pois obteve apenas 298 votos e não os 308 necessários. Manteve-se, assim, o então vigente *caput* do art. 39, que tratava do regime jurídico único, incompatível com a figura do emprego público. O deslocamento do texto do § 2º do art. 39, nos termos do substitutivo aprovado, para o *caput* desse mesmo dispositivo representou, assim, uma tentativa de superar a não aprovação do DVS [Destaque para Votação em Separado] 9 e evitar a permanência do regime jurídico único previsto na redação original suprimida, circunstância que permitiu a implementação do contrato de emprego público ainda que à revelia da regra constitucional que exige o *quorum* de três quintos para aprovação de qualquer mudança constitucional. Pedido de medida cautelar deferido, dessa forma, quanto ao *caput* do art. 39 da CF, ressalvando-se, em decorrência dos efeitos *ex nunc* da decisão, a subsistência, até o julgamento definitivo da ação, da validade dos atos anteriormente praticados com base em legislações eventualmente editadas durante a vigência do dispositivo ora suspenso. [...] Vícios formais e materiais dos demais dispositivos constitucionais impugnados, todos oriundos da EC 19/1998, aparentemente inexistentes ante a constatação de que as mudanças de redação promovidas no curso do processo legislativo não alteraram substancialmente o sentido das proposições ao final aprovadas e de que não há direito adquirido à manutenção de regime jurídico anterior" (ADI 2.135 MC, rel. p/ o ac. min. Ellen Gracie, j. 02/08/2007, P, *DJE* de 07/03/2008).

Uma vez estabelecido pelo Supremo Tribunal Federal, no julgamento do RE 789.874/DF, que as entidades do Sistema S podem realizar suas respectivas seleções de pessoal sem concurso público, porém com a observância dos princípios básicos da administração pública, consolidou-se a não caracterização dos empregados dos serviços sociais autônomos como servidores públicos.

Por outro lado, nos termos do § 1º do art. 327 do Código Penal, equipara-se a funcionário público quem exerce cargo, emprego ou função em entidade paraestatal, e quem trabalha para empresa prestadora de serviço contratada ou conveniada para a execução de atividade típica da administração pública.

Por certo, para fins penais, entende-se que os servidores das entidades do Sistema S não devem ser equiparados aos servidores públicos, pois, além de possuírem personalidade jurídica de direito privado, conforme já decidiu em repercussão geral o STF, não são entes paraestatais e não exercem atividade típica de Estado.

Além disso, os recursos repassados pelo Estado a essas entidades não configuram recursos públicos, por jamais ingressarem nos cofres da União, que apenas fiscaliza, arrecada e repassa as contribuições aos serviços sociais autônomos. Ademais, o fato de essas entidades serem consideradas de interesse social, por si só, não atrai a aplicação da Lei Penal.

Nos termos do Código Penal, a equiparação com os servidores públicos deve se dar em relação aos empregados das paraestatais. Compreende-se por entidade paraestatal apenas fundações públicas de direito privado, empresas públicas e sociedades de economia mista. Adota-se, igualmente, o art. 84, § 1º, da Lei nº 8.666/1993, que é norma jurídica tipicamente administrativa.

Nesse dispositivo, a lei que institui regras e princípios para licitações e contratos administrativos conceitua expressamente servidor público para fins de enquadramento das sanções penais estabelecidas na norma, equiparando a servidor público aquele que exerce cargo, emprego ou função em entidade paraestatal, "[...] assim consideradas, além das fundações, empresas públicas e sociedades de economia mista, as demais entidades sob controle, direto ou indireto, do poder público[357]".

Logo, mesmo que fomentadas pelo Estado e exercendo atividades de interesse social, as entidades do Sistema S não são incluídas no conceito de paraestatal, e, por isso, os empregados dos serviços sociais autônomos não podem ser equiparados a funcionário público, para fins penais, em razão do princípio da tipicidade e, substancialmente, porque a norma administrativa que atualmente define entes paraestatais não abrange tais serviços.

---

[357] BRASIL. Lei nº 8.666, de 21 de junho de 1993. Regulamenta o art. 37, inciso XXI, da Constituição Federal, institui normas para licitações e contratos da Administração Pública e dá outras providências. Brasília, DF: Planalto, 1993. Disponível em: http://www.planalto.gov.br/ccivil_03/leis/l8666cons.htm. Acesso em: 22 jan. 2020.

Capítulo 3 • ELEMENTOS CONSTITUTIVOS DOS SERVIÇOS SOCIAIS AUTÔNOMOS | **333**

É o princípio da tipicidade que sustenta a segurança jurídica que deve respaldar a aplicação da norma penal. Nesse sentido, ampliar o espaço interpretativo da norma para incluir as entidades do Sistema S na definição de entidades paraestatais configuraria ofensa direta e irremediável a esse princípio. Além disso, expandir o conceito também ofenderia a própria intenção legislativa, uma vez que, se a pretensão do legislador fosse estender aos serviços sociais autônomos a previsão legal de aplicação da norma penal, o teria feito de forma expressa, como o fez em relação a fundações, empresas públicas e sociedades de economia mista.

A interpretação e a ampliação da lei somente devem ser consideradas nos casos em que houver indeterminação semântica dos enunciados, o que não ocorre na espécie. No caso, deve ser aplicado o princípio da tipicidade cerrada, pois os conceitos trazidos pela lei administrativista que define as hipóteses de equiparação com os servidores públicos são hígidos e expressos em lei administrativa.

Por sua vez, a Lei de Improbidade Administrativa se aplica às entidades do Sistema S. Isso porque, além de sujeitarem-se ao princípio da moralidade, o parágrafo único do art. 1º da Lei nº 8.429/1992 expressamente estabelece que estão também sujeitos às penalidades desta lei administrativa os atos de improbidade praticados contra o patrimônio de entidade que receba subvenção, benefício ou incentivo, fiscal ou creditício, de órgão público, bem como daquelas cuja criação ou custeio o erário haja concorrido. Nesse caso, ao contrário da Lei de Licitações, resta clara a intenção legislativa de incluir os serviços sociais autônomos.

Afinal, esses entes, além de pautarem-se nos princípios constitucionais que norteiam a atividade administrativa, vinculam-se ao controle finalístico estatal para verificação do exercício de sua finalidade legal, devendo prestar contas das verbas recebidas para sua manutenção, decorrentes das contribuições tributárias recebidas e das dotações orçamentárias recebidas com os contratos de gestão.

Sendo a probidade administrativa uma forma de moralidade administrativa e devendo os serviços sociais autônomos concretizarem, por meio de seus regramentos próprios, o princípio da moralidade, deverá o empregado ou o dirigente que atuou em atividade dessas entidades responder por improbidade administrativa, nos termos da lei, em relação aos seus desvirtuamentos éticos de conduta.

3.14 RECEBIMENTO DE MECANISMOS ESTATAIS E POSSIBILIDADE DE CONTROLE JUDICIAL POR REMÉDIOS CONSTITUCIONAIS

Os entes que atuam em conjunto com o poder público na prestação de direitos prestacionais, como é o caso dos serviços sociais autônomos, e que desempenham serviços de interesse coletivo e social, apesar de possuírem personalidade jurídica de direito privado, quando, no exercício de sua finalidade social, violarem direitos salvaguardados pela Constituição Federal, podem, ao menos em tese, ser demandados pelos mecanismos constitucionais de proteção dos direitos e das liberdades fundamentais.

Constituem, assim, os principais remédios constitucionais aptos a tutelar dos direitos fundamentais previstos na Carta Magna: *habeas corpus*, mandado de injunção, mandado de segurança, ação popular, *habeas data*, ação civil pública e direito de petição.

Destes, o *habeas corpus* ampara o direito de ir e vir e, principalmente, é usado como ação autônoma contra o abuso ou a ilegalidade de prisão criminal ou prisão civil por inadimplemento voluntário e inescusável de obrigação alimentícia. Apesar do entendimento doutrinário[358] de que não é cabível contra ato de particular, pois, quando esse comete a privação da liberdade de ir e vir de determinada pessoa física, nada mais faz que praticar um crime, entende-se que a CF/88 não limita o polo passivo da ação que pode, eventualmente, caso haja interesse por parte do impetrante, ser o particular, quando responsável pela ilegalidade tutelada constitucionalmente. Assim sendo, apesar de difícil ocorrência na prática, aplicável em face de ato de constrangimento ilegal de empregado ou dirigente do Sistema S, quando existir violação do direito de liberdade ambulatória de outrem.

O mandando de injunção é o *writ* utilizado na hipótese de falta de norma regulamentadora que torne inviável o exercício dos direitos e das liberdades constitucionais e das prerrogativas inerentes à nacionalidade, à soberania e à cidadania (art. 5º, inciso LXXI, CF). Apesar do entendimento atual do STF de que só têm legitimidade passiva as pessoas estatais[359], compreende-se que se incumbe à pessoa jurídica privada implementar o direito constitucional fundamental disciplinado na sentença e, como existe falta de norma regulamentadora da Constituição, é possível ser requerida em litisconsórcio no mandado de injunção. Desse modo, por exemplo, se vier a existir norma constitucional que imponha ao legislador o dever de regulamentar um direito social, ao serviço social autônomo cabe implementar o exercício desse direito, pois entende-se que pode figurar como litisconsórcio passivo na demanda.

O mandando de segurança, noutra via, com base constitucional prevista no art. 5º, inciso LXIX, da Constituição Federal, e regulamentação na Lei nº 12.016/1989, visa proteger direito líquido e certo, não amparado por *habeas corpus* ou *habeas data*, sempre que, ilegalmente ou com abuso de poder, qualquer pessoa física ou jurídica sofrer violação ou houver justo receio de sofrê-la por parte de autoridade, seja de que categoria for e sejam quais forem as funções que exerça.

De acordo com Alexandre de Moraes[360], pessoas jurídicas de direito interno, no exercício de atividades delegadas pelo Estado, também poderiam ter seus

---

[358] HAMILTON, Sergio Demoro. O *habeas corpus* contra ato de particular. *Revista da EMERJ*, v. 8, n. 32, p. 99-109, 2005.

[359] Supremo Tribunal Federal, AgR no Mandado de Injunção nº 1007, Relator Min. Dias Toffoli, Tribunal Pleno, julgado em 19 de setembro de 2013 e publicado no Diário de Justiça eletrônico em 11 de março de 2014.

[360] MORAES, Alexandre de. *Direito constitucional*. 35. ed. São Paulo: Atlas, 2019. p. 186.

Capítulo 3 • ELEMENTOS CONSTITUTIVOS DOS SERVIÇOS SOCIAIS AUTÔNOMOS | **335**

agentes no polo passivo de mandados de segurança, sob o respaldo da Súmula nº 510 do Supremo Tribunal Federal[361]. Contudo, o questionamento que se insurge é quanto à possibilidade de impetração desse remédio contra os agentes que atuam em cooperação com o Estado, em atividades de interesse social.

Leciona Carvalho Filho[362] que o mandado de segurança pode ser impetrado tanto em face do poder público quanto do agente da pessoa privada no exercício de atividade originariamente estatal. Nesse cenário, é possível o manejo de mandado de segurança em face de dirigente ou empregado de entidade do Sistema S.

O objeto tutelado por essa ação constitucional são os direitos líquidos e certos, ou seja, aqueles que podem ser comprovados desde o início da ação pelo autor. No caso de não ser possível ao impetrante demonstrar, de pronto, o direito alegado como violado, deverá acionar a Justiça por meio de ações ordinárias previstas na legislação processual comum. No entanto, para viabilizar a impetração de mandado de segurança em face dos serviços sociais autônomos, deverá a parte comprovar, além da liquidez e da certeza do direito, que a autoridade apontada como coatora estava em exercício de função relativa aos "atos estatais"[363].

Como abordado nos tópicos anteriores, os serviços sociais autônomos devem concretizar suas atividades-fim observando os princípios administrativo-constitucionais previstos no art. 37 da Constituição, sobretudo os da isonomia e da impessoalidade. Quando assim não atuarem, poderão sofrer impetração de mandado de segurança em seu desfavor, como forma de corrigir essas distorções.

Assim, um exemplo do cabimento de mandado de segurança em face do Sistema S deriva dos processos seletivos de contratações dos seus empregados. Em julgamento recente, a Corte Especial do STJ reconheceu a legitimidade passiva de dirigente do Sebrae em mandado de segurança impetrado contra ato praticado em seleção pública de pessoal daquela entidade, afirmando ainda a competência da Seção de Direito Público do Tribunal. Confira-se:

> Analisando a jurisprudência do STJ, no tocante à matéria relativa a concurso público/processo seletivo, principalmente lides formadas a partir de ação mandamental, constata-se que a competência está inserida no âmbito do Direito Público, ainda que envolvam entidades de direito privado. Assim, o dirigente de entidade do Sistema S, como o Sebrae,

---

[361] BRASIL. Supremo Tribunal Federal. Súmula 510: "*Praticado o ato por autoridade, no exercício de competência delegada, contra ela cabe o mandado de segurança ou a medida judicial*".

[362] CARVALHO FILHO, José dos Santos. *Manual de direito administrativo*. 33. ed. São Paulo: Atlas, 2019. p. 1102.

[363] CARVALHO FILHO, José dos Santos. *Manual de direito administrativo*. 33. ed. São Paulo: Atlas, 2019. p. 1103.

ao praticar atos em certame público, para ingresso de empregados, está a desempenhar ato típico de direito público, vinculando-se ao regime jurídico administrativo. Em razão disso, deve observar os princípios que vinculam toda a Administração, como a supremacia do interesse público, legalidade, impessoalidade, moralidade, publicidade, eficiência e todos os demais. Portanto, tais atos são revestidos de caráter público, não podendo ser classificados como "de mera gestão", configurando, verdadeiramente, atos de autoridade.[364]

Como observa-se, ainda que reconhecida como pessoa jurídica de direito privado, a entidade pertencente aos serviços sociais autônomos. Quanto aos atos "revestidos de caráter público" que desempenha, podem sofrer, em desfavor de seus agentes, mandado de segurança. Já os atos denominados *interna corporis*, de cunho meramente discricionário, não ensejam a impetração desse remédio.

Com relação ao mandado de segurança coletivo, também é cabível em face dos agentes do Sistema S, aplicando-se a mesma lógica jurídica do *mandamus* individual, por exemplo, em casos em que não se observe a composição estabelecida em lei para partição em órgão de direção dos serviços sociais autônomos. Nessa medida, o art. 17, alínea *g*, do Decreto nº 494/1962, estabelece que o Conselho Nacional do Senai terá seis representantes dos trabalhadores da indústria, e respectivos suplentes, indicados pelas confederações de trabalhadores da indústria e centrais sindicais, que contarem com pelo menos 20% de trabalhadores sindicalizados em relação ao número total de trabalhadores da indústria em âmbito nacional. Na hipótese, caso não observada a regra pelo presidente da CNI, que é presidente nato do conselho, poder-se-ia impetrar o *writ* constitucional para garantir a legalidade.

A ação popular, por seu turno, prevista constitucionalmente no inciso LXXIII do art. 5º da Carta Magna, visa anular ato lesivo ao patrimônio público ou de entidade de que o Estado participe, à moralidade administrativa, ao meio ambiente e ao patrimônio histórico e cultural. A Lei nº 4.717/1965 regula sua aplicação.

De acordo com Alexandre de Moraes[365], o requisito essencial da ação popular é o ato lesivo ao patrimônio público, por ilegalidade ou imoralidade. Já Daniel Willian Granado[366], com base na jurisprudência do STJ, expande esse conceito, alargando-o, para incluir também "cofres públicos, meio ambiente, moralidade administrativa, patrimônio artístico, estético, histórico e turístico".

---

[364] Superior Tribunal de Justiça, Conflito de Competência nº 157.870/DF, Relator Ministro Herman Benjamin, Corte Especial, julgado em 21 de agosto de 2019, publicado no Diário de Justiça eletrônico em 12 de setembro de 2019.

[365] MORAES, Alexandre de. *Direito constitucional.* 35. ed. São Paulo: Atlas, 2019. p. 215.

[366] GRANADO, Daniel Willian. Ação popular. In: ALVIM, Eduardo Arruda; LEITE, George Salomão; STRECK, Lenio (coord.). *Curso de direito constitucional.* 1. ed. Florianópolis: Tirant lo Blanch, 2018. p. 455.

Capítulo 3 • ELEMENTOS CONSTITUTIVOS DOS SERVIÇOS SOCIAIS AUTÔNOMOS | **337**

Extrai-se das definições doutrinárias que a ação popular, assim como as demais ações ajuizadas em face da Administração Pública Federal ou de quem com esta coopere ou represente, visam resguardar, sobretudo a moralidade administrativa. No mesmo sentido, o STF decidiu, em regime de repercussão geral, que os serviços sociais autônomos, apesar de não possuírem obrigatoriedade de observância das regras procedimentais estabelecidas pela Constituição à administração pública, tem como corolários os seus princípios[367].

Assim, do próprio conceito constitucional da ação popular já é possível extrair a legitimidade passiva do Sistema S e de seus agentes. Ademais, interpretando o art. 6º da Lei nº 4.717/1965, a doutrina afirma a legitimidade passiva tanto das pessoas jurídicas públicas e privadas quanto dos seus respectivos servidores, empregados, gestores e administradores que praticaram o ato gerador da lesão, ou que se omitiram, dando azo à sua ocorrência[368].

Uma peculiaridade se destaca em relação à ação popular movida em face dos serviços sociais autônomos. Conforme reconhecido pela pacífica jurisprudência do Supremo Tribunal Federal[369] e do Superior Tribunal de Justiça[370], em que pese estes entes sejam equiparados à Administração Pública Federal para fins de composição do polo passivo da ação popular, esta deverá ser processada e julgada perante a Justiça Estadual. Registra-se, nesse sentido, decisão importante do STF, *in verbis*:

Competência: Justiça comum: ação popular contra o Sebrae [Serviço Brasileiro de Apoio às Micro e Pequenas Empresas] [...]. O Sebrae não corresponde à noção constitucional de autarquia, que, para começar, há de ser criada por lei específica (CF, art. 37, XIX) e não na forma de sociedade civil, com personalidade de direito privado, como é o caso do recorrido. Por isso, o disposto no art. 20, *f*, da Lei 4.717/1965 (Lei de Ação Popular – LAP), para não se chocar com a Constituição, há de ter o seu alcance reduzido: não transforma em autarquia *as entidades de direito privado que recebam e apliquem contribuições parafiscais, mas, simplesmente, as inclui no rol daquelas – como todas as enumeradas no art. 1º da LAP – à proteção de cujo patrimônio se predispõe a ação popular. Dada a patente similitude da natureza jurídica do Sesi [Serviço Social da*

---

[367] Supremo Tribunal Federal. Recurso Extraordinário nº 789874, Relator Ministro Teori Zavascki, Tribunal Pleno, julgado em 17/09/2014, publicado no Diário de Justiça Eletrônico em 18/11/2014.

[368] MORAES, Alexandre de. *Direito constitucional*. 35. ed. São Paulo: Atlas, 2019. p. 186.

[369] Supremo Tribunal Federal. Recurso Extraordinário nº 414375, Relator Ministro Gilmar Mendes, Segunda Turma, julgado em 31/10/ 2006, publicado no Diário de Justiça em 01/12/2006.

[370] Superior Tribunal de Justiça, Recurso Especial nº 890.164/SC, Relator Ministro Humberto Martins, Segunda Turma, julgado em 27/02/2007 e publicado do Diário de Justiça em 09/03/2007.

Indústria] e congêneres à do Sebrae, seja no tocante à arrecadação e aplicação de contribuições parafiscais, seja, em consequência, quanto à sujeição à fiscalização do tribunal de contas, aplica-se ao caso a fundamentação subjacente à Súmula 516/STF.[371] (Grifos nossos)

Com relação ao *habeas data*, que visa salvaguardar o direito individual de acesso, preservação e registro de dados individuais nos acervos públicos, também é possível verificar a possibilidade de sua utilização em face das entidades do Sistema S. Nesse rumo, o inciso LXXII do art. 5º da Constituição Federal previu a utilização desse instrumento para assegurar o conhecimento ou retificar dados pessoais constantes de bancos de dados ou registro pertencentes às entidades da Administração Pública, mas também daqueles entes que possuam caráter público. Conforme descreve Alexandre de Moraes:

> Poderão ser sujeitos passivos do *habeas data* as entidades governamentais, da administração pública direta e indireta, bem como as instituições, entidades e pessoas jurídicas privadas que prestem serviços para o público ou de interesse público, e desde que detenham dados referentes às pessoas físicas ou jurídicas.[372]

Desse modo, atuando os serviços sociais autônomos em conjunto com as atividades assistenciais sociais estatais e, consequentemente, com dados de pessoas físicas e jurídicas, poderiam figurar como parte impetrada nos casos em que houver recusa dessas entidades no fornecimento ou na retificação de dados do titular do direito.

Nesse sentido, em relação ao *habeas data*, José Afonso da Silva[373] resume que "[...] a expressão entidades de caráter público não pode referir-se a organismos públicos, mas a instituições, entidades e pessoas jurídicas privadas que prestem serviços para o público ou de interesse público [...]". Para ele, "[...] agentes de controle e proteção de situações sociais ou coletivas [...]" podem perfeitamente figurar no polo passivo do *habeas data*, ainda que de direito privado.

Ademais, pretende-se analisar a viabilidade de ajuizamento de Ação Civil Pública (ACP) contra os serviços sociais autônomos. Diferentemente das demais ações constitucionais, a ACP não se encontra inserta no capítulo dos direitos e deveres individuais e coletivos da Carta Magna, mas sim naquele destinado às funções

---

[371] BRASIL. Supremo Tribunal Federal. Primeira Turma. RE 366.168, Relator: Ministro Sepúlveda Pertence, julgado em 02/02/2004, publicado no Diário de Justiça em 15/05/2004.

[372] MORAES, Alexandre de. *Direito constitucional*. 35. ed. São Paulo: Atlas, 2019. p. 173.

[373] SILVA, José Afonso da. *Curso de direito constitucional positivo*. São Paulo: Malheiros, 1997. p. 433.

Capítulo 3 • ELEMENTOS CONSTITUTIVOS DOS SERVIÇOS SOCIAIS AUTÔNOMOS | 339

essenciais à Justiça, especificadamente na seção das atribuições do Ministério Público Federal, conforme o art. 129, incisos II e III, da Constituição Federal[374].

No entanto, a Lei nº 7.347/1985, que regulamenta essa ação, inclui não só o *parquet*, como também a Defensoria Pública, a União Federal, os estados, o Distrito Federal, os municípios, as autarquias, as empresas públicas, as fundações, as sociedades de economia mista e a associação que, concomitantemente, esteja constituída há pelo menos um ano e inclua, entre suas finalidades institucionais, a proteção ao patrimônio público e social, ao meio ambiente, ao consumidor, à ordem econômica, à livre concorrência, aos direitos de grupos raciais, étnicos ou religiosos ou ao patrimônio artístico, estético, histórico, turístico e paisagístico.

O professor Carvalho Filho[375] elucida que o rol dos direitos tutelados por essa ação, previstos no art. 129 da Constituição Federal, é meramente exemplificativo, concluindo que "[...] o objetivo é a tutela dos interesses difusos e coletivos, entre os quais estão os relativos ao patrimônio público e social e ao meio ambiente"[376].

Por isso, não há qualquer definição acerca dos legitimados passivos na ação civil pública. Qualquer pessoa, física ou jurídica, de direito público ou privado, que atente contra os direitos e interesses de cariz transindividuais salvaguardados por esse instituto pode ter legitimidade passiva *ad causam*. Logo, todos os serviços sociais autônomos podem ser demandados, seja em sua razão social ou por meio de seus empregados e dirigentes.

Por fim, discorre-se ainda acerca do instrumento constitucional do direito de petição, conferido a todos os brasileiros e estrangeiros residentes do país. Esse direito, presente em todas as Constituições brasileiras, assegura o direito de peticionar, sem taxas, aos Poderes Públicos em defesa de direitos ou contra ilegalidade ou abuso de poder. Nesse rumo, inexiste previsão acerca da sujeição ativa e passiva

---

[374] "Art. 129. São funções institucionais do Ministério Público: [...] II – zelar pelo efetivo respeito dos Poderes Públicos e dos serviços de relevância pública aos direitos assegurados nesta Constituição, promovendo as medidas necessárias à sua garantia; III – promover o inquérito civil e a ação civil pública, para a proteção do patrimônio público e social, do meio ambiente e de outros interesses difusos e coletivos."

[375] CARVALHO FILHO, José dos Santos. *Manual de direito administrativo*. 33. ed. São Paulo: Atlas, 2019. p. 1140.

[376] "A expressão *interesses difusos e coletivos* assumia anteriormente noção eminentemente doutrinária. Como a Constituição a eles se referiu, demarcou-se com maior precisão o sentido de tais interesses com o Código de Defesa do Consumidor (Lei nº 8.078/1990), definindo-se os interesses ou direitos difusos como '*os transindividuais, de natureza indivisível, de que sejam titulares pessoas indeterminadas e ligadas por circunstancias de fato*', e os interesses ou direitos coletivos como '*os transindividuais de natureza indivisível de que seja titular grupo, categoria ou classe de pessoas ligadas entre si ou com a parte contrária por uma relação jurídica base*' (art. 81, parágrafo único, II e II)." (Ibid., p. 1141).

340 | SISTEMA S: FUNDAMENTOS CONSTITUCIONAIS • *Edvaldo Nilo de Almeida*

dessa ação, pelo que qualquer pessoa, física ou jurídica, pode fazer uso desse instrumento em face de ato que viole direitos, individuais ou coletivos[377].

Não havendo formalidade descrita em lei, esse mecanismo pode ser exercido das mais variadas formas, à escolha de seu legitimado, não lhe sendo exigida, sequer, a demonstração da efetiva lesão a bem jurídico tutelado. Por isso, difere-se do direito de ação, previsto no inciso XXXV do mesmo art. 5º da CF, o qual se direciona exclusivamente ao Poder Judiciário e exige demonstração da lesão ou o risco deste[378].

Desse modo, entende-se que o referido instrumento constitucional do direito de petição pode ser exercido em face de todos os serviços sociais autônomos sempre que o ato dessas entidades ou de seus prepostos violar direitos individuais ou coletivos de outrem, de modo a comunicar o poder público acerca da prática lesiva, a fim de que sejam tomadas providências pelo Estado.

Assim, conclui-se que os mecanismos estatais de controle podem ser utilizados em face das entidades do Sistema S, no que se refere à sua atividade-fim, de fomento e incentivo à assistência social no Brasil.

3.15 SUJEIÇÃO ATIVA TRIBUTÁRIA OU CAPACIDADE PARA COBRANÇA TRIBUTÁRIA

A expressão "capacidade tributária ativa" ou "sujeição tributária ativa" é sinônima de sujeito ativo da relação tributária, ou seja, refere-se à capacidade para cobrar o tributo instituído pelos entes políticos, cuja outorga é de natureza constitucional. Sob a ótica do presente estudo, busca-se analisar se os serviços sociais autônomos detêm essa capacidade.

Nessa senda, a expressão "capacidade tributária ativa" é sinônima de "sujeito ativo da relação tributária". Segundo o art. 119 do CTN[379], o sujeito ativo é a pessoa jurídica de direito público, titular da competência para exigir o seu cumprimento, ou seja, que possui competência para fiscalizar e arrecadar o tributo. Em outros termos, pode-se afirmar que indica o sujeito ativo da obrigação tributária principal

---

[377] Segundo o STF, o direito de petição "qualifica-se como importante prerrogativa de caráter democrático. Trata-se de instrumento jurídico-constitucional posto à disposição de qualquer interessado – mesmo daqueles destituídos de personalidade jurídica –, com a explícita finalidade de viabilizar a defesa, perante as instituições estatais, de direitos ou valores revestidos tanto de natureza pessoal quanto de significação coletiva. Entidade sindical que pede ao PGR o ajuizamento de ação direta perante o STF. *Provocatio ad agendum.* Pleito que traduz o exercício concreto do direito de petição. Legitimidade desse comportamento" (ADIn 1.247/MC, Relator Ministro Celso de Mello, publicado no Diário de Justiça de 08/09/1995).

[378] BULOS, Uadi Lammêgo. *Curso de direito constitucional.* 12. ed. São Paulo: Saraiva Educação, 2019. p. 750.

[379] "Art. 119. Sujeito ativo da obrigação é a pessoa jurídica de direito público, titular da competência para exigir o seu cumprimento."

Capítulo 3 • ELEMENTOS CONSTITUTIVOS DOS SERVIÇOS SOCIAIS AUTÔNOMOS | **341**

e é uma espécie de titularidade estabelecida no texto infraconstitucional, sendo caracterizada como uma espécie de capacidade administrativa.

Doutro ponto, a competência tributária é indelegável e pertence somente aos entes políticos, que são a União, os Estados-membros, o Distrito Federal e os municípios. A competência tributária é estabelecida no texto constitucional, sendo considerada uma espécie de competência legislativa, isto é, a competência tributária é a competência legislativa para instituir os tributos.

Logo, o sujeito ativo não é necessariamente a pessoa jurídica de direito público titular da competência tributária para instituir o tributo, mas sim a pessoa titular do direito para cobrá-lo ou fiscalizá-lo. Em outras palavras, o sujeito ativo pode ser o ente federativo competente para instituir tributo ou outra pessoa jurídica, em razão de delegação da capacidade tributária ativa.

Nesse rumo, o sujeito ativo direto é o ente federativo competente para instituir o tributo, podendo transferir essa sujeição, em razão de delegação da capacidade tributária ativa, de acordo com os arts. 7º e 119 do CTN. Assim, existem dois tipos de sujeito ativo, a saber: (i) o sujeito ativo direto, que são a União, os estados, os municípios e o DF, detentores do poder de instituir tributos; e (ii) o sujeito ativo indireto, que são os entes que não têm competência tributária, mas são detentores de capacidade tributária ativa, isto é, do poder subjetivo de cobrança e de fiscalização.

A função de fiscalização tributária, segundo a literalidade dos arts. 7º[380] e 119 do CTN, é delegável apenas para pessoas jurídicas de direito público (União, Estados-membros, DF, municípios, autarquias e fundações públicas de direito público). No que se refere à arrecadação, existe a possibilidade de delegação por lei também para pessoas jurídicas de direito privado, tais como aos bancos, às empresas de telefonia, às empresas de água e esgoto ou, como no caso em análise, aos serviços sociais autônomos, conforme § 3º do art. 7º do CTN.

Destarte, os serviços sociais autônomos possuem legitimidade caso haja previsão legal para figurar como sujeito ativo indireto da relação tributária e, com

---

[380] "Art. 7º *A competência tributária é indelegável, salvo atribuição das funções de arrecadar ou fiscalizar tributos,* ou de executar leis, serviços, atos ou decisões administrativas em matéria tributária, conferida por uma pessoa jurídica de direito público a outra, nos termos do § 3º do artigo 18 da Constituição. § 1º A atribuição compreende as garantias e os privilégios processuais que competem à pessoa jurídica de direito público que a conferir. § 2º A atribuição pode ser revogada, a qualquer tempo, por ato unilateral da pessoa jurídica de direito público que a tenha conferido. § 3º *Não constitui delegação de competência o cometimento, a pessoas de direito privado, do encargo ou da função de arrecadar tributos."* (Grifos nossos) (BRASIL. Lei nº 5.172/66. Dispõe sobre o Sistema Tributário Nacional e institui normas gerais de direito tributário aplicáveis à União, Estados e Municípios. Brasília, DF: Planalto, 1966. Disponível em: http://www.planalto.gov.br/ccivil_03/leis/l5172.htm. Acesso em: 13 jan. 2020).

342 | SISTEMA S: FUNDAMENTOS CONSTITUCIONAIS • *Edvaldo Nilo de Almeida*

base nos arts. 149 e 240 da CF/88, seriam as entidades privadas de serviço social e de formação profissional vinculadas ao sistema sindical.

Decerto, o art. 149 da Constituição Federal prevê a competência tributária privativa da União Federal para "[...] instituir contribuições sociais, de intervenção no domínio econômico e de interesse das categorias profissionais ou econômicas, como instrumento de sua atuação nas respectivas áreas [...]". Acerca das contribuições de seguridade social, o artigo 195 dispõe que a seguridade social será financiada por toda a sociedade, de forma direta e indireta, nos termos da lei, mediante recursos provenientes dos orçamentos da União, dos estados, do Distrito Federal e dos municípios, e das contribuições sociais a que alude o dispositivo.

Por sua vez, o art. 240 da Carta Magna esclarece que as contribuições compulsórias dos empregadores sobre a folha de salários, destinadas às entidades privadas de serviço social e de formação profissional vinculadas ao sistema sindical, não se incluem naquelas listadas no citado art. 195. Nesse sentido, afirmou corretamente o STF, *in verbis*:

> O art. 240 da Constituição expressamente recepcionou as contribuições destinadas às entidades privadas de serviço social e de formação profissional vinculadas ao sistema sindical. [...] *A alteração do sujeito ativo das Contribuições ao Sesi [Serviço Social da Indústria] /Senai [Serviço Nacional de Aprendizagem Industrial] para o Sest [Serviço Social do Transporte] / Senat [Serviço Nacional de Aprendizagem do Transporte] é compatível com o art. 240 da Constituição*, pois a destinação do produto arrecadado é adequada ao objetivo da norma de recepção, que é manter a fonte de custeio preexistente do chamado Sistema S.[381] (Grifos nossos)

Por outro lado, apesar de o art. 119 do CTN dispor expressamente que o sujeito ativo é apenas pessoa jurídica de direito público, o art. 217 do mesmo *Codex* e, também, o Superior Tribunal de Justiça reconhecem que pessoa jurídica de direito privado pode figurar como sujeito ativo da obrigação tributária. Senão, veja-se.

O art. 217 do CTN dispõe, por exemplo, que o código não exclui a incidência e a exigibilidade da contribuição sindical e das contribuições do Senai, do Sesi, do Sesc e do Senac arrecadadas pelos Institutos de Aposentadoria e Pensões das empresas que lhe são vinculadas. Já o art. 589 da CLT dispõe que as contribuições sindicais devem ser partilhadas entre as entidades sindicais (sindicatos, federações e confederação). Historicamente, até 1996, a contribuição sindical rural era arrecadada pela Secretaria da Receita Federal. A partir de 1997, a legitimidade ativa passou a ser legalmente exercida pela Confederação da Agricultura e Pecuária do Brasil, por força expressa do disposto no art. 24 da Lei nº 8.847, de 28 de janeiro de 1994, e, nessa compreensão, o STJ editou inclusive a Súmula nº 396 (*DJe* 07/10/2009),

---

[381] RE 412.368 AgR, Rel. Min. Joaquim Barbosa, j. 01/03/2011, 2ª T., *DJE* de 01/04/2011.

Capítulo 3 • ELEMENTOS CONSTITUTIVOS DOS SERVIÇOS SOCIAIS AUTÔNOMOS | **343**

in verbis: "A Confederação Nacional da Agricultura tem legitimidade ativa para a cobrança da contribuição sindical rural".

Assim sendo, as contribuições devidas às respectivas entidades do Sistema S, instituídas pelos próprios normativos que criaram tais entidades, quando arrecadadas e recolhidas diretamente por esses entes, são exemplos de sujeição ativa tributária dos serviços sociais autônomos.

O texto constitucional, desse modo, estabelece explicitamente, no art. 150, inciso I, que os tributos devem ser criados ou aumentados por lei prévia, buscando excluir o arbítrio do poder estatal. É a denominada legalidade tributária que impõe o surgimento da obrigação tributária por lei formal (obrigação *ex lege*). Em regra, os tributos são instituídos por lei ordinária. Todavia, existem tributos que, se forem criados, devem ser por meio de lei complementar, a saber: imposto sobre grandes fortunas, impostos sobre empréstimos compulsórios, impostos residuais da União e as contribuições sociais novas ou residuais.

Nesse ponto, como decorrente da legalidade, nasce o princípio da tipicidade tributária cerrada, que delineia que não basta o tributo ser criado ou aumentado por lei formal, deve-se também ocorrer a adequação da conduta do sujeito passivo à norma tributária. É a subsunção do fato real à norma jurídico-tributária geral e abstrata, pois a lei deve exaurir os dados necessários à identificação do fato gerador da obrigação tributária e à quantificação do tributo, sem que restem à autoridade fiscal arrecadadora poderes para, discricionariamente, decidir se alguém irá ou não pagar o tributo, em face de determinada situação de fato que expresse signo presuntivo de riqueza.

A tipicidade cerrada ordena, por certo, que o legislador estabeleça em lei todos os aspectos da regra matriz de incidência tributária. Assim sendo, em função da obediência à tipicidade, os aspectos material (situação geradora da incidência), espacial (local de incidência), temporal (momento de incidência), pessoal (sujeito ativo e passivo) e quantitativo (base de cálculo e alíquota) devem estar previstos em lei.

A tipicidade é complementar à legalidade e também está expressa no art. 150, inciso I, da CF/88. Assim, afirma-se que a legalidade tributária faz referência ao veículo da norma (lei formal) e a tipicidade, ao conteúdo da lei, que é a própria norma tributária em todos os seus aspectos, inclusive o pessoal que define a sujeição ativa.

Destarte, em razão de sua natureza tributária, as contribuições destinadas aos serviços sociais autônomos sujeitam-se a imposições da legalidade e da tipicidade cerrada tributária anterior. Na regra geral, nesse rumo, oriunda da edição da Lei nº 11.457/2007, atribuiu-se à Secretaria da Receita Federal do Brasil (SRF), a competência, entre outras, de cobrar, arrecadar e recolher todas as contribuições sociais, inclusive aquelas devidas a terceiros[382]. Por consequência lógica, as contribuições sociais destinadas aos serviços sociais autônomos passaram a ser atribuição daquela secretaria.

---

[382] Interpretação do art. 3º da Lei nº 11.457/2007.

Exemplo disso se encontra na Instrução Normativa nº 971/2009, da SRF, que estabeleceu que a contribuição destinada a terceiros pode ser feita diretamente à entidade ou fundo, se houver previsão legal, mediante convênio celebrado entre um ou outro e a empresa contribuinte[383]. Como se observa, são permitidos aos serviços sociais autônomos a arrecadação e o recolhimento direto de contribuições, desde que mediante previsão legal.

Atualmente, somente três serviços sociais autônomos detêm previsão legal do poder de cobrar diretamente as contribuições sociais e, portanto, possuem o direito de figurar como sujeito ativo da relação jurídica tributária, a saber: Senar, Sest e Senat. São apenas e tão somente essas três entidades, e isso é muito importante, pois, na doutrina, popularizou-se de forma ampla, geral e irrestrita que a lei estabeleceu outros serviços sociais autônomos como sujeito ativo, o que é um erro. Após pesquisa exaustiva de todas as legislações dos serviços sociais autônomos, constata-se que apenas o Senar, o Sest e o Senat possuem autorização legal para configuraram como sujeito ativo.

Dentre muito outros, mas apenas para trazer à baila autores mais significativos, Geraldo Ataliba afirma que "[...] algumas vezes recebem (da lei) esta qualidade de ser sujeito ativo de obrigação tributária pessoas de direito privado, como é o caso do Sesc, Senac, Senai"[384]. Sacha Calmon Navarro Coelho entende que:

> Nem se duvide de que o Sesi, Sesc, Senai *et caverna* recebem contribuições para emprego no serviço social. São sujeitos ativos de obrigações tributárias sem serem as pessoas jurídicas de direito público da competência tributária que tornaram exigíveis os tributos que recebem.[385]

Contudo, nos casos do Senai, do Sesi, do Senac e do Sesc, por exemplo, as respectivas leis de criação – Decreto-lei nº 4.048/1942, Decreto-lei nº 9.043/1946, Decreto-lei nº 8.621/1946 e Decreto-lei nº 9.043/1946 –, em legislações similares, previram o recolhimento direto dessas contribuições pelo Instituto de Aposentadoria e Pensões dos Industriários (Iaps) ou, eventualmente, pelo Banco do Brasil. Confira-se:

> Art. 4º Serão os estabelecimentos industriais das modalidades de indústrias enquadradas na Confederação Nacional da Indústria obrigados ao pagamento de uma contribuição mensal para montagem e custeio das escolas de aprendizagem. [...]

---

[383] BRASIL. Secretaria da Receita Federal do Brasil. Instrução Normativa nº 971/2009. Artigo 111, § 1º.

[384] ATALIBA, Geraldo. *Hipótese de incidência tributária*. 6. ed. São Paulo: Malheiros Editores, 2003. p. 85.

[385] COELHO, Sacha Calmon Navarro. *Comentários ao Código Tributário Nacional*. 4. ed. Rio de Janeiro: Editora Forense, 1999. p. 280.

Capítulo 3 • ELEMENTOS CONSTITUTIVOS DOS SERVIÇOS SOCIAIS AUTÔNOMOS | **345**

§ 2º A arrecadação da contribuição de que trata este artigo *será feita pelo Instituto de Aposentadoria e Pensões dos Industriários,* sendo o produto posto à disposição do Serviço Nacional de Aprendizagem dos Industriários. (Grifos nossos)

Art. 3º Os estabelecimentos industriais enquadrados na Confederação Nacional da Indústria, bem como aqueles referentes aos transportes, às comunicações e à pesca, serão obrigados ao pagamento de uma contribuição mensal ao Serviço Social da Indústria para a realização de seus fins.

§ 2º A arrecadação da contribuição prevista no parágrafo anterior *será feita pelo Instituto de Aposentadoria e Pensões dos Industriários* e também pelas instituições de previdência social a que estiverem vinculados os empregadas das atividades econômicas não sujeitas ao Instituto de Aposentadoria e Pensões dos Industriários. Essa arrecadação será realizada pelas instituições de previdência social conjuntamente com as contribuições que lhes forem devidas. (Grifos nossos)

Art. 4º Para o custeio dos encargos do Senac, os estabelecimentos comerciais cujas atividades, de acordo com o quadro a que se refere o artigo 577 da Consolidação das Leis do Trabalho, estiverem enquadradas nas Federações e Sindicatos coordenados pela Confederação Nacional do Comércio, ficam obrigados ao pagamento mensal de uma, contribuição equivalente a um por cento sobre o montante da remuneração paga à totalidade dos seus empregados.

§ 2º A arrecadação das contribuições *será feita, pelas instituições de aposentadoria e pensões* e o seu produto será posto à disposição do Senac, para aplicação proporcional nas diferentes unidades do país, de acordo com a correspondente arrecadação, deduzida a cota necessária às despesas de caráter geral. *Quando as instituições de aposentadoria e pensões não possuírem serviço próprio de cobrança, entrará o Senac em entendimento com tais órgãos a fim de ser feita a arrecadação por intermédio do Banco do Brasil,* ministrados os elementos necessários à inscrição desses contribuintes. (Grifos nossos)

Art. 3º Os estabelecimentos comerciais enquadrados nas entidades sindicais subordinadas à Confederação Nacional do Comércio, e os demais em pregadores que possuam empregados segurados *no Instituto de Aposentadoria e Pensões dos Comerciários,* serão obrigadas ao pagamento de uma contribuição mensal ao Serviço Social do Comércio, para custeio dos seus encargos.

§ 2º A arrecadação da contribuição prevista no parágrafo anterior, *será, feita pelas instituições de previdência social a que estiverem vinculados os empregados*, juntamente com as contribuições que lhes forem devidas. Caberá às mesmas instituições, a título de indenização por despesas ocorrentes, 1% (um por cento), das importâncias arrecadadas para o Serviço Social do Comércio. (Grifos nossos)

O art. 217 do CTN, já citado, manteve esse panorama legal e igualmente às legislações que se seguiram até o momento. Logo, conforme se observa, as leis não autorizam ao Senai, ao Sesi, ao Senac e ao Sesc a realização da arrecadação, destinando a função ao Iaps, que, posteriormente, foi extinto, razão pela qual esta função passou a recair ao Instituto Nacional da Previdência Social (INPS), transformando-se, após alguns anos, no Instituto Nacional de Seguridade Social (INSS), e, em 2005, com a extinção desse órgão, as suas atribuições foram transmitidas à SRF.

Portanto, o Senai, o Sesi, o Senac e o Sesc não têm competência legal para arrecadar diretamente as contribuições tributárias que financiam a sua instituição. Contudo, na prática, nos casos do Senac e do Sesc, a SRF vem arrecadando as contribuições tributárias normalmente, e, nas hipóteses do Senai e do Sesi, as próprias instituições vêm fazendo a cobrança e a arrecadação[386] direta dos industriários, e mais de 50% da arrecadação está nessa situação[387], com o reconhecimento chapadamente inconstitucional por parte do TCU, *in verbis*:

Na verdade, o recolhimento direto das contribuições por parte do Senai e do Sesi ocorre já há bastante tempo com base em seus regulamentos internos, aprovados, respectivamente, pelos Decretos 494/1962 e 57.375/1965, abaixo reproduzidos no que interessa à presente discussão:

---

[386] "Empresas industriais e agroindustriais, que precisam fazer a contribuição compulsória para Sesi e Senai, podem realizar a operação de forma direta, recolhendo diretamente aos departamentos regionais das duas entidades nas unidades da federação em que a empresa atua. Ao contribuir de forma direta para Sesi e Senai, a empresa retém 3,5% do total que é repassado normalmente às duas entidades, para execução de serviços de saúde e segurança do trabalho, educação básica e continuada ou promoção da saúde (no caso do Sesi) e de educação profissional e tecnológica (no caso do Senai). Sesi e Senai podem apoiar a empresa na operação desses serviços sociais. A empresa também deverá fazer prestação de contas do investimento da parcela retida." (Disponível em: http://www.portaldaindustria.com.br/cni/canais/contribuinte/como-contribuir/contribuicao-direta/. Acesso em: 1 jan. 2020).

[387] Dizem Celso Ming e Raquel Brandão que, em 2018, "o valor total de arrecadação direta do Sesi foi de R$ 2,4 bilhões, ou 53% do total. Do Senai, foi de R$ 1,6 bilhão, 52% das contribuições. A Confederação Nacional da Indústria (CNI) informa que, em 2018, 2,9 mil empresas recolheram contribuições diretas ao Sesi e Senai, 'em isonomia com os porcentuais cobrados pela Receita'. Essa situação produz distorção porque a Receita Federal não tem como aferir as empresas que estão devendo, quanto devem e que eventuais descontos ou perdões de dívida os administradores (os empresários) dão aos devedores" (Disponível em: https://economia.estadao.com.br/noticias/geral,cobranca-direta-outra-distorcao-do-sistema-s,70002721912. Acesso em: 1 jan. 2020).

Capítulo 3 · ELEMENTOS CONSTITUTIVOS DOS SERVIÇOS SOCIAIS AUTÔNOMOS | **347**

Decreto 494/1962 (Senai)

"*Art. 50. Visando ao atendimento de situações especiais,* determinadas empresas poderão recolher as suas contribuições diretamente aos cofres do Senai."

Decreto 57.375/1965 (Sesi)

"*Art. 11. As despesas do Sesi serão custeadas por uma contribuição mensal das empresas das categorias econômicas da indústria, dos transportes, das comunicações e da pesca, nos termos da lei.*

[...]

§ 2º No caso de cobrança direta pela entidade, *a dívida considerar-se-á suficientemente instruída com o levantamento do débito junto à empresa, ou com os comprovantes fornecidos pelos órgãos arrecadadores.*

§ 3º A cobrança direta poderá ocorrer na hipótese de atraso ou recusa da contribuição legal pelas empresas contribuintes, *sendo facultado em consequência, ao Serviço Social da Indústria, independentemente de, autorização do órgão arrecadador, mas com seu conhecimento, efetivar a arrecadação por via amigável, firmando com o devedor os competentes acordos, ou por via judicial, mediante ação executiva, ou a que, na espécie, couber.*

[...]

Art. 49 [...]

§ 2º Em face de circunstâncias especiais, as empresas que nela se encontrarem poderão recolher as suas contribuições diretamente ao Sesi, *mediante autorização do Departamento Nacional, comunicada ao órgão previdenciário competente.*"

7. Como se trata de decretos, a Semag arguiu, de forma acertada, que não são os instrumentos adequados para operar a transferência da capacidade tributária ativa (de arrecadar o tributo), matéria objeto de reserva legal.

8. Indagada acerca dessa questão, a Secretaria da Receita Federal do Brasil esclareceu que já estudou o assunto, tendo firmado entendimento no sentido de que "*o fato de o Sesi e o Senai arrecadarem diretamente parte das contribuições que a lei lhes destinou com base apenas nos Decretos 494, de 1962, e 57.375, de 1965, não teria ofendido o princípio da legalidade tributária [...] a despeito de tais instrumentos não serem lei em sentido estrito, habilitaram as entidades ao exercício da capacidade tributária ativa por mais de quarenta anos e teriam, portanto, se convalidado pelo tempo, suprindo assim o requisito*".

9. De fato, a situação já se encontra consolidada, tendo sido consentida por todos os órgãos arrecadadores que se sucederam nos últimos 48 anos. [...]

348 | SISTEMA S: FUNDAMENTOS CONSTITUCIONAIS • *Edvaldo Nilo de Almeida*

12. Em síntese, estamos diante de uma situação em que todos os atores envolvidos, inclusive a Receita Federal, são uníssonos em repudiar a proposta de alteração da forma de recolhimento das contribuições fiscais devidas ao Sesi e Senai, *mesmo reconhecendo que o arcabouço normativo que o sustenta talvez não seja o mais apropriado.*[388] (Grifos da decisão)

Portanto, o TCU e a SRF reconhecem expressamente a patente violação à Constituição Federal, mas, surpreendentemente, compreendem que houve convalidação da situação pelo tempo e que determinar a centralização, na SRF, da arrecadação das contribuições devidas ao Sesi e ao Senai implicaria desvantagens do ponto de vista do interesse público e considerável ônus aos agentes envolvidos.

Insustentável juridicamente a compreensão do TCU e da SRF. Interesse público é o interesse da observância da Constituição e das leis e não pode qualquer órgão público se furtar a cumprir com a legalidade e a tipicidade tributária estabelecida no art. 151, inciso I, da CF sob o suposto pretexto do ônus aos aplicadores envolvidos com a interpretação da norma jurídica constitucional. Parafraseando Lenio Luis Streck, o que o TCU e a SRF fizeram com a Constituição que lhe foi dada?[389]

Em outros termos, os Decretos nº 494/1962 e nº 57.375/1965 regulamentadores, respectivamente, do Senai e do Sesi, dispuseram sobre a hipótese de sujeição ativa inconstitucionalmente, por terem *status* de norma infralegal feriram a um só tempo os arts. 84, inciso IV, e 150, inciso I, da CF.

Na hipótese, a legalidade tributária é objetiva e expressa a característica ou a ideia constitucional de certeza jurídica e de segurança que o Direito assegura ao contribuinte em cada caso concreto. Como observa Cármen Lúcia Antunes Rocha: "Não se cuidam, pois, de conteúdos subjetivos ou aleatórios. Têm substância jurídica própria, cuja explicitação é tarefa do aplicador das normas nas quais eles se contêm [...]"[390]. Em outras palavras, a objetividade impede, então, que "[...] seja permitida a seus aplicadores a opção livre de sentidos a serem extraídos num determinado momento da vigência do sistema jurídico [...]"[391]. Nesse rumo, vale registrar entendimento recente e constitucionalmente adequado por parte do STJ, *in verbis:*

---

[388] BRASIL. Tribunal de Contas da União, TC 030.409/2008-4, Relator Ministro José Múcio Monteiro, julgado em 27/11/2013.

[389] Diz o autor: "A Constituição deve ser, pois, significada, tornada visível, em um acontecer do Direito. Afinal, parafraseando Alain Didier-Weill, o que há nessa palavra de tão amedrontador para que o jurista, frequentemente, em vez de fazê-la falar, a faça tagarelar? Há, talvez, uma certa prova à qual ele pode querer se subtrair [...] Aliás, haveria de se perguntar ao jurista: o que você fez com a palavra Constituição que lhe foi dada?" (STRECK, Lenio Luis. *Hermenêutica jurídica e(m) crise*. 4. ed. Porto Alegre: Livraria do Advogado, 2003. p. 296-297).

[390] ROCHA, Cármen Lúcia Antunes. *Princípios constitucionais da administração pública*. Belo Horizonte: Del Rey, 1994. p. 33.

[391] Ibid., p. 34.

Capítulo 3 • ELEMENTOS CONSTITUTIVOS DOS SERVIÇOS SOCIAIS AUTÔNOMOS | **349**

PROCESSUAL CIVIL E TRIBUTÁRIO. CONTRIBUIÇÃO DESTINADA A TERCEIROS. LEI 11.457/2007. SECRETARIA DA RECEITA FEDERAL DO BRASIL. CENTRALIZAÇÃO. LEGITIMIDADE PASSIVA AD CAUSAM DA FAZENDA NACIONAL.

1. Com o advento da Lei 11.457/2007, as atividades referentes à tributação, à fiscalização, à arrecadação, à cobrança e ao recolhimento das contribuições sociais vinculadas ao INSS (art. 2º), bem como as contribuições destinadas a terceiros e fundos, tais como Sesi, Senai, Sesc, Senac, Sebrae, Incra, Apex, ABDI, a teor de expressa previsão contida no art. 3º, foram transferidas à Secretaria da Receita Federal do Brasil, órgão da União, cuja representação, após os prazos estipulados no seu art. 16, ficou a cargo exclusivo da Procuradoria-geral da Fazenda Nacional para eventual questionamento quanto à exigibilidade das contribuições, ainda que em demandas que têm por objetivo a restituição de indébito tributário.

2. *In casu*, a ABDI, a Apex-Brasil, o Incra, o Sebrae, o Senac e o Sesc deixaram de ter legitimidade passiva *ad causam* para ações que visem à cobrança de contribuições tributárias ou sua restituição, após a vigência da referida lei, que centralizou a arrecadação tributária a um único órgão central. Nesse sentido: AgInt no REsp 1.605.531/SC, Rel. Ministro Herman Benjamin, Segunda Turma, *DJe* 19/12/2016; REsp 1698012/PR, Rel. Ministro Og Fernandes, Segunda Turma, julgado em 07/12/2017, *DJe* 18/12/2017. 3. Recurso Especial não provido.[392]

Já em relação ao Sest e ao Senat, a previsão legal que autoriza o recolhimento direto das contribuições sociais a estes destinadas se encontra prevista no § 1º do art. 7º da Lei nº 8.706/1993, que criou ambas as entidades:

Art. 7º As rendas para manutenção do Sest e do Senat, a partir de 1º de janeiro de 1994, serão compostas:

I – pelas atuais contribuições compulsórias das empresas de transporte rodoviário, calculadas sobre o montante da remuneração paga pelos estabelecimentos contribuintes a todos os seus empregados e recolhidas pelo Instituto Nacional de Seguridade Social, em favor do Serviço Social da Indústria – Sesi, e do Serviço Nacional de Aprendizagem Industrial – Senai, que passarão a ser recolhidas em favor do Serviço Social do Transporte – Sest e do Serviço Nacional de Aprendizagem do Transporte – Senat, respectivamente;

II – pela contribuição mensal compulsória dos transportadores autônomos equivalente a 1,5% (um inteiro e cinco décimos por cento), e 1,0%

---

[392] BRASIL. Superior Tribunal de Justiça. Segunda Turma. REsp 1762952/PR. Relator: Ministro Herman Benjamin, publicado no Diário de Justiça eletrônico em: 11/03/2019.

(um inteiro por cento), respectivamente, do salário de contribuição previdenciária;

III – pelas receitas operacionais;

IV – pelas multas arrecadadas por infração de dispositivos, regulamentos e regimentos oriundos desta lei;

V – por outras contribuições, doações e legados, verbas ou subvenções decorrentes de convênios celebrados com entidades públicas ou privadas, nacionais ou internacionais.

§ 1º A arrecadação e fiscalização das contribuições previstas nos incisos I e II deste artigo serão feitas pela Previdência Social, *podendo, ainda, ser recolhidas diretamente ao Sest e ao Senat, através de convênios.* (Grifos nossos)

Da mesma maneira, no que pertinente ao Senar, há previsão legal expressa de que a arrecadação da contribuição social tributária será feita juntamente com a Previdência Social, isto é, permite-se que a SRF, o Senar, ou os dois, possam cobrar o tributo (art. 3º, § 3º, da Lei nº 8.315/1991).

Porém, em que pese a autorização legislativa vigente pela viabilidade do recolhimento direto de tributos às entidades que possuam essa previsão em lei, o Sest, o Senat e o Senar, hoje, não exercem, na prática, essa atividade administrativa.

Nesse cenário, conclui-se pela possibilidade jurídica da sujeição ativa tributária dos serviços sociais autônomos, condicionada sempre à edição de lei autorizativa expressa desta capacidade administrativa, não bastando, portanto, a autorização infralegal.

3.16 IMUNIDADE TRIBUTÁRIA DE CONTRIBUIÇÕES SOCIAIS E DE IMPOSTOS

O art. 150 da CF/88 estabeleceu, na alínea *c* do seu inciso VI[393], a vedação à União Federal de instituir impostos em face das entidades de assistência social sem fins lucrativos, atendidos aos requisitos legais. Nesse mesmo sentido, o art. 195 da CF estabeleceu expressamente, em seu § 7º, que as entidades beneficentes de assistência social fazem jus à imunidade quanto às contribuições de assistência social[394].

---

[393] "Art. 150. Sem prejuízo de outras garantias asseguradas ao contribuinte, é vedado à União, aos Estados, ao Distrito Federal e aos Municípios: [...] VI – instituir impostos sobre: c) patrimônio, renda ou serviços dos partidos políticos, inclusive suas fundações, das entidades sindicais dos trabalhadores, das instituições de educação e de assistência social, sem fins lucrativos, atendidos os requisitos da lei."

[394] "Art. 195. A seguridade social será financiada por toda a sociedade, de forma direta e indireta, nos termos da lei, mediante recursos provenientes dos orçamentos da União, dos Estados, do Distrito Federal e dos Municípios, e das seguintes contribuições sociais: [...] § 7º São isentas de contribuição para a seguridade social as entidades beneficentes de assistência social que

Capítulo 3 • ELEMENTOS CONSTITUTIVOS DOS SERVIÇOS SOCIAIS AUTÔNOMOS | **351**

Assim, resta evidenciada a intenção legislativa do constituinte de estabelecer a essas entidades ampla imunidade, não só em relação aos seus impostos, mas também quanto às contribuições sociais, eis que não teria coerência constitucional impor ônus tributário a contribuintes que precisam de recursos do próprio Estado, ou seja, haveria nítido prejuízo financeiro e falta de lógica e coesão constitucional ao retirar tributos de entidades de assistência social para retornar esses valores, algum tempo depois, por dotações orçamentárias, para as mesmas entidades.

Nesse rumo, as entidades do Sistema S gozam peremptoriamente de imunidade constitucional tributária, pois, além de lei expressa, conforme as disposições dos arts. 12 e 13 da Lei nº 2.613/1955, os serviços sociais autônomos, constituídos sob a forma de sociedade civil sem fins lucrativos, são criados por leis que expressamente preveem sua função de assistência social. Diante disso, ao assegurarem direitos sociais aos cidadãos brasileiros que deveriam ser assegurados pelo poder público, configuram-se legalmente com previsão expressa de ausência de finalidade lucrativa de suas ações e aplicam integralmente no país os seus recursos relacionados à atividade social que desempenham. No mesmo sentido, por obrigação legal, mantêm escrituração de receitas e despesas em livros formais. Por isso, preenchem todos os requisitos constitucionais e legais para alcançar o benefício da imunidade sobre impostos.

Decerto, o art. 6º da CF estabelece como direitos sociais "[...] a educação, a saúde, a alimentação, o trabalho, a moradia, o transporte, o lazer, a segurança, a previdência social, a proteção à maternidade e à infância, a assistência aos desamparados". Já o art. 203 da CF dispõe que a assistência social será prestada a quem dela necessitar, independentemente de contribuição à seguridade social, e tem por objetivos:

I – a proteção à família, à maternidade, à infância, à adolescência e à velhice;

II – o amparo às crianças e adolescentes carentes;

III – a promoção da integração ao mercado de trabalho;

IV – a habilitação e reabilitação das pessoas portadoras de deficiência e a promoção de sua integração à vida comunitária;

V – a garantia de um salário mínimo de benefício mensal à pessoa portadora de deficiência e ao idoso que comprovem não possuir meios de prover à própria manutenção ou de tê-la provida por sua família, conforme dispuser a lei.

---

atendam às exigências estabelecidas em lei." (BRASIL. [Constituição (1988)]. Constituição da República Federativa do Brasil. Brasília, DF: Presidência da República, 5 de outubro de 1988. Disponível em: http://www.planalto.gov.br/ccivil_03/constituicao/constituicao.htm. Acesso em: 20 jan. 2020).

Nesse rumo, a Lei nº 8.742/1993, que dispõe sobre a organização da assistência social no Brasil, prevê que os objetivos são a proteção social, a promoção da integração ao mercado de trabalho, a proteção à família, à maternidade, à infância, à adolescência e à velhice, a vigilância socioassistencial e a defesa dos direitos sociais dos brasileiros[395].

Assim sendo, os serviços sociais autônomos, na qualidade de entidades de assistência social criadas por lei, fazem jus à imunidade das contribuições sociais. Afinal, se a assistência social é o objetivo precípuo da seguridade social, é incoerente exigir das entidades que possuem como objetivo fulcral a defesa e a promoção dos direitos sociais o recolhimento de contribuições ao Estado para financiar esse setor, uma vez que elas próprias já atuam de forma integrada com o Estado nesse sentido.

Ressalta-se, mais uma vez, que as próprias leis de criação dessas entidades já deixam clara a sua natureza beneficente de assistência social. A exemplo disso, cite-se que todos os serviços sociais autônomos possuem previsão expressa quanto ao seu principal objetivo de promoção da integração ao mercado de trabalho. Ao Senai e ao Sesi, por exemplo, nas respectivas leis de criação, Decreto-lei nº 4.048/1942 e Decreto-lei nº 9.403/1946, foram-lhes atribuídas as funções sociais de promoção de emprego e bem-estar social dos trabalhadores na indústria e nas atividades assemelhadas, *in verbis*:

> Art. 2º Compete ao Serviço Nacional de Aprendizagem dos Industriários *organizar e administrar, em todo o país, escolas de aprendizagem para industriários*. (Grifos nossos)

> Art. 1º Fica atribuído à Confederação Nacional da Indústria encargo de criar o Serviço Social da Indústria (Sesi), com a finalidade de estudar planejar e executar direta ou indiretamente, medidas que contribuam para o *bem-estar social dos trabalhadores na indústria e nas atividades assemelhadas, concorrendo para a melhoria do padrão geral de vida no país, e, bem assim, para o aperfeiçoamento moral e cívico e o desenvolvimento do espírito de solidariedade entre as classes.*

> § 1º Na execução dessas finalidades, o Serviço Social da Indústria terá em vista, especialmente, *providências no sentido da defesa dos salários – reais do trabalhador (melhoria das condições de habitação nutrição e higiene), a assistência em relação aos problemas de vida, as pesquisas sociais – econômicas e atividades educativas e culturais, visando a valorização do homem e os incentivos à atividade, produtora.*

> § 2º O Serviço Social da Indústria dará desempenho às suas atribuições em cooperação com os serviços afins existentes no Ministério do Trabalho, Indústria e Comércio. (Grifos nossos)

---

[395] Interpretação do art. 2º da Lei nº 8.742/1993.

Capítulo 3 • ELEMENTOS CONSTITUTIVOS DOS SERVIÇOS SOCIAIS AUTÔNOMOS | **353**

O Senac e o Sesc, igualmente, possuem, desde as suas respectivas leis de criação – Decreto-lei nº 8.621/1946 e Decreto-lei nº 9.853/1946 –, o objetivo principal de promoção da integração dos trabalhadores comerciários com mercado de trabalho, *in verbis*:

> Art. 1º Fica atribuído à Confederação Nacional do Comércio o encargo de organizar e administrar, no território nacional, *escolas de aprendizagem comercial.* (Grifos nossos)

> Art. 1º Fica atribuído à Confederação Nacional do Comércio o encargo de criar o Serviço Social do Comércio (Sesc), com a finalidade de *planejar e executar direta ou indiretamente, medidas que contribuam para o bem-estar social e a melhoria do padrão de vida dos comerciários e suas famílias, e, bem assim, para o aperfeiçoamento moral e cívico da coletividade.*

> § 1º Na execução dessas finalidades, o Serviço Social do Comércio terá em vista, especialmente: *a assistência em relação aos problemas domésticos, (nutrição, habitação, vestuário, saúde, educação e transporte); providências no sentido da defesa do salário real dos comerciários; incentivo à atividade produtora; realizações educativas e culturais, visando a valorização do homem; pesquisas sociais e econômicas.*

> § 2º O Serviço Social do Comércio desempenhará suas atribuições em cooperação com os órgãos afins existentes no Ministério do Trabalho, Indústria e Comércio, e quaisquer outras entidades públicas ou privadas de serviço social. (Grifos nossos)

A Lei nº 8.706/1993, que criou o Sest e o Senat, igualmente determinou como objetivo daquelas entidades a promoção da integração do trabalhador em transporte rodoviário e do transportador autônomo com o mercado, *in verbis*:

> Art. 2º Compete ao Sest, atuando em estreita cooperação com os órgãos do poder público e com a iniciativa privada, *gerenciar, desenvolver, executar, direta ou indiretamente, e apoiar programas voltados à promoção social do trabalhador em transporte rodoviário e do transportador autônomo, notadamente nos campos da alimentação, saúde, cultura, lazer e segurança no trabalho.* (Grifos nossos)

> Art. 3º Compete ao Senat, atuando em estreita cooperação com os órgãos do poder público e com a iniciativa privada, gerenciar, *desenvolver, executar, direta ou indiretamente, e apoiar programas voltados à aprendizagem do trabalhador em transporte rodoviário e do transportador autônomo, notadamente nos campos de preparação, treinamento, aperfeiçoamento e formação profissional.* (Grifos nossos)

No mesmo sentido, ao Sebrae também foi atribuída, pela Lei nº 8.029/1990, a promoção da integração ao mercado de trabalho das micro e pequenas empresas, em conformidade com as políticas nacionais de desenvolvimento, particularmente as relativas às áreas industrial, comercial e tecnológica:

> Art. 8º É o Poder Executivo autorizado a desvincular, da Administração Pública Federal, o Centro Brasileiro de Apoio à Pequena e Média Empresa – Cebrae, mediante sua transformação em serviço social autônomo.
>
> Art. 9º Compete ao *serviço social autônomo a que se refere o artigo anterior planejar, coordenar e orientar programas técnicos, projetos e atividades de apoio às micro e pequenas empresas, em conformidade com as políticas nacionais de desenvolvimento, particularmente as relativas às áreas industrial, comercial e tecnológica.* (Grifos nossos)

Com relação ao Senar, o legislador não agiu diferente. Na própria Lei nº 8.315/1991, de criação da entidade, já restou definida sua finalidade assistencial, ficando determinado que o objetivo fundamental é fomentar o ensino da formação profissional rural e promover a integração do trabalhador rural com o mercado de trabalho:

> Art. 1º É criado o Serviço Nacional de Aprendizagem Rural (Senar), com o objetivo de *organizar, administrar e executar em todo o território nacional o ensino da formação profissional rural e a promoção social do trabalhador rural, em centros instalados e mantidos pela instituição ou sob forma de cooperação, dirigida aos trabalhadores rurais.* (Grifos nossos)

Com relação ao Sescoop, o art. 8º da MP 2.168-40/2001, com atual força de lei, conforme a Súmula Vinculante nº 54[396], deixa claro que essa entidade, assim como os demais serviços sociais autônomos, tem o propósito de promover a integração dos trabalhadores com o mercado de trabalho por meio do fomento do cooperativismo:

> Art. 8º Fica autorizada a criação do Serviço Nacional de Aprendizagem do Cooperativismo – Sescoop, com personalidade jurídica de direito privado, composto por entidades vinculadas ao sistema sindical, sem prejuízo da fiscalização da aplicação de seus recursos pelo Tribunal de Contas da União, com o *objetivo de organizar, administrar e executar em todo o território nacional o ensino de formação profissional, desenvolvimento e promoção social do trabalhador em cooperativa e dos cooperados.* (Grifos nossos)

---

[396] BRASIL. Supremo Tribunal Federal. Súmula 54: "A medida provisória não apreciada pelo congresso nacional podia, até a Emenda Constitucional 32/2001, ser reeditada dentro do seu prazo de eficácia de trinta dias, mantidos os efeitos de lei desde a primeira edição".

Capítulo 3 • ELEMENTOS CONSTITUTIVOS DOS SERVIÇOS SOCIAIS AUTÔNOMOS | **355**

Os serviços sociais autônomos da Apex-Brasil e da Abdi, igualmente, preveem, em suas respectivas leis de criação – Lei nº 10.668/2003 e Lei nº 11.080/2004 –, sua finalidade precípua de fomento do mercado de trabalho pela formação profissional dos trabalhadores e fomento da atividade econômica e da geração de empregos:

> Art. 1º Fica o Poder Executivo autorizado a instituir Serviço Social Autônomo com a finalidade de *promover a execução de políticas de desenvolvimento industrial, especialmente as que contribuam para a geração de empregos, em consonância com as políticas de comércio exterior e de ciência e tecnologia.* (Grifos nossos)

> Art. 1º É o Poder Executivo autorizado a instituir o Serviço Social Autônomo Agência de Promoção de Exportações do Brasil – Apex-Brasil, na forma de pessoa jurídica de direito privado sem fins lucrativos, de interesse coletivo e de utilidade pública, com o *objetivo de promover a execução de políticas de promoção de exportações, em cooperação com o poder público, especialmente as que favoreçam as empresas de pequeno porte e a geração de empregos.* (Grifos nossos)

Já o serviço social autônomo APS, também voltado à proteção dos direitos sociais, tem como objetivo principal, descrito em sua lei de criação, a assistência médica qualificada e gratuita a todos os níveis da população e o desenvolvimento das atividades educacionais e de pesquisa no campo da saúde.

> Art. 1º É o Poder Executivo autorizado a instituir o Serviço Social Autônomo Associação das Pioneiras Sociais, pessoa jurídica de direito privado sem fins lucrativos, de interesse coletivo e de utilidade pública, com o *objetivo de prestar assistência médica qualificada e gratuita a todos os níveis da população e de desenvolver atividades educacionais e de pesquisa no campo da saúde, em cooperação com o poder público.* (Grifos nossos)

Em que pese os serviços sociais autônomos possuam suas respectivas atividades de assistência social voltadas, sobretudo, à promoção da integração ao mercado de trabalho, conforme previsto no art. 203, III, da CF, como é o caso, por exemplo, do Sesi e do Sebrae, ou à proteção à família, à maternidade, à infância, à adolescência e à velhice, de acordo com o art. 203, inciso I, da CF, como o faz a Associação das Pioneiras Sociais, todos eles, sem exceção, possuem o reconhecimento de sua função beneficente em suas leis de criação, de forma expressamente reconhecida pelo legislador.

Assim, os serviços sociais autônomos possuem direito à imunidade quanto à contribuição social incidente sobre a folha de pagamento, bem como em relação aos impostos. Contudo, em oposição à tese de imunidade tributária dos serviços sociais autônomos, a Fazenda Nacional vem sustentando judicialmente que essas entidades deveriam se submeter à exigência do Certificado de Entidades Beneficentes de Assistência Social, para o reconhecimento da natureza de assistência social.

356 | SISTEMA S: FUNDAMENTOS CONSTITUCIONAIS • *Edvaldo Nilo de Almeida*

Todavia, esse argumento não tem sustentação, os serviços sociais autônomos são criados por lei com todos os seus objetivos e forma de atuação no plano do atendimento do seu fim assistencial, ou seja, há lei específica e especial tanto de criação que estabelece os seus objetivos de inclusão no mercado de trabalho e supervisão do Poder Executivo e fiscalização do TCU no cumprimento da lei, como lei específica que determina a isenção tributária das entidades do Sistema S (Lei nº 2.613/1955).

Desse modo, o entendimento jurisprudencial fossilizado nacional[397] estabeleceu que, além de preencherem todos os requisitos constitucionais previstos nos arts. 150, inciso VI, *c*, e 195, § 7º, da Carta Magna, as entidades do Sistema S possuem a imunidade reconhecida expressamente, de acordo com os arts. 12 e 13 da Lei nº 2.613/1955:

> Art. 12. Os serviços e bens do S. S. R. gozam de ampla isenção fiscal como se fossem da própria União.

---

[397] BRASIL. Tribunal Regional Federal da 1ª Região. APL nº 0033687-02.2011.4.01.3400, Des. Federal Ângela Catão, TRF1 – Sétima Turma, e-DJF1 05/05/2017; APL nº 0015908-97.2012.4.01.3400, Des. Federal Ângela Catão, TRF1 – Sétima Turma, e-DJF1 27/11/2015; APL nº 0056109-34.2012.4.01.3400, Des. Federal Ângela Catão, TRF1 – Sétima Turma, e-DJF1 14/07/2017; APL nº 1008957-94.2017.4.01.3400, Des. Federal Ângela Catão, TRF1 – Sétima Turma, e-DJF1 04/04/2019; APL nº 0011129-60.2016.4.01.3400, Des. Federal Ângela Catão, TRF1 – Sétima Turma, e-DJF1 13/07/2018, APL nº 1010278-33.2018.4.01.3400, Des. Federal Hercules Fajoses, TRF1 – Sétima Turma, e-DJF1 28/02/2019; APL nº 1005143-40.2018.4.01.3400, Des. Federal Hercules Fajoses, TRF1 – Sétima Turma, e-DJF1 01/03/2019; APL 0006179-24.2016.4.01.4300, Des. Federal Hercules Fajoses, TRF1 – Sétima Turma, e-DJF1 20/04/2018; APL nº 0056093-80.2012.4.01.3400, Juiz Federal Antonio Claudio Macedo da Silva (Conv.), TRF1 – Sétima Turma, e-DJF1 01/07/2016; APL nº 0003021-66.2008.4.01.4000, Des. Federal Hercules Fajoses, TRF1 – Sétima Turma, e-DJF1 08/07/2016; APL 0008157-70.2015.4.01.4300, Des. Federal Hercules Fajoses, TRF1 – Sétima Turma, e-DJF1 09/06/2017; APL nº 0041821-52.2010.4.01.3400, Des. Federal Hercules Fajoses, TRF1 – Sétima Turma, e-DJF1 11/09/2015; APL nº 1999.01.00.095919-9, Des. Federal I'talo Fioravanti, TRF1 – Quarta Turma, e-DJF1 30/05/2003; APL nº 1998.38.00.045302-3, Des. Federal I'talo Fioravanti, TRF1 – Quarta Turma, e-DJF1 12/03/2002; APL nº 0003543-22.2015.4.01.4300, Des. Federal I'talo Fioravanti, TRF1 – Sétima Turma, e-DJF1 01/04/2016; APL nº 0006945-08.2009.4.01.3400, Des. Federal José Amilcar Machado, TRF1 – Sétima Turma, e-DJF1 09/09/2016; APL nº 0007338-44.2007.4.01.4000, Des. Federal Maria do Carmo Cardoso, TRF1 – Oitava Turma, e-DJF1 23/05/2014; APL nº 0038586-43.2011.4.01.3400, Des. Federal Maria do Carmo Cardoso, TRF1 – Oitava Turma, e-DJF1 12/09/2014; APL nº 0019724-92.2009.4.01.3400, Des. Federal Maria do Carmo Cardoso, TRF1 – Oitava Turma, e-DJF1 29/08/2014; APL nº 1011109-18.2017.4.01.3400, Des. Federal Novély Vilanova, TRF1 – Oitava Turma, e-DJF1 03/07/2018; APL 2008.40.00.003028-7, Des. Federal Novély Vilanova, TRF1 – Oitava Turma, e-DJF1 08/09/2017; APL nº 0027998-11.2010.4.01.3400, Des. Federal Novély Vilanova, TRF1 – Oitava Turma, e-DJF1 25/09/2015; APL nº 0028005-03.2010.4.01.3400, Des. Federal Novély Vilanova, TRF1 – Oitava Turma, e-DJF1 25/09/2015; APL nº 0026313-41.2012.4.01.4000, Des. Federal Novély Vilanova, TRF1 – Oitava Turma, e-DJF1 02/03/2018; APL nº 2009.34.00.019841-7, Des. Federal Novély Vilanova, TRF1 – Oitava Turma, e-DJF1 11/12/2012.

Capítulo 3 • ELEMENTOS CONSTITUTIVOS DOS SERVIÇOS SOCIAIS AUTÔNOMOS | **357**

Art. 13. O disposto nos arts. 11 e 12 desta lei se aplica ao Serviço Social da Indústria (Sesi), ao Serviço Social do Comércio (Sesc), ao Serviço Nacional de Aprendizagem Industrial (Senai) e ao Serviço Nacional de Aprendizagem Comercial (Senac).

Ainda sobre o ponto, destaque-se que não se aplica aos serviços sociais autônomos o julgamento do Recurso Extraordinário nº 566.622/RS (Tema 32), que determinou que, por lei ordinária, a União institua procedimentos e formalidades administrativas relativas à concessão da imunidade, tal como o Cebas.

Primeiro, porque os serviços sociais autônomos têm lei específica e especial de isenção tributária, conforme os arts. 12 e 13 da Lei nº 2.613/1955. Segundo, pois não existe necessidade de certificar algo que já consta atestado expressa e taxativamente na lei de criação do serviço social autônomo. Terceiro, porquanto os serviços sociais autônomos têm como finalidade a assistência social, e isso é a razão legal da sua existência. Quarto, porque existe necessidade de que se faça prova daquilo que não se sabe, daquilo que lhes é externo, mas não daquilo que é interno e constitui a natureza e a razão de ser do serviço social autônomo.

Por isso, às entidades sem fins lucrativos, em geral, ao contrário dos serviços sociais autônomos, aplica-se o Recurso Extraordinário nº 566.622/RS e a exigência do Cebas, pois inexiste comprovação prévia de que possuem finalidade de assistência social, servindo o documento infralegal procedimental justamente para comprovar tal condição. Ainda sobre o tema, veja-se o Parecer vinculante nº 169 da Advocacia-geral da União, que tratou do tema do Cebas para os serviços sociais autônomos, assim ementado:

A criação, por lei, de entidade filantrópica supre o certificado ou registro que ateste tal finalidade, e isenta a entidade das contribuições de que tratam os arts. 22 e 23 da Lei n. 8.112, de 24.7.1991.

A prática da filantropia pelas demais entidades que a elas se dedicam, ainda que tal objetivo figure nos seus atos institutivos, é algo que se lhes adiciona, é algo que lhes é externo, tanto que pode e, por vezes, acontece de o título servir-lhes apenas de fachada. Diferentemente é o que sucede com a nova Associação das Pioneiras Sociais. *Nessa, quer ela queira quer não, a filantropia constitui sua finalidade; a entidade é filantrópica por natureza; por reconhecimento legal; porque foi criada para a prática da filantropia. E, em sendo assim, a declaração legal supre o reconhecimento de um órgão burocrático da administração.*[398]

---

[398] BRASIL. Advocacia-Geral da União. Parecer GQ 169, de 6 de outubro de 1998. Dispõe sobre a isenção de serviço social autônomo à contribuição de cota patronal e de terceiros. Publicada no *Diário Oficial da União*, Seção 1, de 8 de outubro de 1998.

No referido parecer, o douto advogado-geral descreve que os serviços sociais autônomos preenchem todos os requisitos arrolados pela Lei nº 8.112/1991 para obtenção da imunidade tributária nela prevista, salvo o Cebas. Todavia, a conclusão do parecer é no sentido de que tal certificação a essas entidades é suprido "[...] pelo reconhecimento legal que institui a pessoa jurídica como entidade filantrópica [...]".

Nesse rumo, ainda que se admitisse a aplicação da Lei-geral nº 8.112/1991 às entidades do Sistema S, em detrimento das leis singulares e específicas que criaram os serviços sociais autônomos e atestaram a sua natureza de entidade de assistência social, a Lei nº 2.613/1955, como já dito, expressamente reconhece a imunidade dos serviços sociais autônomos ao recolhimento de contribuições de seguridade social.

De mais a mais, o próprio STF, no Tema 459, distinguindo-o do Tema 32, reconheceu a ausência de repercussão geral da matéria, estabelecida pelo Tribunal por ocasião do julgamento do Recurso Extraordinário nº 642.442/RS. Nessa oportunidade, o Plenário da Suprema Corte, ao apreciar o recurso da União, interposto contra acórdão que havia reconhecido a imunidade tributária em favor do Sesi, concluiu inexistente o requisito da repercussão geral, em acórdão assim ementado:

> RECURSO. Extraordinário. Inadmissibilidade. Imunidade tributária. Entidade beneficente de assistência social. Requisitos legais. Tema infraconstitucional. Precedentes. Ausência de repercussão geral. Recurso extraordinário não conhecido. Não apresenta repercussão geral recurso extraordinário que, tendo por objeto o preenchimento dos requisitos impostos pelo art. 55 da Lei 8.212/1991, aptos a caracterizar pessoa jurídica como entidade beneficente de assistência social, para efeitos de reconhecimento de imunidade tributária, versa sobre tema infraconstitucional.[399]

Naquela oportunidade, a Fazenda Nacional tentava afastar a imunidade dos serviços sociais autônomos, afirmando a aplicação a essas entidades da Lei nº 8.212/1991 e o não preenchimento dos requisitos do art. 55 da referida legislação. Na oportunidade, o STF reconheceu a inexistência de repercussão geral que viabilizasse a apreciação do tema pela Corte, uma vez que a situação da imunidade do Sistema S é regulada por tema infraconstitucional. Nesse ponto, observa-se que a lei infraconstitucional que regula a questão da imunidade aos "S" são as respectivas leis de criação e a Lei nº 2.613/1955.

Nesse contexto, todos os serviços sociais autônomos fazem jus à imunidade tributária, sendo-lhes assegurado pela Constituição Federal e pela legislação infraconstitucional o direito de não se submeterem ao recolhimento das contribuições de seguridade social.

---

[399] BRASIL. Supremo Tribunal Federal. Recurso Extraordinário nº 642.442 RS, Relator Ministro Presidente Cesar Peluzo, julgado em 5 de agosto de 2011 e publicado no Diário de Justiça eletrônico em 8 de setembro de 2011.

Capítulo 3 • ELEMENTOS CONSTITUTIVOS DOS SERVIÇOS SOCIAIS AUTÔNOMOS | **359**

3.16.1 Serviços sociais autônomos: dispensa de recolhimento do depósito recursal

Como se sabe, os serviços sociais autônomos (Sistema S) surgem na década de 1940, em face da ineficiência do Estado na formação de profissionais qualificados e da carência de políticas de lazer, de cultura e de saúde para os trabalhadores e seus familiares. Dessa forma, já na sua gênese, a concreção de aspectos da seguridade social em função da sua concepção constitucional mais atual de promoção de ações destinadas a assegurar os direitos relativos à assistência social do trabalhador (artigo 194, *caput*, da CF/88) e, assim, de formar e de desenvolver políticas de promoção da integração ao mercado de trabalho (artigo 203, inciso III, da CF/88), por meio de desenvolvimento do ensino profissional e de geração de empregos.

Assim sendo, todas as entidades dos serviços sociais autônomos federais, criadas a partir da década de 40 e existente até os dias atuais, possuem, em sua formação, a necessidade de prestar serviços sociais relativos à educação, à saúde, à assistência social, ao ensino profissionalizante, à alimentação, à habitação, ao lazer, ao bem-estar social, à divulgação de novas técnicas e tecnologias, ao ensino superior, ao vestuário, à cultura, à geração de empregos (Senai, Sesi, Sesc, Senac, Sebrae, ABDI e Apex-Brasil), à promoção do turismo (Embratur), ao ensino rural (Senar), ao ensino cooperativo, ao acesso às cooperativas (Sescoop), à promoção do transporte rodoviário (Sest e Senat), à assistência médica, ao desenvolvimento de pesquisas no campo da saúde (Rede Sarah Kubitschek), à atenção primária à saúde de famílias em locais de difícil provimento ou alta vulnerabilidade, à atenção primária no SUS (Adaps).

Por certo, o Sistema S têm na sua história a concretização direta de três dos quatro objetivos constitucionais fundamentais da República Federativa do Brasil, buscando-se construir uma sociedade livre, justa e solidária (artigo 3º, inciso I, da CF), o desenvolvimento nacional (artigo 3º, inciso II, da CF) e a erradicação da pobreza e da marginalização com a redução das desigualdades sociais (artigo 3º, inciso III, da CF). Portanto, o serviço social autônomo é uma pessoa jurídica de direito privado sem finalidade lucrativa, destinada à promoção dos direitos sociais inscritos no artigo 6º da Constituição Federal, criada por lei que preveja delimitação de sua atuação e de obtenção de recursos, detentora de participação equitativa dos setores sociais em seus órgãos de direção, com poder de autorregulamentação e autogestão de recursos e submetido para controle finalístico à fiscalização do Tribunal de Contas da União.

Nesse rumo, as entidades do denominado Sistema S, por serem filantrópicas, por força de lei, deve ser dispensadas do recolhimento dos depósitos recursais na Justiça do Trabalho, obrigação imposta aos empregadores em geral pelo artigo 899, §1º, da CLT, mas, que, conforme as últimas alterações legislativas de 2017, admite exceções. Está equivocado, por exemplo, o procedimento adotado por muitas entidades de recolher pela metade o valor dos depósitos recursais.

Nesse sentido, a Lei 13.467/2017 modificou a redação do artigo 899, da CLT, para incluir, dentre outros, os parágrafos 9º e 10 no dispositivo, e têm a seguinte redação respectivamente: "*O valor do depósito recursal será reduzido pela metade para entidades sem fins lucrativos, empregadores domésticos, microempreendedores individuais, microempresas e empresas de pequeno porte. São isentos do depósito recursal os beneficiários da justiça gratuita, as entidades filantrópicas e as empresas em recuperação judicial*".

No ponto é importante esclarecer as diferenças, para os fins deste artigo, entre entidades "sem fins lucrativos" e "filantrópicas", sendo que estas são espécies daquelas, diferenciando-se, sobretudo pela necessidade de obtenção do denominado Certificado de Entidade Beneficente de Assistência Social (Cebas), nos termos da Lei Federal 12.101/2009. Verifica-se, assim, que a caracterização de uma entidade como "filantrópica" para os fins da lei pode ocorrer de duas formas: 1) pela vontade da entidade, que é livre para se submeter à exigências da Lei 12.101/2009 e assim, por exemplo, obter a contrapartida da imunidade tributária; ou 2) por força de lei, como ocorre com as entidades do Sistema S, cujas leis de criação ou autorização prescrevem as atividades de interesse social vinculados a fins assistenciais e educacionais.

Ainda sobre o ponto, destaque-se que não se aplica aos serviços sociais autônomos o julgamento do Recurso Extraordinário nº 566.622/RS (Tema 32), que determinou que, por lei ordinária, a União institua procedimentos e formalidades administrativas relativas à concessão da imunidade, tal como o Cebas. Primeiro, porque os serviços sociais autônomos têm lei específica e especial de criação. Segundo, pois não existe necessidade de certificar algo que já consta atestado expressamente e taxativamente na lei de criação do serviço social autônomo. Terceiro, porquanto os serviços sociais autônomos têm como finalidade a assistência social e isso é a razão legal da sua existência. Quarto, porque existe necessidade de que se faça prova daquilo que não se sabe, daquilo que lhes é externo, mas não daquilo que é interno e constitui a natureza e a razão de ser do serviço social autônomo.

Por isso, às entidades sem fins lucrativos, em geral, ao contrário dos serviços sociais autônomos, aplica-se o Recurso Extraordinário nº 566.622/RS e a exigência do Cebas, pois inexiste comprovação prévia de que possuem finalidade de assistência social, servindo o documento infralegal procedimental justamente para comprovar tal condição. Ainda sobre o tema, veja-se o Parecer vinculante nº 169 da Advocacia-Geral da União, que tratou do tema do Cebas para os serviços sociais autônomos, assim ementado: "*A criação, por lei, de entidade filantrópica supre o certificado ou registro que ateste tal finalidade, e isenta a entidade das contribuições de que tratam os arts. 22 e 23 da Lei n. 8.112, de 24.7.1991. A prática da filantropia pelas demais entidades que a elas se dedicam, ainda que tal objetivo figure nos seus atos institutivos, é algo que se lhes adiciona, é algo que lhes é externo, tanto que pode e, por vezes, acontece de o título servir-lhes apenas de fachada. Diferentemente é o que sucede com a nova Associação das Pioneiras Sociais. Nessa, quer ela queira quer não, a filantropia constitui sua finalidade; a entidade é filantrópica por natureza; por reconhecimento legal; porque foi criada para a prática da filantropia. E, em sendo assim, a declaração legal supre o reconhecimento de um órgão burocrático da*

Capítulo 3 • ELEMENTOS CONSTITUTIVOS DOS SERVIÇOS SOCIAIS AUTÔNOMOS | **361**

administração" (BRASIL. Advocacia Geral da União. Parecer GQ 169, de 06 de outubro de 1998. Dispõe sobre a isenção de serviço social autônomo à contribuição de cota patronal e de terceiros. Publicada no Diário Oficial da União, Seção 1, de 8 de outubro de 1998).

No referido parecer, o douto advogado-Geral descreve que os serviços sociais autônomos preenchem todos os requisitos arrolados pela Lei nº 8.112/91 e que tal certificação a tais entidades é suprido *"(...) pelo reconhecimento legal que institui a pessoa jurídica como entidade filantrópica (...)"*. Nesse rumo, as leis singulares e específicas que criaram os serviços sociais autônomos atestaram a sua natureza de entidade de assistência social ou filantrópicas e, ao assegurarem direitos sociais aos cidadãos brasileiros que deveriam ser assegurados pelo poder público, configuram--se legalmente com previsão expressa de ausência de finalidade lucrativa de suas ações e aplicam integralmente no país os seus recursos relacionados à atividade social que desempenham.

Dito isso, constata-se que a Lei Federal 13.467/2017, que instituiu a denominada reforma trabalhista, modulou, para alguns empregadores, o gravame decorrente do denominado "depósito recursal" previsto no artigo 899, §1º, da CLT. Cuida-se de garantia posta pela lei ao pretenso crédito do trabalhador, de resto de natureza alimentar, frente à apresentação de recurso pela reclamada. É um de requisito de admissibilidade recursal, quando a insurgência parta do empregador que, via de regra, submete-se a um procedimento complexo e oneroso, regulamentado atualmente por algumas instruções normativas da presidência do TST (03; 15; 18; e 26) para que o recolhimento ocorra de forma correta e, assim, se evite a deserção. Ninguém esquece o antigo teor da OJ 140/SDI-I do TST, recentemente reformada, em decorrência da entrada em vigor do CPC/2015, que fulminava com deserção recurso patronal recolhido com diferenças de *centavos* a menos.

Outrossim, o ATO SEGJUD.GP 287, de 13 de julho de 2020, fixa os valores do depósito recursal: 1) R$ 10.059,15, no caso de interposição de recurso ordinário; 2) R$ 20.118,30, no caso de interposição de recurso de revista e embargos; e 3) R$ 20.118,30, no caso de interposição de recurso em ação rescisória. Em caso de recurso de agravo de instrumento, o valor do depósito é de 50% do recurso a ser destrancado (CLT, artigo 899, § 7º).

Decerto, a Lei 13.467/2017 fez uma graduação nas entidades sem fins lucrativos no que diz respeito à exigência em discussão. Para as entidades tão somente "sem fins lucrativos", preferiu a lei reduzir pela metade o valor do depósito recursal. Entretanto, para as entidades sem fins lucrativos, que sejam "filantrópicas", como são as do Sistema S, dúvida não há de que a lei isentou-as do gravame, ou melhor, dispensou-as do recolhimento em questão forte no sentido social das atividades prestadas por estas entidades, reconhecidas pela doutrina administrativista como "paraestatais".

Portanto, em conclusão, verifica-se que o recolhimento do depósito recursal do Sistema S é indevido à luz do ordenamento jurídico vigente, que reconhece a tais entidades um regime jurídico próprio, atribuindo-se a elas a natureza jurídica de entidades filantrópicas, assim reconhecidas por força de lei, não havendo necessidade de certificar algo que já consta atestado expressamente e taxativamente na lei de criação do serviço social autônomo e pela natureza eminentemente social de que se revestem que lhes garante, inclusive, imunidade tributária e o custeio mediante fontes de natureza tributária e vinculada.

3.17 CONCLUSÕES

O presente capítulo buscou discriminar os elementos constitutivos dos serviços sociais autônomos, desde sua forma de criação, mediante a edição de lei ou ato normativo equivalente, passando pelo seu objeto, pelo seu regime jurídico híbrido, por sua organização interna e órgãos de direção superior, por suas fontes de custeio, seus instrumentos de controle, interno e externo, e sua capacidade de conferir isenção.

A partir da análise constitucional e da estrutura jurídica dos serviços sociais autônomos federais existentes, constatou-se que a natureza jurídica dessas entidades é de pessoa jurídica de direito privado. Entretanto, apesar de possuírem essa configuração jurídica, o Sistema S afasta-se dos modelos de pessoa jurídica estabelecidos pelo Código Civil, uma vez que não são associações, fundações, partidos políticos, sociedades simples ou empresárias e não possuem sócios ou associados.

Verificou-se neste capítulo que a conformação jurídica dos serviços sociais autônomos é conferida pelo Estado a partir da lei que cria a entidade. Ressaltou-se, nesse contexto, que a própria lei, ou ato normativo equivalente à lei ordinária, efetivamente, faz nascer o serviço social autônomo e que o registro dos atos da entidade nos assentamentos competentes apenas homologa e declara sua criação.

Com relação ao regime jurídico a que se submetem as entidades do Sistema S, demonstrou-se que, na relação entre elas e particulares, a regra é a aplicação do regime jurídico de direito privado e das normas internas da própria entidade.

Noutro giro, como essas entidades prestam serviços de relevante interesse social a partir de repasse de tributos ou de verba pública por meio de contrato de gestão, elas submetem-se ao rigoroso regime de direito público na relação de controle finalístico que o Estado exerce e nas regras de orçamento. Ademais, devem atuar na gestão de seus recursos e de seu patrimônio, especialmente no dispêndio de recursos e na contratação de pessoal, a partir dos princípios constitucionais da Administração Pública.

Também se demonstrou, ao longo deste capítulo, que um dos elementos constitutivos fundamentais das entidades que compõem o Sistema S é que elas desempenham serviços sociais, elencados no art. 6º da Constituição Federal, que não são exclusivos do Estado. Esse objeto comum dos serviços sociais autônomos evidencia o propósito de sua criação, desde sua origem, na década de 1940, que é a

Capítulo 3 • ELEMENTOS CONSTITUTIVOS DOS SERVIÇOS SOCIAIS AUTÔNOMOS | **363**

ampliação da oferta de serviços sociais à população, seja na área da educação, seja na concretização do direito social ao trabalho, seja na atenção à saúde, na assistência social ou em diversos outros aspectos relacionados à cidadania, à dignidade da pessoa humana, aos valores sociais do trabalho e ao pluralismo político (art. 1º, II, III, IV e V, da Constituição).

Justamente por essa caracterização dos serviços sociais autônomos como entidades que devem seguir o pluralismo político e ter a autonomia e a independência do poder público é que se criticou, neste capítulo, a utilização do Sistema S – como ocorreu recentemente com a Embratur e a Adaps – para a prática de promoção de direito social, mas com intervenção excessiva e desproporcional pelos órgãos de direção do poder público federal para atuar com a devida isenção e imparcialidade, e de jeito algum apropriado na sua designação de "autônomo".

Do mesmo modo, a definição dos serviços sociais autônomos como entidades que prestam serviços sociais não exclusivos do Estado é que, também, não se aceitou o uso do Sistema S como meio para o desenvolvimento de atividade puramente administrativa, típica do Estado, como noticiado no projeto de extinção do INPI para que a Abdi assumisse a competência de registro público da propriedade industrial brasileira.

Nesse contexto, demonstrou-se que os serviços sociais autônomos não podem assumir serviços exclusivos do Estado (ADI 1.864-9/PR), em especial, aqueles relacionados às atividades estatais da Justiça, da segurança pública, da fiscalização de tributos e da diplomacia. De outro lado, tem-se que os serviços de educação, saúde, alimentação, trabalho, moradia, transporte, lazer, segurança, previdência social, proteção à maternidade e à infância e assistência aos desamparados, todos insertos no *caput* do art. 6º da Constituição Federal, são passíveis de execução pela iniciativa privada.

A sujeição ao controle interno e externo também é um elemento constitutivo dos serviços sociais autônomos. Por receberem recursos públicos para o desenvolvimento de sua atividade, as entidades do Sistema S sujeitam-se ao controle externo exercido pelo TCU, de caráter finalístico, inclusive com a prestação de contas anualmente. Essas entidades também se submetem ao controle externo exercido pelo Ministério Público.

Há, ainda, o controle externo exercido pela estrutura do Poder Executivo, em especial pelo ministério afeto à área desenvolvida pela entidade e pela Controladoria-geral da União. Esse controle, entretanto, não autoriza o Poder Executivo a interferir na gestão dos serviços sociais autônomos nem se traduz em hierarquia sobre os administradores da entidade.

No controle interno, as entidades do Sistema S dispõem de uma complexa estrutura interna, que passa pela fiscalização exercida pelo Conselho Nacional e pela Comissão de Contas na elaboração dos orçamentos anuais e culmina nas estruturas internas de comitês de ética, gerências de governança e *compliance*, ouvidorias etc., a depender da regulamentação da entidade.

Todo esse controle verifica a observância dos princípios gerais que norteiam a execução da despesa pública e os princípios administrativos decorrentes da isonomia, da moralidade, da impessoalidade e da publicidade do dispêndio dos recursos públicos, nas contratações e na seleção de pessoal.

Outro elemento constitutivo dos serviços sociais autônomos verificado neste capítulo, especialmente do Senai e do Senac, é a sua capacidade de estimular as empresas a implementar serviços de educação de seus trabalhadores que, dentro da discricionariedade da entidade, sejam considerados adequados para os fins ao qual almejam, tendo como contraprestação a isenção ou redução da obrigação de recolhimento das contribuições sociais que financiam essas entidades.

Esses elementos constitutivos são de especial relevo para a compreensão do conceito dos serviços sociais autônomos, que será desenvolvido no próximo capítulo.

RESUMO OBJETIVO

1.	O primeiro elemento constitutivo dos serviços sociais autônomos é a criação mediante a edição de lei ou ato normativo equivalente. Esse é o instrumento que efetivamente faz nascer o serviço social autônomo, pois o registro dos atos da entidade nos assentamentos competentes apenas homologa ou declara a criação.
2.	A constituição da Embratur como serviço social autônomo por meio de medida provisória é inconstitucional (violação ao art. 62 da Constituição), diante da ausência de urgência.
3.	A lei delegada pode ser o instrumento legislativo adequado para a criação de entidade do Sistema S.
4.	O segundo elemento constitutivo dos serviços sociais autônomos é a natureza jurídica de pessoa jurídica de direito privado, mas que se distancia dos modelos estabelecidos atualmente pelo Código Civil.
5.	Nas relações entre a entidade e o particular não deve existir o exercício do poder de *imperium* na atividade. O desempenho das atividades do serviço social autônomo necessita de um ordenamento menos impositivo, no sentido de uma menor sujeição da entidade e dos particulares às prerrogativas que são conferidas ao Estado, passando-se, na realidade, à assunção de um papel de coordenação e colaboração por meio do qual Estado e setor privado busquem em conjunto ou isoladamente efetivar os direitos fundamentais sociais previstos no art. 6º da Constituição Federal.
6.	Entretanto, nos atos relativos ao dispêndio de recursos – que são públicos –, na contratação de pessoal, na submissão ao controle e na estipulação do orçamento, ou seja, nas relações das entidades do Sistema S com o Estado, o regime jurídico a ser perseguido é o de direito público. Isso não quer dizer a observância da Lei nº 8.666/1993 ou, menos ainda, a Lei nº 8.112/1990, mas sim a observância dos princípios administrativos derivados da isonomia constitucional, especialmente a publicidade, a impessoalidade e a moralidade, com ênfase na fiscalização – de caráter finalístico – do órgão de controle na destinação dos recursos financiadores do serviço social autônomo e na avaliação positiva ou não dos resultados alcançados na gestão dos recursos públicos.

Capítulo 3 • ELEMENTOS CONSTITUTIVOS DOS SERVIÇOS SOCIAIS AUTÔNOMOS | **365**

7. O terceiro elemento constitutivo dos serviços sociais autônomos é o fim social. Esses entes podem e devem ser considerados medidas de garantias institucionais criadas pelo Estado, de participação efetiva do cidadão e, igualmente, adequados constitucionalmente ao vínculo de colaboração entre cidadão e Estado na função de prestação de direitos fundamentais sociais. O *status activus processualis* é um fundamento constitucional de característica constitucionalmente adequada aos serviços sociais autônomos, verdadeira autorrepresentação e convivência umbilical entre sociedade e poder público, com *status* de pró-realização de forma pública, impessoal e gratuita na atividade prestacional dos direitos fundamentais sociais.

8. Com relação aos direitos sociais propriamente ditos, reforçam-se as características comuns aos direitos sociais elencados no art. 6º da Constituição Federal de interdependência, de reciprocidade, de correspondência, de mutualidade e de ausência de prerrogativa para sua prestação exclusivamente pelo Estado.

9. O constituinte derivado tem efetuado a criação de direitos sociais em razão do reconhecimento das amplas necessidades da população, ou seja, uma progressiva constitucionalização dos direitos sociais positivados constitucionalmente, razão pela qual o rol de direitos previstos no art. 6º da Constituição vem sendo paulatinamente ampliado, tem-se pela não exaustividade dos direitos sociais previstos em seu texto.

10. Observa-se que todas as entidades do serviço social autônomo acabam por buscar concretizar o conceito constitucional de saúde (ligado ao bem-estar), mediante a proteção e o incentivo do trabalho como meio de bem-estar social e mental do indivíduo e a educação como forma de desenvolvimento pessoal e social. Não obstante, a atuação das entidades não se limita à garantia da saúde, do trabalho e da educação. Outros direitos sociais não foram negligenciados pelas normas legais instituidoras dos serviços sociais autônomos, conforme se processa, por exemplo, quando o Sesc desenvolve programas voltados à melhoria da alimentação do trabalhador do comércio, ou a atuação do Sesi no fornecimento de habitações populares para seus beneficiários ou, ainda, a proteção à maternidade e à infância realizada pela Aps – Rede Sarah e pelo Sest, além da assistência aos desamparados promovida pela Aps – Rede Sarah, eis que tais atuações demonstram a ampla rede de proteção social derivada do desempenho direto das entidades.

11. Seria inconstitucional eventual proposição do governo federal de extinguir o Instituto Nacional de Propriedade Industrial (INPI) e transferir os seus serviços e funções para o serviço social autônomo Abdi. Isso porque há reserva de administração na atividade de registro público da propriedade industrial, atividade essa que não se constitui igualmente em concretização de direito social.

12. Outro elemento dos serviços sociais autônomos é a inexistência de sócios ou associados, como ocorre, obrigatoriamente, em empresas, associações e organizações não governamentais.

366 | SISTEMA S: FUNDAMENTOS CONSTITUCIONAIS • *Edvaldo Nilo de Almeida*

13. Os beneficiários dos serviços sociais autônomos não contribuem com o capital social da entidade, a qual é sustentada, principalmente, por verbas arrecadadas pelo poder público. Tampouco podem os beneficiários influir diretamente nos diversos ramos do serviço social autônomo, não lhes sendo facultado alterar seu regulamento, tampouco votar em matérias de seu interesse, salvo se participarem dos órgãos de direção. De outro fronte, os serviços prestados se encontram disponíveis aos beneficiários sem a necessidade de qualquer manifestação destes.

14. Além disso, tem-se que os órgãos diretivos das entidades são constituídos por pessoas que não contribuíram com o capital social da entidade – como ocorre nas sociedades – ou adquiriram a condição de participar da sociedade mediante associação – o que acontece nas associações. Os dirigentes das entidades do serviço social autônomo ostentam essa condição em razão de cumprirem com as regras de indicação das normas instituidoras e não por eventual contribuição para a entidade.

15. Com relação à composição de seus órgãos deliberativos de direção superior, a Constituição orienta uma composição paritária, sem uma exacerbada presença estatal, diante da necessidade de se conferir autonomia e dar um caráter democrático à sua gestão.

16. A norma instituidora que cria entidade do serviço social autônomo sem a observância da paridade de poderes entre o Estado e a sociedade acaba por desvirtuar inconstitucionalmente o instituto, prejudicando a sociedade como um todo – já que esta deixa de ser beneficiária de uma entidade capaz de assumir uma postura independente na busca de seu fim social – e, em seu lugar, vê surgir uma entidade sujeita aos notórios problemas da administração estatal, sem os instrumentos de controle social necessários para assegurar a correta e adequada destinação dos recursos públicos recebidos.

17. A necessária proteção dos direitos sociais impõe a proibição constitucional do retrocesso social, de modo a restringir a atuação legislativa que possua como resultante a redução da proteção social concedida aos cidadãos. Isto porque os direitos sociais, uma vez obtidos, transformam-se em garantia institucional e direito subjetivo, com fundamento no princípio da confiança e da segurança dos cidadãos, em respeito à dignidade da pessoa humana. Necessário se faz reconhecer que a vedação ao retrocesso social é um princípio implícito no ordenamento jurídico brasileiro.

18. Garantida a imutabilidade dos direitos e garantias concedidos aos cidadãos e verificado que as entidades do serviço social autônomo são veículos por meio dos quais a parceria entre Estado e iniciativa privada busca concretizar esses direitos, conclui-se pela impossibilidade de eventual extinção de entidade do serviço social autônomo.

Capítulo 3 • ELEMENTOS CONSTITUTIVOS DOS SERVIÇOS SOCIAIS AUTÔNOMOS | **367**

19. A extinção de uma entidade do Sistema S configura violação, a um só tempo, aos seguintes direitos individuais: direito à propriedade (art. 5º, XXII, da Constituição) e do devido processo legal (art. 5º, LIV, da Constituição). Outro óbice material à edição de emenda constitucional para extinguir entidade do Sistema S é o do art. 8º da Constituição, que protege o direito à livre associação profissional ou sindical. Outras limitações constitucionais à extinção de entidade do Sistema S são: o princípio fundamental inserido no art. 1º, IV, da Constituição, que estabelece como fundamento da República Federativa do Brasil os valores sociais do trabalho e da livre-iniciativa, e os arts. 170, *caput*, e 193 da Constituição, que protegem a ordem econômica, fundada na valorização do trabalho humano, e a ordem social, que tem por base o primado do trabalho.

20. A prestação de serviços constitucionais não exclusivos do Estado é outro elemento constitutivo do Sistema S. A partir de diversos programas de desestatização promovidos no Brasil, constata-se que sobejam razões normativas e fáticas para que o Estado mantenha sua atuação restrita às hipóteses nas quais a sua atuação seja estritamente necessária constitucionalmente. Por conseguinte, nos casos em que sua atuação não seja constitucionalmente necessária, deve o Estado se abster de intervir ou, caso já se encontre em situação de intervenção, retirar sua participação direta, mediante estratégias de privatização ou desestatização.

21. Tem-se que os serviços de educação, de saúde, de alimentação, de trabalho, de moradia, de transporte, de lazer, de segurança, de previdência social, de proteção à maternidade e à infância, de assistência aos desamparados, todos insertos no *caput* do art. 6º da Constituição Federal, são passíveis de execução pela iniciativa privada, com base no próprio texto constitucional. Saliente-se que, em se tratando de limitação estatal a atividades econômicas exercidas pelo setor privado, tem-se que a inexistência de limitação constitucional ao seu exercício pelo setor privado implica autorização tácita para a exploração da atividade em razão da aplicação do postulado de direito segundo o qual aos particulares é permitido praticar os atos que não lhes sejam vedados.

22. No *leading case* da ADI 1.864/PR, o ministro Joaquim Barbosa destaca devidamente como indelegáveis as atividades estatais da justiça, da segurança pública, da fiscalização de tributos e da diplomacia. Nesse voto vencedor, o ministro Joaquim Barbosa, apropriadamente, reconheceu que a atuação de entidades privadas pode se dar sempre que o serviço não for de prestação exclusiva de Estado, pois, nesse último caso, não pode o Estado delegar sua prestação a outrem, tampouco renunciar ao direito de prestar o serviço, por se tratar de obrigações constitucionais a serem cumpridas pelo Estado em favor dos particulares.

23. Com relação ao controle externo, os serviços sociais autônomos, por terem como fonte de recursos as contribuições obrigatórias (tributos) e repasses orçamentários federais, submetem-se a fiscalização do Tribunal de Contas da União (art. 70, *caput*, e parágrafo único, da Constituição), devendo prestar contas anualmente. Acrescenta-se que a Lei nº 8.443/1992, comumente denominada de Lei Orgânica do TCU, inseriu no escopo jurisdicional do Tribunal os responsáveis pelo recebimento de contribuições tributárias e as pessoas jurídicas que prestem serviços de interesse público ou social.

24. Ademais, ressalte-se que o controle finalístico exercido pelo Tribunal de Contas não é o único instrumento de controle a que se submetem as entidades integrantes do serviço social autônomo. Com efeito, o art. 74 da Constituição Federal traz um regramento que prevê a participação colaborativa entre as esferas de poder, atuando de forma sistêmica, com intuito de fiscalizar a eficácia e a eficiência da gestão orçamentária, financeira e patrimonial e apoiar o exercício do controle externo.

25. Além disso, as entidades encontram-se vinculadas à necessidade de execução orçamentária de acordo com os regramentos da Lei nº 4.320/1962, devendo-se implementar instrumentos informatizados para que a execução financeira ocorra apenas após a execução orçamentária, e a entidade deve se abster de efetuar despesas que comprometam orçamentos futuros.

26. Há, ainda, a tutela administrativa, que é o poder conferido ao chefe do Poder Executivo e aos ministros de Estado de fiscalizar as entidades, sem substituir a gestão interna nem impor decisões hierárquicas, mas sim com o propósito de assegurar a sua própria autonomia e, no caso dos orçamentos, um simples *exequatur* ou aprovação que não se pode alterar o conteúdo.

27. Há, também, o controle interno exercido pelos órgãos do próprio Sistema S. A depender da entidade, há estruturas estabelecidas em Códigos de Ética ou nos Regulamentos, constituídas por auditorias, órgãos de governança corporativa, corregedorias, ouvidorias, conselhos fiscais e auditorias externas.

28. Quanto ao poder de autorregulamentação, constatou-se que as entidades do serviço social possuem poder normativo para elaborarem suas formas de contratação de pessoal, serviços e aquisição de bens. Nesse mister, em razão de serem destinatárias de verbas públicas, devem observar os princípios da Administração Pública e das despesas públicas em todas as suas atuações.

29. A imposição de regras de direito público no gasto dos recursos pelos serviços sociais autônomos também ocorre naquelas entidades que são custeadas por repasses definidos em contratos de gestão. Nesse contrato, são estabelecidos metas, objetivos, prazos e responsabilidades, bem como os critérios que serão utilizados para avaliação da destinação das verbas orçamentárias repassadas e eventuais limitações de gastos. Para execução das atividades propostas pelo contrato de gestão, a entidade elabora um orçamento e o submete à aprovação do Poder Executivo, o qual reflete se as despesas estão de acordo com o plano de ação que lhe foi apresentado, bem como sua aderência ao contrato de gestão celebrado entre as partes e às normas orçamentárias aplicáveis. A remuneração desse contrato se dá mediante repasses efetuados pela União, os quais devem observar o cronograma de desembolsos constantes da lei orçamentaria anual.

30. Segundo o Supremo Tribunal Federal, no julgamento da medida cautelar formulada na Ação Direta de Inconstitucionalidade nº 1.924/DF, não há inconstitucionalidade no fato de a contribuição social outrora destinada a uma entidade ser destinada a outra, a ser instituída; fundamento pelo qual há a possibilidade de transferência de receitas decorrentes de contribuição de uma entidade para outra. Para tanto, é necessário que a nova entidade possua a função de materializar um dos direitos existentes no art. 6º da Constituição Federal.

Capítulo 3 • ELEMENTOS CONSTITUTIVOS DOS SERVIÇOS SOCIAIS AUTÔNOMOS | **369**

31. As entidades do serviço social autônomo não precisam cumprir com as regras da Lei n° 8.666/1993, mas devem cumprir os princípios da administração pública. Ante tal entendimento, é possível firmar contratos de patrocínio, devendo essas contratações serem balizadas pelas regras expostas no *caput* do art. 37 da Constituição Federal.

32. O Superior Tribunal de Justiça, no julgamento do EREsp 1.619.954/SC, concluiu que o interesse das entidades do serviço social autônomo se resume ao interesse econômico decorrente do repasse efetuado pela União, não sendo de seu interesse a relação jurídico--tributária que origina a base de cálculo dos valores que lhes são repassados. Desse modo, as entidades do serviço social autônomo não são parte legítima para figurar no polo passivo de demanda que discute a relação jurídica da qual se origina a obrigação tributária, porquanto compete à União o poder de cobrança das contribuições.

33. Constatou-se, no trabalho que o Senai e o Senac têm legitimidade e capacidade de estimular as empresas a implementar serviços de educação de seus trabalhadores, que, dentro da discricionariedade da entidade, sejam considerados adequados para os fins ao qual almejam, tendo como contraprestação a isenção ou redução da obrigação de recolhimento das contribuições sociais que financiam estas entidades.

34. O texto constitucional prevê expressamente que a obrigatoriedade de realização de concursos públicos refere-se à "investidura em cargo ou emprego público" (art. 37, inciso II), o que, a princípio, não deixa margem para interpretações extensivas. Porém, foi no julgamento do Recurso Extraordinário n° 789.874/DF, ao qual foi reconhecida repercussão geral e classificado sob o Tema 569, que a divergência jurisprudencial foi sanada, sagrando-se vencedora a corrente doutrinária que sempre afirmou a desnecessidade da realização de concurso público para seleção de pessoal no quadro de empregados das entidades pertencentes ao Sistema S. Conclui-se, portanto, que, em que pese restar reconhecida a desobrigação dos serviços sociais autônomos de realização de concurso público para contratação de seus empregados, permanece a obrigatoriedade de observância do princípio da isonomia e seu corolário direto, o princípio da impessoalidade. Desse modo, os serviços autônomos devem concretizar por meio de seus regramentos próprios a isonomia e a impessoalidade como forma de evitar distorções nos processos seletivos de contratações dos seus empregados.

35. A relação jurídica entre os empregados e o Sistema S é pautada nos princípios norteadores das relações de trabalho regidas pelo direito privado, e a observância dos princípios da legalidade, da impessoalidade, da moralidade, da publicidade e da eficiência, que regem à Administração Pública. Para tanto, essas entidades adotam um regulamento próprio de contratação, com metodologia e critérios internos, respaldados tanto pela Consolidação das Leis do Trabalho quanto pelo art. 37, *caput*, da Constituição Federal.

36. Para fins penais, entende-se que os servidores das entidades do Sistema S não devem ser equiparados aos servidores públicos, pois, além de possuir personalidade jurídica de direito privado, conforme já decidiu em repercussão geral o STF, não são entes paraestatais e não exercem atividade típica de Estado.

37.	A Lei de Improbidade Administrativa aplica-se às entidades do Sistema S. Isso porque, além de se sujeitarem ao princípio da moralidade, o parágrafo único, do art. 1º da Lei nº 8.429/92 expressamente estabelece que estão também sujeitos às penalidades desta lei administrativa os atos de improbidade praticados contra o patrimônio de entidade que receba subvenção, benefício ou incentivo, fiscal ou creditício, de órgão público, bem como daquelas cuja criação ou custeio o erário haja concorrido. Nesse caso, ao contrário da Lei de Licitações, resta clara a intenção legislativa de incluir os serviços sociais autônomos.
38.	Quanto ao controle judicial por remédios constitucionais de atos ou omissões dos serviços sociais autônomos, algumas conclusões são lançadas.
39.	Apesar de difícil ocorrência na prática, caberá o *habeas corpus* aplicável em face de ato de constrangimento ilegal de empregado ou dirigente do Sistema S, quando existir violação do direito de liberdade ambulatória de outrem.
40.	O mandando de injunção é o *writ* utilizado na hipótese de falta de norma regulamentadora que torne inviável o exercício dos direitos e liberdades constitucionais e das prerrogativas inerentes à nacionalidade, à soberania e à cidadania (art. 5º, LXXI, CF). Apesar do entendimento atual do STF de que só têm legitimidade passiva as pessoas estatais, compreende-se que se incumbe à pessoa jurídica privada implementar o direito constitucional fundamental disciplinado na sentença, e, em razão da falta de norma regulamentadora da Constituição, é possível ser requerida em litisconsórcio passivo no mandado de injunção. Desse modo, por exemplo, se vier a existir norma constitucional que imponha ao legislador o dever de regulamentar um direito social, ao serviço social autônomo cabe implementar o exercício desse direito, pois entende-se que pode vir a figurar como litisconsórcio passivo na demanda.
41.	Com relação ao mandado de segurança, pode ser impetrado tanto em face do poder público quanto do agente da pessoa privada no exercício de atividade originariamente estatal. Nesse cenário, é possível o manejo de mandado de segurança em face de dirigente ou empregado de entidade do Sistema S quando praticar ilegalidade ou abuso de poder no exercício de atribuições estatais. Com relação ao mandado de segurança coletivo, também é cabível em face dos agentes do Sistema S, aplicando-se a mesma lógica jurídica do *mandamus* individual, por exemplo, em casos em que não se observe a composição estabelecida em lei para participação em órgão de direção dos serviços sociais autônomos.
42.	Do próprio conceito constitucional da ação popular já é possível extrair a legitimidade passiva do Sistema S e de seus agentes. Ademais, interpretando o art. 6º da Lei nº 4.717/65, entende-se pela legitimidade passiva tanto das pessoas jurídicas públicas e privadas quanto dos seus respectivos servidores, empregados, gestores e administradores que praticaram o ato gerador da lesão, ou que se omitiram, dando azo à sua ocorrência.
43.	Com relação ao *habeas data*, que visa salvaguardar o direito individual de acesso, preservação e registro de dados individuais nos acervos públicos, também é possível verificar a possibilidade de sua utilização em face das entidades do Sistema S.

Capítulo 3 • ELEMENTOS CONSTITUTIVOS DOS SERVIÇOS SOCIAIS AUTÔNOMOS | **371**

44. A respeito da ação civil pública, não há qualquer definição acerca dos legitimados passivos. Qualquer pessoa, física ou jurídica, de direito público ou privado, que atente contra os direitos e interesses de cariz transindividuais salvaguardados por esse instituto pode ter legitimidade passiva *ad causam*. Logo, todos os serviços sociais autônomos podem ser demandados, seja em sua razão social ou pelos seus empregados e dirigentes.

45. Com relação à sujeição ativa tributária, o sujeito ativo direto é o ente federativo competente para instituir o tributo, podendo transferir essa sujeição, em razão de delegação da capacidade tributária ativa. Assim, existem dois tipos de sujeito ativo na relação tributária, a saber: (i) o sujeito ativo direto, que são a União, os estados, os municípios e o DF, detentores do poder de instituir tributos; e (ii) o sujeito ativo indireto, que são os entes que não têm competência tributária, mas são detentores de capacidade tributária ativa, isto é, do poder subjetivo de cobrança e de fiscalização.

46. A função de fiscalização tributária, segundo a literalidade dos arts. 7º e 119 do CTN, é delegável apenas para pessoas jurídicas de direito público (União, Estados-membros, DF, municípios, autarquias e fundações públicas de direito público). No que se refere à arrecadação, existe a possibilidade de delegação por lei também para pessoas jurídicas de direito privado, tais como aos bancos, às empresas de telefonia, às empresas de água e esgoto, ou, como no caso em análise, aos serviços sociais autônomos, conforme § 3º do art. 7º do CTN. Destarte, os serviços sociais autônomos possuem legitimidade caso haja previsão legal para figurar como sujeito ativo indireto da relação tributária. Assim sendo, as contribuições devidas às respectivas entidades do Sistema S, instituídas pelos próprios normativos que criaram tais entidades, quando arrecadadas e recolhidas diretamente por esses entes, são exemplos de sujeição ativa tributária dos serviços sociais autônomos.

47. Após pesquisa exaustiva de todas as legislações dos serviços sociais autônomos, constata-se que apenas o Senar, o Sest e o Senat possuem autorização legal para configurarem como sujeito ativo da relação obrigacional tributária.

48. Com relação à imunidade tributária de contribuições sociais e de impostos, a partir dos arts. 150, inciso VI, alínea *c*, e 195, § 7º, da CF/88, constata-se que as entidades do Sistema S gozam peremptoriamente de imunidade constitucional tributária, pois, além de lei expressa, conforme as disposições dos arts. 12 e 13 da Lei nº 2.613/1955, os serviços sociais autônomos, constituídos sob a forma de sociedade civil sem fins lucrativos, são criados por leis que expressamente preveem sua função de assistência social. Diante disso, ao assegurarem direitos sociais aos cidadãos brasileiros que deveriam ser garantidos pelo poder público, configuram-se legalmente com previsão expressa de ausência de finalidade lucrativa de suas ações e aplicam integralmente no país os seus recursos relacionados à atividade social que desempenham. No mesmo sentido, por obrigação legal, mantêm escrituração de receitas e despesas em livros formais. Por isso, preenchem todos os requisitos constitucionais e legais para alcançar o benefício da imunidade.

49. Destaque-se que não se aplica aos serviços sociais autônomos o julgamento do Recurso Extraordinário nº 566.622/RS (Tema 32), que determinou que, por lei ordinária, a União institua procedimentos e formalidades administrativas relativas à concessão da imunidade, tal como o Cebas. Primeiro, os serviços sociais autônomos têm lei específica e especial de isenção tributária, conforme os arts. 12 e 13 da Lei nº 2.613/1955. Segundo, não existe necessidade de certificar algo que já consta atestado expressa e taxativamente na lei de criação do serviço social autônomo. Terceiro, o serviço social autônomo tem como sua finalidade precípua a assistência social, e isso é a razão legal da sua existência. Quarto, existe necessidade de que faça prova daquilo que não se sabe, daquilo que lhe é externo, mas não daquilo que é interno e constitui por natureza a razão de ser do serviço social autônomo.

Capítulo **4**

CONCEITO CONSTITUCIONAL
DOS SERVIÇOS SOCIAIS AUTÔNOMOS

4.1 FATORES CONSIDERADOS NO ARRANJO INSTITUCIONAL E QUE INCIDEM NA DECISÃO POLÍTICA DE DESCENTRALIZAR DETERMINADO SERVIÇO COMO SERVIÇO SOCIAL AUTÔNOMO

Partindo-se da correta premissa de que os serviços sociais autônomos realizam atividade privada de interesse público e social, é mister compreender os motivos pelos quais o Estado, por meio do legislador, os autoriza, ou institui, deixando de optar pela criação de ente da administração pública direta ou indireta, ou por outra forma institucional para alcançar seus objetivos.

Cumpre esclarecer que não haveria qualquer óbice para a instituição de entes da administração indireta, ou até mesmo da direta, com vistas à realização das atividades atualmente confiadas aos serviços sociais autônomos, sendo certo que a opção pelo modelo em discussão é legítima à luz do que dispõe o texto constitucional.

Valéria Alpino Bigonha Salgado e Valdomiro José de Almeida[1] lecionam que a definição quanto às formas institucionais de atuação do poder público obedecem àquilo que denominam gradiente ou *continuum*, que é modulado, do ponto de vista jurídico, desde as entidades com maior grau de incidência de normas juspublicísticas até aquelas em que há preponderância do direito privado.

---

[1] "Gradiente das formas jurídico-institucionais de atuação do Poder Executivo *in* Propostas de taxonomia para Administração Pública Federal. 2. Sugestões de aperfeiçoamento nos modelos das organizações públicas. 3. Análise das formas de exercício das funções executivas do estado na regulação social e na economia. I – Título. II – Fundação instituto para o Fortalecimento das Capacidades institucionais – iFCi. III – Agência espanhola de Cooperação internacional para o desenvolvimento – AeCid. IV – Ministério do Planejamento, orçamento e Gestão – mPoG. V – editora iABS." (CUNHA JUNIOR, Luiz Arnaldo Pereira da; SALGADO, Valéria Alpino Bigonha; ALMEIDA, Valdomiro José de. *Propostas de taxonomias para órgãos e entidades da administração pública federal e outros entes de cooperação e colaboração*. 2. ed. Brasília: IABS, 2013. p. 192-301).

374 | SISTEMA S: FUNDAMENTOS CONSTITUCIONAIS • *Edvaldo Nilo de Almeida*

Na construção desse gradiente de formas jurídico-institucionais, são levados em consideração principalmente dois critérios principais de definição: o grau de razão pública da ação estatal e a área de intervenção (econômica ou social). Como recorte metodológico, representam o gradiente a partir de dois eixos cartesianos: o eixo das abscissas classifica a ação estatal pelo setor de atuação e o eixo das ordenadas separa a ação executiva direta e indireta do estado. Quanto mais alto e mais à direita, no gradiente, uma forma institucional estiver, mais afetada às normas de direito público se encontrará. Quanto mais à esquerda e abaixo no gradiente, mais incidência de normas privatísticas ocorrerá.

Ainda segundo os referidos autores, com base nesses dois critérios, a distribuição no gradiente, das diversas formas jurídico-institucionais e de relacionamento público-privado previstas no Direito Administrativo brasileiro, considera-se os principais aspectos estatutários definidores de cada uma das figuras e modelos de relacionamento, particularmente os seguintes: (i) natureza de suas finalidades; (ii) natureza do ente instituidor; (iii) direito de propriedade; (iv) forma de governança; (v) formas de financiamento; (vi) regime jurídico aplicável; e (vii) forma de controle[2].

Salvo naquelas hipóteses em que não seja possível ao Estado deixar de prestar determinado serviço público, ou atividade, pela administração pública direta, como, por exemplo, relações exteriores ou polícia, verifica-se que a adoção de formas jurídico-institucionais pela administração indireta, ou pelos entes de colaboração, é plenamente viável, à luz da ordem jurídica, bastando, para isso, a observância dos critérios de definição sugeridos anteriormente, que, como se vê, referem-se mais à definição do regime jurídico aplicável que propriamente aos critérios de conveniência do legislador.

O aspecto da finalidade da atuação estatal é, segundo Valéria Alpino Bigonha Salgado e Valdomiro José de Almeida, o mais importante, já que atividades estatais privativas do estado e do chefe do Poder Executivo, como, por exemplo, a direção superior da administração pública (Constituição Federal, art. 84, inciso II), obrigatoriamente se encontram sob a égide das normas do direito público, naquilo que denominam polo superior do gradiente. A razão pública, nesse caso, impede a adoção de forma jurídica diversa que não seja a prestação da atividade pela administração pública direta.

No caso dos serviços sociais autônomos, as atividades de fomento, de assistência e de educação prestadas não encontram razão pública suficiente para ocuparem exclusivamente a área estrita do direito público e da incidência das normas do regime jurídico-administrativo, podendo a finalidade da atuação estatal ser alcançada por formas jurídicas de direito privado.

---

2   CUNHA JUNIOR, Luiz Arnaldo Pereira da; SALGADO, Valéria Alpino Bigonha; ALMEIDA, Valdomiro José de. *Propostas de taxonomias para órgãos e entidades da administração pública federal e outros entes de cooperação e colaboração.* 2. ed. Brasília: IABS, 2013. p. 299-301.

Capítulo 4 • CONCEITO CONSTITUCIONAL DOS SERVIÇOS SOCIAIS AUTÔNOMOS | **375**

Por outro lado, ainda de acordo com os referidos autores, a natureza do ente instituidor interfere diretamente na definição da forma jurídico-institucional, sendo que, quanto mais direta e exclusiva for a participação do poder público na criação da instituição, mais incidência de normas juspublicísticas ocorrerá.

Os serviços sociais autônomos, como se vê ao longo desta tese, ainda que criados ou instituídos a partir do Estado, por meio da lei, assumem forma jurídica de direito privado e não compõem a administração pública direta ou indireta. Quando muito, podem ser considerados entes que atuam em conjunto com o Estado, ou, numa acepção muito ampla e não aceita integralmente pela doutrina, entes colaboradores. Outrossim, é certo que é antiga a preocupação com a delimitação da natureza jurídica dos serviços sociais autônomos, constituída pelo poder público, mas sob a forma de sociedade civil, sem fins lucrativos, cujo objetivo social é a atividade de inclusão no mercado de trabalho e a promoção social dos trabalhadores.

Como terceiro aspecto de definição de formas jurídico-institucionais, os autores Valéria Alpino Bigonha Salgado e Valdomiro José de Almeida[3] apontam, ainda, o direito de propriedade dos bens e interesses vinculados à prestação de serviços afetados à busca do interesse público exclusivo ou não exclusivo. Desse modo, na administração pública, o direito de propriedade estatal implica que há total submissão do uso desse direito à consecução dos interesses públicos, enquanto o direito privado de propriedade se destina à busca do interesse particular.

Aqui neste ponto do estudo dos serviços sociais autônomos, constata-se com clareza a confluência das esferas pública e privada, e um hibridismo no regime da propriedade, já que as referidas entidades são de direito privado e a tal regime jurídico se submetem. Porém é reconhecida a derrogação parcial por normas de direito público, a justificar, por exemplo, a prestação de contas perante os tribunais de contas, a supervisão administrativa por parte do Executivo, a participação do Estado nos órgãos de direção superior e a realização de procedimentos de aquisição de bens e serviços obedientes aos princípios da administração pública, além de processos seletivos de pessoal que devem ser impessoais.

Quanto ao sistema de governança, verifica-se que, por estarem fora da administração pública, não haveria como inseri-los no direito público, uma vez que as mais diversas entidades dos serviços sociais autônomos se submetem a procedimentos específicos de definição dos órgãos de gestão, em que há participação paritária do Estado e da sociedade.

Desse modo, e ainda tendo em vista a hibridez do instituto, bem como as finalidades para as quais foram instituídos os serviços sociais autônomos, a composição paritária de seus órgãos de direção mitiga as normas do regime

---

3   CUNHA JUNIOR, Luiz Arnaldo Pereira da; SALGADO, Valéria Alpino Bigonha; ALMEIDA, Valdomiro José de. *Propostas de taxonomias para órgãos e entidades da administração pública federal e outros entes de cooperação e colaboração*. 2. ed. Brasília: IABS, 2013. p. 201.

376 | SISTEMA S: FUNDAMENTOS CONSTITUCIONAIS · *Edvaldo Nilo de Almeida*

jurídico-administrativo enquanto estabelece a gestão privada dos seus bens e serviços, à luz do regime jurídico de direito privado.

Tem-se, portanto, que as formas jurídico-institucionais situadas nos quadrantes superiores do gradiente caracterizam-se pela predominância do direito de propriedade público, na linguagem de Valéria Alpino Bigonha Salgado e Valdomiro José de Almeida[4], enquanto as que se situam abaixo do eixo das abscissas caracterizam-se pela predominância do direito de propriedade privado, em que os resultados da atividade institucional – novas receitas, incorporação ao patrimônio, assim como dívidas e prejuízos – se revertem ao particular. É nesse último quadrante que se encontram os serviços sociais autônomos.

Outra dimensão importante na definição da atuação estatal, a justificar a adoção de uma outra forma jurídico-institucional, segundo Salgado e Almeida, refere-se às fontes de financiamento da ação direta ou indireta do poder público. As entidades estatais mais próximas da atuação privativa do Estado, mais vinculadas ao regime de direito público, em geral, são financiadas por recursos de origem pública, provenientes do orçamento geral da União ou por tributos, por exemplo. Outrossim, entidades como os serviços sociais autônomos, ainda que possuam em seu benefício contribuições parafiscais, ou até mesmo dotações orçamentárias, podem também contar com recursos de natureza privada, de modo que não dependam exclusivamente do fomento público, ainda que não possuam finalidade lucrativa[5].

Valéria Alpino Bigonha Salgado e Valdomiro José de Almeida apontam, ainda, quanto ao regime jurídico, outro aspecto de definição das formas jurídico-institucionais em estudo, qual seja, a existência de uma região *borderline* no gradiente, com regimes híbridos de direito público, com regras administrativas de direito privado (administração indireta), e de direito privado, com regras de direito público impostas pela relação contratual ou convenial estabelecida entre a entidade civil e o poder público[6].

Quando as finalidades da instituição atenderem a objetivos privados, ainda que de interesse público, o regime jurídico tenderá a ser privado, afirmam Salgado e Almeida. Ora, é justamente como ocorre com os serviços sociais autônomos que, como já dito, realizam atividade privada de interesse público e social, nos termos das leis que autorizaram sua criação ou os instituíram.

---

[4]   CUNHA JUNIOR, Luiz Arnaldo Pereira da; SALGADO, Valéria Alpino Bigonha; ALMEIDA, Valdomiro José de. *Propostas de taxonomias para órgãos e entidades da administração pública federal e outros entes de cooperação e colaboração.* 2. ed. Brasília: IABS, 2013. p. 204.

[5]   CUNHA JUNIOR, Luiz Arnaldo Pereira da; SALGADO, Valéria Alpino Bigonha; ALMEIDA, Valdomiro José de. *Propostas de taxonomias para órgãos e entidades da administração pública federal e outros entes de cooperação e colaboração.* 2. ed. Brasília: IABS, 2013. p. 205.

[6]   Ibid., p. 206.

Capítulo 4 • CONCEITO CONSTITUCIONAL DOS SERVIÇOS SOCIAIS AUTÔNOMOS | **377**

Por fim, aduzem que a incidência do tipo de controle nas formas jurídico-
-institucionais adotadas pelo poder público varia em conformidade com o regime
jurídico adotado, o direito de propriedade e o grau de incidência das normas
juspublicísticas quanto às fontes de financiamento e seus sistemas de governança.
No caso dos serviços sociais autônomos, é assente na jurisprudência que não se
sujeitam ao controle dos tribunais de contas da mesma forma que as entidades da
administração pública, na qual não se enquadram.

Desse modo, percebe-se que a opção pela adoção da forma institucional estudada neste trabalho, num primeiro momento, quando se deu a autorização para a
criação dos serviços sociais autônomos, foi justamente conferir maior independência
para os setores empresariais interessados na prestação de assistência e educação
profissional às respectivas categorias profissionais destinatárias.

Ainda que posteriormente se perceba uma evolução legislativa no sentido de
agregar outras características de interesse social aos serviços sociais autônomos, o
objetivo de suas instituições, inclusive das novas, foi a busca e o alcance da efetivação
dos direitos sociais para integração no mercado de trabalho dos menos favorecidos,
sejam pessoas físicas ou pessoas jurídicas, de acordo com o que está expressamente
previsto no art. 6º da Constituição Federal, mediante participação da sociedade na
gestão e no desenvolvimento das atividades dessas entidades.

Como dito, a forma institucional adotada foi, e é, a que se considerou a mais
adequada, à luz dos critérios do legislador, para o alcance das finalidades de cada
entidade. Se é certo que os serviços sociais autônomos realizam atividade privada
de interesse público, não menos certo é que representam uma evolução na atuação
do poder público na busca dos objetivos postos na Constituição Federal relacionados à busca de um maior desenvolvimento social, sem os rígidos limites do regime
jurídico administrativo, porém com todos os ganhos representados pela gestão
compartilhada dos interesses.

Por fim, é interessante observar que não deixa de ser preocupante a posição de
alguns no sentido de privilegiar o princípio da "reserva institucional", como apto a
acoimar de inconstitucionais os serviços sociais autônomos, enquanto reconhecem
que não são entidades da administração pública, além de desconhecer o gradiente
de formas institucionais, conforme demonstrado anteriormente, que refletem, antes
de qualquer anomalia, a riqueza do Direito brasileiro que se recusa, corretamente,
a se limitar aos rígidos cânones de formas predeterminadas, como se o trabalho
do legislador não merecesse – como de fato merece – ser reconhecido.

4.2 A NATUREZA JURÍDICA DOS SERVIÇOS SOCIAIS AUTÔNOMOS

Conforme demonstrado nas linhas pretéritas, a compreensão do que sejam
os serviços sociais autônomos na ordem jurídica brasileira, bem como a extensão
de suas prerrogativas e sujeições, notadamente quanto à sua submissão, ou não, às
normas juspublicísticas, não prescindem da prévia análise de sua natureza jurídica.

Como se sabe, a expressão "natureza jurídica" remete à compreensão do enquadramento do tema em estudo no campo maior da Teoria do Geral do Direito com vistas a identificar os elementos conceituais que o peculiarizam e permitem a aplicação de um regime jurídico próprio e adequado.

Nesse sentido, para uma análise mais detalhada dos serviços sociais autônomos, é curial a verificação, aos níveis doutrinário e jurisprudencial, das diversas compreensões acerca do instituto em discussão, bem como das consequências práticas advindas da assunção de um entendimento ou de outro, à luz do que dispõe o art. 6º da Constituição Federal e da necessária efetivação dos direitos sociais.

4.2.1 Prévia compreensão sobre regime jurídico e natureza jurídica

Carneiro Neto[7], com razão, aduz que o enquadramento de um objeto de estudo do Direito numa determinada categoria, conferindo-lhe o que se costumou chamar de "natureza jurídica", é apenas o primeiro passo para se entender qual o conjunto de normas que lhe são aplicadas.

Em outras palavras, e em conformidade com o objeto de estudo deste trabalho, a compreensão do que seja a natureza jurídica de um instituto permite identificar seu regime jurídico, compreendido como o conjunto de normas que lhes sejam aplicáveis.

A partir daí, ou seja, da compreensão do que seja a natureza jurídica de um objeto de conhecimento, como são os serviços sociais autônomos, pode-se obter sua classificação e compreensão no campo da Teoria Geral do Direito, bem como a delimitação dos institutos e o alcance dos respectivos modais deônticos, ou seja, da ordenação estatal dos comportamentos mediante o direito posto.

Por essa razão, no trabalho de classificação e definição taxionômica jurídica, é mister identificar, entre os objetos de conhecimento, as similaridades, os pontos em comum, para que se possa reunir sob um único rótulo, e tão somente para fins de compreensão científica, e definição da natureza jurídica, o termo que precise com a exatidão possível, dadas as deficiências da linguagem, a espécie, ou a localização do instituto, na Teoria Geral do Direito. Em outras palavras, antes de se definir a natureza jurídica de um instituto, é mister, tanto quanto possível, classificar os objetos de conhecimento.

Nesse sentido, classificar é agrupar por classes, princípios ou essências de cada coisa, compreende-se como a determinação da natureza de cada coisa ou o desígnio das características próprias e apartadas de algo. Coisas com características similares são agrupadas numa mesma classe, passando a ser consideradas, sob essa ótica, como detentoras de uma mesma natureza.

---

[7] CARNEIRO NETO, Durval. Conselhos de fiscalização profissional: uma trajetória em busca de sua identidade jurídica. *Revista Eletrônica sobre a Reforma do Estado*, Salvador, n. 25, p. 3, mar./abr./maio 2011.

Capítulo 4 • CONCEITO CONSTITUCIONAL DOS SERVIÇOS SOCIAIS AUTÔNOMOS | **379**

Além disso, é preciso entender que toda classificação é apenas um modo de ordenar o pensamento e, invariavelmente, carrega em si algum grau de subjetivismo e de interesse, já que é o classificador que estabelece os critérios pelos quais os objetos de conhecimento serão segregados em categorias ou classes.

Ainda, segundo as lições de Carneiro Neto[8], no campo do Direito, os grupos nos quais se buscam classificar objetos diversos segundo determinadas características possuem em comum aquilo que se convencionou chamar de "natureza jurídica", ao passo que o conjunto dessas características de cada coisa compõe o seu respectivo "regime jurídico". Coisas com uma mesma natureza (categoria jurídica a que pertence o objeto) costumam ter regimes jurídicos (conjuntos de normas jurídicas que incidem sobre o objeto) semelhantes que justificam esse enquadramento, ou seja, regimes jurídicos com pontos comuns, ou, como preferem alguns, um "regime jurídico geral".

Celso Antônio Bandeira de Mello[9], por sua vez, leciona que a taxinomia jurídica, como outra qualquer, só tem o préstimo de fornecer rotulação para objetos símiles. A similaridade, em Direito, é a de regime jurídico, e não alguma outra qualquer. Assim, um *nomen juris* só pode corresponder a um signo breve para nominar coisas juridicamente equiparáveis pelos princípios e pelas regras que os regulem.

Os serviços sociais autônomos – conforme se defendeu em linhas pretéritas e será demonstrado adiante – constituem categoria distinta das demais existentes nas classificações geralmente aceitas pela doutrina, já que sua natureza jurídica não comporta os rígidos limites do regime jurídico administrativo, com suas prerrogativas e sujeições, bem como admite derrogações nas normas de direito privado.

4.2.2 Vertentes doutrinárias

4.2.2.1 Serviços sociais autônomos como entes paraestatais

Não se localiza na doutrina majoritária entendimento que preconize a manutenção dos serviços sociais autônomos na administração pública indireta. No máximo, como fazem Hely Lopes Meirelles e Diogo de Figueiredo Moreira Neto, entende-se que esses serviços se enquadram como *entidades paraestatais*[10].

Maria Sylvia Zanella Di Pietro[11] leciona que os serviços sociais autônomos não se sujeitam às mesmas normas constitucionais das entidades da administração

---

[8]   Ibid., p. 5.

[9]   BANDEIRA DE MELLO, Celso Antônio. *Curso de direito administrativo*. 34. ed. rev. e atual. até a Emenda Constitucional 99, de 14.12.2017. São Paulo: Malheiros, 2019. p. 166.

[10]   MEIRELLES, Hely Lopes. *Direito administrativo brasileiro*. 32. ed. São Paulo: Malheiros Editores, 2006. p. 361.

[11]   DI PIETRO, Maria Sylvia Zanella; MOTTA, Fabrício. *Tratado de direito administrativo: administração pública e servidores públicos*. 2. ed. rev. atual. e ampl. São Paulo: Thomson Reuters Brasil, 2019. p. 303/304.

indireta, havendo, tão somente, derrogação parcial de normas de direito privado na medida prevista em leis infraconstitucionais, em especial nas que autorizaram sua instituição.

Do mesmo modo, no caso dos serviços sociais autônomos não há *delegação* de atividade administrativa, mas sim *fomento*. A única delegação reconhecida pela autora, em relação aos serviços sociais autônomos, é de capacidade tributária ativa para (algumas entidades) receber contribuições parafiscais instituídas em seu favor.

Por fim, a professora Maria Sylvia, ainda distinguindo os serviços sociais autônomos das entidades da administração pública indireta, aduz que aqueles apenas colaboram com o Estado em atividades de interesse público fomentadas, enquanto estas, mesmo as que possuem personalidade jurídica de direito privado, integram a Administração Pública e constituem-se em *longa manus* de atuação estatal.

Hely Lopes Meirelles leciona que as entidades do Sistema S são serviços sociais autônomos classificáveis como entes paraestatais:

> Serviços sociais autônomos são todos aqueles instituídos por lei, com personalidade de direito privado, para ministrar assistência ou ensino a certas categorias sociais ou grupos profissionais, sem fins lucrativos, sendo mantidos por dotações orçamentárias ou contribuições parafiscais. *São entes paraestatais*, de cooperação com o poder público, com administração e patrimônio próprios, revestindo a forma de instituições particulares convencionais (fundações, sociedades civis ou fundações) ou peculiares ao desempenho de suas incumbências estatutárias.[12] (Grifos nossos)

Segundo Hely Lopes Meirelles,

> [...] embora oficializadas pelo Estado, não integram a Administração direta nem a indireta, mas trabalham ao lado do Estado, sob seu amparo, cooperando nos setores, atividades e serviços que lhes são atribuídos, por serem considerados de interesse específico de determinados beneficiários.[13]

Com efeito, especialmente em relação aos serviços sociais autônomos clássicos, ou entidades "puras", verifica-se que sua instituição se deveu à necessidade, identificada pelo Estado, de fomentar certas atividades e serviços relacionados a categorias econômicas e profissionais, como educação profissional, assistência social e saúde.

---

[12] MEIRELLES, Hely Lopes. *Direito administrativo brasileiro*. 32. ed. São Paulo: Malheiros, 2006. p. 362.

[13] Ibid.

Capítulo 4 • CONCEITO CONSTITUCIONAL DOS SERVIÇOS SOCIAIS AUTÔNOMOS | **381**

Essa lição é acatada e reproduzida por quantos tenham se dedicado ao tema, como, por exemplo, Oswaldo Aranha Bandeira de Mello:

> [...] Hely Meirelles qualificou como entes paraestatais as pessoas jurídicas de direito privado criadas ou autorizadas por lei, com patrimônio próprio, e competência específica para o desempenho de certas funções de interesse coletivo. Podem, entretanto, ter prerrogativas estatais, desde que em caráter excepcional, ao contrário do que ocorre com as autarquias. Então, englobam, no termo a que atribui caráter genérico, várias espécies, como as empresas públicas, as sociedades de economia mista, os serviços sociais autônomos, as fundações culturais e hospitalares.[14]

Ainda, como anota Oswaldo Aranha Bandeira de Mello, foi acertada a orientação preconizada em manter a figura do ente paraestatal como pessoa jurídica de direito privado. Serve para designar entidades, na regência de interesse coletivo, mas sob organização jurídica privada. Realmente, segundo o autor, a própria denominação esclarece não se tratar de entidades estatais, mas paraestatais; portanto, não devem ser consideradas pessoas de direito público, mas de direito privado, para realizar cometimentos paralelos ao do Estado.

Essa posição é criticada por Celso Antônio Bandeira de Mello[15], para quem, ao se colocar os serviços sociais autônomos sob a mesma rotulação de "paraestatais", com as sociedades de economia mista e empresas públicas – estas sim integrantes da administração pública indireta –, Hely Lopes Meirelles assumiu posição insuscetível de ser aceita no Direito brasileiro. Segundo Celso de Mello, "[...] é inaceitável colocar sob um divisor comum, entidades da administração indireta de par com sujeitos alheios a ela [...]".

Da mesma forma, Maria Sylvia Zanella Di Pietro aduz que Hely Lopes Meirelles coloca na mesma categoria de entidades paraestatais pessoas jurídicas que têm natureza jurídica diversa, já que as sociedades de economia mista, as empresas públicas e as fundações instituídas pelo poder público são entes da administração pública indireta, o mesmo não ocorrendo com os serviços sociais autônomos[16].

Di Pietro, por outro lado, apoiando-se nos entendimentos de Hely Lopes Meirelles e Orlando Gomes, leciona que essas entidades (os serviços sociais autônomos) não prestam serviço público delegado pelo Estado, mas atividade privada

---

[14]   BANDEIRA DE MELLO, Oswaldo Aranha. *Princípios gerais de direito administrativo*. Rio de Janeiro: Forense, v. II, 1974. p. 271-272.

[15]   BANDEIRA DE MELLO, Celso Antônio. *Curso de direito administrativo*. 34. ed. rev. e atual. até a Emenda Constitucional 99, de 14.12.2017. São Paulo: Malheiros, 2019. p. 166.

[16]   DI PIETRO. Maria Sylvia Zanella; MOTTA, Fabrício. *Tratado de direito administrativo*: administração pública e servidores públicos. 2. ed. rev. atual. e ampl. São Paulo: Thomson Reuters Brasil, 2019. p. 302.

de interesse público (serviços não exclusivos do Estado); e exatamente por isso são incentivadas pelo poder público.

A autora[17] leciona no sentido de que "[...] não há dúvida de que tais entidades foram criadas com personalidade jurídica de direito privado, o que afasta a natureza autárquica".

A atuação estatal, no caso, diz Di Pietro, é de fomento, e não de prestação de serviço público. Por outras palavras, a participação do Estado, no ato de criação, se deu para incentivar a iniciativa privada, mediante subvenção garantida por meio da instituição compulsória de contribuições parafiscais destinadas especificamente a essa finalidade. Não se trata de atividade que incumbisse ao Estado, como serviço público, e que ele transferisse para outra pessoa jurídica, por meio do instrumento da descentralização. Trata-se, isso sim, de atividade privada de interesse público que o Estado resolveu incentivar e subvencionar.

Diogo de Figueiredo Moreira Neto[18], a seu turno, aduz que "os serviços sociais autônomos são pessoas jurídicas de direito privado constituídas pelo Estado para o desempenho de atividades delegadas de interesse público ou social, sob o princípio da descentralização por cooperação".

Os serviços sociais autônomos são entidades paraestatais não integrantes da administração pública, possuindo a característica de serem constituídos, e não instituídos[19]. Outrossim, ainda de acordo com Diogo de Figueiredo Moreira Neto, "[...] embora oficializadas pelo Estado, não integram nem a Administração Direta nem a Indireta, mesmo empregando recursos públicos provenientes de contribuições parafiscais".

Ainda, Moreira Neto[20] aponta que, ao cabo da vertiginosa evolução da política e do Direito Político ocorrida no final do século XX, houve a percepção da necessidade de se limitar hipertrofia dos modelos dominantes de Estado, reduzindo suas onímodas intervenções regulamentadoras nos processos espontâneos da sociedade para adotar uma crescente atuação suasiva, orientadora e estimuladora, despida de coação, com o oferecimento de novos modelos alternativos de livre adesão, racionais, razoáveis e voltados à coordenação de esforços para o desenvolvimento econômico e social.

---

[17] DI PIETRO, Maria Sylvia Zanella. *Parcerias na administração pública*: concessão, permissão, franquia, terceirização, parceria público-privada e outras formas. 10. ed. São Paulo: Atlas, 2015. p. 283.

[18] MOREIRA NETO, Diogo de Figueiredo. *Natureza jurídica dos serviços sociais autônomos*. Disponível em: http://bibliotecadigital.fgv.br/ojs/index.php/rda/article/view/46938/46293. Acesso em: 1 jan. 2020.

[19] FERREIRA, Sergio de Andréa. *Comentários à constituição*. 32 v. Rio de Janeiro: Biblioteca Jurídica Freitas Bastos, 1991. p. 48.

[20] MOREIRA NETO, Diogo de Figueiredo. *Curso de direito administrativo*. Parte introdutória, parte geral e parte especial. 16. ed. rev. e atual. Rio de Janeiro: Forense, 2014. p. 131.

Capítulo 4 • CONCEITO CONSTITUCIONAL DOS SERVIÇOS SOCIAIS AUTÔNOMOS | **383**

Nesse sentido, é possível qualificar os serviços sociais autônomos naquilo que o professor Diogo de Figueiredo Moreira Neto denomina atividade de fomento exercida pelo Estado. Não compõem a administração, mas exercem atividade fomentada, estimulada pelo Estado.

Lucas Rocha Furtado[21], após qualificar de *anomalias* os serviços sociais autônomos, por pretensa violação ao princípio da reserva institucional, também defende que os serviços sociais autônomos sejam classificados como entes paraestatais, aduzindo, ainda que a maior particularidade dessas entidades resida no fato de que são criadas pelo Estado, mas não integram a administração pública direta ou indireta.

Marçal Justen Filho[22] aproxima os conceitos de ente paraestatal e de serviço social autônomo ao conceituá-los da seguinte forma:

> Entidade paraestatal ou serviço social autônomo é uma pessoa jurídica de direito privado criada por lei para, atuando sem submissão à Administração Pública, promover o atendimento de necessidades assistenciais e educacionais de certas atividades ou categorias profissionais, que arcam com sua manutenção mediante contribuições compulsórias.

Por fim, Marçal Justen Filho informa que, durante os anos de 2008 e 2009, foi formada uma comissão de juristas com a intenção de realizar uma reflexão sobre os limites, as contradições, as fragilidades e as potencialidades de cada forma de estruturação das atividades administrativas e de fomento e parceria do Poder Executivo Federal.

Disso resultou uma proposta de Anteprojeto de Lei Orgânica da Administração Pública Federal e Entes de Colaboração. Nesse sentido, nos termos desse documento, os serviços sociais autônomos são previstos formalmente como entes paraestatais, não integrantes da administração pública e definidos como "[...] pessoas jurídicas criadas ou previstas por lei federal como entidades privadas de serviço social e de formação profissional vinculadas ao sistema sindical e sujeitas ao disposto no artigo 240 da Constituição" (art. 71)[23].

Ainda assim, de acordo com o referido projeto, devem obrigatoriamente observar os princípios de "[...] legalidade, legitimidade, moralidade, eficiência, interesse público e social, razoabilidade, impessoalidade, economicidade e publicidade, e atender às normas constitucionais, legais, regulamentares, estatutárias e regimentais aplicáveis"[24].

---

[21] FURTADO, Lucas Rocha. *Curso de direito administrativo*. 5. ed. rev. e atual. Belo Horizonte: Fórum, 2016. p. 188.

[22] JUSTEN FILHO, Marçal. *Curso de direito administrativo*. 9. ed. São Paulo: RT, 2013. p. 322.

[23] BRASIL. Ministério do Planejamento. Anteprojeto de Lei Orgânica da Administração Pública Federal e Entes de Colaboração. Brasília, DF, dezembro de 2007.

[24] Ibid.

384 | SISTEMA S: FUNDAMENTOS CONSTITUCIONAIS • *Edvaldo Nilo de Almeida*

De acordo com Maria Sylvia Zanella Di Pietro, preferiu-se, no projeto, incluir, na categoria de entidades paraestatais, as pessoas jurídicas que, embora criadas mediante autorização estatal, não integram a administração pública direta ou indireta. Por outro lado, ficaram separadas das entidades do terceiro setor que, embora prestem serviços de relevância pública, são criadas pela iniciativa privada; quando muito, recebem alguma qualificação jurídica, que as habilita a fazer parceria com o Estado. Foram previstas como entidades paraestatais as corporações profissionais e os serviços sociais autônomos[25].

Como se vê, o entendimento que prevalece majoritariamente é no sentido de que os serviços sociais autônomos são entidades paraestatais, ainda que não integrem o poder público, e ainda que não pudessem ser classificados na mesma espécie das pessoas jurídicas de direito privado da administração pública indireta.

4.2.2.2 Serviços sociais autônomos como entes associativos ou fundacionais

Orlando Gomes[26], em lição pretérita, ao analisar detidamente a natureza jurídica do Senac e do Sesc, não deixou de revelar o incômodo da inegável delimitação híbrida dos referidos serviços sociais autônomos. De acordo com o mestre, não bastaria, porém, a exclusão desses entes da esfera do direito público. Porque não cabem naquela, na outra hão de estar, ainda que, como se vê, não seja tarefa simples seu enquadramento no direito privado.

Themistocles Brandão Cavalcanti[27], analisando a questão, advertiu, ainda em 1949, que a personalidade jurídica de que se revestem tais institutos decorrem de sua autonomia financeira, e de serviço; nunca, porém, se lhe poderia atribuir o caráter estritamente de direito privado.

Ainda segundo Orlando Gomes, conforme orientação tradicionalmente seguida, as pessoas jurídicas de direito privado se bipartem em associações e fundações, sendo que o Senac e o Sesc não se ajustam bem a nenhuma dessas categorias, muito embora, quanto à finalidade, assemelhem-se mais às fundações. Gomes prossegue afirmando que esses entes têm, portanto, uma feição que não se enquadra aos tipos clássicos, posto que, nos seus traços, se estampa visivelmente o ar de família, indicativo do parentesco próximo[28].

---

25 DI PIETRO, Maria Sylvia Zanella. Das entidades paraestatais e das entidades de colaboração. In: MODESTO, Paulo (coord.). *Nova organização administrativa brasileira*. Belo Horizonte: Fórum, 2009. p. 230.

26 GOMES, Orlando. Pessoas jurídicas de direito público e de direito privado – Autarquias – Senac e Sesc. *Revista de Direito Administrativo*, Rio de Janeiro, v. 19, p. 391, jan. 1950.

27 CAVALCANTI, Themistocles Brandão. Autarquias – Natureza jurídica do serviço social do comércio. *Revista de Direito Administrativo*, Rio de Janeiro, v. 19, p. 378, jan. 1950.

28 Ibid.

Capítulo 4 • CONCEITO CONSTITUCIONAL DOS SERVIÇOS SOCIAIS AUTÔNOMOS | **385**

Orlando Gomes conclui que é nesse tipo de pessoa jurídica de direito privado (fundação) que se encaixam entes como o Senac e o Sesc, instituídos, segundo diz, como foram, para o preenchimento de finalidades permanentes, dotados de patrimônio afetado a essas finalidades, sem que, porém, se tenham originado da vontade de um cidadão, que fosse seu fundador. Estribado na doutrina de Luigi Ferrara, diz que possuem, os serviços sociais autônomos, toda a contextura de uma fundação, faltando apenas o fundador. Finaliza aduzindo que tais instituições hão de permanecer necessariamente na esfera própria das associações e fundações.

Caio Tácito[29], opinando acerca da natureza jurídica do Senai/RJ, é peremptório em afirmar a natureza associativa privada da entidade:

> O Senai/RJ não se enquadra, para qualquer fim, como órgão integrante da Administração Pública Direta ou Indireta da União, Estados e Municípios. É associação privada, vinculada à correspondente entidade de classe econômica. [...] O Senai/RJ, como demonstrado no corpo do presente parecer, é associação civil privada, ainda que autorizada em lei, não sendo gestora ou destinatária de recursos públicos.

A doutrina mais contemporânea insiste em defender a natureza associativa ou fundacional das referidas entidades, deixando, entretanto, de apontar os requisitos conceituais e o enquadramento dos serviços sociais autônomos nessas figuras.

Para Floriano de Azevedo Marques Neto e Carlos Eduardo Bergamini Cunha[30], os serviços sociais autônomos são entes associativos não fundacionais, de direito privado e sem fins lucrativos, e que, portanto, não integram a estrutura da administração pública, seja a administração direta ou a administração indireta. São, em regra, criados por lei e têm como objetivo a execução de atividades de interesse público não econômicas, o que justifica o fomento prestado pelo poder público.

Diogo de Figueiredo Moreira Neto[31] defende que os serviços sociais autônomos são instituídos sob o modelo totalmente privado, como associações civis, e se distinguem do gênero associação civil pela delegação legal que os vincula à prestação de serviços de interesse público no campo do ordenamento social e do fomento público social e, exclusivamente no caso da União, pela específica delegação legal

---

29   TÁCITO, Caio. Serviço social autônomo – Remuneração – Competência. *Revista de Direito Administrativo*, Rio de Janeiro, v. 223, p. 316, jan. 2001.

30   MARQUES NETO, Floriano de Azevedo; CUNHA, Carlos Eduardo Bergamini. Serviços sociais autônomos. Revista de Direito Administrativo, Rio de Janeiro, v. 263, p. 135-174, maio 2013. Disponível em: http://bibliotecadigital.fgv.br/ojs/index.php/rda/article/view/10647. Acesso em: 3 jan. 2020. (DOI disponível em: http://dx.doi.org/10.12660/rda.v263.2013.10647).

31   MOREIRA NETO, Diogo de Figueiredo. *Curso de direito administrativo*. Parte introdutória, parte geral e parte especial. 16. ed. rev. e atual. Rio de Janeiro: Forense, 2014. p. 298.

para auferirem receita arrecadada impositivamente – como contribuições sociais – destinada ao custeio dos serviços delegados.

Dessa posição diverge Maria Sylvia Zanella Di Pietro[32], que entende não haver *delegação*, nem prestação de serviços públicos, no caso dos serviços sociais autônomos. Trata-se, isso sim, de atividade privada de interesse público que o Estado resolveu incentivar e subvencionar.

Alexandre Santos de Aragão[33] observa que, dentro do tema da participação do Estado em entidades privadas, merecem destaque os serviços sociais autônomos, entidades de direito privado, instituídas por lei sob formas privadas comuns – associações ou fundações –, com vistas a prestar assistência, sem fins lucrativos, a certos grupos sociais e categorias profissionais, e que são financiadas por dotações orçamentárias públicas ou por contribuições parafiscais de natureza tributária.

Portanto, também o referido doutrinador reconhece a natureza associativa ou fundacional, dos serviços sociais autônomos, muito embora, tanto quanto os demais autores citados neste tópico, não explique a ausência de "sócios" ou "instituidores" em referidas entidades.

Outrossim, Alexandre Santos de Aragão[34], após ressaltar o fato de que os serviços sociais autônomos não compõem a administração pública, possuem patrimônio próprio e realizam atividades de interesse público, observa que o Estado possui alguma ingerência sobre tais entidades, como, por exemplo, a exigência de que devam cumprir os princípios da administração (art. 37, *caput*, da Constituição) e que estão sujeitos à fiscalização do Tribunal de Contas da União, ainda que não se submetam à obrigatoriedade de licitar suas aquisições de bens e serviços.

Como se vê, essa posição doutrinária antiga, diga-se, ainda não logrou explicar a ausência de associados e fundadores nos serviços sociais autônomos, o que dificulta sua aceitação.

4.2.2.3 Serviços sociais autônomos como entes de primeiro, segundo e terceiro tipos

Dadas as distinções que surgiram ao longo do tempo, até como forma de amadurecimento do instituto, os serviços sociais autônomos, sobretudo os mais recentes, passaram a ostentar características outras que os primeiros, levando parte da doutrina a afirmar que não é possível admitir-se a existência de um Sistema S, com características uniformes.

---

[32] DI PIETRO, Maria Sylvia Zanella. *Parcerias na administração pública*: concessão, permissão, franquia, terceirização, parceria público-privada e outras formas. 10. ed. São Paulo: Atlas, 2015. p. 284.

[33] ARAGÃO, Alexandre Santos de. *Curso de direito administrativo*. 2. ed. Rio de Janeiro: Forense, 2013. p. 143.

[34] Ibid.

Capítulo 4 • CONCEITO CONSTITUCIONAL DOS SERVIÇOS SOCIAIS AUTÔNOMOS | **387**

Fernando Facury Scaff[35] aduz que há uma notória diferença entre o sistema estabelecido para os serviços sociais autônomos do tipo "Sesc" e "Senac" e este mesmo instituto revisitado, utilizado na APS. Ainda, segundo o referido autor, são tipos distintos, que se utilizam da mesma nomenclatura, o que vem causando uma enorme confusão. O professor Fernando Facury Scaff defende que os novos serviços sociais autônomos, na linha do que entende Maria Sylvia Zanella Di Pietro, constituem contrafação, ou simulacro, de descentralização administrativa, negando, desse jeito, a existência de um Sistema S e a possibilidade de evolução do instituto, à luz do atual ordenamento.

Alice Gonzalez Borges[36], por outro lado, ao se referir às entidades criadas a partir dos anos 1990 (Apex-Brasil, Abdi e Aps), é enfática ao afirmar que não possuem nenhuma semelhança com as entidades do Sistema S, posto que foram criadas diretamente pela lei, mediante a transformação de entidades preexistentes da administração pública, mantendo-se com dotações orçamentárias e destinadas a finalidades bem diversas das de fomento às atividades de aprendizagem e capacitação de categorias econômicas que caracterizam, até então, os serviços sociais autônomos.

Alice Gonzalez Borges, no mesmo texto, ainda se referindo aos serviços sociais autônomos mais recentes, defende que sua criação se destina à fuga da rigidez da organização administrativa, havendo entidades cuja criação se arrima em previsão constitucional e aquelas que não têm criação arrimada em nenhuma previsão constitucional[37]. Nega, portanto, a existência de um Sistema S, na linha do que é defendido por outros doutrinadores, como Fernando Facury Scaff[38] e Maria Sylvia Zanella Di Pietro[39], além de outros.

Carla Bertucci Barbieri[40], por exemplo, aduz que essa denominação "Sistema S" remete à ideia de que a administração de todas as entidades classificadas como

---

[35] SCAFF, Fernando Facury. Contrato de gestão, serviços sociais autônomos e intervenção do estado. *Revista de Direito Administrativo*, Rio de Janeiro, v. 225, p. 273-297, jul./set. 2001.

[36] BORGES, Alice Gonzales. Serviços sociais autônomos. *Revista Eletrônica de Direito do Estado – Rede*, Salvador: Instituto Brasileiro de Direito Público, n. 26, abr./maio/jun. 2011. Disponível em: http://www.direitodoestado.com. Acesso em: 31 jan. 2019.

[37] BORGES, Alice Gonzales. Serviços sociais autônomos. *Revista Eletrônica de Direito do Estado – Rede*, Salvador: Instituto Brasileiro de Direito Público, n. 26, abr./maio/jun. 2011. Disponível em: http://www.direitodoestado.com. Acesso em: 31 jan. 2019.

[38] SCAFF, Fernando Facury. Contrato de gestão, serviços sociais autônomos e intervenção do estado. *Revista de Direito Administrativo*, Rio de Janeiro, v. 225, p. 277, jul./set. 2001.

[39] DI PIETRO, Maria Sylvia Zanella. *Parcerias na administração pública*: concessão, permissão, franquia, terceirização, parceria público-privada e outras formas. 10. ed. São Paulo: Atlas, 2015. p. 287.

[40] BARBIERI, Carla Bertucci. *Regime jurídico aplicável aos serviços sociais autônomos*: impactos sobre a atividade de controle exercida pelo Tribunal de Contas da União. Brasília, 2013. 20 f. – Artigo (Especialização) Instituto Brasiliense de Direito Público. p. 2.

serviços sociais autônomos é uniforme e única, que essas entidades são inter-relacionadas e interdependentes. No entanto, segundo a referida autora, cada uma delas mantém regulamentos e autonomia administrativa próprias, que não se confundem.

Assim, segundo Barbieri, o fato de uma das entidades adotar um determinado procedimento ou estar sujeita a determinado regime não implica, necessariamente, que outra entidade classificada como serviço social autônomo também o esteja. Além do "equívoco" da questão semântica envolvendo a palavra "sistema", defende que a expressão "Sistema "S" encontra-se ultrapassada, em razão do surgimento de outras pessoas jurídicas classificadas como serviços sociais autônomos cujos nomes são iniciados até mesmo por outras letras.

Ainda defende que não se pode tratar sob o mesmo prisma de análise jurídica entidades vinculadas ao sistema sindical patronal (como é o caso das entidades iniciadas pela letra "S") e outras que foram instituídas para descentralizar atividade estatal. Assim, Carla Bertucci Barbieri considera a expressão "Sistema S" inadequada à denominação do grupo não uniforme de entidades classificadas como serviços sociais autônomos.

Seja como for, a referida autora defende a existência de três espécies de serviços sociais autônomos: (i) os tradicionais, subdivididos entre os pioneiros e os mais recentes (Sesi, Senai, Sesc, Senac, Sest, Senat, Senar e Sescoop); (ii) os não tradicionais (Sebrae, Apex-Brasil e Abdi); e (iii) uma terceira espécie, não nominada, cuja principal seria a APS – Rede Sarah.

As tradicionais seriam aquelas mais antigas, idealizadas pelo empresariado, mantidas por contribuições parafiscais, autorizadas pela lei e vinculadas ao sistema sindical. Por outro lado, as entidades não tradicionais exerceriam suas atividades por meio de contratos de gestão, além de serem custeadas por recursos provenientes de dotação orçamentária e não estarem vinculadas ao sistema sindical, sendo instituídas pelo poder público. Essas entidades, diferentemente das tradicionais, não possuem beneficiários específicos, realizando atividades de interesse estatais, sobretudo vinculadas à geração de emprego e ao desenvolvimento econômico (Sebrae, Apex-Brasil e Abdi). E, por fim, Carla Bertucci Barbieri apresenta uma terceira espécie de entidade, que se caracteriza por sua fonte de custeio ser predominantemente formada por dotações orçamentárias governamentais, segundo a autora (APS).

Do mesmo modo, e admitindo distinções entre os serviços sociais autônomos, Floriano de Azevedo Marques Neto e Carlos Eduardo Bergamini Cunha[41] também classificam os serviços sociais autônomos em três subespécies, ou "tipos".

---

[41] MARQUES NETO, Floriano de Azevedo; CUNHA, Carlos Eduardo Bergamini. Serviços sociais autônomos. Revista de Direito Administrativo, Rio de Janeiro, v. 263, p. 135-174, maio 2013. Disponível em: http://bibliotecadigital.fgv.br/ojs/index.php/rda/article/view/10647. Acesso em: 3 jan. 2020.

Capítulo 4 • CONCEITO CONSTITUCIONAL DOS SERVIÇOS SOCIAIS AUTÔNOMOS | **389**

As entidades de primeiro tipo são aquelas que compõem o denominado Sistema S (Sesc, Senac, Sesi, e Senai, num primeiro momento; e Sest, Senat, Senar e Sebrae, a partir dos anos 1990). São os serviços "sociais" ou "clássicos", ou entidades "puras", que surgiram na década de 1940, a partir da edição do Decreto-lei nº 9.403/1946.

Suas principais características, ainda de acordo com os referidos autores, são: (i) autorização legal para sua instituição por terceiros; (ii) exercício de atividades não inseridas nas incumbências estatais; (iii) custeio por contribuições parafiscais; e (iv) capacidade tributária ativa para a cobrança de tais contribuições[42].

Floriano de Azevedo Marques Neto e Carlos Eduardo Bergamini Cunha lecionam, por outro lado, que as entidades de segundo tipo surgiram a partir da década de 1990, como a Associação das Pioneiras Sociais, com características distintas das de primeiro tipo, uma vez que foram criadas concomitantemente com a extinção de entes integrantes da administração pública, com assunção das respectivas competências, e por serem custeadas por dotações orçamentárias[43].

Além disso, ainda segundo eles, outras características apontadas pela doutrina com relação a essas entidades e que fogem à disciplina dos serviços sociais autônomos "puros" residem no fato de: (i) terem sido criadas diretamente por lei (e não meramente autorizadas); (ii) possuírem menor autonomia; (iii) terem seus dirigentes nomeados diretamente pelo Poder Executivo; (iv) celebrarem contratos de gestão com o poder público – inclusive para viabilizar o repasse de recursos –; e (v) não terem sua criação fundada em previsão constitucional[44].

Outra característica importante a ressaltar é que, diferentemente das entidades de primeiro tipo, as de segundo tipo não se direcionam ao atendimento de grupos específicos de beneficiários, mas sim para a prestação de serviços públicos ou para fomentar políticas de interesse do Estado.

Dirley da Cunha Júnior[45] ensina que a Lei nº 8.246/1991 autorizou o Poder Executivo a instituir o serviço autônomo APS "[...] com o objetivo de prestar assistência médica qualificada e gratuita a todos os níveis da população e de desenvolver atividades educacionais e de pesquisa no campo da saúde, em cooperação com o poder público". Do mesmo modo, a Lei nº 10.668/2003 autorizou o Poder Executivo a instituir o serviço social autônomo Apex-Brasil com o objetivo de promover a

---

[42]   MARQUES NETO, Floriano de Azevedo; CUNHA, Carlos Eduardo Bergamini. Serviços sociais autônomos. Revista de Direito Administrativo, Rio de Janeiro, v. 263, p. 135-174, maio 2013. Disponível em: http://bibliotecadigital.fgv.br/ojs/index.php/rda/article/view/10647. Acesso em: 3 jan. 2020.

[43]   Ibid.

[44]   Ibid.

[45]   CUNHA JÚNIOR, Dirley da. *Curso de direito administrativo*. 17. ed. rev. ampl. e atual. Salvador: JusPodivm, 2019. p. 206-207.

execução de políticas de promoção de exportações, em cooperação com o poder público, especialmente as que favoreçam as empresas de pequeno porte e a geração de empregos. A mesma observação pode ser feita em relação à Abdi, autorizada pela Lei nº 11.080/2004 e cujas finalidades se dirigem ao fomento da produção industrial.

No que diz respeito à Aps, Maria Sylvia Zanella Di Pietro[46] não poupa críticas ao modelo adotado, qualificando a forma de sua instituição e gestão de seus recursos como "[...] utilização indevida da parceria com o setor privado como forma de fugir ao regime publicístico [...]". Di Pietro aduz que a entidade em referência não possui patrimônio, já que os bens que gere pertencem à União, conforme foi estabelecido na lei que extinguiu a fundação que a precedeu. Além disso, a autora entende como irregular o fato de a entidade se manter com dotações orçamentárias da União e que ostenta, em verdade, diversas características da administração pública indireta. Conclui afirmando que a Associação das Pioneiras Sociais está "[...] em situação inteiramente irregular, qualquer que seja a natureza jurídica que se lhe queira atribuir [...]".

Por fim, Floriano de Azevedo Marques Neto e Carlos Eduardo Bergamini Cunha[47] identificam, segundo seu entendimento, uma terceira espécie de serviços sociais autônomos, que, muito embora não se destine a "[...] fomentar categorias profissionais e não contem com custeio de contribuição parafiscal (entidades do Sistema S) [...]", não é originada a partir da extinção de entidades públicas preexistentes com assunção das respectivas competências.

Tais entidades, como a Apex-Brasil e a Abdi, que se destinam a exercer atividades de interesse público não exclusivas do Estado, são denominadas pelos referidos autores como "heterônomas", uma vez que não integram o Sistema S (entes de primeiro tipo), sendo financiadas a partir de dotações orçamentárias, além de outras fontes, como, *v.g.*, doações, contratos de gestão, decisões judiciais e exploração de seu patrimônio.

4.2.2.4 Serviços sociais autônomos como agências executivas, sob a forma de autarquia

José dos Santos Carvalho Filho[48] entende que os serviços sociais autônomos, mesmo não sendo integrantes da administração pública, cooperam com o governo,

---

[46] DI PIETRO, Maria Sylvia Zanella. *Parcerias na administração pública*: concessão, permissão, franquia, terceirização, parceria público-privada e outras formas. 10. ed. São Paulo: Atlas, 2015, p. 288.

[47] MARQUES NETO, Floriano de Azevedo; CUNHA, Carlos Eduardo Bergamini. Serviços sociais autônomos. *Revista de Direito Administrativo*, Rio de Janeiro, v. 263, p. 135-174, maio 2013. Disponível em: http://bibliotecadigital.fgv.br/ojs/index.php/rda/article/view/10647. Acesso em: 3 jan. 2020. (DOI disponível em: http://dx.doi.org/10.12660/rda.v263.2013.10647).

[48] CARVALHO FILHO, José dos Santos. *Manual de direito administrativo*. 33. ed. São Paulo: Atlas, 2019. p. 580.

prestam serviço de inegável utilidade pública e se sujeitam a controle direto e indireto do poder público. Por tais fundamentos, entende que os serviços sociais autônomos "[...] são pessoas de cooperação governamental [...]", visto que colaboram com o poder público por meio da execução de alguma atividade caracterizada como serviço de utilidade pública.

Mais adiante, Carvalho Filho[49] aduz que os serviços sociais autônomos mais recentes se afastaram do modelo clássico e mais se aproximaram do sistema da administração pública descentralizada. Levando em consideração seu objeto institucional, poderiam ser corretamente enquadrados como agências executivas, sob a forma de autarquias. No caso, acabou surgindo um regime híbrido: são típicas pessoas administrativas, embora excluídas formalmente da Administração Indireta.

4.2.2.5 Serviços sociais autônomos como entidades sui generis

Dizer que os serviços sociais autônomos são entidades *sui generis*[50] não quer dizer coisa alguma, como também não leva a lugar nenhum. Metaforicamente, poder-se-ia dizer que, na Ciência do Direito, utilizar a expressão *sui generis* na interpretação não é nada nem coisa alguma, nem bem nem mal. Diante da primeira dificuldade interpretativa de determinado instituto jurídico ou aparente novidade, diz-se que é *sui generis* e abrem-se as portas para as arbitrariedades, em vez de estudar a fundo e encontrar um caminho sólido e sério.

Usar expressão *sui generis* para a caracterização de determinado instituto jurídico é querer interpretar o Direito dando um ou mais saltos triplos carpados hermenêuticos, ou um salto triplo carpado hermenêutico-dialético, mais precisamente. Essa expressão ficou conhecida quando o ministro Carlos Ayres Britto interpelou o ministro Cesar Peluso no julgamento da constitucionalidade da Lei da Ficha Limpa, no Recurso Extraordinário nº 630.147/DF, eis que Peluso entendia pela inconstitucionalidade da lei em razão de uma emenda de redação aceita na tramitação pelo Senado Federal, que alterou o tempo do verbo no texto do projeto do particípio passado para o pretérito futuro. Nesse momento, Ayres Britto disse "[...] o senhor está dando um salto triplo carpado hermenêutico [...]"[51], ou seja, utilizando-se de um argumento na interpretação constitucional que poderia ser considerado malabarismo jurídico bastante inovador.

Registra-se que a analogia da interpretação constitucional de Cesar Peluso com a ginasta brasileira Daiane dos Santos não seria nem possível na hipótese, pois a atleta executou com perfeição o duplo *twist* carpado ao conseguir medalha

---

[49] Ibid., p. 582.

[50] Cf. ALCÂNTARA, Christian Mendez. Serviços sociais autônomos e a administração pública brasileira. *A&C R. de Dir. Administrativo & Constitucional*, Belo Horizonte, a. 9, n. 37, p. 175-199, jul./set. 2009.

[51] Disponível em: https://www.youtube.com/watch?v=fZvStEnJ7-Y. Acesso em: 25 dez. 2019.

de ouro no XXXVII Campeonato Mundial de Ginástica Artística, na cidade de Anaheim, nos Estados Unidos, e o triplo *twist* carpado nunca foi executado, o que é ainda humanamente impossível na ginástica feminina, segundo especialistas de biomecânica[52].

Decerto, explicou muito bem o uso da nomenclatura o presidente da OAB, Ophir Cavalcante, à época do julgamento da constitucionalidade da Lei da Ficha Limpa:

> Saltos triplos são perigosos; carpados, mais ainda. Mas quando são feitos sobre a hermenêutica (interpretação) da lei só servem para atrapalhar. Evidentemente este "salto triplo carpado hermenêutico" é uma invenção perigosa e nunca antes utilizado. Mais parece uma manobra protelatória para que nada seja decidido.[53]

Nessa senda, a expressão *sui generis* obscurece o saber e, muitas vezes, é utilizada como serviçal para aplicação de um regime jurídico mais benéfico a entidades que se equivalem, isto é, uma entidade com o mesmo regime jurídico de outras tem a incidência menos incisiva de normas mais rigorosas de fiscalização em detrimento de outras em que se aplicam integralmente o regime jurídico mais duro. Ou vice-versa, aplica-se um regime jurídico mais duro e não o legalmente posto em determinada situação por, naquele ramo do Direito, a aplicação do instituto ser supostamente *sui generis*.

Cita-se dois exemplos apenas: (i) a OAB ser uma instituição "mais que *sui generis*", segundo o STF[54], ou seja, o Supremo conseguiu ir além do indefinido e concedeu um *plus* ao *sui generis*; e (ii) a aplicação *sui generis* da Teoria da Desconsideração da Personalidade Jurídica no processo do trabalho.

No primeiro caso, discutia-se a exigência de concurso público para preenchimento de cargo ou emprego na OAB, e o STF reconheceu, por maioria, a desnecessidade de concurso público para contratação de pessoal com o argumento de que a OAB não teria personalidade jurídica de direito público nem de direito privado, mas natureza jurídica mais que *sui generis*. Entende-se que concurso público não retira independência, autonomia e um melhor funcionamento da gestão administrativa da OAB.

---

[52] Disponível em: http://pesquisa.ufabc.edu.br/bmclab/o-salto-de-daiane-do-santos/. Acesso em: 25 dez. 2019.

[53] Disponível em: http://poderonline.ig.com.br/index.php/2010/09/22/o-que-e-o-salto-triplo-carpado-hermeneutico-do-presidente-stf-cezar-peluso/. Acesso em: 25 dez. 2019.

[54] ADI 3026/DF, Pleno, Relator Ministro Eros Grau, DJ de 19.06.2006.

No caso da ADI 3026/DF[55], o argumento do caráter *sui generis* para justificar as supostas "[...] sérias dificuldades pela heterodoxia da natureza da OAB [...]" deixou de lado os questionamentos que verdadeiramente importavam para o deslinde da questão, a saber: (i) a OAB perde autonomia e independência com a realização de concurso público?; (ii) observa-se o princípio da isonomia ao se exigir concurso público para todas as corporações fiscalizadoras de profissão menos para a OAB?

Constata-se, inclusive, que a ADI 3026/DF serviu, recentemente, de única fundamentação para a ministra Rosa Weber, no MS 36.376, conceder liminar para desobrigar a OAB de prestar contas ao TCU até que o plenário do STF resolva a questão e a prestação de contas dessa instituição[56]. Em outras palavras, o caráter mais que *sui generis* da OAB também tornou-se único argumento para a não incidência do art. 70, parágrafo único, da CF/88, mesmo a OAB cobrando, nacional e compulsoriamente, inquestionáveis contribuições tributárias dos advogados inscritos nos seus quadros, assim como todas as outras corporações de profissões não menos importantes e que prestam contas regularmente ao TCU.

No segundo caso, a aplicação *sui generis* da Teoria da Desconsideração da Personalidade Jurídica no processo do trabalho, determinados juízes do trabalho compreendem que, por ser *sui generis* o processo do trabalho, a aplicação dos conceitos que toma emprestado aos outros ramos da Ciência do direito deve ser com maior elasticidade e sentido próprio. Em outras palavras, esquece-se a Teoria da Desconsideração da Personalidade Jurídica hodiernamente aplicada no ordenamento jurídico brasileiro, pois a Justiça do Trabalho seria uma espécie de parajustiça, isto é, uma justiça ao lado das demais (federal, estadual, distrital, eleitoral e militar).

Aplica-se, nesse rumo, uma interpretação nova, diferenciada, *sui generis*, pois, segundo essa compreensão, a satisfação do trabalhador faz preceder o valor do trabalho à iniciativa privada e a empresa deveria servir ao homem, e não este àquela. Dessa maneira, sob pretexto *sui generis*, contraria-se expressamente o texto de lei, ao presumir a intenção fraudulenta da sociedade sem qualquer prova, para que a

---

[55]   BRASIL. Supremo Tribunal Federal. Ação Direta de Inconstitucionalidade. ADI 3026/DF. Tribunal Pleno. Relator Ministro Eros Grau. Publicado no Diário de Justiça em 19/06/2006.

[56]   Nesse julgamento que concedeu a liminar a OAB, curiosamente, a Ministra Rosa Weber observou: "*Muito embora o casuísmo seja parte inerente do problema jurídico versado*, pois 'a instituição está sujeita a normas de direito público e, ao mesmo tempo, a normas de direito privado, independentemente de saber se é autarquia típica, se é autarquia especial' (voto do Ministro Peluso), não se deve desconsiderar de modo imediato e absoluto, e tão somente em face desse casuísmo, o possível valor que as premissas de um precedente possam ter para análise de pedido dirigido a outro ponto específico do exame da natureza jurídica da OAB e de suas relações com a Administração – no presente caso, com o TCU" (BRASIL. Supremo Tribunal Federal. MS 36.376. Relatora Ministra Rosa Weber. Publicado no Diário de Justiça em 11/06/2019).

execução dos bens dos sócios pelas dívidas trabalhistas ocorra diante de qualquer primeira dificuldade na execução do processo[57].

Certo é, como pronuncia Limogi França, na aula inaugural do Curso de Preparação à Magistratura e ao Ministério Público, pronunciada em 1º de abril de 1970, no Salão Nobre da Ordem dos Advogados do Brasil, Seção de São Paulo, a expressão *sui generis*:

> [...] nada diz por si, e, a nosso ver, deveria ser banida da terminologia dos especialistas, pois com isto se previniria muita obscuridade, de um falso Direito Científico, que prefere o esconderijo das expressões vagas, ao labor de definir com a precisão possível os institutos jurídicos [...].[58]

Adotando-se algumas das lições de Limogi França[59] ao tratar do fenômeno da jurisprudência como costume ou fonte formal do direito positivo, compreende-se que os partidários de uma tese jurídica *sui generis*, em regra, incidem em todas ou algumas das infelizes constatações seguintes, a saber: (i) não dizem em que medida e sob quais condições o direito público ou o direito privado deverá se impor ao intérprete na aplicação do instituto *sui generis*; (ii) as meras afirmações de tese *sui generis* contrariam abertamente as regras e os princípios da organização constitucional posta até àquele momento, acarretando insegurança jurídica; (iii) colocam o instituto *sui generis* num pedestal, endeusando-o, tornando-o espécie independente e bem distinta das exigências legais e das experiências jurídicas vivenciadas até então; (iv) supostamente inovando com a tese *sui generis*, as exigências legais continuariam não satisfeitas, criando-se instabilidade, verdadeira causa da falta de efetividade do Direito; (v) ao sustentar a tese *sui generis*, cria-se uma evidente extravagância, uma anomalia, uma singularidade, desviando-se mais uma vez da segurança jurídica.

---

[57] BICALHO, Carina Rodrigues. Aplicação *sui generis* da teoria da desconsideração da personalidade jurídica no processo do trabalho: aspectos materiais e processuais. *Revista do Tribunal Regional do Trabalho 3ª Região*, Belo Horizonte, v. 39, n. 69, p. 37-55, jan./jun. 2004. Conclui a autora, juíza do trabalho do TRT da 3ª Região, defensora da suposta tese moderna da aplicação *sui generis* no processo trabalhista, *in verbis*: "Lembremo-nos de que o dogma da autonomia patrimonial entre sócios/sociedade foi concebido em um Estado liberal burguês comprometido com um capitalismo desregrado. Cumpriu seu papel no século XIX e XX e é de salutar observância seja resguardada a autonomia para fins civis e comerciais, pois a empresa é uma unidade econômica de produção que merece proteção do ordenamento. Contudo, a proteção à empresa cede em face da proteção ao trabalhador, homem que deve ter resguardada sua dignidade. A pós-modernidade bate às portas da Justiça do Trabalho. É imperativa a sua entrada".

[58] FRANÇA, Limogi. Da jurisprudência como direito positivo. *Revista da Faculdade de Direito*, Universidade de São Paulo, v. 66, 1971. p. 216.

[59] Ibid. p. 201-222.

Capítulo 4 • CONCEITO CONSTITUCIONAL DOS SERVIÇOS SOCIAIS AUTÔNOMOS | **395**

4.3 EXISTE UM SISTEMA S?

Feitas as considerações anteriores, e tendo em vista a necessidade de se determinar com precisão a exata localização dos serviços sociais autônomos no âmbito do ordenamento jurídico pátrio e, ainda, a existência de doutrina que defende a inexistência de um Sistema S no Brasil, é necessária uma incursão na Teoria Geral dos Sistemas para, ao final, demonstrar, sim, a existência do sistema em referência.

Nessa senda, Kant[60] ,trabalhando a oposição dos termos rapsódia e sistema, de forma lapidar, assim manifestou:

> Sob o domínio da razão não devem os conhecimentos em geral formar uma rapsódia, mas *um sistema, e somente deste modo podem apoiar e fomentar os fins essenciais da razão. Ora, por sistema entendo a unidade de conhecimentos diversos sob uma ideia.* Esse é o conceito racional da forma de um todo, na medida em que nele se determina *a priori* todo o âmbito do diverso, como o lugar respectivo das partes. O conceito científico da razão contém assim o fim e a forma do todo que é correspondente a um tal fim. A *unidade do fim a que se reportam as partes, ao mesmo tempo que se reportam umas às outras na ideia desse fim, faz com que cada parte não possa faltar no conhecimento das restantes e que não possa ter lugar nenhuma adição acidental, ou nenhuma grandeza indeterminada da perfeição, que não tenha os seus limites determinados* a priori. O todo é, portanto, um *sistema organizado* (*articulado*) e não um conjunto desordenado (*coacervatio*); pode *crescer internamente* (*per intussusceptionem*), mas não externamente (*per appositionem*), tal como o corpo de um animal, *cujo crescimento* não acrescenta nenhum membro, mas, sem alterar a proporção, *torna cada um deles mais forte e mais apropriado aos seus fins.* (Grifos nossos)

A distinção entre rapsódia e sistema ajuda a entender o conhecimento racional. A rapsódia, como mero aglomerado qualquer de conhecimentos fáticos ou uma verdadeira miríade de informações, não permite a emancipação humana e propicia um conhecimento histórico na concepção kantiana, isto é: "Sabe e ajuíza apenas segundo o que lhe foi dado. Contestais-lhe uma definição e ele não sabe onde buscar outra [...]"[61]. Já o sistema como unidade de conhecimentos diversos subsu-

---

[60] KANT, Immanuel. *Crítica da razão pura*. Trad. de Manuela Pinto dos Santos e Alexandre Fradique Morão. 2. ed. Lisboa: Fundação Calouste Gulbenkian, 1989. p. 657.

[61] Diz Kant: "Qualquer conhecimento dado originariamente, seja qual for a sua origem, é histórico naquele que o possui, quando esse não sabe nada mais do que aquilo que lhe é dado de fora, seja por experiência imediata, ou por uma narração, ou mesmo por instrução (de conhecimentos gerais). Por isso, aquele que *aprendeu* especialmente um sistema de filosofia, por exemplo o de Wolff, mesmo que tivesse na cabeça todos os princípios,

midos sob uma ideia explora o conhecimento racional e capacita o seu intérprete a trabalhar diante de um enorme leque de hipóteses antecipadas e não antecipadas, consubstanciada na ideia, ordenadas segundo princípios comuns às partes de que se compõe esse conhecimento e com abertura para incorporar criticamente o novo, o diferente do que se estudou até então[62].

Nessa linha, segundo Melissa Franchini Cavalcanti e Verônica Angélica Freitas de Paula, sistema é a disposição das partes ou dos elementos de um todo, coordenados entre si e que funcionam como uma estrutura organizada[63].

Tércio Sampaio Ferraz Júnior, a par de apontar divergência doutrinária quanto à existência de um sistema jurídico, leciona que a ideia de um sistema legal aponta, porém, para uma unidade mais profunda, na medida em que os diferentes processos interpretativos devam se complementar e se exigir mutuamente[64].

Na verdade, diz Ferraz Júnior, mesmo entre aqueles que se mostram céticos sobre a possibilidade da existência de um sistema jurídico, reconhece-se que a ordem jurídica não pode dispensar a unidade sistemática. Outrossim, conceitua sistema jurídico como o "[...] conjunto das instituições, judiciárias e administrativas, ligando o conjunto das normas à própria vida social por ele regulada, bem como do sistema da ciência do direito ou dogmática jurídica [...]"[65].

---

explicações e demonstrações, assim como a divisão de toda a doutrina e pudesse, de certa maneira, contar todas as partes desse sistema pelos dedos, não tem senão um conhecimento *histórico* completo da filosofia wolffiana. Sabe e ajuíza apenas segundo o que lhe foi dado. Contestais-lhe uma definição e ele não sabe onde buscar outra. Formou-se segundo uma razão alheia, mas a faculdade de imitar não é a faculdade de invenção, isto é, o conhecimento não resultou nele da razão e embora seja, sem dúvida, objetivamente, um conhecimento racional, é, contudo, subjetivamente, apenas histórico. Compreendeu bem e reteve bem, isto é, aprendeu bem e é assim a máscara de um homem vivo" (KANT, Immanuel. *Crítica da razão pura*. Trad. de Manuela Pinto dos Santos e Alexandre Fradique Morão. 2. ed. Lisboa: Fundação Calouste Gulbenkian, 1989. p. 659-660).

[62] Disserta Kant: "Os conhecimentos da razão, que o são objetivamente (isto é, que originariamente podem apenas resultar da própria razão do homem), só podem também usar este nome, subjetivamente, quando forem hauridos nas fontes gerais da razão, donde pode também resultar a crítica e mesmo a rejeição do que se aprendeu, isto é, quando forem extraídos de princípios. Ora, todo o conhecimento racional é um conhecimento por conceitos ou por construção de conceitos" (Ibid., p. 660).

[63] MACHADO NETO, Alfredo José et al. *Teoria geral dos sistemas*. Org. Dante Pinheiro Martinelli et al. São Paulo: Saraiva, 2012. p. 2.

[64] FERRAZ JÚNIOR, Tércio Sampaio. *Conceito de sistema no direito*: uma investigação histórica a partir da obra jusfilosófica de Emil Lask. São Paulo: Editora Revista dos Tribunais, 1976. p. 2.

[65] FERRAZ JÚNIOR, Tércio Sampaio. *Conceito de sistema no direito*: uma investigação histórica a partir da obra jusfilosófica de Emil Lask. São Paulo: Editora Revista dos Tribunais, 1976. p. 2.

Capítulo 4 • CONCEITO CONSTITUCIONAL DOS SERVIÇOS SOCIAIS AUTÔNOMOS | **397**

John Austin, referido por Joseph Raz[66], pensava o sistema jurídico como o conjunto de todas as leis promulgadas direta ou indiretamente por um mesmo "soberano". Kelsen, ainda segundo Raz, substitui o "soberano" de Austin pela norma hipotética fundamental e deixa inalterado o resto da definição: "Todas as normas cuja validade remonta a uma única norma fundamental formam um sistema de normas, ou um ordenamento".

Norberto Bobbio[67] entende por sistema uma totalidade ordenada, um conjunto de entes entre os quais existe uma certa ordem interna. Para se falar em ordem, afirma, é necessário que os entes que a constituem não estejam somente em relacionamento com o todo, mas também num relacionamento entre si.

Bobbio apresenta, ainda, três acepções jurídicas para a expressão ora em análise. Na primeira, afirma que um dado ordenamento é um sistema enquanto todas as normas jurídicas daquele ordenamento são deriváveis de alguns princípios gerais, é a acepção de sistema "dedutivo"[68].

Numa segunda acepção, o termo sistema é usado para indicar um ordenamento da matéria realizado por meio do processo indutivo, isto é, partindo do conteúdo das simples normas com a finalidade de construir conceitos sempre mais gerais. É acepção de sistema "indutivo".

Por fim, Bobbio, na mesma obra, leciona que a expressão "sistema" equivale à validade do princípio que exclui a incompatibilidade das normas, ou seja, se, num ordenamento, vêm a existir normas incompatíveis, uma das duas ou ambas devem ser eliminadas. É a acepção que prima pela "coerência interna das partes simples" do sistema.

Na questão de legitimidade do sistema, entende-se, com Ferraz Júnior, que não se deve eliminar as aporias como ponto de partida do discurso, as quais se conservam abertas a um diálogo com outras possibilidades, ou seja, deve-se confirmar o momento dialógico e a complementariedade do discurso, pois a legitimidade repousa "[...] não em premissas incontáveis e absolutas, mas na garantia da posição de ouras possibilidades, em confronto com as quais o dogma se sustenta"[69].

Assim sendo, compreende-se o Direito como um sistema abstrato ou conceitual, aberto, simbiótico e sinérgico. É regulação jurídica de condutas, por isso

---

[66] RAZ, Joseph. *O conceito de sistema jurídico*: uma introdução à teoria dos sistemas jurídicos. Tradução de Maria Cecília de Almeida; revisão de tradução de Marcelo Brandão Cipolla. São Paulo: Editora WMF Martins Fontes, 2018. p. 126.

[67] BOBBIO, Norberto. *Teoria do ordenamento jurídico*. Apresentação Tércio Sampaio Ferraz Júnior; trad. Maria Celeste C. J. Santos; rev. téc. Cláudio De Cicco. 6. ed. Brasília: Editora Universidade de Brasília, 1995. p. 71.

[68] Ibid.

[69] FERRAZ JÚNIOR, Tércio Sampaio. *Teoria da norma jurídica*: ensaio da pragmática da comunicação normativa. 5. ed. São Paulo: Atlas, 2016. p. 161-162.

conceitual. O Direito é um sistema aberto, porque sofre e promove alterações a partir de interações com o ambiente social, do conjunto de valores que vige em determinada sociedade, em determinado tempo. É simbiótico, pois se relaciona com outros campos do conhecimento humano. É sinérgico, pois a soma semântica e axiológica do conjunto de normas de conduta é maior do que seus conteúdos individualmente considerados.

Desse modo, para os fins desta tese, entende-se como sistema um conjunto de elementos organizados, complexos ou não, no qual as partes entre si atuam em prol de objetivos comuns baseados na ideia de direitos sociais previstos constitucionalmente no conceito fundado no art. 6º da atual Constituição.

Nessa senda, Marcos Juruena Vilela Souto[70] entende que os serviços sociais autônomos possuem as seguintes características em comum: (i) não integram a administração pública; (ii) são dotados de personalidade jurídica de direito privado; (iii) desenvolvem atividades privadas de interesse coletivo; (iv) o interesse coletivo justifica o fomento a essas atividades; (v) o fomento tem origem no próprio segmento econômico incentivado.

Discorda-se dessa última característica apenas parcialmente, eis que nem sempre o fomento no caso do Sistema S tem origem exclusivamente no próprio segmento econômico incentivado, como no caso do Sebrae, em que é incentivado o desenvolvimento das micro e pequenas empresas, mas as empresas de médio e grande portes devem recolher a contribuição tributária com vistas à promoção do desenvolvimento dos menos favorecidos. Em outras palavras, o incentivo é do segmento econômico de micro e pequenas empresas, mas são os médios e grandes que fomentam como muito maior intensidade em razão da capacidade contributiva destes (art. 145, § 1º, da CF), da necessidade de garantir o desenvolvimento nacional (art. 3º, inciso II, da CF) e de reduzir as desigualdades sociais (art. 3º, inciso III, da CF).

Decerto, conforme já demonstrado, não basta a um conjunto de elementos possuir características em comum para que se deduza a existência de um sistema. É preciso coerência interna e, também, pelo menos uma finalidade para aquela ordenação.

Da análise do conjunto normativo existente no Direito brasileiro e das práticas da administração pública em todos os níveis de governo, conclui-se que os serviços sociais autônomos constituem, sim, um sistema, posto que reúnem várias características que justificam esse entendimento: (i) estão todos fundamentados no art. 6º da Constituição Federal de 1988; (ii) são pessoas jurídicas de direito privado, sem fins lucrativos; (iii) realizam atividade privada de interesse público e coletivo; (iv) todos possuem autonomia administrativa, sendo que seus órgãos de direção contam com a participação da sociedade e do Estado; (v) apesar de autônomos,

---

[70] SOUTO, Marcos Juruena Vilela. "Outras entidades públicas" e os serviços sociais autônomos. *Revista de Direito do Estado*, Rio de Janeiro, n. 1, p. 137-153, jan./mar. 2006.

Capítulo 4 • CONCEITO CONSTITUCIONAL DOS SERVIÇOS SOCIAIS AUTÔNOMOS | **399**

são inter-relacionados, já que participam dos conselhos de administração, de uns e outros, e há previsões estatutárias de dispensa de licitação para entidades da mesma natureza; (vi) não compõem a administração pública e são entes de atuação conjunta com a sociedade; (vii) apesar de não comporem a administração pública, submetem-se a um regime jurídico de direito privado derrogado parcialmente por normas de direito público; (viii) podem ser contratados pela administração pública com dispensa de licitação, nos termos do art. 24, inciso XIII, da Lei de Licitações; e ix) todos são instituídos por lei, que os cria ou autoriza sua criação.

Com efeito, desde a autorização para a instituição dos primeiros serviços sociais autônomos, verifica-se que a preocupação central do legislador foi a busca de garantir o acesso, ainda que para grupos específicos de beneficiários, dos direitos sociais atualmente previstos no art. 6º da Constituição Federal.

Todos os serviços sociais autônomos estabelecidos na ordem jurídica brasileira são instrumentos privados para a realização de atividades de interesse público e coletivo, tendo em vista a efetivação dos direitos sociais. Vide, neste sentido, o art. 1º, *caput* e § 1º, do Decreto-lei nº 9.403/1946:

> Art. 1º Fica atribuído à Confederação Nacional da Indústria encargo de criar o Serviço Social da Indústria (Sesi), com a finalidade de estudar planejar e executar direta ou indiretamente, medidas que contribuam para o bem-estar social dos trabalhadores na indústria e nas atividades assemelhadas, concorrendo para a melhoria do padrão geral de vida no país, e, bem assim, para o aperfeiçoamento moral e cívico e o desenvolvimento do espírito de solidariedade entre as classes.
>
> § 1º Na execução dessas finalidades, o Serviço Social da Indústria terá em vista, especialmente, providências no sentido da defesa dos salários – reais do trabalhador (melhoria das condições de habitação nutrição e higiene), a assistência em relação aos problemas de vida, as pesquisas sociais – econômicas e atividades educativas e culturais, visando a valorização do homem e os incentivos à atividade, produtora.

Outrossim, mais recente, vide o art. 1º da Lei Federal nº 8.246/1991, que autorizou a instituição do serviço social autônomo da Associação das Pioneiras Sociais:

> Art. 1º É o Poder Executivo autorizado a instituir o Serviço Social Autônomo Associação das Pioneiras Sociais, pessoa jurídica de direito privado sem fins lucrativos, de interesse coletivo e de utilidade pública, com o objetivo de prestar assistência médica qualificada e gratuita a todos os níveis da população e de desenvolver atividades educacionais e de pesquisa no campo da saúde, em cooperação com o poder público.

Como se vê, invariavelmente, as sucessivas leis que autorizaram, instituíram ou criaram os serviços sociais autônomos, e conforme demonstrado ao longo desta tese, vêm veiculando disposições concretizadoras dos direitos sociais assistenciais, ligadas ao desenvolvimento de categorias profissionais ou econômicas específicas, ou, ainda, de políticas públicas fundamentais ligadas à geração de emprego e à promoção da saúde.

Todos os serviços sociais autônomos são pessoas jurídicas de direito privado. Não estão previstos expressamente no art. 44 do Código Civil, porém todos contam com previsão legal. O Sesi, por exemplo, tem sua natureza jurídica de direito privado prevista no art. 2º do Decreto-lei nº 9.403/1946; a Aps, no art. 1º da Lei nº 8.246/1991; e a Apex-Brasil, no art. 1º da Lei nº 10.668/2003.

A realização de atividade privada de interesse público e coletivo, em conformidade com o disposto no art. 6º da Constituição Federal, permeia, desde o início, a criação do Sistema S, e, conforme amplamente reconhecido pela doutrina, os serviços sociais autônomos são instrumentos de efetivação dos direitos sociais (à educação, à saúde, à alimentação, ao trabalho, à moradia, ao transporte, ao lazer, à segurança, à previdência social, à proteção, à maternidade e à infância e à assistência).

Ainda que os serviços sociais autônomos fossem, num primeiro momento, concebidos para benefício de categorias específicas, percebe-se que, no evoluir do instituto, foram-se agregando novas finalidades, em especial, as de execução de políticas públicas, como a saúde (Aps, por exemplo) ou o desenvolvimento de políticas industriais (Abdi, *v.g.*), destinadas, sobretudo, à geração de empregos.

A autonomia administrativa é da essência dos serviços sociais existentes na ordem jurídica brasileira. Por serem pessoas jurídicas de direito privado, a autogestão de seus serviços, assim como seu autogoverno, propiciam independência para a formulação de suas políticas de atuação e para a execução, a nível operacional, de suas atividades, obedecendo-se, conforme o caso, as diretrizes estabelecidas nas suas leis de autorização, ou criação, bem como o quanto determinado nos contratos de gestão.

Essa autonomia seria prejudicada caso fossem, como não são, considerados integrantes da administração pública. Restariam subordinados ao chefe do Poder Executivo (Constituição Federal, art. 84, inciso II) ou, ainda, aos desígnios das confederações patronais nos casos dos primeiros serviços sociais autônomos, o que violaria os objetivos de suas previsões legais. São pessoas autônomas, por óbvio, também por possuírem personalidade jurídica própria, de direito privado, podendo ostentar posições ativas e passivas em relações jurídicas de direito material ou processual.

Em outras palavras, e obedecidas as disposições legais e regulamentares específicas, possuem patrimônio próprio e quadro de pessoal (regido pela CLT), organizam seus serviços e executam suas atividades em conformidade com as diretrizes dos seus próprios órgãos de direção. Ainda que seu regime jurídico de direito privado seja parcialmente derrogado por normas publicísticas, sua administração é regida pelos princípios da administração privada.

Capítulo 4 • CONCEITO CONSTITUCIONAL DOS SERVIÇOS SOCIAIS AUTÔNOMOS | **401**

Outrossim, seus órgãos de direção contam com a participação da sociedade e do Estado, de forma paritária, o que garante a fiscalização do uso dos recursos e a obediência das entidades aos fins para os quais foram instituídas. Vide, por exemplo, a composição do Conselho de Administração do Sesi Nacional, conforme Decreto nº 57.375/1965, cujo art. 22, *caput* e alíneas *a* a *h*, tem a seguinte redação:

> Art. 22. O Conselho Nacional, com jurisdição em todo o território brasileiro, exercendo em nível de planejamento, fixação de diretrizes, coordenação e controle das atividades do Sesi, a função normativa superior, ao lado do poder de inspecionar, fiscalizar e intervir, em caráter de correição, em qualquer setor institucional da entidade, no centro e nas regiões, se compõe dos seguintes membros:
>
> a) de um presidente, nomeado pelo Presidente da República, nos termos do Decreto-lei nº 9.665, de 28 de agosto de 1946;
>
> b) do presidente da Confederação Nacional da Indústria;
>
> c) dos presidentes dos conselhos regionais, representando as categorias econômicas da indústria;
>
> d) de um delegado das categorias econômicas dos transportes, outro das categorias econômicas das comunicações e outro das categorias econômicas da pesca, designados, cada qual pela respectiva associação sindical de maior hierarquia, base territorial e antiguidade oficialmente reconhecida;
>
> e) de um representante do Ministério do Trabalho e Previdência Social, designado pelo titular da pasta;
>
> f) de um representante das autarquias arrecadadoras, designado pelo Conselho Superior da Previdência Social;
>
> g) [...]. (Revogado pelo Decreto nº 66.139, de 1970)
>
> h) de seis representantes dos trabalhadores da indústria e respectivos suplentes, indicados pelas confederações de trabalhadores da indústria e centrais sindicais, que contarem com pelo menos vinte por cento de trabalhadores sindicalizados em relação ao número total de trabalhadores da indústria em âmbito nacional. (Incluído pelo Decreto nº 5.726, de 2006)[71]

Por outro lado, o art. 17, *caput* e alíneas *a* a *g*, do Decreto nº 494/1962, estabelece a composição do Conselho Nacional do Senai, prestigiando, do mesmo modo, a paridade entre sociedade e Estado na direção do referido serviço social autônomo:

---

[71] BRASIL. Decreto nº 57.375, de 2 de dezembro de 1965. Aprova o regulamento do Serviço Social da Indústria (Sesi). Brasília, DF: Planalto, 1965. Disponível em: https://www.planalto. gov.br/ccivil_03/decreto/1950-1969/D57375.htm. Acesso em: 21 jan. 2020.

Art. 17. O Conselho Nacional terá a seguinte composição:

a) presidente da Confederação Nacional da Indústria que será seu presidente nato;

b) dos presidentes dos Conselhos regionais, na qualidade de presidentes das federações industriais, representando as categorias econômicas da indústria;

c) um representante das categorias econômicas do transporte, das comunicações e da pesca, designado pelo órgão sindical de grau superior de maior hierarquia e antiguidade, no âmbito nacional;

d) diretor do Departamento Nacional do Senai;

e) diretor da Diretoria de Ensino Industrial do Ministério da Educação e Cultura;

f) um representante do Ministério do Trabalho e Previdência Social, designado por seu titular;

g) seis representantes dos trabalhadores da indústria, e respectivos suplentes, indicados pelas confederações de trabalhadores da indústria e centrais sindicais, que contarem com pelos menos vinte por cento de trabalhadores sindicalizados em relação ao número total de trabalhadores da indústria em âmbito nacional.[72]

Entre os serviços sociais mais recentes, é interessante a disposição relativa ao Sebrae, cujo art. 3º do Decreto nº 99.570/1990 dispõe:

Art. 3º O Sebrae terá um Conselho Deliberativo composto por treze membros, um Conselho Fiscal composto por cinco membros e uma Diretoria Executiva, cujas competências e atribuições serão estabelecidas nos seus estatutos e regimento interno.

§ 1º O Conselho Deliberativo será composto de representantes:

a) da Associação Brasileira dos Centros de Apoio às Pequenas e Médias Empresas (Abace);

b) da Associação Nacional de Pesquisa e Desenvolvimento das Empresas Industriais (Anpei);

c) da Associação Nacional das Entidades Promotoras de Empreendimentos de Tecnologias Avançadas (Anprotec);

d) da Confederação das Associações Comerciais do Brasil (CACB);

---

[72] BRASIL. Decreto nº 494, de 10 de janeiro de 1962. Aprova o Regimento do Serviço Nacional de Aprendizagem Industrial. Brasília, DF: Planalto, 1962. Disponível em: http://www.planalto.gov.br/ccivil_03/decreto/historicos/dcm/dcm494.htm. Acesso em: 21 jan. 2020.

Capítulo 4 • CONCEITO CONSTITUCIONAL DOS SERVIÇOS SOCIAIS AUTÔNOMOS | **403**

e) da Confederação Nacional da Agricultura (CNA);

f) da Confederação Nacional do Comércio (CNC);

g) da Confederação Nacional da Indústria (CNI);

h) da Secretaria Nacional da Economia do Ministério da Economia, Fazenda e Planejamento;

i) da Associação Brasileira de Instituições Financeiras de Desenvolvimento (ABDE);

j) do Banco do Brasil S.A.;

l) do Banco Nacional de Desenvolvimento Econômico e Social (BNDES);

m) da Caixa Econômica Federal (CEF); e

n) da Financiadora de Estudos e Projetos (Finep).[73]

Como se vê, o Conselho Deliberativo do Sebrae, que possui no total 13 conselheiros, conta com mais membros indicados pela sociedade (sete) que os indicados pela administração (seis), o que certamente demonstra o caráter democrático e participativo da referida entidade, coerente com a natureza híbrida do instituto.

Por outro lado, apesar de autônomos, os serviços sociais são inter-relacionados, já que participam dos conselhos de administração, de uns e outros, a depender do interesse público a ser alcançado, denotando, assim, não apenas a proximidade jurídica, mas também a *práxis* na condução das atividades que demanda, em muitas oportunidades, condução sinérgica e articulada no exercício dos papéis de cada qual. Como exemplo, veja-se o art. 5º, inciso II, *b* e *d* do Decreto nº 5.232/2005, que estabelece a participação do Sebrae e da Apex-Brasil no Conselho Deliberativo da Abdi:

> Art. 5º O Conselho Deliberativo será composto por um representante de cada um dos órgãos e entidades públicas e privadas a seguir relacionados, com seus respectivos suplentes, todos designados para um período de dois anos, sem remuneração, permitida uma recondução, sendo vedada a indicação do mesmo representante para mais de um dos órgãos de que trata o art. 3º :
>
> I – representantes do Poder Executivo:
>
> a) Ministério do Desenvolvimento, Indústria e Comércio Exterior;
>
> b) Secretaria da Micro e Pequena Empresa da Presidência da República; (Redação dada pelo Decreto nº 8.146, de 2013)

---

[73] BRASIL. Decreto nº 99.570, de 9 de outubro de 1990. Desvincula da Administração Pública Federal o Centro Brasileiro de Apoio à Pequena e Média Empresa (Cebrae), transformando-o em serviço social autônomo. Brasília, DF: Planalto, 1990. Disponível em: http://www.planalto.gov.br/ccivil_03/decreto/d99570.htm. Acesso em: 21 jan. 2020.

c) Ministério da Ciência e Tecnologia;

d) Ministério da Fazenda;

e) Ministério do Planejamento, Orçamento e Gestão;

f) Ministério da Integração Nacional;

g) Banco Nacional de Desenvolvimento Econômico e Social – BNDES; e

h) Instituto de Pesquisa Econômica Aplicada – Ipea;

II – representantes de entidades privadas:

a) Confederação Nacional da Indústria – CNI;

b) Agência de Promoção de Exportações do Brasil – Apex-Brasil;

c) Confederação Nacional do Comércio – CNC;

d) Serviço Brasileiro de Apoio às Micro e Pequenas Empresas – Sebrae;

e) Central Única dos Trabalhadores – CUT;

f) Instituto de Estudos para o Desenvolvimento Industrial – Iedi; e

g) Associação Nacional de Entidades Promotoras de Empreendimentos Inovadores – Anprotec.[74]

Do mesmo modo, o Sebrae participa do Conselho Deliberativo da Apex-Brasil, conforme art. 4º, § 1º, incisos VII e IX, do Decreto nº 4.584/2003[75].

Por outro lado, e ainda demonstrando a existência de inter-relação das entidades ora em estudo, o Decreto nº 8.688/2016 dispõe sobre a cooperação para implementação e execução de programas e ações de interesse público entre a administração pública federal e nada menos que dez serviços sociais autônomos: Senai, Sesi, Senac, Sesc, Senar, Senat, Sest, Sescoop, Sebrae e ABDI.

Nos termos do art. 3º, do decreto em referência, a cooperação entre a administração pública e os serviços sociais autônomos poderá ser implementada mediante: (i) execução, direta ou indireta, total ou parcial, pelo serviço social autônomo cooperante, de programa ou ação de interesse recíproco; ou (ii) aporte de recursos do serviço social autônomo cooperante para custeio de programas e ações de interesse recíproco, nos termos definidos no instrumento firmado.

---

[74] BRASIL. Decreto nº 5.232, 24 de janeiro de 2005. Institui o Serviço Social Autônomo Agência Brasileira de Desenvolvimento Industrial – ABDI e dá outras providências. Brasília, DF: Planalto, 2005. Disponível em: https://api.abdi.com.br/api/download?path=/uploads/files/transparency/_5b6b0448ecd327.03462162.html&id=8. Acesso em: 23 jan. 2020.

[75] BRASIL. Decreto nº 4.584, de 5 de fevereiro de 2003. Institui o Serviço Social Autônomo Agência de Promoção de Exportações do Brasil – Apex-Brasil e dá outras providências. Brasília, DF: Planalto, 2003. Disponível em: http://www.planalto.gov.br/ccivil_03/decreto/2003/D4584.htm. Acesso em: 21 jan. 2020.

Capítulo 4 • CONCEITO CONSTITUCIONAL DOS SERVIÇOS SOCIAIS AUTÔNOMOS | **405**

Portanto, há inter-relação entre os serviços sociais autônomos no Brasil, independentemente de serem "tradicionais" ou "não tradicionais", seja de que tipo forem, já que a legislação contempla participação de uns e outros entes nos conselhos deliberativos, bem a cooperação entre as entidades com vistas a alcançar os interesses públicos. Sinal mais distintivo da existência de um sistema não poderia existir.

Não fosse por tudo o que se expôs, neste ponto, acrescente-se que ainda há previsões estatutárias, nos serviços sociais autônomos, de dispensa de licitação para entidades da mesma natureza. Vide, por exemplo, o art. 9º, inciso IX, do Regulamento e Licitações do Sebrae:

> Art. 9º A licitação poderá ser dispensada:
>
> [...]
>
> IX – na contratação, com Serviços Sociais Autônomos e com órgãos e entidades integrantes da Administração Pública.
>
> [...]

A mesma previsão conta no Regulamento de Licitações do Sesi, cuja redação do art. 9º, inciso IX, é a seguinte:

> Art. 9º A licitação poderá ser dispensada:
>
> [...]
>
> IX – na contratação, com serviços sociais autônomos e entidades integrantes da Administração Pública, quando o objeto do contrato for compatível com as atividades finalísticas do contratado;
>
> [...]

E da mesma forma, ainda a título de exemplo, cita-se o art. 9º, inciso IX, do Regulamento de Licitações da Abdi, que possui a mesma redação supracitada, o que demonstra, também sob esse prisma, a natureza sistêmica dos serviços sociais autônomos, uma vez que buscam compatibilizar e uniformizar a atuação das suas entidades.

Ainda, verifica-se como característica comum dos serviços sociais autônomos a constatação multirreferenciada de não comporem a administração pública, sendo entes de atuação conjunta com a sociedade e uma forma de participação dos particulares na gestão do interesse público.

Por fim, não fossem as previsões nos regulamentos de licitações e contratos administrativos, conforme suprarreferido, recorde-se que os serviços sociais autônomos podem ser contratados pela administração pública com dispensa de licitação, nos termos do art. 24, inciso XIII, da Lei de Licitações, e não apenas nas contratações entre si.

Segundo Ricardo Alexandre Sampaio, é lícita a contratação direta de entidades do Sistema S na hipótese de dispensa de licitação prevista no art. 24, inciso XIII, da

Lei nº 8.666/93 sempre que, além de a entidade contratada ser brasileira, sem fins lucrativos, detentora de inquestionável reputação ético-profissional e incumbida regimental e estatutariamente do ensino, da pesquisa ou do desenvolvimento institucional, restar devidamente demonstrada a correlação lógica entre essas atividades previstas na lei, a missão institucional da contratada e, especialmente, o objeto do contrato a ser celebrado, bem como a adequação do preço contratado aos valores de mercado e for estabelecida a necessidade de a contratada executar, por meio de sua estrutura, sem a atuação de terceiros, o objeto do ajuste[76].

Em desfecho, observa-se, de tudo o que foi escrito nas linhas anteriores, que os serviços sociais autônomos estão previstos expressamente em lei. Obedecem, então, a um princípio de reserva legal, já que seu regime jurídico de direito privado não prescinde de normas de direito público, que lhe estabelece, pelo menos, seu regime de direito privado, os campos de atuação, os beneficiários e as atividades de interesse público que serão desenvolvidas. Por aí se vê que não cabem na descrição de associações e fundações contidas no Código Civil, assim como não são componentes da administração pública.

Apenas essa característica, ou seja, a da necessidade de lei para sua criação e/ou instituição, seria suficiente para demonstrar sua peculiar natureza na ordem jurídica brasileira e justificar o entendimento da existência de um Sistema S, ainda que alguns revelem desconforto de que alguns não tenham sido nominados com a inicial dos serviços clássicos.

A isso tudo que se expôs, recorde-se que, apesar de não comporem a administração pública, os serviços sociais submetem-se a um regime jurídico de direito privado derrogado parcialmente por normas de direito público, conforme demonstrado ao longo de toda esta tese. Esse regime derrogado é especial em relação a todas as entidades puras de direito público e privado, demonstrando-se, desse modo, que, irmanadas nessa característica especial, as entidades do Sistema S compõem, sim, uma categoria diferenciada no Direito brasileiro, devendo assim serem consideradas, de forma que se possa atribuir a elas um tratamento adequado do ponto de vista jurídico.

4.4 PROPOSTA DE CONCEITO CONSTITUCIONAL DOS SERVIÇOS SOCIAIS AUTÔNOMOS

Conforme destacado no Capítulo 3 deste trabalho, os serviços sociais autônomos são constituídos de alguns elementos básicos: (a) criação mediante a edição de lei ou ato normativo equivalente; (b) natureza jurídica de pessoa jurídica de direito privado que se distancia dos modelos estabelecidos pelo Código Civil; (c) inserção

---

[76] SAMPAIO, Ricardo Alexandre. A contratação de entidades do Sistema S com base no art. 24, inc. XIII, da Lei nº 8.666/93 – Exame de legalidade. *Revista Zênite – Informativo de Licitações e Contratos (ILC)*, Curitiba: Zênite, n. 218, p. 360-363, abr. 2012.

Capítulo 4 • CONCEITO CONSTITUCIONAL DOS SERVIÇOS SOCIAIS AUTÔNOMOS | **407**

em um regime jurídico de direito privado nas relações entre eles e os particulares e no regime de direito público na relação de controle finalístico que o Estado exerce, na observância dos princípios da Administração Pública no dispêndio de recursos e nas contratações de pessoal e nas regras de orçamento; (d) seus recursos decorrem de contribuições de natureza tributária ou de repasses do poder público mediante a celebração de contratos de gestão; (e) desempenham serviços sociais, elencados no art. 6º da Constituição Federal, que não são exclusivos do Estado; (f) sujeitam-se ao controle externo (Ministério, TCU e demais órgãos) e ao controle interno (órgãos internos da própria entidade); (g) possibilidade de concessão de isenção (Senai e Senac).

Entretanto, para a apresentação de um conceito dos serviços sociais autônomos a partir da Constituição, é necessário ponderar alguns valores constitucionais que devem ser levados em consideração na criação dessas entidades, alguns elementos constitucionais diretamente relacionados aos serviços prestados pelas entidades do Sistema S e algumas normas constitucionais que se impõem ao regime jurídico das mesmas.

O cenário de surgimento dessas entidades, em meio à ineficiência estatal na formação de trabalhadores qualificados e à carência de políticas públicas que fomentassem efetivamente o lazer, a cultura e a saúde desses trabalhadores e suas famílias, fez com que o Estado buscasse, por meio dos empresários da iniciativa privada, a promoção da assistência social.

Dito isso, o primeiro ponto a se concretizar para a conceituação, sob a ótica constitucional, dos serviços sociais autônomos é a constatação de que esses serviços foram constituídos a partir da designação pelo Estado à iniciativa privada, em cooperação da proteção e do fomento dos direitos sociais, elencados no art. 6º da Constituição Federal[77], restando, assim, evidente a sua função chapadamente social.

Os direitos sociais, objeto da atividade do Sistema S, compartilham entre si três elementos em comum que os agrupam e que devem ser observados na conceituação dos serviços sociais autônomos.

O primeiro elemento a definir os direitos sociais é a subjetividade. Estes são classificados como subjetivos por exigirem um dever jurídico do Estado, no sentido de concretizá-los, outorgando aos indivíduos a possibilidade de exigir esses direitos do Estado. A prestação dos direitos sociais pode se dar por meio da realização, pelo próprio Estado, de serviço em prol da sociedade, de cunho prestacional, ou ainda pela promoção de ações que incentivem, norteiem e limitem a fruição do direito assegurado pelo texto constitucional, de cunho normatizador.

---

[77] "Art. 6º São direitos sociais a educação, a saúde, a alimentação, o trabalho, a moradia, o transporte, o lazer, a segurança, a previdência social, a proteção à maternidade e à infância, a assistência aos desamparados, na forma desta Constituição."

O fato é que o poder público, devido às suas limitações fiscais e orçamentárias, não possui a viabilidade de prestação direta dos direitos sociais a todos os indivíduos, configurando, assim, como característica inserta ao caráter subjetivo desses direitos, a ação estatal, no sentido de possibilitar condições para o fomento de tais direitos, o que ocorreu, por exemplo, por meio da criação dos serviços sociais autônomos, que possuem o objetivo basilar de concretizar os direitos sociais normatizados na Constituição Federal.

Obviamente, a prestação por pessoa jurídica de direito privado dos serviços sociais insere essas entidades em um contexto de prestação de um serviço de interesse geral não exclusivo do Estado.

O segundo elemento refere-se à atividade normativo-reguladora do Estado. O espectro dos direitos sociais exige que o poder público atue em relação a estes de modo a resguardar sua aplicação isonômica a todos os indivíduos.

A atividade normativa, como visto, decorre da previsão constitucional dos direitos sociais, o que compreende a elucidação de termos e conceitos, e o estabelecimento de mecanismos, entes ou atividades para desenvolvê-los. Já a função reguladora, eminentemente administrativa, tem por fim disciplinar sua fruição, com vistas a garantir sua justa aplicação a toda a sociedade.

Ou seja, é preciso que a Administração Pública Federal, além de definir quais são os direitos sociais tutelados constitucionalmente, atue na regulação da fruição destes, a fim de que não ocorram desigualdades ou abusos por parte de determinados indivíduos em detrimento de outros de classes menos privilegiadas.

O terceiro elemento em comum aos direitos sociais é o caráter assecuratório destes. Isso significa que a existência de um direito social pressupõe a criação, pelo Estado, de instrumentos no ordenamento jurídico que lhes tragam efetividade.

Outro ponto relevante a ser observado para a construção do conceito dos serviços sociais autônomos é a autonomia que deve ser conferida a essas entidades, a fim de desvencilhá-las da Administração Pública. O modelo de cooperação com o Estado aplicado ao Sistema S atrai uma menor sujeição da entidade e de seus dirigentes e empregados às prerrogativas que são conferidas ao Estado, a fim de configurar uma relação de colaboração por meio da qual os setores público e privado busquem, em conjunto, efetivar os direitos fundamentais sociais previstos no art. 6º da Constituição Federal.

Em resumo, se não houver representação paritária da iniciativa privada e do Estado na constituição dessas entidades que prestam serviços sociais, de modo a permitir que o setor privado tenha efetivo poder decisório e de voto dentro do ente, não se pode classificá-las como autônomas. Logo, se a "palavra final" na tomada de decisões pela diretoria dos serviços sociais autônomos competir sempre à administração pública, faltar-lhes-á característica essencial à configuração de sua natureza jurídica essencial de pessoa jurídica de direito privado: a independência.

Frise-se, ainda, que não basta a composição do órgão diretivo da entidade ser paritária entre poder público e iniciativa privada. É necessário, também, que

Capítulo 4 • CONCEITO CONSTITUCIONAL DOS SERVIÇOS SOCIAIS AUTÔNOMOS | **409**

essa última seja composta por representantes do setor social ao qual se vincula a entidade, sob pena de desvinculá-la de sua atividade-fim prevista em lei.

Essa composição paritária, que impede a determinação da vontade do Estado nas decisões do serviço social autônomo, não decorre tão somente da natureza de pessoa jurídica de direito privado da entidade ou da necessária prevalência dos interesses dos beneficiários dos serviços sociais prestados. É uma imposição constitucional.

O princípio democrático permeia a Constituição como um elemento fundante da República Federativa do Brasil, uma vez que o Estado brasileiro se constitui em Estado Democrático de Direito. Nesse contexto, a vontade estabelecida nos processos decisórios da República deve ser a vontade do povo, pois, nos termos do art. 1º, parágrafo único, da Constituição, "todo o poder emana do povo".

A participação democrática é assegurada em diversos outros dispositivos constitucionais diretamente relacionados à atividade prestada pelas entidades do Sistema S. O art. 10 da Constituição, por exemplo, assegura "a participação dos trabalhadores e empregadores nos colegiados dos órgãos públicos em que seus interesses profissionais ou previdenciários sejam objeto de discussão e deliberação".

Outros dispositivos da Constituição, diretamente relacionados à prestação de serviços sociais, também determinam a implementação de mecanismos representativos no processo decisório público. O art. 198, ao disciplinar as ações e serviços públicos de saúde, estabelece como diretriz "a participação da comunidade" (art. 198, III). A seguridade social tem sua administração constituída em caráter democrático e descentralizado (art. 194, VII). A educação se submete à gestão democrática do ensino público (art. 206, VI). A assistência social, por fim, tem como diretriz em sua organização a participação da população na formulação das políticas e no controle das ações (art. 204, II).

Nessa linha, o Supremo Tribunal Federal, ao apreciar a medida cautelar na ADI 6121, declarou a inconstitucionalidade do Decreto nº 9.759/2019, editado com o propósito de extinguir conselhos de participação popular no âmbito da Administração Pública Federal.

No acórdão proferido nesse julgado, o ministro Marco Aurélio teceu considerações acerca da necessidade de se preservar instrumentos de participação direta dos interessados nos processos decisórios, uma vez que a Constituição resguarda não somente a democracia representativa, mas também a democracia exercida diretamente pelos cidadãos interessados, *in verbis*:

> Democracia não é apenas o regime político mais adequado entre tantos outros – ou, parafraseando Winston Churchill, o pior à exceção de todos os demais; antes, deve ser compreendida como o conjunto de instituições voltado a assegurar, na medida do possível, a igual participação política dos membros da comunidade. Sob essa óptica, qualquer processo pretensamente democrático deve oferecer condições para que todos se

sintam igualmente qualificados a participar do processo de tomada das decisões com as quais presidida a vida comunitária: cuida-se de condição da própria existência da democracia.

[...]

Daí resumir a participação política dos cidadãos ao ato de votar é passo insuficiente ao fortalecimento da vitalidade prática da democracia, cujo adequado funcionamento pressupõe o controle, crítico e fiscalizatório, das decisões públicas pelos membros da sociedade. Povo que não a exerce não se autogoverna.

[...]

A conclusão é linear: a igual oportunidade de participação política revela-se condição conceitual e empírica da democracia sob a óptica tanto representativa quanto deliberativa. Como ideal a ser sempre buscado, consubstancia-se princípio de governo a homenagear a capacidade e a autonomia do cidadão em decidir ou julgar o que lhe parece melhor para a definição dos rumos da comunidade na qual inserido – requisito de legitimidade de qualquer sistema político fundado na liberdade.

Considerada a democracia participativa, observa Paulo Sérgio Novais de Macedo, "cidadão não é mero sinônimo de eleitor, mas de indivíduo participante, fiscalizador e controlador da atividade estatal" (Democracia participativa na Constituição Brasileira. In: Revista de Informação Legislativa. Brasília: nº 178, abril/junho de 2008, p. 187).[78]

Destaca-se, ainda, que a presença dos sujeitos diretamente interessados nas decisões de que participam o Estado é também um instrumento de controle, tanto prévio, no momento de direcionar as finalidades a serem atendidas com a aplicação dos recursos públicos – como ocorre nos conselhos que compõem os serviços sociais autônomos –, quanto posterior, no exercício do controle dos gastos públicos, conforme assegurado pelo art. 74, § 2º, da Constituição[79].

Assim, não há como conceituar os serviços sociais autônomos a partir da Constituição sem levar em conta o princípio democrático, que impõe a garantia de composição paritária, garantindo a presença dos destinatários dos serviços

---

[78] BRASIL. Supremo Tribunal Federal. ADI 6121 MC, Relator(a): Min. Marco Aurélio, Tribunal Pleno, julgado em 13/06/2019, Processo Eletrônico *DJe*-260 DIVULG 27/11/2019 PUBLIC 28/11/2019, p. 16-17.

[79] "Art. 74. Os Poderes Legislativo, Executivo e Judiciário manterão, de forma integrada, sistema de controle interno com a finalidade de: [...] § 2º Qualquer cidadão, partido político, associação ou sindicato é parte legítima para, na forma da lei, denunciar irregularidades ou ilegalidades perante o Tribunal de Contas da União."

Capítulo 4 • CONCEITO CONSTITUCIONAL DOS SERVIÇOS SOCIAIS AUTÔNOMOS | **411**

prestados pelo ente e afastando a presença exclusiva do Estado nos órgãos de gestão e de deliberação das entidades.

Sem a observância desse elemento, o serviço social não será "autônomo" e não executará o seu objeto social de forma adequada. A efetiva autonomia desses entes dependerá da correlação de forças entre as classes sociais pela hegemonia da sociedade civil e do Estado em seus respectivos órgãos diretivos, fazendo com que a "vontade" da Administração Pública Federal nem sempre prevaleça em suas tomadas de decisão.

Afinal, se considerarmos dentro das características das entidades do Sistema S a possibilidade de prevalência da decisão do Estado nas suas deliberações, isso resultaria em uma ficção da capacidade do setor social ao qual aquela entidade se vincula de discutir os problemas da sociedade e de promover soluções. Configuraria o ente um mero ator direcionado unicamente pelo poder público.

Outra característica a ser ressaltada para conceituação dos serviços sociais autônomos, é que, apesar da natureza de direito privado e da autonomia administrativa que lhes é reservada, essas entidades possuem, por lei, a delimitação de sua atuação, de obtenção de recursos e da destinação destes, e, por isso, submetem-se à fiscalização do Estado.

As fontes de custeio disponíveis às entidades do Sistema S para atingir seus objetivos sociais são previstas em suas respectivas leis de criação, bem como a destinação obrigatória de seus recursos. Assim, do recebimento de recursos públicos intrínseco aos serviços sociais autônomos, tem-se o surgimento da obrigação de prestar contas, mediante controle externo exercido pelo TCU no âmbito federal e pelos demais tribunais de contas no âmbito estadual e municipal.

Assim, a autonomia administrativa assegurada às entidades do Sistema S não afasta o controle finalístico estatal a ser exercido em relação a todas elas.

Nesse contexto, o conceito constitucional dos serviços sociais autônomos que se propõe é: pessoa jurídica de direito privado sem finalidade lucrativa, destinada exclusivamente à promoção dos direitos sociais inscritos no art. 6º da Constituição Federal, criada por lei que preveja delimitação de sua atuação e de obtenção de recursos, detentora de participação equitativa dos setores sociais em seus órgãos de direção, com poder de autorregulamentação e autogestão de recursos, porém submetida para controle finalístico à fiscalização do Tribunal de Contas da União.

4.5 CONCLUSÕES

Diante do exposto neste capítulo, compreende-se que os serviços sociais autônomos têm profundo fundamento constitucional e podem ser conceituados e ter o seu regime jurídico delineado a partir de parâmetros da Constituição.

Desde a constatação de que essas entidades desempenham atividades reconhecidas como direitos sociais no art. 6º da Constituição, passando pela distinção entre o Sistema S e a Administração Pública até a delimitação do regime jurídico dessas entidades, revela-se a partir de dispositivos e princípios constitucionais.

Quanto ao objeto desenvolvido pelos serviços sociais autônomos, desde a criação das primeiras entidades do Sistema S, viu-se a necessidade de o Estado fomentar ações de educação, saúde, lazer e treinamento profissionalizante dos trabalhadores, o que redundou na criação de pessoas jurídicas de direito privado que atuassem com maior eficiência na prestação de serviços de interesse geral não exclusivos do Estado.

No atual quadro constitucional, a presença privada na prestação desses serviços é admitida e incentivada, uma vez que a Constituição é permeada de dispositivos que induzem a participação privada na prestação de serviços de interesse geral (*v.g.* art. 194, parágrafo único, VII, da CF; art. 196, *caput*, da CF; art. 205, *caput*, da CF).

O fomento à participação privada na prestação desses serviços ocorre pois, de um lado, os direitos sociais são direitos subjetivos a serem gozados por todos e o Estado tem a obrigação de prestá-los e de regulá-los e, de outro, esse mesmo Estado possui cada vez menos recursos e estrutura administrativa para se desincumbir desse dever constitucional.

Ao fim e ao cabo, diante da contínua tentativa de governos mais recentes de se reduzir o Estado – com a reforma administrativa da década de 1990 e os ideais liberais do atual governo –, o Sistema S apresenta-se como um propulsor da cidadania, da dignidade da pessoa humana e dos valores sociais do trabalho, fundamentos da República expressos no art. 1º da Constituição.

Essa atuação se destaca e ganha ainda mais importância na medida em que ela é feita para atender, principalmente, trabalhadores, prestadores de serviços, empresários, comerciários e industriais, em setores estratégicos da economia, o que contribui, também, para a garantia do desenvolvimento nacional (art. 3º, II, Constituição), da erradicação da pobreza e da redução das desigualdades sociais e regionais (art. 3º, III, da Constituição).

A análise dos serviços sociais autônomos sob o enfoque constitucional promovida neste capítulo também contribuiu para delinear o regime jurídico desse setor. Por um lado, a Constituição prevê as entidades que compõem a administração direta e indireta (art. 22, inciso XXVII; art. 37, incisos XI, XVII e XIX; art. 38, entre outros) e não insere o Sistema S nesse rol; por outro, é necessário dar flexibilidade ao regime jurídico dos prestadores privados de serviços sociais, para que haja dinamismo e eficiência.

A partir da criação da entidade mediante a edição de uma lei ou ato normativo equivalente, a sua natureza jurídica de direito privado lhe distancia das regras de direito público, mas a sua fonte de custeio – contribuições e recursos públicos decorrentes da celebração de contrato de gestão – impõe a observância de normas de direito público.

Assim, nas relações privadas, os negócios jurídicos e os atos praticados pelos serviços sociais autônomos seguem o regime de direito privado. Entretanto, nas relações que envolvem dispêndio dos recursos públicos, as entidades submetem-se aos princípios da Administração Pública, às normas de orçamento público e às regras de controle.

Capítulo 4 • CONCEITO CONSTITUCIONAL DOS SERVIÇOS SOCIAIS AUTÔNOMOS | **413**

Por fim, um último elemento constitucional que se insere na conformação jurídica das entidades do Sistema S é o princípio democrático.

Para que essas entidades cumpram o seu propósito de promover serviços sociais não exclusivos do Estado com eficiência, é indispensável a garantia da autonomia do Sistema S, porquanto somente com uma gestão equidistante do Estado, com a participação dos setores beneficiários dos serviços, é que se verifica quais são as demandas realmente necessárias e se controla, em tempo real, a utilização dos recursos.

A gestão democrática dos serviços sociais é estabelecida em diversos dispositivos constitucionais (art. 198, inciso III; art. 194, inciso VII; art. 206, inciso VI; art. 204, inciso II, da CF) e foi parâmetro para que o Supremo Tribunal Federal declarasse a inconstitucionalidade do Decreto nº 9.759/2019.

Nesse contexto, o conceito constitucional dos serviços sociais autônomos que se propõe é o de pessoa jurídica de direito privado sem finalidade lucrativa, destinada exclusivamente à promoção dos direitos sociais inscritos no art. 6º da Constituição Federal, criada por lei que preveja delimitação de sua atuação e de obtenção de recursos, detentora de participação equitativa dos setores sociais em seus órgãos de direção, com poder de autorregulamentação e autogestão de recursos, porém submetida para controle finalístico à fiscalização do Tribunal de Contas da União.

RESUMO OBJETIVO

1.	Os serviços sociais autônomos têm fundamento constitucional e podem ser conceituados e ter o seu regime jurídico delineado a partir de parâmetros da Constituição.
2.	No atual quadro constitucional, a presença privada na prestação desses serviços é admitida e incentivada, uma vez que a Constituição é permeada de dispositivos que induzem a participação privada na prestação de serviços de interesse geral (*v.g.* art. 194, parágrafo único, inciso VII, da CF; art. 196, *caput,* da CF; art. 205, *caput,* da CF). Essa atuação contribui, também, para a garantia do desenvolvimento nacional (art. 3º, inciso II, Constituição), a erradicação da pobreza e a redução das desigualdades sociais e regionais (art. 3º, inciso III, da Constituição).
3.	Diante da contínua tentativa de governos mais recentes de se reduzir o Estado – com a reforma administrativa da década de 1990 e os ideais liberais do atual governo –, o Sistema S apresenta-se como um propulsor da cidadania, da dignidade da pessoa humana e dos valores sociais do trabalho, fundamentos da República expressos no art. 1º da Constituição.
4.	A Constituição também ampara a conclusão de que, nas relações privadas, os negócios jurídicos e os atos praticados pelos serviços sociais autônomos seguem o regime de direito privado. Entretanto, nas relações que envolvem dispêndio dos recursos públicos, as entidades submetem-se aos princípios da administração pública, às normas de orçamento público e às regras de controle.

5.	Um último elemento constitucional que se insere na conformação jurídica das entidades do Sistema S é o princípio democrático. Para que essas entidades cumpram o seu propósito de promover serviços sociais não exclusivos do Estado com eficiência, é indispensável a garantia da autonomia do Sistema S, porquanto somente com uma gestão equidistante do Estado, com a participação dos setores beneficiários dos serviços, é que se verifica quais são as demandas realmente necessárias e se controla socialmente, em tempo real, a utilização dos recursos.
6.	A gestão democrática dos serviços sociais é estabelecida em diversos dispositivos constitucionais (art. 198, inciso III; art. 194, inciso VII; art. 206, inciso VI; art. 204, inciso II, da CF) e foi parâmetro para que o Supremo Tribunal Federal declarasse a inconstitucionalidade do Decreto nº 9.759/2019.
7.	O conceito constitucional dos serviços sociais autônomos que se propõe é o de pessoa jurídica de direito privado sem finalidade lucrativa, destinada exclusivamente à promoção dos direitos sociais inscritos no art. 6º da Constituição Federal, criada por lei que preveja delimitação de sua atuação e de obtenção de recursos, detentora de participação equitativa dos setores sociais em seus órgãos de direção, com poder de autorregulamentação e autogestão de recursos, porém submetida para controle finalístico à fiscalização do Tribunal de Contas da União.

REFERÊNCIAS

ABBOUD, Georges; CARNIO, Henrique Garbellini; OLIVEIRA, Rafael Tomaz de. *Introdução ao direito*: teoria, filosofia e sociologia do Direito. 4. ed. São Paulo: Thomson Reuters Brasil, 2019.

ABDI. *Relatório de gestão 2018*. Disponível em: https://api.abdi.com.br/uploads/files/transparency/_5ca21a5bcef0a0.79663155.pdf. Acesso em: 12 dez. 2019.

_____. *Contrato de prestação de serviços*. Disponível em: https://api.abdi.com.br/uploads/files/transparency/_5bb27aae4c8f08.19180795.pdf. Acesso em: 16 jan. 2020.

ABREU, Monica Cavalvante Sá Abreu et al. *Rebrae – Revista Brasileira de Estratégia*, Curitiba, v. 6, n. 2, p. 165-177, maio/ago. 2013.

ALCÂNTARA, Christian Mendez. Serviços sociais autônomos e a administração pública brasileira. *A&C R. de Dir. Administrativo & Constitucional*, Belo Horizonte, a. 9, n. 37, p. 175-199, jul./set. 2009.

ALMEIDA, Edvaldo Nilo. *O conceito de entidade paraestatal*. Disponível em: https://www.conjur.com.br/2020-ago-14/edvaldo-almeida-conceito-entidade-paraestatal. Acesso em: 15 abr. 2021.

ALMEIDA, Marcio José de; CORDEIRO, Alexandre Modesto; ANDREGUETTO, Rafael; DALMAZ, Wellington Otavio. *Limites e potencialidades dos novos formatos organizacionais*: 15 anos de experiência dos serviços sociais autônomos paranaenses. p. 1-26. Disponível em: http://consadnacional.org.br/wp-content/uploads/2013/05/187-LIMITES-E-POTENCIALIDADES-DOS-NOVOS--FORMATOS-ORGANIZACIONAIS-15-ANOS-DE-EXPERI%C3%8ANCIA--DOS-SERVI%C3%87OS-SOCIAIS-AUT%C3%94NOMOS-PARANAENSES.pdf. Acesso em: 2 fev. 2019.

ANATER. *Sítio oficial*. Documentos públicos. Disponível em: http://www.anater.org/documentos-publicos.jsp. Acesso em: 6 jan. 2020.

_____. *Contrato de gestão*. Disponível em: http://www.anater.org/ascom/legado/docs/Contrato-de-Gestao-ANATER.pdf. Acesso em: 16 jan. 2020.

ANDRADE, Everaldo Gaspar Lopes de. *Curso de direito sindical*. São Paulo: LTr, 1991.

APEX-BRASIL. *Relatório integrado de gestão 2018*. Brasília, 2019. Disponível em: https://portal.apexbrasil.com.br/wp-content/uploads/2019/05/relatorio-integrado-de--gestao-2018-da-apex-brasil.pdf. Acesso em: 15 dez. 2019.

_____. *Código de ética*. Disponível em: http://www.apexbrasil.com.br/uploads/Co%C-C%81digo%20de%20E%CC%81tica_02032018.pdf. Acesso em: 1 jan. 2020.

_____. *Contrato de gestão 2016/2019*. Disponível em: http://www.apexbrasil.com.br/uploads/Contrato%20de%20Gest%C3%A3o%20MDIC%20e%20Apex-Brasil%202016-2019_de%2006.05.2016_Anexos%20Assinados.pdf. Acesso em: 26 dez. 2019.

_____. *1º Termo aditivo ao contrato de gestão*. Disponível em: https://portal.apexbrasil.com.br/wp-content/uploads/2019/02/portal.apexbrasil.com.br-primeiro-termo-aditivo-ao-contrato-de-gestao-2016-2019-1-ta-contrato-de-gestao-2016-2020-apex-brasil-x-mre-final-assinado-2.pdf. Acesso em: 28 dez. 2019.

_____. *Estrutura organizacional – Apex-Brasil – RD 10-05/2019*. Disponível em: https://portal.apexbrasil.com.br/wp-content/uploads/2019/09/2019.11.14-organograma-presidencia-com-gestores-rd-10-05.2019.pdf. Acesso em: 1 jan. 2020.

APS. *Contrato de gestão*. Disponível em: http://www.sarah.br/media/2079/20151228-contrato-de-gest%C3%A3o-ms-aps.pdf. Acesso em: 16 jan. 2020.

ARAGÃO, Alexandre Santos de. *Curso de direito administrativo*. 2. ed. Rio de Janeiro: Forense, 2013.

ARAÚJO, Maria Dalvaneide de Oliveira. *O programa aprendizagem*: um estudo da formação do jovem aprendiz no Senac/PE. 2008. Dissertação (Mestrado em Educação) – Universidade Federal de Pernambuco, Recife, 2008.

ASSIS, Vinicius de. *A proibição de retrocesso social em matéria de direitos sociais dos trabalhadores*: análise da (in)constitucionalidade da reforma trabalhista. Rio de Janeiro: Lumen Juris, 2019.

ATALIBA, Geraldo. *Hipótese de incidência tributária*. 6. ed. São Paulo: Malheiros Editores, 2003.

BANDEIRA DE MELLO, Celso Antônio. *Curso de direito administrativo*. 29. ed. São Paulo: Malheiros Editores, 2012.

_____. *Curso de direito administrativo*. 34. ed. rev. e atual. até a Emenda Constitucional 99, de 14.12.2017. São Paulo: Malheiros, 2019.

BANDEIRA DE MELLO, Oswaldo Aranha. *Princípios gerais de direito administrativo*. Rio de Janeiro: Forense, v. II, 1974.

BARBIERI, Carla Bertucci. *Regime jurídico aplicável aos serviços sociais autônomos*: impactos sobre a atividade de controle exercida pelo Tribunal de Contas da União. Brasília, 2013. 20 f. – Artigo (Especialização) Instituto Brasiliense de Direito Público.

_____. *Terceiro setor* – Desafios e perspectivas constitucionais. Curitiba: Juruá, 2011.

BARRETO, Paulo Aires. *Contribuições*: regime jurídico, destinação e controle. 2. ed. São Paulo: Noeses, 2011.

BARROSO, Luís Roberto. *Curso de direito constitucional contemporâneo*: os conceitos fundamentais e a construção do novo modelo. 8. ed. São Paulo: Saraiva Educação, 2019.

BICALHO, Alécia Paolucci Nogueira. *Desestatizações*: privatizações, delegações, desinvestimentos e parcerias. Belo Horizonte: Fórum, 2019.

REFERÊNCIAS | **417**

BICALHO, Carina Rodrigues. Aplicação *sui generis* da teoria da desconsideração da personalidade jurídica no processo do trabalho: aspectos materiais e processuais. *Revista do Tribunal Regional do Trabalho 3ª Região*, Belo Horizonte, v. 39, n. 69, p. 37-55, jan./jun. 2004.

BOBBIO, Norberto. *Teoria do ordenamento jurídico*. Trad. Maria Celeste C. J. Santos; rev. téc. Cláudio De Cicco. 6. ed. Brasília: Editora Universidade de Brasília, 1995.

BORGES, Alice Gonzalez. Serviços sociais autônomos – Natureza jurídica. *Revista Brasileira de Direito Público – RBDP*, Belo Horizonte, ano 8, n. 30, p. 139-153, 2010.

_____. Serviços sociais autônomos: natureza jurídica. *Revista Eletrônica de Direito do Estado – Rede*, Salvador: Instituto Brasileiro de Direito Público, n. 26, abr./maio/jun. 2011. Disponível em: http://www.direitodoestado.com. Acesso em: 31 jan. 2019.

BRANCO, Paulo Gustavo Gonet; COELHO Inocêncio Mártires Coelho; MENDES, Gilmar Ferreira. *Curso de direito constitucional*. São Paulo: Saraiva, 2007.

BRASIL. II Plano nacional de desenvolvimento (1975-1979). Disponível em: http://www.planalto.gov.br/ccivil_03/leis/1970-1979/anexo/ANL6151-74.PDF. Acesso em: 19 maio 2019.

_____. Ministério do Turismo. Conselho Nacional de Turismo. Lista de Conselheiros e Suplentes. Disponível em: http://www.turismo.gov.br/images/pdf/Publica%-C3%A7%C3%B5es/Lista_CNT.pdf. Acesso em: 20 jan. 2020.

_____. Tribunal de Contas da União. Acórdão nº 5236/2015. Relator Raimundo Carreiro. 2ª Câmara, julgado em 11/08/2015. Ata nº 27/2015.

_____. Acórdão nº 1669/2019. Relator Augusto Sherman. Pleno, julgado em 17/07/2019, Ata nº 26/2019 – Plenário.

_____. Acórdão nº 1286/2015. Relator Benjamin Zymler. Plenário, julgado em 27/05/2015, Ata nº 19/2015.

_____. Acórdão nº 1584/2016. Relator Walton Alencar Rodrigues. Pleno, julgado em 22/06/2016, Ata nº 24/2016.

_____. Acórdão nº 3594/2007. Relator Marcos Bemquerer. 1ª Câmara, julgado em 20/11/2007, Ata nº 41/2007.

_____. Acórdão de Relação nº 2863/2006. Relator Marcos Bemquerer. 1ª Câmara, julgado em 10/10/2006, Ata nº 37/2006.

_____. Acórdão de Relação nº 2486/2006. Relator Marcos Bemquerer. 2ª Câmara, julgado em 05/09/2006, Ata nº 32/2006.

_____. Acórdão de Relação nº 1537/2006. Relator Augusto Sherman. 2ª Câmara, julgado em 20/06/2006, Ata nº 21/2006.

_____. Acórdão de Relação nº 3001/2007. Relator Marcos Bemquerer. 1ª Câmara, julgado em 02/10/2007, Ata nº 34/2007.

_____. Acórdão de Relação nº 2819/2007. Relator Marcos Bemquerer. 1ª Câmara, julgado em 18/09/2007, Ata nº 32/2007.

_____. Acórdão de Relação nº 2815/2007. Relator Marcos Bemquerer. 1ª Câmara, julgado em 18/09/2007, Ata nº 32/2007.

_____. Acórdão de Relação nº 3813/2008. Relator Marcos Vinicios Vilaça. 1ª Câmara, julgado em 04/11/2008, Ata nº 43/2007.

_____. Acórdão nº 3137/2006. Relator Ubiratan Aguiar. 2ª Câmara, julgado em 31/10/2006, Ata nº 40/2006.

_____. Acórdão nº 1584/2016. Relator Walton Alencar Rodrigues. Pleno, julgado em 22/06/2016, Ata nº 24/2016.

_____. Acórdão nº 139/1999. Relator Walton Alencar Rodrigues. 1ª Câmara, julgado em 22/06/1999, Ata nº 13/1999.

_____. Acórdão nº 196/1993. Relator Marcos Vinicios Vilaça. Plenário, julgado em 19/05/1993, Ata nº 18/1993.

_____. Acórdão nº 362/1994. Relator Paulo Affonso Martins de Oliveira. Plenário, julgado em 08/16/1994, Ata nº 24/1994.

_____. Acórdão nº 139/1999. Relator Marcos Vinicios Vilaça. 1ª Câmara, julgado em 27/04/1999, Ata nº 13/1999.

_____. Acórdão nº 12155/2018. Relator Marcos Bemquerer. 2ª Câmara, julgado em 04/12/2018, Ata nº 45/2018.

_____. Decisão nº 907/1997. Relator Lincoln Magalhães da Rocha. Plenário, julgado em 11/12/1997, Ata nº 53/1997.

_____. Supremo Tribunal Federal. ADI 1717, Relator(a): Min. Sydney Sanches, Tribunal Pleno, julgado em 07/11/2002, *DJ* 28/03/2003 PP-00063 EMENT VOL-02104-01 PP-00149.

_____. Supremo Tribunal Federal. ADI 3026, Relator(a): Min. Eros Grau, Tribunal Pleno, julgado em 08/06/2006, *DJ* 29/09/2006 PP-00031 EMENT VOL-02249-03 PP-00478 *RTJ* VOL-00201-01 PP-00093.

_____. Supremo Tribunal Federal. RE 883642 RG, Relator(a): Ministro Presidente Enrique Ricardo Lewandowski, julgado em 18/06/2015, Acórdão Eletrônico Repercussão Geral – Mérito *DJe*-124 DIVULG 25/06/2015 PUBLIC 26/06/2015.

_____. Supremo Tribunal Federal. Súmula 677. Plenário. *DJ* de 09/10/2003, p. 4; *DJ* de 10/10/2003, p. 4; *DJ* de 13/10/2003, p. 4.

_____. Supremo Tribunal Federal. RE 612.043, Relator(a): Min. Marco Aurélio, Tribunal Pleno, julgado em 10/05/2017, *DJe*-229 DIVULG 05/10/2017 PUBLIC 06/10/2017.

_____. Supremo Tribunal Federal. RE 101126, Relator(a): Min. Moreira Alves, Tribunal Pleno, julgado em 24/10/1984, *DJ* 01/03/1985 PP-02098 EMENT VOL-01368-02 PP-00188 *RTJ* VOL-00113-01 PP-00314.

_____. Supremo Tribunal Federal. ADI 191, Relator(a): Min. Cármen Lúcia, Tribunal Pleno, julgado em 29/11/2007, *DJe*-041 DIVULG 06/03/2008 PUBLIC 07/03/2008 EMENT VOL-02310-01 PP-00001 *RTJ* VOL-00205-01 PP-00015.

_____. Supremo Tribunal Federal. ADI 191. p. 18. Acórdão disponível em http://redir.stf.jus.br/paginadorpub/paginador.jsp?docTP=AC&docID=513617. Acesso em: 16 jan. 2020.

_____. Supremo Tribunal Federal. ADI 1923, Relator(a): Min. Ayres Britto, Relator(a) p/ Acórdão: Min. Luiz Fux, Tribunal Pleno, julgado em 16/04/2015, Acórdão Eletrônico *DJe*-254 DIVULG 16/12/2015 PUBLIC 17/12/2015.

_____. Supremo Tribunal Federal. ADI 1923, Relator(a): Min. Ayres Britto, Relator(a) p/ Acórdão: Min. Luiz Fux, Tribunal Pleno, julgado em 16/04/2015, Acórdão Eletrônico DJe-254 DIVULG 16/12/2015 PUBLIC 17/12/2015.

_____. Supremo Tribunal Federal. ADI 2076, Relator(a): Min. Carlos Velloso, Tribunal Pleno, julgado em 15/08/2002, DJ 08/08/2003 PP-00086 EMENT VOL-02118-01 PP-00218.

_____. Supremo Tribunal Federal. ADI 191. Acórdão disponível em: http://redir.stf.jus.br/paginadorpub/paginador.jsp?docTP=AC&docID=513617. Acesso em: 16 jan. 2020.

_____. Supremo Tribunal Federal. ADI 2649, Relator(a): Min. Cármen Lúcia, Tribunal Pleno, julgado em 08/05/2008, DJe-197 DIVULG 16/10/2008 PUBLIC 17/10/2008 EMENT VOL-02337-01 PP-00029 RTJ VOL-00207-02 PP-00583 LEXSTF v. 30, n. 358, 2008, p. 34-63.

_____. Supremo Tribunal Federal. ADI 939, Relator(a): Min. Sydney Sanches, Tribunal Pleno, julgado em 15/12/1993, DJ 18/03/1994 PP-05165 EMENT VOL-01737-02 PP-00160 RTJ VOL-00151-03 PP-00755.

_____. Supremo Tribunal Federal. ADPF 33 MC, voto do Rel. Min. Gilmar Mendes, j. 29/10/2003, P, DJ de 06/08/2004.

_____. Supremo Tribunal Federal. MS 34278, Relator(a): Min. Dias Toffoli, julgado em 17/05/2017, publicado em Processo Eletrônico DJe-114 DIVULG 30/05/2017 PUBLIC 31/05/2017.

_____. Supremo Tribunal Federal. ADPF 622 MC, decisão do Rel. Roberto Barroso, disp. em 19/12/2019, publ. em 20/12/2019.

_____. Supremo Tribunal Federal. ADI 1864, Relator(a): Min. Maurício Corrêa, Relator(a) p/ Acórdão: Min. Joaquim Barbosa, Tribunal Pleno, julgado em 08/08/2007, DJe-078 DIVULG 30/04/2008 PUBLIC 02/05/2008 EMENT VOL-02317-01 PP-00089 RTJ VOL-00204-02 PP-00535.

_____. Supremo Tribunal Federal. ADI 1864, Relator(a): Min. Maurício Corrêa, Relator(a) p/ Acórdão: Min. Joaquim Barbosa, Tribunal Pleno, julgado em 08/08/2007, DJe-078 DIVULG 30/04/2008 PUBLIC 02/05/2008 EMENT VOL-02317-01 PP-00089 RTJ VOL-00204-02 PP-00535.

_____. Supremo Tribunal Federal. ADI 845, Relator(a): Min. Eros Grau, Tribunal Pleno, julgado em 22/11/2007, DJe-041 DIVULG 06/03/2008 PUBLIC 07/03/2008 EMENT VOL-02310-01 PP-00031 RTJ VOL-00205-01 PP-00029 LEXSTF v. 30, n. 352, 2008, p. 43-56.

_____. Supremo Tribunal Federal. Recurso Extraordinário nº 789.874/DF. Relator(a): Min. Teori Zavascki, Tribunal Pleno, julgado em 17/09/2014, DJe-193 DIVULG 02/10/2014 PUBLIC 19/11/2014 Ata nº 174/2014, DJE nº 227, divulgado em 18/11/2014.

_____. Supremo Tribunal Federal. Mandado de Segurança nº 34.296 AgR, Relator(a): Min. Dias Toffoli, Segunda Turma, julgado em 24/04/2018, Processo Eletrônico DJe-103 DIVULG 25/05/2018 PUBLIC 28/05/2018.

_____. Supremo Tribunal Federal. ADI 3232, Relator(a): Min. Cezar Peluso, Tribunal Pleno, julgado em 14/08/2008, DJe-187 DIVULG 02/10/2008 PUBLIC 03/10/2008 EMENT VOL-02335-01 PP-00044 RTJ VOL-00206-03 PP-00983.

_____. Supremo Tribunal Federal. RMS 28456, Relator(a): Min. Cármen Lúcia, Primeira Turma, julgado em 22/05/2012, Acórdão Eletrônico *DJe*-112 DIVULG 08/06/2012 PUBLIC 11/06/2012 *RT* v. 101, n. 925, 2012, p. 573-588.

_____. Superior Tribunal de Justiça: REsp 279.168/SC, Rel. Ministro Humberto Gomes de Barros, Primeira Turma, julgado em 01/03/2001, *DJ* 09/04/2001, p. 335.

_____. Supremo Tribunal Federal. ADI 561 MC, Relator(a): Min. Celso de Mello, Tribunal Pleno, julgado em 23/08/1995, *DJ* 23/03/2001 PP-00084 EMENT VOL-02024-01 PP-00056.

_____. Supremo Tribunal Federal. ADI 311 MC, Relator(a): Min. Carlos Velloso, Tribunal Pleno, julgado em 08/08/1990, *DJ* 14/09/1990 PP-09423 EMENT VOL-01594-01 PP-00023.

_____. Supremo Tribunal Federal. RE 138284, Relator(a): Min. Carlos Velloso, Tribunal Pleno, julgado em 01/07/1992, *DJ* 28/08/1992 PP-13456 EMENT VOL-01672-03 PP-00437 *RTJ* VOL-00143-01 PP-00313.

_____. Supremo Tribunal Federal. RE 177137, Relator(a): Min. Carlos Velloso, Tribunal Pleno, julgado em 24/05/1995, *DJ* 18/04/1997 PP-13788 EMENT VOL-01865-05 PP-00925.

_____. Superior Tribunal de Justiça. REsp 895.596/SC, Rel. Min. Eliana Calmon, Segunda Turma, julgado em 08/05/2007, *DJ* 23/05/2007, p. 255.

_____. Supremo Tribunal Federal. ADI 1924 MC, Relator(a): Min. Néri da Silveira, Relator(a) p/ Acórdão: Min. Joaquim Barbosa (Art. 38, IV, *b*, do RISTF), Tribunal Pleno, julgado em 20/05/2009, *DJe*-148 DIVULG 06/08/2009 PUBLIC 07/08/2009 EMENT VOL-02368-01 PP-00093 *RTJ* VOL-00217-01 PP-00114 *LEXSTF* v. 31, n. 368, 2009, p. 31-69.

_____. Superior Tribunal de Justiça. Súmula 499: Primeira Seção, julgado em 13/03/2013, *DJe* 18/03/2013.

_____. Superior Tribunal de Justiça. EREsp 1619954/SC, Rel. Min. Gurgel de Faria, Primeira Seção, julgado em 10/04/2019, *DJe* 16/04/2019.

_____. Supremo Tribunal Federal. RE 516195 ED-AgR-EDv-AgR, Relator(a): Min. Alexandre de Moraes, Tribunal Pleno, julgado em 26/10/2018, Processo Eletrônico *DJe*-236 DIVULG 06/11/2018 PUBLIC 07/11/2018.

_____. Supremo Tribunal Federal. ADI 4016 MC, Relator(a): Min. Gilmar Mendes, Tribunal Pleno, julgado em 01/08/2008, *DJe*-075 DIVULG 23/04/2009 PUBLIC 24/04/2009 EMENT VOL-02357-01 PP-00047 *RDDT* n. 165, 2009, p. 187-193.

_____. Supremo Tribunal Federal. RE 204.062/ES. Rel. Min Carlos Velloso, Segunda Turma, julgado em 27/09/1996. Divulgado 18/12/1996. Publicado em 19/12/1996. Ata nº 62/96 *DJ* 19/12/1996.

_____. Supremo Tribunal Federal. Súmula 544. Pleno. Aprovada em 03/12/1969. *DJ* de 10/12/1969, p. 5935; *DJ* de 11/12/1969, p. 5951; *DJ* de 12/12/1969, p. 5999.

_____. Supremo Tribunal Federal. ADI 3026, Relator(a): Min. Eros Grau, Tribunal Pleno, julgado em 08/06/2006, *DJ* 29/09/2006 PP-00031 EMENT VOL-02249-03 PP-00478 *RTJ* VOL-00201-01 PP-00093.

REFERÊNCIAS | 421

_____. Supremo Tribunal Federal. MS 36376 MC, Relator(a): Min. Rosa Weber, julgado em 07/06/2019, publicado em Processo Eletrônico *DJe*-127 DIVULG 11/06/2019 PUBLIC 12/06/2019.

_____. Supremo Tribunal Federal. ADI 2125 MC, Relator(a): Min. Maurício Corrêa, Tribunal Pleno, julgado em 06/04/2000, *DJ* 29/09/2000 PP-00069 EMENT VOL-02006-01 PP-00051.

_____. Supremo Tribunal Federal. ADI 1864, Relator(a): Min. Maurício Corrêa, Relator(a) p/ Acórdão: Min. Joaquim Barbosa, Tribunal Pleno, julgado em 08/08/2007, *DJe*-078 DIVULG 30/04/2008 PUBLIC 02/05/2008 EMENT VOL-02317-01 PP-00089 *RTJ* VOL-00204-02 PP-00535.

_____. Supremo Tribunal Federal. MS 34278, Relator(a): Min. Dias Toffoli, julgado em 17/05/2017, publicado em Processo Eletrônico *DJe*-114 DIVULG 30/05/2017 PUBLIC 31/05/2017.

_____. Supremo Tribunal Federal. 1 Vídeo (1 min). Salto Triplo Carpado Hermenêutico. Publicado pelo canal Tauamas. 2010. Disponível em: https://www.youtube.com/watch?v=fZvStEnJ7-Y. Acesso em: 25 dez. 2019.

BRESSER-PEREIRA, Luiz Carlos. *Burocracia pública na construção do Brasil*. 2008. Disponível em: http://www.bresserpereira.org.br/BOOKS/Burocracia_Publica_construcao_Brasil.pdf. Acesso em: 6 jan. 2020.

BULOS, Uadi Lammêgo. *Curso de direito constitucional*. 12. ed. São Paulo: Saraiva Educação, 2019.

CAETANO, Marcello. *Manual de direito administrativo*. 8. ed. portuguesa e 1. ed. brasileira. Rio de Janeiro: Forense, 1970.

_____. *Princípios fundamentais do direito administrativo*. Almedina: Coimbra, 1996.

CAIO JR., José. *Curso de direito do trabalho* – Direito individual e coletivo do trabalho. 16. ed. Salvador: JusPodivm, 2019.

CÂMARA DOS DEPUTADOS. Comissão de Educação. *Relatório ao Projeto de Lei nº 10.568, de 2018*. Disponível em: https://www.camara.leg.br/proposicoesWeb/prop_mostrarintegra?codteor=1699181&filename=PRL+2+CE+%-3D%3E+PL+10568/2018. Acesso em: 14 nov. 2019.

_____. Comissão de Agricultura, Pecuária, Abastecimento e Desenvolvimento Rural. *Projeto de Lei nº 5.740, de 2013*. Disponível em: https://www.camara.leg.br/proposicoesWeb/prop_mostrarintegra;jsessionid=F414B-3CEAA60528D8EEA1E98AAAAA2C3.proposicoesWebExterno2?-codteor=1113090&filename=Tramitacao-PL+5740/2013. Acesso em: 26 dez. 2019.

_____. Comissão de Trabalho discute papel do sistema S. *Câmara dos Deputados*. 2019. Disponível em: https://www.camara.leg.br/noticias/561800-COMISSAO-DE--TRABALHO-DISCUTE-PAPEL-DO-SISTEMA-S. Acesso em: 16 nov. 2019.

_____. Consultoria Legislativa. Gisele Santoro Trigueiro Mendes. *Extinção dos serviços sociais e de aprendizagem que compõem o sistema S (Sesi, Senai, Sesc, Senac, Sest, Senat, Senar e Sebrae) e criação do Instituto Brasileiro do Trabalho – Ibrat*.

Disponível em: http://bd.camara.gov.br/bd/handle/bdcamara/1519. Acesso em: 20 jan. 2020.

_____. Departamento de Taquigrafia, Revisão e Redação. *Discurso proferido na sessão de 5 de outubro de 1988*, p. 1-9. Disponível em: https://www2.camara.leg.br/atividade-legislativa/plenario/discursos/escrevendohistoria/25-anos-da-constituicao-de-1988/constituinte-1987-1988/pdf/Ulysses%20Guimaraes%20-%20DISCURSO%20%20REVISADO.pdf. Acesso em: 30 dez. 2019.

_____. *Ficha de tramitação do Projeto de Lei nº 559/2015*. Disponível em: https://www.camara.leg.br/proposicoesWeb/fichadetramitacao?idProposicao=961546. Acesso em: 14 nov. 2019.

_____. *Projeto de Lei Complementar nº 92/2007*. Disponível em: https://www.camara.leg.br/proposicoesWeb/prop_mostrarintegra;jsessionid=BBC702155D-6C61063A2404AB5DB7D3EF.proposicoesWebExterno2?codteor=483713&filename=PLP+92/2007. Acesso em: 16 dez. 2019.

CANOTILHO, José Joaquim Gomes. *Direito constitucional e teoria da constituição*. 5. ed. Coimbra: Almedina, 2002.

_____ et al. (coord.). *Comentários à Constituição do Brasil*. 2. ed. São Paulo: Saraiva Educação, 2018. (Série IDP).

CAIRO JÚNIOR, José. *Curso de direito do trabalho*. 16. ed. rev. e atual. Salvador: JusPodivm, 2019.

CARDOSO, Henrique Ribeiro. *O poder normativo das agências reguladoras*. 2. ed. rev. e atual. Rio de Janeiro: Lumen Juris, 2016. p. 145.

CARDOZO, José Eduardo M.; QUEIROZ, João Eduardo L.; SANTOS, Márcia W. B. *Direito administrativo econômico*. São Paulo: Atlas S.A., 2011.

CARNEIRO NETO, Durval. Conselhos de fiscalização profissional: uma trajetória em busca de sua identidade jurídica. *Revista Eletrônica sobre a Reforma do Estado*, Salvador, n. 25, p. 3, mar./abr./maio 2011.

CARVALHO, Aurora Tomazini. *Curso de teoria geral do direito*: o constructivismo lógico-semântico. 3. ed. São Paulo: Noeses, 2013.

CARVALHO, Marcelo Augusto Monteiro de. *A criação do Senai no contexto da Era Vargas*. Dissertação (Mestrado em História Econômica) – Faculdade de Filosofia, Letras e Ciências Humanas da Universidade de São Paulo, São Paulo, 2011.

CARVALHO, Paulo de Barros. *Direito tributário, linguagem e método*. 2. ed. São Paulo: Noeses, 2008.

_____. *Curso de direito tributário*. 30. ed. São Paulo: Saraiva, 2019.

CARVALHO FILHO, José dos Santos. *Manual de direito administrativo*. 33. ed. São Paulo: Atlas, 2019.

CATHARINO, José Martins. *Tratado elementar de direito sindical*: doutrina, legislação. São Paulo: LTr, 1982.

CAVALCANTI, Themistocles Brandão. *Curso de direito administrativo*. 6. ed. São Paulo: Freitas Bastos, 1961.

REFERÊNCIAS | **423**

_____. Autarquias – Natureza jurídica do serviço social do comércio. *Revista de Direito Administrativo*, Rio de Janeiro, v. 19, jan. 1950.

_____. Tratado de direito administrativo. 3. ed. Rio de Janeiro/São Paulo: Livraria Freitas Bastos, v. II, 1956.

CHAHAIRA, Bruno Valverde. *Terceiro setor, direitos fundamentais e as políticas públicas no Brasil em crise*. Rio de Janeiro: Lumen Juris, 2018.

CHIEPPA, Roberto; GIOVAGNOLI, Roberto. *Manueale di diritto amministrativo*. 4. ed. Milão: 2018.

CNI. *Relatório anual de atividades Sesi-Senai-IEL 2018*. Disponível em: https://www.portaldaindustria.com.br/publicacoes/2019/8/relatorio-anual-de-atividades--senai-sesi-iel/#relatorio-anual-de-atividades-sesi-senai-iel-2018%20. Acesso em: 22 jul. 2019.

_____. *Código de ética*. Disponível em: https://bucket-gw-cni-static-cms-si.s3.amazonaws.com/media/filer_public/dc/41/dc415951-ffbe-43c2-9281-f2d3973a2eaa/codigo-de-etica-final-web.pdf. Acesso em: 12 jan. 2020.

COMMITEE OF SPONSORING ORGANIZATIONS OF THE TREADWAY COMMISSION (COSO). *Gerenciamento de riscos corporativos* – Estrutura integrada. Disponível em: https://www.coso.org/Documents/COSO-ERM-Executive--Summary-Portuguese.pdf. Acesso em: 1 jan. 2020.

COELHO, Sacha Calmon Navarro. *Comentários ao Código Tributário Nacional*. 4. ed. Rio de Janeiro: Editora Forense, 1999. p. 280.

CORRÊA, Marcello. Corte no sistema S pode chegar a 50%, diz futuro secretário da Receita Federal. *O Globo*. 2018. Disponível em: https://oglobo.globo.com/economia/corte-no-sistema-pode-chegar-50-diz-futuro-secretario-da-receita-federal-23311605. Acesso em: 13 out. 2019.

COSTA, Marcelo Lima. *O sistema Sebrae*. Disponível em: www.comunidade.sebrae.com.br/mult_atend_ind/Modulo+I/Downloads+-+Modulo+I/Downloads_GetFile.aspx?id=8952. Acesso em: 18 maio 2019.

CRETELLA JÚNIOR, José. *Administração indireta brasileira*. Rio de Janeiro: Forense, 1980.

_____. *Fundações de direito público*. 2. ed. Rio de Janeiro: Forense, 2002.

_____. *Manual de direito administrativo*. 7. ed. Rio de Janeiro: Forense, 2005.

CUÉLLAR, Leila. Os novos serviços sociais autônomos, exame de um caso. *Revista Brasileira de Direito Público – RBDP*, Belo Horizonte, ano 1, n. 3, p. 73-109, 2003.

CUNHA JÚNIOR, Dirley da. *Curso de direito administrativo*. 17. ed. Salvador: JusPodivm, 2019.

CUNHA JUNIOR, Luiz Arnaldo Pereira da; SALGADO, Valéria Alpino Bigonha; ALMEIDA, Valdomir José de. *Propostas de taxonomias para órgãos entidades da administração pública federal e outros entes de cooperação e colaboração*. 2. ed. Brasília: IABS, 2013.

DAVID ARAÚJO, Luiz Alberto. *Pessoa com deficiência e o dever constitucional de incluir*: a Ação Direta de Inconstitucionalidade nº 5357; uma decisão vinculante e muito sinais inequívocos. São Paulo: Editora Verbatim, 2018.

DIAS, Maria Tereza Fonseca; BECHARA, Juliana de Souza. *Parcerias da administração pública com as entidades privadas sem fins lucrativos na Lei nº 13.019/2014 e a questão da univocidade conceitual do "terceiro setor"*. Brasília: Repats, v. 2, n. 2, p. 70-85, jul./dez. 2015.

DIAS, Roberto. Prefácio. In: FREITAS, Aline Akemi. *Direito à cultura e Terceiro setor*: a democracia, o encorajamento e o controle por resultado. Rio de Janeiro: Lumen Juris, 2016.

DINIZ, Maria Helena. *Código civil anotado*. 9. ed. São Paulo: Saraiva, 2003.

DIREITO, Carlos Alberto Menezes. A disciplina constitucional da propriedade industrial. *Revista de Direito Administrativo*, Rio de Janeiro, v. 185, p. 19-25, jul. 1991.

DI PIETRO, Maria Sylvia Zanella. *Direito administrativo*. 23. ed. São Paulo: Atlas, 2010.

_____. *Parcerias na administração pública*. 10. ed. São Paulo: Atlas, 2015.

_____. Das entidades paraestatais e das entidades de colaboração. In: MODESTO, Paulo (coord.). *Nova organização administrativa brasileira*. Belo Horizonte: Fórum, 2009. p. 227-244.

_____; MOTTA, Fabrício. *Tratado de direito administrativo*. Administração pública e servidores públicos. 2. ed. São Paulo: Revista dos Tribunais, v. 2, 2019.

DI RUFFIA, Paolo Biscaretti. *Derecho constitucional*. Madrid: Editorial Tecnos, 1973.

DROMI, Roberto. *Derecho administrativo*. 12. ed. Madrid – México: Hispania Libros; Bueno Aires: Ciudad Argentina, 2009.

ECO, Humberto. *Como se faz uma tese*, São Paulo: Perspectiva, 1997.

ESCOBAR, Jiménez; GUTIERREZ, Morales. Tercer sector y univocidad conceptual: necesidad y elementos configuradores. *Revista Katálysis*, Florianópolis, v. 11 n. 1 p. 84-95 jan./jun. 2008. Disponível em: http://www.scielo.br/scielo.php?script=sci_arttext&pid=S141449802008000100008. Acesso em: 19 de mar. 2018.

FRANÇA, Limogi. Da jurisprudência como direito positivo. *Revista da Faculdade de Direito*, Universidade de São Paulo, v. 66, 1971.

FRANCISCO, José Carlos. *Função regulamentar e regulamentos*. Rio de Janeiro: Forense, 2009.

FERNANDES, Bernardo Gonçalves. *Curso de direito constitucional*. 11. ed. Salvador: JusPodivm, 2019.

FERNANDES, Luciana de Medeiros. *Reforma do estado e terceiro setor*. Curitiba: Juruá, 2009.

FERRAZ, Anna Cândida da Cunha. *Conflito entre poderes*: o poder congressual de sustar atos normativos do Poder Executivo. São Paulo: Revista dos Tribunais, 1994.

FERRAZ JÚNIOR, Tércio Sampaio. *Conceito de sistema no direito*: uma investigação histórica a partir da obra jusfilosófica de Emil Lask. São Paulo: Editora Revista dos Tribunais, 1976.

_____. *Introdução ao estudo do direito*. 3. ed. São Paulo: Atlas, 2001.

_____. *Teoria da norma jurídica*: ensaio da pragmática da comunicação normativa. 5. ed. São Paulo: Atlas, 2016.

REFERÊNCIAS | **425**

FERREIRA, Sergio de Andréa. *As fundações de direito privado instituídas pelo estado*. Rio de Janeiro: Editora Rio, 1973.

_____. *Comentários à constituição*. 32 v. Rio de Janeiro: Biblioteca Jurídica Freitas Bastos, 1991.

FERREIRA FILHO, Manoel Gonçalves. *Comentários à Constituição brasileira de 1988*. São Paulo: Saraiva, v. 4, 1995.

FERREIRA FILHO, Marcílio da Silva. *Poder regulamentar*: aspectos controvertidos no contexto da função regulatória. Rio de Janeiro: Lumen Juris. 2016.

FIEG. *Câmara dos Deputados discute sistema S*. Federação das Indústrias do Estado de Goiás, 2019. Disponível em: https://www.sistemafieg.org.br/noticia-camara--dos-deputados-discute-sistema-s. Acesso em: 10 nov. 2019.

FIGUEIREDO, Betania Gonçalves. *A criação do Sesi e Sesc*: do enquadramento da preguiça a produtividade do ócio. 1991. 221 f. Dissertação (Mestrado) – Universidade Estadual de Campinas, Instituto de Filosofia e Ciências Humanas, Campinas, SP. Disponível em: http://www.repositorio.unicamp.br/handle/REPOSIP/279081. Acesso em: 13 jul. 2019.

FIGUEIREDO, Marcelo; ROVAI, Armando. O sistema S pede socorro. *Portal Protec*. 2015. Disponível em: http://site.protec.org.br/artigos/33801/o-sistema-s-pe-de-socorro. Acesso em: 11 nov. 2019.

FUNDAÇÃO OSWALDO CRUZ. *História do câncer*. Disponível em: http://www.historiadocancer.coc.fiocruz.br/index.php/pt-br/imagens/pioneiras-sociais. Acesso em: 25 jun. 2019.

FURTADO, Lucas Rocha. *Curso de direito administrativo*. 5. ed. Belo Horizonte: Fórum, 2016.

FRANCO, Albano. A crise fiscal e o sistema S. *O Globo*. 2015. Disponível em: https://oglobo.globo.com/opiniao/a-crise-fiscal-o-sistema-s-17607015. Acesso em: 16 nov. 2019.

FREIRE, André Luiz. *O regime de direito público na prestação de serviços públicos por pessoas privadas*. Coleção Temas de Direito Administrativo, n. 34. São Paulo: Malheiros, 2014.

GIANNINI, Massimo Severo. *Diritto amministrativo*. 2. ed. Milão: Giuffrè, v. I, 1988.

GOMES, Orlando. Pessoas jurídicas de direito público e de direito privado – Autarquias – Senac e Sesc. *Revista de Direito Administrativo*, Rio de Janeiro, v. 19, p. 384-391, jan. 1950.

GONÇALVEZ, Pedro. *Entidades privadas com poderes públicos*: o exercício de poderes públicos de autoridade por entidades privadas com funções administrativas. Coimbra: Almedina, 2008.

GOUVEIA, Jorge Bacelar. *Manual de direito constitucional*: introdução, parte geral, parte especial. 2 v. 3. ed. Coimbra: Almedina. 2010.

GRANADO, Daniel Willian. Ação popular. In: ALVIM, Eduardo Arruda; LEITE, George Salomão; STRECK, Lenio (coord.). *Curso de direito constitucional*. 1. ed. Florianópolis: Tirant lo Blanch, 2018.

GRAU, Eros Roberto. Sindicalização de servidores de entidades paraestatais. *Revista de Direito Público*, São Paulo, n. 28, p. 52-58, mar./abr. 1974.

GROTTI, Dinorá Adelaide Musetti. As parcerias na administração pública. In: CARDOZO, José Eduardo Martins; QUEIROZ, João Eduardo Lopes; SANTOS, Walquíria Batista dos Santos (Coords.). *Direito Administrativo Econômico*. São Paulo: Atlas, 2011.

GROSS, Aeyal M. *Human rights and American public law scholarship*. A comment on Robert Post. Theoretical inquiries in Law 2.1. (2001). Disponível em: https://www7.tau.ac.il/ojs/index.php/til/article/view/207/183. Acesso em: 28 dez. 2019.

GRUPO METRÓPOLE. Metro1, 2019. *Sem fluência em inglês, presidente da Apex pede demissão*. Disponível em: https://www.metro1.com.br/noticias/politica/66961,sem-fluencia-em-ingles-presidente-da-apex-pede-demissao. Acesso em: 23 dez. 2019.

HÄBERLE, Peter. *Direitos fundamentais no estado prestacional*. Porto Alegre: Livraria do Advogado, 2019.

HAMILTON, Sergio Demoro. O *habeas corpus* contra ato de particular. *Revista da EMERJ*, v. 8, n. 32, p. 99-109, 2005.

IMPRENSA NACIONAL. *Diário Oficial da União*. Ata nº 26, de 17 de julho de 2019 TC 027.502/2018-0. Disponível em: http://www.in.gov.br/web/dou/-/ata-n-26-de-17-de-julho-de-2019-207238540. Acesso em: 15 dez. 2019.

INSTITUTO TODOS PELA EDUCAÇÃO. *Anuário brasileiro da educação básica 2019*. Disponível em: https://www.todospelaeducacao.org.br/_uploads/_posts/302.pdf. Acesso em: 6 jan. 2020.

JELLINEK, Georg. *Sistema dei diritti pubblici subiettivi*. Trad. italia., Milão: Società Editrice Libreria, 1912.

_____. *Teoría general del estado*. Trad. espan. 1. ed. México: FCE, 2000.

JUSTEN FILHO, Marçal. *Curso de direito administrativo*. 13. ed. São Paulo: Revista dos Tribunais, 2018.

_____. *Comentários à lei de licitações e contratos administrativos*. 13. ed. São Paulo: Dialética, 2009.

KANT, Immanuel. *Crítica da razão pura*. Trad. de Manuela Pinto dos Santos e Alexandre Fradique Morão. 2. ed. Fundação Calouste Gulbenkian: Lisboa, 1989.

LIMA, Luciana. O que é o "salto triplo carpado hermenêutico" do presidente do STF, Cezar Peluso. 2010. Disponível em: http://poderonline.ig.com.br/index.php/2010/09/22/o-que-e-o-salto-triplo-carpado-hermeneutico-do-presidente-stf-cezar-peluso/. Acesso em: 25 dez. 2019.

LIMA, Luiz Henrique. *Controle externo*: teoria e jurisprudência para os tribunais de contas. 8. ed. Rio de Janeiro: Forense; São Paulo: Método, 2019.

LINS, Bernardo Wildi. *Organizações sociais e contratos de gestão*. 2. ed. Rio de Janeiro: Lumen Juris, 2018.

LOPES, José Reinaldo de Lima. História do direito. *Revista da Faculdade de Direito*, Universidade de São Paulo, n. 113, 2018.

LOPILATO, Vicenzo. *Manuale di diritto amministrativo*. Torino: G. Giappichelli Editore, 2019.

MACHADO, Maria Rejane Bitencourt. *Entidades beneficentes de assistência social –* Contabilidade, obrigações acessórias e principais. 4. ed. Curitiba: Juruá, 2014.

REFERÊNCIAS | **427**

MACHADO NETO, Alfredo José et al. *Teoria geral dos sistemas.* Org. Dante Pinheiro Martinelli et al. São Paulo: Saraiva, 2012. p. 2.

MARTINS, Fran. *Curso de direito comercial.* Atual. Carlos Henrique Abrão. 41. ed. Rio de Janeiro: Forense, 2018.

MARQUES NETO, Floriano de Azevedo; CUNHA, Carlos Eduardo Bergamini. Serviços sociais autônomos. *Revista de Direito Administrativo,* Rio de Janeiro, v. 263, p. 135-174, maio 2013. Disponível em: http://bibliotecadigital.fgv.br/ojs/index.php/rda/article/view/10647. Acesso em: 3 jan. 2020.

_____. Convênios entre estado e iniciativa privada para implantação de polos industriais. *Revista Trimestral de Direito Público – RTDP,* São Paulo, v. 48, p. 175-194, 2004.

_____. Os grandes desafios do controle da administração pública. In: MODESTO, Paulo (coord.). *Nova organização administrativa brasileira.* Belo Horizonte: Fórum, 2009. p. 195-226.

_____. A contratação de empresas para suporte da função reguladora e a "indelegabilidade do poder de polícia". *Revista Trimestral de Direito Público,* São Paulo, n. 32, p. 71-73, 2000.

MARTÍN-RETORTILLO, Sebastián. Las empresas públicas: reflexiones del momento presente. *Revista de Administración Pública,* Madrid, n. 126, p. 63-132, set./dez. 1991.

MASSON, Aloisio. *O desporto como instrumento do direito econômico.* Rio de Janeiro: Forense, 2014.

MEDAUAR, Odete. *Direito administrativo moderno.* 16. ed. São Paulo: Revista dos Tribunais, 2012.

MEIRELLES, Hely Lopes. *Direito administrativo brasileiro.* 32. ed. São Paulo: Malheiros Editores, 2006.

_____. A licitação nas entidades paraestatais. In: *Estudos de direito público III.* São Paulo: Revista dos Tribunais, 1981. p. 12-21.

MENDES, Gilmar Ferreira. Os direitos fundamentais e seus múltiplos significados na ordem constitucional. *Revista Diálogo Jurídico,* Salvador: CAJ – Centro de Atualização Jurídica, nº 10, jan. 2002. Disponível em: https://livros-e-revistas.vlex.com.br/vid/fundamentais-multiplos-significados-59306903?_ga=2.155787583.520207255.1578327971-1389459247.1578327971. Acesso em: 6 jan. 2020.

MENDONÇA, Ana Paula Nunes. Análise dogmática da (in)aplicabilidade do princípio constitucional do concurso público. In: RAMOS FILHO, Wilson (coord.). *Trabalho e regulação:* as lutas sociais e as condições materiais da democracia. Belo Horizonte: Fórum, v. 1, 2012.

MESSINA, José de Oliveira. Fiscalização de entidades paraestatais pelo Tribunal de Contas. *Revista de Direito Público,* São Paulo, n. 19, p. 90-107, jan./mar. 1972.

MESTRINER, Maria Luiza. *O estado entre a filantropia e a assistência social.* São Paulo: Cortez, 2001.

MIRANDA, Jorge. *Direitos fundamentais.* 2. ed. Almedina: Coimbra, 2018.

428 | SISTEMA S: FUNDAMENTOS CONSTITUCIONAIS • *Edvaldo Nilo de Almeida*

_____. *Manual de direito constitucional*. Tomo IV, 2. ed. Coimbra Editora: Coimbra, 1993.

MONACILIUNI, Marta. *Mini manuali: diritto pubblico*. 3. ed. Napoli: EdiSES, 2013.

MORAES, Alexandre de. *Direito constitucional*. 35. ed. São Paulo: Atlas, 2019.

MORAES, Carmen Sylvia V. *A relação trabalho e educação em perspectiva histórica e sociológica*. Tese (Livre-docência) – Faculdade de Educação da USP, São Paulo, 2005.

MOREIRA, José Carlos Barbosa. Questões prejudiciais e questões preliminares. In: Direito Processual Civil (ensaios e pareceres). Rio de Janeiro: Borcoi, 1971.

_____. *Exceção de pré-executividade*: uma denominação infeliz. Temas de direito processual. 7ª série, São Paulo: Saraiva, 2001.

MOREIRA NETO, Diogo de Figueiredo. *Curso de direito administrativo*. 16. ed. Rio de Janeiro: Forense, 2014.

_____. Natureza jurídica dos serviços sociais autônomos. *Revista de Direito Administrativo – RDA*, Rio de Janeiro, v. 207, p. 79-94, jan./mar. 1997.

MOUSSALÉM, Tárek Moysés. *Fontes do direito tributário*. 2. ed. São Paulo: Saraiva, 2006.

NASCIMENTO, Amauri Mascaro. *Direito sindical*. São Paulo: Saraiva, 1989.

NERY JÚNIOR, Nelson; ABBOUD, Georges. *Direito constitucional brasileiro*: curso completo. 2. ed. São Paulo: Thomson Reuters Brasil, 2019.

NUNES, Terezinha de Souza Ferraz. *Implicações do modelo de competências na educação profissional desenvolvida no Senac-PE a partir do olhar do professor*. Dissertação (Mestrado em Educação) – Universidade Federal de Pernambuco, Recife, 2006.

NUNES, Vicente. Governo estuda fusão do INPI com ABDI para criação de nova agência industrial. *Correio Braziliense*, Brasília, 10 dez. 2019. Disponível em: http://blogs.correiobraziliense.com.br/vicente/governo-estuda-fusao-do-inpi-com-abdi-para-criacao-de-nova-agencia-industrial/. Acesso em: 28 dez. 2019.

NUNES JÚNIOR, Vidal Serrano. *A cidadania social na Constituição de 1988*: estratégias de positivação e exigibilidade judicial dos direitos sociais. São Paulo: Editora Verbatim, 2009.

OLIVEIRA, Rafael Carvalho Rezende. *Curso de direito administrativo*. 7. ed. Rio de Janeiro: Forense, 2019.

PAES, José Eduardo Sabo. Fundação pública instituída pelo poder público com personalidade jurídica de direito privado. *Revista do Ministério Público Distrito Federal e Territórios*, n. 4, Brasília, 2010. Disponível em: http://www.fundacoes.mppr.mp.br/arquivos/File/Artigo_Sabo_Paes_Fundacoes_publicas_de_direito_privado.pdf. Acesso em: 16 jan. 2020.

PANIAGUA, Enrique Linde. *Fundamentos de derecho administrativo*: del derecho del poder al derecho de los ciudadanos. 4. ed. Madrid: Universidad Nacional de Educación a Distancia, 2012.

REFERÊNCIAS **429**

PANTOJA, Christiane. *Base de cálculo de contribuições a Sesi e Senai não é limitada a 20 salários mínimos*. Disponível em: https://www.conjur.com.br/2020-out-24/pantoja-base-calculo-contribuicoes-sesi-senai. Acesso em: 16 abr. 2021.

PLANO DIRETOR DA REFORMA DO APARELHO DO ESTADO. 1995. Disponível em http://www.bresserpereira.org.br/Documents/MARE/PlanoDiretor/plano-diretor.pdf. Acesso em: 6 jan. 2020.

PRESIDÊNCIA DA REPÚBLICA. Secretaria de Governo. Secretaria Especial de Comunicação Social. Instrução Normativa nº 08, de 19/12/2014. Disponível em: https://www.secom.gov.br/acesso-a-informacao/legislacao/arquivos-de-instrucoes-normativas/2014in09patrocinio.pdf/view. Acesso em: 16 jan. 2020.

PUPO, Fábio. Governo estuda extinguir INPI e incorporar funções ao sistema S. *Valor Econômico*, Brasília, 10 dez. 2019. Disponível em: https://valor.globo.com/brasil/noticia/2019/12/10/governo-estuda-extinguir-inpi-e-incorporar-funes--ao-sistema-s.ghtml. Acesso em: 28 dez. 2019.

RAO, Vicente. *O direito e a vida dos direitos*. 3. ed. Revista dos Tribunais, São Paulo, v. 2, 1991.

RAZ, Joseph. *O conceito de sistema jurídico*: uma introdução à teoria dos sistemas jurídicos. Tradução de Maria Cecília de Almeida; revisão de tradução de Marcelo Brandão Cipolla. São Paulo: Editora WMF Martins Fontes, 2018.

REDER, Estevan. *Sesi 70 anos*. Disponível em: http://www.fiepr.org.br/centrodememoria/uploadAddress/Catalogo_do_Sistema[74289].pdf. Acesso em: 18 jul. 2019.

REUTERS. "Tem que meter a faca no sistema S", diz Paulo Guedes. *Exame*. 2018. Disponível em: https://exame.abril.com.br/economia/guedes-gasto-publico--gerou-zoeira-total-e-previdencia-desigualdade/. Acesso em: 8 set. 2019.

ROBLES, Gregorio. *O direito como texto*. São Paulo: Manole, 2005.

ROCHA, Cármen Lúcia Antunes. *Princípios constitucionais da administração pública*. Belo Horizonte: Del Rey, 1994.

ROCHA, Sílvio Luís Ferreira da. *Manual de direito administrativo*. São Paulo: Malheiros Editores, 2013.

_____. *Terceiro setor*. Coleção Temas de Direito Administrativo 7. 2. ed. São Paulo: Malheiros Editores, 2006.

ROMITA, Arion Sayão. *Direito sindical brasileiro*. Rio de Janeiro: Brasília, 1976.

ROSSETTI, Suzana Maria. Terceirização no âmbito dos servidores sociais autônomos. *Revista Zênite – Informativo de Licitações e Contratos (ILC)*, Curitiba: Zênite, n. 224, p. 1018, out. 2012.

SALAMON, Lester. Estratégias para o fortalecimento do terceiro setor. In: IOSCHPE, Evelyn Berg (org.). *3º setor*: desenvolvimento social sustentado. 3. ed. Rio de Janeiro: Paz e Terra, 2005.

SAMPAIO, Ricardo Alexandre. A contratação de entidades do sistema S com base no art. 24, inc. XIII, da Lei nº 8.666/93 – Exame de legalidade. *Revista Zênite – Informativo de Licitações e Contratos (ILC)*, Curitiba: Zênite, n. 218, p. 360-363, abr. 2012.

SANTI, Eurico Marcos Diniz de. *Decadência e prescrição no direito tributário*. 3. ed. São Paulo: Max Limonad, 2004.

SANTOS, Boaventura de Sousa. Para uma reinvenção solidária e participativa do Estado. In: BRESSER PEREIRA, Luiz Carlos; WILHEIM, Jorge; SOLA, Lourdes (org.). *Sociedade e estado em transformação*. São Paulo: Unesp; Brasília: ENAP, 1999.

SANTOS, Márcia Walquíria Batista dos (org.). *Curso de direito administrativo econômico*. São Paulo: Malheiros Editores, v. I, 2006.

SÃO PAULO (Estado). Tribunal de Contas. *Manual básico de orientação às fundações estaduais*. São Paulo, 2007. Disponível em: www4.tce.sp.gov.br/sites/default/files/2007_fundacoes-estaduais.pdf. Acesso em: 12 dez. 2012.

SARLET, Ingo. *Proteção de direitos fundamentais diante das emendas constitucionais*. Disponível em: https://www.conjur.com.br/2016-mai-06/direitos-fundamentais-protecao-direitos-fundamentais-diante-emendas-constitucionais-parte. Acesso em: 20 jan. 2020.

SCAFF, Fernando Facury. Contrato de gestão, serviços sociais autônomos e intervenção do Estado. *Revista de Direito Administrativo – RDA*, Rio de Janeiro, v. 225, p. 273-297, jul./set. 2001.

SEBRAE. *Portal Sebrae*. Quem somos. Disponível em: http://www.sebrae.com.br/sites/PortalSebrae/canais_adicionais/conheca_quemsomos. Acesso em: 19 maio 2019.

_____. *Relatório de gestão 2018*. Brasília: 2019. Disponível em: https://conteudoh16.sebrae.com.br/file_source/ArquivosPortalLai/Nacional/Relat%C3%B3rio%20de%20Gest%C3%A3o%20-%20Exerc%C3%ADcio%202018%20-%20Sebrae-NA.pdf. Acesso em: 12 dez. 2019.

SENAC. *Relatório anual de atividades Senac 2018*. Disponível em: http://www.dn.senac.br/wp-content/uploads/2017/03/relatorio_geral_2018.pdf. Acesso em: 27 jul. 2019.

SENADO FEDERAL. *Diário do Senado Federal nº 184 de 2013*. Disponível em: https://legis.senado.leg.br/diarios/ver/18726?sequencia=207. Acesso em: 26 dez. 2019.

_____. *Ficha de tramitação do Projeto de Lei nº 3.469/2015*. Disponível em: https://www25.senado.leg.br/web/atividade/materias/-/materia/137262. Acesso em: 15 nov. 2019.

SENAR. Portal da Transparência. *Relatórios anuais de gestão 2018*. Disponível em: http://app3.cna.org.br/transparencia/?gestaoRelatorioExercicio-SENAR-2018-5. Acesso em: 16 dez. 2019.

SESC. *Portal da Transparência*, 2019. Disponível em: http://transparencia.sesc.com.br/portal/relatorios. Acesso em: 6 jan. 2019.

_____. Departamento Nacional. *Relatório de gestão 2016*. Rio de Janeiro: Sesc, 2017 Disponível em: http://transparencia.sesc.com.br/wps/wcm/connect/57d34a9a-c2ee-43e3-a23a-33d9932920f9/RG2016_web.pdf?MOD=AJPERES&CACHEID=57d34a9a-c2ee-43e3-a23a-33d9932920f9. Acesso em: 6 jan. 2019.

SESCOOP. Transparência. *Relatório de Gestão do Sescoop 2018*. Disponível em: https://www.somoscooperativismo.coop.br/transparencia-sescoop. Acesso em: 16 dez. 2019.

REFERÊNCIAS | **431**

_____.. *Resolução nº 1835/2019 – Conselho Nacional do Sescoop.* Disponível em: https://api.somoscooperativismo.coop.br/portal/arquivotransparencia/arquivo/get/50278. Acesso em: 16 jan. 2020.

SENAT. Relatório de gestão de exercício 2018 – Senat/DN. Disponível em: http://publicador.sestsenat.org.br/arquivos/5b802c5b-6b71-4a03-8376-64f791189b4a.pdf. Acesso em: 15 dez. 2019.

SEST. *Relatório de gestão Sest 2018.* Disponível em: https://publicador.sestsenat.org.br/arquivos/eb3738b2-68b9-4098-995a-9a6da3a18e56.pdf. Acesso em: 15 dez. 2019.

_____; SENAT. *Conselhos nacionais.* Disponível em: https://www.sestsenat.org.br/conselhos-nacionais. Acesso em: 2 nov. 2019.

SHAMIR, Hila. *The Public/Private Distinction Now: The Challenges of Privatization and of the Regulatory State.* Theoretical Inquiries in Law, Volume 15, Number 1, January 2014, p. 1-25. Disponível em: https://www7.tau.ac.il/ojs/index.php/til/article/view/527/491. Acesso em: 28 dez. 2019.

SILVA, Fernando Candido da. *Registro de títulos e documentos e registro civil de pessoas jurídicas.* 2ª ed. Curitiba: Appris, 2019.

SILVA, José Afonso da. *Comentário contextual à Constituição.* 9. ed. atual. São Paulo: Malheiros. 2014.

_____. *Curso de direito constitucional positivo.* São Paulo: Malheiros, 1997.

_____. *Sistema constitucional da seguridade social.* Direito tributário: estudos avançados em homenagem a Edvaldo Brito. São Paulo: Atlas, 2014.

SIMÃO, Calil. *Fundações governamentais.* Versão *e-book.* São Paulo: Revista dos Tribunais, 2014.

SLAPER, Tymothy F.; HALL, Tanya J. *The Triple Bottom Line: What Is It and How Does It Work?* Indiana Business Review. Disponível em: https://www.ibrc.indiana.edu/ibr/2011/spring/article2.html. Acesso em: 27 dez. 2019.

SOUSA, Leandro Marins de. Fundação-sócia e fundação-empresa: exercício de atividades econômicas por fundações privadas. In: OLIVEIRA, Gustavo Justino de. (coord.) *Direito do terceiro setor.* Belo Horizonte: Editora Fórum, 2008.

SOUSA, Otavio Augusto Venturini de. Parcerias com o terceiro setor no Brasil: evolução e aspectos críticos nos últimos 20 anos. *Revista Brasileira de Estudos da Função Pública – RBEFP.* Belo Horizonte, ano 4, n. 12, set./dez. 2015.

SOUTO, Marcos Juruena Villela. "Outras entidades públicas" e os serviços sociais autônomos. *Revista de Direito do Estado,* Rio de Janeiro, n. 1, p. 137-153, jan./mar. 2006.

_____. "Outras entidades púbicas" e os serviços sociais autônomos. *Boletim de Licitações e Contratos – BLC,* n. 8, ano XX, agosto 2007.

SOUZA, Ruy de. Serviços do estado e seu regime jurídico. *Revista de Direito Administrativo – RDA,* Rio de Janeiro, v. 285, 1952.

STRECK, Lenio Luis. *Hermenêutica jurídica e(m) crise.* 4. ed. Porto Alegre: Livraria do Advogado, 2003.

SUASSUNA, Ariano. Auto da Compadecida. 2. ed. Rio de Janeiro: Nova Fronteira, 2015.

TÁCITO, Caio. Serviço social autônomo – Remuneração – Competência. *Revista de Direito Administrativo*, Rio de Janeiro, v. 223, p. 316, jan. 2001.

TEIXEIRA, Josenir. *O terceiro setor em perspectiva*: da estrutura à função social. Belo Horizonte: Fórum, 2011.

THE WORKING POOR IN THE EUROPEAN UNION. *Italian Labour Law e-Journal Issue 1*, Vol. 12 (2019), p. 99-122. Disponível em: https://illej.unibo.it/article/view/9693/9490. Acesso em: 1 dez. 2019.

TORRES, Ronny Charles Lopes de. *Terceiro setor* – Entre a liberdade e o controle. Salvador: JusPodivm, 2013.

TRIBUNAL DE CONTAS DA UNIÃO. *Pesquisa textual*. Jurisprudência Selecionada. Disponível em: https://pesquisa.apps.tcu.gov.br/#/resultado/jurisprudencia--selecionada/sistema%2520S/%2520/%2520?ts=1579511682308&pb=jurisprudencia-selecionada. Acesso em: 6 jan. 2020.

UFBA. BMClab – Laboratório de Biomecânica e Controle Motor. *O salto de Daiane dos Santos*. Disponível em: http://pesquisa.ufabc.edu.br/bmclab/o-salto-de--daiane-do-santos/. Acesso em: 25 dez. 2019.

VATICANO. *Carta Encíclica Centesimus Annus do Sumo Pontífice João Paulo II*. Centesimus Annus (1º de maio de 1991). Disponível em: http://www.vatican.va/content/john-paul-ii/pt/encyclicals/documents/hf_jp-ii_enc_01051991_centesimus-annus.html#_ftn45. Acesso em: 8 dez. 2019.

VIEIRA, Sérgio. *Gestão dos recursos do sistema S é questionada em audiência pública*. 2015. Disponível em: https://www12.senado.leg.br/noticias/materias/2015/05/28/gestao-dos-recursos-do-sistema-s-e-questionada-em-audiencia-publica. Acesso em: 10 set. 2019.

YU, Xingzhong. *State Legalism and the Public/Private Divide in Chinese Legal Development*. Theoretical Inquiries in Law, Volume 15, Number 1, January 2014, p. 27-51. Disponível em: https://www7.tau.ac.il/ojs/index.php/til/article/view/527/491; https://www7.tau.ac.il/ojs/index.php/til/article/view/528/492. Acesso em: 28 dez. 2019.